Amsterdamer Beiträge zur neueren Germanistik

herausgegeben von

Gerd Labroisse
Gerhard P. Knapp
Anthonya Visser

Amsterdamer Beiträge
zur neueren Germanistik
Band 50.1 — 2001

Schuld und Sühne?
Kriegserlebnis und Kriegsdeutung in deutschen Medien der Nachkriegszeit (1945-1961)

Internationale Konferenz vom 01.-04.09.1999 in Berlin

herausgegeben von

Ursula Heukenkamp

Rodopi

Amsterdam — Atlanta, GA 2001

Die 1972 gegründete Reihe erscheint seit 1977 in zwangloser Folge in der Form von Thema-Bänden mit jeweils verantwortlichem Herausgeber.

Reihen-Herausgeber:

Prof. Dr. Gerd Labroisse, Sylter Str. 13A, D – 14199 Berlin
Tel./Fax: (49)30 89724235
E-Mail: Gerd.Labroisse@t-online.de

Prof. Dr. Gerhard P. Knapp, University of Utah, Dept. of Languages and Literature, 255 S. Central Campus Dr. Rm. 1400, USA – Salt Lake City, UT 84112
Tel.: (1)801 581 7561, Fax (1)801 581 7581 (dienstl.)
bzw. Tel./Fax: (1)801 474 0869 (privat)
E-Mail: gerhard.knapp@m.cc.utah.edu

Prof. Dr. Anthonya Visser, Universiteit Leiden, Duitse taal en cultuur, Postbus 9515, NL – 2300 RA Leiden
Tel.: (31)71 5272071, Fax: (31)71 5273309 (dienstl.)
bzw. Tel.: (31)71 565 2156 (privat)
E-Mail: a.visser@let.leidenuniv.nl

Redaktion: Prof. Dr. Anthonya Visser

All titles in the Amsterdamer Beiträge zur neueren Germanistik (from 1999 onwards) are available to download and read from the CatchWord website: http://www.catchword.co.uk

♾ The paper on which this book is printed meets the requirements of "ISO 9706:1994, Information and documentation - Paper for documents - Requirements for permanence".

ISBN: 90-420-1425-3 (bound)
ISBN: 90-420-1455-5 (part 1-2 bound)

Printed in The Netherlands

Inhalt

ND II: KRITIK DER ERINNERUNG (diskurskritisch)

1. Erinnerungspolitik und Institutionalisierung (Gelenktes Erinnern)

2. Deutschlandbilder

Anschriften der Autorinnen und Autoren:

PD Dr. Thomas Althaus
Westph. Wilhelms-Universität
Institut für deutsche Philologie
Domplatz 20-22
D – 48143 Münster

Prof. Dr. Dagmar Barnouw
Univ. of Southern California
Department of German
THH 402 University Park
USA – LA 90089-0351

Christine Bartlitz
Nogatstr. 5
D – 12051 Berlin

Dr. Rainer Bendick
Binnenfeldredder 31
D – 21031 Hamburg

Dr. Jörg Bernig
Friedhofstr. 8
D – 01445 Radebeul

PD Dr. Lothar Bluhm
Bergische Universität
FB 4: Germanistik
Gauss-Str. 20
D – 42097 Wuppertal

Dr. Jörg Bochow
Humboldt-Universität Berlin
Sem. f. Theaterw. u. kult. Komm.
Sophienstr. 22 a
D – 10178 Berlin

Dr. Denis Bousch.
Université de Paris XII
Fac. d. Lettres et de Sc. Hum.
61, avenue du Général-de-Gaulle
F – 94010 Creteil Cedex

Dr. Barbara Breysach
Freie Universität Berlin
Fachbereich Germanistik
Habelschwerdter Allee 45
D – 14195 Berlin

Dr. Astrid von Chamier
218 St. Marks Avenue, Apt. 2
USA – Brooklyn, N. Y. 11238

Prof. Dr.Paolo Chiarini
Inst. Italiano di Studi Germanici
Villa Sciarra – Wurts
Via Calandrelli, 25
I – 00153 Roma

Prof. Dr. Horst S. Daemmrich
University of Pennsylvania
Germ. Languages and Literatures
USA – PA 19104-6305

PD Dr. Walter Delabar
Freie Universität Berlin
FB Philosophie und Geisteswiss.
Habelschwerdter Allee 45
D – 14195 Berlin

Prof. Dr. Klaus Doderer
Rodingweg 5
D – 64287 Darmstadt

Dr. Burckhard Dücker
In der Au 25
D – 69257 Wiesenbach

Dr. Jens Ebert
Ebelingstr. 15
D – 10249 Berlin

Dr. Heidrun Ehrke-Rotermund
Grenzweg 7
D – 55130 Mainz

Dr. Rainer Emig
University of Wales
P.O. Box 94
GB –Cardiff CF1 3xB

Dr. Insa Eschebach
Humboldt-Universität Berlin
Institut für Kulturwissenschaft
Sophienstr. 22 a
D – 10178 Berlin

Prof. Dr. Peter H. Feist
Hauptstraße 65
D – 13158 Berlin

Dr. Jörg-Uwe Fischer
Deutsches Rundfunkarchiv
Rudower Chaussee 3
D – 12489 Berlin

Prof. Dr. Franz Futterknecht
University of Florida
Dept. of Germanic Studies
263 Dauer Hall
P.O. Box 117430
USA – 32611-7430 Gainesville, Fl

Prof. Dr. Marion George
Université de Poitiers
U.F.R. Lettres et Langues
Dép. d'Etudes germaniques
95, avenue du Recteur Pineau
F – 86022 Poitiers Cedex

Jeanpaul Goergen
Großbeerenstr. 56
D – 10965 Berlin

Prof. Dr. Dr. h. c. Reinhold Grimm
University of California, Riverside
Dept. of Comp. Lit. & For. Lang.
USA – Riverside, CA 92521

Olaf Hamann
Staatsbibliothek zu Berlin
Unter den Linden 8
D – 10117 Berlin

Prof. Dr. Jost Hermand
University of Wisconsin
Departm. of German
Linden Drive
USA – 53706 Madison
Wisconsin

Prof. Dr. Ursula Heukenkamp
Hollstraße 24
D – 12489 Berlin

Prof. Dr. Knut Hickethier
Universität Hamburg
Literaturwissenschaftl. Seminar
Von-Melle-Park 6
D – 20146 Hamburg

Prof. Dr. Sigfrid Hoefert
University of Waterloo
Dept. of Germ. & Slavic Lang.
CND – Waterloo
Ontario N2L 3 GI

Dr. Peter Hoff
Fichtelbergstr. 24
D – 12685 Berlin

Prof. Dr. Bernd Hüppauf
New York University
Dept. of German
19 University Place
USA – 10003 New York, NY

Prof. Dr. Winfred Kaminski
Fachhochschule Köln
Mainzer Str. 5
D – 50678 Köln

Dr. Harald Kloiber
Ortenburg-Gymnasium
Oberviechtach
Jahnstraße 18
D – 92526 Oberviechtach

PD Dr. Jaroslav Kovář
Universität Brno
Philosophische Fakultät
Arne Nováka 1
CZ – 66088 Brno

Dr. Susanne Lanwerd
Humboldt-Universität Berlin
Institut für Kulturwissenschaft
Sophienstr. 22 a
D – 10178 Berlin

Prof. Dr. Elke Mehnert
TU Chemnitz
Philosophische Fakultät
Thüringer Weg 11
D – 09107 Chemnitz/Sa.

Dr. Monika Melchert
Zaucher Weg 24
D – 12527 Berlin

Prof. Dr. Morio Minami
Aichi-Kyoiku-Daigaku (PH-Aichi)
Hirosawa 1, Igaya-cho
J – 448-854z, Karigya-shi

Prof. Dr. Robert G. Moeller
University of California, Irvine
Dep. of History
300 Humanities Office Bldg.
USA – Irvine, CA 92697-3275

Prof. Dr. Wolfgang Mühl-Benninghaus
Humboldt-Universität Berlin
Sem. f. Theaterw. u. kult. Komm.
Sophienstr. 22
D – 10178 Berlin

Dr. Klaus Naumann
Hamburger Institut für Sozialforschung
Mittelweg 36
D – 20148 Hamburg

Dr. Wieńczysław A. Niemirowski
Uniwersytet Marii Curie-Skłodowskiej
Zakład Filologii Germańskiej
Pl. Mariii Curie-Skłodowskiej 4
PL – 20 031 Lublin

Prof. Dr. Hubert Orłowski
Instytut Filologii Germanskiej
Adam-Mickiewicz-Univ. Poznan
Al. Niepodległości 4
PL – 61-874 Poznań

Kurt Pätzold
Neue Krugallee 46
D – 12435 Berlin

Prof. Dr. Helmut Peitsch
University of Wales
School for European Studies
P.O. Box 908
U.K. – Cardiff CF1 3YQ

Dr. Ingrid Pietrzynski
Deutsches Rundfunkarchiv
Rudower Chaussee 3
D – 12489 Berlin

Heinrich Placke
Markt 24
D – 49074 Osnabrück

Prof. Dr. Tomasz G. Pszczółkowski
Universität Warschau
Institut für Germanistik
Browarna 8-10
PL – 00-311 Warszawa

Prof. Dr. Michael Rohrwasser
Röntgenstr. 10
D – 10587 Berlin

Dr. Rainer Rother
Deutsches Historisches Museum
Unter den Linden 2
D – 10117 Berlin

Dr. Thomas F. Schneider
Universität Osnabrück
Erich Maria Remarque Archiv
Postfach 44 69
D – 49034 Osnabrück

Dr. Michael Schornstheimer
Südwestkorso 58
D – 14197 Berlin

Dr. Izabela Sellmer
Adam-Mickiewicz-Univ. Poznań
Institut für Germanistik
Al. Niepodlegkosci 4
PL – 61-874 Poznań

Prof. Dr. Gerd Steckel
University of Idaho
Dept. of Foreign Lang. & Lit.
USA – Moscow, ID 83843

Dr. Barbara Stelzl-Marx
Karl-Franzens-Universität Graz
Institut für Slawistik
Merangasse 70
A – 8010 Graz

Prof. Dr. Barbara Surowska
Uniwersytet Warszawski
Instytut Germanistyki
ul. Browarna 8/10
PL – 00-311 Warszawa

Ralf Trinks
Freie Universität Berlin
Fachbereich Germanistik
Habelschwerdter Allee 45
D – 14195 Berlin

Prof. Dr. Hans Wagener
University of California
Dept. of Germanic Languages
212 Royce Hall, Box 951539
USA – Los Angeles
CA 90095-1539

Dr. Thomas Weber
Humboldt-Universität Berlin
Sem. f. Theaterw. u. kult. Komm.
Sophienstr. 22 a
D – 10178 Berlin

Prof. Dr. Hans-Gerd Winter
Universität Hamburg
Literaturwissensch. Seminar
Von Melle Park 6
D – 20146 Hamburg

Stefan Zahlmann
Ebelingstr. 15
D – 10249 Berlin

Für die freundliche Förderung der wissenschaftlichen Konferenz und der Drucklegung der beiden vorliegenden Konferenzbände danke ich besonders

der Deutschen Forschungsgemeinschaft
dem Kulturinstitut und der Botschaft der Republik Polen
der Siemens AG
dem British Council
dem Institut Français
den Mitarbeitern des Instituts für deutsche Literatur der Humboldt-Universität Dr. Jens Ebert, Dr. Monika Melchert und Hania Siebenpfeiffer sowie Thomas Möbius, außerdem Alexander Koßinna und Kerstin Gebuhr, die Organisation und Ablauf der Konferenz gewährleistet haben.

Ursula Heukenkamp
Berlin, den 31.10.2000

Vorbemerkung

Darstellung des Zweiten Weltkrieges in Literatur, in Filmen, durch Fotografien gibt es nicht erst seit 1945. Vielmehr wurde das Thema unmittelbar seit Beginn des Krieges in sämtlichen Medien verarbeitet, in den Wochenschauen und der Propagandaliteratur der Nationalsozialisten ebenso wie in den Kriegsbüchern der Inneren Emigration und schließlich – nicht zu vergessen – in den Antikriegsbüchern der Exilautoren. Nicht einmal die junge Generation fing nach 1945 bei einem 'Nullpunkt' an, gingen doch ihre frühen Kriegsbücher aus Fronttagebüchern, Briefen oder Aufzeichnungen aus der Kriegsgefangenschaft hervor.

Obwohl sie so früh begannen, haben die Erzählungen vom Krieg kein Ende genommen, auch wenn der narrative 'Fluß' seitdem immer wieder unterbrochen wurde und eine 'große Geschichte', eine 'Gesamterzählung' nicht entstanden ist. Die Struktur des Erzählkontinuums ist eine andere: Es traten Zeiten ein, in denen alles gesagt und abgearbeitet schien, so daß der Krieg in Vergessenheit geriet, um dann jedesmal wieder neu entdeckt zu werden. Eine frühe Zäsur läßt sich Ende der fünfziger Jahre feststellen, als sich zum ersten Mal Überdruß an den unzähligen fiktionalen und nichtfiktiven Darstellungen, an Kriegsromanen, Kriegsfilmen, Memoiren, Dokumentationen usw. bemerkbar machte. Mit der zweiten Nachkriegsgeneration forderte das öffentliche Gedächtnis dann wieder Bilder vom Krieg, die – wie schon zuvor – ebenso den wechselnden Orientierungsbedürfnissen in der Gegenwart wie der Verständigung über historische Sachverhalte, über Kriegsdeutungen und Formen des Gedenkens dienen sollten. Und bei jedem dieser Neuanfänge, die das vorangegangene Verstummen ablösten, glaubte man in beiden Teilen Deutschlands, daß die Notwendigkeit, Zeugnis von der deutschen Schuld abzulegen, für diesmal und für immer vorbei sei und der Krieg endgültig der Vergangenheit angehöre. Die Wiederholung des Musters, welches im Zyklus von Erinnern, Verstummen und erneutem Erinnern auftritt, macht den Rückblick auf die Nachkriegsjahre und ihren Umgang mit dem Thema so aufschlußreich. Es läßt sich nämlich lernen, daß schon in den fünfziger Jahren, als der Krieg noch gar nicht als 'Geschichte' angesehen werden konnte, weil seine Präsenz spürbar war und jedem vor Augen stand, die Segmentierung der Ansichten und die Ausgliederung einzelner Aspekte einsetzten, die die epochale Bedeutung dieses Krieges ständig unterliefen, so oft auch von ihm erzählt wurde.

Angesichts des regelmäßigen Wechsels zwischen Zeiten, in denen der Bedarf nach Erinnerung existierte, und solchen, in denen Indifferenz und Vergeßlichkeit überwogen, kann natürlich von einem Erkenntnisfortschritt nicht die Rede sein. Das allgemeine 'Wissen', der Grad an Informiertheit oder Kenntnis von Hintergründen haben mit dem wachsenden zeitlichen Abstand nicht zugenommen. Das Angebot von immer neuen Anschauungen und Deutungen hat keine bleibenden Einsichten gestiftet. Vielmehr sieht es seit dem Ende des Zweiten Weltkriegs so aus, als gebe es 'die Wahrheit über den Krieg' überhaupt nicht, um die in den Jahren nach dem Ersten Weltkrieg linke Autoren und Publizisten erbittert gestritten hatten, weil sie nach einem 'Sinn' des vierjährigen Tötens und Sterbens suchten. Fünfzig Jahre nach dem Ende des Zweiten Weltkrieg drängt sich dagegen lediglich die Einsicht auf, daß die Dimensionen eines Kriegs, in dem vorher unbekannte Arten und Möglichkeiten der Vernichtung zur Anwendung kamen und der als erster globale Ausmaße annahm, sich als Gesamtheit aller Darstellung entziehen.

Das Thema dieses Bandes sind die Kriegsbilder, die in den Medien der Nachkriegsjahre und in der Auseinandersetzung mit dem Nationalsozialismus ausgearbeitet, angeboten und teilweise festgeschrieben wurden. Möglicherweise hätte dieses Thema noch 1989 gar keinen Sinn gemacht, weil erst die deutsche Wiedervereinigung den Klärungsbedarf geschaffen hat, der dazu herausfordert, gegenwärtige Positionen durch die Analyse überlieferter zu verfremden. Schließlich war der bisherige Diskurs über den Zweiten Weltkrieg fragwürdig geworden war. Wie nachhaltig Bilder und Rituale des öffentlichen Gedenkens sich verändert hatten, stellte sich spätestens 1995 heraus, als der Jahrestag des Kriegsendes in der deutschen Öffentlichkeit mit Feiern, Reden und medialen Erinnerungsberichten begangen wurde. Dieses Ereignis war das erste seiner Art und die Formen des kollektiven Gedenkens unterschieden sich daher auch grundsätzlich von dem, was bei solchen Anlässen vor 1990 demonstriert und ausgesprochen wurde. Das neue Deutschland schien sich den geschichtlichen Tatsachen stellen zu wollen: Der 8. Mai 1945 wurde als ein Tag der Befreiung akzeptiert, anachronistische Legitimierungszwänge waren weggefallen und der Holocaust wurde als zentrales Problem deutscher Schuld von der Öffentlichkeit angenommen. Wie tief das alles ging, war 1995 noch nicht abzusehen. Also blieb zu fragen, ob es sich lediglich um Umgruppierungen und Neuformulierung handelte, oder ob sich nach dem Ende des Kalten Krieges tatsächlich eine erinnerungspolitische Achsendrehung vollzogen hatte.

Unter dem Eindruck der Bedeutungsambivalenz, die die mediale Repräsentanz des Gedenkens von 1995 zurückgelassen hatte, entstand der Plan, sich vier Jahre später erneut mit der Darstellung und Auffassung des Krieges zu beschäftigen. Die Gelegenheit dazu bot ein anderer Jahrestag, der sonst erstaunlich wenig beachtet worden war. Auf eine Anregung von Jens Ebert hin, wurde der 1. September 1999, an dem sich der Kriegsbeginn mit dem Überfall auf Polen zum sechzigsten Mal jährte, ausgewählt, um einen wissenschaftlichen Austausch über die Konfigurationen des Zweiten Weltkriegs in den deutschen Medien der Nachkriegszeit zu organisieren. Von Anfang an war die Stadt Berlin in das Projekt einbezogen als ehemalige Reichshauptstadt, von der der Krieg 1939 ausgegangen war und die seit 1945 bis zum Fall der Mauer im Zeichen der Kriegsfolgen stehen sollte. Mit dieser Wahl von Ort und Zeit war eine Struktur vorgezeichnet, die die Fokussierung auf Schuldfrage und Wiedergutmachung mit sich brachte. Damit bezog sich die Konferenz zugleich auf zwei Themenkomplexe, die in den Diskursen der unmittelbaren Nachkriegszeit, vor allem in den vierziger Jahren, einen herausragenden Platz eingenommen hatten.

Zu vermerken ist noch, was sich auch an einigen Beiträgen ablesen läßt, daß während der Monate der Vorbereitung die Fragestellung einige unerwartete Aktualisierungsschübe erfuhr. Dazu gehört die Rolle, die der Zweite Weltkrieg bei der Legitimierung der deutschen Beteiligung am Krieg gegen Jugoslawien im März/April 1999 zugewiesen bekam. Symptomatisch waren auch die das ganze Jahr 1999 über andauernden Auseinandersetzungen mit der Wehrmachtsaustellung des Hamburger Instituts für Friedens- und Konfliktforschung, durch die diverse Aversionen, die bis dahin verdeckt waren, freigelegt wurden.

Die Ergebnisse der interdisziplinären Konferenz "Schuld und Sühne? Kriegserlebnis und Kriegsdeutung in deutschen Medien in der Nachkriegszeit (1945-1961)" werden in den beiden vorliegenden Bänden in noch einmal überarbeiteter Form präsentiert. Der Titel "Schuld und Sühne?" erklärt sich daraus, daß auf den Beginn des Krieges orientiert wurde, von dem nun einmal gar nicht anders zu reden ist als unter dem Aspekt der Schuld. Außerdem war daran gedacht, mit der Wahl dieses Titels eine Öffnung zu signalisieren: Deutsches Verhalten sollte nicht aus deutscher, sondern aus internationaler Sicht beurteilt und bewertet werden. In den vorliegenden Beiträgen geht es nicht – wie vielleicht vermutet werden könnte – um die Reproduktion des gängigen Urteils über die Deutschen der fünfziger Jahre und ihre generelle Unbußfertigkeit. Auch das hätte der Titel zugelassen, doch zeigte sich ganz im Gegenteil, daß die moralische Variante der Bewertung von Krieg und Nachkrieg, die aus den sechziger Jahren stammt, inzwischen abgelöst worden ist. Lange Zeit war es gebräuchlich, über die Nachkriegsjahre im Tone steten Vorwurfes zu sprechen. Allgemein wurde vorausgesetzt, daß in der Öffentlichkeit beider deutschen Staaten eine kollektive Verdrängung vorgelegen habe. Dagegen macht sich jetzt eine Tendenz bemerkbar, die beinahe als Einfühlung in die Nachkriegsmentalität bezeichnet werden kann.

Diese veränderte Einstellung zur Nachkriegszeit korrespondiert in den Beiträgen erkennbar mit einem Methodenwechsel. Indem der Materialcharakter der untersuchten Texte nunmehr ernst genommen wird, bleibt es nicht beim moralischen Diskurs über "Schuld und Sühne". Behandelt werden dagegen die Strategien, Verfahren und Techniken der Kriegsdarstellung in den verschiedenen Medien. Aus den Untersuchungen von Prozessen der

Meinungsbildung, von Erinnerungsformen und Gedenkritualen der 'frühen Jahre' werden Faktoren wie die soziale Notlage der Bevölkerung und die sozialpsychologische Situation der Überlebenden nicht länger ausgeschlossen. Gleichzeitig wird die Instrumentalisierung von Kriegserfahrungen im Zuge des Ost-Westkonfliktes neutral beschrieben. Teilweise kommt es auch zur Kritik an den früher geübten, kategorischen oder ideologiekritischen Vorverurteilungen der Deutschen der fünfziger Jahre. Dabei macht sich auch ein Sprachwechsel bemerkbar. Begriffe, die auf Qualifizierung von individuellem Verhalten abzielen wie 'Versagen' oder 'Verdrängen' treten in den Hintergrund. Es überwiegt die Reflexion über symptomatische Einstellung zur Schuldfrage, über deren Verbreitung und die Gründe ihres Zustandekommens. In dem Maße, wie z.B. Erinnerung als Produkt von Meinungsbildungsprozessen und Gruppenverhalten behandelt wird, nimmt auch der Anteil an sozialwissenschaftlichem und kulturgeschichtlichem Wortschatz zu. Verblüffend,.wenn auch einleuchtend ist der wiederholt geführte Nachweis, daß in den Nachkriegsjahren sämtliche Medien damit befaßt waren, Reparaturstrategien anzubieten. Die Literatur orientierte nicht anders als Film und Unterhaltungskunst auf den Neuanfang, auch sie lieferte Bestätigungen für den herrschenden Diskurs und konstituierte Optimismus.

Als Fazit läßt sich konstatieren, daß die Funktionsweise der Medien in den vierziger und fünfziger Jahre nicht mehr als der Extremfall von Schuldverweigerung und -verdrängung angesehen werden. Auch die wechselseitigen Schuldzuweisungen und Projektionen, die in den Anfangsjahren des Kalten Krieges Konjunktur hatten, werden durch die Einordnung in den jeweiligen Zyklus und den dazugehörigen Diskurs mit mehr Gelassenheit analysiert und beschrieben. Vom ideologiekritischen Rigorismus vergangener Jahrzehnte ist in den Beiträgen nichts mehr zu spüren. Daß sich der Paradigmenwechsel in diesem Bande so deutlich abzeichnet, ist der Erweiterung des medialen Spektrums durch die interdisziplinäre Zusammensetzung der Beiträge zu verdanken. Die multimediale Perspektive wurde von Wolfgang Mühl-Beninghaus projektiert und wissenschaftlich betreut. Sie machte es möglich, Genesis und Varianten des Themas Krieg im Film, in der Bildenden Kunst, der Geschichtsschreibung, dem Rundfunk, in Zeitungen und Zeitschriften, Schulbüchern und Lehrplänen, im Drama und im Serienroman bis zu einem gewissen Grade synchron zur Erscheinung zu bringen. Neben den Untersuchungen über Kriegsroman oder Heimkehrerdramatik stehen Analysen der Verfilmungen der entsprechenden Texte oder des autarken Kriegsfilms. Die Diagnose der Sprachkrise in der Lyrik wird neben die Bilanz des Verschweigens in der Berichterstattung über Prozesse gegen NS-Verbrecher gestellt, so daß Phänomene wie das Weiterwirken struktureller Gewalt eindringlich und vielseitig dokumentiert werden können.

Die Begrenzung des Untersuchungszeitraums auf die Jahre 1945-1960 wurde für die Buchveröffentlichung beibehalten. Sie brachte es mit sich, daß von Nachkriegskultur und Nachkriegsgeschichte, speziell der Deutschen, die

Rede ist. Andererseits trug die Konzentration auf den begrenzten Zeitraum dem Umstand Rechnung, daß eben diese Einschränkung in der Mentalität und Wahrnehmung der Deutschen nach 1945 vorgegeben war. Indem die Auffassung des Zweiten Weltkriegs als einer deutschen Angelegenheit beinahe durchgängig vertreten wurde, kam eine Haltung zustande, die gerade bei den 'Schuldbewußten' nicht selten zu einer mentalen Selbstbespieglung führte. Die Symptome dieser Haltung werden von den Beiträgerinnen und Beiträgern aus vielfältigen und divergierenden Perspektiven kritisch wahrgenommen und beschrieben. Besonders die Autorinnen und Autoren aus jenen Ländern, denen der Krieg von Deutschland aufgezwungen worden war, haben den notwendigen, unbefangenen und distanzierten Blick von außen auf die Situation nach 1945 eingebracht, so daß, wie wir hoffen, Restbestände von nationalgeschichtlichem Denken entkräftet wurden.

Bei genauem Hinsehen lassen sich auch Ansätze zu einer Neubewertung des Kalten Krieges erkennen, die insgesamt allerdings nur langsam in Gang kommt. Vermutlich geht ein Umdenken in diesem Punkte nicht von den Positionen der westlichen Welt aus. Nach den Beiträgen dieses Bandes zu urteilen, kommen die Impulse eher aus Polen und anderen osteuropäischen Staaten. In diesem Zusammenhang ist auch auf die veränderte Konnotation von 'Krieg' aufmerksam zu machen, die durch die Thematisierung des Atombombenabwurfes zustande kommt. Von dieser Katastrophe des Zweiten Weltkrieges ist hier unter dem speziellen Aspekt seiner moralischen Bewältigung in der japanischen Nachkriegsliteratur die Rede.

Die allgemeine Tendenz zur Segmentierung des Krieges ist wiederum unverkennbar. Rekonstruktion des Umgangs mit Kriegserfahrung und der Verhaltensweisen in der Nachkriegskultur verbinden sich kaum mit diskurskritischer Selbstvergewisserung über die gegenwärtige Kriegsdeutung, sei es vor historischen, völkerrechtlichen oder epochalen Horizonten oder auch in pädagogischen oder feministischen Zusammenhängen. Von möglichen 'Lehren' aus dem Krieg wird nicht geredet. Selbst in pädagogisch intendierten Beiträgen kommen appellative Komponenten kaum vor. Offenkundig findet der Nachkriegspazifismus in dieser Form heute kaum mehr Fürsprecher. Sogar das Phänomen Krieg selbst hat sich im Vergleich zu früheren Darstellungen stark verändert. Er wird als elementare Tatsache mehr gestreift als behandelt. Die Möglichkeit eines Untergangs der Menschheit und entsprechende Visionen, die in den Diskursen der Nachkriegsjahre ihren Stellenwert haben, sind ganz aus dem Blickfeld verschwunden. Der Krieg ist dadurch spekulativen Bewertungen entzogen, aber er scheint auch aus der Reflexion zu verschwinden. Dagegen wird intensiv an der Dekonstruktion von langlebigen, ideologischen oder zeitspezifischen Deutungsmustern gearbeitet sowie an der Genesis von Bildern, Verhaltensnormen, Einstellungen und Erinnerungen.

Dieser Schwerpunktsetzung folgt auch die vorliegende Anordnung der Beiträge: Im ersten der beiden Bände sind jene Aufsätze gesammelt, die ihren Untersuchungsgegenstand vorwiegend textkritisch präsentieren; im zweiten Band die Beiträge, die diskurskritisch orientiert sind. Die untergeordneten Themengruppen folgen dagegen einer heuristischen Ordnung.

Das erste Kapitel in Band I enthält Aufsätze zu einzelnen Kriegsromanen; das zweite Untersuchungen zum literarischen Thema 'Stalingrad', speziell zum gleichnamigen Roman von Theodor Plievier; im dritten Kapitel finden sich Analysen der Kriegserfahrungen von Kindern und Jugendlichen und ihrer medialen Darstellung, wobei die Lenkung durch Lehrpläne und Lektürevorgaben einbezogen wurde; im vierten Kapitel sind Untersuchungen zur Heimkehrerthematik zusammengestellt. Dies ist der einzige Abschnitt im ersten Band, in dem auch Erzählungen von Frauen und über Frauen vorkommen. Im fünften Kapitel sind die Beiträge zusammengestellt, die den Prozeß der Reflexion und Urteilsbildung aus räumlicher oder zeitlicher Distanz am Beispiel einzelner Autorinnen und Autoren behandeln.

Im Band II geht es um kritische Untersuchungen von Erinnerung, Erinnerungspolitik und deren Institutionalisierung. Im ersten der insgesamt vier Kapitel werden Relationen zwischen der medialer Vermittlung und dem Zustandekommen von Erinnerungsbildern untersucht, und zwar an Beispielen der Einbürgerung von Erinnerungsritualen ebenso wie an ihrer Unterdrückung oder ihrem Ausfall; im zweiten Kapitel geht es um Deutschlandbilder, die nach 1945 in den europäischen Ländern entstanden; das dritte Kapitel befaßt sich mit den Möglichkeiten und Grenzen subjektiven Erinnerungsvermögen, die Bild und Sprache der Vermittlung von Erinnerung setzen. Das letzte Kapitel zeigt in pointierten Einzelanalysen, wie der Diskurs über den Zweiten Weltkrieg zum Kriegsschauplatz im Ost-West-Konflikt ausgestaltet wurde.

Für das Zustandekommen dieser beiden Bände hat die Herausgeberin ganz besonders den redaktionellen Mitarbeitern und Mitarbeiterinnen zu danken, die bei der Durchsicht der Aufsätze, den Korrekturarbeiten und der Herstellung der Druckvorlage selbständig und kundig mitgewirkt haben und deren Einsatz für das Zustandekommen der vorliegenden Publikation unentbehrlich war.

Reinhold Grimm

Gerd Gaisers *Reiter am Himmel* – Bemerkungen zu seinem Roman *Die sterbende Jagd*

During the 1950s, Gerd Gaiser was considered one of the leading German novelists and storytellers, and his Die sterbende Jagd *the "best war novel" of that period. One can show, however, that Gaiser deliberately establishes a dichotomy between the fair and human German fighter pilots and the unfair and inhumane English and/or American airmen. These and other features in his novel are not altogether dissimilar to the outspoken Nazi poems in his collection* Reiter am Himmel *(1941).*

Eigentlich hätte ich wohl, wie das heute üblich ist, in meinem Titel ein paar schicke Klammern anbringen sollen. Also etwa: "Re(i)t(t)er am Himmel" usw.; denn darum dreht sich im Grunde ja alles, was ich im folgenden darlegen möchte, obschon die "Reiter" bzw. "Ritter" recht ungleichmäßig auf Freund und Feind verteilt sind, von manch anderem zu schweigen. Aber gehen wir der Reihe nach vor, und zwar zunächst chronologisch und sodann interpretatorisch oder meinetwegen systematisch.

Der siebenundsechzigjährig verstorbene Gerd Gaiser (1908-1976), promovierter Kunsthistoriker und während des Zweiten Weltkriegs Luftwaffenoffizier in Rumänien und Skandinavien, danach freier Maler und Schriftsteller sowie eine Zeitlang Studienrat an einem Reutlinger Gymnasium, galt in den fünfziger Jahren bekanntlich als einer der ganz großen deutschsprachigen Erzähler der Nachkriegszeit, dessen Werk zumindest bei den Kritikern der damaligen Bundesrepublik eine "fast euphorische Zustimmung" fand.[1]

Seine Romane *Eine Stimme hebt an* (1950), *Die sterbende Jagd* (1953), *Das Schiff im Berg* (1955) und *Schlußball* (1958), seine Geschichten und Geschichtensammlungen *Zwischenland* (1949), *Einmal und oft* (1956), *Gianna aus dem Schatten* (1957), *Aniela* (1958), *Gib acht in Domokosch* (1959) und *Am Paß Nascondo* (1960), um nur die wichtigsten seiner Veröffentlichungen zu nennen, wurden alle einhellig und aufs lebhafteste als bedeutende dichterische Leistungen begrüßt und gewürdigt, ja über den grünen Klee gelobt und nicht nur von alt und jung gekauft und gelesen, sondern überdies, wie nicht anders zu erwarten, mit begehrten Auszeichnungen wie dem Fontane- oder Wilhelm-Raabe-Preis, dem Immermann-Literaturpreis

[1] So Peter Bekes, in *Kritisches Lexikon der deutschsprachigen Gegenwartsliteratur*. Hrsg. von Heinz Ludwig Arnold. München 1978ff. 4: 1-H (jeder Beitrag ist gesondert paginiert); hier S. 2.

oder dem Literaturpreis der Bayerischen Akademie der Schönen Künste bedacht. Dann freilich, gänzlich unversehens, erfolgte der jähe Umschlag. Walter Jens und Marcel Reich-Ranicki, seinerzeit noch dicke Freunde, griffen den schwäbischen Autor gleichsam in geschlossener Phalanx, wenn auch nacheinander, so massiv wie erbarmungslos an: Jens, unter der Überschrift "Gegen die Überschätzung Gerd Gaisers", rügte namentlich dessen Sprache und Stil;[2] Reich-Ranicki, unter der ebenfalls schon ominösen Überschrift "Der Fall Gerd Gaiser", 'enttarnte' nicht allein dessen Werk, sondern zusätzlich und insbesondere dessen Persönlichkeit. Gaiser zeige nicht das Leben, erklärte der mittlerweile zum unbestrittenen Starkritiker Avancierte; er mystifiziere es vielmehr:

> Er möchte die Seele gegen den Geist ausspielen, die Stimme des Blutes gegen die Stimme der Kritik, die Beschwörung gegen die Analyse, die Schwärmerei gegen die Vernunft, das Völkische gegen den Intellekt. Statt zu klären, verklärt er, statt zu verdeutlichen, verschleiert er, statt zu erhellen, verdunkelt er. Aus der Realität macht er einen Mythos. Er stellt sich nicht den Problemen, er entstellt sie, indem er sie poetisiert.

Und Reich-Ranicki schloß mit dem vernichtenden Verdikt: "Sein Werk dient nicht der Wahrheit."[3]

Mit dieser Abrechnung war Gerd Gaisers schriftstellerische oder gar dichterische Laufbahn so gut wie beendet. Was er später noch veröffentlichte, ist nicht der Rede wert. Anders stand und steht es mit seinen Anfängen, denn bereits Reich-Ranicki beschränkte sich keineswegs auf die in den Nachkriegsjahren erschienenen Werke Gaisers, sondern knöpfte sich zudem dessen Gedichtband *Reiter am Himmel* vor, der 1941 herausgekommen war. Doch nicht dieses widerliche, durch und durch nazistische, aber noch unlängst schonend als "Reichslyrik" bezeichnete Produkt[4] eines "Fanatikers", wie der Kritiker zu Recht sagte,[5] gab schließlich den Ausschlag, sondern Gaisers Hervorbringungen aus den späten vierziger und vor allem den fünfziger Jahren. Reich-Ranicki, der seinem Opfer übrigens durchaus erzählerisches Können und "hervorragend geschriebene Partien" bescheinigte, nahm dabei hauptsächlich Texte wie *Eine Stimme hebt an* oder *Schlußball* aufs Korn: von jenem, dem Erstlingsroman Gerd Gaisers, bemerkte er im Anschluß an Karl August Horst, hier werde "die Hunger- und Schwarzmarktzeit 'mit einer gewissen Selbstgerechtigkeit' geschildert, 'mit einer peinli-

[2] Vgl. Walter Jens: Gegen die Überschätzung Gerd Gaisers: Nicht alles, was zur Klampfe gesungen wird, ist Dichtung. In: *Die Zeit* vom 25.11.1960; auch in: Hans Mayer (Hrsg.): *Deutsche Literaturkritik der Gegenwart*. Frankfurt a.M. 1983. Bd. 4: S. 74-81.

[3] Marcel Reich-Ranicki: *Deutsche Literatur in West und Ost: Prosa seit 1945*. München 1963. S. 55-80 (erstmals in *Der Monat* vom selben Jahr); hier S. 80.

[4] Vgl. Bekes: *Kritisches Lexikon der deutschsprachigen Gegenwartsliteratur*. S. 3.

[5] Vgl. Reich-Ranicki: *Deutsche Literatur in West und Ost*. S. 57; die weiteren Zitate aus dieser Diatribe werden nicht mehr im einzelnen nachgewiesen.

chen Aufzählung all ihrer Leiden, aber völligem Verschweigen der deutschen Schuld'";[6] von diesem, Gaisers wohl erfolgreichstem Roman, heißt es zusammenfassend, er fröne einem "Blut- und Boden-Mythos" und denunziere in solchem Sinne das "von fremdstämmigen Menschen" parasitär, ja geradezu spulwürmerhaft – der Untertitel lautet ja sarkastisch "Aus den schönen Tagen der Stadt Neu-Spuhl" – in das einst so reine und teutsche Gemeinwesen hineingetragene "böse Element". Zwar wird der Schurke in *Schlußball*, ein widerwärtig-geiler Kerl namens Rakitsch (!), natürlich nicht offen und ausdrücklich als Jude abgestempelt; immerhin aber schrieb Gaiser über ihn zumindest in der Erstausgabe seines Buches:

> Rakitsch [...] mit seinem dunklen Akzent hatte die Verkehrsart eines Stammes, der gewohnt war, sich zu biegen, um am Ende oben zu sein [...]. Ich habe mich manchmal gefragt, warum Rakitsch so schwarz wirkte. Betrachtete man ihn genau, so waren seine Haare nicht einmal tiefschwarz, sie waren nur sehr dunkel und sehr dicht, auch seine Brauen; das ganze Untergesicht hatte diesen dunklen Anflug.[7]

Daß Gaisers Rakitsch (der obendrein mauschelt) dadurch mit den leider allzu übel vertrauten Merkmalen nicht etwa bloß des Juden, sondern, wie sich anderswo stärker noch zeigt, zugleich des Negers ausgestattet ist, habe ich in meinem Aufsatz *Germans, Blacks, and Jews*[8] von 1986 im einzelnen untersucht und, so darf ich glauben, bündig nachgewiesen. Aber auch sonst in einschlägigen Romanen und Erzählungen – dies nur nebenbei und zur Abrundung gesagt – kommt der Gaisersche Rassismus bald auf verstecktere Weise, bald ganz unverhohlen zum Ausdruck.

Im Fliegerbuch von 1953 ist dergleichen, zugegeben, nicht der Fall. *Die sterbende Jagd*, einst als "der beste Kriegsroman der fünfziger Jahre"[9] gefeiert, will, was selbst Reich-Ranicki hervorhebt,[10] einen Kampf zwischen "adligen Vettern"[11] schildern. Diese Flieger, jedenfalls die Jagdflieger,[12] sind

[6] Karl August Horst: *Die deutsche Literatur der Gegenwart*. München 1957. S. 174.
[7] Zit. nach Reich-Ranicki: *Deutsche Literatur in West und Ost*. S. 78; zu Gaisers späterer Dämpfung in der Taschenbuchausgabe vgl. ebd. 483.
[8] Vgl. Reinhold Grimm: Germans, Blacks, and Jews; or Is There a German Blackness of Its Own? In: Reinhold Grimm, Jost Hermand (Hrsg.): *Blacks and German Culture*. Madison, London 1986. S. 150-184; hier S. 162ff.
[9] Vgl. Bekes: *Kritisches Lexikon der deutschsprachigen Gegenwartsliteratur*. S. 4.
[10] Vgl. Reich-Ranicki: *Deutsche Literatur in West und Ost*. S. 63ff.
[11] Vgl. Gerd Gaiser: *Die sterbende Jagd [/] Eine Stimme hebt an [/] Schlußball: Drei Romane*. München 1968. S 228; die Seitennachweise aller weiteren Zitate aus diesem Band erscheinen in Klammern im Text.
[12] Gaisers Kritiker wendet allerdings sofort und mit vollem Recht, seinen Autor ausführlich zitierend, dagegen ein, daß in den fliegenden Festungen der alliierten Bomber "die Masse im Spiel" gewesen sei: "das sind keine Flieger; das sind Schützen, die in Kampfständen angeschnallt stehen, es ist die Infanterie in der Luft". Vgl. Reich-Ranicki: *Deutsche Literatur in West und Ost*. S. 65.

nicht allein “Spezialisten” und “Sportsleute”; sie heißen sogar – “Reiter am Himmel” in der Tat – wortwörtlich die “fliegenden Ritter” (vgl. 13 u. 17). Doch die wahrhaft Noblen und Ritterlichen unter ihnen sind, was sich alsbald erweist und obwohl auch der “Herr Feind” (228) bei Gelegenheit leutselig einbezogen wird, immer wieder und ohne jeden Abstrich die Deutschen. Bezeichnend hierfür ist folgender, auch von Reich-Ranicki (allerdings sehr verkürzt) zitierter Passus, welcher beschreibt, wie Hörath, “einer der Gaiserschen Helden”, eine feindliche Maschine jagt:

> Er [der Verfolgte] ist schneller als ich, dachte Hörath, aber offenbar hat er mich noch nicht gesehen. Es ist ein Abflug. Er paßt nicht mehr auf. Ein undeutliches Bedauern überkam ihn, eine Art von Scham. Dann sagte er laut: Was ist das für eine Maschine? Er kannte den Typ noch nicht. Er prägte sich die Kennzeichen ein. Er lud durch, und das Lichtkreuz glomm geisterhaft im Reflexvisier. Als er geschossen hatte, zeichnete der Gegner mit einer weißen Fahne. Ein Fetzen aus seiner linken Fläche trudelte an Hörath vorbei. Das Flugzeug stürzte, fing ab und flog eine Kehrtkurve. Es zog einen mächtigen Streifen hinter sich her. Hörath setzte den zweiten Angriff an und flog einen dritten. Zusammen stürzten sie durch den Wolkenschleier und dann dem Wasser entgegen, das jetzt von Gischtstreifen getigert war. Randlose See. Hörath blieb an dem Gegner, er kam so nah auf, daß er die Chiffre am Rumpf lesen konnte. Er sprach die Buchstaben nach. Es qualmte drinnen, er konnte nichts in der Kabine erkennen. Er schoß nun nicht mehr. Er dachte: Sie sollten verdammt jetzt aussteigen. Der Seespiegel rückte herauf, auf hundert, auf achtzig Meter, jetzt war es für sie schon zu spät, das fremde Flugzeug schloff ein und sackte gleich weg. Es wallte, ein Rauchknäuel stand auf der Stelle, später kamen Trümmer hoch, aber sonst nichts, kein Mensch. Hat er eigentlich geschossen? sagte Hörath zu sich. Entweder er war gleich fertig oder flog unbewaffnet. Ein Höhenflugzeug, ein schneller unbewaffneter Aufklärer. (11)

Aber das ist, trotz der Ausführlichkeit meines Zitats, lediglich die halbe Wahrheit. Was Reich-Ranicki nämlich – unverständlicherweise – nicht zitiert, ist Gaisers ebenso tückisch wie wirkungsvoll eingesetztes Gegenbild zu Höraths (wenn auch vergebens geübter) deutscher Ritterlichkeit. Nicht zufällig nennt es Gaiser, indem er die Begriffe förmlich auf den Kopf stellt, “die Ausrottung [!] des Oberfähnrichs von [!] Schwersenz” (229). Dieser, sozusagen waidwund geschossen, ist notgelandet und hängt, schwerverwundet, in den Trümmern seiner Maschine; Hörath aber, der wiederum auftaucht und soeben, gleichsam nicht minder ‘adelig’, einen Engländer oder Amerikaner gefangengenommen hat, wird genausowenig durch Zufall – o ja, Gaiser verstand sein Metier – Zeuge des ekelhaften Vorgangs. Denn er und sein Gefangener vernehmen plötzlich “ein hohes böses Heulen in der Luft”. Und nun (ich muß hier aus bestimmten Gründen ganz besonders lang und ungekürzt zitieren) heißt es unzweideutig:

> Das Flugzeug war über ihre Köpfe hinweggefegt, daß der Schwall ihre Ohren schmerzte, man sah den helleren Bauch, das Kreuz, den weißen Streif um den hinteren Rumpf, dann war es davon, und zwei andere Flugzeuge barsten über sie

> weg. Die Jagd verschwand, nur das Geheul dahinter warf sich noch schrillend und jammernd hin und her. Man sah nicht, was hinter den Kiefern vorging, die Kiefern verbargen es, aber dann kamen zwei Flugzeuge wieder schlank und herrlich heraufgeschossen und gewannen Höhe; das erste Flugzeug war nicht mehr dabei. Jetzt flogen die beiden Maschinen eine Kurve, fast gleichzeitig blitzte es von ihren Flächen, und dann gingen sie auf Position und hämmerten los und dahin, wo der Wald das Unbekannte verbarg. Sie verschwanden wieder und fingen nun nach der anderen Seite zu klettern an. Und jetzt teilten sie sich, das war wie ein Reigen, lustig anzusehen, wie der eine spitz wendete und wieder herunterstieß und der andere solange weiter ausholte und wartete, bis der erste seinen Vortritt vollendet hatte. Dann stieß auch er herunter auf den nämlichen Punkt. Es war ein Spechthämmern, exakt, fein und grausam hinter dem wohlduftenden Föhrenwald.

Man ahnt, was die beiden, Hörath und sein Gefangener, zu sehen bekommen. "Nach draußen", berichtet Gaiser,

> öffnete sich der Busch in eine bleiche Torfheide, die nach der Tiefe des Blicks etwas abfiel, und dann stieg das Gelände flach an und war gut einzusehen. Dort in der mageren Saat, die zu gilben anfing, lag das Flugzeug, gegen den Hang gelandet, am Ende einer kurzen und tiefen Spur. Es lag auf dem Bauch, nicht einmal geneigt, die Flächen waagerecht, in der Wanne festgerammt, die es sich selber gegraben hatte. Es waren dorthin vielleicht achthundert Meter, denn der Blick läßt sich leicht trügen über fallende Strecken weg. Sie sahen den Vorgang wie auf der Bühne, nahe und doch entrückt, und es ging sie gar nichts an. Das Geräusch tobte im Raum, jetzt überschnitten sich wieder die Vernichter [!] wie Bussarde, kurvten auseinander und setzten jeder für sich an zum Stoß.
>
> Hörath und sein Gefangener sahen die drei Flugzeuge; von dem Oberfähnrich Schwersenz konnten sie nichts erkennen, der durchs Kreuz geschossen in seiner zerhackten Maschine blutete, und dem vom Gürtel abwärts alles wie Blei war. Seine Gedanken verwirrten sich schon, und ein schreckliches Staunen ergriff ihn, als er merkte, daß jetzt das Ende da war; er hatte es sich nicht so gedacht. Er hatte sich nicht gedacht, daß sie noch einmal kommen würden, allein sie nahmen es gründlich und kehrten zweimal und dreimal um. Zu Boden mit ihm! Sie hatten gewonnen. Gewinnen ist herrlich für den, der gewinnen darf; die Kunst macht ihn rasend, es ist ein herrliches Spiel. Sie nahmen es nicht persönlich, sie kannten ja auch den Junker von Schwersenz gar nicht. Aber sie waren so unterrichtet, daß er ein Biest [!] sein mußte in seiner Maschine, verächtlich [!] und, wenn er davonkam, auch ziemlich gefährlich; nun verrichteten sie ihr Werk. Von Schwersenz hatte nicht mehr viel Macht über seine Vorstellungen, an Kreysler hätte er zum Beispiel von sich aus nicht gedacht, aber doch sah er jetzt einen Augenblick lang Kreysler vor sich und dann den Mann in der grünen Jacke, der lag und ein Bein anzog und sich noch ein wenig bewegte. Macht ihn tot, es ist nicht so persönlich zu nehmen, nur ganz allgemein.
>
> Die beiden Männer am Waldrand konnten nicht wahrnehmen, daß er sich bewegte, denn seine Hände gehorchten noch; er zog seine Bluse auf und tastete nach einem Papier. Es war die Durchschrift der Meldung, die er kürzlich über einen gewissen Vorfall vorgelegt hatte, und die nachher der Adjutant unter Verschluß hielt. Was wollte er mit dem Papier? Es mußte jetzt ohnehin mit ihm verbrennen.

Die Männer zwischen den Föhren sahen kleine Flammen aus dem verwüsteten Flugzeug zucken, sie krochen leckend über das Tragwerk und sprangen von der Motorhaube zum Rumpf. Sie versammelten sich und quirlten als eine einzige Fackel trübrot und dann hell wallend. Der Rauch drehte sich, er sprang rußend, unruhig züngelnd über den Ort hin und her, und ein fallender Windstoß drückte die schwarze Wolke ins Korn. Kains Opfer. Es war vollendet; die großen Vögel entfernten sich schnell mit einem hohen frohlockenden Heulen.
Lauf, hatte Hörath erst zu dem andern aus seinem erhitzten Gesicht geschrieen, lauf hin! aber dann sah er das Vergebliche ein. Und der andere hob die Schultern langsam, blieb in dem heißen Schatten der Föhren stehen, zusammengezogen wie ein Mann, der im Regen steht. Sie sahen scheu zu dem Brand hin, der dort in dem weißen Roggen unwillig schwelte. Es war am Mittag, die hohe Stunde, in der Gott zu den Menschen redete. Konnte er die Menschen noch annehmen? Die feierliche Stunde im Korn; erst Mittag, und sie wußten doch nicht, wie ferner den Tag ertragen. Sie schämten sich. (229f.)

Keine Szene in Gaisers gesamtem Roman wird derart ausführlich und in allen Einzelheiten erzählt wie diese "Ausrottung" – ich wiederhole mit Absicht das fatale Wort – des notgelandeten, gänzlich außer Gefecht gesetzten, hilflosen und schwerverwundeten deutschen Jagdfliegers durch seine beiden Gegner. Wir brauchen nicht erst vom Gaiserschen Pathos zu sprechen; denn "Gott" und die Bibel (von Schwersenz als schuldloser Abel, die anderen als Verkörperung Kains) werden ja wieder einmal bemüht, wie schon so oft. Aber ich möchte doch mit Nachdruck betonen, daß Gaiser *zwei* feindliche Jäger aufbietet, um den Deutschen dermaßen hundsgemein zu erlegen und zu erledigen. Er wußte haargenau, was er tat. Dieser und der vorhergehende Text sind in bewußter Gegenüberstellung aufeinander bezogen; zusammen, kein Zweifel, enthüllen sie mit jeder nur wünschbaren Deutlichkeit das Gaisersche Verfahren und die ihm zugrunde liegende Ideologie: das abstoßende, völlig unritterliche Feindbild und das erhebende, ja erbauliche und makellos ritterliche Eigenbild. 'Wir Deutschen sind doch bessere Menschen', ist man versucht, hier so finster wie unseligerweise ganz und gar angebracht zu scherzen.

Indes, das ist noch beileibe nicht alles. Ausgerechnet der so adelige wie edle von Schwersenz war es nämlich, der ein 'Erlebnis' mit deutschen Kriegsverbrechen an der Ostfront gehabt hatte und darüber nicht allein pflichtgemäß, sondern zutiefst beunruhigt "Meldung" erstatten wollte. Gaiser, wie ersichtlich, versäumt nicht, mehrfach und für den Leser unmißverständlich – durch die zusätzliche Nennung des Namens "Kreysler", durch die ausdrückliche Erwähnung des erschossenen Russen "in der grünen Jakke", durch das "Papier", nach dem der sterbende Junker tastet – daran zu erinnern. "Es kommt nur darauf an, daß immer einer da ist, der laut sagt, was Unrecht ist", hatte von Schwersenz, der Untadelige, Lautere, seinem abwiegelnden Vorgesetzten erklärt (vgl. 75). Aber was war jenes "Ding" (159), wie er den "gewissen Vorfall" nennt, denn gewesen? Auch diesmal muß ich wörtlich und erneut etwas länger zitieren. Nicht weit von einem

Feldflugplatz, wo von Schwersenz auf ein Transportflugzeug wartete, befand sich, hört Kreysler, "eine Gefangenen-Sammelstelle, und ich", fährt der Junker fort,

> sollte mir sie ansehen. Es ist nicht gerade ein Lager, mehr ein Pferch, von Draht umzogen, und von ein paar Türmen aus hält man in Schach, was sich drinnen bewegt. Ein Stabsfeldwebel regiert die Einheit, und der führt mich herum so ähnlich wie ein stolzer kleiner Besitzer in seinem Fabrikchen, wo Unterhosen gestrickt werden. Ich darf auch auf einen der Türme steigen, und dort passiert es. Droben steht ein älterer Schütze, ein ruhiger schwerfälliger Mensch, und was er sich denkt, weiß ich nicht, vielleicht gar nichts, er will sich wohl einfach großmachen. Er deutet und sagt: Sehen Sie doch einmal hin, da unten, Herr Oberfähnrich, der Kerl dort mit der Nase, sieht der nicht komisch aus? Ich meine den mit der Nase in dem grünen Frack. Und schon ist er im Anschlag, übrigens ist es kein Karabiner, es ist die alte lange Spritze Modell Achtundneunzig. Ich verstehe noch nicht einmal, was da los ist, komme nicht einmal drauf, ihm das Ding zur Seite zu schlagen. Es knallt, und der Mann in dem grünen Kittel zeichnet und geht zu Boden. Es entsteht nicht einmal eine Aufregung. Niemand stürzt zu ihm hin, sie stehen da alle und rücken eher etwas zur Seite, obwohl nicht viel Platz zum Ausweichen ist, und da auf dem engen Fleck liegt der Mensch und bewegt sich noch ein wenig. Wie in einem Rudel, wenn ein krankes Tier fällt; kein anderes nimmt viel Notiz, es liegt eben dann, und die anderen stehen. Was sagen Sie dazu?
> Sie sind ein Krieger, Schwersenz. Aber offenbar verstehen Sie weniger als ich [...] von diesem Krieg. Regt Sie das auf? In unseren Städten sind es in einer einzigen Nacht Zehntausend.
> Das kommt nicht auf mich. Aber der grüne Kittel kommt auf mich, denn ich bin dabei gewesen, und der Schütze auch, denn der ist von meiner Couleur. Und der Mann hat Kinder und fährt auf Weihnachtsurlaub. Was geht da eigentlich vor?
> Sehen Sie das nicht? Das kommt von Prinzipien. Das kommt zum Beispiel so, daß man die Menschen in Gattungen einteilt, von denen die einen Wert haben und die anderen nicht. Dort drüben, so hat man den Mann unterrichtet, hat er eigentlich keine Menschen vor sich, bloß so eine Art Lebewesen. Wenn er darf, tötet fast jeder gern.
> Das glaube ich aber nicht, Herr Oberleutnant.
> Nicht? Sie sind doch selber ein ganz fleißiger Töter. Sie wollen doch abschießen.
> Ich habe den Auftrag, Maschinen zu vernichten. Die Bedienungen kann ich dabei nicht aussparen.
> Aussparen ist gut. Die zweckmäßigste Methode ist aber die, Sie blasen der Besatzung das Hirn heraus. Dann hat die Maschine keinen Kopf mehr und ist erledigt.
> Ich setze mich aber dem gleichen Los aus. Es kann mich oder den anderen treffen.
> Das ist eine alte Spielregel, aber für adlige Vettern. Alle Flieger sind so was wie adlige Vettern, und darum bringen Sie sich auch fleißig um. Der Haken sitzt da, daß man noch andere Leuten beiziehen muß, viel Leute, viel zu viel Leute, denn der Konsum ist riesig. Und für die anderen Leute sind traurige Nebenumstände dabei. Ich setze diese Umstände, weil sie jederzeit zutreffen können. Nehmen Sie also den Mann in dem grünen Kittel, der da liegt und sich noch ein bißchen bewegt. Nehmen Sie an, der habe gar keine Lust gehabt [,] einen Orlog zu machen, er will nichts davon wissen, aber man hat ihn geholt und ihm seinen Kittel ange-

> zogen. Die Kinderchen haben geweint und so weiter, und er muß nun kämpfen, wovon er nicht viel versteht. Er ist froh an [sic] der ersten Gelegenheit, bei der er die Spritze niederlegen kann, und er hofft, daß nun alles vorbei sein möge und er mit dem Leben wieder herauskomme. Trotzdem muß er jetzt sterben, und das alles bloß [,] weil er die grüne Jacke trägt. Wozu es gut ist, weiß niemand, er selbst nicht noch auch der Schütze. Keiner kennt den andern. Sie wissen alle nichts voneinander. Aber daran können Sie nichts ändern, Herr von Schwersenz. Bleiben Sie im Vorderhaus, Herr von Schwersenz, seien Sie froh, wenn Sie an den Vorgängen im Hinterhaus nicht beteiligt sind.
> Sie betreffen mich aber. Wie soll ich kämpfen, wenn Dinge vorgehen, die uns schänden?

Worauf Kreysler (und durch ihn unverkennbar Gerd Gaiser) antwortet: "Halten Sie sich inzwischen schadlos an dem, was die anderen schändet" (159ff.).

Ja, dies ist es in der Tat. Denn abgesehen davon, daß Gaiser sein Kriegsverbrechen- und Greuelmotiv – nebst anderen, die jedoch blind bleiben – dem Stück *Des Teufels General* von Carl Zuckmayer entlehnt hat, dessen Leutnant Hartmann vergleichbare, aber freilich weit schlimmere Erfahrungen an bzw. hinter der Ostfront macht, so erweist sich die Ermordung jenes russischen Gefangenen in *Die sterbende Jagd* als eine rein subjektive, willkürliche, auf einen törichten Einzeltäter begrenzte Handlung, wie sie ("Wenn er darf, tötet fast jeder gern", nicht wahr[13]) in zahllosen Kriegen vorgekommen ist und stets aufs neue wieder vorkommen wird. Was indes bei Gaiser fehlt, ja durch die "Zehntausend" – nunmehr keine Untertreibung, sondern eine krasse Übertreibung – "in einer einzigen Nacht" durch den alliierten Bombenterror getöteten Greise, Frauen und Kinder von vornherein mehr als aufgewogen wird oder werden soll, ist die "Ausrottung" (abermals wähle ich dieses Wort mit Bedacht) ganzer Völker oder Bevölkerungsgruppen: der Juden, der Zigeuner, der Polen, der Russen. Und derlei steht auch keineswegs vereinzelt da, sondern hat sehr wohl Methode; denn die Willkürtat des deutschen Wachsoldaten – von Massenvernichtung oder gar Genozid ist nirgends die Rede – wird gleich anschließend durch den sinnlosen Tod eines deutschen Fliegers im Schießstand gebührend relativiert. Eine ähnliche, ebenfalls voll bewußte, geradezu planmäßige Relativierung und damit Entschuldigung spricht nicht minder lautstark aus der bloß durch einen kur-

[13] Derlei einen "ungeheuerlichen Ausspruch" zu nennen, wie Reich-Ranicki dies tut, zeugt, fürchte ich, von wenig Menschenkenntnis und noch weniger Kriegserfahrung; vgl. Reich-Ranicki: *Deutsche Literatur in West und Ost*. S. 66. Was im übrigen jenes blinde Gaisersche Motiv aus Zuckmayers Schauspiel anbelangt, so handelt es sich wie bei dessen Oderbruch um Sabotage. Der Kommodore sagt unzweideutig "[...] denken Sie noch einmal nach über eine bestimmte neuartige Sorte von Betriebsunfällen" (91). Ebenfalls Zuckmayer, und zwar der Gestalt von dessen Harras alias Udet, ist Gaisers General Mayer-Pütz verpflichtet, von dem es heißt, daß er "damals schon erbittert und verkannt seinen aussichtslosen Kampf gegen die oberste Führung kämpfte" (170).

zen Absatz getrennten Gegenüberstellung der beiden folgenden, zu allem Überfluß parallel gebauten Sätze:

> Die Nacht der Häftlinge in den Baracken, die auf nackten Brettern sich quälten, zusammengepfercht, manche halb von Sinnen, im Traum röchelnd; der Brodem von Haß und Erniedrigung über den Lagern, manche schlaflos, manche die Tränen im Mund.

Und:

> Die Nacht der getroffenen Stadt, in welche das Feuer aus einem röhrenden Himmel herunterfloß und die Seelen sich krümmten in Feuerstürmen, die Menschen wegschmolzen wie Staub, der auf heißer Platte funkt [?] und zergeht; und der Engel des Herrn barg sein Angesicht, der das Unheil nicht wenden durfte. (26f.)

Gaisers pathetische Übersteigerung wie seine biblische oder, richtiger, pseudobiblische Überhöhung, die sich hier, bezeichnenderweise im zweiten Zitat, wiederum so aufdringlich äußern, benötigen, denke ich, keine Erörterung mehr.

Angesichts solcher Praktiken wirkt der zum puren Vergnügen, als wäre er ein Stück Wild, erschossene Gefangene, ja wirken selbst die besagten Häftlinge in ihren Baracken – auch der Ausdruck “KZ” oder “Konzentrationslager” fällt bei Gaiser nie – wie billige, schäbige rhetorische Pflichtübungen. Und verhält es sich mit der Verfluchung des Krieges und der Kriegslüsternen am Schluß des Romans oder vollends mit der obligaten Haßtirade gegen den einst so gepriesenen, förmlich vergötterten “Führer” etwa anders? Man vergleiche:

> [...] verdammt und verflucht sollen die sein, die alles so haben kommen lassen, und verdammt und verflucht, die nachher nichts mehr davon hören wollen, und verdammt und verflucht, die es dann noch einmal probieren. (234)

Von Hitler aber, der so lapidar wie bequem als “Der Wahnsinnige” apostrophiert wird, bekennt Gaisers Oberst Frenssen – man wolle jedes Wort erwägen – doch tatsächlich:

> Ich hasse ihn. Ich hasse ihn wie die Pest.
> Gott hat ihn uns geschickt, dachte er, und er muß uns verderben. Ich verstehe das und verstehe es nicht. Aber ich kann nicht austreten und kann es nicht wenden. *Nemo contra Deum nisi Deus ipse*. (183)

Gott, und obendrein noch bildungsprotzend auf lateinisch, in einem Atem mit Adolf Hitler zu nennen und ihn rundweg (denn darauf läuft Gaisers Aussage ja hinaus) als den eigentlich Verantwortlichen und Schuldigen hinzustellen – diese Geschmacklosigkeit, gelinde gesprochen, läßt sich wohl schwerlich überbieten. Sie ist, genau besehen, eine schriftstellerische Ungeheuerlichkeit.

Im übrigen gehörte zu denen, welche “alles so haben kommen lassen”, auch der völkische Barde Gerd Gaiser, der Verfasser jenes Gedichtbandes *Reiter am Himmel* von 1941. Darin findet sich unter anderem das Gedicht

Der Führer. Ich zitiere dieses jämmerliche Machwerk, diesen Hymnus auf den angeblich so Gehaßten, zur Gänze:

Da wir aufbrachen, sahn uns die Alten nach.
Hinter dämmrigen Scheiben
Stießen sie, ihrer Jugend erinnert, sich an.
Ihnen dünkt geringer die unsrige,
Weil wir keine Kränze auf Vorschuß nahmen, weil wir
Gar nicht jubelten,
Und vom Siege nicht redeten.

Wir sparten die Antwort.
Schräg, aus den Augenwinkeln, blickten wir her.
Kein Wort ist uns Siegen,
Sondern Lebens oder Sterbens Entscheid.

Wie denn im Felde
Selten jene die besten Soldaten sind,
Denen nie auf der Zunge der flinke Ausruf stockt,
Die mit eiligen Augen
Ihre flache Wachheit ewig zu Scherzen trägt,
Sondern die Schweigsamen,
Die im Stehen schlafen, wenn keiner sie nötig hat,
In der Not aber kommt in sie keine Müdigkeit.
Keiner sah sie je gähnen, sah sie nach Essen
Fluchen oder um Wasser die Hälse drehen.
Kein Wort kommt über ihre Lippen in der Gefangenschaft,
Schweigend stürben sie, eh sie den Wind verrieten
Oder den gestrigen Schnee. Und
So auch schuf uns die Not.
Wir lernten
Schon als Knaben, daß Hunger nicht ehrlos macht.
Nie kaufte ein üppiger Tisch uns die hohen
Hoffnungen ab.

Wir neiden euch nicht, ihr drüben, eurer Kamine
Schläferndes Warm. Die Wimper eurer
Flachen entzauberten Weiber betört uns nicht.
Leer heißen uns eure Tänze,
Leer euer Lärm.

Die ein Hebräer anführt:
Einer Schlachtsau Leben wird einstmals das eure gelten
Stickig und fett.
Wenn aber wir fallen,
Wird lang unsre Jugend
Wie ein Riff aus dem Meer der Geschlechter ragen,
Da wir dem heerfolgten,
Der, entwachsen dem Sagbaren,

Aller Satzung enthoben
Alles Vergänglichen bar,
Aller Nächster und Fremdester,
Niedergestiegen von drüben,
Unbegreiflich uns vorfocht,
Dem wir gehorchten,
Weil unser höchstes Gebot auch sein Feldzeichen war.[14]

Damit, dergleichen als "ungare Stücke eines namen- und einflußlosen Debütanten" zu bezeichnen, wie Gaiser in einem Gespräch mit Horst Bienek anno 62 unwirsch festzustellen beliebte,[15] ist es wahrlich nicht getan. Hitler, "niedergestiegen" wie ein Gott und "aller [menschlichen] Satzung enthoben", die von einem "Hebräer" (Roosevelt?) Angeführten, also – sagen wir es doch unverblümt – die Juden durch seine Henker wie Säue, ja Ungeziefer abschlachtend: nein, das war keine harmlos 'verirrte' Reichs- oder Kriegslyrik. Gaisers unsägliche "Poesie [schade um den Namen] diente bewußt einer sehr konkreten Politik".[16]

Oder soll ich noch weitere Verse, beispielsweise die des Titelgedichts des Gaiserschen Bandes, *Reiter am Himmel*, in extenso zitieren? Sie lauten – und auch diesmal wolle man jedes Wort auf die Waagschale legen – folgendermaßen:

Eines Abends, im Jahre vierzig, als
Durch ein Fenster vom Dorfrand
Fernher die Stimme unseres Führers wehte,
Rastete längs am Wege,
Abgesessen,
Eine Batterie.
Und im Horchen hatte einer den Kopf gesenkt
Auf die staubigen Hände.
Seine Schläfen, umschattet, verrieten wohl
Die Todeserprobung
Derer, die einstens die große Sense gefehlt,
Und die zum andernmal ihrem Klirren lauschten.
Die im Schlamme von Flandern,
Gleichviel, im glühenden Karst,
Oder im Sand vor Damaskus
Zweiundfünfzig Monde der Welt getrotzt
– Ohne Heimat und Hoffnung
Brachen sie wieder und wieder aus ihren Löchern vor,
Bis sie soviel gelitten,

[14] Gerd Gaiser: *Reiter am Himmel: Gedichte*. München 1941. S. 57f.; das mir vorliegende Exemplar trägt den Stempel "Hauptarchiv der NSDAP. Nr. 38,54".
[15] Vgl. Horst Bienek: *Werkstattgespräche mit Schriftstellern*. Mit 15 Photos auf Tafeln. München 1962. S. 220.
[16] So Reich-Ranicki: *Deutsche Literatur in West und Ost*. S. 56.

Daß ihren Söhnen nur dieses: vollenden, blieb
Oder: schandvoll verfallen.

Seine Augen wurden so hell, daß man fast erschrak,
Wie den Kopf er wandte:
Als ob ein Blenden
Jahralter Schlachten in ihrer Bleiche erstarrt
Und ein Funke wäre,
Vormals niedergetreten,
Zu einem unerträglichen Gleißen in ihnen erwacht,
Davor eines Lächelns kühleres Flämmchen brannte.

Wo die Jungen aber,
Im Horchen zurückgelehnt,
Vor ihren Knien die Hände schlossen,
Schien es Gebärde von Reitern, die Reiche brechen,
Um sie besser zu bauen.
Wie sie die Augen
Zusammenzogen,
War es, als mäßen sie schon, im Nacken der Feinde, das fernste Gebirg
Und die äußerste Brandung,
Und die Schatten der Reiter,
Die den Ländern Gesetze gaben,
Träten aus Wolken
Über die Pässe schwindend,
So als wiesen sie ihren Enkeln den Weg.[17]

Neben 'Gedichten' wie diesen nehmen sich selbst die nazistischen Zeilen eines Baldur von Schirach, Heinrich Anacker oder Gerhard Schumann beinah erträglich aus.

Man hat, noch 1986, den Band *Reiter am Himmel* und insbesondere dessen eben zitiertes Titelgedicht als eine "apokalyptische Vision" gedeutet.[18] Das ist, trotz Gaisers Vorliebe für biblisierende (und darüber hinaus auch antikisierende[19] und selbstredend germanisierende[20]) Anleihen, blanker Unsinn. Diese heldischen "Reiter" entpuppen sich einerseits und nur zu handgreiflich als die "Schatten" der mittelalterlichen deutschen Ritter, die nach Italien, erst recht jedoch 'gen Ostland' zogen, andererseits aber schon, in unverkennbarem Vorgriff, als diejenigen der ritterlichen deutschen Flieger, die noch zwölf Jahre danach, in dem Roman *Die sterbende Jagd*, so einseitig wie unkritisch verherrlicht werden. (Allenfalls könnte man bei jenem

[17] Gaiser: *Reiter am Himmel*. S. 64f.

[18] Vgl. Bekes: *Kritisches Lexikon der deutschsprachigen Gegenwartsliteratur*. S. 3.

[19] So heißt es etwa: "Die Schlacht, sie war da, die Schlacht über Ilion, die Schlacht im [sic] Skamander" (102); usw.

[20] Von einem Major erfahren wir beispielsweise: "Er sieht aus [...] wie Alboin oder irgend so ein Gewaltkerl [!] aus Langobardien" (57).

Titelgedicht, gut teutonisch, an Wotan und dessen wütendes Heer denken.) Die Deutschen sind halt, um es auf englisch und ein wenig schnoddrig zu sagen, *the good guys* und die anderen, ob Amerikaner oder Engländer oder sonstwer auf der Gegenseite, *the bad guys*. Und das gilt auch nicht etwa bloß für die Reiter (Ritter) das Gaiserschen Gedichtbandes von 1941 und dessen Rassismus[21] oder den Gaiserschen Fliegerroman – "auf einsamer Höhe"[22] – von 1953. Ja, nicht einmal Frauen sind davon ausgenommen; man braucht nur die Italienerin in *Gianna aus dem Schatten* oder die Polin in *Aniela* zu betrachten.[23] Und so weiter und so fort.

Es bessert auch nichts, der Bildlichkeit und bildkünstlerischen Bezüglichkeit in *Die sterbende Jagd* im einzelnen nachzugehen. Lediglich zwei Belege seien zum Abschluß genannt: Albrecht Dürers *Holzschnitt-Apokalypse* (die vermutlich das Stichwort für jene verfehlte Deutung der Gaiserschen "Reiter"-Verse geliefert hat) muß zum Beispiel dazu herhalten, das Antlitz der deutschen Fliegerschaft dem Dürerschen "Gesicht des Engels" gleichzusetzen, das der feindlichen hingegen Dürers teuflischem "Echsengekröse"; daß deren Flugzeuge außerdem auf dem Bildschirm "wie schwarze [!] Schmeißfliegen" erscheinen oder schlechterdings als "giftig" gebrandmarkt werden, vermag nach alledem wohl schwerlich mehr wunderzunehmen (vgl. 100f. u. 108).

Und Gaisers angeblich so gelungene Jägerdarstellung und die in ihr zum Ausdruck kommende Ideologie oder Weltanschauung? Jeder seiner deutschen Jagdflieger sorgt sich ja, und zwar von Anfang an, immer nur darum, ob er "das Seine" getan habe: "Er brauchte sonst nichts zu denken" (vgl. 39). Oder vollends: "Gibt es ein Ding, das den Aufwand lohnte außer dem Spaß, den er [nämlich ebendieser Aufwand] selbst verursacht?" So wird bei Gaiser schmählich und faustdick rhetorisch gefragt; und die ironische Zusatzfrage "Der Friede?" ist auf ihre Weise ebenso schmählich und gänzlich, ja boshaft rhetorisch. Denn natürlich lautet die Antwort so knapp wie eindeutig: "Povres Ziel" (vgl. 136 u. 152).

Ja, Gerd Gaisers Roman *Die sterbende Jagd* ist, all seinen Kriegserfahrungen und, gewiß, brillant davon berichtenden Passagen zum Trotz, ein den Krieg mißdeutendes, im Grunde klägliches, ärmliches, eben 'povres' Buch. Der Kritiker von 1963 hatte recht: "Sein Werk dient[e] nicht der Wahrheit."[24]

[21] Vgl. Gaiser: *Reiter am Himmel*. S. 42ff.

[22] So Hans Egon Holthusen; zit. nach dem seinerzeitigen Werbetext des Gaiserschen Verlags.

[23] Vgl. Reich-Ranicki: *Deutsche Literatur in West und Ost*. passim.

[24] Nur der Vollständigkeit halber sei zum Schluß noch erwähnt, daß *Die sterbende Jagd* bereits während des Krieges konzipiert und zum Teil ausgearbeitet, ja in *Das Innere Reich* sogar (mit Kap. 4) gedruckt wurde. Näheres hierzu bei R[.] Hinton Thomas, Wilfried van der Will: *The German Novel and the Affluent Society*. Toronto 1968. S. 4, 15f., 150.

Jens Ebert

Auf der Suche nach Helden. Literarische Funktionen im Kalten Krieg

In East Germany pacifist ideas were the basis of government policy after World War II. This changed during the Cold War. The Socialist Party asked for a new view of history of liberation movements in Germany. It was in search of "heroes", as shining examples for the planned introduction of military forces. Many books were published, written by former soldiers of the German Wehrmacht, *mostly with an autobiographical background. In contrast to the exiled authors they saw the normal German soldiers as heroes. Harry Thürk's topic is a German elite group of paratroopers which organises sabotage and murders behind the Soviet lines. But the soldiers are described sympathetically. Dieter Noll also depicts a young, smart, lovely and strong German soldier. Such books were written only till the beginning of the sixties. Although or because they had been best-sellers, these types of "heroes" were too problematic for an anti-miltaristic and antifascist state, as the GDR always saw itself.*

Als am 8. Mai 1945 der Zweite Weltkrieg in Europa beendet wurde, gab es einen in der deutschen Gesellschaft historisch einmaligen Grundkonsens: Nie wieder Krieg. Die Erfahrung zweier von Deutschland begonnener, unter Bruch des Völkerrechts geführter und total verlorener Kriege sollte bewirken, daß die magische Drei bei der Numerierung von Weltkriegen nicht erscheinen sollte. Bertolt Brecht faßte das in dem bekannten Satz zusammen:

> Das große Carthago führte drei Kriege. Es war noch mächtig nach dem ersten, es war noch bewohnbar nach dem zweiten, es war nicht mehr auffindbar nach dem dritten.[1]

Über alle politischen Grenzen hinweg gab es nach 1945 in der Sowjetischen Besatzungszone und der späteren Deutschen Demokratischen Republik eine tief verwurzelte pazifistische Grundeinstellung, auch bei den regierenden Politikern. Der erste Ministerpräsident der DDR, der Sozialdemokrat Otto Grotewohl, faßte diesen Pazifismus in mehreren Reden vor Jugendlichen in dem Satz zusammen:

[1]Bertolt Brecht: *Große kommentierte Berliner und Frankfurter Ausgabe*, Bd. 23. Berlin, Weimar, Frankfurt a.M. 1993. S. 156.

Nicht das Gewehr, sondern das Buch soll euer Höchstes sein.[2]

Eine wie auch immer geartete, explizite Ehrenrettung der verbrecherischen deutschen Wehrmacht war in Ostdeutschland nicht zuletzt durch die allgemeine Kontrolle des Buch- und Medienmarktes unmöglich. Ganz anders in Westdeutschland. Daß es dennoch auch in Ostdeutschland literarische Texte gab, die implizit die Wehrmacht entlasteten, wird zu zeigen sein.

Anfang der fünfziger Jahre brachte die innere Logik des Kalten Krieges und der Teilung Deutschlands eine Veränderung der Positionen zu Krieg und Militär in der jungen DDR mit sich. Die SED entschied 1952 auf der zweiten Parteikonferenz einmütig, den Sozialismus in der DDR aufzubauen. "Tatsächlich aber fiel es selbst SED-Führern lange Zeit schwer, den Sozialismus in einem halben Lande als praktikable Perspektive zu denken."[3] Die Entscheidung der zweiten Parteikonferenz hatte weitreichende geistige Folgen, als Konsequenz der Politik. Der Aufbau eines souveränen Staates erforderte auch den Aufbau einer Armee. Eine Armee jedoch braucht, zumindest solange es keine Wehrpflicht gibt – die allgemeine Wehrpflicht wurde in der DDR erst nach dem Mauerbau Anfang 1962 eingeführt[4] – positive Vorbilder, um in der Bevölkerung Akzeptanz zu finden. Und genau in diesem Punkt hatte die SED-Führung ein Problem. Militarismus galt in der kommunistischen Geschichtswissenschaft als das Grundübel aller deutscher Geschichte. Geprägt durch Preußen, befördert durch wilhelminische, konservative Kräfte, exekutiert im Nationalsozialismus. Woher also sollten traditionsstiftende Kräfte für die neue Armee kommen? So war auch die Namensgebung der Jahre später gegründeten neuen Armee ein ideologischer Kompromiß – und eine contradictio in adjecto: Nationale Volksarmee. Die Nation war gespalten, Volksarmee eine Anlehnung an die basisdemokratische Volksmarinedivision, die 1919 im Bund mit der KPD die bürgerkriegsähnlichen revolutionären Kämpfe in Berlin führte. Die Nationale Volksarmee hat bis zu ihrem Ende 1989 nicht die erhoffte Akzeptanz in der Bevölkerung gefunden.[5]

Nach der zweiten Parteikonferenz der SED 1952 jedenfalls war man auf der Suche nach Helden. Und das war ein ideologischer Spagat. Ohne den historischen Antimilitarismus aufzukündigen, mußte man versuchen, im

[2] Otto Grotewohl u.a. in einer Ansprache vor Jungen Pionieren anläßlich der II. Wintersportmeisterschaften der DDR in Oberhof.

[3] Dietrich Staritz: *Die Gründung der DDR. Von der sowjetischen Besatzungsherrschaft zum sozialistischen Staat.* München 1995. S. 7.

[4] Die BRD führte die Wehrpflicht nach einer Grundgesetzänderung 1954 bereits 1956 ein.

[5] Das wird u.a. im großen Mangel an Offiziersbewerbern seit den siebziger Jahren deutlich, der trotz einer umfassenden Werbung bestand. Ein Fakt, der dazu führte, daß auf alle männlichen Abiturienten der DDR ein großer Druck ausgeübt wurde, sich zumindest für drei Jahre freiwillig zur NVA zu melden.

Militärischen ein Positivum für die Gegenwart zu sehen. Bei Dietrich Staritz liest sich das wie folgt:

> Walter Ulbricht plädierte für eine intensive Würdigung aller historischen Befreiungsbewegungen in Deutschland durch die Geschichtswissenschaft der DDR, der Schlacht im Teuteburger Wald ebenso wie des Befreiungskrieges von 1813. 'Helden' wie Lützow, Theodor Körner, Marschall Blücher verdienten mehr Würdigung, als ihnen bislang zuteil geworden sei. Nicht hinreichend beachtet worden sei z.B., [...] daß dem Lützowschen Freikorps, das 'im Rücken der französischen Truppen operierte' und wesentlich zur Niederlage Napoleons bei Leipzig beitrug, ein Detachment russischer Kosaken zugeteilt war.[6]

1952 war die Zeit eines Paradigmenwechsels, der Anfang der sechziger Jahre seinerseits abgelöst wurde. Wenige Jahre nach der zweiten Parteikonferenz begann in der DDR eine Welle von Kriegsliteratur, die zwar nicht in ihren Ausmaßen, wohl aber in ihrer geistigen Bedeutung mit dem Boom von Kriegsromanen in Deutschland nach 1928 zu vergleichen ist. Unmittelbar nach dem Zweiten Weltkrieg hatten maßgeblich die großen Exilautoren die Wertung des Krieges geprägt. Nun kamen in der DDR diejenigen zu Wort, die in der feldgrauen Uniform den Krieg auf deutscher Seite mitgemacht hatten: Herbert Otto, Franz Fühmann, Günter de Bruyn und andere. Parallel dazu gingen die vormaligen Verbündeten der Kommunisten, Offiziere und vor allem Generale der Wehrmacht, die im Nationalkomitee "Freies Deutschland" gearbeitet hatten, in die 1956 gegründete Nationale Volksarmee. Alles eigentlich äußerst problematische "Helden" für ein sozialistisches Land mit offiziell antimilitaristischem und antifaschistischem Selbstverständnis.

Wohl nicht der wichtigste, auch nicht der ästhetisch relevanteste, sicher aber einer der aufschlußreichsten Texte dieser Zeit ist der Roman *Die Stunde der toten Augen* von Harry Thürk, der 1957 veröffentlicht wurde.

Bereits das Motto, und solche Motti sind seit Erich Maria Remarques Anti-Kriegs-Roman *Im Westen nichts Neues* bekannt und haben auch Konjunktur, nimmt in seiner Ehrlichkeit die Wertung des erzählten Geschehens vorweg:

> Im Andenken an meine ehemaligen Kameraden [...], die gefallen sind, in dem Irrtum befangen Helden zu sein, und deren Draufgängertum und Verwegenheit einer besseren Sache wert gewesen wären, als der, für die sie kämpften.[7]

Thürks Roman ist, die widersprüchliche geistige Verfaßtheit der DDR jener Jahre in Bezug auf das Militärische dokumentierend, ein fast einzigartiges Werk. Es handelt von einer Einheit von Fallschirmspringern der Wehrmacht, die hinter der Front, auf sowjetisch erobertem Territorium kurz vor Kriegsende Diversionsakte begehen. Unter expliziter Verletzung der Haager

[6] Staritz: *Die Gründung der DDR*. S. 21.
[7] Harry Thürk: *Die Stunde der toten Augen*. Berlin 1958. S. 5.

Landkriegsordnung und anderer Völkerrechtsnormen morden sie in erbeuteten sowjetischen Uniformen im Hinterland des Gegners. Das Personal des Romans sind differenzierte Vertreter einer Eliteeinheit. Das nächtliche Morden und Sprengen vollziehen sie als "Arbeit", die perfekt organisiert und durchgeführt wird. Es ist dies eine Konstante des Erzählens: Die Taten der Protagonisten sind stets von Perfektion gekennzeichnet. Die Fallschirmspringer bei Thürk sind die Personalisierung genau dessen, was Adolf Hitler als Qualitäten der deutschen Jugend abforderte: "Hart wie Kruppstahl, zäh wie Leder und schnell wie die Windhunde".

Die Arbeiten zur Sprengung einer Brücke lesen sich so:

> Der kleine Oberkellner war geschickt wie eine Katze. Man hörte ihn kaum. Nur ab und zu gab es ein leises, scharrende Geräusch, ein Klirren von Metall auf Stein. Er verständigte sich mit den drei anderen durch kurze Zurufe, und sie gaben so viel von dem Seil frei, daß er um den Pfeiler herumklettern konnte. Timm ging mit dem letzten Soldaten zu dem Bahnwärterhäuschen. Als sie nach einer Weile zurückkamen, schleppten sie eine Zeltplan voll Handgranaten und Munition heran, die sie in dem Häuschen zusammengelesen hatten. Sie hatten die Zeltplane gerade im Schatten der Büsche niedergelegt, als in der Ferne das rollende Geräusch eines Zuges hörbar wurde. Die drei auf der Brücke knüpften das Seil fest um die Schwelle und verschwanden hinter den Büschen. Der Oberkellner blieb an seinem Seil hängen. Er war wütend, weil seine Arbeit unterbrochen wurde. Er hämmerte weiter an dem Gestein herum, und es war gar nicht gefährlich, daß er es tat, denn von der Brücke aus konnte ihn niemand sehen.[8]

Die Perfektion des Teamworks bei der gefährlichen "Arbeit", die von Thürk auch erzählerisch perfekt und vor allem spannend geschildert wird, hat Erfolg:

> Der Oberkellner aus Stuttgart hatte eine winzige Verzögerung in die Sprengladung eingebaut. Die Lokomotive fuhr über die Stelle, an die er den Kontakt gelegt hatte. Aber sie fuhr unbeschadet weiter und zog noch den zweiten, dritten, den vierten Wagen über den Kontakt. Dann schlugen aus den beiden mittleren Pfeilern die Flammen, und Bruchteile von Sekunden später rollte der Luftdruck der Explosion heran, das krachende Gepolter vor sich her treibend. Die Rechnung des Oberkellners ging genau auf... Das Poltern der aufeinanderprasselnden Panzer erschütterte die Luft [...] Zado hatte die Maschinenpistole in der Hand. Er war bereit zum Aufbruch. "Jesus Maria", sagte er flüsternd, "Jesus Maria und Josef, was dieser Knirps mit einem Koffer Sprengstoff anrichtet! Sie werden Wochen brauchen, bis sie das alles aufgeräumt haben [...]".[9]

Auch das Töten als "Arbeit" im Krieg und als Fortsetzung des bürgerlichen Lebens ist perfekt:

> [Thomas] dachte an den Artisten Zado, der sein Abitur in der Schublade hatte liegenlassen wegen der Liebhaberei mit den Messern und dem unwiderstehlichen

[8] Ebd. S. 22.
[9] Ebd. S. 30.

> Reiz, den die Bühnenbretter auf ihn ausgeübt hatten. Er stellt sich vor, wie Zado jetzt ebenso wie er, das Messer in der Hand, in die Nähe des Postens kroch, und er wußte, daß Zado den Russen geschickt und umsichtig töten würde, lautlos und sicher.[10]

Doch zu militärischen Helden gehört mehr als nur Perfektion in der "Arbeit". Ihre im Text erzählten Eigenschaften sind eine Positivliste: Sie sind hart, kräftig und durchtrainiert, ruhig und überlegen. Sie sind nicht zuletzt sexuell attraktiv, was sich in dem sexuellen Notstandsgebiet Front in ihren Frauenbekanntschaften beweist. Doch Frauen sind für sie nie Partner, stets nur Sexualobjekte. Bis auf eine Ausnahme. Als Thomas Bindig beginnt, den Krieg kritisch zu sehen und die Bäuerin Anna zu lieben, deren als idiotisch geltender Knecht in Wahrheit ein von ihr gesund gepflegter sowjetischer Offizier ist, ist er als Soldat verloren und stirbt wie alle seine Kameraden. Daß Liebe, als Gegenwelt zum Krieg, eine Bedrohung für das Leben des soldatischen Mannes darstellt, ist ein häufiges Motiv der DDR-Literatur.

Daß diese "richtigen Kerle" auch noch sentimental sind, gehört zur Sympathieskala dazu. Sie leiden darunter, Soldaten zu sein und morden zu müssen – ohne Auswirkung auf ihr Handeln. Es ist übrigens erstaunlich,wie sehr sich die Stereotypen der „richtigen Kerle“ in der ost- und westdeutschen Literatur oftmals gleichen.[11] Galt es doch lange Zeit als ausgemacht, daß sich die beiden deutschen Staaten im Kalten Krieg in ihren zugelassenen Wertvorstellungen diametral gegenüberstanden. Allerdings werden bei Thürk, und das ist unzweifelhaft eine spezifisch ostdeutsche Konstante des Kriegsromans, auch die russischen Kämpfer in das positive Männerbild ("Kerle wie Bäume")[12] einbezogen, auch wenn sie durch ihre Feldmützen ("Satanskappen")[13] dämonisiert werden.

Thürks Roman wurde zum Bestseller in der DDR. Der Text, ganz offensichtlich autobiographisch, erzählt weitgehend ohne explizite Wertung der Handlungen der Protagonisten. Die Perspektive ist nicht die eines überschauenden Erzählers, sondern stets durch die Figurensicht geprägt. Die Sympathie des Lesers ist somit zwangsläufig auf der Seite der eigentlich zu kritisierenden, da Verbrechen verübenden Wehrmachtssoldaten. Ideologische Absicht und erzähltes Geschehen differieren bei Thürk deutlich. Denn der Autor ist ideologisch unverdächtig, ein politischer Sympathisant der Wehrmacht und des Dritten Reiches zu sein.

Thürks Roman ist ein Beispiel dafür, wie auch in der verlegerischen Tätigkeit der DDR Kulturpolitik und kulturelle Praxis zuweilen aus taktischen und anderen Gründen auseinanderfielen. Der Roman, dem man eine große Ehrlichkeit in der Schilderung der Erlebnisse zugestehen muß, der auch eine

[10] Ebd. S. 13.
[11] Vgl. Jost Hermand in diesem Band.
[12] Thürk: *Die Stunde dertoten Augen*. S. 48.
[13] Ebd. S. 50.

umfangreiche Leserschaft fand, war dann doch der partiell gelenkten Literaturkritik der DDR suspekt. Gegen Thürk und andere gab es den Vorwurf der "harten Schreibweise", schlimmer noch, den Vorwurf des "Remarquismus". Diese Kritikpunkte mögen auch der Grund gewesen sein, daß eine geplante Verfilmung durch die obersten Kulturbehörden der DDR nie gestattet wurde. Die Forderung der Literaturpolitikerin Marianne Lange, "schreibt hart, schildert die Grausamkeiten des Krieges, des Lebens überhaupt, dann schildert ihr das Leben, wie es ist", sollten dann so direkt wohl doch nicht verstanden werden.[14] All dieses zeigt, daß sich die DDR in den fünfziger Jahren, was die Wertung von Militär und Geschichte und deren Darstellung betrifft, in einem gärenden Entwicklungsprozeß befand.

Dieser Prozeß dauerte nicht lange. Nach dem Mauerbau 1961 war die Teilung Deutschlands trotz widerlautender Äußerungen der SED offenbar. Die Mitte der fünfziger Jahre in die NVA geholten Wehrmachtsoffiziere wurden bald pensioniert. Es erschien fortan in der DDR bis auf wenige Ausnahmen kaum ein Roman mehr, der den Zweiten Weltkrieg aus der Sicht eines feldgrauen "Helden" beschrieb.[15]

Ein gewisser Schlußpunkt und vielleicht auch Höhepunkt der ostdeutschen Welle von Kriegsliteratur ist der Roman *Die Abenteuer des Werner Holt. Roman einer Jugend* von Dieter Noll, der 1960 publiziert wurde. Auch dieses Buch wurde ein Bestseller, obwohl es bis zum Ende der DDR Pflichtlektüre in den zehnten Klassen der Oberschulen war (in der Regel ist das nämlich für einen Autor "tödlich"). Der Roman erreichte allein im Aufbau-Verlag ca. 40 Auflagen und dürfte mit seinen Lizenzen über zwei Millionen verkaufte Exemplare erreicht haben.

Auch ich gehöre zu der Generation, die durch den "Werner Holt" geprägt wurde. Der Text war 1976 ein Wahlthema für die Abschlußprüfungen in Deutsch. Ich habe damals begeistert über diesen Roman geschrieben. Zehn Jahre später, als ich im Studium den Text erneut las, war ich befremdet über meine ehemalige Begeisterung.

Dieter Noll, der in seinem Roman ebenso deutlich wie Thürk aus eigenen Erfahrungen schöpft, ist, so lautet meine heutige Einschätzung, nicht, was die literarische Produktivität, wohl aber die ideologische Prägung des Kriegserlebnisses betrifft, ein ostdeutscher Konsalik. Der Roman *Die Abenteuer des Werner Holt* ist gestrickt mit den Mustern der Trivialliteratur – aus action, sex and crime. Der Roman wurde 1963 durch die DEFA verfilmt, auch der Film wurde ein Kassenschlager.

[14] Marianne Lange: Die Parteilichkeit des Schriftstellers heute. In: *Die Parteilichkeit des Schriftstellers heute*. o.O. 1959. S. 37-38 (Beiträge zur Gegenwartsliteratur. Hrsg. v. Zentralvorstand der Gesellschaft für Deutsch-Sowjetische Freundschaft u. v. Deutschen Schriftstellerverband, H. 16).

[15] Z.B. Herrmann Kant: *Der Aufenthalt*. Berlin 1977.

Nolls Roman ist im Gegensatz zum klassischen Frontroman von Thürk ein klassischer Entwicklungsroman und anders als bei Thürk, dessen Protagonisten sterben müssen, um der epischen Konzeption gerecht zu werden, ist Werner Holt eine typische Wandlungsfigur der ostdeutschen Literatur. Doch es gibt noch einen gewichtigeren Unterschied zwischen beiden Romanen: Während bei Thürk Verbrechen der Wehrmacht dokumentiert werden, befördert Noll die Legende von der "sauberen Wehrmacht", wo doch in der DDR die Wehrmacht offiziell stets als faschistisch apostrophiert wurde. Ähnlich wie in vielen westdeutschen Texten werden die im Zweiten Weltkrieg verübten Verbrechen in *Die Abenteuern des Werner Holt* nur von der SS begangen – eine andauernde Legende, wie die Wehrmachtsausstellung des Hamburger Institutes für Sozialforschung beweist. Diese äußerst problematische Tendenz wurde jedoch in der DDR von der zeitgenössischen Literaturkritik und den parteioffiziellen Medien kaum kritisiert, wie neuere Forschungen nachweisen.[16]

Dieter Noll erzählt die Geschichte zweier aus wohlhabenden Familien stammenden Jugendlicher, die in anfänglicher Gemeinschaft verschiedene Kriegserlebnisse und -erfahrungen durchleben und deren Deutung dieser Erfahrungen das Ende der "brüderlichen" Gemeinsamkeit bedeutet.

Der in geschiedener Ehe aufgewachsene und als schwer erziehbar geltende Werner Holt lernt Gilbert Wolzow an einem gymnasialen Internat kennen. Letzterer ist Sproß einer alten Offiziersfamilie und lebt in der Idylle einer, da Krieg herrscht, von Erwachsenen freien Villa, mit Hausangestellten und freiem Zugang zum Weinkeller. Eingeführt werden beide Protagonisten wie bei Thürk als sympathische, attraktive Kerle und Lausbuben. Insbesondere Holts Ideenwelt ist durch die Texte des SS-Barden Hanns Johst geprägt.

> Es ist ein Jammer, dachte Holt, als er sich unlustig und frierend mit kaltem Wasser wusch und dabei in den Spiegel starrte; es ist ein großer Jammer: Wolzow und ich, wir würden die ganze Schule beherrschen, wenn wir Freunde wären, denn die älteren Jahrgänge sind beim Militär, wir sind die oberste Klasse.
> Er trocknete sich ab. Er befühlte Wangen und Oberlippe: der Bart ließ sich Zeit, das war Holts Kummer [...].
> Einsfünfundsiebzig groß, siebenundsechzig Kilo schwer, schmal, doch muskulös, aber neben Wolzow, der einsachtzig maß und fast neunzig Kilo wog, eben doch beinahe knabenhaft. Dunkeläugig, dunkelhaarig sah er sich im Spiegel, und das Haar war widerborstig und ringelte sich gern in die Höhe [...].
> Wolzow war seit eh und je als der größte Flegel der Schule, zweimal Consilium, das drittemal nur durch Intervention seines Generalsonkels dem Hinauswurf entgangen. – Und ich Idiot komm neu in die Klasse und lauf ihm den Rang ab, statt

[16] Vgl. Anette Leo und Peter Reif-Spirek: *Helden, Täter und Verräter. Studien zum DDR-Antifaschismus*. Berlin 1999; Burkhard Schröder: *Rechte Kerle. Skinheads, Faschos, Hooligens*. Reinbek 1992.

> seine Freundschaft zu suchen! Das wär ein Freund, Gilbert Wolzow, ein Freund wie Hagen von Tronje, Winnetou oder Roller![17]

Werner Holt und Gilbert Wolzow werden anfänglich als Freunde beschrieben, die gemeinsam durch dick und dünn gehen: Sie verprügeln unsympathische Typen und kritisieren die Doppelmoral der Erwachsenen, sie sind erfolgreiche Soldaten an den Flakgeschützen, lehnen sich gegen unfähige Vorgesetzte auf, und sie verteidigen Schwächere, sogar wenn es sich um sowjetische Kriegsgefangene handelt. Insbesondere Holt erlebt den Krieg, wie schon der Titel des Romans sagt, als Abenteuer, nicht zuletzt als Abenteuer mit Frauen. Die Erfahrung des Krieges jedoch und vor allem die Verbrechen der Deutschen, wie schon erwähnt stets SS und nicht Wehrmacht, entzweit die Freunde. Mehr und mehr wird im Laufe des Romans ein anderer Jugendfreund für Holt wichtig: Sepp Gomulka, der ihn zur Desertion überreden will. Doch Holt hält aus bis zum bitteren Ende. Sein Wandlungsprozeß gipfelt schließlich nach dem Mord der SS an seinem Jugendfreund Wolzow, der sich im Laufe des Krieges immer mehr zum Landsknecht und Durchhaltestrategen entwickelt hat: Holt richtet sein Gewehr gegen im Endzeitbewußtsein fanatisierte Nationalsozialisten, um weiteres Töten zu verhindern.

Auch Werner Holt ist wie Thomas Bindig ein mit allen Sympathiewerten ausgestatteter jugendlicher Held. Er sieht gut aus, ist sportlich, intelligent und hat vor allem schon im Alter von 16 und 17 Jahren großen Erfolg bei Frauen. Er ist kräftig, aber nicht brutal, er ist selbstbewußt und zuweilen sentimental. Vor allem aber ist er, genau wie sein Freund Wolzow, ein guter und fähiger Soldat – eben ein "richtiger Kerl". Da Holt als Wandlungsfigur angelegt ist, gelingt es ihm auch, nach mehreren Affären mit anderen Frauen, die Liebe von Gundel, der Tochter eines im Konzentrationslager ermordeten Antifaschisten zu erringen, ohne als Konsequenz, wie Thomas Bindig im Roman von Harry Thürk, als Soldat sterben zu müssen. Die Liebe ist für Werner Holt nicht konsequenter Endpunkt der Existenz eines "soldatischen Mannes"[18], sondern der Beginn eines neuen Lebens. Er kann sich aus seiner soldatischen Existenz geistig befreien. Die Liebe zu Gundel verweist auf die Zeit nach dem Krieg, die von Dieter Noll im zweiten Band, dem *Roman einer Heimkehr*, gestaltet wird.[19]

Die Helden der Romane *Die Stunde der toten Augen* und *Die Abenteuer des Werner Holt*, die ihr Publikum in der DDR nicht verfehlten, liefen der offiziellen antimilitaristischen Ideologie der DDR entgegen und waren doch

[17] Dieter Noll: *Die Abenteuer des Werner Holt. Roman einer Jugend.* Berlin, Weimar 1976, S. 6.

[18] Vgl. Klaus Theweleit: *Männerphantasien.* Basel 1977.

[19] Dieter Noll: *Die Abenteuer des Werner Holt. Roman einer Heimkehr*. Berlin, Weimar 1976. Dieser Roman hatte in der DDR allerdings weit weniger Wirkung als der Kriegsroman.

ihre Kinder. In ihnen prallten zwei nicht miteinander zu vereinbarende Erfahrungen, nicht zuletzt autobiographische, aufeinander. Zum einen ist das die Teilnahme am Zweiten Weltkrieg auf deutscher Seite, ohne glühender Nationalsozialist gewesen zu sein, aber eben auch nicht im Widerstand. Zum anderen ist es die durchaus sicher ehrlich als Wandlung empfundene eigene Entwicklung nach 1945, gespeist aus dem Empfinden, mißbraucht worden zu sein und wichtige Lebenszeit vergeudet zu haben, verbunden mit dem Bekenntnis zum antifaschistischen Neubeginn in der DDR. Beide Romane sind somit ein Beispiel für die Widersprüchlichkeit der literarischen Funktionen von Heldenbildern im Kalten Krieg.

Die Fragwürdigkeit dieser "Helden" ist in der DDR-Gesellschaft auch später kaum benannt worden, da sich Geschichtsaufarbeitung und aktuelle politische Fragen stets überlagerten. So galten *Die Abenteuer des Werner Holt* in der DDR als der (Anti)Kriegsroman schlechthin, der den Werten und Anschauungen der "neuen" Gesellschaft entsprach. Insbesondere das den Schülern der Oberschulen angediente "Vorbild" Werner Holt fand jedoch in den achtziger Jahren kaum mehr Anklang. Zunehmend war es Gilbert Wolzow, der, unbeirrt für seine Sache kämpfend, als Faszinationsfigur erkannt wurde.[20] Es scheint daher auch nicht weiter verwunderlich, wenn der Roman *Die Abenteuer des Werner Holt* heute "als Kultbuch der jungen Rechten in Ostdeutschland" gilt.[21]

Erst neuere Forschungen haben sich ernsthaft der Fragwürdigkeit und Widersprüchlichkeit der genannten Romane und ihrer Zeit gestellt.[22]

[20] Das berichteten mir ein Kommilitone, der als Deutschlehrer tätig war, und Studenten in Seminaren über Kriegsliteratur Mitte der neunziger Jahre.

[21] Martin Straub: *Die Abenteuer des Werner Holt oder die Sehnsucht nach dem 'gefährlichem Leben'*. In: Anette Leo, Peter Reif-Spirek: *Helden, Täter und Verräter. Studien zum DDR-Antifaschismus*. Berlin 1999.

[22] Vgl. u.a. Anm. 16. Ursula Heukenkamp (Hrsg.): *Deutsche Erinnerung*. Berlin 1999.

Jaroslav Kovář

Antikriegsprosa in Ost und West: Heinrich Bölls Kurzgeschichte *Wanderer, kommst du nach Spa...* und Franz Fühmanns Novelle *Kameraden* im Vergleich

The short story Wanderer, kommst du nach Spa..., *which was written in 1950, is considered to be the most important and most successful of Heinrich Böll's anti-war short stories. The Franz Fühmann novella* Kameraden *from 1955 was considered, within the context of literature in the former German Democratic Republic, to be a masterful example of prose accounting for the militarism of fascist Germany. This article focuses on several obvious similarities as well as fundamental differences between both stories and the post-war period in the eastern and western parts of Germany.*

Jeder Vergleich, der zwischen zwei literarischen Werken angestellt wird, ist mehr oder weniger zufällig oder gar willkürlich, in der Argumentation vereinfachend und in seinem Resultat von nur relativer Aussagekraft. So ist auch die Wahl der beider Texte, die nun vergleichend und aus Platzgründen nur thesenhaft untersucht werden sollen, in hohem Maße subjektiv gewesen. Zwei Gründe waren es, aus denen ich mich gerade für diese Texte entschlossen habe: Erstens gehörten sie beide in ihrem jeweiligen Kontext zu den bekanntesten, hoch geschätzten und mehrfach preisgekrönten Antikriegsgeschichten der ersten Nachkriegszeit, und zweitens bin ich überzeugt, daß sie als geradezu exemplarische, ja repräsentative Beispiele für die unterschiedliche Aufarbeitung des Krieges in der deutschen Nachkriegsliteratur in Ost und West betrachtet werden können.

Heinrich Bölls Kurzgeschichte *Wanderer, kommst du nach Spa...* gilt als eine seiner bekanntesten, wenn nicht die bekannteste Kurzgeschichte mit Kriegsthematik. Ein kleines Meisterwerk, an dem die Möglichkeiten des Genres geradezu paradigmatisch demonstriert werden können, wie es auch Manfred Durzak, Bernhard Sowinski und viele andere Interpreten[1] gemacht

[1] Siehe dazu u.a. Klaus Doderer: *Die Kurzgeschichte in Deutschland.* Wiesbaden 1953, Repr. Darmstadt 1969; Manfred Durzak: *Die deutsche Kurzgeschichte der Gegenwart. Autorenporträts, Werkstattgespräche, Interpretationen.* Stuttgart 1980; Leonie Marx: *Die deutsche Kurzgeschichte.* Stuttgart 1985; Marcel Reich-Ranicki (Hrsg.): *In Sachen Böll. Ansichten und Einsichten.* München 1983; Wilhelm Johannes Schwarz: *Der Erzähler Heinrich Böll.* München 1973; Bernhard Sowinski: *Heinrich Böll. Kurzgeschichten. Interpretationen.* München 1988; Albrecht Weber: *Interpretationen zu Heinrich Böll. Kurzgeschichten I.* München 1965.

haben. Der vordergründigen Handlungsablauf dieser Kurzgeschichte muß hier sicherlich nicht ausführlich rekapituliert werden: In der letzten Phase des Krieges wird ein schwerverletzter junger Soldat in ein Lazarett hinter der Front gebracht, in dem er seine ehemalige Schule, die er erst vor drei Monaten verlassen hat, zu erkennen glaubt. Immer mehr Details sprechen dafür, während er auf der Bahre in den Operationssaal im ehemaligen Zeichensaal transportiert wird, daß es tatsächlich seine Schule sein muß, bis er an der Tafel seine eigene Schrift zu sehen bekommt und diese Erkenntnis endlich akzeptiert.

Ich bin überzeugt, daß die große Anziehungskraft dieser Kurzgeschichte in erster Linie auf der Raffinesse basiert, mit der uns Böll diese Geschichte erzählt: Die raffinierte Grundidee Nummer eins – die Frage, ob das Lazarett, in das der schwerverletzte Soldat gebracht wird, tatsächlich seine ehemalige Schule ist, oder ob er sich das nur in seinem Fieber einbildet, ob er sich vielleicht in der Rückblende des Sterbens an seine Schuljahre erinnert, ist eigentlich völlig nebensächlich, ja belanglos. Sie lenkt nur seine Aufmerksamkeit und auch die des Lesers von viel Wichtigerem ab, was sozusagen im zweiten Plan des Textes liegt und dem Text eine mehrschichtige Spannung und Dramatik verleiht.

Die raffinierte Grundidee Nummer zwei – die Wände im Gang des Gymnasiums, die Bilder, an denen der verletzte Soldat vorbeigetragen wird, versinnbildlichen ganz unauffällig, ja scheinbar beiläufig die Erziehung, die der Jugend im nationalsozialistischen Deutschland an einem klassischen, 'humanistischen' Gymnasium zuteil wurde. Der Gang vom Eingangstor zum Zeichensaal steht für den Bildungsgang von den niedrigeren Klassen bis zur Oberprima, von dem spartanischen Hopliten über die preußischen Herrscher bis zu Nietzsche, Rassenlehre und Hitler. In dieser Erziehung ist der Heldentod für das Vaterland – noch einmal siebenfach verherrlicht in dem Spruch "Wanderer, kommst du nach Spa..." an der Tafel im Zeichensaal – als der höchste Wert, als das Endziel bereits vorprogrammiert. Aus dieser Perspektive erscheint nun also das, was dem jungen Soldaten zugestoßen ist und was ihm noch bevorsteht – nämlich sein Tod infolge der schweren Verletzungen – als die logische Konsequenz dieser Erziehung.

Die raffinierte Grundidee Nummer drei aber ist, daß dieses Wesentliche erst im Kopf des Lesers zusammengestellt wird und im Text nicht ausdrücklich gesagt wird. Der Text enthält nur Indizien dafür, und zwar wieder mehrschichtig, in ganzen Indizienketten. Nur ein Beispiel für eine solche Kette von Indizien: Daß der junge Soldat stirbt, wird nie explizit gesagt, auch zum Schluß nicht; es gibt jedoch genügend Indizien, die diese Schlußfolgerung rechtfertigen und zwar gleich von den ersten Sätzen der Kurzgeschichte an, wo es heißt "ich war noch nicht tot",[2] über die Worte "in diesem Totenhaus" (42), womit die Schule gemeint ist, über das Kriegerdenkmal der Schule, von dem er denkt, daß dort bald auch sein Name stehen wird, über den Arzt im OP, der statt ihn zu operieren nur "die Schultern zuckt" (43) und ihm eine schmerzstillende Spritze gibt, bis zu dem letzten Wort der Kurzgeschichte, als der junge Soldat zu dem ehemaligen Hausmeister Birgeler "Milch" sagt. Dieses letzte Wort wird in der Literatur sehr unterschiedlich interpretiert; meines Erachtens ist es nicht nur die Erinnerung an die glücklicheren Tage der Kindheit, denn dazu sind seine Erinnerungen an die Schule allzu negativ, sondern die logische Fortsetzung dieser Indizienkette: Er weiß, daß in Birgelers Kammer, wo er früher in der Pause Milch kaufte, nun die Toten liegen – dieses Wort beweist viel eher, daß er nun seinen eigenen Tod akzeptiert und in die Kammer des Hausmeisters 'zurück' will.

Ich glaube, daß die starke, pazifistische, humanistische Aussage dieser Kurzgeschichte vor allem darauf beruht, daß der junge Soldat absolut keinen Zusammenhang sieht zwischen der Schule damals und seiner jetzigen Situation, zwischen der Erziehung zum Heldentod und seiner qualvollen Situation kurz vor dem eigenen Tod. Der Krieg ist eben in der Realität ganz anders als in den Lehrbüchern (das einzige, was den jungen Soldaten daran erinnert, ist das ferne, 'vornehme' Donnern der Artillerie) – im Gegenteil, hier bringt die Kurzgeschichte eine Vielzahl von Antinomien ein, um auf diese Kluft zwischen den beiden Welten hinzuweisen: Während die Uniform Friedrichs des Großen auf dem Bild in der Schule "himmelblau" und "besonders schön" (36) war, ist Birgelers Feuerwehruniform "brandig", "schmutzig" und "verschmiert" (43); während die Augen des "Alten Fritzen" auf dem Bild "strahlend" (36) sind, haben Birgeler und der Arzt "müde, traurige" Gesichter (43) usw., die Reihe könnte beliebig fortgesetzt werden. Diese zwei Welten – die Realität des Krieges und die Erinnerungen an die Schule – überschneiden sich eigentlich nie – und als dann gegen Ende der Geschichte das Wort "verstümmelt" (43) fällt, betrifft es wiederum nicht den verstümmelten Soldaten, dem beide Beine und ein Arm fehlen, sondern die Schrift an der Tafel.

Fühmanns Novelle *Kameraden* erschien fünf Jahre später, das heißt im Jahre 1955. 1957 wurde sie unter dem Titel *Betrogen bis zum jüngsten Tag* verfilmt (das Drehbuch schrieb Kurt Bortfeldt), in demselben Jahr erhielt Franz Fühmann "für die Kriegserzählungen",[3] also vor allem für *Kameraden*, den Nationalpreis der DDR. 1959 erschien dann unter dem Titel *Stürzende Schatten* ein weiterer Erzählband mit Kriegsgeschichten, der u.a. die Texte *Das Gottesgericht* und *Kapitulation* enthält.

[2] Heinrich Böll: *Wanderer, kommst du nach Spa...* München 1968. S. 35. Auch die Seitenzahlen aller folgenden Zitatstellen aus dieser Kurzgeschichte beziehen sich auf diese Ausgabe.

[3] Zitiert aus Franz Fühmanns 'Lebensdaten' [1971]. In: Franz Fühmann: *Im Berg. Texte und Dokumente aus dem Nachlaß*. Rostock 1991. S. 163.

Die Geschichte von *Kameraden* spielt sich im Baltikum des Jahres 1941 an der damaligen deutsch-sowjetischen Grenze ab, wenige Tage vor dem Überfall auf die Sowjetunion. Drei Soldaten der deutschen Wehrmacht – Thomas, Josef und Karl – sehen bei einem Gang ins Dorf einen seltenen Vogel, Karl und Josef drücken gleichzeitig ab, die eine Kugel trifft den Vogel, die andere unglücklicherweise ein Mädchen, die Tochter ihres Majors. Thomas, der nicht geschossen hat, verspricht den beiden anderen aus falsch verstandener Kameradschaft, daß er darüber schweigen wird. Der herbeigerufene Vater von Josef findet "eine nationalsozialistische Lösung"[4] – der Tod des Mädchens wird russischen Diversanten zugeschrieben. Als dann der Major im ersten besetzten Dorf zwei Mädchen zur Vergeltung aufhängen läßt, bricht Thomas sein Schweigen – es ist aber zu spät, sowohl für die Mädchen als auch für ihn selbst.

Zu Ähnlichkeiten und Gemeinsamkeiten der beiden Texte gehört sicherlich der vergleichbare autobiographische Hintergrund. Fühmann war seit 1941 Soldat, zunächst an der Ostfront ("Teilnahme am Überfall auf SU, Vormarsch durchs Baltikum entlang Peipussee"[5]), dann in der Ukraine, dann in Griechenland. Wurde "Obergefreiter/Unteroffiziersanwärter – Gipfel der militärischen Karriere"[6]. Danach viereinhalb Jahre sowjetische Kriegsgefangenschaft, zunächst in einem Lager im Kaukasus, seit 1946 in der Antifa-Zentralschule Noginsk bei Moskau, in dem er ein "orgiastisches Studium [des] Marxismus/Leninismus, vor allem politische Ökonomie"[7] betrieb. Entlassen wurde er am 24. Dezember 1949. Im Jahre 1971, in der Antwort auf eine Umfrage der Butzbacher Schüler schrieb Fühmann über seine Jahre in der Wehrmacht:

> Ein gütiges Geschick hatte mich während des Krieges in die Lage versetzt, keine Greueltaten und auch keine der alltäglich geübten Kriegsgrausamkeiten begehen zu müssen. Ich wurde nicht nach Auschwitz kommandiert, ich bekam aber auch keinen Befehl, einen Partisanen zu erschießen, ein Bauernhaus niederzubrennen, zu requirieren u. ä. Auf die Frage, wie ich auf einen entsprechenden Befehl reagiert hätte, kann die Antwort nur lauten: Mit allergrößter Wahrscheinlichkeit genauso wie die andern meiner Generation, denn dazu waren wir ja erzogen.[8]

Auch die biographischen Daten von Heinrich Böll sind bekannt, Böll war sechs Jahre lang Soldat, sowohl an der Ostfront wie an der Westfront; auch das Erlebnis der Kriegsgefangenschaft blieb ihm nicht erspart, die jedoch wesentlich kürzer ausfiel.

[4] Franz Fühmann: *Kameraden. Novelle*. Berlin 1957. S. 62.
[5] Fühmann: *Im Berg*. S. 159.
[6] Ebd. S. 161.
[7] Ebd.
[8] Franz Fühmann: *Erfahrungen und Widersprüche. Versuche über Literatur*. Rostock 1975. S. 19f. Nochmals abgedruckt in: Franz Fühmann: *Essays, Gespräche, Aufsätze 1964-1981*. Rostock 1983.

Trotzdem – und das halte ich im Hinblick auf den konstatierten repräsentativen Charakter der beiden Prosatexte für äußerst interessant – erzählen beide Texte keine autobiographische Geschichte und auch keine, die einen Anspruch auf Authentizität proklamiert hätte, sondern eine konstruierte, literarische, fiktionale. Ihr Konstruktionscharakter ist offensichtlich, beide erzählen eine 'unerhörte Begebenheit', die mit einem fast unwahrscheinlichen Zufall beginnt – hier die verirrte Kugel, da die Rückkehr in die eigene Schule. Auch das Alter von Thomas und dem jungen Soldaten Bölls ist ungefähr gleich, beide sind vor einer gar nicht langen Zeit noch Kinder gewesen, was in beiden Texten in Reminiszenzen zur Sprache kommt. Es ist, um es mit einem Wort Fühmanns auszudrücken, die "verirrte Jugend, die in den Tod geht".[9] Den Namen des jungen Soldaten bei Böll erfahren wir übrigens nicht, und auch darin könnte eine interessante Parallele mit Fühmann gesehen werden: Der Held der Erzählung *Kapitulation* wird ebenfalls nur "der junge Soldat" genannt wie bei Böll, im Unterschied zu den Feldgendarmen und dem SS-Leutnant, die ihn am 9. Mai 1945, Stunden nach der Kapitulation des OKW, wegen Desertion hängen wollen und die alle in der Erzählung mit Namen genannt werden. Niemand von den Protagonisten überlebt. Die Opfer bleiben namenlos, die Täter haben ihre Namen, könnte man anhand dieser Texte sagen. Daher ist es wohl nicht belanglos, daß auch Thomas, die einzige positive Figur unter den deutschen Soldaten dieser Novelle, einen Namen hat, denn mit seinem Schweigen beginnt seine Verstrickung in die Schuld, in die Mitschuld an dem Tod der beiden gehängten Mädchen.

Gemeinsam ist den beiden Texte die vorangehende Erziehung der jungen Soldaten zu Idealen wie Treue, Kameradschaft und Heldentum. Der Tod fürs Vaterland wird als höchstes Erziehungsideal präsentiert. So heißt es in Fühmanns *Kameraden*:

> Es wurde Schrift: "Wir sind geboren, um für Deutschland zu sterben!" Diese Worte standen [...] in harten, schwarzen Lettern im Torgestänge eines Lagers der HJ, in dem Thomas den Sommer verbracht hatte, den letzten, ehe er eingezogen worden war.[10]

Dieser Satz bildet eine direkte Parallele zu der Schrift ähnlichen Inhalts an der Tafel bei Böll. Nietzsche, der bei Böll an einem der Bilder im Gang zu sehen ist, erscheint auch in *Kameraden*, hier sogar mit längeren Zitaten aus *Zarathustra*, und es ist bezeichnend, daß gerade Josef ihn liest, der abscheulichste unter den Protagonisten dieser Novelle. In beiden Texten stirbt der Protagonist, in beiden wird es eher angedeutet als bestätigt, aber bezeichnend für Fühmann und seine Novelle ist der letzte Satz "Litauische Bauern

[9] Franz Fühmann: Die Fahrt nach Stalingrad. In: Franz Fühmann: *Fronten. Drei Erzählungen und eine Dichtung*. Berlin 1961. S. 113. Auch alle folgenden Seitenzahlen bei Zitaten beziehen sich auf diese Ausgabe.
[10] Fühmann: *Kameraden*. S. 11f.

fanden ihn"[11]. Das ist schon etwas außerhalb des Krieges, etwas nach dem Krieg, der Ansatz einer positiven Zukunft, die es bei Böll nicht gibt.

Und damit kommen wir zu den Unterschieden zwischen den beiden Texten. Es gibt natürlich zunächst den Unterschied auf der formalen Ebene, das heißt, den Gattungsunterschied: Hier die Form der Kurzgeschichte als einer Sonde in die inneren Gedankengänge der Hauptfigur, da die epische Geschlossenheit einer novellistisch aufgebauten Handlung, die sich über fünfzig Seiten erstreckt. Auch darin könnte man einen symptomatischen Unterschied sehen, nämlich daß eine Kurzgeschichte in der Regel offen ist, mehrere Interpretationen zuläßt, während es für Fühmann nur eine Interpretation gibt: Seine Novelle will den verbrecherischen Charakter des Hitlerkrieges aufzeigen. Das starke pädagogische Anliegen Fühmanns und der gesamten DDR-Literatur, dieses Bemühen, mit der Literatur zu erziehen, umzuerziehen, kann im Genre einer Novelle mit einem souveränen, auktorialen Erzähler, der mehr Raum braucht, um die Zusammenhänge zu erläutern, viel besser realisiert werden als in der offenen Kurzgeschichte.

Auch der zeitliche Abstand zwischen der Entstehung der beiden Texte ist nicht zufällig. Während dieser Stoff, die unmittelbare Abrechnung mit dem Krieg für die Heimkehrergeneration der Autoren in den westlichen Besatzungszonen wie Borchert, Böll u.a. Priorität hatte, war im Osten Deutschlands eine deutliche Verzögerung dieses Themas in der Literatur zu beobachten. Die Gründe für diese zeitliche Verzögerung der Antikriegstexte dieser Generation waren vielfältig und komplex. Die in Literaturgeschichten oft anzutreffende Erklärung, daß das verstärkte Interesse der Schriftsteller in der DDR für die Kriegsthematik erst um die Mitte der fünfziger Jahre mit der Wiederaufrüstung der BRD nach ihrer Eingliederung in die NATO zusammenhänge, ist meines Erachtens unzureichend. Ein für das erste Jahrzehnt nach 1945 viel wichtigerer Grund war die Dominanz der antifaschistischen Exilschriftsteller in der Literatur der sowjetischen Besatzungszone und der späteren DDR, die das Thema Krieg und Faschismus zunächst für sich beanspruchten und okkupierten. Für die Generation der Autoren, die den Krieg nicht im Exil, sondern als Wehrmachtssoldaten erlebt hatten, hieß das zunächst, den Krieg ideologisch zu verarbeiten, um an die Seite der Antifaschisten treten zu können, ja treten zu dürfen. Und Antikriegsprosa selbst – ohne den antifaschistischen Bezug – erübrigte sich eigentlich in der DDR, wenigstens in der offiziellen Ideologie. Primär war die Entscheidung für den Sozialismus – wer für den Sozialismus plädierte, war automatisch auch gegen den Krieg, denn der Krieg ist nach dieser Weltsicht ein Produkt der kapitalistischen Gesellschaft. Der Kapitalismus brachte den Faschismus hervor, eben um den Kommunismus zu stoppen, und Faschismus ist wieder gleichzusetzen mit Krieg. Der Pazifismus galt in der Lehre des Marxismus-

[11] Ebd. S. 70.

Leninismus sowieso als verpönt; wozu also noch Antikriegsliteratur schreiben?

Und dies galt nicht nur allgemein für die gesamte Literatur über Krieg und Faschismus im Osten Deutschlands, sondern ganz konkret auch für Franz Fühmann selbst. In seinen Thesen zu Fragen von Literatur und Kunst, entstanden 1957 während Fühmanns Tätigkeit als Leiter der Hauptabteilung Kulturpolitik im Parteivorstand der NDPD, stellte er sich die Frage, was wohl aus einem Roman Ilja Ehrenburgs geworden wäre, wenn 'ein Parteiarbeiter' Ehrenburg überzeugt hätte, die Schattenseiten des Lebens in Sibirien nicht zu zeigen, um dem Klassenfeind keine Argumente zu liefern. Und dann heißt es wörtlich:

> Ich kenne all die Einwände des fingierten Parteiarbeiters; wir Schriftsteller alle kennen sie, denn wir haben sie uns selbst immer wieder vorgehalten. Ich wage zu behaupten, daß viele wichtige Werke nur deshalb nicht geschrieben wurden (und werden), weil der Verfasser diesen geschilderten Dialog mit sich selbst führte (und führt) und dann schließlich dahin kam (aber jetzt nicht mehr kommt), daß man eben dieses und jenes noch nicht oder noch nicht so konsequent sagen könne und sagen dürfe. Ich hatte zum Beispiel immer und immer wieder meine Absicht, über die Hitlerzeit und den Hitlerkrieg zu schreiben, hinausgezögert, weil ich mit Problemen dieser Art nicht fertig wurde.[12]

Und das schrieb Fühmann nicht etwa in der für ihn so bitteren Zeit um 1980, sondern 1957, zwei Jahre nach dem Erscheinen der *Kameraden*, als er an weiteren Kriegserzählungen arbeitete, die dann 1959 in dem Band *Stürzende Schatten* erschienen.

Diese ideologische Delegierung des Krieges an die anderen, an den Imperialismus, an die Bundesrepublik, war in der offiziellen Ideologie so fest verankert, daß dies dann 1976 zum eigentlichen Thema des Romans *Kindheitsmuster* von Christa Wolf wurde, wie sie in Diskussionen vor und nach dem Erscheinen des Buches mehrmals betonte. Es war eine Deutung des Krieges, über die sich Christoph Hein noch 1994 in seinem Erzählband *Exekution eines Kalbes* lustig machen konnte:

> Auch war er [die Hauptfigur der Erzählung 'Ein sächsischer Tartüff'] der Ansicht, zurecht in einer so feinen Wohnung zu sitzen, denn wenn er auch nicht von den Nazis verfolgt worden war, vielmehr während des Krieges ihnen als Soldat gedient hatte, so habe er doch im Afrikacorps gekämpft, also nicht gegen die Sowjetunion, sondern gegen Franzosen und Engländer, und die seien ja bekanntlich Imperialisten. Dieser Logik konnten seine Nachbarn wenig entgegensetzen, obgleich sie deutlich spürten, daß seine Beweisführung eine faule Stelle enthielt.[13]

Nicht erst in *Kameraden*, sondern bereits in dem zwei Jahre vorher erschienen Poem *Die Fahrt nach Stalingrad* war die gesamte ideologische Wertung

[12] Fühmann: *Im Berg*. S. 196.
[13] Christoph Hein: *Exekution eines Kalbes*. Berlin, Weimar 1994. S. 77.

des Krieges bei Fühmann klar und deutlich formuliert. Der imperialistische Krieg, der antifaschistische Widerstand in Deutschland, die KZ, Partisanen, Kriegsverbrechen der Wehrmacht, Befreiung durch die Rote Armee, Umerziehung in der Gefangenschaft, Aufbau der DDR, Freundschaft mit der Sowjetunion – alles da, in wohlklingenden, rhythmisierten, ungereimten Versen, die heute so wirken, als seien sie aus Leitartikeln des *Neuen Deutschland* in "eine Dichtung" umgeformt, wie die Gattungsbestimmung unter dem Titel lautet. Für *Die Fahrt nach Stalingrad* erhielt Franz Fühmann übrigens 1955 die Goldene Medaille der Weltjugendfestspiele Warschau und 1956 den Heinrich-Mann-Preis. Es fehlt hier der "Rüstungsindustrielle" nicht, der KZ-Häftlinge ausbeuten und mißhandeln läßt und am Krieg Millionen verdient – "der Besitzer der großen Fabrik, Inhaber eines staatlichen Rüstungsauftrags, der in die Millionen ging"[14]. Und nach dem Krieg erscheint er wieder, jetzt natürlich nur in Westdeutschland:

> Er hat nun freilich nicht mehr / die schwarzen Stiefel, das Braunhemd, die Hakenkreuzbinde, / auch spricht er nicht mehr vom Vaterland. Er gibt sich jetzt / lässig, hemdsärmlich, keep smiling, jovial und überschäumend von Freiheitsreden und Christentum und abendländischer Kultur. (152) Aber er steht nicht mehr / im ganzen Deutschland, denn schon ist ein deutsches Vaterland, in dem des Volkes Freiheit lebt und das die Macht der Herren bezwang. (153)

Und noch ein Zitat: "O Volk, o mein Vaterland, was war mit uns geschehen? [...] Wir erfuhren es in der Gefangenschaft. Und wir erfuhren den Namen dieser Barbarei. Sie hieß Imperialismus [...]." (142.)

Die Worte über die große Lehre in der sowjetischen Gefangenschaft stimmen, wenigstens was Franz Fühmann selbst betrifft. Denn bereits am 27. November 1948 veröffentlichte das *Neue Deutschland* seinen polemischen Aufsatz, den er aus der Antifaschule zugeschickt hatte und in dem u.a. zu lesen war:

> Es ist falsch zu sagen: "Versagt die Gesellschaft, dann geht es auch mit der Kunst zu Ende, wie wir es im 'Dritten Reich' erlebt haben." Im Faschismus hat nicht *die* Gesellschaft versagt, sondern die *bürgerliche* Gesellschaft im Stadium des Imperialismus. [...] Damit wird einmal der Klasseninhalt des Faschismus verschleiert, zum zweiten dem Gedanken freier Raum gegeben, daß die bürgerliche Gesellschaft heute aus sich heraus fortschrittliche Tendenzen entwickeln könnte. Das widerspricht der leninistischen Lehre vom Imperialismus als faulendem und sterbendem Kapitalismus.[15]

Übrigens kann man an diesen Worten auch ermessen, welche Entwicklung Fühmann durchgemacht hat bis zu den bitteren, satirischen Parabeln über den 'real existierenden Sozialismus' in *Saiäns Fiktschen*, bis zu seinem Testament, in dem es heißt: "Ich habe grausame Schmerzen. Der bitterste ist

[14] Fühmann: *Die Fahrt nach Stalingrad*. S. 116.
[15] *Neues Deutschland* vom 27.12.1948. Zitiert aus: Fühmann: *Im Berg*. S. 177.

der, gescheitert zu sein: In der Literatur und in der Hoffnung auf eine Gesellschaft, wie wir sie alle einmal erträumten."[16]

In *Die Fahrt nach Stalingrad* war also die ideologische Vorarbeit bereits geleistet, so daß in *Kameraden* Fühmann dieses Problem ins Moralische transponieren und als Gewissenskonflikt aufzeigen konnte. Während bei Fühmann der Schwerpunkt auf der ideologischen Abrechnung mit dem faschistischen Krieg, mit dem ungerechten und verbrecherischen Aggressionskrieg liegt, findet bei Böll, Borchert, Schnurre u.a. die Abrechnung mit der Unmenschlichkeit des Krieges auf Grund der elementarsten humanen Werte statt. In Bölls Kurzgeschichte gibt es keine intellektuelle oder gar ideologische Verarbeitung des Kriegserlebnisses; Böll zeigt seinen Helden in einer elementaren menschlichen Situation, im Augenblick des Todes, der noch dazu als völlig sinnlos präsentiert wird. Hier hat der Krieg keinen Platz, er ist der Zerstörer des Lebens, er hat absolut keinen Sinn. Es ist der Augenblick, in welchem dem verletzten jungen Soldaten bewußt wird, daß er stirbt, und in dem er überhaupt keinen Zusammenhang herstellen kann zwischen seiner Erziehung und seiner jetzigen Situation – dieser Zusammenhang würde nämlich seinem Tod einen Sinn oder wenigsten einen Schein-Sinn geben, würde aus einem sinnlosen Tod einen Heldentod für das Vaterland machen. Diese elementare, menschliche Situation wird dadurch unterstrichen, daß uns Böll die Sinneswahrnehmungen seiner Hauptfigur präzise und detailtreu schildert; er vermittelt uns alles, was der junge Soldat sieht, was er hört, was er riecht und spürt, was ihm durch den Kopf geht.

Erlauben Sie mir zum Schluß noch einen kurzen Exkurs: Wie Böll später (1975 im Gespräch mit Christian Lindner) bekannte, zählte für ihn auch "das Essen zu den 'elementaren Dingen' der 'Moral des Lebens', in denen er das 'Humane' verkörpert sah"[17]. Dazu gehört in dieser Kurzgeschichte – und nicht nur in dieser – auch das Rauchen. Das Rauchen ist bei Böll eine fast sakrale, rituelle Handlung – ein Soldat, der eine Zigarette raucht, genießt für ein paar Minuten den Frieden. Wenn über Kipling gesagt wird, daß er der letzte war, der noch positiv über den englischen Kolonialismus schreiben konnte und daß alle anderen, die später trotz besseren Wissens dasselbe taten, als reaktionär einzustufen waren, so ist Heinrich Böll wohl der letzte Autor gewesen, der noch positiv und glaubhaft über das Rauchen schreiben konnte. Zigaretten und Rauchen als ein Elementarbedürfnis des Menschen bei Böll wären zweifellos eine selbständige Studie wert.

Mit der Darstellung elementarster menschlicher Situationen hängt ein anderes wichtiges Merkmal der beiden Texte zusammen, nämlich das Verhältnis zwischen Opfern und Tätern. Böll zeigt in erster Linie Opfer des Krieges, und auch in seinen Nachkriegsgeschichten stehen oft Kriegsversehrte im Mittelpunkt, wie auch bei Wolfgang Borchert. Bei Fühmann dagegen

[16] Zitiert aus: Fühmann: *Im Berg*. S. 307.
[17] Zitiert aus: Sowinski: *Heinrich Böll. Kurzgeschichten. Interpretationen*. S. 52f.

fehlen die Täter nie. Auch in *Kameraden* erscheint "der Mann in der schwarzen, silberbesteckten Uniform"[18] – der Vater von Josef, ein hoher SS-Offizier, "der in der nächsten Nähe Himmlers saß"[19]. Aber auch Fühmanns einfache Wehrmachtsangehörige sind skrupellose Mörder, die ihre Kameraden hintergehen, zusammenschlagen und ihnen nach dem Leben trachten wie in *Kameraden*, oder die sich gar gegenseitig töten wie in der Novelle *Kapitulation*. Der Mythos der Kameradschaft wird als Lüge entlarvt, der Titel der Novelle ist bitter sarkastisch. Bei Böll fällt das Wort Kamerad auch – hier aber als Ausdruck der Solidarität, als Birgeler dem schwerverletzten jungen Soldaten Wasser bringt (38). Die Wehrmacht in Fühmanns *Kameraden* ist nichts anderes als eine Mörderbande, angefangen von Karl, der damit prahlt, wie er in Berlin mitgemacht hat, "die Kommune zu erledigen" (31) und damit seinen jüngeren Kameraden imponiert, bis zu dem Major und dem General, dem Divisionskommandanten. Gleich nach wenigen Seiten der Novelle, als die drei Kameraden über dem toten Mädchen stehen und Josef "sein Seitengewehr schon in der Hand" hat und Karl sein Gewehr hebt (14), weiß der Leser, daß er sich bei der Wehrmacht im Reich des Bösen befindet. Eine Schuld trifft sie alle, auch ihren Autor, auch seine individuelle persönliche Schuld steht außer jeden Zweifel – so heißt es bereits in *Die Fahrt nach Stalingrad*, als das dichterische Ich des Poems im Mai 1945 in die sowjetische Gefangenschaft fällt:

> Dann kamen wir zu einer Schar von Rotarmisten. Einer [...] sprang auf und schrie drohend: "Fritz, warst du am Don?" Da sagte etwas aus mir: "Ja!" – Seine Fäuste erhoben sich tödlich; die anderen fielen ihm rasch in den Arm. Ich wurde schnell weggeführt. Oh, ich verstand ihn. Doch unverständlich waren mir die, die ihm wehrten.[20]

Zusammenfassend kann gesagt werden, daß beide Texte, Heinrich Bölls Kurzgeschichte *Wanderer, kommst du nach Spa...* wie auch Franz Fühmanns Novelle *Kameraden* als Antikriegsaussagen par exellence verstanden und interpretiert werden können. Beide aber – wie ich zu zeigen versucht habe – realisieren ihren antimilitaristischen Wirkungseffekt auf eine andere Weise. Der eine Text spielt vor dem Überfall auf die Sowjetunion, eigentlich noch im Vorkrieg, an der Grenze, die erst dann Front werden sollte. Der andere wenige Tage oder Wochen vor Kriegsende, als die Front auf ihren Ausgangspunkt, an die Grenzen Deutschlands zurückkehrte. Beide Autoren

[18] Fühmann: *Kameraden*. S. 56.

[19] Ebd. S. 30.

[20] Fühmann: *Die Fahrt nach Stalingrad*. S. 137. Die literarischen Namen, die in *Die Fahrt nach Stalingrad* fallen ("Hölderlin, Nietzsche, Rainer Maria Rilke, Georg Trakl, Charles Baudelaire und auch Dostojewskij", ein "Vers der Sappho und die betörende Zauberberschwörung der Edda", S. 115), insbesondere die Erwähnung Trakls, lassen durchblicken, daß das dichterische Ich des Poems mit dem Autor gleichgesetzt werden kann.

bedienen sich unterschiedlicher Mittel, beide haben eine andere Weltsicht; heute jedoch, mit Abstand von Jahrzehnten, könnten die beiden Texte nicht nur als repräsentativ für die Antikriegsliteratur im Osten und Westen des geteilten Deutschland, sondern vielleicht gar als komplementär bezeichnet werden.

Robert G. Moeller

Geschichten aus der "Stacheldrahtuniversität": Kriegsgefangene auf Zelluloid in der Bundesrepublik Deutschland

In Der Teufel spielte Balalaika, *a film that premiered in the Federal Republic of Germany in 1961, West Germans could be reminded of one of the most powerful symbols of Germany's defeat in the war – POWs in Soviet captivity. The film features a Jewish survivor of Nazi persecution, an Austrian who now works in the POW camp as a translator for the Red Army. In its presentation of her confrontation with a German POW, the film equates the suffering of German soldiers in Soviet hands with the suffering of Jews persecuted by the Nazis. The article analyses the film as a source for understanding the public memory of the Second World War.*

In dem Jahrzehnt, bevor das Fernsehen ins Wohnzimmer Einzug hielt, suchten mehr Westdeutsche als jemals zuvor – oder nachher – Unterhaltung im Kino, und zum Angebot gehörten auch zahlreiche deutsche Versionen des Zweiten Weltkriegs. Filme trugen – wie Heide Fehrenbach zeigt – wirkungsvoll bei zum "Wiederaufbau einer deutschen Identität nach Hitler".[1] Teil dieses Projekts war die Deutung des Kriegs und seiner Folgen.

In den fünfziger Jahren erzählten Filme, die sich auf den Kriegsschauplätzen abspielten, Geschichten von edlen deutschen Männer in Uniform, die losgeschickt worden waren, um Schlachten zu kämpfen, die sie nicht

Mein Dank gilt vor allem Heidrun Homburg, die diesen Beitrag aus dem Englischen übersetzt hat. Ein besonderer Dank gilt auch Paul Reichl und Stefanie Löster von Taurus Film GmbH & Co., die mir eine Kopie des Filmes *Der Teufel spielte Balalaika* zugänglich gemacht haben. Der Beitrag ist eine stark gekürzte Version eines Artikels, der in stark überarbeiteten Form demnächst in *Werkstatt Geschichte* erscheinen wird.

[1] Heide Fehrenbach: *Cinema in Democratizing Germany: Reconstructing National Identity after Hitler*. Chapel Hill 1995. Siehe hierzu ergänzend auch Claudius Seidl: *Der deutsche Film der fünfziger Jahre*. München 1987; Fritz Göttler: Westdeutscher Nachkriegsfilm: Land der Väter. In: Wolfgang Jacobsen u.a. (Hrsg.): *Geschichte des deutschen Films*. Stuttgart 1993. S. 171-210; Klaus Kreimeier: *Kino und Filmindustrie in der BRD: Ideologieproduktion und Klassenwirklichkeit nach 1945*. Kronberg i. Ts. 1973; ders.: Der westdeutsche Film in den fünfziger Jahren. In: Dieter Baensch (Hrsg.): *Die fünfziger Jahre: Beiträge zu Politik und Kultur*. Tübingen 1985. S. 283-305; Friedrich P. Kahlenberg: Der Film der Ära Adenauer. In: Ursula Bessen (Hrsg.): *Trümmer und Träume: Nachkriegszeit und fünfziger Jahre auf Zelluloid*. Bochum 1989. S. 236-247 sowie Wolfgang Becker, Norbert Schöll: *In jenen Tagen ... : Wie der deutsche Nachkriegsfilm die Vergangenheit bewältigte*. Münster 1995.

gewinnen konnten. Überzeugte Nationalsozialisten kamen in diesen Filmen vor als eine Mischung von Korruption, geballter, ins Komische verzerrter Inkompetenz und blindem Fanatismus. Ganz anders der wahre deutsche Mann. Er trug nur gezwungenermaßen Uniform. Er versuchte unablässig, die befehlshabenden Offiziere auszutricksen, einzig beseelt von dem Wunsch, seine Kameraden zu schützen und an Heim und Herd zurückzukehren. Zumal an der Ostfront kämpfte er heldenhaft, um sicherzustellen, daß die Russen die Heimkehr nicht verunmöglichten – so zumindest die Botschaft der Filme, die sich diesem Kriegsschauplatz zuwandten. Das Deutschland, für das diese Männer einstanden, war nicht nationalsozialistisch, und die Nation, die sie verteidigten, war nicht der Führerbunker, sondern die Heimat. Die Rehabilitation der deutschen Wehrmacht auf der Leinwand war gleichsam eine Parallelveranstaltung zur Rehabilitation der deutschen Armee durch die westlichen Alliierten und den Bundestag, als Westdeutsche erneut, diesmal als Teil der Streitkräfte der Nordatlantischen Verteidigungsgemeinschaft (NATO), Uniformen anlegen sollten.[2]

In den späten fünfziger Jahren setzte eine Anzahl Filme ihre Handlung dort an, wo Kriegsfilme geendet hatte: Sie folgten den Soldaten in die sowjetischen Lager und ließen sie einen anderen Krieg gewinnen, diesmal gegen die sowjetrussische Barbarei hinter dem Stacheldraht. In diesen Filmen waren Kriegsgefangene zweifach Opfer, zuerst fielen sie durchgeknallten Nationalsozialisten, dann der Roten Armee, die sie gefangen genommen hatte, zum Opfer. In diesem kurzen Beitrag möchte ich an einem Beispiel zeigen, wie ein solcher Film die Erfahrungen der Kriegsgefangenen über anderthalb Jahrzehnte nach Kriegsende wiedergab. Ich werde hierzu den von Leopold Lahola gedrehten und von Peter Bamberger produzierten Film aus dem Jahr 1961 *Der Teufel spielte Balalaika* analysieren.

Es waren allerdings nicht Filme, die das Schicksal deutscher Kriegsgefangener in der Sowjetunion der westdeutschen Öffentlichkeit als erste nahe brachten. In den frühen Jahren der Bundesrepublik wurden Geschichten von

[2] Vgl. Donald Abenheim: *Reforging the Iron Cross: The Search for Tradition in the West German Armed Forces*. Princeton 1988; David Clay Large: *Germans to the Front. West German Rearmament in the Adenauer Era*. Chapel Hill 1996. Für manche Autoren bieten die Kriegsfilme der fünfziger Jahre kaum mehr als einen propagandistischen Hintergrund zur Unterstützung der Wiederbewaffnung. Vgl. hierzu Wilfried von Bredow: Filmpropaganda für Wehrbereitschaft: Kriegsfilme in der Bundesrepublik. In: ders., Rolf Zurek (Hrsg.): *Film und Gesellschaft in Deutschland: Dokumente und Materialien*. Hamburg 1975. S. 316-326, ferner Irmgard Wilharm: Krieg in den deutschen Nachkriegsspielfilmen. In: Gottfried Niedhart, Dieter Riesenberger (Hrsg.): *Lernen aus dem Krieg? Deutsche Nachkriegszeiten 1918 und 1945*. München 1992. S. 281-299. Darüber hinaus enthielten diese Filme – wie ich in diesem Beitrag zeigen werde – jedoch auch Angebote, wie mit einer sehr besonderen deutschen Vergangenheit "ins Reine" zu kommen sei, und entwarfen eine deutsche Zukunft.

Kriegsgefangenen an vielen verschiedenen Orten erzählt. Deutsche Kriegsgefangene in der Sowjetunion waren ein Schlüsselsymbol für den "Zusammenbruch" des Deutschen Reichs an der Ostfront – einer Front, die sich Ende 1944 und Anfang 1945 stetig weiter nach Westen vorschob. In einer moralischen Bilanz, die das Leiden deutscher Opfer gegen das Leiden derjenigen aufrechnete, die der deutschen Willkürherrschaft zum Opfer gefallen waren, spielten deutsche Kriegsgefangene eine überaus sichtbare, prominente Rolle.

Die volkstümlich sogenannten "10.000", die letzte Gruppe der von der Sowjetunion festgehaltenen, darunter einige seit Anfang der vierziger Jahre inhaftierten Kriegsgefangenen begann im Oktober 1955 nach Deutschland zurückzukehren. Die öffentlichen Gefühlsaufwallungen, mit denen die Heimkehrer im Herbst 1955 begrüßt wurden, belegen auf ihre Weise den außerordentlichen symbolischen Stellenwert des Ereignisses. Nach der Rückkehr der Gefangenen glaubten Westdeutsche verkünden zu können: "Jetzt ist der Krieg zu Ende".[3]

Nach der Heimkehr der letzten deutschen Kriegsgefangenen mochten die Westdeutschen sich bereit gefühlt haben, einen Schlußstrich unter die emotionale Bilanz des Zweiten Weltkriegs zu setzen, aber in der zweiten Hälfte der fünfziger Jahre blieben die Lektionen der "Stacheldrahtuniversität", wie die Erfahrung der Kriegsgefangenen genannt wurde, noch im Curriculum als Teil eines nationalen Erziehungsprojekts.

Unter anderem wurden deutsche Kriegsgefangene auch zu Kinostars. Sechs Jahre nach der Heimkehr des letzten Kriegsgefangenen hielt *Der Teufel spielte Balalaika* Einzug in die Lichtspieltheater. Auf ein Massenpublikum zielend, erzählte dieser in schwarz-weiß gedrehte Film die Geschichte eines Lagers mit deutschen und japanischen Kriegsgefangenen als Insassen. Zu langen Zwangsarbeitsstrafen verurteilt, mußten sie in einem Steinbruch Felsen sprengen und Steine schlagen. In diese düstere Männerwelt kommt eine Frau, Elena Seidenwar (Anna Smolik), eine Wiener Jüdin, die sich nach ihrer Befreiung aus einem nationalsozialistischen Konzentrationslager der Roten Armee als Übersetzerin angeschlossen hatte. Dankbarkeit und politische Überzeugung gaben auch für die Heirat mit einem Russen den Ausschlag, der als politischer Offizier in der Roten Armee dient und ebenfalls Jude ist.

Analogien zwischen Elenas Erfahrung und der von deutschen Kriegsgefangenen bleiben nicht der Einbildungskraft der Zuschauer überlassen. Elena war kurz vor ihrem Ehemann im Lager eingetroffen. In der ersten Nacht in den Baracken des Lagers wacht sie auf, gepeinigt von schrecklichen Alpträumen, in denen sich Bilder aus ihrer Vergangenheit über die Gegenwart

[3] "Heidelberg grüßt seine Heimkehrer". In: *Rhein-Neckar-Zeitung* vom 12.10.1955. Vgl. allgemein hierzu Robert G. Moeller: "The Last Soldiers of the Great War" and Tales of Family Reunions in the Federal Republic of Germany. In: *Signs* 24 (1998). S. 129-146.

legen. Ihrem Ehemann erklärt sie: "Ich träumte, dieser Stacheldraht ist mein Stacheldraht, und dieses Gefangensein ist mein Gefangensein."[4] Elena versteht, daß die deutsche Barbarei die gleiche ist wie die sowjetische Barbarei.

Elena weiß, "ohne Worte können sich die Menschen nicht verständigen". Sie übersetzt die Erfahrung der Deutschen in die Sprache des Leidens der Juden und Russisch in eine Sprache, die die deutschen Gefangenen verstehen können. Ihr Mann versucht eine Übersetzung anderer Art. Er will seine Einsichten in die menschliche Natur nutzen, um eine gerechtere Lagerordnung einzuführen. Er stößt dabei ständig auf die Gegnerschaft des Lagerkommandanten, Leutnant Fusow (Pierre Parel). Das System willkürlicher Gewalt, das sein betrunkener Landsmann eingeführt hatte und das von dem deutschen Antifa-Offizier Gellert (Günter Jeschke), einem korrupten Zuchtmeister, verstärkt worden war, macht von den vielfältigen Begabungen der deutschen Lagerinsassen keinen richtigen Gebrauch.

Peter Joost (Götz George), eine Stimme von Vernunft und Anstand in den deutschen Baracken, erweist sich als der lernwilligste Schüler des Lagers. In Peters Wortwechseln mit Elena hämmert der Film den Vergleich zwischen deutschen Opfern und den Opfern der Deutschen ein. Deutsche, so bekundet Peter seine Meinung, sind alles in allem schlechter dran: "Gewiß", erklärt er Elena, "Sie waren auch in Haft, aber auf der ganzen Welt wurde gekämpft für Sie, das war richtig so, verstehen Sie; und wir da, wer läßt sich den Schlaf stören heute unseretwegen, und mit Recht vielleicht." Elena enthält sich eines Urteils: "Wer wirklich viel gelitten hat, verlernt das Hassen" – eine Textzeile, die übrigens auch an prominenter Stelle in dem Werbematerial für den Film plaziert war.

Peter berührt Elenas Seele, nicht ihren Körper, aber diese Intimität reicht bereits aus, um Elena zu veranlassen, mit Peter Zigaretten und geheime Informationen zu teilen über den bevorstehenden Rücktransport einiger Deutscher in die Heimat. Einige seiner Kameraden glauben jedoch, Peter habe Informationen gegeben, nicht empfangen und ihre Fluchtpläne verraten. Sie lauern ihm im Steinbruch auf und veranlassen, daß eine Transportlore entgleist und geradewegs auf Joost zusaust. Sie setzen Joosts Leben erneut aufs Spiel, als sie die Karte für ihre Flucht in seinem Wundverband verstecken, als er sich von seinen Verletzungen erholt. Seidenwar, von Gellert begleitet, führt eine Durchsuchung durch, die Karte wird entdeckt, ein Indiz für Joosts Komplizenschaft. Seidenwar ahnt bereits, daß Joost von dem bevorstehenden Transport weiß und Elena die Quelle hierfür ist. Einen Fluchtversuch zu planen, ist ein politisches Verbrechen. Aber, anstatt Joost zu melden, setzt Seidenwar Joosts Name auf die Liste derjenigen, die nach Hause geschickt werden sollen. Auch Seidenwar hat "zu viel gelitten und das Hassen verlernt". Drei andere Kriegsgefangene, deren Namen auch auf

[4] Dieses wie die folgenden direkten Zitate aus dem Film sind meine eigenen Transkriptionen, R. G. Moeller.

der Liste stehen, brechen dennoch in der Nacht vor dem Transport aus, allerdings ohne weit zu kommen, sie werden eingefangen und am nächsten Tag wieder in das Lager zurückgebracht. Zu diesem Zeitpunkt ist Joost auf dem Abmarsch. Noch bevor es hierzu kommt, findet jedoch Fusow, der böse Russe, von Gellert, dem Antifa-Spitzel, mit entsprechenden Hinweisen versehen, heraus, daß Joost einst im Besitz der Karte war, die den Flüchtigen für deren Ausbruchsversuch gedient hatte – eine Tatsache, die Seidenwar für sich behalten hatte. Es ist bereits zu spät, um den Transport aufzuhalten; Joost befindet sich auf dem Weg zurück nach Deutschland. Aber am Ende des Films ist klar, daß Seidenwar einem weniger angenehmen Bestimmungsort entgegensieht – dem Verhör durch den NKWD. Mit Tränen in den Augen beobachtet Elena, von Stacheldraht umgeben – dieses Motiv schmückt die Werbeplakate für den Film –, wie die zwei Männer in ihrem Leben aufbrechen, der eine frei, der andere auf seinem Weg ins Gefängnis.

Der Teufel spielte Balalaika brachte dem Produzenten Peter Bamberger Lob und Anerkennung ein. Bamberger, selbst ein Veteran, der sechs Jahre in sowjetischen Kriegsgefangenenlagern verbracht hatte, wurde wegen seines Muts gelobt, ein so wichtiges Thema in einer derart unsentimentalen, kompromißlosen Weise anzugehen.[5] Für die meisten Deutschen des Jahres 1961 beinhaltete die Suche nach der Wahrheit bemerkenswert starke und ausdrückliche Vergleiche von jüdischen und deutschen Opfern. Nach seinem Zusammentreffen mit Elena, bei dem die Analogie zwischen dem Konzentrationslager und dem Kriegsgefangenenlager im Zentrum steht, kehrt Joost in die Baracken zurück und fragt seinen Kameraden: "Sag mal, hast du schon mal einen Juden gekannt?" Was immer Joost während des Kriegs im Osten getan haben mag, Juden zu treffen – vor seinem Gewehr oder in anderen Situationen – gehörte offensichtlich nicht zu seinen Aufgaben; noch war er bekannt mit irgend einem der deutschen Juden, die nach 1933 aus Deutschland flohen oder in den frühen vierziger Jahren in den Osten deportiert wurden. Die Jüdin, die er traf – vergebend, mitfühlend, verständnisvoll – war die Jüdin, die bereit war, den Deutschen Trost zu spenden.

Wie Joost behaupteten die meisten Westdeutschen in den fünfziger Jahren, sie hätten in den dreißiger und vierziger Jahren keine Juden gekannt. Nach den "Umerziehungs"-Kampagnen der Alliierten in den ersten Nachkriegsjahren und einer kurzlebigen Welle veröffentlichter Berichte von Überlebenden unmittelbar nach Kriegsende bedeuteten für viele Westdeutsche die Theateraufführungen des *Tagebuch der Anne Frank*, das 1956 auf deutsche Bühnen kam, die erste Konfrontation mit einem individualisierten Antlitz und persönlichen Schicksal des Holocaust. Die Anne Frank des Stücks versicherte dem westdeutschen Publikum, sie glaube trotz allem noch

[5] So die Filmkritik von Hans Bender. In: *Deutsche Zeitung* vom 25.2.1961 (Kopie), Deutsches Film Institut (DFI).

immer, "daß Menschen in ihrem Innersten eigentlich gut sind".[6] Elena Seidenwar ist die Anne Frank jenseits des Urals, ja sie ist sogar bereit, noch einen Schritt weiter zu gehen, indem sie ausdrücklich das feststellt, was Westdeutsche nur in Anne Frank hineinlesen konnten: Was Deutsche und Juden erlitten haben, war grundsätzlich das Gleiche.

Der Film wiederholte unverhohlen auch ein anderes übliches Verfahren, mit der deutschen Vergangenheit abzurechnen. Der Kommunismus, zumindest in seiner stalinistischen Ausprägung, wie er sich durch die allgegenwärtigen Porträts von Väterchen Stalin in den Lagern darstellte, unterschied sich nicht vom Nationalsozialismus. Elena wurde unter beiden Varianten des Totalitarismus im 20. Jahrhunderts, der braunen wie der roten, zur Gefangenen.

In dem Film wird allerdings auch ein anderes Rußland in Umrissen sichtbar. In einem Interview erläuterte Bamberger, daß der Film Spannung und Dynamik aus dem Kontrast zwischen Fusow, dem brutalen Lagerkommandanten, und Seidenwar, dem aufgeklärten jüdischen politischen Offizier, beziehe, und fügte hinzu: "Es gibt zahllose Seidenwars in Rußland. Wir aber sollten wissen, daß es sie gibt."[7] 1961 herrschten in der Sowjetunion keine Teufel. Acht Jahre nach Stalins Tod und fünf Jahre nach Chruschtschows Enthüllung der stalinistischen Exzesse bewegte sich Bonn schrittweise in Richtung verbesserter Beziehungen zu Moskau.

Ein vergleichbares mehr oder weniger widerwilliges Arrangement mit den anderen Deutschen hinter der Grenze im Osten war jedoch nicht so einfach. Der eigentliche Teufel im Film ist der kriecherische, korrupte deutsche "Antifa"-Offizier, der letztlich nur an einem Ort ein glückliches zu Hause finden konnte – in der DDR. Auch Seidenwar erkennt, daß Gellert nur fähig ist, Befehle auszuführen. Gellerts ständiges Hackenzusammenschlagen zum Gruß und sein unaufhörliches "Jawohl, Herr Leutnant" rufen bei Seidenwar nichts als Ablehnung auf den Plan und assoziieren Gellert mit hirnlosem Preußentum, hirnlosem Nazismus und hirnlosem Kommunismus à la DDR, wo, nur wenige Monate, nachdem Gellert und Seidenwar auf

[6] Ich stütze mich hier auf die fundierte Auseinandersetzung mit dem Thema bei Alvin H. Rosenfeld: Popularization and Memory: The Case of Anne Frank. In: Peter Hayes (Hrsg.): *Lessons and Legacies: The Meaning of the Holocaust in a Changing World*. Evanston/Il. 1991. S. 251, 259, 264, 266, 268, 270. Vgl. ferner Anat Feinberg: *Wiedergutmachung im Programm: Jüdisches Schicksal im deutschen Nachkriegsdrama*. Köln 1988. S. 17f. sowie Theodor W. Adorno: Was bedeutet: Aufarbeitung der Vergangenheit (Vortrag vor dem Koordinierungsrat für Christlich-Jüdische Zusammenarbeit 1959, zuerst erschienen 1959), Wiederabdruck, in: ders.: *Eingriffe. Neun kritische Modelle*. Frankfurt a.M. 1966. S. 125-146, bes. S. 143 (Anne-Frank-Stück-Reaktionen).

[7] Herms Senator: Im Räderwerk der Diktatur. In: *Westdeutsche Allgemeine Zeitung* vom 31.12.1960 (Kopie), DFI.

westdeutschen Kinoleinwänden aneinander geraten waren, die Berliner Mauer errichtet werden sollte.

Der andere ferne Kontinent, der in Laholas Film auftritt, ist Asien – noch weiter hinter der Elbe gelegen als Stalingrad oder Sibirien und nicht in Gestalt von "mongolischen" Wachmannschaften mit versteinerten Gesichtszügen. Diese Asiaten waren auch Gefangene, und sie sind eigentlich die wirklichen Faschisten. Sie befolgen die Anordnungen ihrer Führer ohne Nachzudenken, erfüllen geflissentlich die Norm, und zeigen keine ihren deutschen Schicksalsgenossen vergleichbare Gemütstiefe. Der einzige japanische Kriegsgefangene, der mit den Deutschen, die zu fliehen versuchen, gemeinsame Sache macht, weiß, was er zu tun hat, als er entdeckt wird. Noch bevor Fusow ihn aus der Baracke abholen kann, hat er sich rituell selbst getötet, indem er seinen Kopf in die Nationalfahne mit der aufgehenden Sonne einbindet, während seine japanischen Mitgefangenen schweigend zusehen. Dieser Osten ist eine Welt, in der Ehre etwas bedeutet, eine Bedeutung, die sich allerdings den Deutschen nicht erschließt. Dem Nicht-Verstehen-Können entspricht, daß lange Dialogpassagen zwischen den japanischen Kriegsgefangenen einfach unübersetzt bleiben, keine Elena ist zur Stelle, um hier auszuhelfen. Asien bleibt entschieden fremd.

Dieses Drama von Deutschen in der Hand von Nachkriegssowjets erschien auf der Leinwand, als ein anderer Deutscher in Israel in Gewahrsam war. Zwischen April und August 1961 verfolgten viele Westdeutsche mit gebannter Aufmerksamkeit das Verfahren Adolf Eichmanns in Jerusalem. Die Wochenschauen und Fernsehnachrichten zeigten Deutschland auf der Anklagebank vor jüdischen Richtern, die wenig Bereitschaft zur Vergebung zeigten. Anders die Welt des Films. In dem Spielfilm betonte Elena, wie wenig durch Anklage erreicht werde, und Seidenwar opferte sich zugunsten des Wohlergehens eines Wehrmachtssoldaten. Eine einfühlsame Besprechung in der angesehenen *Frankfurter Allgemeinen Zeitung* hob hervor, der Film präsentiere "ein ungewöhnliches Bild", das beim internationalen Publikum gewiß Verwunderung hervorrufen werde: "Hier werden die Soldaten der deutschen Wehrmacht als Gefangene im Steinbruch geschunden, im Karzer geprügelt, die stolzen Eroberer und harten Unterdrücker als die Unterdrückten" gezeigt. Dies ins Gedächtnis zu rufen, sei durchaus angebracht, denn die internationale Leinwand habe "sich gerade in letzter Zeit so heftig mit den Schreckenstaten während der deutschen Besatzung auseinandergesetzt". Der Film habe nichts gemein mit dem Stil der Kolportageromane und den Tatsachenberichten der Illustrierten über die Erfahrung der Kriegsgefangenen. Anders als diese sei *Der Teufel spielte Balalaika* ein "ernst zu nehmender deutscher Beitrag zu unserer jüngsten Geschichte".[8]

[8] Friedrich A. Wagner: Die Plennys von Sibirien. In: *Frankfurter Allgemeine Zeitung* vom 27.7.1961 (Kopie), DFI.

Der Teufel spielte Balalaika fand in der Presse ein starkes positives Echo. Gleichwohl blieb dieser Film der letzte Versuch deutscher Filmemacher, das Schicksal von Deutschen in Uniform in sowjetischen Lagern darzustellen – zumindest ein Indiz, daß die Lektionen der "Stacheldrahtuniversität" ihre Zugkraft verloren und nicht mehr viele zahlende "Studenten" anlockten. In den frühen sechziger Jahren waren immer mehr Westdeutsche weder willens noch bereit, sich zufrieden zu gegeben mit der Erzählung von der jüdischen Bereitschaft zu vergeben und der deutschen Unschuld, die Filme wie *Der Teufel spielte Balalaika* auftischten.[9]

1961 standen darüber hinaus Nationalsozialisten nicht nur in Jerusalem, sondern auch in der Bundesrepublik Deutschland vor Gericht. Seit 1958 hatte eine westdeutsche Zentralstelle begonnen, Anklage gegen deutsche Kriegsverbrecher zu erheben. Unter diesen Angeklagten befanden sich auch Kriegsgefangene, die 1955 bei ihrer Heimkehr nach Deutschland zunächst nicht vor Gericht gekommen waren.[10] Seit den späten fünfziger Jahren gab es auch Anzeichen, daß unter den Westdeutschen die Bereitschaft zunahm, eine komplexere Sicht des Nationalsozialismus und des Kriegs zu diskutieren.[11]

Freilich, 1961 waren aber kritische Stellungnahmen zu der Erzählung des Kriegs, wie sie *Der Teufel spielte Balalaika* transportierte, noch dünn gesät, und die überwiegend positive Aufnahme des Films legt nahe, daß er eine Version der Vergangenheit anbot, an der sich nur wenige Deutsche stießen. Diese Version versicherte, daß Verluste und Leiden Erlösung bringen, und sie bestand darauf, daß viele gute Deutsche – wie Peter Joost – dem Anstekkungsvirus des Dritten Reichs, aber auch dem barbarischen System des sowjetischen Kommunismus erfolgreich widerstanden hatten.[12] Filmkritiker

[9] Für eine kritische Perspektive, vgl. die Rezension des Films von Heinz Ungureit: Verwischte Konturen im sibirischen Lager. In: *Frankfurter Rundschau* vom 24.7.1961.

[10] Vgl. H.G. van Dam, Ralph Giordano (Hrsg.): *KZ-Verbrechen vor deutschen Gerichten. Dokumente aus den Prozessen gegen Sommer (KZ Buchenwald), Sorge, Schubert (KZ Sachsenhausen), Unkelbach (Ghetto in Czenstochau).* Frankfurt a.M. 1962. S. 152-510; siehe auch Ulrich Brochhagen: *Nach Nürnberg: Vergangenheitsbewältigung und Westintegration in der Ära Adenauer*. Hamburg 1994. S. 250.

[11] Vgl. Robert G. Moeller: War Stories: The Search for a Usable Past in the Federal Republic of Germany". In: *American Historical Review* 101 (1996). S. 1008-1048, hier S. 1034-1040; auch demnächst, ders.: *War Stories: The Search for a Usable Past in the Federal Republic of Germany* (erscheint im Winter 2000, University of California Press).

[12] Ein interessanter Vergleich findet sich bei Jackie Byars: *All That Hollywood Allows: Rereading Gender in 1950's Melodrama*. Chapel Hill 1991. S. 11. Allgemein hierzu vgl. Peter Brooks: *The Melodramatic Imagination: Balzac, Henry James, Melodrama, and the Mode of Excess*. (1976), Nachdruck, New Haven 1995. S. 14 f. Linda Schulte-Sasse schreibt über nationalsozialistische historische Filme, daß sie "ein Vorwissen auf Seiten der [...] Zuschauer annehmen, und das Vergnügen an

und die "Freiwillige Selbstkontrolle der Filmwirtschaft"[13] haben sich ausgiebigst darüber besorgt gezeigt, ob Filme, deren zentrales Thema die Erfahrung der Kriegsgefangenen war, auch tatsächlich als ausreichend wirklichkeitsgetreu durchgehen konnten, ob auf dem Studio-Boden der sowjetischen Gefangenenlager genug Schlamm und Matsch in der richtigen Konsistenz aufgehäuft waren.[14] Nicht den sowjetischen Schlamm, wohl aber westdeutsche Erzählungen des Kriegs hatten Lahola und Bamberger "richtig" hinbekommen. Ihr Film war die Wiedergabe dieser Erzählungen: Er berichtete von einer Vergangenheit, die bereits jetzt nur noch selektiv erinnert wurde – und von Geschichten über den Krieg, die viele Male erzählt und wiedererzählt worden waren. Und eben diese Vergangenheit war längst zu einem Bestandteil der öffentlichen Erinnerung Westdeutschlands über den Zweiten Weltkrieg geronnen.

Kriegsgefangene traten zwar in westdeutschen Filmen in den sechziger und siebziger Jahren nicht mehr auf. Die Nebeneinanderstellung von Opfern, von jüdischen und von deutschen, brach sich jedoch erneut Bahn im Kontext des "Historikerstreits" Mitte der achtziger Jahre. Ja, selbst in jüngster Zeit, in dem erbitterten Streit über die historische Wanderausstellung zu den Verbrechen der Wehrmacht in dem Angriffskrieg gegen die Sowjetunion, halten die Verteidiger der militärischen Ehre weiter daran fest, daß die meisten deutschen Soldaten – ganz wie Peter Joost – nie einem Juden begegnet seien. Aufgeblendet auf den Hintergrund von Filmen wie *Der Teufel spielte Balalaika* wird augenscheinlich, daß Vergleiche zwischen deutschen und jüdischen Opfern und die Gleichsetzung der Konzentrationslager mit dem Gulag, wie sie Mitte der achtziger und in den neunziger Jahre in der Debatte auftauchten, nichts bemerkenswert Neues brachten, sondern nur Altvertrautes wieder aufwärmten: sie waren nur die Wiederkehr dessen, was nie völlig unterdrückt worden war.

ihnen ist im allgemeinen weniger darin begründet, daß sie neue Dinge oder Einsichten vermitteln, sondern daß sie vielmehr das Vorwissen des Publikums bestätigen und ihm so erlauben, dasjenige zu genießen, was es eh bereits 'weiß'", dies.: *Entertaining the Third Reich: Illusions of Wholeness in Nazi Germany*. Durham 1996. S. 31. Dies gilt weitgehend auch für die hier in diesem Beitrag vorgestellten Filme.

[13] Die sogenannte FSK, 1949 gegründet, setzt sich aus Vertretern der Filmwirtschaft, des Bundesministerium des Innern, der Kultusministerien der Länder, der Kirchen, des Bundesjugendrings und der obersten Landesjugendbehörden zusammen und entschied – nach gemeinsam festgelegten Grundsätzen – über die Eignung der Filme zur öffentlichen Vorführung für Erwachsene, über die Altersfreigabe für Kinder und Jugendliche sowie über die Feiertagsfreigabe.

[14] Vgl. z.B. die Einstufungen des Films *Der Arzt von Stalingrad* seitens der Filmbewertungsstelle Wiesbaden in deren Schreiben an Divina-Film, 10.5.1958 sowie Filmbewertungsstelle der Länder der Bundesrepublik Deutschland an Divina-Film, 20.2.1958 und zur Bewertung des Films *Taiga*, Filmbewertungsstelle Wiesbaden an Bavaria Filmkunst, 9.6.1958, alle in Archiv des Verbandes der Heimkehrer, Kulturarbeit Kgf.-Film Taiga, Nr. 58.

Elke Mehnert

Menschen im Krieg – ein imagologischer Sonderfall? – Gegenseitige Wahrnehmung von Deutschen und 'Sowjetbürgern'

Literary images of one's own and of a foreign country can build bridges between nations. One element of these images – the stereotype – has the opposite effect. As far as the relationship between East Germany and the Soviet Union is concerned, a guilt-expiation-syndrome was also kept alive in literature whereas mythological elements of Russian self-representation dating from the 19th century played a role in West German culture.

"Wer den anderen nicht kennt [...]"

"Wer den anderen nicht kennt, hält bei ihm alles für möglich."[1] Diesen Satz hat Arnulf Baring zwar auf das deutsch-polnische Verhältnis bezogen – aber gilt er nicht allgemein für die gegenseitige Wahrnehmung von Völkern, von Menschen verschiedener Völker? Solche Unkenntnis, meinte Anna Seghers kurz nach Kriegsende, sei folgenreich: "Hitler hätte nicht Frankreich zum ewigen Erbfeind im Westen stempeln können, wenn er nicht für seine Lügen den Boden gefunden hätte, und dieser Boden war Fremdheit und grenzenlose Verständnislosigkeit." Sie leitet daraus die Aufgabe ab, zu versuchen, "auf das Wesen der anderen Völker zu kommen, dann werden sie auch auf unser Wesen kommen"[2].

Wie das geschehen soll, sagt die Autorin in diesem Aufsatz nicht – aber zweifellos hat sie die Aufklärungs- und Erziehungsfunktion von Literatur im Sinn, die zeitgleich auch Johannes R. Becher formuliert: "Wir, die Erzieher, müssen in erster Linie zur Erziehung der deutschen Jugend erzogen werden."[3] Als besondere Erziehungsaufgabe hebt er die prinzipielle Neugestaltung der deutsch-sowjetischen Beziehung hervor, für die er unter anderem folgende Gründe nennt: Über kein anderes Land der Erde seien "in den letzten drei Jahrzehnten [...] solche Lügen und Verleumdungen verbreitet wor-

[1] Arnulf Baring: *Scheitert Deutschland? Abschied von unseren Wunschwelten.* Stuttgart 1997. S. 149.
[2] Anna Seghers: Kulturelle Brücken zu anderen Völkern. In: Dies.: *Über Kunstwerk und Wirklichkeit I.* Berlin 1970. S. 208.
[3] Johannes R. Becher: Wir, Volk der Deutschen. In: *Publizistik III.* Berlin, Weimar 1979. S. 125.

den wie über die Sowjetunion"[4]; zudem sei die Korrektur des Sowjetunion-Bildes "eine moralische Pflicht [...], ein nationales Anstandsgefühl erfordert es, daß wir bei der Neuordnung der Beziehung zu allen Völkern die Neuordnung der Beziehung zu dem Volke hervorheben, dem wir Deutsche in einem barbarischen Vernichtungskrieg unsagbar Schlimmstes angetan haben"[5].

Für das Jahr 1947 leuchtet Bechers Forderung durchaus ein. Daß auch auf diese Weise Literatur politisch 'in Dienst gestellt' worden ist und die literarischen "Ingenieure der menschlichen Seele" (Stalin) der Literatur, ihren Lesern, aber auch der Annäherung zwischen den Völkern zuweilen einen schlechten Dienst erwiesen haben, ist aus dem Abstand eines halben Jahrhunderts deutlich zu sehen: Anstelle "realistische Vorstellungen von dem 170-Millionen-Volk im Osten" (Becher) zu vermitteln, "Fremdheit und grenzenlose Verständnislosigkeit" (Seghers) zwischen den Menschen in Deutschland und der Sowjetunion abzubauen, haben sich ostdeutsche Schriftsteller allzuoft für Sowjetpropaganda hergegeben, die sich bei Konfrontation mit dem 'Originaleindruck' von Land und Leuten als ideologisches Konstrukt erwiesen hat.

Das macht freilich Anna Seghers' Bild vom literarischen Autor als einem kulturellen Brückenbauer nicht obsolet: Was wir von einem anderen Land, seinen Menschen wissen oder zu wissen meinen, entstammt zum großen Teil unserer Lektüre schöner Literatur. Literarische Länderbilder (IMAGES) zeichnen sich durch Nachhaltigkeit aus, werden oft über Jahrhunderte tradiert. Leider gilt das auch für Stereotype, jener Teilmenge der Images, die als griffbereite Erklärungsmuster hauptsächlich im Alltagsbewußtsein anzutreffen und propagandistisch leicht zu verwerten sind. Diese typisierenden Bilder von Ländern und Leuten 'wuchern wie Unkraut' und sind ebenso schwer auszurotten.[6] Es scheint, sie hätten vor, während und nach Kriegen Konjunktur. Sie sind das Ergebnis selektiver Wahrnehmung – sowohl des eigenen Landes und Volkes, dem moralische und physische Überlegenheit zwecks Stärkung von Kampfmoral und Siegeswillen zugeschrieben werden – als auch eingeschränkter Sicht auf den 'Gegner', dem alle jene positiven Eigenschaften abgesprochen werden, die man den 'Eigenen' unterstellt. In beiden 'Lagern' bedient man sich dafür gern tradierter, von der Völkerpsy-

[4] Ebd. S. 143.
[5] Ebd. S. 144.
[6] Bezüglich der Wirkung von Stereotypen ist Hecker zuzustimmen: Wenn sie auch nur selten eine "unmittelbare, primäre, historisch wirksame Aktion darstellen", so werden sie "mit den publizistischen Mitteln ihrer Zeit verbreitet. So finden sie ihren Weg zu den vergleichsweise Wenigen, die politisch handeln, und zu den Vielen, die als Volk Gegenstand, Opfer oder Instrument der Politik sind." Hans Hecker: Russen und Deutsche in der gegenseitigen Wahrnehmung. In: Hans Süssmuth (Hrsg.): *Deutschlandbilder in Dänemark, Frankreich und den Niederlanden*. Baden-Baden 1993. S. 170.

chologie entwickelter Bildelemente, die (bezogen auf die deutsch-russische Wahrnehmung) in den Diskursen zwischen Westlern und Slawophilen wurzeln und allmählich den Charakter von Mythologemen angenommen haben.

Stereotype von 'den' Deutschen und 'den' Russen haben den 8. Mai 1945 überdauert und als Perzeptionsfilter in der Zeit des Kalten Kriegs weiterhin zwischen den Völkern gestanden. Längst waren sie aus dem literarischen Ursprungskontext in neue mediale Kontexte implantiert worden. Lebte man in der BRD, bekam man schwarz-weiße Bilder von 'General Winter', der 'unergründlichen russischen Seele', ungezügelter Wildheit der Kaukasier und Grausamkeit von Asiaten (siehe Konsalik) per Presse, Funk und Fernsehen frei Haus. Stereotype Elemente (nur mit umgekehrten Vorzeichen) sind während des Kalten Krieges auch im westdeutschen Selbstbild konserviert worden – anders wäre z.B. der aktuelle Streit um die Wehrmachtsausstellung[7] nicht zu begreifen.

Der Stereotypie-Vorwurf gilt auch für Sowjetunion-Bilder in den ersten Jahrzehnten der SBZ/DDR. Die verordnete Freundschaftsbeziehung führte offiziell zu einer Umwertung des Feindbildes: Der ehemalige Feind wurde zum unschuldigen Opfer, dem gegenüber Schuld abzutragen war. Aus dem Feindbild wurde das Vorbild. Im Grunde handelte es sich dabei nur um den Austausch von Farben – aus schwarz wurde weiß und umgekehrt. Die Anerkennung der eigenen Verfehlungen ging mit der Unschuldsannahme für die Kriegsgegner und mit deren Idealisierung einher. Dabei zeigte sich: Oft ist das Gegenteil eines Fehlers wiederum ein Fehler. (Erst Ende der siebziger Jahre überwanden Autoren wie Heiduczek und Strittmatter das Sowjetunion-Stereotyp.)

Aus eingeengtem Blickwinkel wird auch von sowjetischer Seite nach Deutschland geschaut. Über lange Nachkriegsjahre dominieren griffbereite Erklärungsmuster die Wahrnehmung der Deutschen. Wenngleich in der offiziellen Propaganda zwischen dem deutschen Volk und 'den Nazis' ein Unterschied gemacht wurde – in der Literatur und im Alltagsbewußtsein wirkten die typisierten Feindbilder aus der Kriegszeit nach. Jede Differenzierung des deutschen Fremdbildes konnte als Abwertung der eigenen Heldentaten empfunden werden – daher ist sie lange Zeit unterblieben.[8]

[7] Die vom Hamburger Institut für Sozialforschung 1997 initiierte Ausstellung *Vernichtungskrieg. Verbrechen der Wehrmacht 1941 bis 1944* hat in Deutschland eine heftige Kontroverse ausgelöst. Vgl.: Hans-Günther Thiele: *Die Kontroverse um die Wehrmachtsausstellung. Eine Dokumentation*. Bonn (Bundeszentrale für politische Bildung) 1997.

[8] Daniil Granin hat in Interviews wiederholt objektive und subjektive Hindernisse benannt, die Angehörige seiner Generation an der Revision des Deutschland-Stereotyps aus der Kriegszeit gehindert haben. Das wird unter anderem von Leonhard Kossuth in dem Aufsatz: Granins "Ur", ein Zeitzeuge – Abbild und Medium. In: *Sinn und Form 5* (1989). S. 1099-1110 dargestellt.

Es bleibt festzuhalten: In der Phase des “heißen” wie des Kalten Krieges hatten Stereotype Konjunktur. Wenn wir – mit Dyserinck – Entideologisierung zum Hauptanliegen der komparatistischen Imagologie[9] erklären, ist die Auseinandersetzung mit dem sowjetischen Deutschland- und dem deutschen Sowjetunion-Bild der ersten Nachkriegsjahrzehnte eine originäre, bis heute nicht annähernd gelöste, imagologische Aufgabe.

Auto- und Heteroimages in der Sowjetliteratur: Beispielsweise Twardowski, Scholochow und Wyssotzky

Für die Völker der ehemaligen Sowjetunion war der Große Vaterländische Krieg unzweifelhaft eine Tragödie. Zugleich besaß er eine gemeinschaftsstiftende Funktion, die sich über das Feindbild vom deutschen Aggressor und das Selbstbild des seiner Heimat bis zum letzten ergebenen Sowjetbürgers realisiert hat. Ich will meine Beispielreihe mit einem Text beginnen, der während des Krieges auf letztere Weise gewirkt hat – dem Poem *Wassili Tjorkin* von Alexander Twardowski, entstanden in den Jahren 1942 bis 1945, kapitelweise schon während des Krieges in Zeitschriften, nach Überarbeitung 1946 als Buch veröffentlicht.

Der Held, ein *rjadowoj tschelow'ek*, vereinigt in sich die besten Eigenschaften des ‘sowjetischen’ Volkes, lobt die *Geschichte der russischen Sowjetliteratur*[10]. Man darf Zweifel an der Existenz dieses ‘sowjetischen Volkes’ hegen, die Multinationalität der UdSSR ist meines Wissens selbst zu realsozialistischen Zeiten nie geleugnet worden, und Tjorkin selbst bezeichnet sich als Russen:

> Sein Rußland liebend und umsorgend,
> im Gegenwind, die Brust voran,
> schritt über Schnee Wassili Tjorkin:
> ob er die Deutschen schlagen kann. [11]

Gerhard Dudek lobt die Figurenanlage:

> Der Autor vermied bei der Zeichnung seines Helden jede allzu sieghafte Heroik, ließ ihn die ganze Schwere des Krieges mit Hunger und Durst, Kälte und Regen, Trommelfeuer und Einkesselung, Verwundung und Tod durchleben [...].[12]

[9] Grundsätzliches zur komparatistischen Imagologie, den verschiedenen imagologischen Lehrmeinungen siehe: Elke Mehnert (Hrsg.): *Bilderwelten – Weltbilder, Vademekum der Imagologie*. Chemnitz 1997.

[10] Vgl. Harry Jünger u.a.: *Geschichte der russischen Sowjetliteratur 1941-1967*. Berlin 1975. S. 169.

[11] Alexander Twardowski: *Wassili Tjorkin. Ein Poem.* Leipzig 1971. S. 60. Seitenangaben im Text beziehen sich auf diese Ausgabe.

[12] Gerhard Dudek: Alexander Twardowski. In: Harry Jünger: *Geschichte der russischen Sowjetliteratur 1941-1961*. S. 174.

Jeder Situation ist Tjorkin gewachsen, sein Patriotismus über jeden Zweifel erhaben: Es gilt die "Hundskerle" (38) "ohne Aufschub [zu] schlagen" (33). Daß dieser Kampf Helden braucht und Helden hervorbringt, wird in einer Zweikampfszene deutlich:

> Stark war der Deutsche und verschlagen,
> gut zugeschnitten, fest genäht;
> auf Hufen, mit Metall beschlagen,
> stand er nicht einfach wegzujagen,
> in grimmiger Autorität.
>
> Gepflegt und satt,
> rasiert und glatt,
> nistend in fremder, warmer Hütte,
> kräftig beschuht
> und ausgeruht,
> mit Beutefutter aufgefüttert. (66)

Tjorkin registriert all das an dem Deutschen, woran es Rotarmisten fehlt: Gute Ausrüstung, ausreichende Ernährung, behagliche Quartiere (in einer anderen Episode ist sogar ein deutscher Unterstand bestaunens- und beneidenswert). Tjorkin – obgleich als gutmütig und hilfsbereit dargestellt – erstickt in sich jede Regung von Mitgefühl ("vielleicht bist du ein armer Krüppel", 68) bereits im Ansatz: Die Deutschen sind "nur außen menschenähnliche Biester" (69), die den armen Bauern das letzte genommen haben. Das will Tjorkin den Deutschen heimzahlen.

Während Rotarmist Tjorkin mit zahlreichen individuellen Zügen ausgestattet ist, steht ihm ein gesichtsloses Kollektivum gegenüber: 'Der' Deutsche: Bedrohlich stark, befremdlich akkurat – ein nimmersatter Eroberer und gnadenloser Feind. Dieses Bild wird, im Gegensatz zu dem Tjorkins, das in jeder Episode neue Züge hinzugewinnt, kaum variiert – selbst dann nicht, als sich die deutsche Niederlage abzeichnet und der Aggressor Schwächen zeigt: Jede Geringschätzung der deutschen Feinde würde schließlich den Triumph der Roten Armee verkleinern. Zahllose Soldatenbriefe haben den Autor in dieser Heldenanlage bestätigt. Mit dem von Natur aus unkriegerischen, patriotischen, pragmatischen, tapferen, humorvollen, leidensfähigen Russen Wassili Tjorkin konnten und wollten sich viele identifizieren. Mithin dürfte das Poem seine intendierte Wirkung erreicht haben – nämlich Selbstbewußtsein und Überlegenheitsgefühl der Sowjetsoldaten zu stärken, ohne eine "Schule des Hasses"[13] zu sein.

Aus Scholochows Feder stammt auch die Kriegserzählung *Ein Menschenschicksal* (1956/57). In der DDR war sie Pflichtlektüre für Klasse 10. Ein Behandlungsschwerpunkt sollte "die Lebensgeschichte Sokolows als Kern der Erzählung" sein. Dabei war den Schülern der "Zusammenhang

[13] Vgl. die gleichnamige Erzählung Michail Scholochows aus dem Jahr 1942.

zwischen dem Einzelschicksal, den tragischen Ereignissen und Situationen in Sokolows Leben und [...] dem Leiden, dem Kampf und Sieg des Sowjetvolkes"[14] klarzumachen. Das Heroische Sokolows "in seiner Haltung und in seinen Handlungen", seine "menschliche Größe, seine Menschenwürde, sein Stolz und seine Unbeugsamkeit" (159) waren den Schülern als Eigenschaften 'sozialistischer Menschen' nahezubringen (vgl. 158). Wenn man sich heute mit der Erzählung beschäftigt, wird man wohl mehr noch Vermittlungsweise als Text kritisieren müssen.

Der Held, Andrej Sokolow, hat manche Gemeinsamkeit mit Wassilij Tjorkin. Such er ist ein tapferer Soldat und stolzer Sowjetbürger – selbst in Gefangenschaft. Das Maß seiner Leiden erreicht antike Dimensionen – aber Sokolow zerbricht nicht, wird nicht verbittert oder verschließt sich den Menschen. In schlichter Rede erzählt Sokolow sein Leben, die ganz gewöhnliche Biographie eines "rjadowoi tschelow'ek". Sein Unglück beginnt mit dem Überfall der deutschen Wehrmacht auf die Sowjetunion. Nun erleidet er einen Schicksalsschlag nach dem anderen. Doch nach jedem richtet er sich wieder auf, findet den Mut zum Weiterleben und die Kraft, weiter zu hassen. Zähigkeit, moralische Integrität, die Fähigkeit zu entschlossenem, in einer Überzeugung gegründetem Handeln lassen ihn als Inkarnation des neuen Menschen und sowjetischen Kriegshelden erscheinen. Um so gröber sind die Striche, mit denen Scholochow 'die Deutschen' skizziert – fette Säufer, unberechenbare Sadisten, eine rohe Soldateska, die jeden Buchstaben der Genfer Konvention ignoriert. Daß diese Erzählung über zehn Jahre nach Kriegsende ein solches Deutschland-Stereotyp vermittelt, ist bemerkenswert und eben nur damit zu erklären, daß der heiße Krieg schon lange in den Kalten übergegangen und im übrigen die Gleichsetzung von "nemcy" und "faschisty" noch jahrzehntelang sowjet-russischer Sprachgebrauch war.

Halten wir fest: In beiden Texten unterscheiden sich Autoimage und Heteroimage qualitativ und quantitativ voneinander. Dem differenzierten Bild des Sowjetbürgers steht ein auf wenige (negative) Eigenschaften reduziertes Stereotyp vom Deutschen gegenüber. Allen öffentlichen Bekundungen sowjetisch-deutscher Freundschaft zum Hohn bleibt dieses Deutschland-'Feindbild' lange dominant.

Was für die Kriegsteilnehmer noch verständlich ist – bei Autoren der nächsten Generation irritiert es schon, wenn sie sich kaum für Deutschland interessieren und innerhalb des Kriegssujets die alten Stereotype wiederbeleben. Beispielsweise bezieht sich Wyssotzkys Deutschlandbild in den meisten Texten auf den Krieg.[15] Hier funktioniert es als Folie für die Heldentaten russischer Kämpfer. Auch in Gedichten mit 'zivilen' Sujets dominiert

[14] *Lehrplan Deutsche Sprache und Literatur. Teil Literaturunterricht.* Berlin 1987. S. 158.

[15] Ausführlich dazu: Veit Sorge: *Die literarischen Länderbilder in den Liedtexten Wolf Biermanns und Wladimir Wyssotzkis von 1960 bis 1980 (Ein imagologischer Vergleich)*. Chemnitz 1995.

das Bild vom besiegten Feind. Neues, gar Positives gerät kaum ins Blickfeld; nur die Informationsfreiheit in Westdeutschland wird dem Deutschland-Image hinzugefügt. Von der DDR ist überhaupt nicht die Rede. Wahrscheinlich war von Wyssotzky und seinen Altersgefährten schwer zu akzeptieren, daß das besiegte 'Bruderland' trotz Kriegszerstörung, Reparationszahlung und Demontagen schon bald einen höheren Lebensstandard als die Sowjetunion vorzuweisen hatte. Also schwieg man zu den bescheidenen materiellen 'Errungenschaften' der 'Freunde und Genossen' in der DDR. Daß deutscher Wohlstand die Sympathie für das ehemalige Feindesland nicht eben befördert hat, kann man aus einer Bemerkung Wyssotzkys vor Westberliner Schaufenstern schlußfolgern: "Kak že tak? Oni ved proigrali vojnu, i u nich vse est', a my pobedili, i u nas net ničego! Nam nečego kurit', v nekotorych gorodach godami net mjasa, vsego ne chvataet vezde u vsegda!"[16]

Daß Wyssotzky Deutschland Zeit seines Lebens fremd und für seine Gedichte praktisch bedeutungslos gewesen ist, verwundert um so mehr, als er seine Kindheitsjahre in Eberswalde verbracht hatte. Vielleicht ist dieses Desinteresse auch ein Indiz dafür, wie fremd die 'Freunde' tatsächlich einander waren: 400 000 Sowjetbürger haben in der DDR gewohnt – eingesperrt in Kasernen, hinter hohen Zäunen, ghettoisiert, wurden sie von DDR-Bürgern ebensowenig wahrgenommen, wie sie Deutschland wahrnehmen konnten.

Von Fremden und fremden Freunden. Das ostdeutsche Sowjetunionbild der Nachkriegszeit

Finden wir in deutscher Literatur ein differenziertes Heteroimage der Sowjetunion? Die Frage läßt sich für ost- und westdeutsche Literatur nur getrennt beantworten. Die ostdeutsche Textfülle über das deutsch-sowjetische Verhältnis macht eine Auswahl schwer. Ich entscheide mich für Franz Fühmann, erstens, weil er in mehreren autobiographisch geprägten Texten das Thema variiert und zweitens, weil er den eigenen Wandlungsprozeß anhand des veränderten Sowjetunionbildes seiner Protagonisten sichtbar macht. Sowohl das Poem *Die Fahrt nach Stalingrad* (1953) als auch die Novelle *Kameraden* (1955) und der Zyklus *Das Judenauto* (1962) setzen sich mit dem Überfall Hitlerdeutschlands auf die Sowjetunion auseinander, an dem Fühmann als junger Soldat teilgenommen hat. Der Ich-Erzähler im *Judenau-*

[16] Diese Äußerung Marina Vladys zitiert Veit Sorge (Sorge: *Die literarischen Länderbilder*. S. 134) aus: Marina Vlady: *Vladimir, ili prevrannyi poet.* Moskva 1989. str. 126. Sie lautet in Übersetzung: "Wie kann das sein? Sie haben doch den Krieg verloren, und sie haben alles, aber wir haben gesiegt, und wir haben gar nichts. Wir haben nichts zu rauchen, in einigen Städten gibt es seit Jahren kein Fleisch, alles langt nicht – und das überall und immer." (Übers. E. M.)

to erläutert, daß Elemente seines Rußlandbildes aus Dostojewskis Romanen, der *Postmeister*-Verfilmung und den Liedern weißer Kosakenchöre stammen. Dadurch wird Rußland zum geheimnisumwitterten Sehnsuchtsland – allerdings: Das "heilige Mütterchen Rußland" muß vom Bolschewismus befreit werden.[17] Im Bewußtsein dieser 'historischen Mission' regt sich kein schlechtes Gewissen, der junge deutsche Soldat hält sich für einen Befreier (99) und Kulturbringer. Als die Soldaten deutsche Bücher in Bauernhäusern finden, auf Deutschsprechende stoßen, irritiert sie das nicht – es beweist vielmehr, daß "ohne deutsche Kultur eben kein Volk auskommen konnte, auch das bolschewistische Rußland nicht" (97). Erst während der Stalingrader Schlacht beginnt der Ich-Erzähler zu fragen: "Wofür die Opfer? Warum der Krieg? Für Deutschland? Wirklich für Deutschland?" (108) Russische Geiseln gehen mit dem Ruf "Wir werden siegen!" in den Tod – Was gibt ihnen diese Zuversicht? "Ich fühlte plötzlich, daß ich überhaupt nichts wußte, ich wußte ja nicht einmal, warum ich hier in Rußland lag." (108) Die Kriegsgefangenschaft beginnt mit einem Verhör des "Wojennoplennyi Fjumann" (154) in deutscher Sprache, darauf folgen Arbeitslager und schließlich 1947 der Besuch einer Antifaschule. Dort verwandelt sich das Feindbild vom bolschewistischen Unrechtsstaat, der 'russischen Hölle' so grundsätzlich, daß der Erzähler bei seiner Heimkehr nach Deutschland auf die Frage, "Was gibt's Neues beim Iwan?" lakonisch antwortet, "Allerlei Gutes" (184) und sich über die "antisowjetische Hetze in Westdeutschland" (ebd.) erregt: "Was für Gemeinheiten, was für Schmutz, welche Lügen! Ich empfand eine physische Übelkeit." (ebd.)

In der marxistischen Literaturtheorie bezeichnete man einen Protagonisten à la 'Fjumann' als "tiefangesetzten Helden". Dieser Heldentyp eignete sich als Identifikationsangebot für diejenigen Menschen in Nachkriegsdeutschland, die nach dem 8. Mai 1945 das roten Feindesland nicht sogleich zum Freundesland stilisierten. Der "tiefangesetzte Held" konnte – so die Annahme – 'verblendete' Deutsche zur Erkenntnis eigener Schuld gegenüber der Sowjetunion führen und zu Wiedergutmachung motivieren.

Das Schuld-und-Sühne-Syndrom blieb jahrzehntelang Grundlage der Darstellung deutsch-sowjetischer Beziehungen: Dem Selbstbild eines schuldhaft in den Krieg gegen die Sowjetunion verstrickten deutschen Volkes entsprach andererseits das Bild eines friedliebenden, aufbauwilligen, vom einheitlichen Willen seiner multinationalen Bevölkerung geprägten Sowjetlandes, dessen Weg zum Kommunismus von den deutschen Okkupanten zwar verzögert, aber nicht verhindert werden konnte. Es ist davon auszugehen, daß dieses Zuckerbäcker-Bild von der Sowjetunion ins Alltagsbewußtseins großer Teile der DDR-Bevölkerung eingedrungen ist. Die

[17] Vgl.: Franz Fühmann: *Das Judenauto. Vierzehn Tage aus zwei Jahrzehnten*. Leipzig o.J. (1965). S. 77. Die folgenden Seitenangaben im Text beziehen sich auf diese Ausgabe.

Zweifel daran wurden allerdings wach, wenn der 'Originaleindruck Sowjetunion' diesem Image so gar nicht entsprach.

Anders in den westlichen Besatzungszonen bzw. der Bundesrepublik Deutschland. Auch hierfür ein Beispiel: Konsaliks Roman *Der Arzt von Stalingrad* ist 1956 erschienen und hat Millionenauflagen erreicht. Es ist anzunehmen, daß allein dieses Buch für das Sowjetunion-Bild der westdeutschen Bevölkerung ebenso folgenreich war wie alle in Ostdeutschland durch Schule und andere kulturpolitische Steuerungsmechanismen verbreiteten Bücher und Filme zusammen. Ich gehe also davon aus, daß die 'Love-Story' bekannt ist – oder sage ich: die Stories (denn es gibt ja mehrere deutsch-sowjetische Liebespaare im Roman). Natürlich gehen Deutsche solche Liebesbeziehungen nur ein, um eine russische Bestie zu zähmen (Sellnow-Kasalinsskaja), weil sie Mitleid haben (Schultheiß-Janina) oder eine Zusatzration ergattern möchten. Außer Liebesgeflüster erzählt man einander auch, was man vom anderen Land weiß:

> "Wir haben in der Schule viel von Deutschland gelernt. [...] Nicht nur die Sprache – auch von eurer Kultur weiß ich, von eurer Landschaft, von euren Künstlern und Gelehrten. Ihr seid ein kluges Volk, aber eure Klugheit wächst über euch hinaus, und ihr vergeßt, daß es andere Völker gibt." Der Deutsche entgegnet: "Das hat man euch gelehrt. Wir lernten, daß alle Russen asiatisch verseucht seien und der ideologische Brandherd der Welt. Die Gelehrten, die diese Bücher schrieben und uns das lehrten, haben aber nie die Wolga oder den Don gesehen, die Steppe oder Janina."[18]

Ein Gleiches muß man vom Autor wohl auch annehmen, der in einem monumentalen Schlußbild Rußland so zeichnet, wie es nur in seiner Phantasie existiert – eine Wolgalandschaft mit Wäldern ("dunkel, unübersehbar, verfilzt, urwaldartig sich hinziehend über hunderte von Kilometern", 317), in denen die Holzfäller ihre Äxte erklingen lassen und die "Jäger im Lammpelz" durch die Büsche streichen, um Wölfe und Bären zu erlegen, wo "der Bauer seinen Traktor"(348) über die Felder führt, wenn gerade keine Schneestürme wehen und das Land nicht im Eis erstarrt. Unendliche Weite Rußlands, ewige Wolga, unerbittlicher 'General Winter'!

Übrigens scheint die Wolgasteppe nahe bei der Mongolei zu liegen – denn da ist die "mongolische Schwester" im Stalingrader Krankenhaus, der Chefarzt Prof. Taij Pawlowitsch spricht eine Mischung zwischen Russisch und einem mongolischen Dialekt (und wird verstanden). Er verkörpert auch sonst alles, was man schon immer von asiatisch infizierten Russen gewußt hat: Das Fehlen von wissenschaftlicher Potenz egalisiert er durch den Verlust von Charakter. In Vorfreude auf Dr. Sellnows Anblick auf dem Sek tionstisch leuchten seine Augen auf.

[18] Heinz G. Konsalik: *Der Arzt von Stalingrad*. München 1989. S. 59. Seitenangaben im Text beziehen sich auf diese Ausgabe.

> Der Fanatismus eines heidnischen Priesters stand darin. Die kleine, verdorrte Gestalt straffte sich. Die Schwester sah ihm groß nach. In ihr mongolisches Gesicht trat ein Zug von Grauen. (287)

Allerdings gibt es auch 'wirkliche Russen', deren gute russische Seele unter dem Einfluß der deutschen 'plennis' aus der Verkrustung erwacht. Dennoch: Russe bleibt Russe, unkalkulierbar im Guten wie im Bösen. Sehr geschickt konstruiert Konsalik ein Rußland-Stereotyp mit Hilfe von mythologischen Elementen eines russischen Selbstbildes aus dem 19. Jahrhundert, das eine Art Grenzwallfunktion gegen die westliche Zivilisation wahrzunehmen hatte. 'Die Russen' in seinem Roman sind zwar nicht mehr ausschließlich 'die' Feinde – aber sie sind eben anders als Europäer. Vielleicht sind sie ja doch eher Asiaten?

Sonderbarerweise werden solche Bildelemente bis heute auch von Autoren benutzt, denen es auf eine Annäherung zwischen Russen und Deutschen ankommt – stellvertretend nenne ich aus jüngster Zeit Gabriele Krone-Schmalz' *An Rußland muß man einfach glauben* (1991). Dieser Titel ist ein Tjutschew-Zitat und stammt aus dem 19. Jahrhundert, aber die Verfasserin meint: Diese "Aussage ist heute noch genauso aktuell wir damals. Die Rätsel dieses Landes sind noch heute nicht gelöst"[19]. Man würde der Publizistin Unrecht tun, unterstellte man, sie nähme Rußland mit der Optik aus kalten Kriegszeiten wahr. Sie greift nur auf dieselben antiquierten Stereotype zurück wie die antisowjetische Literatur und Propaganda der Kriegs- und Nachkriegszeit – ein Beweis mehr für die Überlebenskraft solcher 'griffbereiten Erklärungsmuster', die selbst in Texten tradiert werden, die in toto ein differenziertes Rußland-Image vermitteln.

Solche Bemühungen haben 'Außenseiter' schon in den ersten Nachkriegsjahren unternommen. Zu ihnen will ich Wolfgang Koeppen zählen, der 1958 seinen Reiseessay *Nach Rußland und anderswohin* veröffentlicht hat. Koeppen erblickt mancherlei Befremdliches im weiten Sowjetland. Am wenigsten hatte er wohl erwartet, eine fröhliche sozialistische Gesellschaft vorzufinden. Immerhin ist ihr Alltag nicht ohne Beschwernis, wenngleich durch Plüsch und Spitzendeckchen verschönt. Das klingt wie Satire – ist es aber nicht. Solche Details widerlegen gewisse Vorurteile – man erwartet das Exzeptionelle, den Heroismus, das Fremde, vielleicht Bedrohliche – und findet Alltäglich-Spießiges, bescheidene Lebensumstände, zugleich auch Natürlichkeit und Lebensfreude. Der Krieg hat sichtbare und unsichtbare Spuren hinterlassen – aber keinen Deutschenhaß. Auf dem Tanzparkett kommen sich Russen und Deutsche besonders nahe:

[19] Gabriele Krone-Schmalz: ... *an Rußland muß man einfach glauben. Meine Moskauer Jahre.* Düsseldorf, Wien, New York, Moskau 1991.

> Eines der weißgekleideten Mädchen bat mich zum sittsamen Tanz. Sie tanzte nicht mit mir, sie tanzte mit Deutschland, ihre Zuneigung war Versöhnung und ihr Schritt bedeutete Friede.[20]

Es zeichnet Koeppens Essay aus, daß er vorurteilsfrei, aber keineswegs unkritisch urteilt: Zu den Unerfreulichkeiten zählen Parteifunktionäre, die Bürokratie allgemein, Armut und Trunksucht. Koeppen entdeckte ein Land, das Deutschen fremd, vielleicht auch befremdlich ist. Aber er nimmt es differenziert wahr und stellt fest: Mit diesem Land kann man in Frieden leben. Daß Koeppen mitten im Kalten Krieg zu einer solchen Erkenntnis kommt, ist bemerkenswert, denn der 'deutsche Michel' hat seine Angst vor dem 'russischen Bären' wohl bis heute nicht ganz überwunden. Fast fünf Jahrzehnte mußten nach Kriegsende vergehen, ehe Erwin Strittmatter Anfang der neunziger Jahre schreiben konnte:

> [...] die Deutschen (fielen) in ihr Land ein, um ihre Ideologie auszurotten. Es gelang den Deutschen nicht. Die Russen durften sich eine Zeitlang als Sieger fühlen und besetzten das halbe Deutschland, um hier die politische Idee zu korrigieren. Es gelang ihnen nicht, nein gar nicht. Ihre politische Idee, die sie für sieghaft gehalten hatten, ging dabei zugrunde.[21]

Das Patt schließt neue Irritationen nicht aus. Literatur kann sie nicht verhindern. Aber sie könnte kulturelle Brücken zwischen beiden Ländern bauen – wenn deutsche und russische Autoren in der Lage wäre, Stereotype aus der Kriegs- und Nachkriegszeit in einem Prozeß unvoreingenommener, gegenseitiger Wahrnehmung zu überwinden.

[20] Wolfgang Koeppen: *Nach Rußland und anderswohin. Empfindsame Reisen.* Frankfurt a.M. 1973. S. 173.
[21] Erwin Strittmatter: *Vor der Verwandlung*. Berlin 1995. S. 90f.

Hubert Orłowski

Literaturtopographie. Von 'Kriegsschauplätzen' in Ostmitteleuropa

This article analyses the "literary topography" or, in other words, the historical descriptions of the so-called "Eastern Front" in German prose between 1945 and 1961. This topography, proposed in opposition to how it was represented in Polish literature, allows for a distinct delimitation of this character. The German literature of the period under consideration is dominated by the following three basic narratives: "the shock of Stalingrad", or the fear of the on-coming total defeat, the "inferno (hell) of Dresden", or permanent life under bombs, and the year 1945 as the year of defeat and suffering.

Die Frage, ob und inwiefern Literaturtopographie – verstanden als Rasterfahndung nach Kriterien der Geschichtlichkeit von Handlungsräumen – einen komplementären Zugang zur diachronischen Erfassung von Literatur garantieren kann, wird hier unbeantwortet bleiben. Hier geht es um eine bescheidenere Problemstellung, nämlich um die Frage, ob eine Literaturtopographie der 'Kriegsschauplätze' in Ostmitteleuropa uns dem Problem der Unterschiedlichkeit von Erzählperspektiven für die im Titel genannten Koordinaten näher bringen kann. Raum und Zeit, versteht sich historische, gesellschaftliche Zeit, steht also als Ortungskriterium im Mittelpunkt. Mit anderen Worten: Nicht um Handlungsräume überhaupt geht es, und schon gar nicht um solche, die sich ausschließlich örtlich-geographisch einwandfrei identifizieren lassen, sondern um Kulturlandschaften, -räume und -örtlichkeiten, die im Sinne eines symbolischen Kapitals (Bourdieu) – als Kredit an legitimer gesellschaftlicher Wertschätzung begriffen – zu situieren sind. Das erwähnte Ortungskriterium ist über die angesprochene Kategorie der Geschichtlichkeit zu verstehen, im Sinne von "erfahrungsbedingter Zeitorientierung" (Rüsen).

Damit wäre der erste Begriff inhaltlich konturiert. Der nächste, der des Kriegsschauplatzes, ist ebenso einer Bestimmung bedürftig. Schauplatz läßt sich zwar über topographische Begrifflichkeit umreißen; problematischer wird es allerdings, sobald die Typologie von 'Kriegsschauplätzen' des Zweiten Weltkrieges angefordert werden soll. Der Begriff selbst, eine Lehnübersetzung aus dem Französischen, trifft auf die Epoche der Kabinettskriege zu, vielleicht noch auf die örtlich definierbaren Schlachten des 'langen' 19. Jahrhunderts. Krieg selbst ist ein konnotativ schillernder Begriff, und er dürfte nach dem Zweiten Weltkrieg an schillernder Intensität zugenommen haben. Neben Krieg, begriffen als Handlungen des regulären Militärs, trat nun der Partisanenkrieg, der Vernichtungskrieg, und schließlich der totale Krieg. Weiter: das Massaker an der Zivilbevölkerung als Folge des Partisanenkrieges. Weiter: Internierung und physische Ausgrenzung bis hin zum Massentod. Weiter: Flucht und Zwangsaussiedlung. Sind das 'nur' Folgen des Zweiten Weltkrieges oder neuartige Formen kriegerischer Handlungen? Was ist nun Krieg, und was 'Nachkrieg'? Dies sind keine akademischen Fragen: Alle genannten Bereiche sind ja in der Erzählprosa der Nachkriegszeit – mehr oder weniger gekonnt – thematisiert worden.

Und damit bin ich beim letzten der zu definierenden Begriffe, nämlich 'Ostmitteleuropa'. Er ist, es läßt sich nicht verschweigen, eine Verlegenheitslösung, wenn nicht sogar ein terminologisches Unding. Wie kaum ein anderer Terminus dieser Art ist er politisch belastet und historisch unscharf. Ihn durch den von 'Mitteleuropa' ersetzen zu wollen, hieße vom Regen in die Traufe geraten. Eigentlich hätte ich dieses 'Ostmitteleuropa' durch ein umständlicheres Syntagma ersetzen können, nämlich "Von 'Kriegsschauplätzen' in Polen und im deutsch-polnischen Grenzland". Aber selbst diese Lösung hätte für Verwirrung gesorgt. Welche Grenzziehungen und Grenzregionen, und zu welchem historischen Zeitpunkt, wären in diesem Fall als 'polnisch' bzw. 'deutsch' zu bezeichnen? Weit sinnvoller ist es also, Ortsnamen zu nennen, die in diagonaler Verbindung einen fast quadratisch ostmitteleuropäischen Raum ergeben. Zum Beispiel: Memel-Prag und Stettin-Lemberg.

Um diese weniger terminologische als problemorientierte Frage zu lösen, greife ich auf ein methodisch kontrastives Vorgehen zurück, das ich in meinen früheren Beiträgen zu entwickeln bemüht war. Als Hintergrund meiner Überlegungen dient die reale Problemstellung, die in solch einer Typologie deutsch-polnischer 'Kriegsschauplätze' zum Ausdruck kommt. Relevante Züge nationaler Literaturentwicklung lassen sich insbesondere über kontrastive Betrachtung rekonstruieren; besonders dann, wenn zwei Nationalliteraturen an einem gemeinsamen Erfahrungsstrang 'ziehen'. Eine Erklärung – formulierte ich vor einiger Zeit – "verlangt die zeitlich-räumliche Ungleichzeitigkeit der kollektiven Erfahrungen beider Gesellschaften [im Krieg]. Der Zweite Weltkrieg war für die gesamte Bevölkerung Polens schon ab dem 1. bzw. 17. September 1939 gleichbedeutend mit totalem Krieg, also ohne Unterscheidung zwischen Front und Hinterland. Die Besatzung dauerte vom ersten bis zum letzten Kriegstag an, im Gegensatz also zu den Erfahrungen des überwiegenden Teiles der deutschen Bevölkerung. Ins deutsche Hinterland drang der Krieg zunächst nur inzidentiell ein, zum Beispiel mit den ersten Todesnachrichten. Dann kamen der Bombenkrieg, die Zerstörung der Städte, die Rationierung von Lebensmitteln. Und erst danach, nach den Ostarbeitern im 'Reich', tauchten die Flüchtlingstrecks auf und wenig später die Siegerarmeen. Hatte der idealtypische Durchschnittspole den totalen Krieg schon ab dem ersten Kriegstag am eigenen Körper erfahren müssen, so gestaltete der Krieg das Alltagsbewußtsein der allermeisten deutschen Familien viel später, schrittweise und mit unterschiedlicher Intensität."[1]

Für die polnische Literatur der Nachkriegszeit sind drei Basiserzählungen von Relevanz: die kataklismusartige Niederlage im sogenannten Polenfeldzug, begriffen zugleich als Verlust der kurz zuvor erkämpften nationalen Unabhängigkeit, der lähmende Alltag der deutschen Besatzung sowie die Erfahrungen in und mit den 'Warteräumen des Todes' und der 'steinernen Welt' der Konzentrations- und Vernichtungslager als auch der Gulags. Die für die deutsche Gesellschaft relevanten Basiserzählungen dagegen heißen: 'Schock Stalingrad', verstanden als kollektive Vorahnung des herannahenden Zusammenbruchs des 'Dritten Reiches', 'Inferno Dresden', begriffen als Signatur für Leben und Sterben unter dem Bombenhagel, sowie das Jahr 1945 als Leidensjahr der deutschen Zivilbevölkerung im Osten.

War also die polnische Literatur in ihrem Thematisierungsimpetus auf den Ausbruch des Zweiten Weltkrieges ausgerichtet, so orientierte sich die deutschsprachige an dessen Ausgang. Dieser Erkenntnis schreibe ich im Rahmen meiner Fragestellung hohe Relevanz zu. Sie verweist nämlich auf eine unterschiedliche topographische Lagerung der Handlungsorte sowie auch auf die dadurch bedingten wahrscheinlichen Handlungsschemata und Motivraster sowie nicht zuletzt auf eine Phalanx von literarischen Helden besonderer Art. Hohe Relevanz ist in diesem Kontext der diskursiven Erfassung des Ausgangs des Zweiten Weltkrieges selbst zuzuschreiben. Je nachdem, ob die jeweiligen Ereignisse im Winter und Frühjahr 1945 auf den Fluchtpunkt der Befreiung, des Zusammenbruchs, der Niederlage oder des (zweierlei) Untergangs des Deutschen Reiches hin erzählt werden, wird ihnen eine unterschiedliche Wertungsperspektive aufgezwungen.

Die Schlacht um Stalingrad ist für das Gruppenbewußtsein sowie für literarische Thematisierungen von traumatisch-zündender Wirkung gewesen, nicht dagegen die längste und nachhaltigste Okkupation des Zweiten Weltkrieges, die von Polen. Und das, obwohl die ins Reich eingegliederten Territorien sowie das 'Wartheland' und das Generalgouvernement jahrelang als Begegnungsraum mit Millionen von Einwohnern dieser Gebiete funktionierten. Diese weiten Räume, darunter vor allem das Generalgouvernement, boten als Aufmarschgebiet in Richtung Osten und als das größte Feldlazarett des Zweiten Weltkrieges die unterschiedlichsten Möglichkeiten von Begegnungen welcher Art auch immer. Vor allem für Soldaten, aber nicht nur. Enorm hoch war die Zahl der Verwaltungsmenschen und deren Angehörigen im Generalgouvernement. Eine entsprechend intensive Verarbeitung

[1] Hubert Orłowski: Et in Arcadia ego? Heimatverlust in der deutschen und polnischen Literatur. In: *Erlebte Nachbarschaft. Aspekte der deutsch-polnischen Beziehungen im 20. Jahrhundert*. Hrsg. von Jan-Pieter Barbian und Marek Zybura. Wiesbaden 1999. S. 212.

dieser 'Erlebnisse' bzw. Erfahrungen ist von den Erlebnisgenerationen nicht mehr zu erwarten.

Auf eine Ausnahme sei allerdings hingewiesen. 1944 begann Ernst Penzoldt mit der Niederschrift der Erzählung "Zugänge", erschienen ist sie 1946. Die Handlung spielt im Kriegslazarett im Osten Polens, unmittelbar nach den Kriegshandlungen im September 1939. Die Hauptfigur, der Operationsgehilfe Färber, nimmt sich aller Verwundeten an, also auch der polnischen. Krieg ist Leiden. Penzoldts Losung, in den Erzählstrang eingebettet, lautet: "Helfen also, nichts weiter? [...] Jedem."[2]

Im Anschluß an die eingangs rekonstruierten unterschiedlichen Basiserzählungen der deutschen und polnischen Nachkriegsliteratur ist es angebracht, nach deren besonderer Relevanz im ostmitteleuropäischen Raum zu fragen. Als ein erstes Ergebnis einer Rasterfahndung sind für den in Frage kommenden Raum folgende Sujets festzustellen: Untergangsbilder bzw. Verlustveduten von ehemaligen deutschen Ostprovinzen, Aufarbeitung der Kriegsvergangenheit als Konflikt bzw. Konfrontation national-ethnisch (rassenhaft) bedingter Rollen, das Individuum in Entscheidungssituationen, politische Vereinnahmung Warschaus als der "Hauptstadt des Zweiten Weltkrieges".

Es ist mit Nachdruck zu betonen, daß es vor allem der 'Nachkrieg' ist, begriffen als Deprivationserlebnis[3] von Flucht und Zwangsaussiedlung, der für Ostmitteleuropa den topographischen Rahmen der deutschen Kriegsliteratur vordergründig und nachhaltig prägt. Zu begreifen ist dies aus der unterschiedlichen deutschen Kriegführung, dem unterschiedlichen Verlauf der Kriegshandlungen sowie dem verschiedenartigen Ausgang des Krieges für die Zivilbevölkerung im Westen und im Osten. Der Korpus der Untergangsbilder und Verlustveduten, deren Spektrum von Deprivationsemotionen und Poetiken weit gespannt ist, wurde vor Jahren von Louis Ferdinand Helbig in seiner Monographie über den "ungeheuren Verlust" zusammengestellt. Das "Ende mit Schrecken" ist für die meisten Autoren eine Stoffmenge, die zu zwar unterschiedlicher, jedoch immer wieder von Verlustemotionen begleiteter Aufarbeitung führt. Erinnert seien wenigstens die Namen einiger Autoren, die von Hans von Lehndorff, Ernst Wiechert, Edwin Erich Dwinger.

Die Aufarbeitung der Kriegsvergangenheit in Ostmitteleuropa als Konflikt bzw. Konfrontation national-ethnischer Rollen ist in Kurt Ihlenfelds christlich orientiertem Roman *Gregors vergebliche Reise* (1962), vor allem aber in Johannes Bobrowskis Erzählungen *Mäusefest* (1962) und *Der Tän-*

[2] Ernst Penzoldt: *Die schönsten Erzählungen*. Bd. 3, Frankfurt a.M. 1981. S. 280.

[3] Vgl. dazu Hubert Orłowski: Von ungleichwertiger Deprivation. 'Verlorene Heimat' in der deutschen und polnischen Literatur nach 1939. In: *Heimat und Heimatliteratur in Vergangenheit und Gegenwart*. Hrsg. von Hubert Orłowski. Poznań 1993. S. 117-128.

zer Malige (1965) thematisiert worden.[4] Die Handlung dieser Erzählungen spielt eben im Osten Polens. Der Handlungsort selbst wird nur in der Erzählung *Der Tänzer Malige* näher bestimmt. Die Geschichte über Moise Trumpeter dagegen ereignet sich in einem kleinen Ort irgendwo vor Warszawa. In der Geschichte *Mäusefest* führt der Lauf historischer Ereignisse zwei Menschen zusammen, die man keineswegs als Hauptakteure des zweiten Weltkrieges bezeichnen kann. Trumpeter ist ein durchschnittlicher Ladenbesitzer, arm, poetisch verträumt und gerecht im Sinne der Einfalt. Der andere "ein Soldat, ein Deutscher. Moise hat gute Augen, er sieht: ein junger Mensch, so ein Schuljunge, der eigentlich gar nicht weiß, was er hier wollte, jetzt, wo er in der Tür steht."[5] So ist er nun, der junge deutsche Soldat. Er persönlich hat gegenüber Trumpeter keine emotionelle Voreinstellung, höchstens vielleicht das eine oder andere eingehämmerte Vorurteil. All dies hat jedoch kaum Bedeutung für ihr weiteres Zusammensein. Der Mond, als weiser Räsoneur der seltsamen Begegnung im Laden, weiß es und möchte es auch dem alten Manne verständlich machen: "Das war ein Deutscher, sagt der Mond, du weißt doch, was mit diesen Deutschen ist. [...] Sag mir bloß nicht, der Junge ist keiner, oder jedenfalls kein schlimmer. Das macht jetzt keinen Unterschied mehr."[6] Die Schlußworte fixieren folgenschwer die Kernfrage der neu entstandenen Relation. Die Partner sind auf eine einzige Rolle reduziert worden, die alle anderen ausschließt. Die Reduzierung des Menschen zum Rollen- bzw. Funktionsträger kommt im Kommentar des Räsoneurs zum Ausdruck und wird durch den Ausgang der Handlung bestätigt.

Die Handlung der Geschichte vom *Tänzer Malige* läßt sich konkret rekonstruieren. Es handelt sich um das Städtchen Różan an der Narew. Bobrowski hat bei der Schilderung ein nicht unwesentliches topographisches Detail geändert. In Wirklichkeit nämlich liegt Różan am höheren Ufer des Flusses, und auf der anderen Seite ziehen sich Wiesen und Äcker. Bobrowski placiert das Städtchen in den Wiesen, so daß die Bewohner in die Rolle von Zuschauern der sich auf dem Abhang abspielenden Ereignisse versetzt werden. In dieses Städtchen ist eine Nachrichteneinheit eingerückt, angeführt von Leutnant Anflug. In der Nachrichteneinheit dient auch Malige, ein Zirkus- und Varietekünstler. Als Leutnant Anflug mit einigen alten Juden ein grausames Spiel beginnt – sie werden nämlich gezwungen, eine schwere Kabeltrommel den Hang heraufzubringen, die ihnen dann oben aus den Händen gestoßen wird –, mischt sich Malige ein. Indem er Leutnant Anflugs 'Spiel' ein Ende setzt, handelt er nicht als Soldat, sondern als Künstler. Er funktioniert die Soldatenrolle in die eines Künstlers um, und

[4] Vgl. dazu Hubert Orłowski: Ein sarmatisches Triptychon. Zur anthropologischen Deutung nationaler 'Begegnung' bei Johannes Bobrowski. In: *Johannes Bobrowski. Selbstzeugnisse und neue Beiträge über sein Werk*. Berlin (Ost) 1975. S. 300-308.
[5] Johannes Bobrowski: *Boehlendorff und Mäusefest*. Berlin (Ost) 1965. S. 102.
[6] Ebd. S. 104.

fällt dadurch sozusagen aus der Rolle. Und nur deshalb gelingt ihm sein 'Kunststück'. Nur weil er als ein Außenseiter, als 'Zivilist' sozusagen, nach Gesetzen einer anderen Weltordnung handelt, vermag er menschlich zu handeln und dabei noch heil davonzukommen. Bewußt baute Bobrowski in dieser Erzählung eine Theaterkulisse auf, ein Theatrum mundi. Der Hang gleicht einer Bühne, auf der Akteure in entsprechenden Rollen agieren. Als Zuschauer agieren sowohl die Einwohner des Städtchens als auch (!) die übrigen Soldaten. Der Titel der Erzählung lautet bezeichnenderweise *Der Tänzer Malige*, nicht aber *Soldat Malige*.

Unter den Werken, die vor 1961 entstanden sind und deren Helden im ostmitteleuropäischen Raum agieren, sind auch solche zu unterscheiden, die vordergründig am Habitus des Menschen in Entscheidungssituationen des Zweiten Weltkrieges orientiert sind. Es geht also nicht zuletzt um die moralische, wenn nicht existentielle Kondition des Menschen, um die Verschränkung menschlicher Haupt- und Sekundärtugenden bei der Ausübung des Gewaltmonopols. Gemeint ist u.a. die Erzählung *Der Zug war pünktlich* (1949) von Heinrich Böll und der Roman *Lucyna Herz* (1958) von Gerda Hagenau.

Die Handlung der umfangreichen Erzählung *Der Zug war pünktlich* (1949), die von persönlichen Erlebnissen zehrt und auch an einem anderen 'Kriegsschauplatz' spielen könnte, verdient eine besondere Beachtung. Sie wird weniger vom Kriegs- als vom Partisanenthema beherrscht. Das Geschehen ist schnell erzählt. Der junge Soldat Andreas reist an die Ostfront. In Lemberg besucht er mit seinen Kameraden ein Bordell. Dort trifft er Olina, eine Musikstudentin aus Warschau, die wichtige Nachrichten an polnische Partisanen weiterleitet. Ihr Tun wird jedoch in wachsendem Maße von Skrupeln begleitet, die zunehmen, nachdem sie Andreas begegnet. Sie kommt nämlich zur Erkenntnis, daß durch ihre informative Tätigkeit auch Unschuldige leiden. Sie beschließt, mit Andreas in ein Dorf in den Karpathen zu fliehen. Der Wagen des Generals, einen Kunden von Olina, gerät in einen Hinterhalt und wird "von zwei rasenden Messern" der MG-Salven durchsiebt. Beide kommen um.

Andreas wird auf der Reise an die Ostfront von dumpfen Todesahnungen verfolgt: "In Stryj werde ich ermordet. Jeder Tod ist ein Mord, jeder Tod im Kriege ist ein Mord, für den irgendeiner verantwortlich ist." Im Bordell, in der Liebesnacht, kommt es zu einem höchst unwahrscheinlichen Bekenntnis. Olina erzählt dem Soldaten über die Gründe ihrer Beteiligung am Widerstand. "'Ganz Polen [...] ist eine Widerstandsbewegung. Ihr ahnt ja nichts." Moralisch und menschlich jedoch empfindet sie ihr Tun in steigendem Maße als problematisch. Und so habe sie sich aus Liebe an einige Soldaten hingegeben, um so der Partisanenrolle, dem 'Spiel', wie es heißt, zu entkommen. Danach folgt die höchst unwahrscheinliche Darstellung polnischen Widerstandes: "'Die ganze Spionage ist ein Mosaik. Es wird alles zusammengetragen und numeriert, jedes kleinste Fetzchen, das wir erwischen, bis das

Bild vollständig ist [...] das ist furchtbar, daß alles so sinnlos ist. Überall werden nur Unschuldige ermordet. [...] das ist erschreckend, daß ich es erst richtig begriffen habe, seitdem ich hier ins Zimmer trat und dich sah. Es gibt ja nur Opfer und Henker.'"[7] "Zentral für diese Erzählung ist also" – stellt Jochen Vogt fest – "bei fast völliger Ausschaltung des eigentlichen Kriegsgeschehens, die existentielle Erfahrung von Angst und Ausgeliefertsein. Und zwar einmal als passives Ausgeliefertsein an die unbegreifbaren Mächte, die den Krieg und die Geschichte bestimmen. [...] Sodann aber als Ausgeliefertsein an den Tod, der als schicksalhafte Gewißheit erscheint."[8]

Wenn dem so wäre, dann hätte Böll mit seiner Erzählung eine Version des delegierten Gewaltmonopols problematisiert, die dem Blick eines Außenseiters von Partisanenhandlungen und -rollen entspricht, nämlich dem eines Wehrmachtsangehörigen. Doch weniger der "Krieg als Schicksal", der keinen "privaten Eskapismus" à la Olina duldet, als die Betroffenheit über die schiefe Ebene von Ursache und Wirkung führt die junge Polin zur Entscheidung, die so und nicht anders enden kann. Sie versucht, ihrer Entscheidungsmacht zu entfliehen, sie fühlt sich ihr weder psychisch noch moralisch gewachsen. Jürgen Manthey ließ sich wohl von einem Mißverständnis leiten, als er in der Erzählung die entscheidende Spannung nicht in der Zugehörigkeit der Hauptheldеn zu zwei Nationen, sondern in der "zwischen Kultur und Politik" erblickte. Der Soldat Andreas "hat auch den einzigen Hebel zu einer historischen Alternative, für die die polnische Partisanentätigkeit steht, durch den theoretischen Humanismus, der in ihm suggestiv wird, ausgeschaltet. [...] Der praktische Humanismus der Polin, die den Partisanen bis dahin Informationen über die deutschen Truppenbewegungen geliefert hat, beginnt sich unter seinem Einfluß in Frage zu stellen."[9] Leerformeln wie "praktischer Humanismus der Polin" oder auch "übergeordnete historische Möglichkeit" entschärfen kaum die Brisanz der Frage nach der Verantwortung, die ein Individuum als solches zu übernehmen gezwungen ist, sobald es sich entschlossen hat, als Legislative, Exekutive und Gerichtsbarkeit in einem zu entscheiden und zu handeln. Das ist das Dilemma 'des Partisanen', die Crux seiner Anfechtbarkeit unabhängig davon, im Namen welch eines (bürokratisierten) Gewaltmonopols, einer mehr oder weniger institutionalisierten Ideologie oder auch Ethnie er zu agieren meint. Das Dilemma 'des Partisanen' liegt also darin, daß zwischen dem Motiv für seine Entscheidungen und deren Folgen kein zeitlicher oder sonstiger Abstand liegt, der ihm erlauben würde, die Verantwortung, wie das sonst der Fall ist, zu 'parzellie-

[7] Heinrich Böll: Der Zug war pünktlich. In: Heinrich Böll: *Werke. Romane und Erzählungen I.* Köln. 1977. S. 125, 136 und 143.
[8] Jochen Vogt. *Heinrich Böll.* München 1978. S. 33f.
[9] Jürgen Manthey: Zurück zur Kultur. Die Wiedergeburt des nationalen Selbstgefühls aus dem Geist der Tragödie. In: *Literaturmagazin 7. Nachkriegsliteratur.* Hrsg. von Nicolas Born und Jürgen Manthey. Reinbek bei Hamburg 1977. S. 27.

ren'. Auf jede Entscheidung folgen auf Schritt und Tritt deren Konsequenzen.

Der Roman *Lucyna Herz* betrifft zwar eine historisch belegte Person aus dem polnischen Widerstand, doch die österreichische Autorin Gerda Hagenau hält sich kaum an die Realität. Der christlich orientierten Autorin geht es vordergründig um die Chancen und Möglichkeiten einer Aussöhnung, eines Überschreitens des Rollendaseins. Die Romanhandlung bewegt sich auf eine Schlüsselszene hin, in welcher die polnische Partisanin Lucyna Herz und ein deutsches Mädchen die Schranken des ethnisch-nationalen Habitus' durchbrechen und sich gegenseitig das Leben retten. Selbst wenn die Erzählperspektive von Wunschdenken geprägt wird, so steht doch die Frage nach persönlicher Entscheidung in Konfliktsituationen im Mittelpunkt (Kapitel "Die Nacht").

Um das Durchbrechen des nationalen Habitus', des nationalistischen Fatums, geht es ebenso in Rainer Kerndls Stück *Schatten eines Mädchens*. Dieses Schauspiel erfüllt wie kaum ein anderes Werk die zweite Rahmenvorbedingung der Berliner Konferenz. Das abschließende Datum im Thema der Konferenz trifft nämlich – wenn überhaupt – nur auf die DDR-Literatur zu; für Autoren aus der Bundesrepublik ist diese Zäsur irrelevant. Und dennoch möchte ich den Sinn einer Problematisierung über das Abschlußdatum als solches keineswegs in Frage stellen. Wenn es Werke von Autoren aus der DDR gibt, die dem Krieg in Ostmitteleuropa auf der Spur waren und die sich der Frage nach persönlicher Verstrickung und Verantwortung in unmittelbarer Relation zum Datum 1961 gestellt haben, dann ist das zu untersuchen. Als schulbeispielhaft wäre hier, wie erwähnt, Rainer Kerndls Stück *Schatten eines Mädchens* zu nennen. Und das nicht nur wegen des Aufführungsdatums (Herbst 1961) im Maxim-Gorki-Theater in Berlin, sondern wegen der exemplarischen Verschränkung der Handlungsstränge. Bei Ingenieur Heilmann und seinen zwei Söhnen, den Protagonisten des Stücks, klopft die böse und als vergessen gedachte Kriegsvergangenheit im besetzten Polen an die Tür. So wie die Heilmanns vor knapp zwanzig Jahren versagten, als sie nicht den Mut aufbrachten, persönliche Verantwortung für sich und eine polnische Partisanin zu übernehmen, so meinen sie auch, diesen Weg in der Gegenwart gehen zu können. Das Verlassen der DDR über das Nadelöhr S-Bahn Berlin gilt als Ausweg. Diese Story von der Vergangenheit läßt sich auch einordnen unter die Geschichten einer (erwünschten) Gesellschaft, "welche den Status der Gegenwart in Relation zu ihrer Vergangenheit bestimmt".[10] Im Stück herrscht vordergründige Didaktik und ein stark ideologisierter Grundton: Nationale Gebundenheit kann dank Klassenzugehörigkeit und richtiger Ideologie überwunden werden.

[10] Michael Schwabb-Trapp: Ordnungen des Sprechens: Geschichten, Diskurse und Erzählungen über die NS-Zeit. In: *Umkämpfte Vergangenheit. Diskurse über den Nationalsozialismus seit 1945*. Hrsg. von Thomas Herz und Michael Schwabb-Trapp. Berlin 1997. S. 221.

Dieses Stück liefert übrigens die Möglichkeit eines Übergangs zu einem der wichtigsten Sujets der deutschen Kriegsliteratur, nämlich dem des Partisanen. In der DDR-Literatur galt die Partisanenprosa als eine Art Basisgeschichte. Das Thema selbst – also der Partisan und dessen heldenhafte Aktionen – nahm einen festen Platz im sozialistischen Bildungsroman ein. Autoren der DDR demonstrierten in ihren Werken erstaunlicht oft 'zweckentfremdete' Partisanen in der Rolle des Erziehers. Die Liste der in Frage kommenden Verfasser ist lang. Stefan Hermlin und Jurij Brežan, Bodo Uhse und Franz Carl Weiskopf, Karl Mundstock und Franz Fühmann, Günter Hofé und Dieter Noll, Herbert Otto und Erwin Strittmatter sind hier u.a. zu nennen. Die 'Zweckentfremdung' besteht darin, daß der Partisan nicht als Chiffre für anarchische Gewaltsamkeit begriffen wird, sondern vor allem als Auslöser für einen ideologischen Wandlungsprozeß. Ja, er spielt die Rolle eines sozialistischen Pädagogen. Nur auf den ersten Blick wirkt das befremdend. Greift man auf das Handlungsschema und das weltanschauliche Konzept des sozrealistischen Bildungsromans zurück, das – idealtypisch begriffen – aus drei Wandlungsvarianten zu rekonstruieren ist (Abschied – Entscheidung – Ankunft; Abschied – Ankunft – Bewährung; Ankunft – Bewährung – Bilanz), dann hätte man es mit folgender Kette von Lebensstationen zu tun: Abschied – Entscheidung – Ankunft – Bewährung – Bilanz. An den Stationen 'Abschied' und 'Entscheidung' wäre dabei der zweckentfremdete Partisan zu suchen. Herbert Ottos Roman *Die Lüge* (1957, 1965 bearbeitet) ist ein charakteristischer sozialistischer Bildungsroman. In sowjetische Kriegsgefangenschaft geraten, verschweigt Alfred Haferkorn, bei einer Exekution von Partisanen zwar nicht geschossen, doch daran teilgenommen zu haben. Lange braucht er, um zur Erkenntnis zu kommen, daß er sich Major Krebs, einem sadistisch-feigen Nazi, hätte widersetzen müssen und dem erfahrenen Kommunisten Weiß bei seiner Flucht zu sowjetischen Partisanen hätte folgen sollen. Das Bild von Standhaftigkeit, ideologischer Integrität und Menschlichkeit der Partisanen spielt bei diesem Werdegang eine beachtliche Funktion. Dieter Nolls Roman *Die Abenteuer des Werner Holt* (1960), der zum Thema die Entwicklung des jungen Werner Holt vom Flakhelfer zum Panzergrenadier einerseits und vom naiv nationalen Durchschnittsdeutschen zum Nazifeind hat, stimulierte wohl das Entstehen einer langen Reihe von realsozialistischen Entwicklungsromanen mit Partisanenfiguren in ihrer katalytisch-pädagogischen Funktion. Die Schülerfreundschaft zwischen Holt und Gilbert Wolzow überdauert nicht wenige Krisensituationen. Sie erfahren zwar die Grausamkeit der SS-Leute, lassen sich jedoch von der Soldatenpflicht nicht abbringen, am wenigsten Wolzow. Und so kommt es zu offenem Konflikt. Als Wolzow seinen Freund Holt einem SS-Kommando ausliefern will, da dieser nichts mehr von der Duchhalte-Parole hält, wird er von diesem erschossen.

Eine Wandlung macht auch der Sorbe Hanusch im zweitem Teil von Jurij Brězans sogenannter Felix-Hanusch-Trilogie (*Semester der verlorenen Zeit*,

1960) durch. Der Titelheld gerät als Funker an die Ostfront. Dort lernt er die Ukrainerin Dascha Bibula und ihren Vater kennen. Sie sind im Kontakt zu Partisanen und übermitteln diesen Informationen. Hanusch kann sich lange nicht entschließen zu desertieren. Der Zusammenbruch, auf slowakischem Terrain, zwingt dann die Entscheidung auf: Er erschießt dabei seinen Schulfreund, den SS-Sturmbahnführer Bodo Schmidt. Hanuschs Gedankengang verraten Dialogfragmente wie "Ich könnte auch ein Partisan ein", doch "ich könnte nicht schießen".[11] Es klingt auf den ersten Blick unwahrscheinlich und ist dennoch wahr: In der Phalanx der sowjetischen, griechischen, französischen und italienischen Partisanen als Erzieher sind polnische Partisanen grundsätzlich nicht vertreten. Es fehlt zwar nicht an vereinzelten Partisanengeschichten, doch gegenüber den dort agierenden Figuren wird auf ideologische Distanz gegangen. Ansätze einer sich verändernden Optik enthält Kurt Davids Erzählung *Die Überlebende* (1972), die über die Beziehung einer polnischen Partisanin zu einem deutschen Kommunisten, der als sowjetischer Fallschirmspringer im okkupierten Polen landet, erzählt. Der Erzähler, der die Überlebende nach dem Motiv befragt, warum sie das Los einer Partisanin gewählt habe, wird belehrt: "'Ich wollte leben', antwortete sie. 'Ich bin in den Wald gegangen – wir nannten es damals so –, um überhaupt leben zu können, das konnte man zu dieser Zeit nur kämpfend. Der letzte Anlaß war: Ich sollte zur Arbeit nach Deutschland. Nachts zuvor floh ich.'"[12] Die Motivation der Titelheldin, als Partisan(in) zu agieren, ist weniger wirklichkeitsfremd als in sonstigen Partisanengeschichten.

Frappierend ist, wie selbst solche Formen des Widerstandes, wie die in der "Hauptstadt des Zweiten Weltkrieges" geleisteten – erinnert sei: Warschau war als Großstadt das erste Opfer der Bombardierungen und danach Stätte von zwei Aufständen! – politisch vereinnahmt worden sind. Man kann zwar und man sollte sogar harte Kritik an dem gesamten politischen Kontext des Warschauer Aufstands üben, aber die ideologisch-moralische Stigmatisierung, wenn nicht Kriminalisierung der Armia Krajowa, also des Hauptparts der polnischen Untergrundarmee, wie sie in Wolfgang Schreyers Tatsachenroman *Unternehmen Thunderstorm* (1954) durchgeführt worden ist, ging entschieden zu weit. Jahre später hat Rainer Kerndl dieses Motiv aufgegriffen. In einem weiteren Bühnenstück, nämlich *Die seltsame Reise des Alois Fingerlein* (1968), stellt er den Idealtypus des polnischen Partisanen nationalistischer Provenienz vor das Gericht des allumfassenden Klassenkampfes. Es ist nur allzu verständlich, daß solche Helden als Erzieher im sozrealistischen Bildungsroman kaum in Frage kommen konnten.

Abschließend, ohne Ehrgeiz, eine Bilanz zu ziehen – und wenn, dann ausschließlich eine facettenartig verkürzte –, darf konstatiert werden: Für die

[11] Jurij Brězan: *Semester der verlorenen Zeit*. Berlin 1967. S. 241f.
[12] Kurt David: *Die Überlebende*. Berlin 1974. S. 56.

deutsche Erlebnisgeneration gab es keine, oder – vorsichtiger formuliert – gab es kaum kategoriale Kriegserfahrungen, die im ostmitteleuropäischen Raum gelagert wären. Es gibt allerdings einige Werke, die auf den ersten Blick als Ausnahmen erscheinen, ja, die auf den Ausbruch des Weltkrieges ausgerichtet sind, der sich bekanntermaßen durch eminent ostmitteleuropäische Grenzwerte auszeichnet. Gemeint sind damit die Erzählungen bzw. Romane von Ernst Penzoldt, Günter Grass, Johannes Bobrowski und Horst Bienek. Zu beachten allerdings ist, daß fast alle genannten Autoren durch ihre Sozialisation im deutsch-polnischen kulturellen Grenzraum geprägt worden sind, daß deren Erlebnis- und Erfahrungsbasis also tiefer lag, als derjenigen Verfasser, die lediglich als Zeitzeugen ihre Erfahrungen im Kriege gesammelt hätten. Das mehrmals angesprochene Eckdatum 1961 spielt in diesem Zusammenhang keine nennenswerte Rolle.

Heinrich Placke

Nazizeit, Exil und Krieg in E. M. Remarques Roman *Die Nacht von Lissabon* (1961) – das Sich-Erinnern und Aussprechen

Lisbon, 1942. During one night an exiled man who calls himself Josef Schwarz tells the first person narrator of his 'odyssey', which is now over because Schwarz's wife Helen has died of cancer shortly before the couple's passage to the US. Schwarz gives his tickets to the narrator; in return Schwarz only wants him to listen to his story. The novel presents not only the events but also the memories and the process of forgetting, articulating the experience and the silence.

Lissabon, 1942. Ein Exilant, der den Namen Josef Schwarz angenommen hat, erzählt dem Ich-Erzähler dieses Romans, dessen Name dem Leser unbekannt bleibt, eine Nacht lang seine "Odyssee" (NL, 235). Diese hat nun ein Ende, denn Schwarz' Frau Helen ist hier am Rande Europas kurz vor der Einschiffung in die USA ihrem Krebsleiden erlegen. Die Episoden dieses Romans mit den Paß- und Visumsproblemen, den legalen und illegalen Grenzübertritten und den Emigrantenhotels, den Internierungslagern und Fluchten und dem zeitweiligen Schauplatz Marseille erinnern an Anna Seghers' Roman *Transit* (1944). Auch das Motiv des von einem Toten samt dessen Paß angenommenen Namen erinnert an diesen Roman, der sich übrigens *nicht* in Remarques Nachlaß findet.[1] Schwarz schenkt dem Ich-Erzähler seine Schiffskarten; für diesen und seine Frau bedeutet das die Rettung. Er verlangt als Gegenleistung nur, daß der Ich-Erzähler, der eigentlich der Zuhörer in diesem Roman ist, eben diese Funktion eine Nacht lang übernimmt. Schwarz begründet diesen Wunsch folgendermaßen: "Ich begreife jetzt noch nicht, wie alles kam. Deshalb muß ich mit jemand darüber reden. Ich kenne niemand hier. Wenn ich mit jemand darüber rede, wird es noch einmal da sein. Es wird mir ganz klar werden. Und es wird bleiben. [...] Verstehen Sie?" (NL, 13) Die Geschichte von Nazizeit, Exil und Krieg wird also in dem Moment erzählt, in dem sie ihr Ende gefunden hat, weil Schwarz seine Flucht aus Europa aufgegeben hat und sich gegen die Nazis wenden will.

Die Geschichte hat in der Unmittelbarkeit, mit der die noch nicht verarbeiteten Eindrücke wiedergegeben werden, romantypologisch gesehen, eine gewisse Ähnlichkeit mit dem Brief- oder dem Tagebuchroman. Dadurch

[1] Vgl. hierzu: "'Waren Sie in Marseille?' – 'Wer war nicht da?'" (S. 259). Erich Maria Remarque: *Die Nacht von Lissabon*. Mit einem Nachwort von Tilman Westphalen. Köln 1998. Im folgenden mit der Sigle NL abgekürzt.

ergibt sich ein erheblicher Kontrast zu dem letzten, zuvor von Remarque veröffentlichten politischen Roman *Der schwarze Obelisk.*[2] In diesem erzählt der Ich-Erzähler Mitte der fünfziger Jahre aus großer zeitlicher und besonders psychischer Distanz von den Ereignissen des Inflationsjahres 1923, das im Bewußtsein der nachfolgenden Ereignisse als Ursprungsjahr der späteren Naziherrschaft dargestellt wird. *Der schwarze Obelisk* ist eine Zweischichtenerzählung mit einem 'erlebenden' und einem 'erzählenden' Ich (so die Termini von Leo Spitzer) bzw. einem 'erinnernden' und einem 'erinnerten' Ich (dies die Termini von Hans Robert Jauss; Spitzer und Jauss haben diese Begriffe bei ihrer Beschäftigung mit Marcel Proust gebildet[3]). *Der schwarze Obelisk* gehört zum Typus des Memoirenromans, der durch große epische Distanz gekennzeichnet ist. Ganz anders dagegen *Die Nacht von Lissabon.* In diesem 1961 erstmals in *Die Welt am Sonntag* abgedruckten Roman[4] geht es nicht nur um die Ereignisse in der Nazizeit, sondern besonders um den schwierigen Prozeß des Sich-Erinnerns und Aussprechens, ebenso aber auch um das Vergessen und Schweigen. Der Roman ist somit ein Reflex auf die Erinnerungs- und Sprachlosigkeit der fünfziger Jahre in der BRD.

Die differierenden Voraussetzungssituationen

Damit ist die Frage nach Schuld und Sühne angesprochen. Wie wird in *Die Nacht von Lissabon* das Kriegserlebnis gedeutet und verarbeitet? Grundsätzlich ist festzustellen, daß bei dem amerikanischen Staatsbürger und etablierten deutschen Schriftsteller Remarque die Voraussetzungssituation eine vollkommen andere ist als bei den Mitgliedern der 'jungen Generation'. Ich meine damit die kollektiven historischen, kulturellen, sozialen, politischen und eventuell auch religiösen Prämissen der Mitglieder dieser Generation, die als ehemalige Wehrmachtssoldaten (Beispiel Böll) oder Flakhelfer (Grass) eventuell in Kriegsgefangenenlagern ihre ersten Versuche machten,

[2] Remarque hat in den fünfziger Jahren drei politische Romane veröffentlicht: *Der Funke Leben* (1952), *Zeit zu leben und Zeit zu sterben* (1954) und *Der schwarze Obelisk* (1956). In diesen findet sich eine Vielzahl von Motiven, die, wenn auch in modifizierter Verwendung, auch in *Die Nacht von Lissabon* auftauchen. 1959 erschien der Illustrierten- und Rennfahrerroman *Geborgtes Leben,* der 1961 unter dem Titel *Der Himmel kennt keine Günstlinge* in Buchform veröffentlicht wurde. Dieser unpolitische Roman fällt aus dem angedeuteten Motivzusammenhang heraus; die wenigen zeithistorischen Bemerkungen sind Staffage.

[3] Hans Robert Jauss: *Zeit und Erinnerung in "A la recherche du temps perdu". Ein Beitrag zur Theorie des Romans.* Heidelberg 1970. S. 54ff; Leo Spitzer: *Stilstudien. Zweiter Teil: Stilsprachen.* München 1961. S. 478 und 481.

[4] Deutsche Erstausgabe in Buchform: Erich Maria Remarque: *Die Nacht von Lissabon.* Köln 1962.

ihre eigene Situation zu verstehen.[5] Zumindest die Frage nach der eigenen Schuld und Sühne kann sich ja für den Exilanten Remarque nicht in der gleichen Weise stellen wie für die erwähnten Schriftsteller und ihre Generationsgenossen. Entsprechendes gilt auch für die Romanfiguren in *Die Nacht von Lissabon.* Dieser Roman ist nicht der erste Exilroman Remarques; vorangegangen sind *Liebe Deinen Nächsten* (1941) und *Arc de Triomphe* (1946). Diese drei Romane spielen in Europa. Im Nachlaß Remarques fand sich der Roman, der 1971 unter dem Titel *Schatten im Paradies* veröffentlicht wurde und jetzt in revidierter Fassung als *Das gelobte Land* (1998) erschienen ist. Es handelt sich um einen hauptsächlich in New York spielenden Exilantenroman, vergleichbar etwa Hilde Spiels *Lisas Zimmer* (1965) oder Oskar Maria Grafs *Die Flucht ins Mittelmäßige* (1957).

Der Moment der Trennung von Gegenwart und Vergangenheit

Den politischen Charakter eines Exilromans wie *Die Nacht von Lissabon* zu betonen, erscheint wie die Beteuerung einer Selbstverständlichkeit. Remarques Verleger Joseph Caspar Witsch hat anläßlich Remarques siebzigsten Geburtstags 1968 festgestellt – und das betrifft die Stichworte 'Schuld und Sühne' –, daß Remarque mit diesem Roman nichts anderes wolle, “als daß die Deutschen sich darüber klar werden, radikal, sorgfältig und vollständig, was sie in den Jahren 1933 bis 1945 getan haben und was mit ihnen geschehen ist” (NL, 319). Die Figur Josef Schwarz aber erzählt diese Exilgeschichte nicht ausschließlich politisch. “Wie die Geschichte einer Liebe” (NL, 254) klinge sie, kommentiert der zuhörende Ich-Erzähler. Man kann den Roman aber auch lesen als eine Krankheitsgeschichte zum Tode hin.[6] Schwarz hat Helen tot auf dem Boden liegend im Hotelzimmer vorgefunden, neben ihr zerrissen das in Paris gekaufte Abendkleid, Hoffnungssymbol aus erträglicheren Tagen (NL, 169f.). Die Spiegel sind zerschlagen, Helen hat Gift genommen, um ihr Krebsleiden zu beenden, eine Verzweiflungstat (NL, 301f.). Die Giftkapsel war ursprünglich für den äußersten Notfall vorgesehen gewesen, daß Helen der Gestapo in die Hände fiele und Folterungen zu erwarten seien. Nun liegt die Tote aufgebahrt im Hotelzimmer, in das Schwarz in dieser Nacht nicht zurückkehren will. In dem Moment, in dem er zu erzählen beginnt, trennt sich das erzählende Ich vom erlebenden, entgleitet Helen in die Vergangenheit, tritt das erinnernde Ich dem erinnerten ge-

[5] Vgl. hierzu etwa: *Deine Söhne, Europa. Gedichte deutscher Kriegsgefangener.* Hrsg. von Hans Werner Richter. München 1947.

[6] Die Tatsache, daß der ursprüngliche Josef Schwarz mit vor allem impressionistischen Bildern gehandelt hat, löst bei seinen Nachfolgern ein gewisses Interesse an Kunst aus und läßt *Die Nacht von Lissabon* in Maßen auch noch als Kunstroman erscheinen. So finden sich folgende Künstlernamen im Romantext: Monet, Ingres, Degas, Renoir, Sisley, Pissaro, van Gogh und Goya.

genüber. "Solange etwas ist, ist es nicht das, was es gewesen sein wird. Wenn etwas vorbei ist, ist man nicht mehr der, dem es passierte", heißt es zu Beginn von Martin Walsers Roman *Der springende Brunnen* (1998). Genau an diesem Punkt der Entwicklung steht Schwarz jetzt, und das Problematische des Erinnerns und Erzählens ist in einem weiteren Satz Walsers aus dem Romananfang artikuliert: "Obwohl es die Vergangenheit, als sie Gegenwart war, nicht gegeben hat, drängt sie sich jetzt auf, als habe es sie so gegeben, wie sie sich jetzt aufdrängt."[7]

Die Funktion des Ich-Erzählers

Der Ich-Erzähler stellt seine Situation folgendermaßen dar: "Er [Schwarz] sprach zwar zu mir, aber ich wußte, daß ich für ihn nur eine Wand war, von der manchmal ein Echo kam. Ich betrachtete mich auch so; anders hätte ich ihm nicht ohne Verlegenheit zuhören können [...]. Ich war ein fremder Mensch, der für eine Nacht seinen Weg kreuzte, und vor dem er keine Hemmungen zu haben brauchte." (NL, 103) Kommunikationstheoretisch gesehen, schafft die Einfügung eines Ich-Erzählers in die Erzählstruktur dieses Romans eine für den Leser notwendige Distanz zwischen ihm und dem erzählenden Josef Schwarz, dessen Unmittelbarkeit für den Leser ansonsten wohl schwer erträglich wäre. Zudem gewinnt Schwarz aus der so geschaffenen Distanz Plastizität. Der wichtigste Effekt aber ist, daß dem Leser in der in kurzen Abständen unterbrochenen wörtlichen Rede des Erzählers Schwarz der Akt des Sich-Erinnerns und Aussprechens durch diese Personenkonstellation permanent im Bewußtsein gehalten wird.

Die Krankheitsgeschichte zum Tode hin

Es ist Schwarz lange verborgen geblieben, daß seine Frau, die er fünf Jahre nicht gesehen hatte (NL, 16), krebskrank war. Es war Helen sowohl ihrer Familie als dann auch ihrem Mann gegenüber gelungen, ein nicht näher genanntes 'Frauenleiden' vorzuschützen, ein tabugeladener Krankheitstyp, der genaueres Nachfragen in jenen Zeiten noch verbot (NL, 153). Als Helen dann mit Schwarz auf der Flucht vor den Nazis durch Europa ist, kommt es zu einer schrecklichen Diskrepanz: Er schleppt sie "den Kreuzweg entlang, alle zwölf Stationen" (NL, 251) bis nach Lissabon, obwohl ihr nicht mehr zu helfen ist, was *sie* weiß und *er* nicht ahnt ("Ich hätte es längst ahnen sollen."; NL, 257). In Biarritz findet Schwarz Helen "mit entstelltem Gesicht am Boden" (NL, 254) liegend vor. Der Arzt, den er holt, schickt ihn mit einem Rezept in die Apotheke. Auf Schwarz' Frage, was Helen denn fehle,

[7] Vgl. hierzu: "Das Wunder, wenn man es erlebt, ist nie vollkommen, erst die Erinnerung macht es dazu – [...]. Wenn ich es jetzt noch einmal beschwören kann [...]." (NL, 137)

antwortet der: "Nichts, was Sie ändern können. Vergessen Sie das nicht!" (NL, 256) Bald stellen sich psychische Folgen der Krankheit ein: Helen fühlt sich "beschmutzt, als ob Würmer in ihr herumkröchen" (NL, 257). In einer Kirche in Marseille, in der das Paar eine kurze Zeit wartend verbringt, kniet Helen betend nieder. Worum sie gebetet habe, fragt Schwarz. "'Um das Visum nach Amerika', erwiderte sie dann, und ich wußte, daß sie log." (NL, 269) Helen hat die Hoffnung längst aufgegeben, das "gelobte Land Amerika" (NL, 232) noch zu erreichen. In der Nacht glaubt sie, Leichengeruch zu verströmen. Dann unterstellt sie Schwarz, daß er sie röche: "Ich weiß, daß du dich vor mir ekelst [...]." (NL, 273f.) Helen bietet sich als Prostituierte an, weil sie in dieser Situation keine Patientin, sondern eine lebendige Frau ist (NL, 275f.). Schwarz verliert Helen aber nicht an die Freier, sondern "an den unerbittlichsten aller Liebhaber" (NL, 300), an den Tod: "[...] es war das einzige Mal, daß sie darüber sprach, 'wir werden das Gelobte Land, auf das du wartest, nicht zusammen sehen.'" (NL, 300) Helen hat bei ihrem Selbstmord keinen Abschiedsbrief hinterlassen. "Sie war gegangen ohne ein Wort", klagt Schwarz. Der Ich-Erzähler sucht zu trösten: "Dadurch [...] hat sie Ihnen mehr gesagt, als sie je in Worte hätte fassen können." (NL, 302) Dann aber wird Schwarz das soeben Präsente als Vergangenes bewußt: "Sie ist fort, und plötzlich ist es, als ob sie nie da gewesen wäre. [...] Ich habe sie angesehen, und da war keine Antwort [...]." (NL, 303) Der Tod erscheint als Sprachlosigkeit. "Nur wir halten sie noch", sagt Schwarz zu dem Ich-Erzähler: "Vergessen Sie es nicht. Jemand muß es halten. Es soll nicht fort sein." (NL, 304) – So erweisen sich die Stichworte Erinnern, Aussprechen, Verschweigen, Vergessen schon in dieser an sich privaten Krankheitsgeschichte als Pole, nach denen sich die Gedankenführung ausrichtet.

Die politisch geprägte Geschichte einer Ehe

Das gilt auch für die schon nicht mehr so private, weil durch die politischen Ereignisse beeinflußte "Geschichte einer Liebe" (NL, 254) – "Quelle affaire d'amour" (NL, 230) sagt einmal ein mitfühlender Franzose über die Ehe-Erzählung von Josef Schwarz. Diese Ehe ist eine für ihre Zeit bemerkenswert emanzipierte – auch dies zum Teil durch die politischen Verhältnisse erzwungen. So hat Schwarz vor seiner Flucht Helen das Versprechen abgenommen, sich von ihm scheiden zu lassen. "Es sollte ihr Schwierigkeiten ersparen." (NL, 17) Helens Bruder, Georg Jürgens, ist "Obersturmbannführer" (NL, 159) und hat Schwarz ins KZ gebracht (NL, 94). Schwarz, der aus dem Exil keinen Kontakt mehr zu Helen unterhält, glaubt auch einige Jahre, daß sie sich habe scheiden lassen. Er weiß nicht, ob sie nicht mit einem anderen zusammen lebt. Als Helen für ihre Person darüber Andeutungen macht, geht Schwarz nicht darauf ein (NL, 80). Die umgekehrte Frage, "Hast du viele Frauen gehabt in Frankreich?" (NL, 89), entschlüpft Helen nur im Halbschlaf. Schwarz ist für kurze Zeit aus dem Exil in seinen Heimatort Osnabrück zurückgekehrt, um Helen aufzusuchen. Remarque hat seine Vaterstadt zum ursprünglichen Wohnort des Ehepaares gemacht. Schwarz, der vermutlich damals wie Helen weiterhin auch Baumann hieß (NL, 205), war in Osnabrück Redakteur (NL, 154), und hieß mit Vornamen Josef (NL, 50). Helen ist im Sommer 1939, als man im In- und Ausland noch auf "ein zweites München und ein drittes"[8] (NL, 146) wartet, 29 Jahre alt. Sie fragt Schwarz wiederholt, weshalb er zurückgekommen sei (NL, 59, 75, 78, 108, 109). Schwarz: "Ich hätte gerne geantwortet, daß ich ihretwegen zurückgekommen sei; aber ich konnte es im Augenblick nicht. [...] Ich erkannte plötzlich [...], daß es die ruhige, klare Verzweiflung gewesen war, die mich zurückgetrieben hatte." (NL, 75) Schwarz antwortet schließlich: "Ich habe es vergessen." (NL, 78) Etwas später gesteht er Helen, "daß ich glaube, wenn ich dir sagte, daß ich dich über alle Maßen liebe, ich erwarten würde, die Gestapo eine Minute später gegen die Tür schlagen zu hören." (NL, 87) Helen folgt Schwarz ins Exil, ohne daß er sie darum gebeten hätte (NL, 74f., 109). Die Wechselfälle des Exilantendaseins verschlagen das Paar in Frankreich zeitweilig in ein leerstehendes Rokokoschlößchen. Helen äußert sich leicht euphorisiert über das Leben im Exil: "Was wäre sonst aus uns geworden? Ein mittelmäßiges, langweiliges Paar, das in Osnabrück ein mittelmäßiges, langweiliges Leben geführt hätte mit mittelmäßigen Gefühlen und einer Urlaubsreise im Jahr –" (NL, 241). Das unstete "Dasein des Emigranten" (NL, 81) von Schwarz "Kugel-Dasein" (NL, 81) genannt, erscheint Helen "Besser als bürgerliche Stagnation" (NL, 81). Die außerordentliche Situation des Exils ruft bei den Eheleuten Gefühle hervor, die sie eher als exzeptionelles Liebespaar erscheinen lassen, zumindest, solange der Krieg nicht ausgebrochen ist. Man trifft sich in Zürich, zieht in Hochstimmung über das Tessin nach Paris. Als dann der Krieg ausbricht, verbringt das Paar eine letzte gemeinsame Nacht unter vielen Menschen in einem Internierungslager. Und dort "flüsterte [Helen] mir Worte zu, die [...] die einer Geliebten waren – Worte, die man am Tage nicht sagt und die man in einem geordneten Leben auch nachts selten sagt [...]." (NL, 183) Als Helen wieder ins Internierungslager zurückkehrt, aus dem sie für Stunden zu Schwarz entkommen ist, sagt sie verzweifelt: "Ich liebe dich viel mehr, als

[8] Zu den Daten und Fakten des Krieges, die meist wiederholt zur Sprache kommen, gehört das Münchener Abkommen, in der Ausdrucksweise des Exilanten Remarque "Münchener Pakt" (NL, 15) genannt. Auch der Anschluß Österreichs wird anders als im innerdeutschen Sprachgebrauch bezeichnet: "Machtergreifung in Österreich" (NL, 18). Auf die Kapitulation Frankreichs wird lediglich angespielt (NL, 15). Die in Frankreich 1939 häufig gestellte Frage "Mourir pour Danzig?" wird im Romantext erläuternd paraphrasiert: "Warum soll [Frankreich] für Polen kämpfen?" (NL, 175f.) Die Zeit zwischen der französischen Kriegserklärung und dem deutschen Einmarsch, in der an der Front Ruhe herrschte, in Deutschland "Sitzkrieg" genannt, wird mit dem französischen Stichwort "la drôle de guerre" (NL, 179) bezeichnet.

du jemals wissen kannst. Vergiß das nicht! Nie!" (NL, 218) Mit diesem Zitat soll die kurze Skizze des Eheromans *Die Nacht von Lissabon* ihr Bewenden haben, bei der sich aber die Orientierung an den besagten Stichworten wieder deutlich gezeigt hat.

Der primär politische Exilroman *Die Nacht von Lissabon*

Diese Stichworte bestimmen auch den primär politischen Exilroman. Wenn man *Die Nacht von Lissabon* als solchen liest, dann fällt eine Ähnlichkeit zwischen Josef Schwarz und dem Protagonisten von Remarques KZ-Roman *Der Funke Leben*, dem Häftling 509, auf.[9] Wie 509, vormals übrigens ebenfalls Redakteur, will auch Schwarz anfänglich seinen früheren Namen vergessen. "Erinnerung" erscheint ihm "tödlich"; es ist der "Krebs der Seele für den Emigranten!" (NL, 21) Auch seine Wohnung hat Schwarz im Exil zu vergessen gesucht (NL, 71). Der Rhein, den er zwischen der Schweiz und dem vormaligen Österreich illegal durchquert hat, erscheint ihm als "Fluß Lethe" (NL, 30). Weshalb Schwarz ins Exil gehen mußte, läßt der Autor bewußt im Dunkeln: "Er war entweder Jude oder er hatte einer politischen Partei angehört, oder er hatte Feinde, die plötzlich einflußreich geworden waren – es gab Dutzende von Gründen [...]" (NL, 17), alle "ungerecht" (NL, 17). Die Verfolgung durch die Nazis findet vielmehr ihre Personifikation in Helens Bruder Georg, dieser "Inkarnation des Bösen" (NL, 166), der seinerseits Schwarz als "verfluchte[n] Kosmopolit[en]" (NL, 164) beschimpft.

In den Osnabrück-Kapiteln gibt es eine Episode mit einem Lautsprecher auf dem Domplatz: "Es stand dort [...], ein Automat, und schrie über das Recht der Wiedereroberung allen deutschen Bodens [...]." (NL, 55) Die in dieser kirchlichen Umgebung sich um den Lautsprecher scharenden Zuhörer "glaubten, was der Automat ihnen zuschrie [...]" und klatschten, "als sei er ein Mensch."[10] Die Masse folgt "Schlagworten", die ihr "das lästige Denken und die Verantwortung" abnehmen (NL, 55). Eine sanftere Bereitschaft zu "Glauben ohne Frage" und den "Wunsch nach Sicherheit und Unverantwortlichkeit" (NL, 56) sieht Schwarz bei den Kirchenbesuchern und erinnert sich der "finsteren Jahrhunderte", in denen die Kirche mit "Scheiterhaufen, Schwert und Folter" regiert hatte. "Helens Bruder hatte mir das hohnlachend im Lager erklärt: '[...] Euere Inquisition mit ihren Folterkammern im Namen

[9] Vgl. hierzu: Heinrich Placke: Naturrecht und menschliche Würde. Anmerkungen zu den Sinnpotentialen des Romans *Der Funke Leben* von Erich Maria Remarque. In: *"Reue ist undeutsch". Erich Maria Remarques Der Funke Leben und das Konzentrationslager Buchenwald.* Hrsg. von Thomas F. Schneider und Tilman Westphalen im Auftrag des Erich Maria Remarque-Archivs/Forschungsstelle Krieg und Literatur der Universität Osnabrück und der Gedenkstätte Buchenwald. Bramsche 1992. S. 28-40.

[10] Das l'homme machine-Motiv gehört zu denjenigen, die *Die Nacht von Lissabon* mit Remarques politischen Romanen der fünfziger Jahre verbinden.

Gottes hat uns gelehrt, wie man Feinde des Glaubens behandeln muß.'" (NL, 56)[11]

Als Schwarz sich wieder ins Exil begibt, erwägt er einen Moment, den Zug zu nehmen und an der Grenze seinen Paß vorzuzeigen. Eine "Auswanderungserlaubnis" oder eine "Reichsfluchtsteuerbestätigung"[12] (NL, 107), nach denen man ihn fragen könnte, hat er aber nicht. Deshalb will er wieder illegal über die Grenze durch den Rhein in die Schweiz, nachts, erklärt er Helen: "Laß uns nicht darüber reden [...]. Oder so wenig wie möglich" (NL, 107), sagt er. Schwarz fürchtet, in einem drohenden Krieg den Kontakt zu Helen ganz zu verlieren (NL, 108). Helen erklärt ihm, daß sie mit ins Exil gehe. Auf ihr wiederholtes Fragen, weshalb er sie aufgesucht habe, gesteht er ihr schließlich: "Um dich zu holen [...]. Weißt du das denn immer noch nicht?" Darauf Helen: "Aber du mußt es mir doch sagen." (NL, 109f.) Es zeigt sich also, daß das Moment des Sich-Erinnerns und Aussprechens auf unterschiedlichen Ebenen wirksam ist: In den Beziehungen zwischen den Personen in Schwarz' Erzählungen untereinander, sodann im Gespräch zwischen Schwarz und dem Ich-Erzähler und schließlich – die Tatsache, daß der Grund für die Verfolgung von Schwarz durch die Nazis ungenannt bleibt, zeigt es – zwischen dem Autor und dem Leser.

In einer derartig am Aussprechen orientierten Erzählung ist mit sprachkritischen Anmerkungen fast zu rechnen. So merkt Schwarz an, man ertrüge große Worte in der Politik, aber nicht im Gefühl. "Umgekehrt wäre es besser." (NL, 78) Das Spotten und die Angst vor großen Worten habe er längst aufgegeben. "Solange man spottet oder Angst hat, versucht man, die Dinge auf ein kleineres Maß zu bringen als das, was sie haben." (NL, 36f.) Schwarz macht auf Klischees in seiner Ausdrucksweise aufmerksam (NL, 59), etwa bei der Formulierung "Das Herz krampfte sich mir zusammen" (NL, 70), beruft sich aber auf seine Exilerfahrungen. Die Art, wie er vor einem Konsulat von einem Gestapo-Mann in Zivil festgenommen wird, erinnert ihn an einen schlechten Film (NL, 277). Die Tatsache, daß Helen ohne Abschiedsbrief aus dem Leben geschieden ist, macht Schwarz untröstlich. Der Ich-Erzähler kommentiert, Schwarz habe gelernt, viele "Schablo-

[11] Vgl. hierzu die Szene in einer Kirche in Marseille: "Es wurde gerade eine Messe zelebriert. [...] das Licht schimmerte auf dem goldenen Kelch, den der Priester hob und in dem das Blut Christi war, der die Welt damit erlöst hatte. Zu was hatte es geführt? Zu blutigen Kreuzzügen, religiösem Fanatismus, den Foltern der Inquisition, Hexenverbrennungen und Ketzermorden – alles im Namen der Nächstenliebe. [...] [Helen] ging zu einer Bank unter der Kanzel und kniete dort nieder. Ich weiß nicht ob sie betete und zu wem [...]." (NL, 268)

[12] Die Reichsfluchtsteuer ist ursprünglich keine vom NS-Regime zur Schikanierung von Exilanten vorgenommene Einrichtung, sondern diente bei ihrer Einführung 1931 in der Weltwirtschaftskrise z.B. der Bekämpfung von Kapitalflucht (Steuerflucht). Das NS-Regime hat dieses Instrument dann mehrfach für seine Zwecke verschärft.

nenbegriffe" (NL, 302) abzustreifen, aber wohl nicht die Vorstellung von letzten Worten, einer letzten Liebesbeteuerung. Eine andere Klischeevorstellung, die von "männliche[r] Eitelkeit" (NL, 165), hat Schwarz gründlich in Frage gestellt. Das gilt sowohl in sexueller[13] wie in politischer[14] Hinsicht.

Weshalb erzählt Schwarz dem Ich-Erzähler seine Geschichte? Weil "unser Gedächtnis fälscht, um uns überleben zu lassen." (NL, 98) Er aber will, daß seine Geschichte so in Erinnerung bleibt, wie er sie im Moment ihres Abschlusses erzählt: "Es soll stehen bleiben wie eine Skulptur aus Marmor! Nicht wie eine Sandburg, von der jeden Tag etwas verweht! [...] Ich weiß, daß es in mir verwittern muß und gefälscht wird, wenn ich es nicht herausbringe aus mir, es aufstelle, außer mir [...]." Der Ich-Erzähler stimmt zu: "Unsere Erinnerung ist kein elfenbeinerner Schrein in einem staubdichten Museum. Sie ist ein Tier, das lebt und frißt und verdaut." (NL, 156f.) Schwarz zum Ich-Erzähler: "Deshalb erzähle ich es Ihnen. Sie werden es weiter bewahren, und bei Ihnen ist keine Gefahr. Ihre Erinnerung versucht nicht, es zu vertilgen, um Sie zu retten, wie meine" (NL, 171). "Vergessen Sie es nicht. [...] Wir sind nur noch zwei. [...] Bei Ihnen ist es sicher." (NL, 304) Denn es ist nicht das Schicksal des Ich-Erzählers, das dieser nun in Erinnerung behält.

Aber nicht nur die grundsätzliche Motivation, die Schwarz für seine Erzählung hat, ist vom Sich-Erinnern und Aussprechen bestimmt, auch die Fülle der Details ist es. Schwarz fürchtet, die deutschen Polizisten hätten nichts vergessen (NL, 70). Seine Erinnerung an das KZ dagegen ist getrübt (NL, 99), er vergißt sofort die Gefahr, wenn sie vorbei ist (NL, 102). Ein junger Amerikaner, der am Tag zuvor dem Ehepaar leichthin seine Hilfe angeboten hat, hat dagegen nicht vergessen, daß er für die Visa von Schwarz und Helen auf dem US-Konsulat bürgen wollte (NL, 263). Schwarz wollte in den USA "Europa vergessen wie einen bösen Traum" (NL, 235). Die

[13] Schwarz über seine Heimkehr zu Helen: "Wie Sie sich denken können, war geschehen, was vorauszusehen war in der ersten Nacht; ich hatte versagt in der primitivsten Weise. [...] Tatsache war, daß ich unfähig gewesen war, aber, weil ich es erwartete, zum Glück nicht die verzweifelten Versuche angestellt hatte, die sonst in solchen Fällen gemacht werden. Man kann noch so überlegen sein wollen [...] – es bleibt trotzdem eine verdammte Sache, bei der jedes Pathos schauderhaft lächerlich wird." (NL, 86)

[14] Georg Jürgens hat seine Schwester und Schwarz in Paris aufgesucht, um Helen heimzuholen. Der körperlich überlegene SS-Mann macht Miene, den schmächtigen Schwarz, dessen rechter Arm seit seinem KZ-Aufenthalt "etwas steif" (NL, 164) ist, niederzuschlagen. Darauf Helen: "'Sieh dir den Dummkopf an!' sagte sie zu mir. 'Er glaubt, wenn er dich niederschlägt, würde ich so an deiner Männlichkeit verzweifeln, daß ich reuig in das Land des einseitigen Faustrechts zurückkehren würde.'" (NL, 165) Als Schwarz dem Ich-Erzähler beteuert, er hätte sich aber gegebenenfalls zur Wehr gesetzt, weist dieser ihn darauf hin, daß eine Rechtfertigung unnötig sei. Darauf Schwarz: "Das ist wahr. Aber sehen Sie, wie tief es sitzt [...].Wann hört das bißchen männliche Eitelkeit auf?" (NL, 165)

Pässe samt Visa übergibt er am Ende der Nacht dem Ich-Erzähler noch zusätzlich zu den Schiffskarten (NL, 304f.). Er will nicht mehr in das "Gelobte Land" (NL, 300). Schwarz hat viel erlitten. Eine Zeitlang war er in dem Lager Le Vernet (NL, 189, 201, 203, 211, 228) interniert. Als er dem entkommen ist und sich in einem Frauenlager nach Helen erkundigt, gilt diese dort als Geliebte des Lagerarztes oder als schon wochenlang tot. Nun, da Helen wirklich tot ist, will Schwarz zur Fremdenlegion (NL, 305), um Nazi-Deutschland zu bekämpfen.[15] Zwar ist Schwarz nach Helens Tod fast an seinem Schicksal verzweifelt, doch hält er es für ein Verbrechen, sein Leben im Selbstmord wegzuwerfen, solange der Gestapo-Scherge noch lebt, der ihn in Marseille lächelnd gefoltert hat, in Georgs Auftrag. Seinen Schwager, den Obersturmbannführer, hat Schwarz in höchster Not ermordet (NL, 284f.). Und nun fragt er sich, ob er ein "leeres, sinnloses Leben" geführt hat, das "eines Hahnreis, eines Mörders" (NL, 303). Und damit ist dann die für diesen Exil-Roman spezifische Frage nach Schuld und Sühne gestellt. Der Ich-Erzähler aber ergänzt das Bild: Er sieht in der "armseligen Gestalt" (NL, 308) auch einen Liebenden und eine "Art von Heiligen" (NL, 304). Ihm bleibt als letztes Andenken an Schwarz und Helen ein Stück Bernstein, "in dem eine sehr zierliche Mücke vor Tausenden von Jahren gefangen und versteinert worden war." (NL, 310)

Resümee

Unter den Rezensionen, die dem E. M. Remarque-Archiv (Osnabrück) vorliegen, ist es vor allem die von Hans Habe, die das Element der Erinnerung, Verfälschung, Vergeßlichkeit aufgreift.[16] Vom Aussprechen und seinem Komplement, dem Verschweigen, ist dagegen nicht die Rede. Die Theorie von der Zerstörung der Erinnerung durch das eigene Gedächtnis, das dem

[15] Der heutige Leser mag sich fragen, wie weit Schwarz' Plan, sich der Fremdenlegion anzuschließen, um Nazi-Deutschland zu bekämpfen, in die zeithistorische Situation von 1942 paßt. Die Légion étrangère wurde traditionell vornehmlich zur Sicherung der französischen Kolonien in Nordafrika eingesetzt. So war das im Prinzip auch zur Zeit des Vichy-Regimes. (Zu den historischen Details siehe Christian Zentner, Friedemann Bedürftig (Hrsg.): *Das große Lexikon des Zweiten Weltkriegs.* München 1988, vor allem die Stichworte "Fremdenlegion", "Darlan" und "Torch".) Nach der Landung britisch-amerikanischer Streitkräfte in Nordafrika (November 1942) leisteten die dortigen französischen Truppen nur anfänglichen Widerstand und gingen dann zu den Alliierten über. De Gaulle, seit 1940 als Chef des Freien Frankreich im Londoner Exil, richtete danach in Algier ein Französisches Komitee der nationalen Befreiung ein. Wenn Schwarz also die Fremdenlegion erreichen will, um gegen Nazi-Deutschland zu kämpfen, dann hat er es Ende 1942 von Lissabon aus nicht weit. Vgl. hierzu auch: Eckard Michels: *Deutsche in der Fremdenlegion 1870-1965. Mythen und Realitäten.* Paderborn 1999.

[16] Hans Habe: Der neue Roman von Remarque. In: *Aufbau.* New York, 25.1.1963.

Individuum das Weiterleben ermöglichen will, wogegen die eigene Erinnerung bei einem Fremden gut aufgehoben sei, ist wohl eher eine von Remarque entwickelte Privattheorie, bei der er sich ähnlich wie Schwarz auf eigene Erfahrung berufen haben mag. (Auch Walsers Erinnerungstheorie ist privater Natur.) Diese Theorie kann beispielsweise kaum auf Sigmund Freud, an den man bei den Stichworten Sich-Erinnern und Aussprechen ja denken könnte, bezogen werden.[17] Ob sie auf die Psychoanalytikerin Karen Horney bezogen werden kann, mit der Remarque eine jahrelange Vertrautheit verband, ist die Frage.[18] Zu erwägen wäre noch die Relevanz diesbezüglicher jüdischer Tradition allgemein. Wenn überhaupt, so verwendet Remarque die Psychoanalyse als Schriftsteller auf die Weise, wie er sie verarbeitet hat. Es fällt jedenfalls auf, daß Remarque, wenn auch in anderer Weise, nach seinem KZ-Roman *Der Funke Leben* (1952) hier erneut das Sich-Erinnern und Aussprechen in den Vordergrund stellt, das bei seinen politischen Romanen der fünfziger Jahre auch sonst eine Rolle spielt. Obwohl es gelegentlich eine Äußerung von Schwarz im Sinne der Totalitarismustheorie gibt (NL, 55), erscheint auch Hannah Arendts politische Thematik für diesen

[17] In einer kleinen Veröffentlichung unter dem Titel "Sport im Buch" im *Berliner Lokal-Anzeiger* (erneut abgedruckt in E. M. Remarque: *Das unbekannte Werk.* Hrsg. von Thomas F. Schneider und Tilman Westphalen. Köln 1998. Bd. IV, S. 307ff.) äußert sich Remarque 1928 noch mokant über die Psychoanalyse Sigmund Freuds. Für die Zeit, in der *Der Funke Leben* entsteht, aber auch die ersten Ideen zu *Die Nacht von Lissabon*, registriert die Remarque-Biographie bei Remarque S. Freud- und C. G. Jung-Lektüre (Wilhelm von Sternburg: *"Als wäre alles das letzte Mal". Erich Maria Remarque. Eine Biographie.* Köln 1998. S. 342 und 347).

[18] Während Remarque S. Freud und C. G. Jung lediglich las, hatte er zu Karen Horney ein ausgesprochen persönliches Verhältnis. Die aus Hamburg stammende Ärztin und Psychotherapeutin K. Horney (1885 – 1952) folgte 1932 einem Ruf in die USA und leitete dort das American Institute of Psychoanalysis. Als Vertreterin der Neopsychoanalyse veröffentlichte sie mehrere einschlägige Werke, in denen sie in Auseinandersetzung mit Freud auch auf die sozialen und kulturellen Antriebe des Menschen verwies. Von diesen Werken findet sich in Remarques Nachlaß *Der neurotische Mensch unserer Zeit.* Stuttgart 1951; er bezieht sich in seinen schriftlich überlieferten Äußerungen auf dieses Buch. Remarque lernte K. Horney im August 1949 kennen. Im Juli 1950 hatte er seine erste Therapiesitzung bei Horney. Deren Psychoanalyse beförderte bei Remarque einen Prozeß zur Selbstanalyse. Aus Briefen und vielen Tagebuchnotizen Remarques spricht ein hoher Grad an Vertrautheit mit der Ärztin. Literarisch produktiv ist K. Horneys Anregung an Remarque, zur Bewältigung der eigenen Leidensgeschichte autobiographische Notizen über seine Beziehung zu der Geliebten Natascha Paley zu machen, aus denen dann Remarques New York-Roman entsteht (E. M. Remarque: *Das unbekannte Werk.* Bd. II. S. 436f.). Der ähnlich wie *Die Nacht von Lissabon* auf dem Sich-Erinnern und Aussprechen basierende KZ-Roman *Der Funke Leben* war schon in Arbeit, als Remarque K. Horney erst kennenlernte. Die erste Idee zu *Die Nacht von Lissabon* entstand kurz nach der ersten Begegnung mit K. Horney (siehe Kurzbiographie in Daten. In: E. M. Remarque: *Das unbekannte Werk.* Bd. V. S. 661).

Roman wenig bedeutsam.[19] Am ehesten scheint noch – und damit wäre dann die Verbindung von Psychoanalyse und politischer Geschichte hergestellt – eine gedankliche Nähe zu Alexander und Margarete Mitscherlichs Untersuchung über *Die Unfähigkeit zu Trauern* gegeben zu sein, die allerdings erst 1967 veröffentlicht wird. Diese aber bezieht sich auf die Mitläufermentalität der bundesrepublikanischen Gesellschaft. Schwarz dagegen hat auf Grund seiner mentalen Voraussetzungssituation als Exilant aus seinem Schuldeingeständnis die Konsequenz gezogen, das Nazi-Reich mit der Waffe zu bekämpfen. Und das hat ihn Anfang der sechziger Jahre in der BRD zu einer unbequemen Gestalt gemacht.

[19] Hannah Arendts Buch *The Origins of Totalitarism* 1951 in den USA veröffentlicht und 1955 in von der Autorin überarbeiteter deutscher Fassung unter dem Titel *Elemente und Ursprünge totalitärer Herrschaft* erschienen, findet sich nicht in Remarques Nachlaß.

Hans Wagener

Erich Maria Remarque, *Im Westen nichts Neues – Zeit zu leben und Zeit zu sterben*: Ein Autor, zwei Weltkriege

Whereas the hero of Remarque's 'All Quiet on the Western Front' *(1929), refuses to think or to talk about the war, the hero of* 'A Time to Love and a Time to Die' *(1954), gains an increasing political awareness that ultimately results in an act of resistance. Both novels are directed at the time in which they were written. Whereas* 'All Quiet' *excuses the author's own war generation for its inability to adapt to normal life in the Weimar Republic,* 'A Time to Love' *intends to contribute to the discussion of the Nazi era at the time of the Adenauer restoration.*

Mit *Im Westen nichts Neues* (1929) hat Erich Maria Remarque den zweifellos bedeutendsten Roman über den Ersten Weltkrieg geschrieben. Mit *Zeit zu leben und Zeit zu sterben* (1954) legte er einen Roman über den Zweiten Weltkrieg vor. Ein Vergleich der beiden Romane sagt nicht nur etwas über den unterschiedlichen Charakter der beiden Weltkriege aus, sondern er belegt auch die Entwicklung Remarques vom Autor der *lost generation* zum *homo politicus*.

Beide Romane haben einen unterschiedlichen autobiographischen Erfahrungshintergrund. Obwohl in der ersten Person erzählt, ist *Im Westen nichts Neues* kein autobiographisches, sondern ein fiktionales Werk, auch wenn es eine Anzahl autobiographischer Elemente enthält. Im Unterschied zu seinem "Helden" Paul Bäumer war Remarque kein Kriegsfreiwilliger, sondern er war am 21. November 1916 gemeinsam mit seinen Klassenkameraden eingezogen worden. Er wurde am 12. Juni 1917 an die Westfront in Flandern geschickt, wo er hauptsächlich zum Schanzen, zum Ausbau der Stellungen hinter der Front und im Telephondienst eingesetzt wurde. Bereits rund sechs Wochen später, am 31. Juli 1917, wurde er an der Ypern-Front bei einem Sperrfeuer der englischen Artillerie durch Splitter verletzt und kam in Duisburg ins Lazarett. Remarque hat damit die Realität des Krieges für kurze Zeit selbst kennengelernt, auch wenn er nie im vordersten Graben lag und nie einer Einheit zugeteilt war, die Sturmangriffe durchführte. Autobiographisch sind deshalb vor allem die Szenen, die die Grundausbildung in der Kaserne widerspiegeln, die Urlaubsszenen in der Heimatstadt – offensichtlich Osnabrück –, Schanzarbeit, Verwundung und Lazarettaufenthalt.

Es ist keine Frage, daß *Im Westen nichts Neues* trotz seines Romancharakters sehr viel mehr autobiographische Elemente enthält als Remarques Roman über den Zweiten Weltkrieg, den der Autor als Exilant in den Vereinigten Staaten verfaßte. Aber auch der Exilant Remarque war von den dargestellten Aktionen des Dritten Reiches, von der Atmosphäre von Furcht und Angst sowie den konkreten Konsequenzen einer ehrlichen Meinungsäußerung selbst betroffen, denn die Nazis hatten sich an dem unliebsamen Autor von *Im Westen nichts Neues* durch die Ermordung seiner Schwester Elfriede gerächt. Sie wurde am 29. Oktober 1943 vom Volksgerichtshof unter Vorsitz Roland Freislers wegen "maßlos hetzender defätistischer Äußerungen gegenüber einer Soldatenfrau",[1] wie es in den Gerichtsakten hieß, zum Tode verurteilt und am 16. Dezember 1943 in Plötzensee mit der Axt enthauptet. Diese Ereignisse sind im Roman reflektiert: Ernst Graeber sieht in der Zeitung ein Bild Freislers und liest dort, vier Menschen wären enthauptet worden, weil sie nicht mehr an einen deutschen Sieg glaubten.[2] Abgesehen von diesem einen, wenn auch traumatischen Aspekt, enthält *Zeit zu leben und Zeit zu sterben* Autobiographisches nur in Form vager Kindheitserinnerungen Graebers und insofern, als der große Mittelteil des Romans offensichtlich in Remarques Heimatstadt Osnabrück spielt. Der Exilant Remarque war mit den Ereignissen und der Stimmung im Dritten Reich nur durch mündliche und schriftliche Berichte Dritter vertraut. Das Resultat des Nicht-dabei-gewesen-Seins ist ein gewisser Schematismus[3] und eine Klischeehaftigkeit in der Darstellung von Gestalten und Atmosphäre, von allem, was mit dem Dritten Reich zu tun hat.

Beide Romane handeln jeweils in der Endphase des Ersten bzw. Zweiten Weltkriegs, als schon sicher ist, daß Deutschland den Krieg verlieren wird. Sie haben ferner eine sehr ähnliche Struktur: Die Kriegshandlung steht am Anfang und am Ende, während in der Mitte der Heimaturlaub erzählt wird. Während in *Im Westen nichts Neues* die Grausamkeit des Grabenkrieges, von Angriff und Gegenangriff, sowie das Trommelfeuer der Materialschlacht eine wichtige Rolle spielen, wird dies in *Zeit zu leben und Zeit zu sterben* nicht dargestellt. Auf den ersten Seiten des Buches wird zwar bewußt beschrieben, wie bei der Frühjahrsschneeschmelze in Rußland die Toten aus den einzelnen Wintermonaten schichtweise auftauen und wie

[1] Die Gerichtsakten sind abgedruckt in: Günther Weisenborn: *Der lautlose Aufstand.* Hamburg 1953. S. 263-265.

[2] Vergleichsweise unwichtig ist demgegenüber die Tatsache, daß Graeber mit Elisabeth in einer geborgten Unteroffiziersuniform im vornehmen Hotel Germania speist. Dies erinnert an Remarques eigenen hochstaplerischen Zug, der sich darin zeigt, daß er in den ersten Monaten unmittelbar nach dem Ende des Ersten Weltkrieges Auszeichnungen trug, die er nicht erworben hatte, und daß er rund ein Jahr später in Hannover sogar in einer Leutnantsuniform gesehen wurde.

[3] Stefan H. Kaszynski spricht von einem "doch letztlich auch schematischen Erzählwerk". Stefan H. Kaszynski: Absicht und Wirkung. Rezeptionsästhetische Strategien im Kriegsroman *Zeit zu leben und Zeit zu sterben* von Erich Maria Remarque. In: Thomas F. Schneider (Hrsg.): *Erich Maria Remarque. Leben, Werk und weltweite Wirkung.* Osnabrück 1998. S. 311-323, hier S. 316.

unterschiedlich die Leichen der Soldaten in den verschiedenen Klimazonen an den deutschen Fronten in Europa und in Afrika verwesen. Horrorszenen gibt es ansonsten aber nur bei der Beschreibung der Toten eines Bombenangriffs auf Graebers Heimatstadt Werden. Während *Im Westen nichts Neues* ein Frontroman ist, wird in *Zeit zu leben und Zeit zu sterben* der Krieg an der Front selbst nicht geschildert. Von den 27 Kapiteln des Romans spielen nur die ersten und die letzten drei auf dem Kriegsschauplatz Rußland. Während Paul Bäumer seinen Heimaturlaub in einer Umgebung verbringt, die, mit Ausnahme des Mangels an Nahrungsmitteln, vom Krieg kaum in Mitleidenschaft gezogen ist, lernt Ernst Graeber in seiner Heimatstadt den Bombenkrieg kennen, der Werden in Schutt und Asche legt und die Zivilbevölkerung terrorisiert. Front und Heimat sind hier keine Gegensätze mehr; Frauen und Kinder leiden und werden als wehrlose Opfer der Bombenangriffe genauso getötet wie die Soldaten an der Front; ihre Körper werden genauso verstümmelt und zerrissen und in Massengräbern verscharrt. Ein derartiger totaler Krieg war der Erste Weltkrieg trotz der Versorgungsprobleme der Zivilbevölkerung nicht. Während Paul Bäumer zu Hause seine Eltern und Freunde besucht, kann Ernst Graeber seine ausgebombten Eltern nicht einmal finden. Während in *Im Westen nichts Neues* die alten patriotischen Ideale zumindest am Biertisch der Heimat noch am Leben sind, zeigt Remarque in *Zeit zu leben und Zeit zu sterben* die Auswirkungen der Nazidiktatur auf die Gemüter der Menschen, die in einer Atmosphäre des gegenseitigen Mißtrauens und der Angst vor Denunziationen leben.

In beiden Romanen kommt der 'Held' am Schluß um. Während jedoch Paul Bäumers Tod in einem der letzten Monate des Krieges die Sinnlosigkeit eben dieses Krieges dokumentiert, wird Ernst Graeber wenige Augenblicke nach seiner Widerstandshandlung, der Erschießung des Nazis Steinbrenner, selbst erschossen. Endet *Im Westen nichts Neues* durch den sinnlosen Tod Paul Bäumers mit einer pessimistischen Note, so schließt *Zeit zu leben und Zeit zu sterben* optimistisch: Nicht nur hat sich Ernst Graeber gegen das Dritte Reich aufgelehnt, es wird darüber hinaus angedeutet, daß seine junge Frau Elisabeth schwanger ist. Sie will ein Kind haben, will es "dagegen erziehen", und sie fragt sich: "Was soll werden, wenn diejenigen, die gegen all das sind, was jetzt passiert, keine Kinder haben wollen. Sollen nur die Barbaren welche haben? Wer soll dann die Welt wieder in Ordnung bringen?" (Z, 380).[4] Damit wird die Hoffnung auf eine neue, bessere Welt

[4] Ich zitiere nach der zweiten Auflage der revidierten Neuausgabe des Romans, die mangels des verfügbaren Originalmanuskripts auf der Grundlage der US-Erstausgabe rekonstruiert wurde: Erich Maria Remarque: *Zeit zu leben und Zeit zu sterben. Roman.* Mit einem Nachwort von Tilman Westphalen. 2. Aufl. Köln 1999. Im folgenden abgekürzt mit der Sigle Z.

ausgedrückt, und das ist im Vergleich zu dem Pessimismus von *Im Westen nichts Neues* ein großer Fortschritt.[5]

Der Hauptunterschied zwischen den beiden Romanen besteht jedoch im Charakter des jeweiligen Helden, und zwar in bezug auf sein politisches Bewußtsein. Paul Bäumer, der Held von *Im Westen nichts Neues*, ringt sich nicht zu systemkritischen Erkenntnissen durch. Er zeichnet sich geradezu dadurch aus, daß er sich weigert, über den Krieg nachzudenken. Die Kriegserfahrungen sind zu grauenvoll, und das Nachdenken darüber wäre unerträglich schmerzhaft. Die Diskussion über den Krieg verschiebt Remarque/Bäumer auf die Zeit danach und drückt sich dadurch vor der Stellungnahme: "Und ich weiß: all das, was jetzt, solange wir im Kriege sind, versackt in uns wie ein Stein, wird nach dem Kriege wieder aufwachen, und dann beginnt erst die Auseinandersetzung auf Leben und Tod." (W, 131)[6]

Geradezu leitmotivartig kehrt dieser Gedankengang wieder, als ob Remarque einen guten Grund hätte, die Nichthinterfragung des Krieges zu rechtfertigen. Angesichts der harmlosen Russen im Kriegsgefangenenlager in der Heide fragt sich Paul Bäumer, wie es kommt, daß diese Männer, die man seiner Ansicht nach "zum Pflügen und Mähen und Apfelpflücken verwenden" müßte (W, 173), zu Feinden geworden sind, und er schließt:

> Ich erschrecke; hier darf ich nicht weiterdenken. Dieser Weg geht in den Abgrund. Es ist noch nicht die Zeit dazu; aber ich will den Gedanken nicht verlieren, ich will ihn bewahren, ihn fortschließen, bis der Krieg zu Ende ist. Mein Herz klopft: ist hier das Ziel, das Große, das Einmalige, an das ich im Graben gedacht habe, das ich suchte als Daseinsmöglichkeit nach dieser Katastrophe aller Menschlichkeit, ist es eine Aufgabe für das Leben nachher, würdig der Jahre des Grauens? (W 176f.)

[5] Siehe Christine R. Barker und R. W. Last: *Erich Maria Remarque*. London, New York 1979. S. 130. Tilman Westphalen schreibt dazu in dem "Wann wird zum Mord, was man sonst Heldentum nennt" (Z, 401-420) betitelten Nachwort zu seiner Neuausgabe des Romans: "Elisabeth verkörpert mit dem Wunsch nach einem Kinde die Hoffnung für die Zeit nach der Überwindung des Verbrecherstaates, zu dem das Deutsche Reich geworden war." (Z, 415). Daß die idyllische Verwirklichung der Liebe zwischen Graeber und Elisabeth unrealistisch ist und eventuell als geistiger Fluchtversuch Graebers vor seiner sich entwickelnden politischen Bewußtseinsbildung angesehen werden kann, steht auf einem anderen Blatt. Bernd Nienaber formuliert: "Graebers Heirat mit seiner Jugendfreundin Elisabeth steht für den schließlich scheiternden Versuch, durch Inszenierung des Privaten katastrophische Geschichte von sich fernzuhalten." Bernd Nienaber: Der Blick zurück. Remarques Romane gegen die Adenauer-Restauration. In: Tilman Westphalen (Hrsg.): *Erich Maria Remarque: 1968-1970*. Bramsche 1988. S. 79-93, hier S. 87.

[6] Ich zitiere nach der Ausgabe Erich Maria Remarque: *Im Westen nichts Neues. Roman*. Mit Materialien und einem Nachwort von Tilman Westphalen. Köln 1989. Im folgenden abgekürzt mit der Sigle W.

Im Westen nichts Neues ist damit ein Roman, in dem es nicht nur um den Ersten Weltkrieg geht, sondern mindestens ebenso sehr um seinen Effekt auf die Erzählgegenwart, die Endphase der Weimarer Republik. Da der 1918 gefallene Paul Bäumer der Ich-Erzähler der erzählten Zeit ist, kann er dazu natürlich keine Stellung beziehen. Geschickt schafft Remarque hier eine interpretatorische Leerstelle, die der Leser je nach Bedarf und eigener Mentalität füllen kann. Remarque macht wiederholt die ältere Generation für den Krieg verantwortlich, die alten Lehrer, die ihn und seine Klassenkameraden angestiftet haben, sich freiwillig zu melden, die Stammtischpolitiker, die sich an annexionistischen Kriegszielen berauschen und nicht wahrhaben wollen, daß der Krieg längst verloren ist. Welches Ziel hat er mit seinem Roman vor Augen: "Nie wieder Krieg", das Prinzip der Gewaltlosigkeit der Pazifisten? Tatsächlich kommt er einmal einer solchen konkreten Forderung sehr nahe, und zwar, als Paul Bäumer auf einem Patrouillengang in einem Trichter einen Franzosen erstochen hat und Zeuge seines langsamen Sterbens wird. "Aber wenn ich davonkomme", sagt er zu dem Toten, "will ich kämpfen gegen dieses, das uns beide zerschlug: dir das Leben – und mir –? Auch das Leben. Ich verspreche es dir, Kamerad. Es darf nie wieder geschehen." (W, 204). Wieder zieht sich der Autor aus der Affäre, indem er "dieses" nicht genau benennt. Gleichzeitig läßt er hier aber das mehrfach angeschlagene Thema von der "verlorenen Generation" anklingen, das er schon in seinem dem Roman vorangestellten Motto verkündet, in dem er sagt, das Buch solle "nur den Versuch machen, über eine Generation zu berichten, die vom Kriege zerstört wurde – auch wenn sie seinen Granaten entkam" (W, [5]). Auch darin wird klar, daß sich *Im Westen nichts Neues* an die ehemaligen Kriegsteilnehmer zur Zeit der Weimarer Republik richtet und ihnen eine (Selbst-)Rechtfertigung für einen eventuellen Mangel an eigener Lebenstüchtigkeit an die Hand gibt, dafür, daß sie sich "nicht mehr zurechtfinden können" (W, 262).

Die Kriegsschuldfrage wird in *Im Westen nichts Neues* lediglich in Kapitel 9 in einer Diskussion der Gruppe von Soldaten um Bäumer gestellt. Schon die Tatsache, daß es sich hier zumeist um ziemlich schlichte Gemüter handelt, garantiert, daß es weder zu größeren Einsichten noch etwa zu praktischen Schlußfolgerungen kommt. Dennoch gelingt es dem Autor, zumindest einige Gedanken über die Ursachen zu formulieren:

1. Kriege entstehen, wenn ein Land das andere beleidigt, also aus Verletzung nationalen Stolzes und nationaler Ehre.
2. Ein Krieg entsteht, weil er bestimmten Leuten nützt, z.B. ruhmsüchtigen Generälen oder Herrschern.
3. Es gibt Leute, "die am Krieg verdienen wollen."
4. Ein Krieg ist eine Art Fieber; "mit einem Male ist es da." (W, 187).

Mit der Erklärung, es gebe Leute, "die am Krieg verdienen wollen", gibt Remarque andeutend eine materialistische Erklärung, die die Ursachen von

Kriegen auf kapitalistisches Gewinnstreben zurückführt. Das politische System selbst, die Monarchie in Deutschland, wird in keiner Weise in Frage gestellt, und auch in den Bemerkungen über die auf die Zeit nach dem Kriege verschobene Auseinandersetzung mit der Vätergeneration ist von gesellschaftlichen Veränderungen nicht die Rede. Der Roman ist jedenfalls kein Buch, das aktivistisch zum Kampf gegen die Klasse oder Mächte aufruft, die den Krieg verursacht haben. Revolution steht nicht in Remarques Programm.[7]

In *Im Westen nichts Neues* hat der Autor das menschliche Leiden der Soldaten und die Unmenschlichkeit des Krieges in den Mittelpunkt gestellt; in *Zeit zu leben und Zeit zu sterben* steht der Nationalsozialismus mit seinen Auswirkungen auf alle Teile der Bevölkerung, nicht nur der Soldaten, im Zentrum. Im Gegensatz zu *Im Westen nichts Neues* enthält *Zeit zu leben und Zeit zu sterben* eine ganze Reihe von Gesprächen über Politik, über die vom NS-Regime begangenen Verbrechen, und nicht nur diejenigen der SS. Die Diskussion über Schuld und Mitverantwortung des Einzelnen wird hier in den Roman selbst hinein verlegt und nicht etwa auf einen späteren Zeitpunkt verschoben.[8] Auf den ersten Seiten ist die Rede von dem angeblichen Unterschied zwischen der SS und der deutschen Wehrmacht. Im Gegensatz zur SS heißt es von der Wehrmacht und ihrem Verhalten beim Rückzug: "Wir [die Wehrmachtssoldaten] erschießen und verbrennen nicht, was wir erwischen können." (Z, 14) Wenige Seiten später werden diese Worte Lügen gestraft und die Beteiligung der Wehrmachtssoldaten an den der SS zugeschriebenen Verbrechen gezeigt:[9] Willkürliche Erschießungen russischer Zivilisten und Zerstörung der Dörfer. Während der Autor in *Im Westen nichts Neues* die Tapferkeit der trotz ihrer materialmäßigen Unterlegenheit immer wieder angreifenden deutschen Soldaten preist, stellt er sie in *Zeit zu leben und Zeit zu sterben* als wenn auch zögerlich Beteiligte an Verbrechen gegen die russische Zivilbevölkerung dar und rückt damit ein Thema in den Mittelpunkt

[7] Vgl. Wilhelm von Sternburg: *"Als wäre alles das letzte Mal". Erich Maria Remarque. Eine Biographie*. Köln 1998. S. 177.

[8] Auch Tilman Westphalen ist pointiert auf das Thema von Schuld und Mitschuld eingegangen. Er schreibt z.B. im Nachwort zu seiner Neuausgabe des Romans: "Remarque stellt den Deutschen neun Jahre nach dem Ende des Krieges im September 1954, als das Buch im Kiepenheuer & Witsch Verlag erstmals in der Bundesrepublik erscheint, die unausweichliche Frage nach Schuld und Mitschuld [...]." Tilman Westphalen: Wann wird zum Mord, was man sonst Heldentum nennt. In: Z, 402.

[9] Vgl. Thomas F. Schneider: "Und Befehl ist Befehl. Oder nicht?" Erich Maria Remarque: *Zeit zu leben und Zeit zu sterben* (1954). In: Hans Wagener (Hrsg.): *Von Böll bis Buchheim. Deutsche Kriegsprosa nach 1945*. Amsterdam, Atlanta 1997 (Amsterdamer Beiträge zur neueren Germanistik, Bd. 42). S. 231-247, hier S. 232.

seines Romans, das "in der breiten Öffentlichkeit in Deutschland tabuisiert" war.[10]

Im Westen nichts Neues läßt sich durchaus als Kameradschaftsepos lesen: "Das Wichtigste aber war, daß in uns ein festes, praktisches Zusammengehörigkeitsgefühl erwachte, das sich im Felde dann zum Besten steigerte, was der Krieg hervorbrachte: zur Kameradschaft!" (W, 29). Von einem solchen Zusammengehörigkeitsgefühl ist in *Zeit zu leben und Zeit zu sterben* nicht die Rede, sondern auch unter den einfachen Soldaten herrschten dort aufgrund der Anwesenheit von überzeugten Nazis gegenseitiges Mißtrauen, Angst vor der Denunziation. Die Gruppe um Ernst Graeber ist nicht etwa nach Generationen unterteilt, nach der Fähigkeit, Essen zu ergattern oder zu erahnen, wann "dicke Luft" ist, sondern nach ideologischem Hintergrund; vom Nazi Steinbrenner bis zum Soldaten Hirschland, einem verfolgten Vierteljuden, und dem Kommunisten Immermann. Ernst Graeber hat keinen erfahrenen, älteren Kameraden, der für sein physisches Wohl sorgt, sondern, wie im klassischen Bildungsroman, einen älteren geistigen Mentor namens Fresenburg, der ihm über den Nationalsozialismus die Augen öffnet und ihn in seiner Heimatstadt zu seinem alten Lehrer Pohlmann schickt. Graebers Gesamturteil über das Leben der Menschen im Dritten Reich lautet: "Ertrunken in Lüge und Angst, unter die Erde gejagt und verfeindet mit Licht und Klarheit und Wahrheit." (Z, 116). Wird in *Im Westen nichts Neues* noch ein, wenn auch sinnloser Soldatentod gestorben, so wird Graeber bewußt, daß die Soldaten selbst in ihrem Tode verraten worden sind. Während Paul Bäumer das Nachdenken über den Krieg immer wieder ablehnt, hat Ernst Graeber spätestens beim deutschen Rückzug zu denken begonnen. Ja, der ganze Roman stellt seinen sich intensivierenden Denkprozeß bis zur letzten Konsequenz, bis zur aktiven Widerstandshandlung dar. Graeber verlangt es nach Klarheit, und als er bei seinem alten Schulfreund und jetzigem Kreisleiter Alfons Binding zu Gast ist, wobei auch Angehörige der Geheimen Staatspolizei anwesend sind, zwingt er sich, dazubleiben und ihnen zuzuhören. Der Urlaub stellt sich ihm als Gelegenheit dar, die Wahrheit über den Nationalsozialismus zu erfahren. "Er wollte Klarheit. Er war bereit." (Z, 193) Aber selbst sein alter Lehrer Pohlmann kann ihm diese letzte Klarheit nicht geben. Graeber stellt Pohlmann ganz konkret die Frage nach seiner, Graebers individueller Mitschuld an den Naziverbrechen: "Wieweit werde ich zum Mitschuldigen, wenn ich weiß, daß der Krieg nicht nur verloren ist, sondern auch, daß wir ihn verlieren müssen, damit Sklaverei und Mord, Konzentrationslager, SS und SD, Massenausrottung und Unmenschlichkeit aufhören." (Z, 187) Pohlmann weicht einer Antwort darauf zunächst aus,

[10] Kaszynski: *Absicht und Wirkung*. S. 322. Tilman Westphalen schreibt in Bezug darauf: "Die Aufnahme des Romans in den Kritiken der Jahre 1954/55 beweist, daß Remarque in ein Wespennest gestochen hatte." Westphalen: Wann wird zum Mord, was man sonst Heldentum nennt. In: Z, 403.

aber als Graeber ihn fragt: "Aber wann beginnt die Mitschuld? [...] Wann wird zu Mord, was man sonst Heldentum nennt? Wenn man nicht mehr an seine Gründe glaubt? Oder an seinen Zweck? Wo ist die Grenze?", sieht ihn Pohlmann gequält an und sagt: "Wie kann ich Ihnen das sagen? Es ist eine zu große Verantwortung. Ich kann es nicht für Sie entscheiden." (Z, 188). Jeder müsse es selbst entscheiden. Und Graeber gibt ihm recht. Pohlmann seinerseits gesteht daraufhin seine eigene und seiner Generation Mitschuld ein, spricht aber die junge Generation Graebers davon frei: "Mitschuld! [...] Was wissen Sie schon davon? Sie waren jung, und man hat Sie mit Lügen vergiftet, bevor Sie urteilen konnten. Doch wir – wir haben es gesehen und geschehen lassen!" (Ebd.) Während in *Im Westen nichts Neues* die ältere Generation, vor allem die Lehrer, von der jungen Generation Bäumers für den Krieg verantwortlich gemacht wird, klagt sich in *Zeit zu leben und Zeit zu sterben* die ältere Generation in Gestalt des Lehrers Pohlmann selbst an, dem Übel nicht von Anfang an entgegengesteuert zu haben. Der in seiner Welt von Büchern lebende Pohlmann ist der Vertreter des humanistisch gesinnten, traditionellen deutschen Bildungsbürgertums. Schließlich gibt er Graeber seine Antwort: "Man muß glauben. Glauben. [...] An Gott und an das Gute im Menschen." (Z, 265). Mit diesem Salto mortale in Metaphysik und Humanismus entläßt Remarque/Pohlmann seinen Adepten Graeber. Aber bei diesem Kinderglauben bleibt es letztlich weder bei dem alten Lehrer noch bei seinem gereiften Schüler. Pohlmann versagt angesichts der Verbrechen der Gegenwart nicht; er ist im Widerstand aktiv, indem er einem Juden Unterschlupf gewährt und schließlich verhaftet wird, und Graeber selbst gelingt am Schluß der Sprung von der Kontemplation zur Aktion, indem er Steinbrenner erschießt und damit selbst auch aktiven Widerstand gegen das System leistet. Er setzt damit das in die Tat um, was ihm sein Mentor Fresenburg geraten hatte: dafür zu sorgen, "daß dies alles nie wieder passieren kann." (Z, 386), ein Credo, das wiederum dem von *Im Westen nichts Neues* gar nicht so fernsteht. Unmittelbar nach der Erschießung Steinbrenners gesteht auch Graeber seine Mitschuld in einem Satz, der in der deutschen Erstausgabe von Kiepenheuer & Witsch gestrichen worden war:[11] "'Mörder', sagte er noch einmal und meinte Steinbrenner und sich selbst und unzählige andere." (Z, 398). Im Roman bejahen damit Pohlmann, Fresenburg und selbst der junge Graeber ihre Mitverantwortung bzw. Mittäterschaft an den 'Verbrechen der Wehrmacht' in Rußland und ziehen die Konsequenzen daraus. Mit der Frage nach der Mitschuld des einfachen Soldaten an den Verbrechen des Dritten Reiches versucht Remarque zur Diskussion über die kollektive Schuld beizutragen und fordert seine ehemaligen Landsleute auf, sich dieser Frage ebenfalls zu stellen.

[11] Stattdessen enthielt sie einen Satz, der – im Zeitalter des Kalten Krieges – die Russen anklagt: "‚Es waren also doch Partisanen‘, dachte Graeber." (Z, S. 421). Vgl. dazu Nienaber: *Der Blick zurück*. S. 88.

Beide Romane sind von Remarque aus dem Rückblick seiner eigenen Erzählgegenwart geschrieben. Im Fall von *Im Westen nichts Neues* entschuldigt der Romancier seine eigene Generation, die durch den Krieg gezeichnet ist, für einen Mangel an sozialem Integrationsvermögen und warnt indirekt vor einer neuen Kriegsgefahr angesichts wiederauflebender nationalistischer Tendenzen. Im Fall von *Zeit zu leben und Zeit zu sterben* ist der Bezugspunkt die restaurative Adenauer-Ära. Remarque möchte nun zu einer Auseinandersetzung, einer Bewältigung der Vergangenheit des Dritten Reiches in der Bundesrepublik beitragen und gegen die Wiederholung eines verbrecherischen Krieges gegen die Sowjetunion anschreiben. Beide Romane sind politische Romane. Während sich Remarque in *Im Westen nichts Neues* bewußt apolitisch gibt, bezieht er in *Zeit zu leben und Zeit zu sterben* bewußt politisch Stellung. Selbstverständlich wurde auch *Im Westen nichts Neues* mit seiner klaren Verurteilung des Krieges als politischer Roman rezipiert und sein Autor entsprechend angegriffen, aber das Politische ist hier nur implizit vorhanden, durch seine Widerlegung eines nationalistischen, heroischen Kriegsbildes und durch seine pazifistischen Tendenzen. In *Zeit zu leben und Zeit zu sterben* steht das Politische explizit im Vordergrund, und zwar durch die Darstellung des totalen Krieges und der jeden Aspekt des Lebens umfassenden, eine Atmosphäre des Mißtrauens, der Angst und der Denunziation schaffenden Diktatur, in deren Namen Verbrechen begangen werden, und zwar sowohl gegenüber der Zivilbevölkerung eroberter Länder, als auch gegenüber Andersdenkenden und jüdischen Mitbürgern in Deutschland. Nach dem Erscheinen von *Im Westen nichts Neues* scheute Remarque davor zurück, zu politischen Fragen öffentlich Stellung zu beziehen. Er war Ende der zwanziger Jahre kein politischer Autor[12] und zog sich statt auf einen politischen Standpunkt immer wieder auf allgemein menschliche Prinzipien zurück. Unter dem Eindruck des Dritten Reiches, der Eroberungskriege Hitlers, vor allem mit dem Bekanntwerden der in den besetzten Gebieten begangenen Verbrechen, der Verfolgung und Ermordung von Millionen von Juden sowie zahlreicher Nazigegner innerhalb Deutschlands wandelte er sich und wurde zum Autor, der explizit Stellung bezog. Sein Roman *Zeit zu leben und Zeit zu sterben* ist Ausdruck dieser neuen Haltung, mit der er Anfang der fünfziger Jahre angesichts der anstehenden Wiederbewaffnung der Bundesrepublik die Verbrechen der Vergangenheit beschwor. Daß es sich dabei auch und vor allem um Verbrechen der Wehrmacht handelt, machte ihn damals zum unangenehmen Mahner, der seiner Zeit um über verzig Jahre voraus war. Es ist zu vermuten, daß die Unbequemlichkeit der Fragestellung nicht nur zu der Entschärfung des Romans durch den Verlag geführt, sondern auch zu seinem relativen Mangel an Erfolg in der damaligen Bundesrepublik beigetragen hat.

[12] Vgl. Wilhelm von Sternburg: *"Als wäre alles das letzte Mal"*. S. 185.

Jörg Bernig

Der große Krieg im Osten und die tragische Selbstbehauptung des Individuums. Antitotalitarismus und individualistischer Anarchismus in Theodor Plieviers Kriegstrilogie *Moskau. Stalingrad. Berlin*

This paper examines some aspects of the significance of Theodor Plievier's novels "Moskau. Stalingrad. Berlin." *(1945-54) for the literary discourse of war and totalitarianism. The novels are viewed as literary texts in the context of Hannah Arendt's (and others) analyses of the origins of totalitarianism. This paper also tries to unearth the link between Plievier's early anarchism in the wake of Max Stirner and the defence of the individual in the author's war trilogy, see in the light of Plievier's essay* "Humanität und Staat." *(1952).*

Der Verräter, der Renegat, der Frontenwechsler: für Johannes R. Becher und Hermann Kant galt noch ideologisches Vokabular, das dem so Titulierten gefährlich werden konnte.[1] Zugleich verweisen diese Vokabeln auf eine politische Funktionalisierung von Literaturkritik während des Kalten Krieges und weit darüber hinaus.

Nach dem Verlassen der sowjetisch besetzten Zone Deutschlands 1947 erscheint Theodor Plieviers Roman *Stalingrad* zwischen 1948 und 1984 dort nicht mehr, und Sergej Tulpanow, führender Besatzungsoffizier und Leiter der Abteilung für Information der Sowjetischen Militäradministration in Deutschland, rekurriert 1979 auf die *Zeit des Neubeginns*; der Name Plie-

[1] Vgl. Johannes R. Becher: *Auf andere Art so große Hoffnung. Tagebuch 1950.* Berlin und Weimar 1952. S. 328ff., 681f.
Vgl. Hermann Kant: Nachwort. In: Theodor Plievier: *Stalingrad.* Berlin und Weimar 1984. S. 533ff. Als der "Verräter", der "Renegat" Theodor Plievier 1947 in die westlichen Besatzungszonen übersiedelt, lagen hinter ihm die Flucht aus Deutschland (1933), das in der Sowjetunion folgende Exil (1934-45) und die unmittelbare Nachkriegszeit in der Sowjetischen Besatzungszone (1945-47): immer bedeutete dies für ihn auch Erfahren von Diktatur, bedeutete Erfahren existentieller Not und Gefahr. Ihm drohten sowohl Verhaftungen in Deutschland als auch in der Sowjetunion während der Säuberungswellen, die vor den deutschen Exilanten nicht haltmachten und von ihnen zum Teil getragen und betrieben wurden. Vgl. dazu Reinhard Müller: *Die Säuberung. Moskau 1936: Stenogramm einer geschlossenen Parteiversammlung.* Reinbek 1991. Zu Plieviers drohender Verhaftung siehe S. 246.

viers aber wird verschwiegen.[2] Auch wenn von ihm die Bedeutung der (ost-) deutschen Literatur über den Zweiten Weltkrieg thematisiert wird, finden weder Autor noch Titel des ersten und eines der wichtigsten deutschen Kriegsromane nach 1945 Erwähnung. Es ist dies die Prozedur der Ausschließung, womit der Diskurs des Krieges in der Literatur politisch-ideologisch "kontrolliert, selektiert, organisiert und kanalisiert" wird.[3]

Alexander Dymschiz, als Kulturoffizier Tulpanow unterstellt und eine der entscheidenden Personen für die Kulturpolitik der SBZ, weiß, über Becher berichtend, die Gründe zu benennen, die eine Ausschließung zu rechtfertigen scheinen:

> Ideologischen Gegnern gegenüber war Becher hart und unnachgiebig. Er verachtete Reaktionäre wie Renegaten. Als Theodor Plievier, ehemals [sic!] antifaschistischer Schriftsteller, nach Westdeutschland ging, sagte Becher voraus: Die Reaktion werde ihn ausnutzen, er werde einen Hetzroman für sie zusammenklittern. Sei dies erledigt, werde der Verleumder sehr bald auf dem Müllhaufen landen, wo er, künstlerisch wie physisch am Ende, bald zugrunde gehen werde. Genauso war es.[4]

Indem Dymschiz das Schriftsteller-Attribut "antifaschistisch" durch das Adverb "ehemals" erweitert, wird impliziert, daß sich Plievier zum profaschistischen Schriftsteller gewandelt hat. Damit ist er definitiv aus dem literarischen Diskurs eines (werdenden) Staates ausgeschlossen, der den Antifaschismus als seinen Ursprung angibt.

Dymschiz' und Tulpanows Ausschließung steht das in der autobiographischen Skizze *Mein Weg* resümierend festgeschriebene Credo Plieviers gegenüber: "Der Getretene schreit!" Und obwohl er zur Frage des nach seiner Meinung gegenüber der Form zu bevorzugenden Inhalts spricht, beschreibt Plievier in seiner Wahrheits-Obsession auch sein Erzählen:

> Auf das unablässige Bemühen um die Wahrheit wird es ankommen, auf die aberhundert Schläge, die den Stein zum Tönen, die Materie zum Glühen bringen, und die in einer Tatsache beschlossene Wahrheit ist noch nicht die alles einbeziehende und alle angehende und alle Erfahrungen übersteigende transzendente Wahrheit.[5]

Mit den in der Spätphase der Weimarer Republik entstandenen Texten (*Des Kaisers Kulis; Der Kaiser ging, die Generäle blieben*) wird Plieviers erzählerische Methode bereits erkennbar, wenn sie auch erst in der Trilogie *Der große Krieg im Osten* voll ausgeprägt sein wird. Seine epische Gestaltung ist eine auf Dokumenten, Briefen, aufgezeichneten Gesprächen beruhende,

[2] Vgl. Achim Roscher/ Sergej Tulpanow: Zeit des Neubeginns. Gespräch mit Sergej Tulpanow. In: *neue deutsche literatur* 27 (1979). H. 9. S. 41-62.

[3] Vgl. Michel Foucault: *Die Ordnung des Diskurses.* Frankfurt a.M. 1997. S. 10ff.

[4] Alexander Dymschiz: *Ein unvergeßlicher Frühling. Literarische Porträts und Erinnerungen.* Berlin 1970. S. 294.

[5] Siehe Theodor Plievier: Mein Weg. In: Ders.: *Haifische.* München 1953. S. 315.

reportagehafte Narration, in der das Fiktionale zuzeiten gänzlich in den Hintergrund tritt, um dann in unzähligen Binnenerzählungen (diese selbst wieder in Segmenten über den Text verstreut) den Fluß des Faktischen zu unterbrechen und die Narration zu dominieren – "[...] aberhundert Schläge, die den Stein zum Tönen, die Materie zum Glühen bringen [...]". Victor Klemperer spricht 1946, Barbusse und Plievier vergleichend, von beständigen "Wiederholungen und Variationen des zu Anfang Gegebenen".[6] Dieses poetische Verfahren birgt zum einen die bereits von Klemperer aufgezeigte Gefahr, daß "der Leser unter dem Druck des massierten Stoffes am Zusammenbrechen ist"[7], zum anderen ist es jedoch ein realistisches Verfahren der Wiedergabe von kollektiv Erlebtem.

Für die Romane Theodor Plieviers dürfte mit der Verbindung aus Faction[8] und Fiktion ein hervorragendes Merkmal der Wirkung benannt sein: einer dokumentarischen Distanz wird ein auf die Rezipienten emotional wirkender und von ihnen im Gegenzug selbst zu entwickelnder emotionsgeladener Individualismus zur Seite gestellt. Der Leser kann hier, rezeptionsästhetisch betrachtet, als konstituierendes Element der Bedeutungserzeugung eines Textes agieren, gerade weil, wie Wolfgang Borchert sagt, jeder durch sein eigenes Stalingrad gegangen sei.[9] Die Romane *Moskau* (1952) und *Berlin* (1954) schreiben das in *Stalingrad* verwendete erzählerische Muster bis in die genutzten Stilmittel hinein fort.[10]

Rezensionen aus der Nachkriegszeit legen den Schluß nahe, daß es bei der Bedeutungserzeugung für die Rezipienten nicht mit der Kompatibilität literarisch dargestellter und eigener Erfahrungen getan war, sondern daß in der Reibung von Bedeutungsvorlage (Text) und Bedeutungserzeugung (Rezeption) eine über den literarischen Text hinausreichende Erklärungsmöglichkeit für das Geschehene gesucht wurde.[11]

[6] Victor Klemperer: Barbusse und Plievier. In: *Aufbau. Kulturpolitische Monatsschrift.* 1 (1946). H. 6. S. 640.

[7] Ebd.

[8] Vgl. Gunther Nickel: Faction. Theodor Plievier: "Stalingrad" (1945). In: *Von Böll bis Buchheim. Deutsche Kriegsprosa nach 1945*. Hrsg. von Hans Wagener. Amsterdam 1997 (Amsterdamer Beiträge zur neueren Germanistik 42). S. 49-62.

[9] Wolfgang Borchert: "Stalingrad". In: *Hamburger Freie Presse* vom 25. September 1946.

[10] Zu den verwendeten Stilmitteln und deren Bedeutung vgl.: Helmut Peitsch: Theodor Plieviers "Stalingrad". In: *Faschismuskritik und Deutschlandbild im Exilroman.* Hrsg. von Christian Fritsch/ Lutz Winckler. Berlin 1981. S. 83ff.

[11] Zudem lieferte erst Plieviers Roman Nachrichten von dem, was 1942/43 in Stalingrad geschah, denn die NS-Propaganda hatte die Einkesselung der 6. Armee niemals beim Namen genannt – lediglich am 16.1.1943 (also zwei Monate nach vollzogener Einkesselung) sprach man im Wehrmachtbericht des OKW davon, daß die Truppen im Raum Stalingrad "[...] seit Wochen im heldenmütigen Abwehrkampf gegen den *von allen Seiten* [Hervorhebung, JB] angreifenden Feind stehen [...]".Vgl. Wolfram Wette: Das Massensterben als "Heldenepos". In: *Stalingrad. Mythos und Wirklich-*

Doch die nachkriegszeitlichen Bestrebungen der Bedeutungserzeugung stehen zuweilen unter dem Einfluß kontinuierlich reproduzierter, unter totalitären Verhältnissen verinnerlichter Verhaltensmuster. Der einst der vermeintlich messianischen Kraft des "Führers" entgegengebrachte Glaube wird nun, nach der Niederwerfung des "Dritten Reiches", aufs Neue in Subordination und Gefolgschaft sich übend, übertragen auf diejenigen, denen eine Autorität zum Führen zuerkannt bzw. von den Besatzungsmächten verliehen wird. Bedeutungserzeugung ist in diesen Fällen somit nicht nur das Resultat einer Reibung oder interpretatorischen Leistung, sondern eben auch neuerliche Gefolgschaft, wenn es etwa heißt: "[...] wäre uns zur rechten Zeit solch ein Mensch [wie Plievier, JB] begegnet und hätte uns die Augen geöffnet, nie hätten wir uns so weit treiben lassen."[12]

Der Rezensent Max Meister hingegen versucht in einer Besprechung *Stalingrads* aus dem Jahre 1948, unter Berufung auf eben dieses Paradigma der Gefolgschaft ein Soldatentum zu retten, indem er "die totale Militarisierung der Nation [...] Kräften außerhalb dieses Soldatentums" zuweist.[13] Dieselben Kräfte seien verantwortlich für eine *Überfremdung* [der Wehrmacht, JB] durch die neuen [nationalsozialistischen, JB] Elemente, die zu ihrer *Entartung* führten, einer Entartung, welche wiederum eine Willigkeit zur Unterordnung mit sich bringe, die Meister als negative Kehrseite der *Begabung zur Gefolgschaft* sieht.[14] [Hervorhebungen, JB] Durch die nationalsozialistische Übernahme der Wehrmacht werde schließlich der Soldatentod entwertet. Das herausgestellt zu haben, attestiert Meister dem Autor, neben

keit einer Schlacht. Hrsg. von Wolfram Wette, Gerd Ueberschär. Frankfurt a.M. 1992. S. 47.
Nach dem Ende der Kämpfe bzw. parallel zu den letzten Kämpfen versuchte die NS-Führung in Gestalt Görings, einen nibelungischen Untergang durch Verkündung des Todes aller – vom Grenadier bis zum General – im Bewußtsein der Bevölkerung zu etablieren. Vgl. Hermann Göring: Reichsmarschall Görings Appell an die Wehrmacht. In: *Völkischer Beobachter. Berliner Ausgabe.* 56 (1943). Nr. 33 (2.2.1943). S. 3f.

[12] Jan W. Lüders: Sehr geehrter, lieber Herr Plievier! (Offener Brief). In: *Neue Presse.* 2 (1947). Nr. 61 (6.8.1947). S. 4.
Es ist das überdies eine Gefolgschaft nolens volens, wie schon Karl Jaspers in seinen Vorlesungen zur Schuldfrage 1945/46 festhält: "Seien wir uns klar: Daß wir leben und überleben, verdanken wir nicht uns selbst; daß wir neue Zustände mit neuen Chancen in der furchtbaren Zerstörung haben, haben wir nicht durch eigene Kraft erreicht. Geben wir uns keine Legitimität, die uns nicht zukommt. Wie heute jede deutsche Regierung eine von den Alliierten eingesetzte autoritäre Regierung ist, so verdankt jeder Deutsche, jeder von uns, heute seinen Wirkungsraum dem Willen oder der Erlaubnis der Alliierten. Das ist eine grausame Tatsache." Siehe Karl Jaspers: *Die Schuldfrage.* München 1979. S. 13.

[13] Max Meister: Stalingrad. In: *Merkur.* 2 (1948). H. 3. S. 460.

[14] Vgl. ebd. S. 459f.

einer “Abschaffung des Individuums”.[15] Die Kontinuitäten verinnerlichter Sprachnormen für die Text-Auslegung verweisen auf mentalitätsgeschichtliche Aspekte der Rezeption und darauf, daß es auch für sie keine Stunde Null gab.

An den Berührungspunkten der verschiedenen Diskurse der Nachkriegszeit (die nicht immer eindeutig getrennt werden, vielleicht auch nicht trennbar sind) wird erkennbar, daß der relativen Ohnmacht im politischen Diskurs eine relative Handlungsvollmacht und Handlungsmöglichkeit in der Literatur gegenübersteht. (Die Grenze dieser Handlungsmöglichkeit aber läßt z.B. das Verbot des *Ruf* 1947 erkennen.) Den Rezipienten steht die Möglichkeit offen – so sie wollen und können –, Bedeutung zu erzeugen, sie können am literarischen Text über Konsumieren und Befolgen hinausgehen. Ihnen wird Teilhabe möglich und ermöglicht.[16]

Den Auseinandersetzungen des Jahres 1948, die infolge der Wahl Johannes R. Bechers zu einem der drei Präsidenten den Protest-Austritt Plieviers aus dem PEN nach sich ziehen, folgt die Arbeit an *Moskau*, dem in der Chronologie der Entstehung zweiten Band der Trilogie *Moskau. Stalingrad. Berlin.* Plievier arbeitet an allen drei Romanen mit Methoden der Oral History (Gespräche mit Gefangenen nach der Schlacht um Stalingrad, mit russischen Deserteuren aus der Besatzungsarmee, mit Heimkehrern, mit Zivilisten), er liest Briefe (die Auswertung von erbeuteter deutscher Feldpost war eine seiner Aufgaben in der Sowjetunion), er sammelt Material über den Hergang von Kämpfen. In der DDR-Literaturwissenschaft wird in *Moskau* “Plieviers Gesinnungswandel hin zum Antikommunismus und Idea-

[15] Vgl. ebd. S. 461 und 458.

[16] Doch in der oben erwähnten Projizierung von Autorität auf neue Institutionen und Personen kündigt sich frühzeitig ein Problem an, das in der DDR bis zum Sturz der Machthaber 1989/90 Handlungen innerhalb des dortigen Systems bestimmen und erschweren wird: Positionierungen gegen nun machthabende bzw. die Macht verkörpernde Antifaschisten – die ihrerseits sich schuldig machen durch Unterdrükkung, Diffamierung, Verfolgung, Tötung, kurz durch Einsatz totalitärer Herrschaftsmittel – werden in vulgärem Umkehrschluß zu imperialistischen (quasi faschistischen) Machenschaften. (Zu dem dort so bezeichneten Primärphänomen des Totalitarismus, der Durchsetzung eines neuen gesellschaftlichen Wertungssystems, und den Sekundärphänomenen Terror, Massenpropaganda und Einparteienherrschaft vgl.: Wolfgang Wippermann: *Faschismustheorien. Zum Stand der gegenwärtigen Forschung.* Darmstadt 1989. S. 96ff.)
Die Protagonisten solcher Positionierung werden der Verdächtigung ausgesetzt, keine Erben des Antifaschismus und mithin Verräter, Renegaten oder beides in einem zu sein. Dieser Vorwurf trifft Theodor Plievier, der nach seiner Übersiedlung in die Westzonen die Nutzung ehemaliger Konzentrationslager als sowjetische Internierungslager publik macht. Vgl. Harry Schulze-Wilde: *Theodor Plievier. Nullpunkt der Freiheit.* München 1965. S. 450ff.

lismus" verortet, die Arbeit am Roman darüber hinaus als gesteuertes Unternehmen des Geheimdienstes der USA gesehen.[17]

Doch mit der Trilogie versucht Plievier nicht so sehr den Zweiten Weltkrieg als Ganzes, sondern den Krieg im Osten darzustellen. Im Aufeinanderprallen von Nationalsozialismus und Stalinismus scheint sich das totalitäre Jahrhundert zu entladen. Die endgültigen Folgen des Angriffs auf die Sowjetunion beschreibt Plievier in *Berlin*, einem Text, in dem das Kriegsende in der Reichshauptstadt und die Befreiung vom Nationalsozialismus keine Befreiung bringt. Daran läßt er in diesem Roman keinen Zweifel: Eigenverschulden fällt zurück auf Deutschland, auch die Konsequenzen dessen, was vorher auf dem Weg nach Osten verbrochen wurde. Vorausgesagt hat er das bereits in den Fortsetzungsveröffentlichungen *Stalingrads* im Exil 1943/44.[18] Ebenso zweifelsfrei konstatiert Plievier in *Berlin* die Kontinuitäten im Bruch, beschreibt er das Installieren neuer totalitärer Strukturen in den noch laufenden Untergang der alten hinein. Plieviers Blick ist bei all dem ein antitotalitärer, ein das Individuum aus den Massen heraushebender. Obgleich dies fast ausschließlich unter politischen Vorzeichen gelesen wurde, offenbart sich hier eine ästhetische Komponente, die das gesamte Werk Plieviers durchzieht.

Politisch gelesen wurde Plievier von Nationalsozialisten und rechten Kreisen der Weimarer Republik, als *Des Kaisers Kulis* attackiert wurde. Doch dieser Angriff, dessen augenfälligste Kampagne 1929/30 *Der Fall Remarque*[19] war, galt dem, was gemeinhin als links, als Antikriegs- oder pazifistische Literatur zusammengefaßt wurde. Politisch gelesen wurde es ebenfalls von Stalinisten und Kommunisten (auf die mangelnde Trennschärfe der Begriffe sei durch die Aufzählung hingewiesen), die in Plieviers Romanen *Moskau* und *Berlin* das Überwechseln ins Lager der Reaktion sahen.

Der Roman *Moskau* beginnt auf deutscher Seite mit Szenen am Vorabend des Angriffs auf die Sowjetunion und wechselt dann auf die russische Seite. Plievier beschreibt (dabei an verschiedene Figuren gebunden) das individuelle Erleben des Kriegsbeginns, drängt die Handlung auf engen (zeitlichen) Raum zusammen, bewegt sich in diesem als auktorialer Erzähler, der durch sein Erzählen zeigt, daß der *erste* Kriegstag sich von den weiteren nicht unterscheidet und daß die existenzielle Not, das Ausgeliefertsein der Einzel-

[17] Vgl. Falk Beyer: *Zur kulturpolitischen Mitarbeit der Schriftsteller Erich Weinert, Theodor Plievier, Johannes R. Becher und Willi Bredel beim Aufbau der Grundlagen eines sozialistischen Verlagswesens in der sowjetisch besetzten Zone Deutschlands vom Mai 1945 bis Dezember 1946.* Zwickau 1985. S. 97 und 199 (Diss.).

[18] Ab November 1943 erscheint der Roman in Fortsetzungen in der Moskauer Exilzeitschrift *Internationale Literatur. Deutsche Blätter.*

[19] Vgl. Bärbel Schrader: *Der Fall Remarque. Im Westen nichts Neues. Eine Dokumentation.* Leipzig 1992.

nen bleibt.[20] Das Besondere der Situation ist das rational nur schwer erfaßbare, doppelte Ausgeliefertsein an zwei Diktaturen, das Paradoxon, mit der Verteidigung des eigenen Lebens und Landes zugleich den Diktator Stalin, das System der Unterdrückung zu stützen und zu stärken, ein Paradoxon, das in seinen Grundzügen so auch auf der anderen Frontseite gilt. Ausgearbeitet findet sich dies in *Stalingrad*; das Aushalten und Sterben an der Wolga stützt den Diktator Hitler, stützt, obwohl es für den betroffenen Soldaten sich als Überlebenskampf darstellt, die NS-Vernichtungspolitik.[21]

In der Kopplung und Spiegelung von Erzählsträngen und erzählten Zeiten beider Frontseiten redet Plievier jedoch nicht einer, die Regimes gleichsetzenden Totalitarismusthese das Wort, wenn er auch sich ähnelnde Grundzüge des Totalitären verdeutlicht, um, wie es Rudolf Krämer-Badoni 1953 ausdrückt, "[...] die Versteppung der Lebens- und Kriegsführung unter Diktaturen [zu] analysieren"[22]. Auf die vom Rezensenten gestellte Frage, wie es Plievier gelungen sei, "[...] die Massenhaftigkeit der Vorgänge und die Entlarvung aller aufgebotenen Theoreme in namentlichen Personen von Fleisch und Blut überzeugend sichtbar zu machen"[23], gibt Plievier – und hier wird die Verbindung zum individualistischen Anarchismus Stirnerscher Prägung seiner Anfänge besonders erkennbar – die inhaltliche und formale

[20] Vgl. Theodor Plievier: *Moskau.* Bertelsmann Lesering: o.O., o.J. S. 5-97. (Zuerst 1952.)

[21] Allen drei Romanen ist gemein, daß in ihnen ein Vorgang beschrieben wird, der in den neunziger Jahren von Omer Bartov als Vernichtung der Primärgruppen – der durch längeres Beisammensein auf sozialer Ebene verbundenen Soldaten der kämpfenden Truppe – untersucht wurde. Die Demodernisierung der östlichen Front unter Feindeinwirkung, den geographischen, klimatischen und chronologischen Bedingungen sowie die daraus folgende extreme Verwundbarkeit, Gefährdung und Zerstörung der Primärgruppen "[...] consequently greatly enhanced the brutalization of the troops, and made the soldiers more receptive to ideological indoctrination and more willing to implement the policies it advocated". Vgl. Omer Bartov: *Hitler's Army. Soldiers, Nazis and War in the Third Reich.* New York 1992. S. 29-58, hier S. 28.
Letzteres versucht Plievier in seinen Romanen aber einer von ihm als Nationalsozialisten identifizierten Tätergruppe zu übertragen, indem er eine Unterscheidung in Militär preußischer Tradition (die literarischen Figuren der Obristen Zecke und Tomasius sowie des Oberstleutnants Vilshofen stehen hierfür) und in NS-Militär (oftmals unter dem Einfluß der Ideologie irregeleitete Subalternoffiziere der jüngeren Generation) vornimmt. Die Mannschaftsdienstgrade unterliegen in Plieviers Texten ebenfalls einer Unterscheidung, die den NS-Gefolgsmann (den Parteisoldaten) ebenso kennt wie den einfachen Landser, der sich eine (oftmals nicht tiefer reflektierte, aber, so wird suggeriert, in prätotalitärer Zeit verinnerlichte) humanistische Grundanlage bewahrt hat und auch während des Krieges im Osten nicht gewillt ist, sie freiwillig preiszugeben.

[22] Rudolf Krämer-Badoni: Krieg zwischen Zwitschermaschinen. In: *Merkur.* 7 (1953). H. 6. S. 597.

[23] Ebd.

Antwort, indem er den Massen- und Vernichtungskrieg individualisiert, das Individuum "zum Mittelpunkt und zur Hauptsache"[24] macht. Seine narrative Methode, ein Netz unzähliger Handlungsfäden auf allen Ebenen zu spannen, ist die literarische Umsetzung der Gesinnung Plieviers, die auf Verteidigung des Individuums abzielt. Diese vor dem Hintergrund der Diktaturen anachronistisch anmutende Form der Humanität besteht auf einer Stabilisierung des "moralische[n] Boden[s], [...] der schwankend geworden [ist], seit das Individuum aufgehört hat, sich selbst als Ausgang einer sittlichen Weltanschauung zu fühlen, seit es seinen Eigenwert aufgab zugunsten der ihn repräsentierenden Macht – sei es die Kirche, der Staat oder seine Partei"[25]. Stirners Diktum: "Ich bin Eigner der Welt der Dinge, und ich bin Eigner der Welt des Geistes."[26] erweitert Plievier, auf dem Eigenwert insistierend, durch einen ebenfalls auf Stirner fußenden Auftrag: "Die Eigenheit aber ruft euch zu euch selbst zurück, sie spricht: ‚Komm zu dir!'"[27]

Erzählerische Mittel, die diesen Anspruch realisieren – die Aufzählung, die frontübergreifende und zeitliche Parallelität, das kurze Aufscheinen und Versinken zahlreicher Figuren –, zeigen den Einzelnen; diese Mittel stellen sich in ihrem Exemplifizieren als Entäußerung der Gesinnung gegen die "Erscheinung des Massenhaften"[28], die von einigen Kritikern pejorativ aus Plieviers Werk gelesen wurde. In einer Kritik Heinz Risses aus dem Jahre 1948 heißt es: "[...] das Leid einiger weniger hat ein unvergeßbares Gesicht, das Leid von Dreihunderttausend wirkt – wegen der Struktur der menschlichen Vorstellungskraft – als ein beinahe unpersönliches."[29] Die Einwände des Kritikers verraten jedoch den Wunsch, ein ästhetisiertes Leid dargestellt zu sehen, leichter zu ertragen als das massenhafte, das symptomatische, das sich einer Sinngebung entziehende. Gleichzeitig wird in Plieviers Text der Ausdruck einer neuen Form in der Kunst verneint, jedoch nicht auf Grund einer in die zwanziger Jahre reichenden Tradition, sondern wegen der Umsetzung des Totalitären. Aufschlußreich wird in diesem Kontext der Satz: "[Wenn] man in Werken wie *Stalingrad* [sowie *Moskau* und *Berlin*, JB] die Form einer neuen Kunst sieht, [gelangt man] in die Nähe des Nationalsozialismus, der ja auch die Tiefe ablehnte, und die Breite – auf seiner Seite des Koordinatensystems – propagierte."[30] Es liegt in diesem Verdikt eine Schnittstelle von Literatur- und Ideologiekritik vor, ein Übergang von einem Diskurs in einen anderen, ein kalkulierter Wechsel mit dem Ziel der Denunzierung von Autor und Text, und man nähert sich beim Zerlegen dieses Sat-

[24] Vgl. Max Stirner: *Der Einzige und sein Eigentum*. Bottrop 1986. S. 156.
[25] Theodor Plievier: Humanität und Staat. In: *Der Monat*. 2 (1949). H. 13. S. 15.
[26] Stirner: *Der Einzige und sein Eigentum*. S. 66.
[27] Ebd. S. 159.
[28] Siehe Heinz Risse: Das Massenschicksal. Theodor Plieviers "Stalingrad" und der künftige Roman. In: *Rheinischer Merkur*. 3 (1948). Nr. 6 (7.2.1948). S. 5.
[29] Ebd.
[30] Ebd.

zes, beim Überdenken seiner Bestandteile zu einem für die beachtliche Wirkung der Trilogie wichtigen Punkt. Plievier gelangt mit seinen Romanen in der Tat in die Nähe des Nationalsozialismus, aber nicht durch Reproduktion ideologischer Elemente, sondern durch die Wiedergabe des Massencharakters der Diktatur, durch die Wiedergabe einer Dialektik des Beteiligt- und Ausgeliefertseins, durch die Darstellung des allumfassenden Zugriffs des Totalitären auf die Einzelnen, der bis in ihr Denken und Fühlen wirkte, so daß sie das System nicht nur mittrugen, sondern zur eigenen Angelegenheit machten, und zwar so sehr, daß sie nachgerade zwanghaft bis in die Keller Berlins kämpfen *mußten*, auch dann noch, als das deutsche Volk von Hitler verworfen worden war. Der Text der Trilogie *Der große Krieg im Osten* weiß um die mentalen Prägungen in totalitären Systemen.

Gibt es in *Stalingrad* noch Versuche Plieviers, die Rolle der Wirtschaft in der NS-Diktatur zu benennen, also deren ökonomische Grundlagen zu erhellen, so unterliegen *Moskau* und *Berlin* einem Totalitarismusbegriff, der die "[...] diktatorische Negation liberal-demokratischer Verfassungsprinzipien, bestimmte Eigenarten des Herrschaftssystems, die institutionalisierte Ideologie mit Ausschließlichkeitsanspruch, die Tendenz zur allumfassenden, gleichgeschalteten Mobilisierung der Individuen [...]" ins Blickfeld rückt, um dadurch Gemeinsamkeiten der Diktaturen zu beschreiben.[31] Für Plievier sind in der Fokussierung auf das Individuum sozialökonomische Bedingungen oder politische Ziele von nachgeordneter Bedeutung.

Plieviers "epische Gesinnung auf Totalität"[32], die das Massenhafte ins Individuelle überträgt und umgekehrt, kommt in der Nachkriegszeit einer durch Totalitarismus geprägten – oder doch beeinflußten – Mentalität vieler Rezipienten scheinbar entgegen und – so ist zu vermuten – hilft den Erfolg seiner Texte begründen.[33] Die Topographie seiner Romane folgt dem realen Kriegsverlauf. *Moskau* zeichnet den Weg nach Osten nach, *Stalingrad* das Verschwinden im Osten, das Umkippen des Krieges, *Berlin* den Weg nach Westen, das Ende in der Reichshauptstadt. Das Großangelegte dieser Texte

[31] Vgl. Jürgen Kocka: Referat. In: *Totalitarismus und Faschismus. Eine wissenschaftliche und politische Begriffskontroverse. Kolloquium im Institut für Zeitgeschichte am 24. November 1978.* Hrsg. vom Institut für Zeitgeschichte. München 1980. S. 39-44, hier S. 40.

[32] Vgl. Peitsch: Theodor Plieviers "Stalingrad". S. 83.

[33] Eine weitere Ursache für die intensive Rezeption und Reaktion mag gewesen sein, daß Plievier die eigene Erfahrung mit der Diktatur Stalins nicht verdrängte, um an der Errichtung ihrer deutschen Variante beteiligt zu sein, wie das bei anderen aus dem sowjetischen Exil heimgekehrten Schriftstellern der Fall war (vgl. etwa Becher, Bredel, Weinert). Plievier verließ 1947 die SBZ, eigenes Verstrickt-Sein in die neue Diktatur nicht länger tragend. Vielleicht ist es diese Diktatur-Erfahrung, die der Aufnahme seiner Texte half und die bewirkte, daß Autor und Text nicht auf die skeptische Annahme stießen, sie wüßten nichts von der Not der während der NS-Zeit in Deutschland Gebliebenen.

korrespondiert mit dem persönlich und dem aus den NS-Medien erfahrenen totalen Krieg, jedoch mit dem seinerzeit verschwiegenen Zusatz; die Sondermeldungen tauchen wieder auf, aber ohne Fanfare; die Orte werden wieder genannt, aber die Helden von Stalingrad sind nun Verhungernde und Erfrierende; die Armee Wenk geistert wieder durch den Raum südlich Berlins, doch das Aberwitzige der Hoffnung auf sie ist bekannt und am eigenen Leib erfahren. Die Totalität des Krieges, alles umfassend und auch jeden geographischen Bezug ins Grenzenlose weitend,[34] findet ihren Niederschlag in der Trilogie wie in kaum einem anderen Text zum Zweiten Weltkrieg.

Die Auseinandersetzung mit der Diktatur, das An-ihr-Teilhaben und das Sich-ihr-Entziehen, wird in den Romanen *Moskau* und *Berlin* expliziter verhandelt als in *Stalingrad*. Die literarische Behandlung des Themas Totalitarismus korrespondiert mit analytischen Versuchen aus den vierziger und fünfziger Jahren (etwa von Carl J. Friedrich, Zbigniew K. Brzezinski und Hannah Arendt[35]), die Wurzeln des Totalitarismus offenzulegen.[36]

Damit und in Verbindung mit den anarchistischen Anfängen des Autors sind Plieviers Aussagen in den späten vierziger und frühen fünfziger Jahren zu werten, wenn er Lösungswege für die seinerzeitige Krise in einer europäischen Einigung skizziert. Dabei ist jedoch die Freiheit des Individuums die Grundlage, auch für jedes Staatswesen; am Anfang steht die Achtung des Einzelnen und im Einzelnen des anderen.

> Solche Atmosphäre gegenseitiger Achtung wird dazu beitragen, uns von der eingeschleppten Krankheit der Vermassung des europäischen Menschen zu erlösen, deren andere Seite der geistige Hochmut der Gebildeten und die soziale Verantwortungslosigkeit der Besitzenden war. Alles das ist nötig: individuelle Freiheit, soziales Verantwortungsbewußtsein, Gleichberechtigung der in einem grenzenlosen Europa föderierten Völker.[37]

Im Roman *Berlin* sieht er den Versuch, sich aus der totalitären Umklammerung zu lösen, am 17. Juni 1953 scheitern. Plieviers Positionierung für ein

[34] So sind auch, dem Kriegsgeschehen entsprechend, die geographischen Bezugspunkte der in der Bevölkerung kursierenden Gerüchte auf ganz Europa und bis nach Afrika verteilt. Vgl. Heinz Boberach: *Meldungen aus dem Reich. Auswahl aus den geheimen Lageberichten des Sicherheitsdienstes der SS 1939-1944.* Neuwied, Berlin 1965.

[35] Vgl. Hannah Arendt: *The Origins of Totalitarianism.* Cleveland, New York 1951 sowie Carl Joachim Friedrich, Zbigniew K. Brzezinski: *Totalitarian Dictatorship and Autocracy.* Cambridge 1956. (Deutsch 1957.)

[36] Ein weiteres Motiv ist, "ein persönliches Bekehrungserlebnis [sowie eine] politische Abrechnung mit dem Stalinismus" zu dokumentieren. Vgl. Wolfgang Benz u.a. (Hrsg.): *Enzyklopädie des Nationalsozialismus.* München 1997. S. 762.
Andere versuchten, den Begriff des Marxismus von dem des Stalinismus zu lösen. Vgl. Wolfgang Leonhard: *Die Revolution entläßt ihre Kinder.* Berlin 1970. (Zuerst 1955.)

[37] Theodor Plievier: *Humanität und Staat.* S. 21.

ungeteiltes Deutschland und ein vereintes Europa erfährt im Text eine Apotheose, wenn August Gnotke, der als literarische Figur in allen drei Teilen der Trilogie erscheint, nach dem Irrweg durch die Diktaturen sich ihnen verweigert, sich – der Gebrauch starker Symbole ist eine Eigenheit der Texte Plieviers – dem Demonstrationszug der Aufständischen zum Brandenburger Tor anschließt. Die "Fahne aus dem Jahre 1848, aus dem Jahre 1918"[38] tragend, wird er von der Volkspolizei erschossen und von Demonstranten mit ebendieser schwarzrotgoldenen Fahne bedeckt. Aus Gnotke wird so ein sündenbeladener Märtyrer. Plievier bedient sich in dieser Szene seines letzten Romans der eigenen Bilder aus der Frühphase seines Schaffens und beschreibt so einen Kreis in seiner Bildwelt. Bereits sein erster Roman, *Des Kaisers Kulis*, endet im Aufstand. Allerdings entsprechen die dort getragenen und an den Masten der Kriegsschiffe aufgezogenen Fahnen der Aufständischen, Scheuerlappen und rote Fahne, eher dem frühen Anarchismus des Autors.[39] Mit der schwarzrotgoldenen Fahne wird dieser Anarchismus in den verwandelt, wie er im Aufsatz *Individuum und Staat* als Zukunftsmodell vorgestellt wird. In *Berlin* erliegt Gnotke nicht nur der eigenen Vergangenheit (er war einst SA-Mann, kämpfte vor Stalingrad und ließ sich in der Gefangenschaft zu einem Spion der Roten Armee machen), sondern auch den Mächten der Gegenwart und nächsten Zukunft. Daß er aber von der ‚deutschen Trikolore' bedeckt wird, einem utopiegeladenen Symbol deutschen Einheits- und Freiheitsstrebens des 19. und 20. Jahrhunderts, macht aus Gnotke einen ‚Junigefallenen' und weist auf Plieviers geistige Tradition hin, eine Tradition, auf die er sich aber nicht erst während der späten vierziger und frühen fünfziger beruft, sondern bereits in dem im Exil entstandenen Roman *Stalingrad*, wenn es um eine Erneuerung Deutschlands von innen her geht. Und korrespondierend mit den Aussagen des zehn Jahre nach *Stalingrad* entstandenen Aufsatzes *Individuum und Staat* heißt es gegen Ende des Romans in einer letzten wörtlichen, programmatischen Rede Vilshofens (einer Hauptfigur neben Gnotke):

> Ich denke, daß wir nicht in Europa und nicht in der weiten Welt, daß wir vor allem bei uns zu Hause Ordnung zu schaffen haben! [...] Jeder Mensch soll atmen können. Soll Wirt in seinem Haus sein; was er mit seinen Händen schafft, soll er auch erhalten und auch verzehren dürfen, das ist, grob gesagt, die Ordnung, die zu schaffen ist![40]

Das ist nicht der Entwurf eines Staates "kommunistischer Prägung" im Text Plieviers,[41] sondern immer noch und seit dem Frühwerk Plieviers ein auf die

[38] Theodor Plievier: *Berlin*. München 1954. S. 501.
[39] Vgl. Theodor Plievier: *Des Kaisers Kulis. Roman der deutschen Kriegsflotte*. Berlin, Weimar 1985. S. 272.
[40] Siehe Theodor Plievier: *Stalingrad*. Berlin, Weimar 1984. S. 525.
[41] Vgl. Hans Wagener: Der Fall »Stalingrad«: Zufall, Schuld oder geschichtliche Logik? Zur Interpretation einiger deutscher Kriegsromane. In: Adam Bisanz und

Freiheit (oder mit Stirner: Eigenheit) und Würde des Individuums abzielender Entwurf, der vielleicht nicht mehr dem frühen individualistischen Anarchismus des Autors entspricht, ihm aber doch entstammt und nun, in den vierzigern und vollends den fünfzigern, auf der Ebene des betrachteten und vorgestellten Staatswesens wiederkehrt in der Aufhebung des restriktiven Staates in einem föderativen europäischen Gebilde, das sich auf Freiheit, Würde sowie Verantwortung des Einzelnen gründet und sich als Gegenentwurf zu jeder totalitären Staatsform verstanden wissen will.

Die programmatischen Worte der literarischen Figur Vilshofen im Roman *Stalingrad* entstammen aber den Jahren 1943/44; die Nachkriegszeit hatte noch nicht begonnen. Das Pathos Vilshofens weicht in den Romanen *Moskau* und *Berlin* einer Betrachtung nüchterner Art. Für die Figur Vilshofen bedeutet das, daß sie in russischer Kriegsgefangenschaft umkommt, spurlos in Sibirien verschwindet. An ihre Stelle tritt im Roman *Berlin* die Figur des Obersten Zecke, eines Mannes, der mit dem Nationalsozialismus und dem Krieg bereits abgeschlossen hat – nichtsdestoweniger aber bis zum Ende funktioniert –, der auf das Ende wartet und mit diesem nicht eine Neugeburt verbindet, wie dies noch Vilshofen getan hat, sondern die Gefährdung Europas. Zecke ist ein “letzte[r] Mönch des Abendlandes”[42] und als solcher soll er zu einem Seismographen für den sowjetischen Geheimdienst gemacht werden. Der Seismograph zeichnet in seiner Gefangenschaft die Beben der Nachkriegszeit auf und sieht, daß die Gefährdung Europas nun nicht mehr von nationalsozialistischen Plänen zur Neuordnung der Welt ausgeht, sondern daß sie als die durch den Krieg militärisch und politisch zur Weltmacht gewordene Sowjetunion nach Berlin gelangt ist. Die Front verläuft nun, dem politischen Diskurs der Zeit entsprechend, zwischen dem Abendland und der östlichen Diktatur.

In dieser Lesart der geschichtlichen Ereignisse tradiert der Oberst jedoch nicht nur konservatives Denken, sondern auch das von “Renegaten”, die sich (wie im Falle Plieviers) aus eben diesen Gefährdungsgründen von der östlichen Macht und ihren Statthaltern distanzieren. Damit werden auch die in der DDR-Literaturwissenschaft anzutreffenden Vorwürfe beantwortet, Plievier habe in seinem Roman *Stalingrad* die Rolle deutscher Kommunisten und der Roten Armee vernachläßigt, was auf Plieviers Unfähigkeit hinweise, die gesellschaftlichen Entwicklungsprozesse zu begreifen und eine realgeschichtliche Perspektive gestalten zu können.[43] Es scheint vielmehr, daß er sie sehr wohl begriffen hat und daß – entgegen einer von Vilshofen in *Stalingrad* gehegten Hoffnung – er auch die gesellschaftliche Perspektive für

Raymond Trousson (Hrsg.): *Elemente der Literatur. Festschrift für Elisabeth Frenzel*. Bd. 2. Stuttgart 1980. S. 149-158.

[42] Plievier: *Berlin*. S. 477.

[43] Vgl. Sigrid Töpelmann: *Autoren-Figuren-Entwicklungen. Zur erzählenden Literatur in der DDR*. Berlin, Weimar 1975. S. 114-123.

Deutschland nach dem Krieg voraussah. Explizit wird dies im Roman *Berlin* und in Plieviers Angriff gegen zwei frühe und langlebige Mythen der SBZ: das Nationalkomitee Freies Deutschland und die Antifa-Schulen in der Sowjetunion, die sich bei ihm als Ausbildungsstätten der anderen Diktatur erweisen.[44]

Mit diesen Aussagen überschreitet Plievier selbst die Grenze des literarischen Diskurses zum Zweiten Weltkrieg und gerät in den politischen/ ideologischen Diskurs des Kalten Krieges. Eine scharfe Trennung der Diskurse scheint darüber hinaus im Falle einer immer auch politischen Person wie Theodor Plievier nur schwer möglich. Folgerichtig divergieren die Meinungen und Kommentare zu seiner Trilogie *Der große Krieg im Osten* deutlich, überschreiten allenthalben die Diskursgrenzen. Überdies scheint der Kommentar der Trilogie Plieviers (in Form von Rezensionen, Untersuchungen, literarischem Tradieren in Kriegsromanen[45]) schließlich das zu sagen, was in den Primärtexten "schon verschwiegen artikuliert war"[46], nämlich daß sich für einen Teil Deutschlands aus seiner NS-Geschichte und durch die Besetzung durch sowjetische Truppen eine totalitäre Zukunft ergeben muß und daß (im Text u.a. verkörpert durch die literarische Figur Gnotke) eine neue Verstrickung in ein totalitäres System bevorsteht, daß mithin das eventuell Gelernte nicht schützt und daß auch darum der Aufstand am 17. Juni 1953 zunächst scheitern muß.

Dieser eher geschichtspessimistischen Aussage, die im Gegensatz steht zu einem zurückhaltend und auf der Ebene des Hoffens artikulierten Optimismus am Ende des Romans *Stalingrad*, hält vielleicht nur die von Krämer-Badoni für den Roman *Moskau* formulierte existentialistische Schlußfolgerung stand, daß es Plievier um "die tragische Selbstbehauptung des Individuums"[47] gehe. Tragisch, weil das Individuum einerseits vernichtet werde, Selbstbehauptung, weil es "[...] – letzte und einzige Hoffnung für den Menschen – immer ‚Widerstand' geben wird"[48].

[44] Vgl. die Mythenbildung in den Memoiren der Militärs, die aus sowjetischer Gefangenschaft in die SBZ/ DDR gingen und dort zu politischem Einfluß gelangten – z.B. Luitpold Steidle: *Entscheidung an der Wolga.* Berlin 1970². Wilhelm Adam: *Der schwere Entschluß.* Berlin 1965.

[45] Vgl. Jörg Bernig: *Eingekesselt. Die Schlacht um Stalingrad im deutschsprachigen Roman nach 1945.* New York 1997 (German Life and Civilization 23). S. 45f. S. 207ff.

[46] Foucault: *Die Ordnung des Diskurses.* S. 19.

[47] Krämer-Badoni: *Krieg zwischen Zwitschermaschinen.* S. 598.

[48] Ebd.

Jörg-Uwe Fischer

"Man soll nicht vergessen" – Stalingrad-Deutungen im Hörfunkprogramm der SBZ/DDR in den späten vierziger und fünfziger Jahren

In the years between 1943 and 1945, the German-speaking service of the Moscow broadcasting service fought against the "Stalingrad myth" as spread by the Nazi propaganda system. After the war, "Stalingrad" as a topic was firmly tied up in the pro-Soviet and anti-western propaganda. In its centre stood the "lessons" and the warning of a "second" Stalingrad. Finally, with increasing historical distance, Stalingrad only reappeared as a topic at regular intervals, regulated by official memorial events.

Stalingrad – Ort der Entscheidungsschlacht im Zweiten Weltkrieg, wo das Bild der unbesiegbaren Wehrmacht zerstört wurde – ist ein Thema mit immer noch außerordentlichem Stellenwert. Anläßlich des 50. Jahrestages, 1992/93, war der Mythos von Stalingrad noch einmal in allen Medien beschworen worden.[1] Unterschiedliche Deutungen liegen vor: Durch die Nationalsozialisten fand, um vom wahren Ausmaß der Katastrophe abzulenken, eine Mythologisierung statt, wurde ein grandioses, germanisches Heldenepos gezeichnet von Soldaten, "die starben, damit Deutschland lebe"[2]. Die antimilitaristische Literatur brach nach 1945 das Schweigen, hier herausragend Theodor Plievier, der in seinem Roman *Stalingrad* ein ungeschminktes Bild der mörderischen Kriegswirklichkeit vermittelt. Die fünfziger Jahre brachten, vor allem in der Bundesrepublik im Zusammenhang mit dem Aufbau der Bundeswehr, eine Konjunktur von Generalsmemoiren, etwa Erich von Mansteins *Verlorene Siege* (1955), Erinnerungsbücher, in denen Stalingrad oftmals als verpaßte Chance des Sieges gewertet wurde, mit dem "Dämon Hitler" als dem Alleinschuldigen. Die kommunistischen Deutungen entstanden im Exil. Stalingrad galt als Signal, das die endgültige Wendung

[1] Vgl. hierzu ausführlich Michael Kumpfmüller: *Die Schlacht von Stalingrad. Metamorphosen eines deutschen Mythos*, München 1995; ferner Wolfram Wette, Gerd R. Überschär (Hrsg.): *Stalingrad. Mythos und Wirklichkeit einer Schlacht.* Frankfurt a.M. 1992; Jens Ebert (Hrsg.): *Stalingrad, eine deutsche Legende.* Reinbek bei Hamburg 1992; Jürgen Förster (Hrsg.): *Stalingrad. Ereignis – Wirkung – Symbol.* München 1992.

[2] Vgl. die Titelseite der Berliner Ausgabe des *Völkischen Beobachter* vom 4.2.1943 "Der Kampf der 6. Armee um Stalingrad zu Ende. Sie starben, damit Deutschland lebe".

des Krieges anzeigte, als Fanal für die Verstärkung der antifaschistischen Widerstandsbewegungen in Europa. Für die KPD-Führung war Stalingrad kein Zufall, sondern die folgerichtige Konsequenz der Politik und der Kriegführung Hitlers, die zur Niederlage Deutschlands führen mußte. Nach der sich manifestierenden Wende im Kriegsgeschehen verflochten sich "die Überlegungen zur zeitgenössischen Lage zunehmend mit den Vorbereitungen auf ein politisches Wirken in Nachkriegsdeutschland"[3]. Erkennbar ist eine klare Linie, die sich vom Soldatsein in der Roten Armee bzw. der Gefangenschaft über das Nationalkomitee Freies Deutschland zum Aufbau des 'Neuen Deutschland' in der Sowjetischen Besatzungszone zieht. Diese Deutungen wurden, historisch-ideologisch instrumentalisiert, in der DDR zur Staatsdoktrin. Schließlich noch die sowjetische Heldenversion, die bis zum heutigen Tag Gültigkeit hat: Die Erinnerung an die Helden der Roten Armee und die Überlegenheit der sowjetischen Kriegskunst. Stalin ernannte die Stadt, die seinen Namen trug, zur "Heldenstadt". Stalingrad entstand neu, als Denkmal für eine siegreiche Schlacht.[4]

Aussagen über den Krieg waren bis weit in die sechziger Jahre hinein in den Medien allgegenwärtig. "Abrechnung mit dem zweiten Weltkrieg und Vorahnung der schrecklichen Folgen eines dritten trafen damals aufeinander."[5] Wie wurde nun das Thema 'Stalingrad' im Medium Rundfunk ab 1943 von den deutschsprachigen Diensten des Moskauer Rundfunks und nach 1945 im Rundfunk der Sowjetischen Besatzungszone und der späteren DDR den Hörern dargeboten?

"Wir sprechen als Deutsche ..." Der Deutsche Volkssender und die deutschsprachigen Dienste des Moskauer Rundfunks (1943-1945)

Stalingrad war, die überlieferten Tondokumente beweisen es, nicht nur ein Kampf der Waffen auf dem Schlachtfeld, sondern auch ein erbitterter Propagandakrieg, ausgetragen vor allem mit Hilfe des Mediums Rundfunk.

Noch während die Kämpfe in Stalingrad im Gange waren, wandten sich deutsche Kommunisten wie Walter Ulbricht, Willi Bredel und Erich Weinert, die auf der Seite der Roten Armee standen, in Flugblättern und Lautsprechersendungen über die Schützengräben hinweg an die Offiziere und Soldaten der Wehrmacht, um sie davon zu überzeugen, daß die Niederlage unvermeidlich und eine Kapitulation der einzige Weg zur Rettung des Le-

[3] Gerald Diesener: Propaganda im Konzept der KPD zur Überwindung des Faschismus. In: Gerald Diesener, Rainer Gries (Hrsg.): *Propaganda in Deutschland. Zur Geschichte der politischen Massenbeeinflussung im 20. Jahrhundert.* Darmstadt 1996. S. 100-110, hier S. 101f.

[4] Vgl. dazu Sabine Arnold: *Stalingrad im sowjetischen Gedächtnis. Kriegsgedanken und Geschichtsbild im totalitären Staat*. Wien 1998.

[5] Ursula Heukenkamp (Hrsg.): *Unerwünschte Erfahrung. Kriegsliteratur und Zensur in der DDR*. Berlin, Weimar 1990. S. 6.

bens sei.[6] Neben Ausschnitten aus den Fronttagebüchern Erich Weinerts bildeten mehrere Monografien wirksames Sendematerial für den deutschsprachigen Dienst von Radio Moskau, darunter *Dank an Stalingrad* von Johannes R. Becher oder *Das Vermächtnis des Frontsoldaten* von Willi Bredel. Aufgefundene Feldpostbriefe waren eine wahre Fundgrube für Analysen über die Stimmung an der Front und in der Heimat. Solches Briefmaterial bildete auch die Grundlage für den Roman von Theodor Plievier. Im deutschsprachigen Programm des Moskauer Rundfunks wurde die Erstfassung von *Stalingrad* in Fortsetzungen ausgestrahlt.[7]

Die Programmtätigkeit von Radio Moskau mit seinen deutschsprachigen Diensten und dem Deutschen Volkssender war ab 1943 geprägt von dem Bestreben, die deutsche Bevölkerung über die Vorgänge in Stalingrad und das Schicksal der deutschen Soldaten aufzuklären.[8] Der sowjetische Allunionsrundfunk berichtete am 2. Februar 1943 über den vollständigen Sieg der sowjetischen Truppen. In seiner Sendung vom 4. Februar stellte der Deutsche Volkssender fest: "Stalingrad ist das Signal, daß der Krieg verloren ist."[9] Die Kapitulation der 6. Armee und die von der NS-Führung daraufhin angeordnete mehrtägige Staatstrauer nahmen der Moskauer Rundfunk und der Deutsche Volkssender zum Anlaß, verstärkt den Stalingrad-Mythos und die Totschweigetaktik der NS-Führung über das Schicksal der Überlebenden der 6. Armee zu entlarven und zu durchkreuzen. Beigetragen haben dazu vor allem Sendungen wie *Heimatpost*, Sondersendungen für Angehörige von 'Stalingradkämpfern', die Rundfunkansprachen von Wilhelm Pieck und Walter Ulbricht *Über die Lehren von Stalingrad für das deutsche Volk*, aber auch die Einblendungen des Störsenders *Geisterstimme* über das "Massengrab Stalingrad, an dem kein deutscher Soldat mehr vorbeikommen werde"[10]. Von den Sendern wurden zudem konkrete und fiktive Beispiele dafür angeführt, wie sich in Deutschland der Protest gegen die NS-Führung und den 'totalen Krieg' zu regen begann. Die Übermittlung von Lebenszeichen und Appellen in Kriegsgefangenschaft geratener Wehrmachtsangehöriger führte seit Beginn des Jahres 1943 zu einer umfangreichen Benachrichtigung von Familienangehörigen über die von den NS-

[6] Vgl. Willi Bredel: "Wir sprechen als Deutsche ...". In: *Volksstimme* vom 23.2.1962.

[7] Vgl. Karl Raab: Kultur und Kunst in deutschsprachigen Sendungen von Radio Moskau 1937 bis 1945. In: *Beiträge zur Geschichte des Rundfunks* (im folgenden BzGR) (1983). H. 2. S. 14-24, hier S. 23.

[8] Zu Radio Moskau vgl. Ansgar Diller: *Rundfunkpolitik im Dritten Reich.* (Rundfunk in Deutschland 2). München 1980. S. 283-291. Zum Deutschen Volkssender vgl. Ronald Sassning: "Hier spricht der Deutsche Volkssender, die Stimme der nationalen Friedensbewegung!". In: *BzGR* (1979). H. 4. Teil 1. S. 46-63, *BzGR* (1980). H. 2-3. Teil 2. S. 5-33.

[9] Sassning: "Hier spricht der Deutsche Volkssender ..." In: *BzGR* (1979). H. 4. Teil 1. S. 56.

[10] Ebd. S. 57.

Behörden als vermißt oder gefallen gemeldeten deutschen Soldaten. Für die deutschen Emigranten, die sich in der Sowjetunion aufhielten, war der Rundfunk oftmals die einzige Möglichkeit, mit ihren Meinungen und Überzeugungen direkt nach Deutschland hinein zu wirken.

"Ein stolzer Gedenktag" – 'Stalingrad' im Hörfunkprogramm der SBZ/DDR (1945-1960)

Programmgestaltung und Programmstruktur des Rundfunks in der SBZ/DDR für die Jahre 1945 bis 1960 erschließen sich aus den am Berliner Standort des Deutschen Rundfunkarchivs archivierten Sendemanuskripten und Bändern sowie aus den allerdings nicht immer zuverlässigen Programmausdrucken in der Tagespresse und ab Februar 1946 aus der sowjetisch lizenzierten Programmzeitschrift *Der Rundfunk*. Zum Thema 'Stalingrad' konnten so über vierzig Sendebeiträge herausgefiltert werden, die sich zu folgenden Themenkomplexen zusammenfassen lassen (siehe Anhang):

- Wende im Kriegsgeschehen, Militärstrategie und Kriegserlebnisse
- Wiederaufbau von Stalingrad
- Gefangenschaft und Heimkehr
- Literarische und musikalische Umsetzung
- Kalter Krieg – Warnung vor einem 'Zweiten' Stalingrad.

Im Rundfunk der SBZ/DDR war das Thema 'Stalingrad' propagandistisch instrumentalisiert. Zwar standen unmittelbar nach Kriegsende Information und Aufklärung im Vordergrund, aber auch diese waren nicht wertfrei, sondern bestimmt durch die Sichtweise der Sieger. Das Thema 'Stalingrad' wurde fast ausschließlich auf der Ebene der politischen Propaganda abgehandelt, einer recht holzschnittartig wirkenden Propaganda, für die breite Masse verständlich gemacht. Die Verbreitung von persönlichen Empfindungen und Meinungsäußerungen des 'einfachen Mannes auf der Straße' dazu war, wenn sie der offiziellen Sichtweise widersprachen, nicht vorgesehen.

In der ersten Zeit nach dem Programmstart im Mai 1945[11] standen im Mittelpunkt die Verurteilung des Nationalsozialismus und die Aufdeckung

[11] Zum Neubeginn des Rundfunks nach 1945 vgl. Jörg-Uwe Fischer/Ingrid Pietrzynski: "Hier spricht Berlin ...". Das Programm des Berliner Rundfunks 1945 und seine Überlieferung im Deutschen Rundfunkarchiv, Standort Berlin. In: *"Hier spricht Berlin ..." Der Neubeginn des Rundfunks in Berlin 1945.* Hrsg. vom Deutschen Rundfunkarchiv. Potsdam 1995. S. 33-66; Arnulf Kutsch: Die Sowjets und der Rundfunk nach 1945. Sergej Iwanowitsch Tulpanow (1902-1984). In: *Studienkreis Rundfunk und Geschichte. Mitteilungen* 10 (1984) H. 3. S. 233ff.; Hans-Ulrich Wagner: Nun senden sie wieder. Die kurze Zeit des Rundfunk-Neuanfangs in Deutschland. In: *Funk-Korrespondenz* 18 (1995). S. 1ff.

seiner Verbrechen.[12] Man nahm Rücksicht auf die Verbundenheit der Soldaten in familiärer und erlebnismäßiger Hinsicht, forderte aber auch zur persönlichen Auseinandersetzung mit dem Kriegsgeschehen auf und bekämpfte das Nachwirken der NS-Propaganda in den Köpfen der Menschen, etwa über die Behandlung der deutschen Kriegsgefangenen in der Sowjetunion und die Behauptung, kein einziger Soldat der 6. Armee sei von der Roten Armee verschont worden. Die gerade beendete nationalsozialistische Vergangenheit bestimmte 1945 die Arbeit der Literaturabteilung des Berliner Rundfunks. Theodor Plievier, gerade erst aus dem Moskauer Exil zurückgekehrt, bildete mit seinem Roman *Stalingrad* den Auftakt. Um dem deutschen Publikum das Werk bekannt zu machen, nahm der Berliner Rundfunk in der Zeit zwischen dem 28. Juni und 13. Juli 1945 die Sendereihe *Theodor Plievier liest aus seinem Buch 'Stalingrad'* in sein Programm auf. Plieviers Buch erzielte hohe Auflagenzahlen, die durch die Verlesung im Berliner Rundfunk zusätzlich gefördert wurden. Die Erinnerungen und Eindrücke von Willi Bredel und Erich Weinert wurden den Rundfunkhörern in den fünfziger Jahren dargeboten. Anläßlich des elften Jahrestages von Stalingrad brachte der Deutschlandsender am 1. Februar 1954 in der Sendereihe *Literatur der Völker* einen Auszug aus Willi Bredels *Die Enkel*, dem letzten Teil seiner Romantrilogie *Verwandte und Bekannte*. Unter dem Motto 'Dieses Volk ist unbesiegbar' sollte die Lesung "die geschichtliche Größe des heldenmütigen, siegreichen Kampfes des sowjetischen Volkes gegen den deutschen Faschismus" verdeutlichen, der durch die Wende von Stalingrad zum Symbol geworden sei.[13] Mehrfach Gegenstand literarischer Sendungen waren die Tagebuchaufzeichnungen Erich Weinerts vom Winter 1942/43, die unter dem Titel *Memento Stalingrad* 1951 veröffentlicht wurden. Darin schildert der Schriftsteller seine Propagandatätigkeit vor Stalingrad, die er dort zusammen mit Walter Ulbricht und Willi Bredel ausgeübt hatte. Erich Weinert galt als 'Rufer und Mahner des Volkes', die Sendungen mit seinem Lebensbericht als Beiträge "zur Herausbildung des patriotischen Bewußtseins"[14].

Neben den Erinnerungsberichten von so prominenten Kriegsteilnehmern finden sich in den Kommentaren und Reportagen immer wieder eingebun-

[12] Vgl. u.a. Christoph Classen: "Guten Abend und Auf Wiederhören". Faschismus und Antifaschismus in Hörfunkkommentaren der frühen DDR. In: Martin Sabrow (Hrsg.): *Verwaltete Vergangenheit. Geschichtskultur und Herrschaftslegitimation in der DDR.* Leipzig 1997. S. 237-255.

[13] Deutsches Rundfunkarchiv, Standort Berlin, Historisches Archiv Archivbestand Hörfunk (im folgenden DRA Berlin, HA HF) DS 54/170: Sendemanuskript *Literatur der Völker. Dieses Volk ist unbesiegbar* vom 1.2.1954.

[14] DRA Berlin, HA HF DS 58/106: Lesungen aus Memento Stalingrad von Erich Weinert. Sondersendung Stalingrad vom 2.2.1958; DS 56/116: *Literatur unserer Zeit. "Erich Weinert erzählt"*. vom 2.2.1956; vgl. ferner: Erich Weinert. Rufer und Mahner des Volkes. In: *Unser Rundfunk* 11 (1956). H. 5. S. 8.

den, Erlebnisse von Soldaten und Offizieren, die bei Stalingrad in sowjetische Kriegsgefangenschaft geraten waren. Ihren Erlebnisberichten gemein sind das Eingeständnis eigener Schuld bis hin zur Selbstbezichtigung, die Reue, die immer wiederkehrende Frage, warum man solange ausgehalten habe und so blind gegenüber den Verbrechen gewesen sei, schließlich die Läuterung in der Kriegsgefangenschaft und der absolute Wille zur Wiedergutmachung dessen, was in deutschem Namen geschehen war.

Auch musikalische Bearbeitungen des Themas 'Stalingrad' waren im Rundfunk präsent, u.a. in Märschen, Liederzyklen und Oratorien, vorwiegend von russischen Komponisten und Textdichtern, in denen nationale Traditionen und patriotische Gefühle, die schon während des Krieges in der UdSSR Wirkung gezeigt hatten, mit viel Pathos erneut beschworen wurden.[15] Übertragen wurden Werke wie *Das Lied der Wälder* (1949) von Dimitrij Schostakowitsch, das Oratorium *Auf Friedenswacht* (1950) von Sergeij Prokofjew und die sinfonische Suite für Orchester *Stalingrader Schlacht* (1950) von Aram Chatschaturjan.

Mit Vehemenz wurde die prosowjetische Propaganda betrieben: Der Sieg der Roten Armee wurde als der Beginn der Wende des Zweiten Weltkriegs hervorgehoben und die Schlacht an der Wolga als die größte militärische und moralische Niederlage des deutschen Militarismus für alle Zeiten eingeordnet. Zusammen mit der Betonung der Friedensliebe der Sowjetvölker, wurden der Wiederaufbauwille und die -leistung der Stalingrader Bevölkerung besonders herausgestellt, denen auch die Menschen in der DDR nacheifern sollten. In den Medien der Sowjetischen Besatzungszone wurde der Wiederaufbau der Stadt als Fortsetzung ihrer 'Heldengeschichte' entsprechend gewürdigt:

> Und wie im Kriege – die Pläne sind kühn und entschlossen. Es ist eine neue Schlacht, die hier geschlagen wird, eine der größten Friedensschlachten, deren Menschen in einer Front mit den Verteidigern Stalingrads und den Helden Koreas stehen [...].[16]

Stalingrad als Anklage gegen den Faschismus; Lobeshymnen auf Schaffenskraft und Energie, auf Enthusiasmus und Patriotismus der Stadtbevölkerung.

Mit den zunehmenden Ost-West-Spannungen und dem sich verschärfenden Kalten Krieg änderte sich die Berichterstattung. Das Thema 'Stalingrad' war nun fest eingebunden in den Propagandakrieg zwischen Ost und West. Der Kalte Krieg schuf außenpolitische Ängste, die sich in krassen Feindbildern vom Kapitalismus verdichteten und von den Medien 'parteilich' ver-

[15] Vgl. *Resolution der KPdSU über das musikalische Schaffen.* vom 10.2.1948. Abgedruckt in: Ulrich Dibelius, Frank Schneider (Hrsg.): *Neue Musik im geteilten Deutschland. Dokumente aus den fünfziger Jahren.* Berlin 1993. S. 125-126, ferner S. 77-78.

[16] Die große Initiative. Zum 10. Jahrestag der Schlacht von Stalingrad. In: *Unser Rundfunk* 8 (1953). H. 6. S. 2.

mittelt wurden. Der Westen wurde angeklagt, mit seinen Aufrüstungsplänen ein 'zweites Stalingrad' heraufzubeschwören. Die Kommentare richten sich gegen die Pariser Verträge und die NATO, gegen die Atomrüstung und die Wiederbewaffnung der Bundesrepublik Deutschland. Sie enthalten nahezu alle die an den Westen gerichtete Mahnung, die 'Lehren von Stalingrad', wie im Osten bereits geschehen, zu beherzigen und zu verwirklichen.[17] Als Lehren der Schlacht wurden keineswegs nur die militärischer Art gesehen, sondern die immerwährenden, lebenswichtigen Lehren für alle Deutsche. Jeder sollte wissen, wie es zum Untergang der 6. Armee gekommen ist und sich die Fragen stellen, wie kam die 6. Armee nach Stalingrad und was hatte sie dort verloren? In Stalingrad wurde das Menetekel gesehen: Bis hierher und nicht weiter – und niemals mehr. Jeder neue Versuch des Westens, den Sozialismus mit Gewalt aufhalten zu wollen, sei Selbstmord. Was damals an der Wolga endete, würde nun schon am Brandenburger Tor enden, an der Grenze der DDR. Habe der deutsche Imperialismus die Grenzen seiner Macht 1943 an der Wolga erreicht, so stoße er nunmehr bereits innerhalb Deutschlands an seine Grenzen.

> Es gibt in Westdeutschland Leute, die diese Warnung verheimlichen, um die Völker, die für den Krieg gegen die sozialistischen Staaten, für den dritten Weltkrieg gewonnen werden sollen, blind zu machen gegen die Gefährlichkeit dieser Pläne [...]. Diese Leute wollen dem Geschehen die politische Wirkung aberkennen. Denn diese ist über den militärischen Sieg hinaus heute noch eine sehr lebendige politische Kraft.[18]

Mitte Oktober 1953 meldete der DDR-Rundfunk die Rückkehr von Friedrich Paulus aus sowjetischer Gefangenschaft. Auf einer vom *Ausschuß für Deutsche Einheit* am 2. Juli 1954 nach Berlin einberufenen und von Albert Norden moderierten Pressekonferenz, stellte sich der ehemalige Generalfeldmarschall erstmals der Weltöffentlichkeit. Er nahm Stellung gegen die Pariser Verträge und wies nachdrücklich die ihm in der Memoirenliteratur zugewiesene Schuld am Ausgang der Schlacht um Stalingrad zurück.[19] Von

[17] Vgl. u.a. Egbert v. Frankenberg: Die Lehren von Stalingrad. In: *Unser Rundfunk* 13 (1958). H. 6. S. 4.

[18] Otto Korfes: Die unvermeidliche Niederlage des deutschen Imperialismus. In: *Neues Deutschland* vom 2.2.1958. Otto Korfes (1889-1964) wurde 1943 zum Generalmajor befördert und war Kommandeur der 295. Infanterie-Division. Nach der Schlacht bei Stalingrad ging er in sowjetische Gefangenschaft, schloß sich dem NKFD an und wurde Mitbegründer des Bundes Deutscher Offiziere in der Sowjetunion. 1948 kehrte er nach Deutschland zurück und war von 1952 bis 1956 Generalmajor der Kasernierten Volkspolizei, wurde aber nicht in die NVA übernommen.

[19] Zur Pressekonferenz DRA Berlin, HA HF DS 54/1359: Sendemanuskript Kommentar des Tages Klaus Dieter Kröber: *Die Wehrpflicht und der Generalfeldmarschall* vom 2.7.1954; Ausschnitte aus der Rede Paulus auf der Pressekonferenz DS 54/1563: Sendemanuskript *Militärpolitischer Kommentar* vom 31.7.1954. Protokoll der Pressekonferenz abgedruckt in der Broschüre *Feldmarschall Paulus spricht.*

der SED-Führung wurde Paulus der Öffentlichkeit als das Paradebeispiel eines vom Saulus zu Paulus gewandelten Offiziers präsentiert, der, zwar in Irrtum und Schuld verstrickt, im Gegensatz zu den Generalen im Westen Deutschlands seine Schuld eingesehen und zugegeben habe und sich bemühte mit der Vergangenheit fertig zu werden und sich zudem als Patriot zur sowjetischen Deutschlandpolitik bekannte und auf der Seite der DDR stand. Dieses Bild zeichnen die Nachrufe auf Paulus, der am 1. Februar 1957 in Dresden verstarb.[20]

Die genannten Deutungen und die hier nur kurz zusammengefaßten 'Lehren' waren vor allem in den politischen Kommentaren und Reportagen präsent. Man wollte, dies war der Anspruch, keine mehr oder minder retuschierte Fotografie einer Schlacht beschreiben, so der an den Westen gerichtete Vorwurf, sondern die Vergangenheit bewältigen und die Schuldfrage stellen. Schließlich wurde die Auffassung vertreten, daß die Probleme des Zweiten Weltkrieges nicht nur akademischen Charakter tragen, sondern Lebensfragen der Deutschen in Vergangenheit und Gegenwart berührten.[21] Das Bild von Stalingrad, vom Zweiten Weltkrieg, von der 'Wahrheit' über den Krieg stand, eingebunden in die prosowjetische und antiwestliche Propaganda, unverrückbar fest. Andere Deutungen oder Erfahrungen waren offiziell nicht zugelassen.

In der SBZ/DDR zählte die Schlacht um Stalingrad – seit der Entstalinisierung in der Sowjetunion wurde von der Schlacht an der Wolga gesprochen – nicht als eine deutsche Niederlage, sondern als die Niederlage Hitlerdeutschlands. Kompromißlos die Einordnung der Geschehnisse von 1942/43:

> Sinnlosigkeit und Verbrechen, das Bewußtsein verübten Unrechts auf der einen Seite – das Bewußtsein, Heimat und Freiheit zu verteidigen, auf der anderen Seite. So standen sie sich gegenüber. Hier der faschistische Eindringling – dort der sozialistische Arbeiter, der sozialistische Bauer. Den [...] Toten der Sowjetarmee vor Stalingrad widerfuhr ein Tod, der Sinn in sich trug: sie gaben ihr Leben für die Zukunft der Menschheit. Die Toten der deutschen Armeen erlitten das Gericht.[22]

Hrsg. vom Ausschuß für Deutsche Einheit. Berlin 1954. Wortlaut der Paulus-Rede abgedruckt in: *Neues Deutschland* vom 4.7.1954. Vgl. ferner: Paulus tritt öffentlich für die Sowjetzone auf. In: *Die Welt* vom 3.7.1954.

[20] Generalfeldmarschall a.D. Paulus gestorben. In: *Neues Deutschland* vom 3.2.1957; Trauerfeier für Friedrich Paulus. In: *Berliner Zeitung* vom 7.2.1957; Trauerfeier für Paulus. In: *Die Welt* vom 7.2.1957.

[21] Vgl. Gerhart Hass: Neuere Stellungnahmen westdeutscher Historiker zur Kriegsschuld des deutschen Imperialismus. In: *Befreiung und Neubeginn. Zur Stellung des 8. Mai 1945 in der deutschen Geschichte*. Berlin 1968 (Schriften der Deutschen Sektion der Kommission der Historiker der DDR und der UdSSR 5). S. 156-163, hier S.156.

[22] Resi Flierl: Man soll nicht vergessen. In: *Unser Rundfunk* 10 (1955). H. 5. S. 2.

Stalingrad galt als Triumph eines gerechten Krieges[23] und als Sieg "der gerechten Sache des Sozialismus". In Stalingrad sah man den Wert "eines umfassenden und gesellschaftlich begründeten Staatsbewußtseins" bestätigt.[24]

In den ersten beiden Jahrzehnten nach Kriegsende wurde nahezu alljährlich, vor allem in den Rundfunkkommentaren, der Geschehnisse in Stalingrad gedacht, mit der klaren Absicht, die Bedeutung und die Lehren der Schlacht allen Bevölkerungsschichten zu verdeutlichen. Stellvertretend hier der Kommentar anläßlich des 7. Jahrestages, gesprochen von Rudolf Pallas[25] am 1. Februar 1950 im *Berliner Rundfunk*, noch unter dem Eindruck der nur wenige Monate zuvor erfolgten Gründung der DDR.[26] Man werde, so Pallas, dem Sieg der Roten Armee bei Stalingrad nicht gerecht, wenn man ihn als den Wendepunkt des zweiten Weltkrieges oder als die größte Schlacht der Weltgeschichte allein bezeichne. Der Todesstoß gegen den Faschismus sei in Stalingrad erfolgt, und er wurde geführt allein und ausschließlich von der Sowjetunion. Dieser Sieg, der die militärische, politische und moralische Überlegenheit der Sowjetvölker aller Welt so sichtbar vor Augen geführt hatte, sei viel mehr gewesen:

> [...] der Beginn einer neuen Geschichtsepoche, des Bewußtseins zahlloser Menschen in aller Welt, daß die 100-köpfige Hydra des Faschismus und seiner imperialistischen Auftraggeber nicht nur verwundbar, sondern tödlich zu treffen ist.

Das Ergebnis von Stalingrad und die daraus gezogenen Erkenntnisse seien zum Fundament eines neuen deutschen Weges geworden, der erst vor kurzem in der Bildung der Deutschen Demokratischen Republik seinen überzeugenden Ausdruck gefunden habe. Der 2. Februar sollte "stolzer Gedenktag" eines Sieges sein, auch für ein anderes Deutschland und damit ein "Tag der Bekräftigung unverbrüchlicher Freundschaft mit der Sowjetunion".

Mit zunehmendem zeitlichen Abstand wurde Stalingrad schließlich nur noch an den Jahrestagen in Erinnerung gebracht, eingebunden in die immer wiederkehrende Kalenderdramaturgie: als Mahnung und Verpflichtung für heranwachsende Generationen, als Symbol der Unbesiegbarkeit des Sozia-

[23] Die sowjetische Geschichtsschreibung unterschied 'gerechte' und 'ungerechte' Phasen des Krieges, je nachdem, ob dabei die 'sozialistischen Errungenschaften' gefährdet waren oder nicht. Erst mit dem Eintritt der Sowjetunion im Juni 1941 hätte sich der Krieg endgültig zu einem 'gerechten Befreiungskampf' entwickelt. Vgl. Hans-Adolf Jacobsen: *Zur Konzeption einer Geschichte des Zweiten Weltkriegs 1939-1945*. Frankfurt a.M. 1964. S. 21.

[24] Luitpold Steidle: Stalingrad – Triumph des gerechten Krieges. In: *Neue Zeit* vom 1.2.1953.

[25] Rudolf Pallas geriet 1943 in Stalingrad in sowjetische Kriegsgefangenschaft und wurde Mitglied des NKFD; 1949 war er Leiter des Jugendfunks zunächst in Leipzig und später beim Berliner Rundfunk.

[26] DRA Berlin, HA HF B204-02-01/0511: Sendemanuskript Rudolf Pallas *Tageskommentar* vom 1.2.1950.

lismus und als historischer Wendepunkt im Befreiungskampf der Völker Europas gegen den Faschismus.

Anhang: Stalingrad – Sendebeiträge 1945-1960

(BR = Berliner Rundfunk, DS = Deutschlandsender, DDR = Radio DDR, MDR = Mitteldeutscher Rundfunk, B I, II, III = Berlin I, II, III, LSD = Landessender Dresden)

Themenkomplexe:

- Militärstrategie, Wende im Kriegsgeschehen, Kriegserlebnisse (Mi)
- Wiederaufbau von Stalingrad (Wi)
- Gefangenschaft und Heimkehr (Ge)
- Künstlerische Umsetzung (Kü)
- Warnung vor einem "Zweiten" Stalingrad (Wa)

(Über den Code in der letzten Tabellenspalte lassen sich die einzelnen Sendebeiträge den Themenkomplexen zuordnen)

Sendebeitrag	**Sendung/ Sendereihe**	**Quelle/ Redakteur**	**Sende-datum**	**Sen-der**	**Länge**	**Co-de**
Stalingrad	Kurzhörspiel	Plievier, Theodor	unbekannt	BR	11´53	Kü
Die siegreiche Sowjet-Strategie		Smirnow, Paul	23.06.1945	BR	14´	Mi
Theodor Plievier liest aus seinem Buch *Stalingrad* (1-7)		Plievier, Theodor	28.06. – 13.07.1945	BR	15´/30	Kü
Der Wiederaufbau von Stalingrad		Wolf, Markus	04.07.1945	BR		Wi
Befehl ist ausgeführt Szenen aus dem Roman *Stalingrad*	Hörspiel	Plievier, Theodor	15.07.1945 Wh. 16.07.1945	BR	30´	Kü
Stalingrad – Wende im Kriegsgeschehen		Karsch, Lucie	23.11.1945	BR		Mi
Erinnerungen eines Stalingradkämpfers		Bechler, Bernhard	11.01.1946	BR		Mi
Kampfgruppe existiert nicht mehr		Plievier, Theodor	01.02.1946	BR	20´	Kü
Stalingrad – Es spricht Erich Weinert		Weinert, Erich	02.02.1946	BR	15´	Kü
[Stalingrad – NS-Propaganda]	Tageskom-mentar	Wolf, Markus	22.07.1946	BR	6´	Ge
[Vergleich der Situation der Berliner Blockade mit dem Kessel um Stalin-grad]	A. d. Spuren ihres Mei-sters. Fasch. Kriegshetze in Berlin	Duchrow, Alfred	12.07.1948	BR		Wa

[Heimkehrerbericht Harry Wolf]	Aus der Sowjet union/ Ein Sechstel der Erde	Wolf, Markus	22.11.1948	DS		Ge
[Lesung aus Viktor Nekrassow's *In den Schützengräben von Stalingrad*]	Aus der Sowjet union/ Ein Sechstel der Erde	Wolf, Markus	22.11.1948	DS		Kü
Stalingrad	Aus der UdSSR		02.02.1949	BR	15′	Mi
Stalingrad – Schicksalswende	Kunst und Leben		02.02.1949	MDR	25′	Mi
Stalingrad – der Untergang einer Armee			02.02.1949	MDR	30′	Mi
Was hat uns Stalingrad heute zu sagen	Tageskommentar		02.02.1949	LSD	10′	Wa
[Schlacht bei Stalingrad]	Kommentar des Tages	Pallas, Rudolf	01.02.1950	BR		Mi
Stalingrad – Lehre und Mahnung. Sendung für Schüler der 9.-12. Klasse	Schulfunk		02.02.1952	MDR	25′	Mi
[Zum Jahrestag von Stalingrad]	Zeitgeschehen vom Funk gesehen		02.02.1952	MDR	[60′]	Mi
Stalingrad, Straße des Friedens	Ein Sechstel der Erde		02.02.1952	DS	30′	Mi
Die Heldenstadt an der Wolga	Welt der frohen Zuversicht		02.02.1953	B II	15′	Wi
Stalingrad – Lehre und Mahnung	Wie der Mensch zum Riesen wurde		02.02.1953	B II	30′	Wa
Stalingrad – die große Mahnung	Die Frau in unseren Tagen		02.02.1953	B I	60′	Wa
Memento Stalingrad von Erich Weinert	Wir blättern in Büchern	Weinert, Erich	02.02.1953	B III	15′	Kü
[Erinnerungen an Kriegserlebnisse bei Stalingrad und Warnung vor einem neuen Krieg]	Kommentar des Tages	Gessner, Herbert	02.02.1953		5′	Mi
Stalingrad, Musik aus dem gleichnamigen Tonfilm	Deutsche Orchester und sowjetische Ensembles musizieren		02.02.1953	B II	30′	Kü
"Dieses Volk ist unbesiegbar". Eine Stalingrad-Sendung mit einem Auszug aus Willi Bredels Roman *Die Enkel*	Literatur der Völker	Bredel, Willi u. Stockmann, [Heino]	01.02.1954	DS	20′	Kü

Die Wehrpflicht und der Generalfeldmarschall	Kommentar des Tages	Kröber, Klaus Dieter	02.07.1954	DS, B I, B II	8′	Wa
Ausschnitte aus der Rede Paulus auf der Pressekonferenz am 2.7.54 in Berlin	Militärpolitischer Kommentar	Paulus, Friedrich	31.07.1954	DS	10′	Wa
[Paulus-Interview]			22.12.1954	DS	25′	Wa
Die Kriegsverurteilten	Kommentar d. Deutschlandsenders	Nuschke, Otto	08.08.1955	DS	10′	Mi
Stalingrad – eine Hörfolge			29.01.1956	DS	30′	Kü
Erich Weinert erzählt	Literatur unserer Zeit	Weinert, Erich u. Baldauf, H.	02.02.1956	DS	20′	Mi
Kommentar des Deutschlandsenders	Kommentar des Tages	Schulze-Walden, Theodor	30.01.1957	DS	8′	Wa
[Zur 15. Wiederkehr des Tages, an dem die Hitlerarmee ihren Todessturz bekam]	Kommentar des Tages	Schulze-Walden, Theodor	01.02.1958	DDR	10′	Wa
[Lesungen aus Memento Stalingrad von Erich Weinert]	Sondersendung	Weinert, Erich u. Baldauf, Helmut	02.02.1958	DS	16′	Kü
Stalingrad – Warnung an Aggressoren	Militärpolitischer Kommentar	Frankenberg, Egbert v.	02.02.1959	DDR	10′	Wa
[Heute ist der Tag von Stalingrad]	Kommentar des Tages	Schulze-Walden, Theodor	02.02.1959	DS		Wa
Die 17. Wiederkehr der Katastrophe von Stalingrad am 2. Februar, ihre Lehren, die Memoiren von Paulus und die heutige Lage	Militärpolitischer Kommentar	Frankenberg, Egbert v.	01.02.1960	DDR I	10′	Wa
“Am Morgen nach der Schlacht”. Eine Sendung über die Schlacht um Stalingrad	Jugendfunk	Weinert, Erich	02.02.1960	DS	30′	Kü
Abrüstung und Oberländer	Kommentar des Tages	Schnitzler, Karl-E. v.	02.02.1960	DS	8′	Wa
Die Übung “Winterschild” und die 17-jährige Wiederkehr der Katastrophe von Stalingrad	Militärpolitischer Kommentar	Frankenberg, Egbert v.	05.02.1960	DS	10′	Wa
Auseinandersetzung mit einem Stalingradbuch	Gehört – Gelesen – Mitgeteilt	Frankenberg, Egbert v.	17.12.1960	DS	15′	Mi

Michael Rohrwasser

Theodor Plieviers Kriegsbilder

Theodor Pliever's book Stalingrad, *which was the only best-seller in both East and West Germany after Word War II, is not correctly classified as a realist novel or as a forerunner of documentary literature. Plievier outlines an inner world full of horror visions. In addition, he stylises the surviving soldier as a victim of seduction who is purified after his penance at Stalingrad, and who is then able to help found the new nation.*

I

> "Ein Unglück wie Stalingrad hat den Vorteil, daß es unmöglich mit zwei Augen zu sehen ist."[1]

Theodor Plieviers Roman *Stalingrad*, der – neben Thomas Manns *Doktor Faustus* – meistrezensierte Roman der deutschen Nachkriegsliteratur, ist zu den Akten gelegt; er verstaubt in den Regalen der Seminarbibliotheken. Ein neuerliches Referat der Lektüre steht nur noch an bei Symposien zur Kriegsliteratur oder bei Recherchen zum Bildmaterial Heiner Müllers.[2] Das wäre angesichts seiner mangelnden literarischen Qualität nicht weiter zu beklagen, würden denn die Aktenzeichen stimmen. Doch es fällt vermutlich schwer, einen anderen Roman zu benennen, der in Kritik und Literaturgeschichte so beharrlich mit falschen und irreführenden Etiketten versehen worden ist.

Und es gibt noch einen zweiten Grund für die Wiederaufnahme der Lektüre – dies ist das wohl einzigartige Phänomen, daß der Roman nach 1945

[1] Alexander Kluge: *Schlachtbeschreibung*. Roman. Revidierte und erweiterte Fassung. Frankfurt a.M. 1983. S. 7 (die erste Fassung erschien – ohne die Gattungsbezeichnung 'Roman' – 1964). Kluges 'Roman', der die Ursache der Katastrophe in System und Tradition der Wehrmacht ortet, läßt sich als Gegenentwurf zu Plieviers *Stalingrad* lesen.

[2] Zu Heiner Müller vgl. *Die Schlacht* (In: *Die Umsiedlerin oder Das Leben auf dem Lande*. Berlin 1975. S. 9) und *Germania 3/Gespenster am Toten Mann* (Köln 1996. S. 24).

(genauer: ab 1946[3]) in Ost *und* West zum Bestseller wurde und im Chor seiner lobenden Kritiker sich Wolfgang Borchert (1946), Alfred Andersch (1948), Stephan Hermlin (1947), Johannes R. Becher (1947), Hermann Pongs (1952), Jürgen Busche (1983), Peter Härtling (1989), Hermann Kant (1987) und Günther Rücker (1995) wiederfinden.[4] Da ich die realistische Anstrengung Plieviers in Frage stelle, bleibt die unbeantwortete Frage, welche anderen Qualitäten des Romans dieses Lob bewirkt haben. Vielleicht ist es jene, die Günther Rücker meint, wenn er von einem 'zutiefst deutschen' Buch schreibt, vielleicht auch jene von Günter Kunert im Blick auf den Leser so genannte "kulinarische Position", die die Davongekommenen "mit Horror und Grauen" unterhielt?[5] Zugespitzt heißt die Frage: Welches Kriegsbild war es, das einen gesamtdeutschen Leserkonsens herbeiführte?

Ich beginne mit einer Rückschau auf Anspruch und Selbstverständnis Plieviers und die seinen Stichworten gehorsam folgende Rezeption des Romans, wobei ich die Oberflächenstruktur des Romans charakterisieren will, und versuche dann Ansätze zu einer Neubeschreibung zu liefern.

[3] 1945 erschien die ostdeutsche Ausgabe im Aufbau-Verlag, die bis zum Zeitpunkt der rororo-Ausgabe (1947) auch in die Westzonen ausgeliefert wurde. 1946 war in Mainz ein Auszug von *Stalingrad* unter dem Titel *Generale unter sich* erschienen.

[4] Alfred Andersch pries *Stalingrad* als "das erste große Kunstwerk der deutschen Nachkriegsliteratur" (zit. n. Ulrich Baron: Nachwort zu Theodor Plievier: *Moskau.* Köln 1991. S. 620. "Dies ist der bedeutendste Roman, der über den Zweiten Weltkrieg aus deutscher Sicht geschrieben wurde.", Jürgen Busche: Schilderung der Sinnlosigkeit. In: *Frankfurter Allgemeine Zeitung* vom 3.8.1983. S. 18. Peter Härtling: Wütende Wahrhaftigkeit. [Über Theodor Plievier: *Des Kaisers Kulis* (1929)]. In: *Romane von gestern – heute gelesen.* Hrsg. von Marcel Reich-Ranicki. Bd. 2 1918-1933. Frankfurt a.M. 1989. S. 201-208. Hermann Kant im Nachwort zur DDR-Ausgabe (Berlin, Weimar 1984. S. 533-537, hier S. 536): "Es gibt kein anderes Stück deutscher Literatur [...], mit dessen Hilfe man die Wahrheit über die kriegsentscheidende Schlacht an der Wolga so vor Legenden schützen kann wie *Stalingrad*". Rudolf Hagelstange weist auf eine Lücke in der Erfolgsgeschichte von Stalingrad hin: "Wie viele in Deutschland wissen, daß Stalingrad nie in russischer Sprache erschien?" In: R. H.: Theodor Plievier. Verlorener Sohn einer verlorenen Revolution. In: *Der Monat* 7. 80. S. 159-165, hier S. 163. Einige Rezensionen sind abgedruckt in: *"Als der Krieg zu Ende war". Literarisch-politische Publizistik 1945-1950.* Marbach 1973. S. 225-230. Zur Rezeption ausführlicher: Gunther Nickel: Faction. Theodor Plievier: *Stalingrad* (1945). In: Hans Wagener (Hrsg.): *Von Böll bis Buchheim. Deutsche Kriegsprosa nach 1945.* Amsterdam, Atlanta 1997. S. 49-62; Helmut Peitsch: Theodor Pliviers *Stalingrad.* In: Christian Fritsch, Lutz Winckler (Hrsg.): *Faschismuskritik und Deutschlandbild im Exilroman.* Berlin 1981. S. 83-102.

[5] Günther Rücker: Das Sterben an der Wolga. In: *Neues Deutschland* vom 14.3.1995. S. 11; Günter Kunert: Wie aus der Theaterloge (Romane von gestern – heute gelesen). In: *Frankfurter Allgemeine Zeitung* vom 18.2.1984. S. 25.

II

> "Tell me the story of the foot soldier and I will tell you the story of all wars."[6]

Die Wahrnehmung und Beschreibung des Kriegs scheint einen stark überhöhten Standort zu verlangen: Den allwissenden Erzähler auf dem Feldherrnhügel. Dem Einzelnen oder der in eine kämpferische Aktion verwickelten Gruppe ist der Überblick verwehrt[7] – das demonstriert bereits Grabbe in seinem Stück *Napoleon*. Der Feldherr aber ist wiederum nicht imstande, den Einzelnen anders denn als Abstraktum wahrzunehmen, er ist von der Front und der Alltagswirklichkeit des Kriegs getrennt.

Plieviers Kritik des unwissenden und zögerlichen Stabsoffiziers, der in seinem Bunker nichts von dem wirklichen Frontgeschehen wahrzunehmen vermag, mündet in seine Kritik des Stabs, der dieses Mangels wegen von Strategie zu wenig versteht und gehorsam den Befehlen des OKH folgt, schließlich in die des obersten Feldherrn, der den Opfertod seiner Armee verlangt. Plieviers Absicht und Anspruch als Autor von *Stalingrad* ist es, beide Perspektiven zu verbinden, und gewiß trug das Informationsdefizit in den Nachkriegsjahren zum Erfolg des Buches bei, obwohl der Roman nur rudimentäre militärhistorische Informationen liefert.[8] Er besetzt den Feldherrn-Hügel (den es in Stalingrad nicht gab) und schildert von der imaginären Höhe aus in auktorialer Pose, wie sich in 77 Tagen der Kessel immer mehr zum Friedhof verengt. Das klingt im Roman folgendermaßen:

> Weder Unteroffizier Gnotke, noch sonst einer der Männer der Stalingrader Westfront oder der Besatzungen der Nordriegelstellung konnten in diesem Moment wissen, daß am folgenden Tag um 10 Uhr 00 Minuten ein neues schwarzes Blatt ihres Schicksalsbuches aufgeschlagen werden würde und ihre endgültige Vernichtung ihren Anfang nehmen sollte.[9] (68)

[6] Motto des Spielfilms *Men in War* von Anthony Mann (USA 1956).
[7] Vgl. Oskar Negt, Alexander Kluge: *Geschichte als Eigensinn*. Frankfurt a.M. 1981. S. 816f.
[8] Kluge dokumentiert in seiner *Schlachtbeschreibung* die nationalsozialistische Berichterstattung während der Belagerung Stalingrads und die spätere Informationspolitik (wie Anm. 1. S. 321ff.). "Der Deutsche ist ja immer noch in der Lage, daß selbst redlichem Bemühen um die innere Verarbeitung seines Schicksals die Schwierigkeit im Weg steht, sich über das Geschehen, aus dem wir aufzutauchen beginnen, zu unterrichten", schreibt Max Meister (Stalingrad. In: *Merkur* II, 1948, 9, S. 454-461, hier S. 454).
[9] Zitiert wird, weil am weitesten verbreitet, nach der Ausgabe des Aufbau-Verlags, Berlin 1945.

Das Versprechen des unzensierten Blicks von oben verbindet sich mit der Bodenperspektive des Frontsoldaten[10], die Plievier gestattet war durch den unbeschränkten Zugang zum Kriegsgefangenenlager Ljunowo und zur erbeuteten Feldpost. (Das subversive Potential dieser Perspektive ist in den Romanen über den Ersten Weltkrieg von Remarque, Renn oder Frank/ Lichey entwickelt, doch der Blick auf den Krieg von unten hat eine Tradition, die bis zu Grimmelshausens *Simplicissimus* reicht.[11]) Plieviers wissender Erzähler hat nicht nur Einblick in Briefe und Tagebücher, sondern auch in die Gedanken der Toten (100). Ganz oben und ganz innen – das sind die Positionen des Generalisten Plievier.

Suggeriert wird durch diese Verbindung von Feldherrnhügel und Schützengraben die Möglichkeit einer Perspektive auf den *ganzen* Krieg (nimmt man Stalingrad als Sinnbild des Weltkriegs). Vom Blick aufs Ganze zeugt nicht nur der spätere Untertitel für die Trilogie *Moskau, Stalingrad, Berlin, Der große Krieg im Osten*, sondern auch Plieviers häufigste Stilmittel: Reihungen, anaphorische Verknüpfungen, Panoramen, Verallgemeinerungen und globalisierende Erzählerkommentare. Der Anspruch Plieviers, die Totalität des Kriegs zu erfassen, der durch seine Verwendung von öffentlichen und privaten Dokumenten noch verstärkt wird, spiegelt sich bereits in frühen Klassifikationen des Romans als *dem* Kriegsbuch des Zweiten Weltkriegs[12] wie in späteren, nach denen es sich um "das erste und bedeutendste deutsche Kriegsbuch", um einen "Aufriß eines Universums jener Zeit" handelt[13], nur vergleichbar mit Tolstois *Krieg und Frieden*.[14] Auch die literaturgeschichtlichen Wertungen, die bis heute variiert werden, unterstreichen die Verbindung von Reportage, Roman und Dokumentation. Ein Beispiel: "Im Gegen-

[10] Hermlin kontrastiert Joseph Conrads Blick von der Kommandobrücke mit Plieviers "Perspektive des Heizraums und des Ausgucks" in *Des Kaisers Kulis* In: Hans Mayer, Stephan Hermlin: *Ansichten über einige Bücher und Schriftsteller*. Berlin 1948. S. 170.

[11] Vgl. dazu Verf.: "Der Schädel des Negerhäuptlings Makaua". Das Thema des Antisemitismus im Werk Rudolf Franks. In: *Convivium. Germanistisches Jahrbuch Polen 1997*. Bonn 1997, S. 181-196.

[12] Radio Saarbrücken, zitiert nach Verlagswerbung auf Schlußblatt von Theodor Plievier: *Moskau*. München 1952. "Wuchtig, glänzend in der Darstellung und furchtbar in seiner erbarmungslos bis in die Einzelheiten gehenden Beschreibung der Vernichtung ist Plieviers *Stalingrad* der eindrucksvollste Roman des zweiten Weltkriegs, der bisher in Europa erschienen ist", schreibt Robert Gorham Davis anläßlich der amerikanischen Ausgabe des Romans. In: *Der Monat*. I (1948) 3. S. 102. "Das Triptychon des zweiten Weltkriegs." Die Bayerische Schule, München, zit. n. Verlagswerbung auf Schlußblatt von Theodor Plievier: *Berlin*. München 1954.

[13] Günther Rücker (wie Anm. 5).

[14] Ulrich Baron spricht im Nachwort zur Neuausgabe von *Moskau* (Köln 1991. S. 615) von einem "epischen Triptychon [...] in seinem Reichtum an Gestalten und Perspektiven nur mit Tolstois *Krieg und Frieden* vergleichbar".

satz zum verlorenen Heroismus der faschistischen Durchhalteparolen strebte Plivier in diesem Werk – in Weiterführung der proletarischen Korrespondenzliteratur der späten zwanziger Jahre – eine Berichterstattung an, deren oberstes Ziel die Aufdeckung der durch nichts verschleierten Wahrheit war."[15]

Eine Ausnahme macht da Reinhard Baumgart in seinem Essay über Literatur und Unmenschlichkeit, der das Versagen der geläufigen literarischen Gattungen vor den Themen Stalingrad, Auschwitz, Hiroshima beschreibt:

> Noch einmal versuchten Erzähler, den neuen Dimensionen der Geschichte rein äußerlich, durch die ungeordnete Breite der Darstellung nachzukommen. Wie vergeblich, das läßt sich noch aus dem ehrgeizigsten und ohnmächtigsten dieser Unternehmen, aus dem Romanzyklus von Theodor Plievier ablesen, der wenig mehr verriet als Kinoweisheit. Um dem unübersehbaren Krieg im Osten gerecht zu werden, spannt Plievier eine breitere Leinwand auf.[16]

Der Ursprung der Legende vom Dokumentaristen findet sich bei Plievier selbst, in den berühmten Sätzen aus dem letzten Kapitel von *Des Kaisers Kulis* von 1930: "Hier ist kein Roman. Hier ist ein Dokument! Und dann: ich bin doch auch dabei gewesen",[17] mit denen paradoxerweise gerade ein konventioneller Ich-Erzähler sich einschaltet. Seitdem ist Plievier eingeordnet als ein Vater der Dokumentarliteratur und des Reportageromans. Die anderen wiederkehrenden Kennzeichnungen von *Stalingrad* weisen in dieselbe Richtung: Chronik, realistisches Gemälde, tendenzloses Bild, pazifistisches Dokument, Roman der neuen Sachlichkeit.[18]

[15] Jost Hermand: *Kultur im Wiederaufbau. Die Bundesrepublik Deutschland 1945-1965.* München 1986. S. 134f. (vermutlich muß es statt "verlorenen" "verlogenen" heißen). Peter Demetz wertet *Stalingrad* als den "besten deutschen Kriegsroman". In: *Die süße Anarchie. Skizzen zur deutschen Literatur seit 1945.* Frankfurt a.M., Berlin, Wien 1973. S. 209. Vgl. Ulrich Baron, Hans-Harald Müller: Weltkriege und Kriegsromane. Die literarische Bewältigung des Krieges nach 1918 und 1945 – eine Skizze. In: *LiLi.* 19 (1989) 75. S. 14-38.

[16] Reinhard Baumgart: Unmenschlichkeit beschreiben. Weltkrieg und Faschismus in der Literatur. In: *Merkur.* 19 (1965) 202. S. 37-50, hier S. 39.

[17] *Des Kaisers Kulis.* Berlin 1930. S. 290.

[18] Jürgen Busche schreibt von "Reportage-Roman" und "Dokumentar-Reportage" (wie Anm. 4); Hermann Kant unterstreicht den "wütenden und wilden Realismus" Plieviers (wie Anm. 4); von einem Roman der Neuen Sachlichkeit spricht Heinrich Vormweg (Deutsche Literatur 1945-1960: Keine Stunde Null. In: Manfred Durzak (Hrsg.): *Die deutsche Literatur der Gegenwart. Aspekte und Tendenzen.* Stuttgart 1971. S. 13-30, hier S. 27); von "dokumentarischer Montage" spricht Gunther Nikkel (wie Anm. 4. S. 59), von einem "dokumentarischen Epos" Hans-Harald Müller (Nachwort zu Thedor Plievier: *Berlin.* Köln 1985. S. 741-766, hier S. 750). Müller weist aber darauf hin, daß Plievier selbst sich gegen die Bezeichnung 'Reportage' wehrte. In einem Brief von 1947 betont Plievier ausdrücklich, daß ohne 'die Lehre' der Roman nichts wäre als eine Reportage über den Untergang einer Armee. "Erst

Der Blick auf das Ganze des Kriegs ist eine Fiktion, die Plievier hartnäkkig verteidigt – Walter Benjamin hat sie in seinem Aufsatz *Der Erzähler*, bezogen auf den Ersten Weltkrieg, bereits kritisiert.[19] Die Stimmen der Literaturkritik wie die Stichworte der Literaturgeschichte spiegeln des Autors eigenen Anspruch, eine "objektive Aussage" zu liefern.[20] In einem Interview von 1948 betont er, daß "nichts von den Geschehnissen erfunden" sei. "Ich müßte ein ganz perverser Mensch sein, wenn ich die Scheußlichkeiten und die grausamen Begebenheiten erfunden hätte."[21]

Doch Plievier scheitert gerade bei dem Versuch, die Perversität des Kriegs darzustellen und dessen Mechanismen mit Hilfe seiner Bilder und Ideenträger dingfest zu machen. Seiner Anstrengung sind die Hast und die Eile anzumerken, vor allem aber die Mühe, in möglichst effektreichen grauenerregenden Bildern den Schrecken zu fassen. Plieviers Schreckbilder zeigen den Autor nicht als Dokumentaristen, sondern stellen ihn in die Nähe zu dem Genre der modernen Horrorliteratur. Wenn die Kübel der Lazarette mit den amputierten Gliedmaßen aufgegessen werden (365), wenn die Schädel der Gefallenen aufgebrochen werden, um das Gehirn auszusaugen (131), wenn ein Soldat mit erfrorenen Gliedmaßen stürzt und seine Arme wie Glas zersplittern (266), dann sind das nicht Plieviers perverse Erfindungen, sondern hilflos-mißlungene Versuche, ein noch unbeschriebenes Grauen zu beschwören. Wer die Härte des winterlichen Alltags von Stalingrad beschreiben will und schlecht gekleidete Soldaten bei 40 Grad Kälte mehrere Tage ohne Nahrung in Erdlöchern hausen läßt, der hat die Ebene der Wirklichkeitsbeschreibung längst verlassen. Er ist seiner Neigung des Beweisens erlegen.

Was aber will Plievier beweisen, welches Bild des Kriegs wird entworfen? An der Oberfläche des Romans werden zwei deutliche Linien wahrnehmbar:

Erstens die der Todesbilder. Geschildert wird ein Panorama des langsamen Sterbens, eine Welt von lebenden Toten, die allmählich zu "Erde", zu "Brei", zu "Schaum" und "Mansch" werden, ohne daß Plievier eigentliche

durch den Blick über die Trümmerwelt hinweg und erst durch den Glauben an eine aus physischem und moralischem Untergang wieder aufsteigenden Zukunft sprengt es den Rahmen eines Tatsachenberichts [...]." Zitiert nach Ulrich Linse: Der Mensch in der Revolte: Der frühe Plivier und seine Flugschriften. In: Ich bin der Weg. Revolutionäre Flugschriften 1922-1925. Hrsg. von Theodor Plivier. Schlitz 1983 [unpagin.].

[19] Vgl. Walter Benjamin: *Gesammelte Schriften*. Bd. II/2. Frankfurt a.M. 1977. S. 439.

[20] Harry Wilde: *Theodor Plievier. Nullpunkt der Freiheit*. München, Wien, Basel 1965. S. 406.

[21] H. H. Hermann: Der Dichter und die Katastrophe. Ein Gespräch mit Theodor Plievier. In: *Der Ruf* 2 (1947/48) 16. S. 13.

Gefechtsszenen und Schlachtbeschreibungen liefert. Dem Sterben ist alles Heroische genommen, stattdessen ist die Rede von einem "namenlosen Massensterben, dem Dreck und Blut, Eiter, körperliche[r] und seelische[r], erst die Weihe gibt" (290). Von allen Attributen, die dem Roman verliehen wurden, erscheint mir der von Plieviers Freund, Gregor Gog, der von einem "grausigen neuen deutschen Totentanz"[22] sprach, am zutreffendsten. Im Roman taucht dieser Totentanz auf in der Erinnerung eines Offiziers an einen Kreuzgang in Basel. Dem Erinnernden dämmert, daß das fehlende Element, die führende Gestalt mit Flöte, niemand anders als er selbst sei. (263) Die Tragödie von Stalingrad, das ist ein "Zug elender Geschöpfe hin zum Schindanger" (307), ohne daß der Feind die Rolle des Henkers einnimmt, denn die 'Henker' sind die eigenen Generäle (220) – das Spezifische des Romans ist gerade die Ausklammerung der Darstellung des Gegners.[23] Plievier schildert in endlos wiederholten Bildern den langsamen Verfall des Armeekörpers "in den Stalingrader Plantagen des Todes" (255), seine Transformation in tote Materie. Die Sterbenden werden mit Fliegen, Pferden oder Schlachtvieh verglichen, oder sie werden zum Bestandteil einer Maschinenwelt: Achthundert bewegungslose Verwundete atmen im Theaterkeller im Rhythmus der Artillerie-Einschläge (324); ihre "Auflösung in heulende Atome" findet statt. (311)

Zweitens stoßen wir auf die Linie der Körperbilder. Geschildert wird ein Makroorganismus und eine Szenerie der Subjektlosigkeit. Die Armee erscheint als großer, im Zerfall begriffener Körper, der mit einer Fülle von Krankheitsbildern charakterisiert wird (entsprechend groß ist im Roman die Rolle der Ärzte, die weniger als Heiler denn als Diagnostiker auftreten[24]) und dessen Auflösung nicht nur alle Individualität, sondern auch die Körpergrenzen auslöscht:

> Höhe 126: [...] Metall und menschliche Knochen und Pferdeköpfe und aufstarrende Beine, umwickelt mit schmierigen Lappen. Raupenbänder, Lehmbrocken, ein zerquetschtes Stabsauto, ein abgedeckter Kopf, eine auf silbernem Schulterstück angefrorene Gehirnhälfte, offene Münder, Augen, Lehm, Schnee, Haare [...]. (92)

Die Rede ist von Leichenmasse, die in Kubikmetern gemessen wird (19), von "Holzscheiten", "Lehm", "Dreck" und "Schwemmgut".

[22] Brief von 1944, zitiert nach Ulrich Linse (wie Anm. 18). Auch Hans-Peter Berglar-Schröer benutzt in seiner Rezension den Begriff Totentanz. In: *Frankfurter Hefte* 3 (1948) 4. S. 375f.

[23] Diese Ausklammerung war zugleich erzwungen durch die Produktionsbedingungen im sowjetischen Exil.

[24] "Der Leichnam des Dystrophikers war ein Zeichen. Oberstabsarzt Simmering verstand es zu lesen." (265) Der Oberstabsarzt erkennt: "Die Ursache für den rapid um sich greifenden seelischen Verfall ist offensichtlich nicht nur Mangel an Fett, da mangelt es noch an anderem." (268)

Ich beschränke mich auf zwei Zitate, in denen dieser Makroorganismus lustvoll und abstoßend zugleich beschrieben wird: “Der dünne Ring der Infanterietruppen [...] hatte dieselbe Funktion wie die Schale des Eies; würde sie zerbrechen, der Inhalt würde augenblicklich auslaufen und nichts wäre da als Eiter, Blut und Gestank, denn das Ei war faul”. (125) Am Ende heißt es von der “grauen Woge” der Kriegsgefangenen: “Der Organismus war aufgelöst in seine Säfte, in Blut und Schleim und gelbe Galle und schwarze Galle”. (383) Ein Typhusausbruch ist mit dem Beginn des russischen Angriffs parallel gesetzt (75f.); und als ein General von Hitler als hergelaufenem Lumpenkerl spricht, wird dies vom Erzähler ein “ernster Knochenbruch” genannt. (291) Auffällig ist die Hitze, die trotz der Eiseskälte des Schauplatzes die Körper befällt[25], und charakteristisch, daß Plieviers Körperbilder nirgendwo auf einen dokumentarischen Effekt gerichtet sind; vielmehr erinnern sie an apokalyptische Visionen eines Otto Dix oder Hieronymus Bosch. Folgerichtig ist die wiederkehrende Rede von reitenden “Gespenstern”, “Spuk”, “Lemuren” und “Untoten”; folgerichtig ist die expressionistisch-religiöse Metaphorik dominanter als die militärtechnische Terminologie.

III

Plieviers Bild des Kriegs richtet sich zum einen gegen eine Interpretation der Niederlage durch Hitler und Göring. Das “in Berlin ausgedachte Epos” (339) erzählt von einem Kampf bis zum letzten Mann als Fanal, das der kommenden Generation zum Sieg leuchten wird (353). Die weiße Fahne zu hissen, wäre ein Strich durch dieses Epos vom heldenhaften Untergang der Nibelungen. Stalingrad muß eine “schöne Leiche” werden, denn aus einer halben Leiche lasse sich kein politisches Kapital schlagen. (260)[26] Dagegen setzt Plievier das Bild einer gigantischen Fehlspekulation, bei der die Beteiligten auf fragwürdige Aktien gesetzt haben (237, 273) – eine ähnliche Argumentation findet sich später bei Heinrich Gerlach. Dabei wird die Verwandtschaft von Krieg und Industrielandschaft hervorgehoben, ein Verschleiß an Menschen und Maschinen (15) wird beklagt, der Operationstisch wird als Reparatur-Fließband geschildert (44), der Mensch ist zur billigen Ware verkommen (60). Die Bilanz der ökonomischen Unvernunft heißt in den Augen von Plieviers Feldmarschall: “sechs Milliarden verpulverter

[25] Die Krankheit erzeugt eine Hitze, die auch die Kälte von Stalingrad aufhebt; menschliche Körper werden zu Öfen, die selbst nach dem Tod noch Wärme produzieren. Im Kessel von Stalingrad wird der Mensch in Holz, Torf, Fett und Brennstoff verwandelt. (373)

[26] Heinrich Gerlach schließt seinen Roman mit Hitlers Wort: “Die Männer von Stalingrad haben tot zu sein!” In: *Die verratene Armee*. München 1957. S. 544.

Reichsmark und [...] zweimalhunderttausend Mann vertaner Menschenleben" (353).

Kennzeichnend für den Roman ist aber, daß er auch eine Interpretation des Geschehens als aberwitziges Spektakel der Sinnlosigkeit zurückweist.[27] Plievier entwickelt eine metaphysische Sinnstiftung, mit welcher der Kessel zum Zeichen der Sühne wird, in dem die Sünden des verbrecherischen Systems gebüßt werden. Der in der Perspektive von unten verlorene Kausalnexus von Tat und Schuld und Sühne wird rekonstruiert. Der vordergründige Sinn der Schlacht besteht darin, daß hier der Nazismus sein wahres Gesicht zeigt, sich der deutsche Adler in eine Krähe verwandelt, die sich von Menschenfleisch nährt (131, 176). Hier in Stalingrad haben sich die wahren Volksverderber zu erkennen gegeben. (382)

Doch der Kessel wird zu einem Ort der Läuterung; die Katastrophe erst setzt eine erlösende Kraft frei.[28] Plieviers Soldaten hoffen auf eine Vergebung von allen Sünden (62), sie spüren die "Hölle" (65) und die Sündenlast, sie sehen in ihrem Tod die Abschlagzahlung für eine Schuld (267). Wenn die konkrete Schuld des Frontsoldaten benannt wird, fällt auf, daß hier jenes Horror-Szenario ausgespart bleibt, dessen sich Plievier im übrigen so ausgiebig bedient: Der Soldat hat einer russischen Bäuerin die Pellkartoffeln weggegessen. (267) Statt von Verbrechen wird von Leiden berichtet, eine Formel, die von Plievier nicht erfunden wurde, die aber in den kommenden Stalingrad-Romanen[29] erfolgreich wiederholt wird.

Plievier will die verborgene Wahrheit unter der Oberfläche entziffern, wenn er von einem "Zeichen" spricht, welches über dem Schlachtfeld schwebt. "Nicht alle sahen das Zeichen, und viele [...] sahen nur noch die Kellerwand oder den Rauchfaden aus der Wärmbüchse [...]. Nicht alle sahen das Zeichen, aber über allen stand es". (255) Dem Gesicht des sterbenden Soldaten, heißt es, war anzusehen, daß er "alles begriffen hatte" (271). Zwanzig Seiten umfaßt die Rede des Oberst Vilshofen vor den Generälen, in der dieser als Plieviers Sprachrohr das Fazit des Geschehenen zieht, zeitweise in expressionistischer Diktion, in dem er die Schlacht als "Zenithöhe deutschen Machtstrebens" und als den "tiefsten moralischen und politischen" Fall des deutschen Volkes faßt. (311) Die verborgene Wahrheit zielt

[27] Plievier liefert gerade keine "Schilderung der Sinnlosigkeit", wie Jürgen Busche titelt (wie Anm. 4), und auch keine "reine Demonstration des Sinnlosen" (Stephan Hermlin, wie Anm. 4. S. 174).

[28] Hans-Harald Müller unterstreicht zu Recht das utopisch-chiliastische Moment in Plieviers Trilogie und ordnet den Autor ein als religiös bestimmten Moralisten (wie Anm. 18. S. 760). "Der Rebell nämlich war – ein Prophet", heißt das Fazit von Ulrich Linses Aufsatz zur Neuedition von Plieviers frühen Flugschriften (wie Anm. 18).

[29] Fritz Wöß (*Hunde, wollt ihr ewig leben?* Hamburg 1958) läßt in seinem Roman Plievier auftreten, um ihn zu attackieren.

nicht auf die Mechanismen des Nationalsozialismus, sondern auf Schuld und Läuterung.

Wenn Plievier 'die Nacht' über den Soldaten kommen läßt, begreift dieser: "Stalingrad mußte kommen, nicht uns zum Triumph, uns zur Lehre". (183) Um lernfähig zu werden, wird Plieviers Soldatenkörper gequält und geschunden. Geschildert werden Lernprozesse mit tödlichem Ausgang. Der an Typhus erkrankte Soldat erkennt, daß er nun selbst Objekt jener Methoden werden wird, die "an kranker Zivilbevölkerung" geübt wurden, nun im Sterben "verstand er vieles" (77), als eine "umstellte Kreatur" (78). Ein zweiter stirbt, nachdem er sich seiner Schuld bewußt geworden ist (147); ein dritter zerschneidet im Sterben als Zeichen des Erkennens die Leitung, die ihn mit dem Stab verbindet.[30] Erst in der Niederlage kann dieses Erwachen statthaben.

Die beiden exemplarisch Lernenden – zugleich die Überlebenden – sind der Soldat einer Strafkompanie und der Befehlshaber eines Panzerzuges: Der Totengräber August Gnotke und der Kriegsheld Manfred Vilshofen. Während Gnotke in den Soldaten schon die zukünftigen Leichen erkennt, vermag Vilshofen in den Siechen das Gesunde zu erblicken. (129) Das Bündnis dieses Männerpaares ist, so Ursula Heukenkamp, im Gefolge von Plievier "zum feststehenden Bestand des ostdeutschen Kriegsromans geworden", aber ähnliche Paare (der Intellektuelle und der Proletarier, der Ingenieur und der Handwerker) finden sich bereits in Bechers phantastischem Kriegsroman *(CHCl=CH)3As(Levisite) oder Der einzig gerechte Krieg* oder in Franz Schauweckers *Aufbruch der Nation*.[31]

Das Horror-Szenario wird dort entfaltet, wo Plievier Lernprozesse darstellen will. Auch hier will ich mich auf ein Beispiel beschränken[32]: Der linientreue Offizier Wedderkop, der mit einem abgerichteten Schäferhund verglichen wird (104), fährt im Lastwagen in die Nacht hinein, und der Erzähler verkündet, daß in dieser Nacht das Leben "eine schwere Lehre für ihn" bereit halte: "In dieser Nacht sollte er das Fürchten lernen." (105) Der Schrecken setzt sich zusammen aus Wahrnehmungen von Auflösung und Fragmentierung. Die folgende Schilderung läßt eher an George Romeros Film *Night of the Living Dead* denken als an vergleichbare Kriegsprosa: Der

[30] (217) – ein wiederkehrendes Motiv (vgl. 332).

[31] Ursula Heukenkamp: Helden, die einer besseren Sache wert gewesen wären... Kriegsprosa in der DDR der fünfziger Jahre. In: Hans Wagener (Hrsg.): *Von Böll bis Buchheim. Deutsche Kriegsprosa nach 1945.* Amsterdam, Atlanta 1997. S. 365-388, hier S. 379; vgl. Verf.: Der Weg nach oben. Frankfurt a.M. 1980. S. 206. Schauweckers Motto, man müsse den Krieg verlieren, um die Nation zu gewinnen, behält seine Gültigkeit noch für Plieviers Roman.

[32] Schon Max Meister (wie Anm. 8. S. 455) hat die "Häufung suggestiver Greuelvisionen" moniert: "Das Gefühl [des Lesers, M. R.] erstickt in Blutströmen, Eitermassen und Verwesungsdünsten". (S. 456f.)

LKW schliddert über gefrorene Leichenberge, "graue Menschenwürmer" (108) kriechen und winden sich auf der Straße heran und klettern den Lastwagen hoch, um ihn zum Halten zu bringen, und Wedderkop, der im Führerhaus dem verwundeten Hauptmann Steiger die Stiefel ausziehen muß, zieht diesem den ganzen Fuß mit herunter, so daß er dessen Fußskelett in Händen hält. Dennoch ist der Geschundene imstande, dem Leutnant zu erklären: Heulen Sie, da sind Sie auf dem Wege! [...] Heulen Sie, besseres können Sie nicht tun!" (110) Und Wedderkop beginnt zu lernen, unterstützt von dem Hauptmann Steiger, "daß es gelungen sei, das ganze Volk in Kniebeugenhaltung zu versetzen'. '[...] Die da hinten, weshalb sind sie weggeworfen wie dürres Holz, für was sterben sie?' – 'Für den Führer!' sagte der Fahrer. Wedderkop fuhr sich mit der Hand über die Stirn. Der Hauptmann Steiger sagte: 'Wir sterben um nichts [...] Es ist grauenvoll'." (110)

Damit komme ich zum Kern von Plieviers Kriegsbild: Dieses ist keineswegs pazifistisch und auch nicht antimilitaristisch[33], sondern ein Hohelied – nicht auf die Armee, sondern auf den Frontsoldaten. Das im Detail nachzuweisen, würde freilich mehr Raum erfordern, als hier gegeben ist. Ich will es bei vier Hinweisen belassen:

1. Plieviers Ideenträger, Manfred Vilshofen und August Gnotke, sind Musterexemplare dieser Frontsoldaten-Kaste, sie sind die Besten, sie sind die Überlebenden, sie werden das neue Deutschland aufbauen.

2. Desertion des Einzelnen ist, im Gegensatz etwa zu den Romanen Erich Maria Remarques, durchweg negativ konnotiert. Sie paßt zur Logik des Nazi-Systems besser als die Kapitulation. Deserteure sind in Plieviers Roman die Generäle, die ihre Truppe im Stich lassen, und die Marodeure, die sich als 'Abschaum' in den Kellern von Stalingrad sammeln.

3. Von Wehrmachtsverbrechen ist nur am Rand die Rede, sie ist skandalöse Ausnahme, die von dem normalen Soldaten denn auch mit Abscheu kommentiert wird. Wer sich dennoch daran beteiligt wie der Soldat Mathias Gimpf, wird wahnsinnig und stirbt den Sühnetod.

4. Der gute Frontsoldat steht in Kontrast zu der verkommenen, unsoldatischen Etappe. "Front und Stab sind zwei Welten" (298), hält der Frontoffizier Vilshofen den Generälen entgegen. Zahlreich und eindringlich sind Plieviers Schilderung der Stabsquartiere, die, während an der Front gehungert wird, ihre Schweine noch mit Kartoffeln mästen lassen, und wiederkehrend die moralische Verurteilung von Generälen, die aus dem Kessel fliegen und ihre Mannschaften dem Tod überlassen – "die Ratte fliegt davon."

[33] Dieter Sevin schreibt, daß Plievier seine "grundsätzlich antimilitaristische Einstellung dem Leser unübersehbar und aufs intensivste übermittelt." (Das Grauenhafte in Prosa: Plieviers Exilroman *Stalingrad* im Vergleich zu einigen Nachkriegswerken gleicher Thematik. In: *Der Zweite Weltkrieg und die Exilanten. Eine literarische Antwort*. Hrsg. von Helmut F. Pfanner. Bonn, Berlin 1991. S. 295-301, hier S. 300.

(139)[34] Von den Lernprozessen der Front ist das Stabsquartier ausgeschlossen, weil dorthin nicht die 'Wirklichkeit' dringt; darum grassiert hier im Gegensatz zur Front die Selbstmordepidemie. (143) Feldmarschall Paulus ist eingeschlossen im Keller der Stalingrader Kaufhaus-Ruine, er nimmt Soldaten nur als Summen und Zahlen wahr (330f.), und bei den Kapitulationsverhandlungen fordert er, "als Privatperson betrachtet [...] und in einem geschlossenen Wagen weggefahren" zu werden. (358)[35]

Plieviers Stalingrad-Armee ist verführt und fehlgeleitet, sie ist bestochen, aber nicht *infiziert* von der nationalsozialistischen Ideologie, so wenig wie das deutsche Volk – immerhin verstand "ein ganzes Volk [...] die Schlagzeilen der Zeitungen zu lesen" (255).[36] Auch in der Offizierskaste sind Nazis in der Minderheit.[37] Plieviers Kritik an den Stäben geht in eine andere Richtung: Ihr Fehler war, daß sie nicht die Verbindung zur Truppe verbesserten und nicht den Mut aufbrachten, sich auf ihren soldatischen Verstand zu besinnen, sondern feige den selbstmörderischen Befehlen aus Berlin gehorchten. "Wo ist der [...] General, wo der Kommandeur, der die Schmach von sich abwirft, der das Signal zum Ungehorsam gäbe [...]. Wo ist Auflehnung? Eigenmächtigkeit, Zorn? Wo ist unser Volk?" (184), läßt Plievier Vilshofen fragen.

Im zitierten Erinnerungsbild des Totentanzes ist noch ein anderes verborgen: Das Bild des Rattenfängers. Plieviers Armee ist, von wenigen Ausnahmen abgesehen, eine Armee der Verführten, deren Verbrechen die Feigheit davor ist, sich auf die alten soldatischen Werte zu besinnen, deren Verbrechen es ist, den Befehlen eines "Tollhäuslers" zu gehorchen (306).

[34] Plievier hatte seine Schilderung mit einem Namen versehen, und Generalmajor Wolfgang Pickert setzte sich mit einer Beleidigungsklage gegen den Autor und den Aufbau-Verlag zur Wehr. Das Verfahren wurde eingestellt; Plieviers "Offener Brief" an Pickert in: *Aufbau* 3 (1947) 8. S. 135-138.

[35] "Als Privatperson" heißt, daß Paulus einen offiziellen Akt der Kapitulation umgehen wollte.

[36] "Es gibt einen wesensmäßigen Gegensatz zwischen Armee und Nationalsozialismus", stimmt hier der Rezensent Max Meister ein (wie Anm. 8. S. 459), "er verhindert so zwar nicht die Bereitschaft jener, sich von dem Rattenfänger gebrauchen zu lassen, dem sie selbst in den Sattel geholfen hatte, schützte aber gegen tiefere Beeinflussung, wo die Substanz des Soldatentums ihre ursprüngliche Dichte bewahrt hatte."

[37] "Die deutsche Wehrmacht wurde [Plieviers] Ansicht nach bis zum Winter 1941/42, bis zur Auflösung bzw. Frontverschickung der alten Oberbefehlshaber der Heeresgruppen und Armeen von Männern mit innerer Integrität geführt." Siehe: Hans Wagener: Soldaten zwischen Gehorsam und Gewissen. Kriegsromane und -tagebücher. In: Hans Wagener (Hrsg.): *Gegenwartsliteratur und Drittes Reich. Deutsche Autoren in der Auseinandersetzung mit der Vergangenheit*. Stuttgart 1977. S. 241-268, hier S. 248f.

Vilshofens Fazit faßt die Verwandlung des Täters in eine geschundene und geschändete Kreatur: Hitler hat gegen die 'Soldatenehre' verstoßen,

> [...] aber wir ließen ihn seine ungeschlachte Karriere reiten, über Stock und Stein, über Völkerrecht und Menschrecht und Ehre und Soldatenehre, und die Fetzen flogen, und Mord- und Brandbefehle, auch Durchhaltebefehle bis zum letzten Mann und zur letzten Patrone, [...] der Herr reitet und wir halten mit, daß uns wahrhaft Hören und Sehen und menschliche Betrachtung vergeht, und so finden wir uns wieder, nicht mehr hoch zu Roß, sondern selbst die Rösser, die blinden zuschanden gerittenen, so finden wir uns am Ufer der Wolga. (296)

Johannes R. Bechers Erinnerung an den Roman auf dem Ersten deutschen Schriftstellerkongreß hebt gerade diesen Zug hervor: "Wir haben in Theodor Plieviers *Stalingrad* ein Werk, worin gezeigt wird, wie das lebendig Böse so viel des Guten verwirren und verführen und sich zunutze und sich dienstbar machen konnte und wie dieses Gute sinnlos aufgeopfert wurde im Dienste des Bösen: als jenes wahnwitzige Hunderttausend-Opfer am Wolgabogen."[38]

Daß die Wehrmacht (samt Generalstab) ein Opfer der Nazis (einer Bande von 'Rattenfängern') wurde, ist aber, wie man wissen kann, ein allzu bequemes Bild der Erinnerung.[39] Der ideologiekritische Blick entlarvt, aber er erklärt nicht, warum das Bild von der 'sauberen Wehrmacht' einen so breiten Konsens fand. Seine Funktion ist nicht nur eine exkulpatorische, sondern auch die, eine zentrale Frage zu verbannen, woher nämlich die ungeheure kollektive Energie rührte, die die deutsche Wehrmacht in die Welt hinaustrieb, was den Landser vorantrieb, mit schwerem Gepäck bis nach Moskau und Stalingrad zu marschieren. Wenn Plievier die historische Linie zum preußischen Heer Friedrichs des Großen zieht, dann fehlt im 'Unternehmen Barbarossa' der preußische Offizier des Siebenjährigen Krieges, der mit der Pistole hinter der vorrückenden Linie Desertionen verhindert.

Es gibt ein letztes Indiz dafür, daß Plieviers Kriegsprosa wenig mit der Kriegswirklichkeit des Winters 1942/43 zu tun hat: Die Schreckbilder der auflösenden Körper, der lustvollen Verschmelzung von Mensch und Maschine, die Verwandlung von Menschen in Materie finden sich bereits in seinem Roman des ersten Weltkriegs, in *Des Kaisers Kulis* (1930). Hier ist es die Kajütenperspektive, und hier sind es Matrosen, die Soldaten sein wollen und nicht sein dürfen, und auch hier ist die Kritik des Kriegs eine Kritik an der Kriegsführung.[40]

[38] Rede auf dem Ersten Deutschen Schriftstellerkongreß in Berlin. In: Johannes R. Becher: *Gesammelte Werke*. Bd. 17. Berlin, Weimar 1979. S. 167-186, hier S. 179.

[39] Vgl. Carl Dirks, Karl-Heinz Janßen: *Der Krieg der Generäle – Hitler als Werkzeug der Wehrmacht*. Berlin, Frankfurt a.M. 1999.

[40] Vgl. Verf.: *Der Weg nach oben*. Frankfurt a.M. 1980. S. 197f. Wenn ich schrieb, daß Plievier schildert, wie die Seeschlacht von Skagerrak hätte gewonnen werden können, so wäre dem hinzuzufügen, daß Plievier in *Moskau* hinter dem kritischen

Auch die ideelle Struktur von *Stalingrad* – Apokalypse und Auferstehung – findet sich schon in Plieviers frühen anarchistischen Schriften:

> Die Zeit des Gerichtes ist da, das große Gerächt- und Gereinigtwerden: WELTWENDE. Furchtbare apokalyptische Geißeln peitschen die Menschheit: K r i e g , N o t , H u n g e r . [...] Städte zerplatzen, Dörfer verwehen, Wüste wächst. Begraben sind Millionen Männer. [...] Leichen sind geschichtet in den Scheunen des Urallandes, sind zu Bergen getürmt in den kirgisischen Steppen und in den fruchtbaren Tälern der Ukraine. Leichen schwimmen in der Wolga [...].[41]

Plieviers Roman trägt zu Unrecht die Etikette von Reportageroman, Dokumentation oder Faktenbericht; als vierhundertseitige Bildbeschreibung des Kriegs-Triptychons von Otto Dix (1929/32) scheint er besser charakterisiert. Sein Kriegsbild ist Phantasma, geprägt von angstbesetzten und zugleich lustvollen Körperbildern, ähnlich dem seines Marineromans *Des Kaisers Kulis*, ähnlich dem von Bechers Kriegsroman *Levisite* (so ähnlich, daß man den Gerüchten Glauben schenken mag, Becher habe seinen Teil zum Roman beigetragen) oder dem jener Kriegsromane der Rechten, die Klaus Theweleit untersucht hat.[42] Plievier stellt seine apokalyptischen Visionen in den Dienst einer Lehre, die seine zentralen Figuren inmitten des sich auflösenden großen Körpers in "Kopffüßler" (Kunert) verwandelt. Deren Dialoge und Reden belegen die Lernfähigkeit der Soldaten und die Richtigkeit der Lehre. *Stalingrad* ist nicht ohne Tendenz, aber seine Botschaft weist nicht auf einen Sozialismus, wie es das fünfseitige Schlußgespräch zwischen Vilshofen und Gnotke signalisieren könnte (371ff.), sondern sie liegt im Traumbild einer idealen Armee mit wahrhaften soldatischen Tugenden, wie sie in ihrer Unsichtbarkeit die Rote Armee verkörpert. Die Überlebenden der Sechsten Armee werden zum "Salzkorn" (378) der künftigen Nation.

Plieviers im Westen entstandenen Romanen, *Moskau* (1952) und *Berlin* (1954), mit denen, so meint Hermann Kant, er seinen Stalingrad-Roman "fast totgeschlagen"[43] habe, ist anzumerken, daß sie nicht mehr unter dem kaum vorstellbaren Druck des sowjetischen Exils geschrieben sind, und leider ist Kants Urteil schlüssig, wenn er davon spricht, daß die beiden späteren Romane literarisch (noch) belangloser seien.[44] Sie liefern nicht nur Vor- und Nachgeschichte der Schlacht um Stalingrad, sondern machen nun

Grundton verrät, wie Moskau doch hätte eingenommen werden können, hätte die Führung nicht versagt.

[41] Weltwende. Berlin 1922. S. 1f.

[42] Männerphantasien. Bd. 2. Frankfurt a.M. 1978. S. 219: "Das Geschehen des Krieges hat zum Zentrum den Mann, der es beschreibt."

[43] Kant (wie Anm. 4.). S. 533.

[44] Aber selbstkritisch wie selten fährt Kant fort: "Es zeigte sich, daß das, was ich die politischen Lügen Plieviers nannte und womit ich mir und anderen seinen ästhetischen Bankrott erklären wollte, gar keine Lügen waren." Von Standards und Schildwachen. In: *Freitag* Nr. 17 vom 17.4.1992. S. 12.

auch den Gegner sichtbar. Die Rote Armee, so heißt das korrigierte Bild, litt an einer vergleichbaren Krankheit wie die Wehrmacht: Auch hier frißt die Etappe (der NKWD und die Politkomissare) die Front auf, auch hier macht ein Panzersoldat die Erfahrung, daß das System 'vom Kopf her' marode ist.[45] Korrigiert wird damit die Hoffnung, die am Ende von *Stalingrad* von den beiden Überlebenden ausging: Vilshofen, der im Exposé von *Moskau* noch eine zentrale Rolle spielt, verschwindet in den Schneestürmen "hinter dem Ural",[46] Gnotke ist zum Helfer des NKWD geworden und bleibt beim Juni-Aufstand 1953 am Ende "zurück als zusammengeschlagenes und zusammengeschossenes Häuflein"[47]. Mit der Zurücknahme jener Hoffnung, daß das Nationalkomitee Freies Deutschland (in dem auch der Autor mitarbeitete) eine Rolle beim Aufbau nach 1945 spielen könnte, wird der Blick frei auf Parallelen zwischen den totalitären Systemen. In seiner Antwerpener Rede von 1953 sagt Plievier über den Unterschied von *Stalingrad* und *Moskau*:

> Keine Veränderung ist vorgegangen. Ich bin heute kein Kommunist und war es früher nicht. [...] Nur der Standort, der Wohnort, das politische Klima des Wohnortes hat sich seit dem Schreiben des Buches *Stalingrad* verändert. In Wallhausen am Bodensee, hier in Antwerpen, in Paris und in anderen westlichen Zentren kann man schreiben, was man denkt [...].[48]

[45] Theodor Plievier: *Moskau*. München 1952, S. 398.
[46] Vgl. das zweiseitige Exposé(-fragment) zu *Moskau*. In: Deutsches Literaturarchiv/Schiller-Nationalmuseum, Nachlaß Plievier. Zitat T. Plievier: *Berlin*. München 1954. S. 653.
[47] *Berlin*. München 1954. S. 596. Die "Vernichtung des Restes an Persönlichkeit, der [Gnotke, M.R.] noch geblieben sein mochte", fand im sowjetischen Gefangenenlager statt. In: *Berlin*. München 1954. S. 91.
[48] Manuskript der Antwerpener Rede, S. 6. In: Deutsches Literaturarchiv/Schiller-Nationalmuseum, Nachlaß Plievier.

Bernd Hüppauf

Der moderne Krieg und das Irrationale

The essay uses Clausewitz's distinction between wars of passion and wars of (rational) purpose as its point of departure for a debate of the relationship between primitive and modern warfare. It is the contention of the essay that in spite of social rationalisation and growing abstraction both the planning and the actual battles of modern wars are driven by the irrational. The irrational is defined as an ambivalent concept denoting both destruction and creativity. Imagined battlefields provide a space for interfacing senseless destruction and creative imagination. The essay concludes with two examples, namely the imagined battlefield of General Schlieffen and that at Stalingrad as reflected in literature.

An einer selten beachteten Stelle führt Clausewitz die Unterscheidung zwischen zwei *Elementen* im Krieg ein. Er spricht von einem Krieg aus dem 'feindseligen Gefühl' und einem Krieg aus 'feindseliger Absicht'.[1] Die Unterscheidung zwischen Kriegen aus Gefühlen und Kriegen aus planvollen Absichten ist paradigmatisch. Sie ist auf einer evolutionären Skala angeordnet: "Bei rohen Völkern herrschen die dem Gemüt, bei Gebildeten die dem Verstande angehörigen Absichten vor[...]" 'Rohe' Völker führten einen Krieg der Instinkte und Leidenschaften. Diesem Krieg primitiver, nicht-modernisierter Gesellschaften stehen die Kriege moderner Gesellschaften gegenüber. Da in ihnen die Emotionen gezügelt und der Kontrolle der Vernunft unterworfen werden, können im Krieg Absichten im Sinn von rational gesetzten Zielen verfolgt werden. Eine "feindsedlige Absicht" wirke, so argumentiert er, in jedem Krieg, und auch die "roheste, an Instinkt grenzende Leidenschaft des Hasses" enthalte noch immer die feindselige Absicht, aber sie sei die Folge von Emotionen und nicht auf ein rational bestimmtes Ziel gerichtet.

Aber Clausewitz ist unentschieden. Er führt diese Unterscheidung zweier Arten des Kriegs ein, um sie umgehend zurückzunehmen. Er äußert sich kritisch über die Vernunft in den Absichten der zivilisierten Völker. Es folge, schreibt er, sowohl aus der Begriffsbestimmung des Kriegs als auch aus der empirischen Beobachtung, daß

> auch die gebildetsten Völker [...] gegeneinander leidenschaftlich entbrennen. Man sieht hieraus, wie unwahr man sein würde, wenn man den Krieg der Gebildeten auf einen bloßen Verstandesakt der Regierungen zurückführen und ihn sich immer mehr als von aller Leidenschaft loslassend denken wollte, so daß er zuletzt

[1] Carl von Clausewitz: *Vom Kriege*. Frankfurt, Berlin, Wien 1980. S. 18.

> die physischen Massen der Streitkräfte nicht wirklich mehr brauchte, sondern nur ihre Verhältnisse, eine Art Algebra des Handelns.[2]

In diesen Formulierungen steckt der moderne Gedanke der Abstraktion des Kriegs, die schließlich zu dem Punkt in unserer Gegenwart führte, an dem ernsthaft über einen virtuellen Krieg nachgedacht wird, eine Art 'Algebra des Handelns', für die das konventionelle Schlachtfeld ohne Bedeutung wäre. Clausewitz verwirft diese Idee einer Entmaterialisierung des Kriegs in Richtung auf eine Reduktion zu einer Abstraktion des Denkens. Gegen die Vorstellung einer fortgesetzten Rationalisierung des Kriegs zu einer Raum- und Körperlosigkeit betont seine Kriegstheorie die unveränderte Bedeutung des Konkreten, der Schlachtfelder, der Heere, und er spricht davon, daß der Krieg "notwendig auch dem Gemüt" angehöre.

Er reagierte damit auf die Leidenschaftlichkeit in den anti-napoleonischen Kriegen, eine Leidenschaft, die in Frankreich aus der levée en masse stammte und im restlichen Europa aus der Geburt nationalistischer Identifikationen folgte. Die auch im modernen Krieg nicht überwundene Leidenschaft sei und bleibe, so argumentiert er, Teil des Kriegs. Durch die Einführung von 'Gemüt', 'Leidenschaft' und 'feindseligem Gefühl' stellt er den realen Krieg einem Denken des Kriegs in den Kategorien von Zweckrationalität und einem Denken von Geschichte aus rationalen 'Absichten' entgegen. Selbst wenn die Beobachtung zutreffe, daß die "rohen Äußerungen des Instinkts" durch Zivilisierung in modernen Gesellschaften gehemmt werden, so sei doch die "in dem Begriff des Krieges liegende Tendenz zur Vernichtung des Gegners auch faktisch durch die zunehmende Bildung keineswegs gestört oder abgelenkt worden." Gemüt und Leidenschaft machten den Krieg nicht nur unübersichtlich und unklar, sondern erhalten seine Tendenz zur "Vernichtung", eine Tendenz, die mit Vernunft und aufgeklärter Ethik nicht zu vereinbaren sei.

Für einen Augenblick kommt Clausewitz einer am Ende des Jahrhunderts von Nietzsche geäußerten Ansicht nahe, wenn er argumentiert, daß die primitiven und rohen Gefühle sich in die moderne Zivilisation hinein erhalten hätten. Und wenn Clausewitz vom Instinkt im Krieg spricht, weist er auf Sigmund Freuds Interpretation des Kriegs voraus, wenn auch Freud später den Terminus "Trieb" vorzog. In dieser Betonung der anhaltenden Bedeutung des 'Instinktiven' am Krieg liegt eine kaum beachtete Herausforderung für die Geschichte von Krieg und Gewalt. Es ist eine Herausforderung, die auch Clausewitz selbst nicht aufnahm. Seine Philosophie des Krieges beschäftigt sich nach diesen einleitenden Bemerkungen nur mit den "feindseligen Absichten" des Verstandes. Die Leidenschaften im Krieg vergißt Clausewitz nach diesen kurzen, ersten Kommentaren und versteht Krieg aus dem planvollen Zusammenwirken von Mitteln und Zwecken, also aus einer ra-

[2] Ebd. S. 18f.

tionalen Struktur. Nachdem er die Unterscheidung zwischen diesen beiden Arten von Krieg gemacht hatte, entschied er sich, seine Philosophie des Kriegs ausschließlich auf den Krieg der Absichten zu konzentrieren und stellte sich damit in die seit dem 17. Jahrhundert dominierende Tradition des Denkens über den Krieg.

Bis in die Gegenwart ist die Frage nach dem Verhältnis zwischen dem 'primitiven' und dem 'rationalisierten' Krieg stets nur in Ansätzen gestellt und nicht ernsthaft verfolgt worden. Kritische Literatur stellte nach dem Ersten Weltkrieg die Frage nach der Stellung von Krieg in der modernen Zivilisation. Sie versuchte, ein Bewußtsein davon herzustellen, daß das Scheitern aller Versuche, den Krieg abzuschaffen, der größte Skandal der Zivilisationsgeschichte sei. Denn für das Projekt der Zivilisierung bildet der Krieg die entscheidende Probe. Für eine Gesellschaft der Aufklärung ist die Idee des ewigen Friedens verbindlich. Mit dem Ersten Weltkrieg verbreitete sich jedoch eine zunehmende Skepsis gegenüber diesem Ideal. Romane, Dramen, Gedichte und Freuds kulturkritische Schriften stellten die Frage nach der Vernunft und sahen eine Eruption des Archaischen, der unkontrollierten Leidenschaften in der eigenen Gegenwart. Gab der Erste Weltkrieg der Literatur den Anlaß zur Frage nach dem Verhältnis der modernen Zivilisation zum Vor-Zivilisierten, Barbarischen oder Primitiven, blieb diese Frage doch marginal. Sie fand keinen Einlaß in die Geschichte des Kriegs. Rhetorische Figuren sprechen von einem 'Rückfall' ins Primitive oder einer 'Wiederkehr' des Barbarischen. Aber die Metapher vom Rückfall ist leer. Über die Kriege vor-moderner Gesellschaften ist wenig bekannt,[3] und was wir wissen, stützt keineswegs die Vorstellung eines Kriegs der ungezügelten Leidenschaften. Die nach 1918 beliebte Gleichsetzung der technologisch hoch entwickelten Moderne mit den primitiven Anfängen der Zivilisation war für die Kunstgeschichte fruchtbar, blieb aber in der Beziehung auf den Krieg leer.[4] Die wenigen Arbeiten zu dem Thema sind von Globaltheorien über Evolution[5] und Modernisierung[6] abhängig oder liefern nicht mehr als

[3] Eine jüngere, anregende Publikation mit einer fragwürdigen These ist: Lawrence Keeley: *War before Civilization. The Myth of the Peaceful Savage*. New York, Oxford 1996.

[4] Modris Ecksteins Buch über die Modernität des Ersten Weltkrieg reduziert das Problem auf eine bloße Parallelität von Kunst und Krieg, Archaik und Moderne. Was wäre der Erkenntnisgewinn aus der Feststellung, daß Stravinskis 'primitive' Musik und die Schlachten des Weltkriegs gleichzeitig aufgeführt wurden?

[5] So baut Auguste Comte die Geschichte des Militärs in sein mechanistisches Dreistadiengesetz der Geschichte ein und postuliert einen Fortschritt vom theologisch-militärischen zum industriellen Zeitalter. Auguste Comte: *Die Soziologie*. Leipzig 1933, u.ö.

[6] Max Webers Ansicht vom Militär wirkte richtungweisend. Er betrachtet das Militär unter dem Gesichtspunkt einer Herrschaftssoziologie und kommt zum Ergebnis, daß die modernen Heere in den Prozeß der Rationalisierung der Moderne gehörten, da die "rationale Uniformierung des Gehorsams einer Vielzahl von Men-

Illustrationen der Thesen von Hobbes oder Rousseau. Andere Arbeiten legen ihrer Argumentation totalisierende Theorien über den rituellen Charakter von Gewalt zugrunde.[7] Was ließe sich unter dem Krieg des Gemüts, dem Krieg der Leidenschaften verstehen, von dem Clausewitz kurz spricht, ohne diesen Gedanken zu verfolgen? Das Ziel kann nicht sein, für nicht-rationales Handeln einen Platz in der rational geordneten Historie zu finden. Die Verständlichkeit, die die Historie dem Irrationalen in der Geschichte stets verliehen hat, wäre zu einem Problem zu machen und als ein Rätsel zu begreifen, was in fragwürdiger Weise 'eingeordnet' wird.

Das anthropologische Geschichtsdenken des Abendlandes, meint Walter Schulz, werde seit Augustinus von der Frage nach dem Verhältnis von Vernunft und Trieb geleitet.[8] In dieser Tradition ist das Verhältnis nie eines von Gleichberechtigung gewesen. Die abendländische Idee des Menschen und seiner Geschichte setzte seit Sokrates die Privilegierung des Geistes, des göttlichen Anteils am Menschen, voraus. Die Frage nach dem Verhältnis zwischen Vernunft und Trieb ist in der Geschichtsschreibung immer schon zugunsten der Vernunft beantwortet, und in dieser Opposition bleibt der Trieb eine Abweichung vom Guten oder ein Rückfall ins Tierische am Menschen, und das Nicht-Rationale wird zu einem Irrtum.

Aber ein Geschichtsdenken, das die Leidenschaft von der Rationalität trennt, kann der Frage nach der Irrationalität des Kriegs und des Vernichtungsdenkens nicht gerecht werden. Eine Dichotomie kann auch in einem zweiten Schritt den Zusammenhang von Rationalität und Irrationalität nicht erfassen. Das Problem liegt in der Zweiteilung in Rationalität und das Irrationale und der offenbar unausbleiblichen Hierarchisierung zugunsten der Rationalität.[9]

Trieb und Vernunft dürfen nicht in einer sich ausschließenden Opposition gesehen werden. Es ist nicht so, daß Rationalität zerbricht, wenn Irrationalität in die Geschichte eingreift. Rationalität und Irrationalität sind vielmehr die beiden Dimensionen in der Dynamik historischer Prozesse. Trieb ist eine

schen" die entpersonalisierte Herrschaft der Gesellschaft über eine Masse ohne eigenen Willen fördere. Max Weber: *Wirtschaft und Gesellschaft. Grundriß der verstehenden Soziologie*. Tübingen 1921. S. 681. Über den Krieg spricht er in diesem Kontext nicht, äußert sich aber an anderen Stellen über den Ersten Weltkrieg von einer nationalistischen Position.

[7] Noch immer lesenswert: Quincey Wright: *A Study of War*. Chicago, London 1942. gekürzte Ausgabe in einem Band 1964.

[8] Walter Schulz: ***Philosophie in der veränderten Welt***. Pfullingen 1972. Die "Frage nach dem 'Verhältnis zwischen Vernunft und Trieb' oder grundsätzlicher gesagt: von 'Geist und Leib'" sieht er als einen roten Faden, der sich von Augustin bis in die Gegenwart durch das Denken des Abendlandes ziehe und den Menschen als ein geteiltes Wesen, das zwischen Gott und dem Tier stehe, interpretiert (S. 336).

[9] Habermas' Forderung nach der Vollendung des Projekts der Moderne ist gegen die Postmoderne gerichtet und hat die Konsequenz, das Irrationale aus der Moderne zu verdrängen.

elementare, aber stets auch schon vom Denken und von kulurellen Definitionen durchdrungene Motivation. Triebe verbinden die Vernunft, die notwendig in einem Körper eingebettet ist, mit der ausgedehnten und der vorgestellten Welt. Der Zusammenhang zwischen der Vernunft und der geschichtlichen Welt ist nicht ohne Körperlichkeit und damit ohne das Triebhafte des Menschen zu verstehen. Triebe sind keine reine Biologie, die Geschichte auf Natur reduzieren und damit den Krieg zu einer Naturkatastrophe machen müßten. Im Unterschied zum Instinkt, etwa dem der Spinne, ein Netz zu spinnen, sind Triebe formbar und verändern sich mit individuellen Erfahrungen und den Veränderungen der Kultur. Triebe lassen sich, im Unterschied zu ihrem Verständnis im dualistischen Menschenbild der Metaphysik, als die leiblich elementaren Formen verstehen, in denen sich die Vernunft mit der Welt als Umwelt des Subjekts verbindet.

Geschichtsschreibung hat für das Irrationale keinen Platz. Denn sie folgt rationalistischen Grundannahmen über das Handeln. Das Bild von einem Krieg der rational begründeten Absichten ergibt den Anschein, als ob Planungen und die folgenden Handlungen in einem rationalen Zusammenhang stünden. Eine Rückbeziehung des irrationalen Gemetzels auf rationales Kalkül macht verständlich, wo jedes Verständnis an ein Ende kommt und aufgrund ethischer Forderungen an ein Ende kommen 'sollte'. Diese Folgerichtigkeit macht in der Darstellung aus Irrsinn Sinn, schafft gesunden Verstand, wo, aus einer anderen Sicht, das Handeln des Tollhauses herrscht. Geschichte verleiht dem Irrsinn die Dimension der Verständlichkeit innerhalb ihres stets aus dem Grundgedanken der Rationalität des menschlichen Handelns entwickelten Diskurses.

Wenn nicht einmal die 'Todesmühle' oder 'Blutpumpe', wie die Soldaten vor Verdun diese Schlacht nannten, in der Geschichtsschreibung des Kriegs als das Irrationale verstanden wird, stellt sich die Frage, ob es 'das Irrationale' in der Geschichte überhaupt gibt. Oder ist eine interpretierende Historie notwendig gezwungen, alles in einen diskursiven Zusammenhang einzubauen, in dem das Irrationale nicht zu denken ist? Die Rationalität der Geschichtsschreibung zeigte sich dann darin, daß sie das Irrationale nur zum Preis seiner Rationalisierung im Rahmen eines rationalen Prozesses anzuerkennen in der Lage ist. Die 'Blutpumpe' wird, aus der Perspektive des 'Ganzen', zu einem Plan mit rationalem, wenn auch erfolglosem Kalkül. Hätte sie zum Sieg geführt, wäre es noch schwerer, ihr die Rationalität abzusprechen. Es läßt sich das Paradox beobachten, daß Geschichtsschreibung das Irrationale anerkennt, um es durch seine Darstellung zum Verschwinden zu bringen.

Die Rationalisierung moderner Gesellschaften ist in diesem Bild von Entwicklung identisch mit dem Beherrschen des Irrationalen, das als das triebhafte Handeln mit der animalischen Seite des Menschen identifiziert wird. Der Krieg der Leidenschaften ist aus dieser Sicht die Domäne der vormodernen Gesellschaften. Letztlich soll das unkontrollierte Triebhafte im fortschreitenden Prozeß der Zivilisierung durch Rationalisierung beherrscht werden. Dann gäbe es keinen Krieg mehr. Die Zivilisierung des Menschen als fortschreitende Kontrolle seiner Triebe ließe die Utopie vom Ewigen Frieden nicht nur wünschenswert, sondern real werden.

Krieg, der entgegen der Rationalisierung dennoch ausbricht, wird eingedämmt, durch Politik, internationales Recht und Gesetze gebändigt, gehegt, wie eine zweideutige Formulierung sagt. Seine zerstörerischen Auswirkungen werden auf ein Minimum reduziert, und er wird instrumentell interpretiert. Er ist dann, in der immer wieder zitierten Formulierung Clausewitz', die Fortsetzung der Politik mit anderen Mitteln. Das Irrationale reduziert sich in dieser Auffassung auf temporäre Verletzungen des instrumentellen Charakters von Krieg. Es wäre jedoch notwendig, die Konzeption des Gegenstandes von Geschichtsschreibung zu verändern und ihn als einen zusammengesetzten, aus einer gespannten Einheit von Rationalität und Irrationalität zu verstehen. Die Inkohärenz, das Irrationale, das Triebhafte müssen in das Bild des gesellschaftlichen Lebens eingebaut werden, das dem geschichtlichen Prozeß zugrundeliegt.

In einer Reflexion unter dem Titel "Traum und Cultur" entwickelte Nietzsche den Gedanken, daß unser eigenes Traumleben eine Verbindung mit den archaischen Anfängen der Kultur herstelle. Im Traum glichen wir den Wilden und erlebten auf eine primitive und vorrationale Weise, die wir durch die hoch entwickelte Kultur einer verwissenschaftlichten Gegenwart überwunden zu haben glaubten. "Willkürlich und verworren, wie es ist," verwechsle das Traumdenken "fortwährend die Dinge aufgrund der flüchtigsten Ähnlichkeiten; aber mit derselbe Willkür und Verworrenheit dichteten die Völker ihre Mythologien [...] Aber wir alle gleichen im Traum diesen Wilden [...] so dass wir, bei deutlicher Vergegenwärtigung eines Traums, vor uns erschrecken, weil wir so viel Narrheit in uns bergen."[10]

Im Traum setze sich ein "uraltes Stück Menschenthum in uns fort, denn es ist die Grundlage, auf der die höhere Vernunft sich entwickelte und in jedem Menschen sich noch entwickelt: der Traum bringt uns in ferne Zustände der menschlichen Cultur wieder zurück und giebt ein Mittel an die Hand, sie besser zu verstehen."[11] Nietzsche erinnert daran, daß wir "ziemlich die Hälfte unseres Lebens" noch jetzt in den "primitiven Formen des Schließens" zubringen, die wir aus den eigenen Träumen und aus den Berichten der Anthropologen über das Denken und das Gedächtnis der primitiven Völker kennen. Nietzsches Angriff auf die metaphysische Anthropologie zielt auf deren Zentrum: Die Rationalität versteht er als die fehlgeleitete Entwicklung der modernen Kultur, und er will sie als ihren Fetisch diskreditieren. Es geht ihm darum, die Grenze niederzureißen, mit der sich die Mo-

[10] Friedrich Nietzsche: *Menschliches Allzumenschliches*. Kritische Studienausgabe Bd. 2. S. 31f.
[11] Ebd. S. 33.

derne von vormodernen Gesellschaften grundlegend zu trennen sucht. Die Traumwelt versteht er als die anhaltenden Präsenz des Primitiven und Irrationalen in der Gegenwart. Er spricht ihr auch eine Funktion in der Welt der Moderne zu. Das Träumen diene als "eine Erholung für das Gehirn, welches am Tage den strengen Anforderungen an das Denken zu genügen hat [...]"[12].

Als eine solche "Erholung" von den Forderungen der abstrakten Rationalität im Denken der Wirklichkeit läßt sich das imaginierte Schlachtfeld verstehen. Schlieffens Traum vom Kessel der Vernichtung des französischen Heeres lieferte dem Träumer selbst und seinen Bewunderern die erwünschte Erholung für das Gehirn, das bei einer realistischen Einschätzung an der Lage verzweifeln mußte. Denn ein deutscher Sieg war unter den politisch-strategischen Bedingungen von Anfang an ausgeschlossen. Erschrecken wir vor diesem traumhaften Denken, das im Ersten Weltkrieg zu zehn Millionen Toten führte, so ist das der Schreck, den wir nach Nietzsche vor unseren eigenen Träumen empfinden, wenn wir erwacht sind und uns vergegenwärtigen, wie wir auch noch denken und wer wir auch noch sind. Sieht man die phantastische Seite am militärischen Denken, ist der Weg zum Verständnis des triebhaft Irrationalen in der Geschichte vom Krieg vorbereitet.

Das Irrationale ist nicht das bloß ungeordnete Durcheinander, das Absurde, die unerklärliche Eruption, der Zusammenbruch von Ordnung ins Chaotische, sondern auch das Irrationale hat seine Logik und ist kreativ. Ist es auch Wahnsinn, so hat es doch Methode, heißt es in Shakespeares *Hamlet*. Aus ihm entsteht, so meine These, Geschichte, gerade weil diese Kreativität in die Destruktion führt oder selbst Destruktion ist. Was ist dies Produktive im Irrationalen? Ohne den Gedanken einer Methode im Irrsinn scheint er sich als Geschichte gar nicht wahrnehmen zu lassen. Das Irrationale ist auf verschiedene Weise definiert.[13] Zunächst einige Bestimmungen ex negativo:

Wir sprechen vom Irrationalen, wenn es nicht möglich ist, eine kohärente Deutung des (eigenen oder fremden) Tuns zu geben und die Zwecke von Handeln widerspruchsfrei zu erläutern. Handlungsmotive, Überzeugungen, Absichten gibt es nie in Isolation; sie sind stets Teile eines psychischen Zusammenhangs, Wir sprechen vom Irrationalen, wenn diese Zusammenhänge nicht auf kohärente Weise und widerspruchsfrei beschrieben und erklärt werden können, sondern vertraute Regeln durchbrechen. Im Irrationalen ist sich das Ich selbst nur zum geringen Teil durchsichtig, bleibt sich selbst unverständlich und erfährt damit das Ende des sich selbst verstehenden Ichs, das die Geschichtsschreibung voraussetzt.

Das Irrationale ist nicht zu verstehen im Sinn subjektiver Verfehlungen, kurzfristiger Ausfälle des rationalen Handelns oder individueller Ausbrüche

[12] Ebd. S. 34.

[13] Sebastian Gardner: *Irrationality and the Philosophy of Psychoanalysis*. New York (Cambridge UP) 1993. Donald Davidson: Paradoxes of Irrationality, in: D.D.:, Philosophical Essays on Freud. Hrsg. v. R. Wollheim und J. Hopkins. Cambridge (Cambri UP) 1982.

unkontrollierten Handelns, die dem temporären Zustand von Rausch vergleichbar wären. In Freuds Terminologie wäre solch einmaliges oder kurzfristiges Handeln ein 'Reiz', während 'Trieb' eine konstante Kraft bezeichnet. Vom Irrationalen in der Geschichte läßt sich, im Unterschied zu sinnlosen Ausbrüchen oder momentanen Eruptionen, sprechen, sobald wir eine gewisse eigene Folgerichtigkeit sehen und es sich über den Augenblick hinaus ausdehnt.

Das triebhaft Irrationale wird so zum Ausdruck der Erfindungslust des Geistes, seiner 'Unrast'.[14] Für Freud war der Trieb ein ambivalenter Begriff, dem er jedoch eine große Last für die Theorie des Ichs und der Kultur aufbürdete. Freud spricht von den Trieben oft in einem rein somatischen Verständnis. Er versteht sie dann als Teil der biologischen Konstitution des Menschen und einen Gegenstand der Naturwissenschaften. Er bezeichnete sie jedoch ebenso als einen "Grenzbegriff zwischen Seelischem und Somatischem"[15]. In dieser Auffassung bilden Triebe die psychische Repräsentation organischer Kräfte. Sie sind für das Verständnis vom Krieg von Interesse, weil und insoweit sie an der Grenze des Ichs zum Somatischen wirken und in der beständigen Suche nach dem Neuen, die alles Bestehende zu zerbrechen bereit ist, die Problemlösungen eines rastlosen Denkens vertreten. Das Geflecht aus Wissen, Glauben und Überzeugungen, das das Ich ausmacht und aus dem sich das ihm selbst verständliche Bewußtsein zusammensetzt, wird von der Irrationalität durchbrochen. Sie stört diese Zusammenhänge und schafft dadurch Produktivität, das Denken des Neuen. Freud meinte, daß die im Innern des Menschen wirkenden "Triebe, und nicht die äußeren Reize, die eigentlichen Motoren der Fortschritte [sind], welche das so unendlich leistungsfähige Nervensystem auf seine gegenwärtige Entwicklungshöhe gebracht haben"[16]. Er zögerte lange, bevor er einen selbständigen Trieb annahm, der nicht der Lebenserhaltung dient, sondern nach Auflösung und Destruktion drängt, und den er schließlich, und nicht ganz glücklich, den "Todestrieb" nannte.[17] Kultur verstand er von da an als eine Auseinan-

[14] Vgl. Restlessness, Phantasy, and the Concept of Mind. In: Jonathan Lear: *Open Minded. Working out the Logic of the Soul.* Cambridge, Mass. 1998. S. 80-122. Lear argumentiert, daß die philosophische Tradition im großen und ganzen diese Unruhe des Geistes ignoriert habe und von einer statischen Auffassung ausgegangen sei. (S. 117 u.ö.)

[15] Sigmund Freud: *Triebe und Triebschicksale*. Studienausgabe Bd. III: Psychologie des Unbewußten. Frankfurt a.M. 1975. S. 85. Freuds Auffassung vom Trieb verändert sich im Lauf der Jahre bis zum späten *Abriß der Psychoanalyse*, wo er unter dem Titel *Trieblehre* einen bedeutenden Ort einnimmt und gleich im zweiten Kapitel abgehandelt wird. Die hier zitierte frühere Arbeit von 1915 bleibt jedoch bedeutend und ist seine umfassendste zusammenhängende Darstellung der Triebe.

[16] Freud: *Triebe und Triebschicksale*. S. 84.

[17] Freud: *Das Unbehagen in der Kultur*. Studienausgabe Bd. IX. Frankfurt a.M. 1974. Kapitel VI. S. 245-249. Eingeführt hatte er den Gedanken und Begiff zehn Jahre zuvor: *Jenseits des Lustprinzips* (1920). Studienausgabe Bd. III. S. 213-271.

dersetzung zwischen Ich und Trieb, Libido und Destruktion. "Gemäßigt und gebändigt, gleichsam zielgehemmt, muß der Destruktionstrieb, auf die Objekte gerichtet, dem Ich die Befriedigung seiner Lebensbedürfnisse und die Herrschaft über die Natur verschaffen."[18]

Das Destruktive, der Trieb zum Zerstören, Ordnungen zu zerbrechen, gehört zum handelnden Menschen und zur Geschichte, die er macht. Das triebhaft Irrationale gilt es für die Geschichte des Kriegs zu entdecken und als notwendigen Teil ihrer Konstruktion zu denken. Als ein rationaler Prozeß und bloßer Prozeß der Rationalisierung müßte sie in Sterilität versinken und an ein Ende aus Bewegungslosigkeit geraten.

Um vom Irrationalen in der Geschichte sprechen zu können, ist es notwendig, ihm eine Stellung einzuräumen, die es von der Dominanz der Rationalität befreit. Die Frage ist dann nicht, auf welche Weise das Leidenschaftliche am Krieg in die rationale Struktur von Geschichte eingeordnet werden könne - weder als Ausnahme vom Eigenen noch als die Eigenschaft des Fremden - sondern vielmehr, wie das eigene Handeln im Krieg als nicht-rational durchschaut und beschrieben werden kann. Es muß das Ziel solcher Beschreibung sein, nicht Irrationalität in eine andere Form der Rationaliät, nicht den Irrsinn des Vernichtungsdenkens in eine Variation oder Abweichung vom vernünftigen Denken zu verwandeln, sondern die Besonderheit des Irrationalen als geschichtliche Wirklichkeit anzuerkennen und verständlich zu machen.

Der Versuch, die Geschichte des Kriegs in der Moderne als eine Geschichte des Nicht-Rationalen zu denken, konfrontiert uns jedoch mit einem fundamentalen Dilemma. Ist es überhaupt möglich, die Irrationalität von Krieg zu repräsentieren, ohne sie durch die Akte der Repräsentation zwangsläufig zu rationalisieren? Wird dem Krieg durch Versprachlichung seine Irrationalität notwendig genommen? Ist das Bewußtsein, mit dem wir Geschichte bilden, so angelegt, daß es auch im Irrationalen stets das Rationale, im Chaos stets das Regelhafte findet? Suchen wir nicht im wildesten Traum immer, und zwar stets erfolgreich, nach der psycho-logischen Grammatik? Können wir dem Rationalen, wie es sich in über 2000 Jahren der Geschichte des europäischen Denkens entwickelt hat, etwas anderes entgegensetzen und läßt sich eine Welt des Inkohärenten überhaupt denken? Ist unsere Wahrnehmung nicht so strukturiert, daß wir stets nur unsere eigene Welt wahrnehmen, und die verstehen wir als logisch geordnet, regelmäßig und nach 'unserer' Ordnung eingerichtet?[19] Dann wäre die Folge, daß der Krieg in 'unsere' Wirklichkeit nur insoweit gehörte, wie er dem Logos unterstellt wird.

[18] Freud: *Das Unbehagen*. S. 249.

[19] Die Sprachphilosophie des späten Wittgenstein stellt diese Frage, und seine Antwort auf die Frage, ob es möglich sei, sich eine 'andere' Wirklichkeit auszumalen, ist negativ.

Kann man die im Vernichtungsdenken (wie in der Kriegsbegeisterung) steckende Irrationalität überhaupt denken, ohne in eine von zwei Fallen zu geraten: Das Irrationale als etwas nicht in die eigene Geschichte Gehörendes, etwas Fremdes zu definieren und es durch eine solche Zweiteilung von Geschichte als Ausnahme auszuklammern; irrational sind immer die anderen, und so hat das Irrationale für die eigene Geschichte keine Bedeutung. Oder aber es wird stillschweigend rationalisiert und ihm ein Ort in der Geschichte der Rationalität eingeräumt (etwa durch die Rekonstruktion in der Sprache der Rationalität und der spezifischen Logik konsistenter Formen der Repräsentation). Sobald sich diese Rationalisierung einstellt, schafft man unwillkürlich eine Rechtfertigung und gibt dem sinnlosen Geschehen einen Sinn, der die Irrationalität wegrationalisiert.

Geschichte und insbesondere Kriegsgeschichten sehen nicht den Irrsinn, sondern das rationale Kalkül, und auch durch militärische Niederlagen wird die Rationalität innerhalb des Rahmens militärischer Planung und Handlung nicht grundsätzlich in Frage gestellt. Die Vernichtung des Gegners durch Ausbluten, wie Falkenhayn sie sich dachte, läßt sich als rationales Kalkül verstehen, um unter den gegebenen Umständen das gesetzte Ziel zu erreichen. So läßt sich beispielsweise die Katastrophe von Stalingrad auf den militärischen Dilettanten Adolf Hitler schieben und als eine Ausnahme aus der Kriegsgeschichte ausklammern. Andere, etwa Theodor Plievier, versuchten, selbst dieser Katastrophe noch einen Sinn abzugewinnen. Die Geschichtsschreibung der Alliierten hatte es leichter mit der Rationalisierung des Irrationalen, da der Sieg sich als die Krönung von Planung und Logik der Vorbereitung darstellen ließ, anders als die Niederlage und das ihr folgende Durcheinander. Der Sieger hat von der Geschichte recht bekommen. Er kann die Irrationalität dem Urteil der Geschichte unterstellen und sie damit als den Schritt verborgener Rationalität 'erkennen'.[20] Aber auf diese Weise oder als ein atavistischer Ausbruch ist das Triebhafte am Krieg nicht zu verstehen. Krieg bleibt unverstanden, solange er als nichts anderes als die temporäre und bedauerliche Verletzung der Codes der Zivilisation aufgefaßt wird.

Die Definition des historischen Gegenstands 'Krieg' ist nicht auf Empirie zu beschränken, sondern braucht eine theoretische Ebene.[21] Auf einer solchen theoretischen eher als auf der Ebene der Empirie und empirischen Wissenschaften bewegt sich eine Geschichte des Kriegs, in der auch vom Krieg "des Gemüts", wie Clausewitz formulierte, die Rede wäre. Das Schlachtfeld

[20] Nietzsche hatte diese Rechtfertigung durch den militärischen Sieg bereits am Krieg von 1870/71 bemerkt und in den *Unzeitgemäßen Betrachtungen* zurückgewiesen.

[21] Sobald Schlachtfelder als eine Manifestation des Irrationalen verstanden werden, besteht die Gefahr, den Krieg in bloße Subjektivität aufzulösen, oder den historischen Diskurs durch das Literarische zu ersetzen. Dieser Gefahr ist mit methodischer Rigidität zu begegnen.

ist ein Raum, in dem sich empirische und imaginierte Wirklichkeit unauflöslich verschränken. Es ist, mit einem Begriff der Psychoanalyse, ein Raum der Triebdynamik.

Das Schlachtfeld ist ein Ort des zeitlich und räumlich begrenzten, konkreten militärischen Planens und Handelns, aber es ist ebenso ein imaginierter Raum der Emotionen, Erinnerungen und der kollektiven Riten. Diese beiden Bedeutungen des Wortes Schlachtfeld lassen sich nicht voneinander isolieren, sondern bedingen sich wechselseitig. Nur in dem Maß, wie die symbolische Ebene mitgedacht wird, läßt sich die militärische Bedeutung von Schlachtfeldern verstehen, und nur aus dem unauflöslichen Zusammenwirken der beiden ist eine angemessene Vorstellung von dem Raum, der als Schlachtfeld bezeichnet wird, zu gewinnen. In die strategische Planung von Schlachten fließen die Erinnerungen an frühere Schlachtfelder mit ein, und die Erinnerung an Schlachtfelder enthält, umgekehrt, stets auch Elemente des strategischen Kalküls. Schlachtfelder sind daher Räume, in denen sich Planung und Erinnerung, Rationalität und Emotionalität, Berechnung und Irrationalität unauflöslich verschränken. Ein bekanntes Beispiel für diese komplexe Mischung ist General Schlieffens Aufmarschplan für den kommenden Krieg mit Frankreich, der ohne die Erinnerung an Cannae im populistischen, kollektiven Gedächtnis und ohne seine eigene historiographische Arbeit über die Schlacht bei Cannae nicht gedacht worden wäre und der zugleich die militärische Operation im August 1914 lenkte.[22] Schlachtfelder können als imaginierte Räume, in denen moderne Kulturen das Irrationale des Kriegs in Kreativität überführen, gedacht werden, und Schlieffens ausgedachtes Schlachtfeld kann als Beispiel dienen.

Clausewitz spricht (ohne den Begriff zu benutzen) vom Irrationalen des Kriegs, wenn er den Gedanken entwickelt, daß das Ziel der absoluten Vernichtung in der Logik des Kriegs begründet sei. Eine “Milderung” des Kriegs, etwa durch Beschränkungen des internationalen Rechts, gehöre nicht in die Logik des Kriegs selbst, werde ihm von außen zugefügt, “und nie kann in der Philosophie des Kriegs selbst ein Prinzip der Ermäßigung hineingetragen werden, ohne eine Absurdität zu begehen”[23]. Soll diese Absurdität vermieden werden, liegt die hemmungslose Vernichtung in der dem Krieg eigenen Dynamik, denn “der Krieg ist ein Akt der Gewalt, und es gibt in der Anwendung derselben keine Grenzen; so gibt jeder dem anderen das Gesetz, es entsteht eine Wechselwirkung, die dem Begriff nach zum äußersten führen muß”[24]. Nicht aus empirischer Beobachtung, sondern vielmehr aus der inneren Logik der Gewaltanwendung, aus dem Begriff des Kriegs, entsteht also die Notwendigkeit der ungehemmten Vernichtung des Gegners,

[22] Generalfeldmarschall Alfred von Schlieffen: *Cannae*. Berlin 1925 (identisch mit den gleichnamigen Kapiteln aus Schlieffens *Gesammelten Schriften*, ergänzt durch umfangreiches Kartenmaterial).
[23] Clausewitz: *Vom Kriege*. S. 18.
[24] Ebd. S. 19.

eine Logik, der beide Seiten, unabhängig von ihren subjektiven Intentionen, in einem Krieg unterworfen sind. Durch die Beobachtung der neuesten (der Napoleonischen) Kriege fühlte sich Clausewitz in dieser Theorie auch empirisch bestätigt. Die absolute Gewaltanwendung im Krieg folgt danach den Forderungen des rationalen Kalküls, und die Empirie belegt die Philosophie des Kriegs. Dieser Lesart von Clausewitz folgte die Mehrheit der preußischen Offiziere und Editoren von Clausewitz' Schriften, unter ihnen auch General Schlieffen.

Im Unterschied zu Clausewitz konzentrierte sich Schlieffen, schreibt Wallach, auf ein einziges Kriegsziel, nämlich die vollständige Vernichtung des Gegners. Diese Vernichtung sei einzig und allein durch die Einkreisung des Gegners zu erreichen, Schlieffens "shibboleth of victory"[25]. Einkreisung und totale Vernichtung wirkten in einer Kombination mit einer ungeteilten Präferenz für den Angriff vor der Defensive als das Zentrum von Schlieffens Kriegsplan. In Schlieffens Plan läßt sich der Tagtraum von einem Raum der Destruktion erkennen, in dem der Gegner wie mit einem Schlag vernichtet werden könnte und vom Erdboden verschwinden müßte. Es war der Gedanke der Einkreisung, der sich auch als das bedrohliche Gefühl bezeichnen läßt, die Kontrolle über die eigene Zukunft zu verlieren, der General Schlieffen dazu brachte, eine Maschinerie zu erfinden, die mit einer Art blindem Automatismus den Sieg im Westen garantieren sollte. Der Raum an der französischen Ostgrenze wurde zum Schicksalsplatz.

Schlieffens Plan ist offen und zugleich dunkel. Offen insofern er die Gründe für seine Planungen benennt und in die strategischen Konstellationen seiner Zeit einbaut. Er wurde über viele Jahre hinweg zu einem detaillierten Aufmarsch- und Schlachtplan nach den Regeln der strategischen Kunst ausgearbeitet. Das hat ihm die Anerkennung der Generäle gesichert. Der explizite Zweck des Plans, ein siegreicher Krieg gegen Frankreich, benötigt keine Interpretation. Bewunderung jedoch kam nicht aus solcher Offenheit, und die rationale Durchsichtigkeit der Planung erzeugte keine langanhaltende Faszination. Dafür war das Enigmatische erforderlich. Der Plan ist auch dunkel, insofern er einen Traum in sich enthält, der unter dem Kalkül verborgen liegt. Diese Schicht des Plans erfordert historische Interpretation, eine Auslegung, die sich nicht an die expliziten Gründe hält, sondern vom imaginierten Raum der Schlacht spricht. Ohne solche verdeckte Bedeutung hätte dieser Plan nicht das Nachleben gehabt, das ihn vor anderen vergleichbaren Plänen auszeichnet. Dieser Plan hatte Bedeutung, die dem planenden Geist verborgen war, etwa die schlagartige Reinigung der Welt vom Gegner. Diese "feindselige Absicht" stand zwar in einer Beziehung zum manifesten Zweck, war aber vom "feindseligen Gefühl" getrieben. Das imaginierte Schlachtfeld der plötzlichen Vernichtung des Gegners

[25] Jehuda Wallach: *The Dogma of the Battle of Annihilation. The Theories of Clausewitz and Schlieffen.* Westport, London 1976. S. 72.

entstand in einem Raum der 'Leidenschaft'. Der Gedanke einer Totalität und Endgültigkeit der Vernichtung war nicht Teil der Rationalität strategischer Planung. Von ihnen spricht der Plan nicht, sie bleiben im Vor-Bewußten. Die Beziehungen zwischen den offenen, ausgesprochenen und den dunklen, unausgesprochenen Elementen des Plans bleiben unter dem bewußten Planen verdeckt. Sie sind aber der Gegenstand der historischen Interpretation des Raums des imaginierten Schlachtfelds, in dem eine Phantasie in Karten, Diagramme und Zahlen transformiert wird.

Die von Schlieffen betonte Beziehung zur Schlacht bei Cannae ist keine bloße Koketterie eines preußischen Generals mit klassischer Bildung und ebensowenig eine überlegte 'Wahl'. Die Beziehung auf Cannae zeigt den militärischen Planer auch als einen Tagträumer, den passiven Empfänger einer Phantasie, und diese Phantasie wird zu einem treibenden Element der strategischen Planung. Schlieffen schreibt über Cannae nicht als ein General, der auch noch als Historiker etwas zu sagen hat. Schlieffen ist nicht einmal der Generalstabschef, der den kommenden Krieg plant, und ein andermal der Historiker, der, gemeinsam mit den Fachvertretern der römischen Geschichte, das Bild einer Schlacht rekonstruiert. Es ist vielmehr der eine planende Geist, in dem die Phantasie einer für das Überleben der römischen Zivilisation entscheidenden Schlacht und das militärische Kalkül für die eigene gegenwärtige militärische Lage zusammenwirken. Schlieffens Plan übersetzt das Bild einer existentiellen Bedrohung in einen strategischen Plan, und aus dem historisch gesicherten Wissen über das Schlachtfeld bei Cannae leitet sich der imaginierte Raum ab, in dem der Ausgang des gegenwärtigen Konflikts determiniert ist. Die Magie des konkreten Raums treibt Schlieffens Denken über die Schlacht bei Cannae und die Möglichkeit ihrer Wiederholung in der eigenen Gegenwart.

An unausgesprochenen Elementen des Plans lassen sich nennen:

- Eine absolute Gefährdung des Selbst (die Existenzbedrohung der römischen Zivilisation durch Carthago, die der Nation, Kultur, des 'Deutschtums' von 1914);

- der absolute Sieg; die Strategie der Einkreisung, die Schlieffen im Gegensatz zu Clausewitz und seinen eigenen Vorgängern alternativlos favorisierte, ist militärisch riskant und nur durch die Erwartung der vollkommenen Vernichtung des Gegners zu rechtfertigen. Sie sei, argumentierte Schlieffen, bewußt oder unbewußt, das Ziel jeder Schlacht nach Cannae gewesen;

- eine Kombination von genialer Größe der Planung und Kompromißlosigkeit der Durchführung durch einen charismatischen Führer; Schlieffens Studien zu Cannae machen deutlich, daß er sich selbst durchaus in die Gruppe von Hannibal, Hasdrubal, Terentius Varro einordnete;

- die Einkreisung ('Zangenbewegung') assoziiert die ins mythische Denken zurückreichende Vorstellung der in sich geschlossenen Bewegung im idealen, nämlich nahtlosen Feld des Kreises. Obwohl der Plan des Einkreisens 1914 gescheitert war, erhielt sich dies Idealbild eines Schlachtfelds;

- die Topographie des Kessels. Sie liegt dem Gedanken zugrunde, eine feindliche Armee in einer großen Umfassungsschlacht an einem begrenzten Ort – 'Kessel' wird später das Wort räumlicher Visualisierung für die auf totale Vernichtung zielenden Schlachten des Zweiten Weltkriegs – endgültig vernichten und damit die geographisch-militärische wie die mentale Karte von einem Gegner reinigen zu können.

Die Pläne und die militärische Ausführung Schlieffens oder später Falkenhayns erscheinen aus der heutigen Perspektive als ein Beispiel fehlgeleiteten Denkens, irrational gewaltsam. Es war aber das Irrationale an dem Plan, das zu seiner Stellung als einem Dogma, wie Wallach mit einem Begriff der Theologie sagt, führen konnte. Mit den Forderungen der Rationalität war dieses Denken einer Vernichtung, wie auch die Ausschließlichkeit, mit der Schlieffen die Vernichtungsschlacht zum Ziel erhob, nicht zu versöhnen. Sie gehören in den Krieg der "feindseligen Gefühle", sind Teil der Irrationalität von Krieg.

Die Vision, den Gegner endgültig zu vernichten, übte eine große Faszination auf die planenden Offiziere wie auf die Phantasie der Soldaten und Zivilisten aus. In ihr hat eine Phantasie vom Schlachtfeld als einem konkreten Raum einen bedeutenden Anteil. Gegen den abstrakten und leeren Raum des Schlachtfelds der modernen Kriegstheorie setzt dies Denken von Schlachten den konkreten Ort, wie er im vor-modernen Denkens wirkte. Der Plan von der Vernichtung der feindlichen Armee ist der Tagtraum vom primitiven Ort, konkret, greifbar, eng und mit magischer Gewalt ausgestattet. Der Traum vom Kessel der Vernichtung schafft der Phantasie einen Ort des Schreckens und des Triumphs, der im Unterschied zur unvorstellbaren Größe des modernen Kriegs und Abstraktion entfernter Schlachtfelder eine Konkretion und Bindung ermöglichte, die an archaische Bilder des Kriegs anknüpft.

Schlieffens 'Dogma der Vernichtungsschlacht' entsprang einem imaginierten Raum und wirkte als raumbezogene Phantasie weiter. Die Herbst- und Winterschlachten in Ostpreußen oder Verdun wurden Namen, die in der Erinnerung Züge des Schlieffenschen Ur-Plans nach dem Bild von Cannae annahmen. In Falkenhayns Plan, den Gegner systematisch verbluten zu lassen, spielt der Ort Verdun als ein historischer Raum von nationaler Bedeutung eine vergleichbare Rolle. Im Zweiten Weltkrieg wurde der Kessel von Stalingrad zum Ort der Vernichtung und der Vernichtungsphantasien und schuf ähnliche Schreckensbilder, die konkreter, weil ortsgebunden waren, als die immer unsinnlicher werdende Vorstellung des modernen Kriegs.

Andere große Schlachten waren in vergleichbarer Weise mit der Örtlichkeit von geschlossenen Räumen in der Analogie des Kessels assoziiert. An der Literatur über die Schlachten der Weltkriege und späterer Kriege läßt sich zeigen, wie die Namen von Plätzen und Gegenden für die Erinnerung die konkreten Orte benennen, die mit den Bildern der Vernichtung identifiziert werden. In Namen von Schlachtfeldern wie Langemarck, Verdun, Stalingrad verdichtet und konkretisiert sich die Erinnerung durch eine lokalisierte Bindung der Einbildungskraft. Von Stalingrad zu reden, bedeutet etwas anderes, als die Rede vom Zweiten Weltkrieg. Generalisierende Wörter lassen die Irrationalität der Grenzsituation der Schlachtfelder nicht entstehen, die von den Ortsnamen hervorgerufen wird.

General Schlieffen entwickelte seinen Plan im Raum eines imaginierten Schlachtfelds. Diese Schlacht hat nie stattgefunden. Der Plan der großen und endgültigen Vernichtung der französischen Armee als erstem Ziel des kommenden Kriegs ist eine bloße Phantasie geblieben. Aber sie hat eine erstaunliche Macht über das Bild dieses Kriegs in der Erinnerung und der Geschichtsschreibung ausgeübt. Es dürfte kein anderes, vergleichbares Mißverhältnis in der Kriegsgeschichte geben: Ein Plan, der die strategische Grundlage für Deutschlands Kriegserklärung und einen wichtigen Faktor für Deutschlands Niederlage bildete, der sich nicht hat verwirklichen lassen, der durch Fehleinschätzungen getrübt war, überlebte den Krieg, lebt in der Erinnerung Jahrzehnte über das Kriegsende hinaus und wird zu einem Mythos des deutschen Generalstabs und seines genialen Chefs. Jedes Schulkind, das im Geschichtsunterricht überhaupt etwas von diesem Krieg erfuhr, war bis vor kurzem mit diesem General und seinem Plan bekannt. Für dieses erstaunliche Weiterleben ist zweifellos ein Grund in der Faszination zu suchen, die vom Irrationalen an der Vorstellung einer endgültig vernichtenden Umfassungsschlacht ausgeht.

Die Realität des Kriegs, die dann die Träume der Planer übertraf, hat dieser Faszination keinen Abbruch getan. Die Schlachtfelder verwirklichten einen Irrsinn, von dem die Kriegspläne nicht sprachen und von dem die Kriegsplaner nichts wußten. Clausewitz‘ Formulierungen von den Leidenschaften im Krieg deuten diesen Irrsinn lediglich an, und in seiner Theorie über die Tendenz zur absoluten Vernichtung ist er durch den Gedanken einer endogenen Rationaltät verdeckt. In den großen Schlachten bei Verdun oder in Flandern starben an manchen Tagen 10.000 Soldaten in wenigen Stunden. Man hat die Verluste des ersten Tags (1. Juli 1916) der über Monate vorbereiteten und über Tage durch ununterbrochenes Trommelfeuer eingeleiteten Sommeschlacht auf etwa 100.000 Soldaten geschätzt. Die Gesamtzahl der Toten dieses Kriegs liegt vermutlich knapp unter zehn Millionen. Die Schlachtfelder waren nicht nur zu Feldern des Schlachtens geworden, sondern hatten sich verselbständigt und der Planung und rationalen Kontrolle entzogen. Der bei Kriegsausbruch fraglose Gedanke, daß dieser Krieg einen 'Sinn' habe, wurde bald absurd. Aber Sinnverlust ist nicht identisch mit Irrationalität.[26] Die bloß destruktive Irrationalität findet sich in den Massenvernichtungen auf den Schlachtfeldern. Sie läßt sich auch bis in den Kriegsausbruch selbst verfolgen. Aufgrund kürzlich bekannt gewordener Dokumente scheint es fraglich, daß der Schlieffen-Nachfolger im Amt des Generalstabschefs je an einen deutschen Sieg glaubte. Wie es nach den ersten Tagen des Kriegs weitergehen sollte, war Helmut von Moltke offenbar ganz unklar und anderen in seiner Umgebung nicht viel klarer. Die Siegeschancen schätzte er am 1. August gering ein. Als der geplante frühe Erfolg in Frankreich ausblieb, das französische Heer nicht gegen den Wall der deutschen Grenze gedrückt und im Kessel vernichtet werden konnte, war der Grundthese Schlieffens zufolge die deutsche Strategie gescheitert und der Krieg vor Weihnachten 1914, dem Datum, zu dem die Soldaten wieder daheim zu sein hofften, bereits verloren. Rationale Entscheidungen lagen der Fortsetzung des Kriegs während der kommenden vier Jahre nicht zugrunde. In der Gesamtplanung des Kriegs läßt sich derselbe Irrationalismus entdecken, der auch in den einzelnen Schlachten wirkte. Nicht der größte 'Irrtum' der neueren Geschichte war dieser Krieg, wie eine neuere Arbeit schließt,[27] sondern ein blutiges Beispiel für die Irrationalität in der Geschichte. Die Geschichtsschreibung dieses Kriegs läßt davon jedoch nichts erkennen, sondern verwandelt ihn in rationale Abläufe.

Im Unterschied zu Schlieffens Schlachtfeld, das eine Phantasie blieb, waren die Einkreisungs-, Kessel- und Vernichtungsschlachten des Zweiten Weltkriegs geplant und real. Unter ihnen ragt der Name Stalingrad hervor als der Inbegriff von Sinnlosigkeit und rein destruktiver Irrationalität. Aber das imaginierte Schlachtfeld von Stalingrad gab Anlaß zu narrativen Konstruktionen, in denen dies Feld mit historischem Sinn gefüllt wurde. Stalingrad wurde aus sowjetischer Perspektive zum Wendepunkt im 'großen vaterländischen Krieg', zur Befreiung des russischen Bodens und zum 'Sieg über den Faschismus'. Eingebettet in Geschichtsmetaphysik konnte damit selbst das Schlachtfeld von Stalingrad zu einem Triumph stilisiert und dieser Triumph jährlich gefeiert werden. Auf andere Weise gewinnt Theodor Plieviers Roman *Stalingrad* diesem Schlachtfeld einen Sinn ab.

"Was tun? Die Batterien abgeschossen, der General ausgeflogen [...], am Südrand des Kessels wird schon kapituliert. Stalingrad ist nur noch eine Mühle, und Knochen oder Geschütze, alles ist egal, alles wird zermahlen

[26] In der Literatur zum Ersten Weltkrieg werden Aspekte des Irrsinns unter Themen wie Verantwortungslosigkeit der Generale oder deren strategische Einfallslosigkeit (Durchbruchsdenken) oder ihrer Unfähigkeit im Umgang mit der modernen Kriegstechnik abgehandelt und versteckt. Arnold Zweigs Romane, vor allem *Erziehung vor Verdun*, sind Ausdruck der Schwierigkeit, die Irrationalität des Geschehens zu reflektieren, aber durch eine konventionelle Handlung ihm doch auch eine Kohäsion zu verleihen. Sie nehmen das Irrationale wieder zurück.

[27] Niall Ferguson: *The Pity of War. Explaining World War I.* New York (Basic Books) 1999.

ohne Sinn und Ziel [...]."[28] Aus solchen Sätzen spricht die Hoffnungslosigkeit und die Erfahrung einer totalen Sinnlosigkeit dieses Kriegs. Aber Plieviers Stalingradroman entwickelt die Ebene der Absurdität nur, um diesen Tiefpunkt desto wirkungsvoller verlassen zu können und selbst das chaotische Schlachtfeld in einen umfassenden Zusammenhang einzubetten und durch Geschichtsmetaphysik zu überhöhen. Es sind wenige einzelne, kaum Offiziere, sondern die einfachen Soldaten, die im Krieg an die kommende Zeit nach dem Krieg denken, von der Schuld am Massentod sprechen und ein neues Leben ausmalen. Stalingrad ist der Ort der tiefsten Desillusionierung, ausgedrückt in Sätzen wie: "Ja, daß der Mensch nur Dreck ist und daß er gar nichts von vornherein bestimmen und daß er sich nur auf sein Glück verlassen kann [...]"[29] Aber unter dieser Schicht der Verzweiflung zeigt der Roman eine andere Schicht des existentiellen Vertrauens. Auf die Frage "können Herr General mir sagen, was nun werden soll?" haben die Generäle dieses Romans keine Antwort, aber die einfachen Soldaten wissen, daß es eine Zeit nach dem Krieg geben wird, und so endet der Roman mit dem Hinweis auf eine bessere Zukunft, die aus dem Chaos des Schlachtfelds geboren werde: "Deutschland soll leben auch noch nach diesem Untergang. Dazu ist not, daß alle, die guten Willens sind, einander die Hände reichen, daß sie den begehbaren gemeinsamen Weg finden."[30] Im letzten Satz des Romans lesen wir über die Fußspur von zwei nebeneinander schreitenden Männern, der besseren Zukunft entgegen. Stalingrad, der "nicht endende Wahnwitz", das "Symbol des Verbrechens", dürfe nicht vergessen werden, heißt es wiederholt.[31] Aber Stalingrad wird nicht als Irrationalität erinnert, sondern als der Fehler, der in der Zukunft verhütet wird, und als das Verbrechen, das sich nicht mehr wiederholen darf. Das Irrationale erscheint als der Einbruch von außen, gegen den in der Zukunft eine wirkungsvollere Sicherung errichtet werden könne. Dieser im Stil des Realismus erzählte Roman über Stalingrad zeigt Wunden, nur um sie sogleich zu verdecken, und das Irrationale, um es als temporären Bruch der vernünftigen Zivilisation zu diskreditieren. Er erzielte Massenauflagen und prägte die Sicht des Schlachtfelds weit über das Jahrzehnt seines Erscheinens hinaus. Spätere Versuche von Alexander Kluge oder Heiner Müller arbeiteten sich an dieser Rationalisierung des Irrationalen ab.

[28] Theodor Plievier: *Stalingrad*. München 1958. S. 363.
[29] Ebd. S. 356.
[30] Ebd. S. 512.
[31] Ebd. S. 400, 418, 423, 431.

Heidrun Ehrke-Rotermund

Kindersoldaten – ohne Schuld? Jugendliche Protagonisten und das Ende des Zweiten Weltkrieges in Romanen Walter Kolbenhoffs, Manfred Gregors und Heinz Küppers

*The post-war novelists Walter Kolbenhoff ("*Von unserem Fleisch und Blut*", 1947), Manfred Gregor ("*Die Brücke*", 1958) and Heinz Küpper ("*Simplicius 45*", 1963) who dealt with the problem of German teenage soldiers, considered their main characters unanimously as guilty and not guilty at the same time. They described them as seduced children indoctrinated and manipulated by the regime, but they differed in their representation and judgement of the kind and intensity of the youths' involvement. Only Heinz Küpper's novel, which appeared in 1963, succeeded in including the Holocaust, the centre of Nazi crimes, in its description.*

Zwischen August 1946 und April 1947 erschien in München die Zeitschrift *Der Ruf*, die sich im Untertitel programmatisch *Unabhängige Blätter der jungen Generation* nannte.[1] Walter Kolbenhoff, einer ihrer Redakteure, erinnerte sich später: "*Der Ruf* wurde über Nacht in allen Zonen zum Sprachrohr der heimkehrenden Jugend."[2] Kolbenhoff sowie die Herausgeber Alfred Andersch und Hans Werner Richter sahen sich, obwohl alle über dreißig, als Repräsentanten der jungen Generation,[3] vor allem deshalb, weil sie mit dieser die erzwungene Teilnahme am Zweiten Weltkrieg gemeinsam hatten.

Für die Zeitschrift und ihre jugendliche Zielgruppe war die Auseinandersetzung mit dem Kollektivschuld-Vorwurf, dem sich 1945 das ganze deut-

[1] Volker Christian Wehdeking: *Der Nullpunkt. Über die Konstituierung der deutschen Nachkriegsliteratur (1945-1948) in den amerikanischen Kriegsgefangenenlagern*. Stuttgart 1971. S. 19.

[2] Walter Kolbenhoff: *Schellingstraße 48. Erfahrungen mit Deutschland*. Frankfurt a.M. 1984. S. 63.

[3] In Kolbenhoffs an die deutsche Jugend appellierendem Artikel *Wir wollen leben!* heißt es einleitend über ihn selbst: "So gleicht sein Leben dem Schicksal der jungen Generation. Herausgerissen aus seiner natürlichen Entwicklung, ging er durch das Erlebnis der Emigration, der Front und der Gefangenschaft" In: Walter Kolbenhoff: Wir wollen leben! In: *Der Ruf. Unabhängige Blätter der jungen Generation* 1 vom 15.9.1946. Nr. 3. S. 6f., hier S. 6.

sche Volk ausgesetzt sah,[4] von entscheidender Bedeutung. Den Widerspruch des *Ruf* erregte vor allem die umfassende Verdammung durch die norwegische Nobelpreisträgerin Sigrid Undset in ihrem Buch *Wieder in die Zukunft* (1944). In einem Offenen Brief erklärte Kolbenhoff im Oktober 1946 den undifferenzierten Haß der Autorin angesichts "von Millionen unschuldiger Kinder, die nichts für die Stupidität ihrer Eltern können", zum "Unrecht".[5] Der Generationenbegriff erlaubte eine Unterscheidung von schuldigen älteren und unschuldigen jungen Deutschen. Alfred Andersch sah demzufolge keinerlei Verbindung zwischen den "erstaunlichen Waffentaten junger Deutscher in diesem Kriege" und den "'Taten' etwas älterer Deutscher, die gegenwärtig in Nürnberg verhandelt werden":

> Die Kämpfer von Stalingrad, El Alamein und Cassino, denen auch von ihren Gegnern jede Achtung entgegengebracht wurde, sind unschuldig an den Verbrechen von Dachau und Buchenwald.[6]

Als die 'eigentlich Verantwortlichen' erschienen ihm Hitlers Generäle, die es besser wußten als "die Verbrecher aus Instinkt und Anlage", "die berauschten Kleinbürger" oder "die Narren". Ihre Verurteilung in Nürnberg sollte den Neubeginn der jungen Generation ermöglichen.[7] Andersch trennte strikt zwischen der nationalsozialistischen Tätergeneration und den jungen Soldaten, deren "Nicht-Verantwortlichkeit für Hitler" er unterstrich.[8]

Hans Werner Richter erweiterte den Begriff der älteren Generation dann noch. Ihm zufolge hatten es die Jungen außer mit den NS-Verbrechern auch mit denen zu tun, die 1933 vor den Nazis "kapitulier[t]en" und die nun die "Wertmaßstäbe der Vergangenheit" wieder zu etablieren versuchten.[9] Hierzu rechnete Richter auch die Schulddiskussion.[10] Angesichts des Kriegserlebnisses und des "moralische[n], geistige[n] und sittliche[n] Trümmerhaufen[s]" aber sei es der jungen Generation unmöglich, sich rückwärts zu ori-

[4] Thomas Koebner: Die Schuldfrage. Vergangenheitsverweigerung und Lebenslügen in der Diskussion 1945-1949. In: Ders.: *Unbehauste. Zur deutschen Literatur in der Weimarer Republik, im Exil und in der Nachkriegszeit*. München 1992. S. 320-351, hier S. 320ff.

[5] Walter Kolbenhoff: Brief an Sigrid Undset. In: *Der Ruf* vom 1.10.1946. Nr. 4. S. 13. Vgl. auch: Kolbenhoff: *Schellingstraße 48*. S. 65.

[6] [Alfred Andersch:] Notwendige Aussage zum Nürnberger Prozeß. In: *Der Ruf* vom 15.8.1946. Nr. 1. S. 2.

[7] Ebd.

[8] [Alfred Andersch:] Das junge Europa formt sein Gesicht. In: *Der Ruf* vom 15.8.1946. Nr. 1. S. 1f., hier S. 2.

[9] [Hans Werner Richter:] Warum schweigt die junge Generation? In: *Der Ruf* vom 1.9.1946. Nr. 2. S. 1f., hier S. 2.

[10] Ebd. S. 1. Bereits im amerikanischen Kriegsgefangenenlager Fort Kearney hatte Richter als einer der Redakteure des dortigen *Ruf* vergeblich versucht, "seine Artikel gegen die Kriegsschuld aller Deutschen und gegen die Vorbereitung des Nürnberger Tribunals zu veröffentlichen". Siehe: Kolbenhoff: *Schellingstraße 48*. S. 68.

entieren. Jede "geistige[..] Wiedergeburt" setze den "absoluten und radikalen Beginn von vorn" voraus.[11]

Auch Kolbenhoff plädierte unter der Überschrift *Wir wollen leben!* dafür, daß sich die Jugend den aktuellen "Problemen unserer Zeit auf ihre junge Art" zuwenden solle.[12] Aber das Verhältnis der Generationen zu den nationalsozialistischen Verbrechen stellte sich ihm differenzierter dar als Andersch oder Richter.[13] Er machte auch unter den jungen Deutschen eine beträchtliche Zahl von Unbelehrbaren aus, die dem "Dritten Reich" nachtrauerten. Ihr zerstörerisches Weltbild dürfe keine Wirkung mehr erlangen und müsse daher von den andersdenkenden Jugendlichen aktiv bekämpft werden.[14] Insgesamt aber trage die Jugend "den Teil ihrer Schuld"[15]. Man solle ihr "trotz Niederlage, Bekanntwerden der unmenschlichen Verbrechen, Zerstörung des Landes, Hunger und Elend" auf keinen Fall die "Hoffnung"[16] auf "die guten Kräfte im deutschen Volke" nehmen. Nur dann könne sie – den lähmenden "Schock des Zusammenbruchs" überwindend – "eine[n] neuen Anfang" machen.[17]

1947 erschien mit Walter Kolbenhoffs Buch *Von unserem Fleisch und Blut* eine romanhafte Behandlung des Themas Kindersoldaten.[18] Der Autor hatte das fertige Manuskript im Frühjahr 1946 aus amerikanischer Kriegsgefangenschaft mitgebracht. Es verdankte seine Entstehung eigenen Erfahrungen mit fanatischen jungen Wehrmachtssoldaten während der Rekrutenzeit in Deutschland und der Gefangenschaft in den USA. Kolbenhoff beunruhigten schon 1942 zwei Bremer 'Schüler mit Notabitur', die als Rekruten ihre Loyalität für Hitler und den Nationalsozialismus höher stellten als jede humane Bindung.[19] Im amerikanischen Lager lernte er dann wiederholt "junge[..] Burschen, eigentlich waren es [...] fast noch Kinder" kennen, die die Realität des verlorenen Krieges rundweg leugneten, unbeirrbar "an den Führer glaubten" und zu Kampf und Selbstopfer für ihn bereit waren. In *Von unserem Fleisch und Blut* suchte der Autor, "diese[n] Typ [...] zu ergründen", weil er ihn als "ein politisches Problem" für den Neuanfang Deutsch-

[11] Richter: *Warum schweigt die junge Generation?* S. 2.
[12] Kolbenhoff: *Wir wollen leben!* S. 7.
[13] Die Verdrängung der Schuld bei den erwachsenen Deutschen behandelte Kolbenhoff exemplarisch in dem Feuilleton *Ein kleines oberbayrisches Dorf* für *Die Neue Zeitung* vom 20.12.1946. Vgl. dazu Kolbenhoff: *Schellingstraße 48*. S. 49-58.
[14] Kolbenhoff: *Wir wollen leben!* S. 7.
[15] Kolbenhoff: Brief an Sigrid Undset. S. 13.
[16] Kolbenhoff: *Schellingstraße 48.* S. 63.
[17] Kolbenhoff: *Wir wollen leben!* S. 6f.
[18] Kolbenhoffs Buch erschien 1947 sowohl im Bermann-Fischer-Verlag, Stockholm als auch in der Nymphenburger Verlagshandlung, München. Die Stockholmer Ausgabe schrieb den Titel *Von unserm Fleisch und Blut.*
[19] Kolbenhoff: *Schellingstraße 48*. S. 250.

lands einschätzte.[20] Sein Interesse an den unbelehrbaren jungen Hitleranhängern der Wehrmacht rührte aber auch daher, daß er sich selbst teilweise in ihnen wiedererkannte; denn in ihrem Alter war er ganz ähnlich von der kommunistischen Partei indoktriniert worden.[21]

Die Überzeugung des Autors, daß die jungen nationalsozialistischen Fanatiker integraler Bestandteil der deutschen Gesellschaft seien, drückt sich im Titel *Von unserem Fleisch und Blut* aus. Ein solcher Jugendlicher steht im Zentrum seines Romans: Der siebzehnjährige Hans flieht eine Nacht lang mit seiner Pistole vor amerikanischen Patrouillen durch die Ruinen der zerbombten Heimatstadt. Er ist der Letzte einer Kampfgruppe um den 'Dichtersoldaten' Kruse, die Sabotageakte gegen die alliierten Truppen begeht. Dieser Hauptmann ist für den Jungen Lehrer und sakrosanktes Vorbild. Auch nach dessen Tod macht Hans die verinnerlichten "Befehl[e]"[22] und die auswendiggelernte Propagandapoesie Kruses und anderer NS-Barden zu seiner Richtschnur.[23] Er zeigt die von der nationalsozialistischen Kämpferelite geforderte heroische Bereitschaft zu Haß, Töten und Selbstopfer. Hochmütig grenzt er sich von "d[en] Anderen" ab, den "Weich[en]", "Schwach[en]", die "leben" wollen.[24] Auf diese Weise erfährt er "das berauschende Glück seiner Überlegenheit"[25]. Den Maximen des Hauptmanns getreu, tötet Hans in einer Nacht zwei der "heilige[n] Sache"[26] im Wege stehende Menschen. Bis zum Schluß zeigt er keinerlei Einsicht. Vergeblich konfrontiert ihn ein Jugendfreund mit Fragen nach den Kriegstoten und den gefallenen Freunden.[27] Der Unbelehrbare plant vielmehr am Ende der Nacht nach gleichaltri-

[20] Ebd. S. 69f.

[21] Ebd. S. 250, 110. Die Parallelen zwischen Kolbenhoff und der Hauptfigur seines Romans *Von unserem Fleisch und Blut* werden im autobiographischen Buch *Schellingstraße 48* sichtbar.

[22] Walter Kolbenhoff: *Von unserem Fleisch und Blut*. München 1947. S. 30, 67.

[23] Eberhard Wolfgang Möllers Kurzode *Deutschland, heiliges Wort* (in: *Morgen marschieren wir. Liederbuch der deutschen Soldaten*. Im Auftr. d. Oberkommandos der Wehrmacht hrsg. von Hans Baumann. Potsdam [1939]. S. 149) wird von Hans am häufigsten zitiert. Kolbenhoff: *Von unserem Fleisch und Blut*. S. 64f., 66f., 79, 88, 134. Weitere zitierte Lieder, die überwiegend den Soldatentod preisen, sind: *Ein Jüngling auch, ein Knabe noch, der heut das erste Pulver roch* (ebd. S. 16), *Du junges Gras, du stehst so grün, sollst bald wie lauter Purpur blühn* (ebd. S. 18), *Die blauen Dragoner* (ebd. S. 28), *Es zittern die morschen Knochen* (ebd. S. 68), *Schwarz oder weiß - nur nicht grau!* (ebd. S. 72, 154), *Werd' tot ich fortgetragen* (ebd. S. 88), *Auf in den Feind wie Wetterschlag* (ebd. S. 101), *Kein schöneren Tod gibts in der Welt* (ebd. S. 180).

[24] Kolbenhoff: *Von unserem Fleisch und Blut*. S. 17, 71f., 89.

[25] Ebd. S. 75; vgl. auch S. 90: "[...], ich bin einer der Auserwählten."

[26] Ebd. S. 9, 103.

[27] Ebd. S. 47.

gen Gesinnungsgenossen zu suchen und mit ihnen den Kampf gegen die Amerikaner weiterzuführen.[28]

Kolbenhoff erklärt die Genese eines solchen autoritär-destruktiven[29] Charakters sozialpsychologisch und hebt dabei besonders die nationalsozialistische Indoktrination hervor. Am Protagonisten des Romans wird deutlich, daß der Faschismus das jugendliche Verlangen nach Gemeinschaft und einem sinnvollen Ziel, dem man sich rückhaltlos hingeben kann, befriedigt. Die von ihm ausgehende Anziehungskraft erhöht sich für Hans noch dadurch, daß er die Gesetze und Bindungen der bürgerlichen Gesellschaft depotenziert. Der Junge erfährt auf diese Weise eine scheinbare Befreiung von pubertären Schwierigkeiten und gewinnt ohne Aufschub den gleichberechtigten Status des Erwachsenen und Mannes. Als bewaffneter Soldat erhält er darüber hinaus Macht über Leben und Tod. Dadurch fühlt er sich den gewöhnlichen Menschen – vor allem Vater, Bruder und Lehrer – überlegen.[30] Diese Herrschaftsausübung erlaubt ihm zudem, wie Kolbenhoff im Anschluß an Wilhelm Reich zeigt,[31] eine Kompensation von unterdrückten sexuellen Trieben. Der Nationalsozialismus greift also der Analyse des Autors zufolge legitime jugendliche Bedürfnisse und Strebungen auf und pervertiert sie, um seine jugendfremden Ziele zu erreichen. Anfällige Jugendliche aber fühlen sich aufgrund dieser partiellen Berücksichtigung ihrer Interessen auf besondere Weise gewürdigt und ernstgenommen. Entsprechend groß ist ihre Opferbereitschaft.

Annähernd die Hälfte der neunundzwanzig Kapitel von Kolbenhoffs Roman ist den inneren Monologen des Protagonisten gewidmet. In den alternierenden, übrigen Kapiteln kommen eine Reihe von Nebenfiguren in Dialogen zu Wort, die "insgesamt eine Gegenhandlung bilden"[32]. Hier geht es um die Möglichkeiten des Weiterlebens und – implizit und explizit – um die Frage der Verantwortung für Krieg und "Drittes Reich". So klagt ein Mann

[28] Ebd. S. 197; vgl. auch S. 68.
[29] Hans wiederholt immer wieder die Redensart: "Nach uns die Sintflut [und dann die Wüste]" (Ebd. S. 64, 66, 89). Sein Credo lautet: "Solltest du aber untergehen, dann reiße alles mit. Vernichte, verbrenne, morde! Nach uns die Sintflut! Zu Befehl! Nach uns die Sintflut – " (Ebd. S. 169).
[30] Ebd. S. 160, 147, 106.
[31] Vgl. dazu auch Werner Brand: *Der Schriftsteller als Anwalt der Armen und Unterdrückten. Zu Leben und Werk Walter Kolbenhoffs.* Frankfurt a.M., Bern, New York, Paris 1991. S. 121ff. Brand weist darauf hin, daß Kolbenhoff im Kopenhagener Exil mit dem Psychoanalytiker Wilhelm Reich zusammenarbeitete. Dieser zeigte in seinem dort erscheinenden Buch *Massenpsychologie des Faschismus.* (Kopenhagen 1933), daß "die Verdrängung natürlicher Sexualität" ein "bedeutendes Instrument auf dem Weg zur faschistischen Diktatur" sei (Ebd. S. 120, 19f.).
[32] Helmut Peitsch: Vom 'Realismus' eines Kriegsromans – 'unmittelbar', 'magisch' oder 'tendenziös'? Walter Kolbenhoff: 'Von unserem Fleisch und Blut' (1947). In: Hans Wagener (Hrsg.): *Von Böll bis Buchheim: Deutsche Kriegsprosa nach 1945.* Amsterdam, Atlanta 1997. S. 63-90, hier S. 73.

mit Frau und Kind sich selbst "ungeheure[r] Schuld" an.[33] Obwohl er den Nationalsozialismus haßte, gehorchte er doch dem Befehl, als Soldat für ihn zu kämpfen. Wider besseres Wissen hätten er und viele andere ihr Leben "für die böse Sache" eingesetzt.[34] Sie seien schwach und feige gewesen, statt dem "Befehl [ihres] Gewissens" zu folgen. Der Mann fühlt sich für "das Resultat [s]einer Feigheit" verantwortlich. Es verpflichtet ihn zu unverzüglichem Wiederaufbau und zu einer neuen Mitmenschlichkeit: "'Ich habe damals versagt und ich will versuchen, es wieder gut zu machen.'"[35]

Genau zu dieser Haltung, Anerkennung der Mitverantwortung und tätigem Neuanfang, forderte Kolbenhoff die junge Generation Deutschlands in seinem Brief an Sigrid Undset und in seinem *Ruf*-Artikel *Wir wollen leben!* auf.[36] Im Roman *Von unserem Fleisch und Blut* deutet er an, daß Hans' Bruder Paul, wenn er nicht gefallen wäre, in diesem Sinn gehandelt hätte.[37] Die anderen jungen Gegenfiguren zum unbelehrbaren Nazi-Kämpfer verharren dagegen in Verhaltensweisen, die der Autor auch in seinen Artikeln kritisiert. Da sie sich ausschließlich als mißbrauchte Opfer begreifen, kann ihre eigene Mitverantwortung nicht in den Blick kommen.[38]

Kolbenhoff versucht mithin, unmittelbar nach dem Ende des "Dritten Reiches" der Kollektivschuldthese eine realistisch differenzierende Sichtweise entgegenzusetzen. Es besteht jedoch eine gewisse Spannung zwischen Darstellung und Romantitel. Die von diesem suggerierte, enge Verbindung zwischen brutalen fanatisierten Tätern und den verschiedenen Mitläufertypen tritt kaum in Erscheinung; vielmehr entsteht der Eindruck, als gäbe es eine eindeutige Trennungslinie zwischen unverzeihlicher Schuld und mildernde Umstände verdienender menschlicher Schwäche.

1958 richteten mehrere europäische Verlage gleichzeitig "Aufruf[e] [...] an unbekannte Autoren der jungen Generation", um sie "zum Schreiben zu bewegen".[39] Dem Münchener Verleger Kurt Desch wurden schon im ersten Monat nach dem Appell vom 1. Juni 200 Manuskripte zugeschickt.[40] Unter ihnen befand sich auch ein Antikriegsroman des 29jährigen Manfred Gre-

[33] Kolbenhoff: *Von unserem Fleisch und Blut*. S. 85.

[34] Ebd. S. 86.

[35] Ebd. S. 84f., 186f.

[36] Im Roman *Von unserem Fleisch und Blut* (geschrieben 1945/46) und im Brief an Sigrid Undset (Oktober 1946) steht die Schuldfrage im Mittelpunkt, im Artikel *Wir wollen leben!* (September 1946) tritt sie hinter dem Appell zum Wiederaufbau zurück.

[37] Vgl. Kolbenhoff: *Von unserem Fleisch und Blut*. S. 181, 123.

[38] Vgl. dazu die Realitätsflucht des kriegsversehrten Soldaten Werner (Ebd. S. 44, 47f., 122f.) und den Zynismus des Deserteurs Heinz (Ebd. S. 51, 55, 96).

[39] Manfred Gregor: Wir wollen nicht schweigen. Ein "Kultur"-Gespräch mit dem jungen Autor des Romans "Die Brücke". In: *Die Kultur* vom 1.10.1958. Nr. 117. S. 7. Neuer deutscher Autor. In: *Ludwigsburger Kreiszeitung* vom 21.8.1958.

[40] Bis einschließlich September 1958 erhöhte sich die Zahl der eingesandten Manuskripte auf 400.

gor, dessen Publikation verschiedene Verlage zuvor abgelehnt hatten.[41] *Die Brücke* kam bereits im September heraus und fand im In- und Ausland große Beachtung. Das Buch gab die Vorlage für Bernhard Wickis ein Jahr später gezeigte, eindrucksvolle Verfilmung ab. Bis heute wurde es in 24 Sprachen übersetzt.[42]

Gregor läßt seinen Roman wie Kolbenhoff in der Katastrophe des Kriegsendes spielen, jedoch noch kurz vor der deutschen Kapitulation. Am 2. Mai 1945 verteidigen sieben Sechzehnjährige die Brücke ihrer Heimatstadt gegen die amerikanischen Truppen. Sie sollen den Rückzug der Wehrmacht zwei Stunden lang decken. Dieses Szenario steigert die Sinnlosigkeit des soldatischen Einsatzes ins Unermeßliche, denn der Krieg ist längst verloren, die Stadt nicht mehr vor der Eroberung durch den Feind zu schützen. Gregor dehnt die schon bei Kolbenhoff vorhandene Einheit von Zeit und Ort weitgehend auch auf die Handlung aus und verstärkt dadurch die Dramatik seines Romans.[43] An die Stelle der verschiedenen Perspektiven eines Protagonisten und zahlreicher episodischer Gegenfiguren setzt er sieben Kindersoldaten aus derselben Klasse, die von der Schulbank weg in letzter Minute in den Krieg geschickt werden und bis auf einen darin umkommen. Allerdings unterbrechen epische Rückblicke auf Leben und Entwicklung des jeweiligen Jugendlichen meist im Augenblick seines Todes immer wieder den Handlungsablauf.

Gregors Kindersoldaten führen – ähnlich wie Kolbenhoffs Hans – den Kampf in völlig aussichtsloser Lage ohne Unterstützung irgendwelcher Erwachsener weiter. Sie bleiben in einer sie überfordernden Extremsituation sich selbst überlassen. Letztlich verantwortlich dafür sind der "General und sein Befehl". Um eines Zeitgewinns von zwei bis drei Stunden willen nimmt dieser den Tod der sieben Jugendlichen bewußt in Kauf. Sie existieren für ihn lediglich innerhalb seiner militärischen Planungen.[44]

Aber die Sechzehnjährigen erweisen sich noch in einem viel weiterreichenden Sinne als die Opfer eines menschenverachtenden Systems und seiner Erziehung. Zwar sind sie keine fanatischen Werwölfe wie Kolbenhoffs Hans, führen aber immerhin den Befehl des Generals, die Brücke in aussichtsloser Lage zu verteidigen, ohne Vorgesetzte aus, obwohl ihnen von

[41] Die ablehnenden Begründungen lauteten Gregor zufolge immer wieder "'thematisch ungeeignet' und 'im Inhalt zu schockierend'" Siehe: Gregor: *Wir wollen nicht schweigen*. S. 7.

[42] Kurt Oesterle: Die Brücke von Bad Tölz. Jubiläumsausgabe von Manfred Gregors Roman, den Bernhard Wicki verfilmte. In: *Süddeutsche Zeitung* vom 1./2.8.1998. Nr. 175. S. V.

[43] Rolf Tauscher konstatiert eine "Nähe zur klassischen (Freytagschen) Dramenstruktur". Rolf Tauscher: Eine Frage der Sittlichkeit. Manfred Gregor: Die Brücke (1958). In: Hans Wagener (Hrsg.): *Von Böll bis Buchheim: Deutsche Kriegsprosa nach 1945*. Amsterdam, Atlanta 1997. S. 279-307, hier S. 285.

[44] Manfred Gregor: *Die Brücke*. Wien, München, Basel 1958. S. 41, 157.

den verschiedensten Seiten nahegelegt wird, sich nach Hause abzusetzen.[45] Ihre Entscheidung beruht teilweise auf der berechtigten Angst, als Deserteure erschossen zu werden, teilweise auf jugendlicher Abenteuerlust, die sie eine "höllisch interessant[e]" Erfahrung antizipieren läßt.[46] Sie entspringt nicht zuletzt auch dem dringenden Wunsch, auf keinen Fall als 'Feiglinge' zu gelten.[47] Besonders motivierend wirkt das 'Vertrauen' bewunderter Vorgesetzter auf sie.[48] Anders als die Erwachsenen können die soldatisch-heroisch geprägten Jugendlichen aber auch im "katastrophalen Durcheinander" der unmittelbar bevorstehenden Niederlage[49] die erlernten Verhaltensnormen nicht als inadäquat erkennen und zugunsten des eigenen Überlebens aufgeben. Zudem wird ihr Selbsterhaltungstrieb noch von einem kindlichen Spieltrieb überdeckt. Die ihnen fehlende Lebenserfahrung macht sie zum hilflosen Opfer faschistischer Instrumentalisierung und Propaganda. Der einzige Überlebende der Gruppe, der Erzähler Albert Mutz, drückt das im Rückblick so aus: "Die Jugend ist nicht gut und nicht schlecht. Sie ist wie die Zeit, in der sie lebt!"[50]

Das Dilemma der Kindersoldaten reicht noch tiefer. Wie die in die Handlung eingeschobenen Rückblicke auf ihre Entwicklung zeigen, konfrontieren Eltern, Erzieher und Vorgesetzte sie permanent mit einander ausschließenden Lebenshaltungen und Normen und liefern sie so moralischer Orientierungslosigkeit aus. Neben den nationalsozialistisch-soldatischen werden – oft von den Müttern[51] – christlich-humane Werte vertreten.[52] Die Orientierungsprobleme der Jugendlichen gehen außer auf ihre ideologisch gespaltenen Familien auch auf die widersprüchlichen Anforderungen der nationalsozialistischen Jugendorganisationen einerseits[53] und der Kirche[54] bzw. der höheren Schule andererseits zurück.

[45] Ebd. S. 16, 29, 35, 49.

[46] Ebd. S. 20, 21. In diesem Zusammenhang ist von "Indianerspiel" (Ebd. S. 63; vgl. auch S. 88, 91, 97, 134, 219) die Rede. Der Anführer der Gruppe, Ernst Scholten, hat bezeichnenderweise den Spitznamen "Winnetou" (Ebd. S. 13). Er begründet seine Entscheidung, nicht nach Hause zu gehen, folgendermaßen: "'Ihr könnt ja machen, was ihr wollt, ich bleibe da. Winnetou hält die Stellung, das ist er seinen roten Brüdern schuldig! Hugh, ich habe gesprochen!'" (Ebd. S. 22).

[47] Ebd. S. 22.

[48] Ebd. S. 33f., 40, 44, 50, 109.

[49] Ebd. S. 17.

[50] Ebd. S. 228.

[51] Bezeichnenderweise ist *Die Brücke* ihnen gewidmet: "Diese Geschichte ist den Müttern gewidmet". Ebd. S. 5.

[52] Der "zwiespältige[..] Charakter" (Ebd. S. 176) Walter Forsts wird auf den Gegensatz zwischen seinem brutal-sadistischen Vater, einem "Parteimann", und seiner moralischen, aber schwachen Mutter zurückgeführt (Ebd. S. 161ff.).

[53] Ebd. S. 91f.

[54] Ebd. S. 55-57.

Gregors junge Soldaten sind mithin vor allem Opfer ihrer Zeit. Was ihnen an konkreter Lebenswirklichkeit verlorengeht, wird insbesondere durch wiederholte Hinweise auf fehlende Liebeserfahrungen angedeutet.[55] Aber sie sind – wenn auch nicht aus freier Wahl – darüber hinaus Teil eines verbrecherischen Systems, dessen kriegerische Normen – von den rassischen ist nicht die Rede[56] – sie mehr oder weniger verinnerlicht haben. Eine pathetische Anklage der Erwachsenen können diese unschuldig Schuldigen daher nicht erheben.

Die starke Resonanz, die Gregors *Brücke* dreizehn Jahre nach Kriegsende fand, erinnert an Erich Maria Remarques *Im Westen nichts Neues* von 1929. Auch bei näherem Hinsehen fallen überraschende Gemeinsamkeiten der beiden Werke auf, denn Gregor wählte eine vergleichbare Grundkonstellation wie Remarque. Es geht jeweils um eine Gruppe Kindersoldaten aus derselben Klasse, die von der Schulbank weg in einen mörderischen Krieg geschickt werden,[57] sich zunächst "romantisch[..]" für das "Abenteuer" begeistern[58] und zuletzt darin umkommen. Man kann es wohl kaum Zufall nennen, daß schon bei Remarque am Kriegsende genau sieben Gymnasiasten sterben.[59]

In der Schuldzuweisung unterscheiden sich die beiden Romane jedoch. Bei Remarque wird von den "Väter[n]", insbesondere den Erziehern und Lehrern, eindeutig "Rechenschaft" für das Desaster einer ganzen Generation gefordert,[60] "die vom Kriege zerstört wurde – auch wenn sie seinen Granaten entkam"[61]. Alle den Jugendlichen vermittelten kulturellen Orientierungen und Zukunftsperspektiven haben sich im jahrelangen Gemetzel als realitätsferne, unwahre "Phrase[n]" entpuppt[62] und verflüchtigt. Am Ende stehen totale Hoffnungslosigkeit und die Überzeugung, Opfer der Erwachsenen geworden zu sein.

In Gregors Roman gibt es keine solch direkte Schuldzuweisung. Die Lage der jugendlichen Soldaten des Zweiten Weltkrieges ist komplizierter und ambivalenter. Allerdings erscheinen auch sie zunächst vor allem als Opfer

[55] Ebd. S. 75.

[56] Nur einmal ist von der Judenverfolgung die Rede. Forsts Vater, "der Standartenführer", nimmt aktiv am Pogrom des 9. November 1938 teil, seine Mutter läßt die jüdischen Nachbarn durch den neunjährigen Sohn warnen. Walters "jüdische[r] Freund[..]" Abi Freundlich und seine Familie können entfliehen. Ebd. S. 162ff.

[57] Erich Maria Remarque: *Im Westen nichts Neues.* Berlin 1929. S. 9, 16. Gregor: *Die Brücke*. S. 17.

[58] Remarque: *Im Westen nichts Neues*. S. 27. Gregor: *Die Brücke*. S. 21f., 29, 63.

[59] Remarque: *Im Westen nichts Neues*. S. 286; vgl. dazu auch Josef Magnus Wehners Weltkriegsroman *Sieben vor Verdun.* (München 1930). Die Sieben ist eine mythische Zahl.

[60] Ebd. S. 260f.

[61] Ebd. S. 5.

[62] Ebd. S. 18.

der verantwortlichen Erwachsenen. Anläßlich eines Interviews zur Veröffentlichung seines Buches bezog sich Gregor im Oktober 1958 auf das von Hans Werner Richter 1947 konstatierte 'Schweigen' der jungen Generation. Nach Desillusionierung und darauf folgendem Rückzug ins Private solle die Jugend seiner Meinung nach endlich "von ihrem Recht der Meinungsfreiheit" Gebrauch machen.[63] Wie schon die Überschrift des Gesprächs, *Wir wollen nicht schweigen*, andeutete, stellte der Autor seinen Roman dezidiert in diesen Zusammenhang. Hier ging es ihm um eine "Korrektur falscher Vorstellungen von der deutschen Jugend":

> Mein Wunsch war es, die Wahrheit zu schreiben, so wie ich sie kenne. Ferner wollte ich versuchen, [...] zu zeigen, wie sie [die Jugend von damals] nach ihrer Erziehung reagieren mußte. Die Tragik verführter junger Menschen wollte ich wiedergeben, [...]. Ich stellte mir immer wieder die Frage: Hatten diese Buben aus ihrer Erziehung, aus ihrer kurzen Lebenserfahrung heraus irgend etwas getan, was sie nicht durften?[64]

Es kann nicht übersehen werden, daß Gregor versucht, am Schluß des Buchs über die 'tragische' Konstellation der unschuldig Schuldigen hinauszukommen. Sie wird von den beiden letzten Überlebenden der Gruppe durch einen Akt des Widerstands gegen die sinnlose Durchhaltestrategie des Regimes aufgebrochen. Der Anführer der Gruppe, der über seine Jahre hinaus reife Ernst Scholten, erkennt angesichts der toten Freunde, daß "der General die vier da drüben praktisch auf dem Gewissen" hat.[65] Er 'meutert' gegen dessen Befehl zur Sprengung der Brücke und wird von einer deutschen Kugel getötet, nachdem Mutz zunächst den ihn bedrohenden Leutnant tötete. Die nicht mehr gegen die Amerikaner, sondern gegen das NS-Regime verteidigte Brücke verwandelt sich jetzt für die beiden Sechzehnjährigen in "unsere Brücke"[66]. Ihre Unversehrtheit symbolisiert den offengehaltenen Weg in eine friedliche Zukunft.[67]

Auch Heinz Küpper behandelt in seinem Roman *Simplicius 45* von 1963 das Thema Kindersoldaten. Er verfährt grundsätzlich ähnlich wie Kolbenhoff und Gregor, bringt aber deutliche Modifikationen an. Sein namenloser Ich-Erzähler ist noch jünger als deren Protagonisten. Er beginnt im November 1938 als Siebenjähriger und beendet seine Erzählung als Vierzehnjähriger bald nach der Niederlage Nazi-Deutschlands. Nur auf den letzten drei Seiten spricht er aus der Gegenwart von 1963 heraus als Erwachsener, das heißt als Zweiunddreißigjähriger.

[63] Gregor: *Wir wollen nicht schweigen*. S. 7.
[64] Ebd.
[65] Gregor: *Die Brücke*. S. 155f., 183ff.
[66] Ebd. S. 185.
[67] Ebd. S. 220, 224.

Obwohl der kindliche Erzähler es sich immer wieder glühend wünscht, kommt er nicht zum regulären Kriegseinsatz.[68] Küpper stellt also mit ihm eine Vorstufe des Kindersoldaten in den Mittelpunkt, die sich an der sogenannten Heimatfront entwickelt hat.[69] Da letztere aber in einer rheinischen Kleinstadt in der Nähe von Köln liegt,[70] verwandelt sie sich gegen Kriegsende durch Bombardierung und amerikanische Offensiven immer mehr in die eigentliche Front.[71] Zudem werden der Ich-Erzähler und sein Freund Andreas durch Umwelt und eine paramilitärische Erziehung systematisch für den Krieg konditioniert. Sie tragen die Pimpfenuniformen und müssen sich am Schanzen in der Eifel bzw. in der Stadt beteiligen.[72] Das erklärte Berufsziel des Protagonisten ist es folglich, Offizier der Waffen-SS zu werden.[73] Die Schilderung des Kriegsendes etwa ab September 1944 nimmt mehr als die Hälfte des Romans ein. Bereits im ersten Teil gibt es Vorgriffe auf "die vater- und russenlose Zeit",[74] wodurch dieser den Charakter einer Vorgeschichte der Katastrophe erhält.

Wie Kolbenhoff wählt der Autor einen nationalsozialistisch indoktrinierten Jugendlichen zur Hauptfigur, für den Kämpfen generell und das Schießen mit der Pistole im besonderen eine zentrale Rolle spielen.[75] Als die alliierten Bomben Bekannte, darunter drei Kinder, vernichten, schwören er und sein Freund Rache und versuchen in einer Art Privatkrieg, einen abgeschossenen amerikanischen Piloten zu töten. Der Junge orientiert sich – auch darin Kolbenhoffs Hans vergleichbar – an nationalsozialistischen Parolen,[76] 'Führerworten' aus dem Lesebuch[77] und Liedanfängen.[78] Diese sind aber

[68] Heinz Küpper: *Simplicius 45. Roman*. Köln 1963. S. 49; vgl. auch S. 92.

[69] Ebd. S. 36, 63, 68; im September 1944 verwandelt sich dann "die Heimatfront in Front". Ebd. S. 89.

[70] Es handelt sich um Küppers Geburtsstadt Euskirchen.

[71] Küpper: *Simplicius 45*. S. 90; vgl. auch: "Also, es war schulfrei auf unbestimmte Zeit, ein untrügliches Zeichen, daß nun der Krieg richtig und auch für Kinder begann". Ebd. S. 98.

[72] Ebd. S. 97.

[73] Ebd. S. 35, 66, 151, 189.

[74] Ebd. S. 80; vgl. dazu: "[...], aber in den Krieg, in die Welt trat diese Stadt erst Ende September 1944 ein". Ebd. S. 89; vgl. ebd. S. 84, 104, 77, 49, 14.

[75] Ebd. S. 5, 27f., 92, 101, 106, 128f., 172; "Ich machte das Jungvolkschießabzeichen" (Ebd. S. 31); "[...], und wir bewiesen den Amis, wie gut deutsche Jungen mit Pistolen schießen können". Ebd. S. 178.

[76] "Deutsche, wehrt euch! Kauft nicht beim Juden!" (Ebd. S. 7); "In stolzer Trauer" (Ebd. S. 78); "Er [der Kreisamtsleiter] ist [sei] im [unverbrüchlichen] Glauben an den Endsieg gefallen" (Ebd. S. 136, 141); "[die] Stimme des Blutes" (Ebd. S. 190, 196, 199, 213).

[77] "Hart wie Kruppstahl, zäh wie Leder, flink wie die Windhunde" (Ebd. S. 27, 39, 59, 66); "Ihr, meine deutschen Jungen und Mädel, seid die Garanten der Zukunft" (Ebd. S. 27, 29, 121,188).

enger auf die politische Praxis bezogen und weniger idealistisch. Nach eigener Aussage ist Küppers Erzähler deswegen schon ein 'Nazi', weil er am gleichen Tag wie Adolf Hitler Geburtstag hat.[79] Auch er bleibt über das Kriegsende hinaus in der faschistischen Ideologie befangen.

Kolbenhoff räumte Hans' inneren Monologen nur etwa die Hälfte des Gesamttextes ein und ließ in der anderen Hälfte diverse Gegenfiguren und ihre Positionen zu Wort kommen. Bei Küpper fehlt diese klare Trennung; der ganze Roman wird aus der Sicht des jungen Nazis gesehen, was aber keineswegs heißt, daß in ihm jedes Gegengewicht fehlte. Es gibt im Umfeld von katholischer Kirche[80] und Oberschule[81] und unter den ausländischen Zwangsarbeitern[82] nicht- bzw. antinationalsozialistische Gestalten, die die NS-Sicht relativieren. Dem linientreuen Erzähler ist etwa mit seinem Freund, dem Meßdiener, eine Kontrastfigur unmittelbar an die Seite gestellt.[83]

Doch bei allen Ähnlichkeiten von Kolbenhoffs und Küppers Werken existieren entscheidende Unterschiede. Bei letzterem zeigt die Haltung des kindlichen Nazi-Erzählers selbst ambivalente Züge. Er präsentiert sich sowohl untadelig als arischer, "blonde[r] Junge[..]" als auch doppeldeutig als "hellköpfige[..] [...] Existenz".[84] Seiner scharfen Beobachtung entgeht nichts;[85] er registriert die Umgebung mit ihren Widersprüchen genau[86] und macht sich Gedanken darüber. Charakteristisch sind seine vielen eingestreu-

[78] *Nichts-kann-uns-rauben* (Ebd. S. 5), *Die Fahne hoch* (Ebd. S. 31, 68); vgl. dazu die konkurrierenden Kirchenlieder und Hymnen: *Fest soll mein Taufbund immer stehn* (Ebd. S. 20, 52); 'Alles-meinem-Gott-zu-Ehren' (Ebd. S. 6); 'Großer Gott, wir loben dich' (Ebd. S. 30); *Freude, schöner Götterfunke*, *Brüder, reicht die Hand zum Bunde* (Ebd.).

[79] Küpper: *Simplicius 45*. S. 5f.

[80] Ebd. S. 47f., 10, 19, 58f., 167.

[81] Ebd. S. 30f.

[82] Ebd. S. 58, 64.

[83] Bezeichnenderweise hatte nach Küppers eigener Aussage das Manuskript seines Romans zunächst "den Arbeitstitel 'Andreas und ich'". Dieser verrät überdeutlich, daß der rückblickende Erzähler seinem kindlichen Nazi-Ego keinen Namen und damit keine bleibende Identität zuschreiben will. Heinz Küpper: Nachwort. In: Ders: *Simplicius 45. Roman*. Weilerswist 1998[2]. S. 185-188, hier S. 188.

[84] Küpper: *Simplicius 45*. S. 6, 23. Der Freund Andreas ist dagegen schwarzhaarig (Ebd. S. 16, 139, 179).

[85] Vgl. dazu ebd. S. 153: "[...] Andreas und ich [...] registrierten unbestechlich [...]".

[86] Der Junge beobachtet das Pogrom vom 9. November 1938 in seiner Stadt minutiös. Er registriert eine Widersprüchlichkeit zwischen Ernst und Karneval ("Karnevals- und Martinszug im November", ebd. S. 12), die er sich nicht deuten kann (Ebd. S. 10). Zu den ihn verwirrenden Verhaltensweisen der Erwachsenen gehört auch das betonte Sich-Heraushalten der Väter, des Lehrers und der Mutter aus dem Pogrom (Ebd. S. 9). – Zu den widersprüchlichen Verhaltensweisen der Erwachsenen und der daraus resultierenden Orientierungslosigkeit der Jugend vgl. meine Ausführungen über Manfred Gregors *Die Brücke*.

ten, meist unbeantwortet stehenbleibenden Fragen nach weltanschaulichen und propagandistischen Begriffen.[87] Der Erzähler handelt zudem wiederholt gegen seine politischen Überzeugungen.[88] Aber die Erfahrungen von Widersprüchlichkeit und Zwiespalt transzendieren seinen NS-Horizont nie grundsätzlich.[89] Es ist der Leser, der aus den nationalsozialistisch geprägten Deutungen und der Unwissenheit des Jungen Folgerungen ziehen muß. Auch die Interpretationen von unverstandenen Phrasen, die der jugendliche Erzähler liefert, gewinnen erst durch die Mitarbeit des Lesers Bedeutung. So wird das 'Führerwort', demzufolge "deutsche[..] Jungen und Mädel [...] die Garanten der Zukunft" sein sollen, umgedeutet in das dem Protagonisten sinnvoller erscheinende, die Instrumentalisierung der Jugend durch das Regime unabsichtlich entlarvende "wir sind die Granaten der Zukunft".[90]

Die zweite Ebene des Romans, in der die Nazi-Perspektive des Erzählers relativiert und widerlegt wird, manifestiert sich in gelegentlichen Hinweisen auf einen, hinter dem kindlichen kaum sichtbar werdenden, erwachsenen Erzähler, der seine eigene frühere Bewußtseinsstufe rekonstruiert. Er ist es, der zum Schluß feststellt, daß die Indoktrination des Kindes noch sehr lange nachwirkte und die nationalsozialistischen Verbrechen nicht mehr rückgängig zu machen waren:

[87] "Was ist Synagoge?" (Ebd. S. 7); "Was ist ein Untergebener?" (Ebd. S. 9); "[...] was sind Sachwerte?", "Was ist Gnade?" (Ebd. S. 11, 125); "Warum gab es überhaupt Juden?" (ebd. S. 14); "Was ist Vorsehung?", "Was ist Weltverschwörung" (Ebd. S. 15); "[...] was ist Kinderfreund?" (Ebd. S. 23); "Was ist schließlich schon Garant?" (Ebd. S. 27); "Was ist Walküre" (Ebd. S. 28); "Was ist Konzentrieren?" (Ebd. S. 38, 48); "Was ist Defaitist?" (Ebd. S. 60); "Was ist Haß?" (Ebd. S. 136); "Was ist Vergewaltigung?" (Ebd. S. 158, 201); "Was sind eigentlich katholische Männer?" (Ebd. S. 173).

[88] Ebd. S. 49, 59; vgl. dazu auch S. 20ff., 85, 122ff.

[89] Nur im Fiebertraum erkennt der Junge in Brünhildes Nazi-Onkel, dem SA-Führer, auf dessen zerstörerische Stiefel wiederholt, insbesondere im Kontext des 9. November 1938, hingewiesen wird (Ebd. S. 12f., 40f., 127; vgl. auch S. 8), das menschenvernichtende Ungeheuer: "Ich schlief ein und sah den Minotaurus. Er trug Stiefel, die auf Schutt knirschten. [...]. Wir hörten den Minotaurus jaulen, wir sahen ihn mit Bomben klimpern, mit Stiefeln knirschen. Er sagte, ich rieche Menschenfleisch, ich rieche Salamanderfleisch, ich rieche Kinderfleisch. Ich hatte Angst, umarmte Boris". Ebd. S. 156. Auch die schrecklichen Verbrechen an russischen Kriegsgefangenen und Juden und die eigene Verwicklung in sie kommen nur im Traum an die Oberfläche (Ebd.).

[90] Ebd. S. 27: "Ich war eine Granate der Zukunft. Und ich wartete seit Kriegsbeginn darauf, daß ich endlich ins Rohr gesteckt und abgeschossen wurde. Ins Rohr gesteckt worden sind wir zweimal, Andreas und ich, aber abgeschossen wurden wir nicht". Diese Umdeutung des Führerwortes wird im Romanverlauf vom Erzähler immer wieder zur Einleitung neuer Phasen in seinem eigenen und im Schicksal seines Freundes benutzt; vgl. dazu ebd. S. 29, 121, 158, 178, 188, 200, 213; vgl. dazu auch Gregor: *Die Brücke*. S. 199.

> Während in meiner Seele lange Zeit noch das Gespenst zerfiel, das den Namen 'Stimme des Blutes' führte, während die Geschütze verrosten, in die wir, Granaten der Zukunft, gesteckt worden sind, während ich die römische Münze suche und Andreas die Hand Gottes malt, sind die Toten tot.[91]

Ansonsten hält sich der erwachsene Erzähler mit seinen Kommentaren ganz zurück.[92] Selbst im kurzen Schlußwort vertritt er seinen kritischen Standpunkt nicht direkt. Dieser ist vielmehr in den Bildern eines für die Nachkriegsgesellschaft typischen Überbauens und Vergessens der früheren Tatorte und ihrer Toten enthalten. Die Verdrängung der Schuld in den fünfziger Jahren auch bei der Jugend, wird dadurch aber deutlich herausgestellt und die Notwendigkeit von "Ausschachtungsarbeiten" angedeutet.[93] Der zurückblickende Erzähler strukturiert darüber hinaus die Erzählung seines jungen, nationalsozialistisch indoktrinierten alter ego so, daß der Leser Hilfen für die Deutung des Erzählten erhält. Bestimmte wiederkehrende Motive verbinden leitmotivartig[94] die Zerstörungen jüdischer Häuser und Geschäfte am 9. November 1938 mit den Zerstörungen deutscher Städte durch die alliierten Bomber im Zweiten Weltkrieg und signalisieren dadurch, daß die Leiden der deutschen Zivilbevölkerung[95] eine Folge früherer NS-Verbrechen sind. So wird das Kriegsgeschehen, ohne daß es explizit gesagt würde, als Vergeltung und Strafe interpretiert.[96] Dieselbe Funktion haben auch die wiederholten Anspielungen auf D*as Gleichnis von den zehn Jungfrauen* aus dem Matthäus Evangelium.[97] Dieses Gleichnis ist Teil von Jesu *Reden über die End-*

[91] Küpper: *Simplicius 45*. S. 213.

[92] Es sind meist kurze Abschweifungen ins 'Heute', die den erwachsenen Erzähler ahnen lassen (Ebd. S. 83, 134, 136, 153).

[93] Ebd. S. 214. Bezeichnenderweise wird immer wieder das Interesse des Erzählers für Archäologie hervorgehoben (Ebd. S. 39ff., 184ff., 188f., 213f.).

[94] Der Junge sieht während des Pogroms vom 9. November 1938, daß "Glas auf der Straße" liegt, daß die Häuser sich "schamlos entblöß[en]" und aus ihren Fenstern "die Gardinen weiß und nervös herausweh[..]en" (Ebd. S. 7, 8, 15). Er erinnert sich in der angsterregenden Situation der Zerstörung des Vertrauten an die Warnung der Schwester aus der Verwahrschule "Kinder, hütet euch, wenn Glas auf der Straße liegt" (Ebd. S. 8). Als die Heimatstadt am 20.7.1944 zum ersten Mal von Bomben getroffen wird und "vier Frauen, zehn Kinder" sterben, registriert der Erzähler Schon-einmal-Gesehenes. Aber er deutet die Zerstörung in Nazi-Manier als Schuld der Fremden, insbesondere der Juden, und rechtfertigt im nachhinein den Haß auf sie und die halbe Welt (Ebd. S. 77f.); vgl. das Auftauchen der genannten Leitmotive an weiteren Stellen: Ebd. S. 21, 51, 103, 121, 127, 157, 214.

[95] Zur eindrücklichen Darstellung des Alliierten Bombenkrieges vgl. ebd. S. 103, 104, 108f., 126ff., 135, 153f.

[96] Weitere Hinweise auf diese ausgleichende Gerechtigkeit werden vermittels der sich wiederholenden Motive des Kanincheneinfangens (Ebd. S. 18f., 168) und des "Konzentrierens" (Ebd. S. 33, 38, 48, 110) gegeben.

[97] Ganz ähnlich wird der griechische Mythos von Aegeus, dem Minotaurus, Theseus und dem weißen oder schwarzen Segel, den der Erzähler im Deutschunterricht der

zeit, in welchen in verschiedenen Abwandlungen vom "Heulen und Zähneknirschen" der "Verfluchten" und ihrer "ewige[n] Strafe" die Rede ist.[98]

Durch indirekte erzählerische Strukturierung, mittels der Ambivalenz seines Protagonisten sowie durch Kontrastfiguren versucht Küpper in *Simplicius 45*, das notwendige Gegengewicht zur nationalsozialistischen Perspektive des jugendlichen Ich-Erzählers zu schaffen. Auf diese Weise kann er einen weitgehend im NS-System und seiner Weltanschauung aufgehenden Jungen zeigen, ohne über den verbrecherischen Charakter des Regimes irgendeinen Zweifel bestehen zu lassen. Die Darstellung der Integration der Jugendlichen erfolgt detaillierter und umfassender als bei Kolbenhoff und Gregor. Insbesondere thematisiert Küpper konsequent den Rassenhaß und die aus ihm resultierende Judenverfolgung.[99] Durch die Anspielung des Romantitels auf Grimmelshausens *Simplicissimus* plädiert er jedoch letztlich für so etwas wie mildernde Umstände. Der Simplicius des Dreißigjährigen Krieges mußte sich in einer schrecklichen Zeit durchlavieren und fand erst als alternder Einsiedler zu einer friedlichen christlichen Lebensführung. Der Vergleich mit ihm bedeutet für seinen modernen Nachkommen von 1945 eine gewisse Entschuldung, das Zugeständnis, daß dieses verführte Kind für die Hitler-Zeit, "die böseste in der bekannten Weltgeschichte", nicht verantwortlich gemacht werden könne und daß ihm in jedem Fall eine spätere selbstbestimmte Wandlung zugebilligt werden sollte. So äußerte sich der Autor in der zweiten Auflage seines Romans von 1998 auch explizit:

> Der [Arbeitstitel 'Andreas und ich'] zeigt somit an, daß es sich [...] um Privatleben handelt in – zugegeben – abenteuerlicher Zeit. Wie böse diese Zeit zugleich war, die böseste in der bekannten Weltgeschichte, kriegten diese Jungen am Rande mit. Wer sucht sich seine Zeit aus? Trotzdem besteht allgemeine Lebenspflicht, auch dann, wenn ein Hitler mörderisch dagegen angeht, gibt es den Genuß des Lebens und der Jugend. Wie es keine Region der Erde gibt, [...] die nicht

Oberschule kennenlernt (Ebd. S. 31), als indirekter Hinweis auf "widerstandslos[e]" Unterordnung unter eine menschenmordende Gewaltherrschaft und dadurch verwirktes Recht auf Verzeihung benutzt (Ebd. S. 157, 158, 192, 213).

[98] Matthäus 24, 1-51; 25, 1-46.

[99] Anders als etwa Gregor zeigt Küpper, daß die Jugend, insbesondere aber sein Protagonist, in die Verbrechen des Systems hineingezogen und ansatzweise schon zu Tätern gemacht wird. Letzterer hat bereits mit sieben Jahren verinnerlicht, daß Juden nicht als Menschen angesehen werden (Ebd. S. 10). Angestiftet von Brünhilde verhöhnt er die in einem sogenannten 'Judenhaus' Zusammengepferchten mit Spottversen. Zwar bemerkt er, daß sie "sich nicht wie Erwachsene" benehmen, das heißt sich nicht wehren, aber er hat Spaß an dem "Spiel" (Ebd. S. 17ff.). Bei der Altpapieraktion des Jungvolks findet er im Speicher des nun leerstehenden Hauses Fotoalben aus jüdischem Besitz. Er gibt in seiner Eigenschaft als Jungzugführer den Befehl, die Fotographien zu zerreißen und zerstört auf diese Weise die letzten Spuren jüdischen Lebens in der Stadt (Ebd. S. 36ff.). Obwohl er bei zwei Begegnungen mit Juden durchaus registriert, daß diese in Sprache und Mentalität typische Rheinländer sind, bleiben seine rassischen Koordinaten unverändert (Ebd. S. 14, 18, 24f.).

> von Menschen bewohnt wird [...], so gibt es auch keine 'unbewohnte' Zeit. Leute waren dran damals, verstrickt ins Böse von Anfang an, improvisierten ein Privatleben, haben sich zufällig nicht den Hals gebrochen. Davon handelt das Buch.[100]

Die drei vorgestellten Autoren präsentieren ihre jugendlichen Protagonisten übereinstimmend als Mitglieder des NS-Systems, an dessen Verbrechen sie als aktive Täter teilnehmen. Verschiedene Stärkegrade der Schuld sind allerdings nicht zu übersehen; sie hängen von den unterschiedlichen Dimensionen des Nationalsozialismus ab; die in den Romanen jeweils thematisiert werden.

Ebenso einhellig, wie die drei Autoren die objektive Täterschaft ihrer Kindersoldaten herausstellen, bestreiten sie deren volle Zurechnungsfähigkeit. Ihren Protagonisten geht das unabdingbare Maß an bewußter Einsicht in Art und Folgen ihres unrechten Handelns ab, sie verfügen kaum über Möglichkeiten freier, selbstbestimmter Willensentscheidung. Dieses Plädoyer für mildernde Umstände wird mit der Allmacht der faschistischen Erziehung begründet, deren mentale Wirkung schon in den zahlreichen Lied- und Gedichtzitaten der Romane überall zu greifen ist. Die Autoren führen des weiteren – im Zusammenhang mit der totalen Indoktrination – die konkrete soziale Situation und die besondere psychische Konstitution der Jugend als entlastende Argumente an, etwa die widersprüchliche Rolle der Familie oder die typischen Strebungen der Adoleszenzzeit wie Idealismus und Radikalismus, Abenteuerlust und Sinnsuche, Bedürfnis nach Gemeinschaft und anderes mehr. Diese Erklärung der Untaten aus ihren sozialen und psychischen Entstehungsbedingungen stößt allerdings in Kolbenhoffs Roman an ihre Grenze. Trotz aller Entlastungsargumente steht sein Protagonist letzten Endes als uneinsichtiger Schuldiger und damit als eine Inkarnation des Bösen isoliert da.

Im Ganzen aber kann man den 'Entschuldungsversuchen' in den behandelten Werken – im Gegensatz zu den in der Nachkriegszeit gängigen Rechtfertigungsstrategien – einen hohen Grad der Plausibilität wohl nicht absprechen. Von einer "gekränkten Verbitterung", wie Mitscherlich die verbreitete Abwehrhaltung gegenüber Schuldvorwürfen 1946 charakterisierte,[101] sind sie durchaus zu unterscheiden.

[100] Küpper: *Simplicius 45*. S. 188.

[101] Alexander Mitscherlich: *Die schwersten Stunden. Überschlag eines Jahres.* (1946). Zit. nach: Koebner: *Die Schuldfrage*. S. 338.

Franz Futterknecht

Der Jugendliche Geist und die Bewältigungsfrage

In post-war cultural debates, the youthful mind has frequently been evoked as the only mental operating system capable of steering German culture back onto the right track. In this article, the author argues that the primacy of the youthful mind in all cultural matters determined the Gestalt of post-enlightened, modern culture and can be traced back to Herder's model of human development mirroring the individual life stages of man. He also shows that Thomas Mann, in his Doktor Faustus, *half-heartedly declared the death of modernity after the failure of the pre-adult mind became manifest in the Third Reich. In Oskar Matzerath, however, Günter Grass brought the superior youthful mind back to its traditional glory.*

Im wohl bedeutendsten Roman der Nachkriegsjahre, in Thomas Manns 1947 erschienenem *Doktor Faustus,* wird die finale Krise des Protagonisten Adrian Leverkühn durch den Tod seines fünfjährigen Neffen Nepomuk Schneidewein ausgelöst. Der durch eine Hirnhautentzündung verursachte Tod dieses Kindes ist nach dem Text des Romans ein ebenso grauenhafter, wie sein kurzes Leben ein beglückendes und glückliches war. Der sonst so wortgewaltige Erzähler beklagt die Armut der Sprache, die weder die "Lieblichkeit"[1] dieses 'Knaben-Engels' noch das Entzücken zu beschreiben vermag, das diese "Erscheinung des *Kindes* auf Erden" (DF 624) unfehlbar bei denen auslöst, die in den Bann seiner Gegenwart geraten. Leverkühn identifiziert sich so sehr mit dem "kleinen Wundermann" (DF 621), daß man unschwer erkennt, daß in der Gestalt des vergötterten kleinen Nepomuk nur das ebenfalls vergötterte Kind Adrian dargestellt ist, dessen früh übervalorisiertes Ich sich später mit nichts anderem mehr beschäftigen mochte als mit dem Göttlichen und dem Schönen, d.h. mit sich selbst.[2] Nicht zufällig gab sich der

[1] Thomas Mann: Doktor Faustus. Das Leben des deutschen Tonsetzers Adrian Leverkühn. Erzählt von einem Freunde. In: Thomas Mann: *Gesammelte Werke in Einzelbänden*. Frankfurter Ausgabe. Bd. 1. Frankfurt a.M. 1980. S. 616. Im folgenden mit der Sigle DF abgekürzt.

[2] Derart narzißtische Persönlichkeitsstrukturen hat die neuere Thomas-Mann-Forschung nicht nur bei dem Autor, sondern auch bei seinen Romanfiguren entdeckt und auf eine mir sehr einleuchtende Weise analysiert. Dazu: Hans Wysling: *Narzißmus und illusionäre Existenzform. Zu den Bekenntnissen des Hochstaplers Felix Krull*. Bern, München 1982; und für mich besonders wichtig: Manfred Dierks: Thomas Manns Doktor Faustus unter dem Aspekt der neuen Narzißmustheorien (Kohut/Kernberg – Lacan). In: *Thomas Mann Jahrbuch*. Bd. 2. Frankfurt a.M. 1989. S. 20-40.

kleinen 'Nepo' den Namen 'Echo'. Nach Auskunft des Romans zeichnen innerhalb der Moderne eine solch saturierte Selbstreferentialität und die dazugehörige Fixierung auf das Gute und Schöne jene 'höheren' Menschen aus, die der zentrale Gegenstand der modernen Kultur und auch deren produktive Agenten sind.

Ausgelöst durch den Tod des Neffen dekonstruiert der Komponist Leverkühn in seiner letzten Schaffensphase jedoch das gesamte Kulturkonzept des 'höheren' Menschen, auch "homo Dei" genannt, bzw. er "nimmt es zurück"[3]. Damit stellt der Roman einen direkten Zusammenhang zwischen dem Lebensalter 'Kind' und dem 'Geist' der modernen Kultur her. Zugleich wird durch die Parallelisierung von Erzählzeit und dem Ende des Zweiten Weltkriegs die ästhetische Dekonstruktion der 'kindlichen' Kultur mit den vom deutschen Faschismus verursachten Katastrophen in eine direkte, aber keineswegs klare Beziehung gesetzt.

Im selben Jahr, in dem der *Doktor Faustus* erschien, formierte sich unter dem Namen 'Gruppe 47' eine lose Vereinigung von Schriftstellerinnen und Schriftstellern, deren Wortführer mehrfach bekundeten, daß unter den Bedingungen der nach-faschistischen Epoche nicht dem erwachsenen, sondern nur dem "jugendlichen Geist" der Aufbau einer wahrhaft humanen und authentischen Kultur und Gesellschaft in Deutschland und Europa zuzutrauen sei. In Alfred Anderschs programmatischem Aufsatz *Das junge Europa formt sein Gesicht*, den er in der Zeitschrift *Der Ruf. Unabhängige Blätter für die junge Generation* veröffentlichte, findet der Autor nur in hymnisch-mythischen Analogien das Vokabular für die Charakterisierung der jungen deutschen und europäischen Nachkriegsgeneration: Er beschreibt deren Geist als "neue(n), jugendfrische(n), jungfräulich-athenische(n)"[4]. Wenn Thomas Mann je wirklich im Sinn hatte, den 'höheren Menschen' mit all seinen Jugendlichkeits- und göttlichen Ursprungsfantasien aus dem kulturellen Verkehr zu ziehen, dann ist ihm dies ersichtlich mißlungen. 1959 erschien das epische Meisterwerk der 'Gruppe', Günter Grass' Roman *Die Blechtrommel.* Dessen Held, Oskar Matzerath, zählt sich zu "den hellhörigen Säuglingen, deren Entwicklung schon bei der Geburt abgeschlossen ist und sich fortan nur noch bestätigen muß"[5]. Seiner infantilen Frühvollendetheit gemäß bringt Oskar als Dreijähriger auch seine körperliche Entwick-

[3] In dem massiven psychotischen Schub, den die Gewißheit, daß Nepomuk nicht zu retten ist, auslöst, gibt Adrian vor Zeitblom die berühmte programmatische Erklärung ab: "Ich habe gefunden [...] *es soll nicht sein.*" [...] "Das Gute und Edle [...], was man das Menschliche nennt, obwohl es gut ist und edel. Um was die Menschen gekämpft, wofür sie Zwingburgen gestürmt, und was die Erfüllten jubelnd verkündigt haben, das soll nicht sein. Es wird zurückgenommen. Ich will es zurücknehmen." [...] *Die Neunte Symphonie* (DF 639f.).

[4] Hans A. Neunzig (Hrsg.): *Der Ruf. Unabhängige Blätter für die junge Generation. Eine Auswahl.* München 1976. S. 19-25, hier S. 19.

[5] Günter Grass: *Die Blechtrommel. Werkausgabe* Bd 3. Göttingen 1993. S. 52.

lung so zum Stillstand, daß zumindest sein Äußeres nicht verrät, wer er wirklich ist. Ersichtlich gleichen sich Oskar und Adrian in ihrer frühen 'Abgeschlossenheit', d.h. in ihrer eminent narzißtischen Persönlichkeit und dem entsprechend arroganten Intelligenztyp, auf ein Haar, obwohl die Kostüme und Masken, in denen sie auftreten, nicht unterschiedlicher sein könnten. Ob jedoch Kleinkind oder abgehobenes Genie, beide bilden Erscheinungsweisen des superioren Menschseins, das sich durch ein überlegenes, mit Unschuld gepaartes Wissen auszeichnet.[6] Die Kindsgestalt eignet sich nach 1945 ersichtlich besser, um in die Rolle eines Autors oder Künstlers schlüpfen zu können; eine Rolle, die hauptsächlich dazu da ist, um die inferioren Anderen zu züchtigen, zu richten und zu bestrafen.

Obwohl die Literaturwissenschaft weiß, daß die intellektuelle Dynamik nicht nur innerhalb der kulturellen Entwicklung des Nachkriegs, sondern spätestens seit dem Sturm und Drang ganz wesentlich von Initiativen des 'jugendlichen Geistes' ausging, hat man meines Wissens noch nicht intensiv nachgeforscht, wie es dazu kam, daß das vorerwachsene Bewußtsein seit langem das kulturell favorisierte ist,[7] und was es bedeutet, daß das kindlich-jugendliche Bewußtsein auch wieder im Nachkrieg kulturelle Urstände feiern konnte, obwohl es – wie gesehen – im *Doktor Faustus* und zwar in direktem Zusammenhang mit dem Dritten Reich 'zurückgenommen' worden war. Die folgenden Ausführungen stellen einen gewiß noch unzureichenden Versuch dar, über den merkwürdigen Zusammenhang von kindlich-jugendlichem Lebensalter und deutscher Kultur einige Aufklärung zu bekommen. [Ich bitte um Nachsicht dafür, wenn mir gewiß eine Vielzahl relevanter Tatbestände entgangen sind.]

Nach dem Stand meines Wissens hat im Zeitraum der Moderne und in Deutschland erstmals Johann Gottfried Herder in seinen frühen Schriften Lebensalter und Kultur in einen systematischen Zusammenhang gebracht. Es ist aufschlußreich, sich die Situation vor Augen zu führen, in der dies geschah. Herder wuchs in einer Gesellschaft auf, die zwei superiore Stände und einen inferioren kannte. Die gehobenen Stände bildeten der Adel und der Klerus. Deren Superiorität manifestierte sich darin, daß sie die Geschäfte des Staates, Gottes und ihrer Selbstrepräsentation betrieben, während die Alltagsarbeiten dem inferioren dritten Stand überlassen waren. Nun hatte Herder das Glück, in einer Familie zur Welt zu kommen, die sich innerhalb des dritten Standes zu den Gebildeten zählte und Anspruch auf Superiorität

[6] Vielleicht ist es der Schlöndorffschen Verfilmung des Romans zuzurechnen, daß es den Interpreten der *Blechtrommel* schwer fällt, Oskar nicht als Kind, sondern als eine Maskerade des narzißtischen Menschen zu sehen. Daß 'Kinder' dieser Art nicht wirklich Kinder, vor allem keine unschuldigen Kinder, sondern eigentlich "entsetzliche Menschen" sind, ist in Kafkas *Das Urteil* nachzulesen.

[7] Eine in diesem Zusammenhang interessante Untersuchung, die den deutschen Kulturraum freilich ganz außer acht läßt, ist Robert Bly: *The Sibling Society*. Reading 1996.

stellte. Dieser Anspruch beruhte auf ihrem privilegierten Zugang zum kulturell hoch bewerteten Wissen, das nicht nur die alten Sprachen, sondern zunehmend auch die modernen wissenschaftlichen Wissensformen einschloß. Aufgrund ihres Wissens hatten die Mitglieder des gebildeten dritten Standes im 18. Jahrhundert auf zunehmend aggressive Weise begonnen, die Superioritätsansprüche des Adels und des Klerus als betrügerische Einbildungen zu eskamotieren. Kinder, die in gebildeten, bürgerlichen Familien aufwuchsen, durften sich im beseligenden Bewußtsein wiegen, die künftig einzig anerkannte Form des superioren Menschseins zu repräsentieren. In trügerischer Bescheidenheit nannte man sie schlicht 'Mensch'.

Als Herder aus dem geschützten Familienkreis, den Klassenzimmern und Privatbibliotheken heraustrat und sich als junger Erwachsener auf den ungeschützten Schlachtfeldern der Philosophie und Wissenschaft wiederfand, erschien jedoch gerade eine Abhandlung nach der anderen, die nicht allein die Superioritätsansprüche von Adel und Klerus in Frage stellte. Es waren vor allem die Erkenntnisse der Physiologie über das Funktionieren der operanten Systeme im menschlichen Körper, die jede Vorstellung von höherem Menschsein und Wissen dem Verdacht aussetzte, sie sei die Wirkung eines defekten psycho-mentalen Apparats, dessen Tätigkeiten nicht mehr vom vernünftigen Prinzip praktischer Zweckmäßigkeitserwägungen, sondern noch von Direktiven gesteuert wurden, die die kindlichen Allmachts- und Größenfantasien produzierten.[8] Als funktionstüchtig betrachtete man die Operationsweisen der geistig-seelischen Einrichtung nämlich dann, wenn sie dem Ich innerhalb seiner Lebenswelt nützliche, Schaden und Schmerzen reduzierende Orientierungen lieferten. Ein Bewußtsein, dessen Gedankenproduktion nach dem Prinzip der Erfüllung phantasmatischer Größenwünsche funktionierte, galt vor allem deshalb als dysfunktional und gefährlich, weil es zwischen den mentalen Operationsformen 'Denken' und 'Fantasieren' nicht recht zu unterscheiden vermochte.

Die Bedrohung des superioren Menschseins durch ein radikal antimetaphysisches Denken löste vor allem in Deutschland einen Schock aus, der nur mit dem Entsetzen zu vergleichen ist, das die Entdeckungen des Kopernikus auslöste.[9] Man kann ohne Übertreibung sagen, daß praktisch das gesamte gebildete deutsche Bürgertum eine Einheitsfront gegen die als materialistisch verschriene Explikation des Menschen aufbaute, die weder inferiore noch superiore Menschen anerkennen wollte. Niemand konnte allerdings bestreiten, daß diese 'materialistische' Anthropologie auf dem verfügbaren empirischen Wissen über den Menschen aufbaute.

[8] Die neue, empirische Wissenschaft vom Menschen vertritt beispielhaft sowohl in seinem literarischen als auch in seinem wissenschaftlichen Werk Johann Karl Wezel, der lange vergessene Zeitgenosse Herders.

[9] Dazu: Thomas P. Saine: *The Problem of Being Modern or The German Pursuit of Enlightenment from Leibniz to the French Revolution*. Detroit 1997.

Zum Glück war gerade Baumgartens *Aesthetica* erschienen. Deren Gegenstand war bekanntlich das seelenunabhängige Körperwissen, das schon Leibniz in den Körpermonaden vermutet hatte.[10] Baumgarten, der selbst auf dem Boden des rationalistischen Denkens stand, in dem die Theologie und die Philosophie der metaphysischen Aufklärung weitgehend fusioniert waren, hat nicht nur die intuitiven, unbewußten und begrifflich unscharfen 'Erkenntnisweisen' des Körpers beschrieben, sondern er hatte im Schönen zugleich die höchste Form der körperlich-sinnlichen Erkenntnis ausgemacht, die – wie er meinte – dem metaphysischen Wissen der göttlichen Seele ebenbürtig war. Die Äquivalenz des Schönen mit den höheren Geisteswahrheiten machte das 'Körperwissen'– vor allem in seinen ästhetischen Leistungen – für superiorisierte Menschen hoch attraktiv. Denn die gegen die Existenz einer göttlichen Seele gerichteten Argumente der 'Materialisten' prallten am 'höheren' Körperwissen und der Ästhetik ab. Als Teil der 'cognitio sensitiva' erwies sich die Ästhetik als geeignet, die Stelle der Theologie und traditionellen Metaphysik einzunehmen: Aus Seelen-Monaden wurden nun Genies, Dichter lösten die Priester, die poetische Fiktion die Bibel ab.

Herder nimmt die Überlebensmöglichkeiten, die die Ästhetik dem Größen-Ich bietet, sofort wahr.[11] Denn in den unscharfen, sinnlichen Gedanken konnte der 'homo Dei' wieder eine Heimstatt finden, nachdem ihn die Wissenschaft aus den genauen, kontrollierbaren Gedanken vertrieben hatte. Unter Hamanns Ägide verunglimpft Herder alle philosophisch-wissenschaftlichen Bestrebungen, deren Ziel die Klarheit und Eindeutigkeit der Wörter ist, als römisch, französisch, in jedem Fall als undeutsch. Dagegen verteidigt er das Ambivalente an den Wörtern, sieht darin einen Beziehungsreichtum, der der Poesie ebenso wie dem gedanklich unscharfen Verfahren der Analogie zugute kommt.[12] Bei Herder wie Hamann avancieren die Ambiguitäten der Sprache zu einem fruchtbaren Gärstoff für all jene Gedankenproduktionen, die den Kontrollen der wissenschaftlichen Theoriebildungen nicht unterworfen sind. Zugleich wird die sinnliche Rede der Poesie zur Muttersprache der Menschheit deklariert, d.h. als die Sprache, die die 'kindliche' Menschheit sprach. Und hier setzt Herder erstmals systematisch seine Lebensalterphilosophie ein. Er rekurriert dabei auf das uralte Wissen, daß die Vermögen und Operationsweisen des menschlichen Geistes in den körperlichen Entwicklungsphasen verschieden sind. Der wissenschaftlichen

[10] Dazu: Hans Rudolf Schweizer: *Ästhetik als Philosophie der sinnlichen Erkenntnis*. Basel, Stuttgart 1973.

[11] Dazu Herders unabgeschlossene, frühe Abhandlung: Begründung einer Ästhetik in der Auseinandersetzung mit Alexander Gottlieb Baumgarten. In: Johann Gottfried Herder: *Werke in zehn Bänden*. Bd 1. Frankfurt a.M. 1985. S. 651-694.

[12] Dazu vor allem: Herder: Über die neuere deutsche Literatur. Erste Sammlung von Fragmenten. Eine Beilage zu den Briefen, die neueste Literatur betreffend. 1767. In: Ebd. S. 161-260.

Anthropologie galt dieser Tatbestand übrigens als schlagender Beweis dafür, daß die sogenannten geistigen Vermögen nur Extensionen von Ereignissen sind, die in den körperlichen Denkorganen stattfanden. Was die Differenzen zwischen dem kindlich-jugendlichen und dem erwachsenen Bewußtsein angeht, so wußte man, daß die frühen Operationsformen des Bewußtseins noch nicht scharf zwischen Wirklichem und Eingebildetem, Handlungen und Nachahmungen von Handlungen, Arbeit und Spiel, Fiktion und Faktum unterscheiden, daß sich im Verlauf der Bewußtseinsentwicklung ein Realitätsprinzip jedoch immer mehr durchsetzt, bis schließlich im Erwachsenwerden das Bewußtsein so bei sich, bei den anderen, bei den Dingen und in der Welt ankommt, wie dies dem menschlichen Bewußtsein überhaupt möglich ist. Die Aufklärung hatte erkannt, daß die herrschende Kulturformation seit Jahrhunderten den Übergang ins geistige Mündigwerden eher gehemmt hat. Sie betrieb zunächst energisch den Exorzismus des vorerwachsenen Bewußtseins,[13] bis klar wurde, daß die Initiation ins Erwachsenwerden auch die Träume vom superioren Menschsein bedroht. Es war Herder vorbehalten, diesen Prozeß zu stoppen und die vorerwachsenen Formen des Bewußtseins zu den allein wahrhaft kulturfähigen zu deklarieren, weil in ihnen das intuitiv-ursprüngliche Wissen von der höheren Bestimmung des Menschen und die idealisierende Kraft des Geistes erhalten geblieben seien. Herders epochemachender Text, in dem er diese Auffassung mit aller notwendigen Klarheit entwickelt, trägt den Titel *Auch eine Philosophie zur Geschichte der Bildung der Menschheit.* In ihm wird der 'homo Dei' mitsamt seinen höheren Wissensformen mit Hilfe von Ästhetik und jugendlichem Geist gerettet. Seither gilt die berühmte Devise Schillers, daß der Mensch nur Mensch ist, wenn er spielt.[14]

Warum erzähle ich das alles? Vor allem deshalb, weil Thomas Mann im *Doktor Faustus* nichts anderes Revue passieren läßt als die gesamte abendländische Geschichte des superioren Menschen, und zwar zeigt er dessen erhabene Gestalten in zahlreichen religiösen, philosophischen, ästhetischen und politischen Stadien. Thomas Mann schreibt dabei vor allem die 'deutschen' Kapitel der kulturellen und politischen Geschichte auf, in denen der Mensch sich erst als Geschöpf Gottes begreift, dann aber selbst sein will wie Gott und sein Gottsein in Form von individuellen und kollektiven Lebensentwürfen auslebt, die jeweils in Katastrophen enden. Die Gestalt des Faustus und sein Teufelspakt figurieren neben Nietzsche und seinem Übermenschen vielleicht an prominentester Stelle im Roman. Aber dies sind nur zwei unter vielen 'Gottmenschen', deren geistiges Vermächtnis in den Romantext einmontiert wird.

[13] Dazu Kants berühmte Abhandlung: *Über die Beantwortung der Frage: Was ist Aufklärung?*

[14] Dies behauptet Friedrich Schiller bekanntlich im 15. Brief seiner Schrift *Über die ästhetische Erziehung des Menschen.*

Daß höheres Menschsein beständig von Katastrophen bedroht ist, hat mit dem Intelligenztyp zu tun, den es verkörpert. Denn der besitzt nur wenig Wirklichkeitssinn und wenig Geschmack dafür, sich um die Dinge des wirklichen Lebens zu kümmern. Charakteristische Züge im Psychogramm des "homo Dei" sind nämlich ein hohes Maß an Introvertiertheit, kombiniert mit einem hohen Maß an Menschen- und Weltverachtung, ein stark reduziertes Vermögen, mit andern umgehen zu können, weiterhin die Neigung zu idealisierenden Träumereien und globalen Revolten und schließlich der Hang, sich weltflüchtig in die Regionen der Kunst zurückzuziehen. Der Bayernkönig Ludwig steht im Roman an prominenter Stelle für die Wirklichkeitsprobleme des 'geistigen' Adels. Das mangelnde Verantwortungsgefühl gegenüber den anderen und gegenüber den Ereignissen 'dieser Welt' wird im 'höheren' Menschen kompensiert durch ein empfindliches Sensorium, das ihm jeweils sofort mitteilt, wenn sein superiorer Status bedroht ist.

Nach Auskunft des Romans wird jedoch das 'höhere' Menschsein schon im 19. Jahrhundert nur noch von kulturbeflissenen Narren, wie sie der Erzähler Zeitblom repräsentiert, anerkannt. Leverkühn weiß, daß das Phantasma des superioren Menschen von nichts geringerem bedroht ist als von 'der Wahrheit'. Der Wahrheit ist aber kaum zu entgehen. Leverkühn handelt denn auch wie ein Unternehmer, der weiß, daß sein Betrieb auf einen unvermeidbaren Bankrott zutreibt. Das Prinzip, nach dem er handelt, ist das des Aufschubgewinnens, wobei ihm, um den Schein der Bonität zu wahren, zunächst offensichtlich alle Mittel, auch die unlauteren, nämlich 'Teufelspakte' recht sind. Erst kurz vor seinem geistigen Kollaps bricht auch Leverkühns Widerstand gegen die 'Wahrheit' zusammen. Seine Lebensbeichte ist daher nichts mehr und nichts weniger als die späte Bankerotterklärung der gesamten Kulturepoche, die um den 'höheren' Menschen zentriert war. Auf dem Schuldkonto der Epoche steht, daß ihre aktiven Mitglieder "hinter die Schul"[15] gelaufen sind, statt zu lernen, verantwortlich und praktisch zu denken und zu handeln. Auf ihrem Schuldkonto steht ebenfalls, daß sie für alle Untaten verantwortlich ist, die die 'Kinder' angestellt haben, die sie an die Macht gebracht hat. Mit anderen Worten: Die Schuld der von Adrian verabschiedeten Kulturepoche besteht darin, daß sie auf systematische Weise verhindert hat, daß aus narzißtischen Kindern Erwachsene wurden. Das Spiel, das im alten Kulturbetrieb in unendlichen Variationen aufgeführt wurde, suchte glauben zu machen, daß es dem 'höheren' Menschen um die moralische und geistige Vervollkommnung des Menschen geht. Die letzte

[15] Der hier relevante Teil von Adrians Lebensbeichte lautet: "Denn es heißt: Seid nüchtern und wachet! Das aber ist manches Sache nicht, sondern, statt klug zu sorgen, was vonnöten ist auf Erden, damit es dort besser werde, und besonders dazu zu tun, daß unter Menschen solche Ordnung sich herstelle, die dem schönen Werk wieder Lebensgrund und ein redlich Hineinpassen bereiten, läuft wohl der Mensch hinter die Schul und bricht aus in höllische Trunkenheit: so gibt er sein Seel daran und kommt auf den Schindwasen." (DF 668).

Variante des Spiels, wo der höhere Mensch in der Rolle des Vertreters einer Herrenrasse auftritt, machte jedoch unübersehbar klar, daß es im höheren Menschsein *de facto* immer um Macht und die Anerkennung des eigenen 'Herrentums' ging.

Diese Erkenntnisse bilden das geistige Vermächtnis Adrians. Aber man muß hinzufügen: Es ist dies nicht das Vermächtnis des Romans. Denn der Romantext mit seinen komplexen Montagetechniken deliriert geradezu darin, in einem schier unendlichen Netz von Entsprechungen und Analogien die Schicksale und Katastrophen des "homo Dei" in erhabenen Tragödien zu inszenieren, d.h. sie ästhetisch zu rechtfertigen. Der Leser nimmt daher die Lebensbeichte und den Zusammenbruch Leverkühns zwar zur Kenntnis, aber erwartet, daß der 'Spieler' der Adriansrolle vor den gefallenen Vorhang tritt, um den verdienten Applaus des Publikums für seine Darstellung eines grandiosen geistigen Kollabierens entgegenzunehmen.[16] Ich bin daher versucht zu sagen, daß, wenn Adrian den Bankrott der Epoche des höheren und zugleich infantilen Menschseins erklärt, der Roman daraus einen jener Bankrotte macht, in denen dem Bankrotteur seine Schulden getilgt werden, die von ihm geschädigten Gläubiger die gesamte Zeche zahlen müssen, und der Bankrotteur im Handumdrehen sein entschuldetes Unternehmen wieder eröffnen kann.

Aus meiner Sicht markiert der *Doktor Faustus* jedenfalls nicht den 'Tod' des Kulturkonzepts 'höherer Mensch' mit seinen kindlichen Mentalitäten, eher gibt er das Fanal zu seiner 'Auferstehung'. Im Kulturbetrieb des Nachkriegs konnte ich denn auch nichts ausmachen, was wie die Exekution des geistigen Vermächtnisses Leverkühns aussieht. Im Gegenteil: Was ich vorfinde, sind neben den direkten Aufforderungen zur Rückkehr zum 'bewährten' Geist der Aufklärung, der Goethezeit und des Christentums zwar zum Teil kulturrevolutionäre Wortgesten, aber hinter ihrem Schleier nur die restaurativen Absichten ausgeführt, im Namen von geistiger Jugendlichkeit die Superiorität des deutschen Geistes unmittelbar nach der Kapitulation zu reetablieren. Zeitzeugen wie Heinrich Böll und Wolfdietrich Schnurre, die zugleich Sprecher der jungen Generation sind, berichten rühmend davon, wie im Nachkrieg die 'brüderlichen Deutschen mit gutem Willen' von Hoffnungen, neuem Glauben und idealistischen Zukunftsvisionen geradezu glühten. Unter ihnen herrschte die Gewißheit, daß die politischen und intellektuellen Erfahrungen gerade der jungen Deutschen zu einem Geist geronnen sind, der als große Vermittlungsinstanz allein die Schlüssel für die Lösung der Menschheits- und Weltprobleme besaß. Die Literaturgeschichtsschreibung zollte dem idealistischen Zukunftswissen der jungen Generation in der Regel hohen Respekt, obwohl auch zugegeben wurde, daß ein großer Man-

[16] Tatsächlich ist Adrians im Lutherdeutsch vorgetragene Lebensbeichte ein veritables Happening, eine Inszenierung, die von Teilen des Auditoriums, das sich um Adrian versammelt hat, auch als "Poesie" und "Schönheit" wahrgenommen wird (DF 666).

gel an implementierbaren, politischen oder ökonomischen Konzepten unter der jungen Generation herrschte und niemand eine konkrete Devise dafür hatte, wie das befriedete Leben und die befriedete Welt konkret einzurichten seien. Selten wird darauf hingewiesen, daß die Produktionen von idealistischen Zukunftsträumen nur auf der Basis eines hoch selektiven Wahrnehmungssystems gedeihen konnten, das ignorierte, was man selbst angerichtet hat.[17]

Wie dem auch sei: Die Rehabilitierung des 'höheren Menschen' und der phantasierenden Denktätigkeiten war nach 1945 sofort wieder in vollem Gange. Bei den unumgänglichen Verfahren der Schuldzuweisung für die Verbrechen des Dritten Reiches bediente man sich – wenn ich dies richtig sehe – folgender Rezepte: Superiore Menschen vollziehen ihre Unterscheidung zwischen höherem und inferiorem Menschsein ja nicht nur an anderen, sondern notgedrungen auch an sich selbst. Sie begreifen sich als Zwitterwesen, ausgespannt zwischen Tier und Gott. Zur psychischen Hauptleistung des höhern Menschen gehört es, den eigenen Aufenthalt im 'Tierreich' zu ignorieren. In Situationen des Schuldiggewordenseins kommt dem höheren Menschen seine doppelte Ontologie besonders gelegen: Er kann die Schuld an seinen Untaten seinem inferioren Ich zuschieben, das ihn nichts angeht, weil für ihn psychisch nur die idealistischen Gesinnungen seines höheren Ichs relevant sind.[18] Innerhalb der sogenannten 'Bewältigungsdebatte' findet man denn auch sofort die Rubrik 'Inferiorität' und unter ihr die Nazis und Hitlerdeutschland, im Gegensatz zu den superioren Deutschen oder dem 'anderen' Deutschland. Gleich werden der inferioren Gruppe auch die 'Alten' oder 'Väter' zugerechnet, jene Lebensaltergruppen, die zu den 'Erwachsenen' zählen. Als 'alt' und 'erwachsen' gelten alle, die die glühenden Hoffnungen der 'Jungen' nicht teilen und keinen Geschmack daran finden, deren neue deutsche Größenphantasien mitzuphantasieren. Bald rechneten auch die westlichen Siegermächte zum inferioren Menschsein, nachdem sich herausgestellt hatte, daß Amerikaner und Briten sich weigerten, die Höhenflüge des jungen, deutschen Geistes mit Rat, Tat und Geld zu unterstützen. Auf diese Weise konnte der 'höhere' Deutsche leicht für seine und die Taten anderer Reue zeigen, ohne sich selbst wirklich dabei zu meinen.

Die Re-Etablierung der geistigen und moralischen Überlegenheit des 'höheren', jungen deutschen Menschen sah sich nach 1945 jedoch vor dem Problem, diesem 'höheren' Menschen eine Gestalt zu geben, die trotz der

[17] Ein jüngst veröffentlichter Beitrag dazu ist Ernestine Schlant: *The Language of Silence. West German Literature and the Holocaust*. New York, London 1999.

[18] Welch geistige Kapriolen die Aufspaltungen zwischen realem und idealem Ich in der Nachkriegszeit zur Folge haben, habe ich versucht in meinem Aufsatz: Nachkriegspositionen des ästhetischen Bewußtseins. Hans Werner Richter: Die Geschlagenen (1949) und Sie fielen aus Gottes Hand (1951) darzustellen. In: Hans Wagener (Hrsg.): *Von Böll bis Buchheim. Deutsche Kriegsprosa nach 1945*. Amsterdam, Atlanta 1997. S. 111-131.

Kompromittierung des deutschen Geistes durch den Holocaust und das Dritte Reich eine Chance hatte, anerkannt zu werden. Dies war gewiß eine schwierige Aufgabe, der – soweit ich sehe – weder die Trümmerliteratur noch der magische Realismus gewachsen waren. Ich bin geneigt anzunehmen, daß die hervorragende Stellung der *Blechtrommel* innerhalb der Literatur nach 1945 eben darauf beruht, daß es Günter Grass mit seinem Oskar Matzerath gelungen ist, dem 'höheren' Deutschsein eine Gestalt zu geben, die unter den nach-faschistischen Bedingungen bestehen konnte.

Dieser Roman liefert eine Analyse des europäischen Geistes, die darauf hinausläuft, daß der meistenteils in Illusionen befangen war, weil seine Operationsformen nicht scharf zwischen Denken, Wissen und Handeln auf der einen Seite und Phantasieren, Glauben und Spielen auf der anderen Seite unterschieden. Damit wiederholt Grass die Diagnose vom kindlichen Zuschnitt der abendländischen Kultur. Ersichtlich hätte sein Held Oskar unter diesen Bedingungen keine Chance gehabt, ein erwachsenes Bewußtsein auszubilden. Aber Grass hat den grandiosen Einfall, die Ereignisse so darzustellen, als habe Oskar vermöge eines angeborenen Wissens einen bewußten Entschluß gegen das eigene Erwachsenwerden gefaßt und durchgeführt. Da dieser Entschluß zur geistig-körperlichen Retardierung vorgeblich auf einem überlegenen Wissen beruht, scheint zunächst plausibel, daß Oskar daraus Vorteile entstehen. In der Tat entfalten sich mit dem Entschluß, Kind zu bleiben, in Oskar zwei Sondervermögen: einmal das Vermögen, Glas zu zersingen, das das 'Kind' befähigt, ohne argumentative Gegenwehr gegen alle Zumutungen der Erwachsenen vorzugehen; zum anderen das Trommeln, eine Mitteilungsform, die unterhalb der Ebene bewußter Gedanken und ohne das Medium der Sprache funktioniert. Beide Sondervermögen bilden die Grundlage für Oskars besondere Überlegenheit und für Künstlertum.

Wie alle superioren Menschen nimmt Oskar sofort die Geschäfte auf, auf die sich 'höhere' Menschen seit je am besten verstehen: Er entdeckt 'falsches' Bewußtsein, stellt es bloß oder bestraft es. Da Oskar sein Kindsein 'spielt', d.h. eine Phantasiegestalt ist, hat er einen besonderen Blick für erwachsene Menschen, die selbst in Phantasien leben, d.h. ihr Leben 'spielen', statt verantwortlich zu leben. Der 'Spieler' Oskar wird zum Rächer an denen, die nicht bereit sind, die Wirklichkeiten des Lebens zur Kenntnis zu nehmen und deren Wahrnehmungs- und Denksysteme das Reale zugunsten von Wunschfantasien unterdrücken. Um die Knirpsgestalt des superioren Menschen nicht zu überfordern, muß sich Grass allerdings mit dem Aufdekken intellektuell eher schäbiger Bewußtseins- und Verhaltensformen zufriedengeben. Dafür bieten das Kleinbürgertum Danzigs und Nazideutschland "ein weites Feld". Die kritische Ausbeute des Romans ist hier wesentlich beträchtlicher als in der Nachkriegszeit. Der größte Vorteil, den die Kinderrolle des superioren Bewußtseins einbringt, ist jedoch zweifellos der, daß seine Bonität nicht sinnvoll in Frage gestellt werden kann. Mit anderen Worten: Das kindlich-superiore Bewußtsein setzt sich zwar, wie sich im Roman zeigt, vielen Kalamitäten aus, hat aber nie mit der Wahrheitsfrage zu rechnen, die Leverkühns "homo Dei" in die Enge getrieben hat. Das 'Kind' Oskar ist der Spieler, der die anderen wegen ihres Spielens bestrafen darf, ohne selbst fürchten zu müssen, für das eigene 'Spielen' zur Rechenschaft gezogen werden zu werden. Damit erfüllt seine Gestalt alle Bedingungen des "zynischen Bewußtseins"[19], das sich trotz des Wissens von der eigenen Falschheit im Recht zu behaupten weiß.

Deshalb stört auch nicht, daß in der *Blechtrommel* ungeschminkt zugeben wird, daß das von Oskar repräsentierte Bewußtsein nur als Immunsystem gegen ein bestimmtes, falsches Bewußtsein taugt, dagegen aber ziemlich untauglich ist, vernünftige Orientierungen in konkreten Lebenssituationen zu liefern. Im Gegenteil: Die Infantilisierungsstrategie, die Oskar gewählt hat, scheint den Effekt zu haben, daß sein Leben meistens aus Situationen besteht, denen er sowohl körperlich als auch geistig nie ganz gewachsen ist. Wie die 'höheren' Menschen im *Doktor Faustus* 'katastropht' auch Oskar durch sein Leben und 'wählt' am Ende den Aufenthalt im Irrenhaus als Schutz vor der Welt. Hier schreibt er seine Lebensgeschichte. Neben dem Schreiben beschäftigt ihn vor allem die Angst, in die Wirklichkeit hinauszumüssen.

Das Ergebnis meiner Untersuchung läßt sich wohl so zusammenfassen: Trotz des sporadisch vorhandenen Wissens über die Notwendigkeit einer radikalen Neuausrichtung der Regeln, die den kulturellen Diskurs und die mentalen Operationsformen seiner Mitglieder bestimmen, und trotz einer vielerorts vorfindlichen kulturrevolutionären Rhetorik hat die alte Kulturformation, die nicht aufhören kann, superiore und inferiore Menschen zu produzieren, alle kompromittierenden Ereignisse des Dritten Reiches unbeschadet überlebt und im Nachkrieg eine neue Klasse 'höherer Menschen' geschaffen, die problemlos das Erbe jenes Geistesadels antreten konnte, der seit der Goethe-Zeit den kulturellen Diskurs beherrscht. Diese kulturelle 'Restauration' hat – soweit ich sehe – nichts mit dem Eingreifen der Amerikaner, Briten oder Sowjets oder der Währungsreform und dem Wirtschaftswunder zu tun; um diese kulturelle Restauration zu begreifen müßten wir mehr über einen in Kulturformationen tätigen Selbsterhaltungstrieb wissen oder über die Resistenzkraft derer, die im Kulturmanagement das Sagen haben.

[19] Dazu Peter Sloterdijk: *Kritik der zynischen Vernunft*. Frankfurt a.M. 1983.

Winfred Kaminski

Indianerbücher – die heimlichen Kriegsromane? Zum Beispiel von Fritz Steuben (d.i. Erhard Wittek)

Erhard Wittek (pseudonym of Fritz Steuben), well known for his First World War-novel Durchbruch anno '18 *(1933), propagates a militaristic and imperialistic* 'Weltanschauung'*, closely connected to the National Socialist ideology. And it is not by accident that his depiction of the fights in the wild West between the Red Indians and the settlers are similar to his manner of writing about the First World War. All of his books for young readers were republished after the Second World War.*

Die hier vorzustellenden Indianerbücher Fritz Steubens (d.i. Erhard Wittek) – sie erschienen zwischen 1928 und 1939 im Stuttgarter Franckh-Verlag – stehen in einer langen Tradition, wobei von Autor und Verlag die besondere Bindung an James F. Cooper hervorgehoben wird und der Bezug zu Karl May dazu diente, Fritz Steuben ihm gegenüber herauszuheben. Es wäre nicht weiter von ihm zu sprechen, wenn nicht seit 1997 der Franckh-Verlag erneut seine Indianergeschichten herausgeben würde und diese Neuausgabe nicht ein so enormes Echo gefunden hätte:

> So bleiben Steubens Bücher spannende Abenteuergeschichten mit tollen Handlungen und hehren Helden. Bewahrenswerte Literatur für nachfolgende Generationen.[1]

Und in einem populären *Lexikon der Abenteuer- und Reiseliteratur* werden Steubens Indianergeschichten als "vorbildlich recherchiert" gelobt und als "fester Kern der deutschen Jugendbuchliteratur" bezeichnet.[2]

[1] Klaus Peter Creamer: Neubearbeitung der Steuben-Klassiker. In: *Eselsohr*. H 1 (1998). S. 14.

[2] H. G.: Steuben. In: *Lexikon der Abenteuer- und Reiseliteratur*. Hrsg. von Heinrich Pleticha, Siegfried Augustin. Stuttgart, Wien, Bern 1999. S. 302f. Bereits in den sechziger und achtziger Jahren wurden Steubens Indianerbücher wiederholt positiv beurteilt. Für den Kritiker Hans Lipinsky-Gottersdorf war Fritz Steuben ein "Dichter der Mannhaftigkeit": "Ich weiß, [...] die Mannhaftigkeit ist hierzulande arg in Verruf geraten in den letzten beiden Jahrzehnten. Aber wird eine gute, eine großartige Sache darum [...] schlecht, weil sie mißbraucht und verzerrt worden ist bis ins Unmeßbare hinein?" Siehe Hans Lipinsky-Gottersdorf: Geschichten der Mannhaftigkeit. In: *Neue Sammlung*. H 4 (1961). S. 322-325; hier S. 324f. Der langjährige Lektor und Verlagsleiter des Herder-Verlages Anton Baumeister huldigte dem Autor anläßlich seines Todes als Erfinder eines "Kriegers mit dem Mut zum Frieden." Siehe Anton

Die Bearbeiterin der neuesten Ausgabe der Tecumseh-Geschichten, Nina Schindler, eine Bremer Autorin, schreibt schließlich in ihrem Kommentar zu *Der strahlende Stern* (1997):

> Steubens Indianerbücher zeichnen sich durch intensives Quellenstudium aus: Seine Protagonisten haben wirklich gelebt, die Ereignisse haben an den beschriebenen Schauplätzen stattgefunden, und so entwarf er ein realistisches Bild von den Kämpfen zwischen Weiß und Rot.[3]

Die Bearbeiterin weiß selbstverständlich, daß Fritz Steubens Indianergeschichten geprägt waren von "nationalsozialistischem Gedankengut", sie glaubt gleichwohl, die "ideologischen Färbungen" entfernen und die "zeitlose Qualität" der Geschichten verdeutlichen zu können

> als Abenteuererzählungen voller Dramatik und Spannung vor dem Hintergrund historischer Geschehnisse.[4]

Ich möchte nachfolgend zum einen die beanspruchte Authentizität des Erzählten oder der Wirklichkeitsidee ausführen und zum anderen möchte ich mein Augenmerk auf Steubens Erzählungen als Kampfesgeschichten richten. Ich werde versuchen, den Nachweis zu erbringen, daß die ideologischen Färbungen dieser Bücher ihnen keinesfalls äußerlich sind, sondern daß es unauflösliche Beziehungen zwischen den Indianerbüchern auf der einen Seite und Wittek/Steubens Kriegsromanen, vor allem seinem Erfolgsbuch *Durchbruch anno '18* (1933) auf der anderen Seite gibt. Dies alles geschieht im besonderen Hinblick darauf, daß Steubens Indianerbücher nach dem Ende des Zweiten Weltkrieges (seit 1949) wieder auf dem Buchmarkt verfügbar waren.

Was aber – dies zuvor – die Authentizität und Quellentreue des Autors Fritz Steuben angeht, so sei hier eine Aussage von ihm selbst aus dem Jahre 1956 angeführt. Sie entstammt dem Nachwort zu einem Buch über den Shawano-Häuptling Tecumseh, das von Fritz Steuben übersetzt wurde:

> Von 1928 bis 1939 habe ich die acht Erzählungen niedergeschrieben, die bis heute eine Auflage von über einer Million Exemplaren allein in deutscher Sprache erzielt haben. Im Jahre 1956 [...] veröffentlichte Glenn Tucker seine große Arbeit, die mir bestätigte, daß ich bei aller dichterischen Freiheit im einzelnen den Charakter Tecumsehs richtig dargestellt habe. Selbst die von mir völlig frei erfundene Erzählung von der Freundschaft des zwölfjährigen Tecumseh mit einem gleichaltrigen weißen Jungen entbehrt nicht einer Grundlage [...].[5]

Baumeister: Zum Tode Fritz Steubens – Autor und Buchhändler. In: *Börsenblatt für den deutschen Buchhandel*. H 72 (1981). S. 2108f.

[3] Nina Schindler: Nachwort. In: Fritz Steuben: *Der strahlende Stern*. Stuttgart 1997 (Neubearbeitung).

[4] Ebd.

[5] Fritz Steuben: Nachwort. In: Glenn Tucker: *Tecumseh. Roten Mannes Ruhm und Ehre*. Bremen 1956. S. 352.

Obwohl Fritz Steuben in den ersten Ausgaben seiner Bücher selbst darauf Wert gelegt hatte, daß seine Geschichten "alten Quellen nacherzählt" seien, scheint es hier doch so, daß wir es auch bei seinen Geschichten – weit mehr als von den Bewunderern angenommen –, mit 'dichterischer Freiheit' zu tun haben, als mit einem historischen Dokument. Das allein spricht nun noch nicht gegen seine Tecumseh-Erzählungen.

Schwerer als diese Diskussion wiegt vor dem Hintergrund der Fragestellung *Schuld und Sühne? Kriegserlebnis und Kriegsdeutung in den deutschen Medien der Nachkriegszeit (1945-1961)* das Problem, inwieweit die "ideologische Färbung" seinen Indianerbüchern äußerlich geblieben ist, inwieweit eine unauflösliche inhaltliche Beziehung zwischen diesen Erzählungen und seinem Kriegsroman *Durchbruch anno '18* existiert und welche Funktion diese Geschichten im Deutschland der Nachkriegszeit hatten.

Mit seinem Kriegsroman *Durchbruch anno '18* steht Wittek/Steuben in einer Reihe von Büchern von Beumelburg bis Jünger. Wittek/Steubens Roman mit dem Untertitel *Ein Fronterlebnis*, schildert, "daß es immer auf den überlegenen Menschen ankomme"[6]. In seinem Nachwort benennt der Autor diejenigen, gegen die er sein Buch geschrieben habe:

> Ich habe dieses Buch außerdem geschrieben aus dem Gefühl der Verpflichtung gegenüber meinen Freunden und Kameraden, die im Krieg ebenso jung waren wie ich und von denen ein deutsches Kriegsbuch behauptet hat, sie seien vom Krieg zerstört worden, auch wenn sie seinen Granaten entkamen.[7]

Der Kriegsroman und sein Autor zielen nicht nur gegen die Antikriegsbücher eines Remarque oder Renn, sondern sie richten sich apologetisch auf das, was 1933 in Deutschland geschah. Im Nachwort, datiert auf den 2.9.1933, bekennt der Autor:

> Ich habe dieses Buch schließlich geschrieben aus dem Gefühl der Reue und der Schuld, denn ich gehöre zu den vielen 'Geistigen', die der großen Bewegung, die nun das neue Deutschland aufbaut, fast bis zum letzten Tage fern gestanden haben. Ich habe nicht glauben wollen, daß der Nationalsozialismus uns den Führer brächte, auf den wir alle, Scham und Verzweiflung im Herzen, gewartet haben.[8]

Deshalb überrascht es nicht, wenn es im Nachwort weiter heißt, daß dieses Buch vom Führertum handele, und daß es zugleich eine "ehrfürchtige und dankbare Huldigung" dessen sei, der Deutschland geeint habe und sein Führer ist.[9]

In seinem Roman hat Erhard Wittek sich einer dreifachen Aufgabe gestellt: Er will sein Fronterleben wiedergeben, gegen die falschen Kriegsbücher angehen und dem Führer huldigen. Er bedient sich dazu einzelner Epi-

[6] Erhard Wittek: *Durchbruch anno '18. Ein Fronterlebnis*. Stuttgart 1933. S. 190.
[7] Ebd.
[8] Ebd.
[9] Ebd. S. 191.

soden aus der Endphase des Ersten Weltkriegs in Frankreich. Diese Erlebnisse sind durchzogen von einer eigentümlichen Todessehnsucht, von einem Fatalismus, der zum Heroismus gesteigert wird:

> Sie marschierten. Heute den, morgen jenen [...] was half's. Aber wenn es Frieden geben sollte, dann nur auf diese Weise: Durchhauen, und wenn es bis ans Meer gehen müßte [...].[10]

Die Verknüpfung zwischen tödlichem Frieden und friedlichem Tod stellt Wittek in den Betrachtungen seines Protagonisten Walter Schmidt her, wenn dieser, vor einem nächtlichen Angriff träumend, Heimat und Front einander annähert und konventionelle Bilder und kitschige Vorstellungen aneinanderreiht. Der Darstellung des Idylls – der Heimat als Ruhe und Muße – opponiert Wittek, indem er ihr sogleich das Frontgeschehen entgegenstellt. Ruhe, Sicherheit und 'Wärme' des heimatlichen Dorfes und der Stadt, durchbricht Wittek durch Schilderung der 'Kälte' und Härte der Kriegsereignisse:

> Die Kanoniere arbeiten mit zusammengebissenen Zähnen, mit weißen Gesichtern und harten Augen. Jeder Griff sitzt, sie schmeißen sich die leichteren Granaten zu und fangen sie auf wie Bräute, sie stoßen sie in die Rohre und ziehen ab. Die Hirne sind eiskalt und die Herzen hämmern und die Fäuste packen eisern zu.[11]

Bei Wittek/Steuben erfolgte die Beschreibung von Heimat in Kategorien der Natur, des Schmuckes leuchtender Blüten. Die Beschreibung der Front hingegen erfolgt durch gewaltförmige Formulierungen wie "zusammengebissene Zähne", "harte Augen", "eiskalte hämmernde Härte", "eiserne Fäuste". Diese Worte deuten an, was in *Durchbruch anno '18* begreiflich gemacht werden soll: Der Mensch als 'Tötungsmaschine'. Der Heimat, empfunden als lebendige Natur, opfert sich in der Ideenwelt Wittek/Steubens die Front als todbringende 'Menschenmaschine'. Damit aber haben die deutschen Soldaten das höchstmögliche Ziel erreicht. Sie sind bloße 'Tötungsautomaten':

> [...]die beiden Schützen am Gewehr liegen eiskalt, mit einer bohrenden Mordlust im Gehirn[...], es gibt keinen Aufenthalt, sie sind wie Maschinen, der Steckkontakt ist angeschlossen, sie sind nicht zu halten[...] Sie sind Raubtiere, die zupakken, die beißen, die Knochen zerknacken.[12]

Wir finden in *Durchbruch anno '18* auch die Formel, daß Krieg kein Vergnügen sei, aber nur um ihn im nächsten Schritt mit Spaß, Lagerfeuer und

[10] Ebd. S. 17.
[11] Ebd. S. 22.
[12] Ebd. S. 152. Es paßt nur zu gut, wenn der Autor in einer Bemerkung zu seinem 1935 erschienen Abenteuerbuch *Die Karawane im Persergolf* darauf hinweist, daß es nicht seine Absicht sei, ein Kriegsbuch zu schreiben, sondern in dieser Erzählung vom Ersten Weltkrieg im Mittleren Osten sei nur von Abenteuern die Rede.

Gesang zu legieren.[13] Krieg, das ist Kriegsspiel. Es scheint mir ausgemacht, daß in Wittek/Steubens Büchern Krieg beständig als Abenteuer erfahrbar gemacht wird; seine Abenteuergeschichten sind Kriegsgeschichten.

In einem Aufsatz[14] zum Thema Abenteuerbuch reflektiert Wittek/Steuben über dieses Genre und kommt zu dem Ergebnis, daß ein Schriftsteller nur dann die Jugend ansprechen würde, wenn er eine Haltung lebe, "die ihrer eigenen, ihrer heutigen, ihrer nationalsozialistischen Haltung entspricht". Damit sind der vom Abenteuerautor Wittek/Steuben beanspruchte indianische Boden und die wilde Umgebung seiner Tecumseh-Erzählungen nicht mehr als eine beliebige räumliche Voraussetzung, um etwas gänzlich anderes vorzutragen. Sie geben, das soll nachgewiesen werden, die exotische Gestalt für ein 'heimatliches' Unternehmen ab, und sie wollen "den Durst insbesondere der männlichen Jugend nach Eroberung der Welt [...] stillen"[15].

Dafür lieh Wittek/Steuben – in eigenwilliger Interpretation – sich bei James F. Cooper dessen "Streit der Rassen". Bei Jack London entdeckte er den naturhaften "Kampf ums Dasein" und bei seinem dritten erzählerischen Vorbild, Ruyard Kipling, erfaßt er den Imperialisten und Herrenmenschen. Damit haben wir drei zentrale Versatzstücke der Wittek/Steubenschen Ideologie beisammen: Rassenideologie, Kampfesideologie und die des Herrenmenschentums. Alle drei finden in spezifischer Färbung ihren Niederschlag in seinen Indianergeschichten um den Shawano-Häuptling Tecumseh. Ein viertes, unentbehrliches ideologisches Requisit bildet der Volksmythos. Wittek/Steuben spricht in seinem Beitrag *Das Abenteuerbuch* nicht zufällig vom "großen Schicksal der Volkwerdung der Deutschen"[16]. Hierher gehört

[13] E. Witteks 'Männer'-Geschichten wechseln hin und her zwischen Episoden soldatischer Todesverachtung und Szenen, die von Landserhumor zeugen sollen: "Der Pionier in seiner tödlichen Einsamkeit [...] reißt die Handgranate herunter, legt sie, wie eine Mutter ihr Kind an die Brust, drückt sie mit inbrünstiger Bewegung vor den Oberkörper, preßt beide Hände darüber, empfiehlt seine Seele Gott dem Herrn und wirft sich auf die Erde, wühlt sich in den Graben hinein, und deckt die Handgranate zu mit seinem Leibe." Siehe Erhard Wittek: *Männer. Ein Buch des Stolzes.* Stuttgart 1943. S. 25. Oder Wittek läßt ein Luftschiff über London hinwegfliegen, es wird angeschossen und droht abzustürzen. In dieser Situation erlaubt der Kommandant das Rauchen, das wegen der brennbaren Gasfüllung des Luftschiffs eigentlich streng verboten ist: "Es darf geraucht werden", den sicheren Tod vor Augen.

[14] Wittek: *Durchbruch anno '18*. S. 70.

[15] Ebd. Wittek/Steuben sieht für sich drei literarische Vorbilder: Cooper, London, Kipling.

[16] Ebd. S. 71. Dazu ist zu ergänzen, daß unser Autor am 5.3.1940 in einem Brief an den Redakteur der *Jugendschriften-Warte*, die damals für den NSLB von Eduard Rothemund herausgegeben wurde, schrieb: "[...] was mich an dem Thema ergriff, war der erschütternde Kampf eines edlen Volkes um seine Heimaterde, der heldenhafte Widerstand gegen die übermäßig herandringende Flut der Weißen und die Vergeblichkeit des Ringens. Und in Tecumseh war ein Mann darzustellen, der,

ein weiteres Element: Der Krieg. Denn erst der Durchgang durch einen Krieg schmiede ein Volk wahrhaft zu einem Volk.[17] Das abschließende Kernstück seiner Weltanschauung ist der Führermythos. Die Kennzeichen, die Wittek/Steubens Tecumseh-Erzählungen determinieren, sind: Rasse, Krieg, Herrenmensch, Volk und Führer. Und diese wiederum finden zusammen in einer weiteren Komponente, die der Autor mit 'Heimat' umschreibt.

Mit diesen weltanschaulichen Versatzstücken traf Wittek/Steuben den richtigen Ton. Seine Indianergeschichten wurden als eine "neue Art Abenteuer- und Indianerbuch" geschätzt, als das "spannende geschichtlich-völkerkundliche Sachbuch für die abenteuerdurstige heldisch gerichtete Jugend"[18]. Der Rezensent Wilhelm Schuhmacher beabsichtigt, die Gesamtintention Wittek/Steubens herauszupräparieren und stellt dazu einen ausdrücklichen Zusammenhang zwischen dem Kriegsroman *Durchbruch anno '18* und dessen Indianergeschichten her. Wilhelm Schuhmacher sieht es als bedeutsam für die Erzählungen an, daß die Indianer mit den Germanen des Arminius verglichen werden und daß der Autor seinen Protagonisten in der Folge *Tecumseh, der Berglöwe* (1932) zur "Ahnung seiner völkischen Sendung" gelangen läßt.[19] Die politischen Absichten Tecumsehs werden als "umfassende rassisch-völkisch verwurzelte Erneuerungs-Bewegung"[20] definiert.

In demselben Diskussionszusammenhang hat Wilhelm Schuhmacher bereits den Gegenstand des Romans *Durchbruch anno '18* mit "Selbsterneue-

obwohl er ohne Zweifel das war, was wir ein Genie nennen, dennoch unterliegen mußte, weil er kein Volk hinter sich hatte und keine wahre Gefolgschaft, sondern Sippen, Familien, Einzelstämme oder Stammesbünde; eine Rasse waren die Indianer – aber kein Volk. Und selbst die einzelnen Stämme waren nicht das, was wir einen Volksstamm nennen." Siehe Fritz Steuben: Ein Brief Erhard Witteks an Eduard Rothemund. In: *Jugendschriften-Warte* 45. H 3/4 (1940). S. 19f.

[17] Ebd. S. 71.

[18] Wilhelm Schuhmacher: Erhard Wittek. Das Werk des ostdeutschen Dichters für Jugend und Volk. In: *Die neue Literatur* 42. H 12 (1941). S. 228-295; hier S. 288. Es gab jedoch auch Gegenstimmen. Eine davon war die Will Vespers, damals erfolgreicher Kritiker und Herausgeber der Zeitschrift *Die neue Literatur*. Unter der Überschrift "Unsere Meinung" argumentierte er vehement gegen die Indianerliteratur. Es war ihm unerträglich, "farbige Rassen" sentimental und gedankenlos zu verherrlichen, seien es "arme Schwarze", "arme Indios" oder "edle Indianer": "Schluß machen müssen wir mit aller weichlichen literarischen Farbigenschwärmerei, ob es sich um wissenschaftliche, halbdichterische Werke, Unterhaltungsliteratur oder die längst überständige Indianerpoesie der Jugendbücher handelt. Wir sind ein weißes Volk. Wir sind das Kern- und Hauptvolk der weißen Rasse. Die weiße Rasse ist in Gefahr." In: Will Vesper: Unsere Meinung. In: *Die neue Literatur* 40. H 2 (1939). S. 101f.

[19] Ebd. S. 290.

[20] Ebd.

rung und Wiedergeburt" zu fassen versucht und diese Umschreibung ebenso auf die Tecumseh-Bände bezogen sieht. Es paßt dazu, daß dieser Leser Wittek/Steubens den Band *Der strahlende Stern* (1934) als "Gegenbeispiel deutscher Not und des Kampfes der nationalsozialistischen Bewegung"[21] charakterisierte. Von Wittek/Steuben wird gesagt, daß er den Bogen spanne "bis zur klaren, rassisch-sicheren Unterscheidung der Völker und Stämme vom Standpunkt des nordisch-germanischen Menschen aus". Somit werden die Indianerbücher als exotische Verhüllung eines nationalsozialistisch dominierten Kerns erkannt. Für den Autor Wittek/Steuben waren die Indianer gerade nicht in ihrer Eigentümlichkeit als Indianer interessant, obwohl er das mehrfach versicherte, sie waren ihm interessant als Demonstrationsobjekt. Das Fremde als Fremdes beansprucht in seinen Büchern keinen Raum. Der Nachdruck liegt – gerade umgekehrt – auf dem Erkennen und Benennen des mit der nationalsozialistischen Ideologie zu vereinbarenden und sie unterstützenden.

Es bleibt anzumerken, daß sich in den Tecumseh-Bänden eine stetige Veränderung des Gehaltes erkennen läßt: In den ersten Bänden steht noch die Idee des 'edlen Wilden' vorne an und die Kritik der Zivilisation. Jedoch bereits im zweiten Band wird die Annäherung zwischen den nordamerikanischen Indianern und dem Schicksal der Germanen zur Zeit des Arminius versucht. Danach tritt verstärkt das Rassenproblem auf und als weiteres Moment die Heimat-Frage, die der Autor deutlich zeitgeschichtlich und autobiographisch angeht; auch er hatte nach dem Ersten Weltkrieg die Heimat verloren.

Diese Erzählungen und auch die späteren wurden sämtlich nach 1949 wiederaufgelegt allerdings mit typischen Änderungen: der Rassismus, die Vorstellung von der Rassentrennung etwa, wurde abgemildert, der Hinweis auf den 'edlen Wilden' verstärkt und der militante Ton herabgestimmt. Allerdings wurde die Figurenzeichnung einer weiteren Hauptperson, des Grenzers Daniel Boon, der auf strikter Scheidung von Rot und Weiß beharrt, nicht verändert und so die Heimatidolatrie und der Rassismus 'gerettet'. Beide Ideologeme gewinnen in den fünfziger Jahren – bedingt durch die Teilung Deutschlands – erneut an eigentümlichem politischem Gewicht. Wittek/Steubens Heimatagitation war in den dreißiger Jahren offensichtlich, und wenn er von den "Räubern der Heimat" erzählte, berichtete er (implizit) von seiner verlorenen Heimat im Osten und hielt so Rückeroberungsideen wach. Auf biographisch vermittelte Weise sind Wittek/Steubens Indianergeschichten 'Heimat'-Romane.

Und daß seine chauvinistisch-revanchistische Haltung vor wie nach dem Zweiten Weltkrieg wirksam werden konnte, verrät ein Zitat, das in der Vorkriegs- und in der Nachkriegsausgabe von *Der rote Sturm* (1931) stehen bleiben durfte. Der Autor spricht nämlich davon, daß es zukünftig notwen-

[21] Ebd. S. 291.

dig sein wird, “die Kriege besser vorzubereiten, die Kämpfer besser zu schulen”[22]. Da nun aber ohne Zweifel die ‘verlorene Heimat’ ein brisantes Thema der fünfziger Jahre in Deutschland war, modellierte Wittek/Steuben weiterhin Vorstellungswelten; nicht nur der Heimatvertriebenen.

Wittek/Steuben trug jedoch nicht nur eine Geschichte, die Geschichte eines Verlusts, vor, sondern noch eine zweite. Diese andere Geschichte wird etwa in dem Band *Tecumseh, der Berglöwe* (1932) so erzählt, daß die anderen Ereignisse, die Erzählungen von Kindesraub, Verfolgung und Befreiung, von Siedleralltag und Überfall daneben belanglos erscheinen. Die zweite Geschichte ist die der Eroberung, wobei der wilde Westen dafür nur den zufällig gewählten Handlungsort abgibt.

Zu dieser zweiten Geschichte gehört auch Wittek/Steubens Darstellung der sozialen Organisationsformen der Indianer, insbesondere einer ihrer Untergruppierungen, die ‘Hunde’ genannt wurde, und die der Autor mit nationalsozialistischen Verbänden parallelisiert, wenn er etwa ein indianisches Liktorenbündel als Erkennungszeichen dieser Gruppe vorstellt. Wittek/Steuben weist in einer Fußnote ausdrücklich darauf hin, daß dieses Zeichen der altrömischen Liktoren auch den “heutigen Faschismus”[23] auszeichnet. Der Hinweis auf den italienischen Faschismus wurde in der Nachkriegsauflage des Bandes getilgt, doch das Bild des Liktorenbündels blieb erhalten, genauso wie die Bestimmung der ‘Hunde’ als einer Polizeitruppe, die außerordentliche – von Gesetzen nicht geregelte – Befugnisse inne hat; eine Art Sonderpolizei.

Wie angedeutet, erzählt Wittek/Steuben zwei Geschichten, die eine handelt von Heimat, die andere von Eroberung. Beide sind ihm gleicherweise attraktiv. Und ihn beeindruckt die zum Tode bereite Verteidigungshaltung der Indianer, aber ihn bewegt genauso das zum Tode bereite Pioniertum der Grenzer, das auf Arbeit gründet.

In den drei ersten Bänden der Serie gibt es Vorausweisungen auf das letztliche Scheitern der Bestrebungen Tecumsehs. Als eine Hauptursache wird die “ungeheure Arbeitskraft der Weißen” angesehen. Dies wird aber nicht weiter verfolgt, sondern der Autor vollzieht in dem Band *Der strahlende Stern* (1934), dem ersten, der während des Dritten Reiches veröffentlicht wurde, eine markante Veränderung seines Konzeptes, indem erst jetzt Tecumseh auch handelnd zur Hauptfigur wird und indem er in diesem Band nur noch bedingt ideologische Camouflage betreibt. Die Erzählung *Der strahlende Stern* ist nicht allein durch seine zeitliche Nähe mit Wittek/Steubens Kriegsroman verbunden. Ganze Passagen der Indianergeschichte – insbesondere die Kampfesbeschreibungen – scheinen von der

[22] Wittek/Steuben: *Der rote Sturm.* Stuttgart 1931 und 1950. S. 170.

[23] Wittek/Steuben: *Tecumseh, der Berglöwe. Eine Erzählung vom Kampf des roten Mannes um sein Recht*. Stuttgart 1932. S. 167 (Fußnote).

Westfront des endenden Ersten Weltkriegs hergenommen und in den Wilden Westen transponiert.

Zudem hat die vorgebliche Parteinahme für die Indianer den Effekt, desto klarer das 'wahre' Recht der Weißen als den Stärkeren zu etablieren. Der Kampf der Indianer ist heldenhaft, deshalb ansehenswert, aber er kann ihre welthistorische Unterlegenheit nicht überwinden. Wittek/Steuben gibt seine positive Haltung den edlen Wilden gegenüber auf und läßt seinen weißen Protagonisten Daniel Boon formulieren:

> Er hat schon beinahe gedacht, er könnte diese Menschen lieben [...] Nein, er liebte sie nicht [...] er ist ein weißer Mann, seine Frau ist blond, und seine Kinder sollen seine eigene Haut haben, seine eigene, gute, weiße Haut, das germanische Blut, das Herrenblut regt sich in ihm. Er kann die Roten achten. Er wird sie achten. Aber lieben – dazu reicht es nicht.[24]

Damit wird ein weiteres mal klar, daß Wittek/Steubens Ideal das der Grenzer verkörpert und ihr 'gefährliches Leben':

> Das waren Männer und Frauen nach Daniel Boons Geschmack, Menschen [...], die lieber draußen, einsam zwischen den Urwaldriesen der Hochebene oder in den versteckten Schluchttälern eines Flusses ihre Blockhütte bauten, die das ganze Jahr ohne Menschen auskamen, nur von ihrer Büchse, ihrem kleinen Ackerbau und der Schärfe ihrer fünf Sinne lebten.[25]

Siedlungsarbeit, gleich ob sie im wilden Westen oder im Osten stattfindet, findet positive Resonanz. Die Eroberung neuen Lebensraumes im Wilden Westen steht für die imperialistische Siedlungspolitik und den Eroberungswillen des Nationalsozialismus im Osten.

Der Eindruck, daß der Autor mit *Der strahlende Stern* einen Weg gefunden hat, die Absichten von *Durchbruch anno '18* an jüngere Leser weiterzugeben, verstärkt sich noch, wenn man den Anteil von Kriegs- und Schlachtbeschreibungen in diesem Band betrachtet. Das geht bis zu textlich übereinstimmenden Passagen:

> Die Weißen hören die mächtige Stimme, wenden, erkennen die Gefahr, reißen die Büchse hoch, stehen, pfeffern hinein in die heranstürzende rote Front. 'Schließt Euch zusammen!' donnert Boon, sie drehen die Büchse um, werfen sich zu einem Block geschlossen den Indianern entgegen, die stutzen einen Augenblick, da sind die Weißen schon heran, die Langmesser [...], sie schlagen mit dem Kolben zu, stoßen mit den Messern, brechen durch, sind durch, und nun zum Tor der Siedlung, laufen![26]

Das gesamte Buch wird durchzogen von eingehenden Beschreibungen der Kriegshandlungen. Es ist die Rede von Pionierabteilungen, modernem Heer,

[24] Wittek/Steuben: *Der strahlende Stern. Eine Erzählung vom Ruhme Tecumsehs, alten Quellen nacherzählt*. Stuttgart 1934. S. 113.
[25] Ebd. S. 122.
[26] Ebd. S. 135.

Reiterattacke, dann wieder vom “roten Tod”, vom “vielhundertköpfigen, lautlos schleichenden, allgegenwärtigen Feind”. Jetzt gelten die Indianer als hinterhältig, weil sie einer offenen Schlacht ausweichen. Ziel des Feldzuges ist die “Ausrottung des blutigen, roten Gesindels”[27].

Einer ‘empfindsamen Wende’ in den Indianergeschichten wird entgegengesteuert, sie darf nicht die dominante Struktur werden. Statt dessen wird ein anderes Ideal propagiert: Die Härte des Grenzers, der zugleich Soldat ist, Offizier und Siedler:

> Das war Kentucky, so waren die Grenzer. Hart, grausam, Skalpjäger, Wildschlächter, aber aufopfernd, treu, todesverachtend. Kentucky zog Männer auf.[28]

Auch für die erste Neuauflage von *Der strahlende Stern* nach 1945 gilt, was schon für die anderen Bände festgestellt wurde: Veränderungen im Text beziehen sich nicht auf den Kern. Ersetzt wurden allenfalls die vordergründigsten Anspielungen auf den Nationalsozialismus; es fehlen jetzt Worte wie “germanisches Blut”, “Herrenblut”, oder der ”Ruf des Blutes”. Sie gelten als nicht länger opportun. Unangetastet blieben aber die Schilderung der ‘Machtübernahme’ auf indianisch, die militärische Struktur der ‘Hunde’ sowie die Idealisierung des Grenzers, der sich der “roten Flut” erwehrte. Gleichfalls erhalten blieben die Kriegsdarstellungen in der Art von *Durchbruch anno ’18*.

Der Autor Wittek/Steuben wandelt auf schmalem Grat. Einerseits sind ihm die Indianer mit ihrer Verehrung kriegerischer Taten Objekt gesteigerten Erstaunens und Interesses, andererseits nimmt er das beständig zurück. Denn die Überlegenheit der Weißen muß garantiert bleiben.[29] Jedoch indianische Wildheit verbunden mit dem kalten Egoismus des Eroberers bereiten auf das Hitlersche ‘herrliche Raubtier’, die ‘blonde Bestie’ vor und – was schwer wiegt – halten diese Konzepte nach dem Ende des deutschen Faschismus wach. Im Grunde hat Wittek/Steuben gar keine Indianergeschichten verfaßt. Dieses wohleingeführte Genre bot ihm nur die Hülle, um Siedlergeschichten, genauer ‘Grenzlandgeschichten’ zu erzählen. Dazu paßt es, daß der Autor gar nicht versucht, die Perspektive der Indianer durchzuhalten. Seine Erzählperspektive ist eine ‘weiße’. Der Blick ist beherrscht von dem der Siedler und Grenzer.

Mit seinen Geschichten von und um Tecumseh hat sich Wittek/Steuben auf ein schwieriges Terrain begeben. Denn er steht vor der Aufgabe, seinen

[27] Ebd. S. 178.

[28] Ebd. S. 174.

[29] Der ebenfalls nationalsozialistisch orientierte Jugendschriftler Fritz Helke schrieb in einer Rezension zu den Indianergeschichten Wittek/Steubens: “In Steuben begriff ein Heutiger eine verflossene Zeit und ein verflossenes Problem aus der heutigen Fragestellung heraus. Es spricht ein junger Mensch zu uns, der unseres Glaubens und unseresWillens ist und der die Aufgabe begriffen hat, die unserer Jugend heute gestellt ist.” (abgedruckt im Anhang zu *Der strahlende Stern*)

Indianerhäuptling als Helden zu gestalten und doch sein Scheitern notwendig erscheinen zu lassen. Von diesen beiden Zielvorgaben handelt der Band *Der Sohn des Manitu* (1938), worin zum einen von Tecumsehs politischer Arbeit und zum anderen von seiner neuen Ideologie berichtet wird. Er will jetzt die Trennung von Rot und Weiß, er geht an gegen Verzärtelung und Verweichlichung und wünscht die Rückkehr zu den alten Traditionen. Tecumseh will zurück zum einfachen Leben früherer Zeiten, zum "alten Leben der Strenge, der Härte, der Achtung voreinander". Das Vokabular, mit dem er diese Ideen erläutert, besteht aus "Auslese", "lebenskräftig", "Vererbung", "Zähigkeit", "Härte", und er will das Verbot der Ehe zwischen verschiedenen Völkern, denn diese Ehen

> machen die Weiber faul und krank, die Kinder aus solchen Ehen [sind] untüchtig zum Leben im Walde und in der Prärie, und das Blut der roten Männer wird durch sie verdorben.[30]

Daß diese Vererbungs- und Rassenvorstellungen nicht beiläufig sind, geht aus weiteren Aussagen des Autors hervor, der in dem Band *Der Sohn des Manitu* direkt auf die Kameradschaften verweist, "die im letzten Krieg gewachsen waren". Auch in diesem Band gibt es wiederum die zweite Geschichte zu lesen, die "Geschichte der Stämme des Ostens", das heißt, in meiner Interpretation, die Geschichte 'des deutschen Ostens' wird wiederbelebt, um sie als Kriegs- und Siegesgeschichte in Erinnerung zu bringen.

Und wenn der Autor seinen indianischen Helden über die erfahrene Schmach sowie die Lügen klagen läßt, so können wir auch dies ganz unmittelbar zeithistorisch verstehen. Denn Wittek/Steuben weist in dem Text selbst darauf hin, daß die Deutschen am wenigsten Grund hätten, die "Partei der Mörder" zu ergreifen, weil "wir diese Art, Geschichte zu machen, allzu bitter am eigenen Leibe erfahren [haben]"[31]. Damit war nichts anderes gemeint, als daß die deutschen Leser endlich erkennen sollten, daß die Indianer von den Eroberern genauso bestohlen und gedemütigt worden waren, wie die Deutschen nach dem Ersten Weltkrieg von den damaligen Siegern. Mit den Indianern[32] teilen die Deutschen das Schicksal, "Flüchtlinge und Menschen ohne Heimat" zu sein. Wittek/Steuben geht soweit, daß er an späterer Stelle auf den Gewaltcharakter der Versailler Verträge aufmerksam macht und erklärt, daß die Indianer so wie die Deutschen gezwungen worden waren, ja zu Verträgen zu sagen. Die Botschaft auch dieser Erzählung, jenseits der Indianergeschichte, lautet unzweideutig: Kriegsvorbereitung, Haß, Gewalttat und Volksidee.

Nach zehnjähriger Arbeit schließt Wittek/Steuben mit dem Band *Tecumsehs Tod* (1939) seine Indianergeschichten um den Shawano-Häuptling ab. Das Nachwort dieses Bandes ist auf den 8. August 1939 datiert, kaum einen

[30] Wittek/Steuben: *Der Sohn des Manitu.* Stuttgart 1938. S. 140 (1951. S. 22).
[31] Ebd. S. 37.
[32] Ebd. S. 243.

Monat vor dem Überfall der Deutschen auf Polen. In der Neuauflage dieses Bandes von 1951 – der erste Teil erscheint jetzt als *Ruf der Wälder* – sind Grausamkeiten und Sentimentalitäten zurückgenommen. Für die alte wie die neue Auflage bleibt jedoch die implizite Aussage gültig: Ist die Heimat bedroht, ist Krieg unabwendbar.

Wittek/Steuben läßt auch in dieser Erzählung zumeist Nichtdeutsche die bösen Weißen sein, denn er beabsichtigt ja einem deutschen Publikum, seine Gegner vorzustellen und sich selbst in der positiv-kriegerischen Darstellung der Indianer und deren Schicksal wiederzuerkennen. Die Indianer wurden aus ihren angestammten Ländern verjagt, genau wie die Deutschen, so Wittek/Steubens Unterstellung, aus den Gebieten verjagt worden seien, die nach dem Ersten (und Zweiten) Weltkrieg und der Neuerstehung des polnischen Staates von Deutschland getrennt worden waren. Und wiederum tritt hier das autobiographische Moment hinzu, Wittek/Steubens Verlust seiner Heimat. Die Rückeroberungsidee hielt Wittek/Steuben mit seinen Büchern auf der Tagesordnung. Die Indianer stehen ihm dafür, sich der Eindringlinge zu erwehren. Er präzisiert sogar an anderer Stelle – das paßte in das revanchistische Klima der fünfziger Jahre – diese als Eindringlinge aus dem Osten.

In einer Bemerkung wagte Wittek/Steuben die Vorhersage: "Es würde viel verwüstet werden, aber was kam es darauf an. Es würde in diesem Jahr noch viel mehr zerstört werden als die paar Felder hier [...]"[33].

Wenn Wittek/Steuben von Vergangenem erzählte, hatte er seine Gegenwart vor Augen. Was im September 1939 als Eroberungsfeldzug und Überfall begann, war von Wittek/Steuben im voraus als Verteidigungsunternehmen gegen äußere Übermacht entworfen worden. Es ist nur konsequent, wenn der Band *Tecumsehs Tod* im Kern zum Kriegsbericht gerät, sozusagen zu einem indianischen 'Fronterlebnis'. Wittek/Steuben entfaltet Schlachtbeschreibung auf Schlachtbeschreibung, um auch in diesem Buch seinen Lesern das Pathos der Front nahezubringen. Es handelt sich dabei, was der Autor nicht müde wird zu betonen, um die "Verteidigung der Heimat"[34]. Im gesamten ersten Teil der Erzählung *Tecumsehs Tod* folgt eine Gefechtsbeschreibung nach der Art von *Durchbruch anno '18* auf die andere.

Tecumseh scheitert, weil den Indianern wesentliche Qualitäten fehlen: Rassebewußtsein, Technikverständnis, Führerideologie und rücksichtslose Härte, und sie hatten überdies keine Vorstellung von einem 'Reich'. Das Schicksal der Indianer soll die Deutschen warnen. Die Indianer standen hilflos vor der Flutwelle, "die sich aus dem Osten [...] über sie ergoß"[35]. Auf Deutschland bezogen, heißt das: Nur ein Angriffskrieg kann die "Flutwelle aus dem Osten" überwältigen und beherrschen.

[33] Ebd. S. 32.
[34] Ebd. S. 160.
[35] Ebd. S. 336.

Wittek/Steubens Beitrag zur 'literarischen Mobilmachung' wurde schnell umgesetzt. Der 1939 beginnende Feldzug brachte nicht bloß die von Wittek/Steuben abgelehnten und belächelten kleinen Gefechte, sondern Krieg. Seine Indianerbücher wirkten in den dreißiger Jahren als ein Stück ideologischer Aufrüstung, die sich zu Beginn der fünfziger Jahre mit leicht veränderter Akzentsetzung fortsetzte. Es waren jetzt zwar die nationalsozialistischen Vokabeln ausgetauscht und getilgt worden, aber die weltanschauliche Grundlage, vor allem mit Blick auf die Bedrohung aus dem Osten und die verlorene Heimat, blieb wirksam und schürte im harmlosen Falle Ressentiment oder zielte auf Revanchismus.

Der Zweite Weltkriegs endete nicht mit der von Wittek/Steuben ersehnten Rückeroberung des deutschen Ostens, seiner Heimat. Vielmehr führte die Teilung Deutschlands weiteres Ungemach herbei. Seine wiederaufgelegten Indianerbücher hielten in den frühen fünfziger Jahren die Erinnerung daran wach, daß Heimat etwas ist, das durch Kampf und Krieg zu erhalten sei. Kampf und Heimat werden als gleichbedeutende Begriffe gesehen. In den Jahren nach dem Zweiten Weltkrieg, den sie ideologisch vorbereitet haben, wirkten Wittek/Steubens Geschichten revanchistisch. Diese Indianerbücher waren insgeheim Kriegsbücher.[36]

[36] An dieser Stelle sei abschließend auf den Roman *Weh dem, der aus der Reihe tanzt* von Ludwig Harig hingewiesen, darin finden sich prägnante Darstellungen, wie kindliche Leser in den dreißiger Jahren Fritz Steubens Indianerbücher lasen: "Ja, in der letzten Augustwoche des Jahres 1939 lebten wir im Wald und im Buch zugleich, der Wald war im Buch verborgen, und das Buch, aus dem er mit Stämmen und Ästen und Zweigen herauswuchs, beschwor das Urbild des Waldes, an dem wir unseren wirklichen Wald maßen. Wir lebten und lasen, und wir kosteten es aus. In unseren Köpfen setzte sich eine indianische Gegenwart zusammen, in der die Jungensspiele Indianerspiele und die Indianerspiele Kriegsspiele wurden." (S. 115) Und wenig später heißt es: "[...] bewunderten wir diesen außergewöhnlichen Buchhelden mit abgöttischer Liebe, als sei er so etwas wie unser unberührbarer Führer in der Reichskanzlei." In: Ludwig Harig: *Weh dem, der aus der Reihe tanzt*. München 1990. S. 116.

Besprochene Bücher:

Fritz Steuben: *Der fliegende Pfeil. Eine Erzählung aus dem Leben Tecumsehs, alten Quellen nacherzählt.* Stuttgart [1]1930, zit. [20]1937.

Fritz Steuben: *Der rote Sturm*. Stuttgart [4]1931 (NA.1950).

Fritz Steuben: *Tecumseh, der Berglöwe. Eine Erzählung vom Kampf des roten Mannes um sein Recht.* Stuttgart. 1932 (NA. 1950).

Fritz Steuben: *Der strahlende Stern. Eine Erzählung vom Ruhme Tecumsehs, alten Quellen nacherzählt.* Stuttgart 1934 (NA.1950).

Fritz Steuben: *Schneller Fuß und Pfeilmädchen. Eine Erzählung aus der Zeit, als Tecumseh 12 Jahre alt war.* Stuttgart 1935 (NA. Stuttgart 1949).

Fritz Steuben: *Die Karawane am Persergolf.* Stuttgart 1935.

Fritz Steuben: Das Abenteuerbuch in: *Jugendschriften-Warte* 43. H 11 (1938). S. 69-71.

Fritz Steuben: *Der Sohn des Manitu.* Stuttgart 1938, zit. [6]1938.

Fritz Steuben: *Tecumsehs Tod.* Stuttgart [2]1939 (NA. 1. Teil 1951, gesamte Neuausgabe 1953).

Fritz Steuben: Ein Brief Erhard Witteks an Eduard Rothemund: In: *Jugendschriften-Warte* 45 H 3/4 (1940). S. 19f.

Fritz Steuben: Nachwort. In: Glenn Tucker: *Tecumseh. Roten Mannes Ruhm und Ehre.* Bremen (Slg. Dieterich Bd. 325) 1956. S. 352.

Erhard Wittek: *Durchbruch anno '18. Ein Fronterlebnis*. Stuttgart [7]1933.

Erhard Wittek: *Männer. Ein Buch des Stolzes*. Stuttgart 1943.

Paul Kämpchen: Erhard Wittek. In: *Literarische Blätter. Beilage zur Kölnischen Volkszeitung* H 285 (1939). S. 4.

Ralf Trinks

"Schuldlos schuldbeladen": Entlastungsstrategien und Schuldbekenntnis in der frühen Nachkriegsdramatik

The post-war Zeitstück *(topical drama) – today largely forgotten – was one of the few public forums in occupied Germany that confronted the question of guilt. It repudiated the accusation of collective guilt, using different strategies of exoneration to portray the Germans as victims of an unavoidable fate. The real guilt was frequently represented as lying in one's own survival. War crimes and the Holocaust remained marginal topics. Nevertheless, the willingness to atone for guilt incurred in the past was considered to be a basic requirement for a new beginning, and as such these plays represent a first attempt to come to terms with the past.*

1. Die Nachkriegsdramatik als Medium öffentlicher Selbstverständigung

Als am 8. Mai 1945 die Waffen schwiegen, hatten die Deutschen nicht nur ihre nationale Integrität eingebüßt, sondern sie sahen sich auch ihrer furchtbaren Verbrechen wegen im In- und Ausland angeklagt. Alliierte Schuldvorwürfe und die Unbegreiflichkeit des Geschehenen schufen ein Bedürfnis nach öffentlicher Selbstverständigung.[1] *Ein* wichtiger Ort der Debatte waren dabei Zeitungen und Zeitschriften, der andere war die Bühne.[2] Als Diskussionsforum für die drängenden Fragen der Zeit erlebte sie ihre oft beschriebene kurze Blüte in den ersten Nachkriegsjahren. Die Zeitdramatik genoß dabei den Vorzug, daß sie auch die Position derjenigen, die das nazistische Regime unterstützt hatten, ja sogar der Unverbesserlichen, die sich mit seinem Untergang nicht abfinden wollten, ausführlich darstellen und rechtferti-

[1] Obwohl nur die Frühphase der amerikanischen Besatzungspolitik vom Kollektivschuldvorwurf bestimmt war, blieb dieser in der deutschen Publizistik bis Ende der vierziger Jahre virulent; allerdings nicht selten als Strategie der Selbstdispensierung, denn durch die vehemente Abwehr der Kollektivschuldthese vermied man eine differenzierte Analyse der schuldhaften Vergangenheit.

[2] Nicht nur der Papiermangel begünstigte das Theater als "idealen Umschlagplatz für Literatur", siehe Hansjörg Gehring: *Amerikanische Literaturpolitik in Deutschland 1945 – 1953. Ein Aspekt des Re-Education-Programms*. Stuttgart 1976. S. 87; daneben war die Aufnahmebereitschaft des Publikums selten so groß wie in dieser Zeit. Die erfolgreichsten Stücke erreichten deshalb eine große Öffentlichkeit.

gen konnte.[3] Die antifaschistische Rezeptionsperspektive war so eindeutig, daß sie auch glaubwürdige Nazi-Charaktere aufzuwiegen vermochte. Die Figur eines 'idealistischen' Nationalsozialisten als Identifikationsangebot war für viele Zuschauer naheliegender – und für die didaktische Absicht der *re-education* erfolgversprechender – als der belehrende Appell der Publizisten.[4]

Der Krieg mit seinen Folgen und die Schuldfrage standen im Mittelpunkt der Zeitstücke. Besonders die Heimkehrerdramatik, die im Reintegrationsproblem der Veteranen Kriegserlebnis und Nachkriegsgegenwart eng verknüpfte, sah sich zu einer sinnstiftenden Vergangenheitsdeutung aufgerufen. Im folgenden wird daher gefragt, wie das Theater die Schuldfrage behandelte, d. h. welche Schuld es eingestand und welche Sühnevorstellungen es entwickelte. Über die im literarhistorischen Gedächtnis kanonisierten Autoren hinaus soll ein Blick auf die zahlreichen heute vergessenen Nachkriegsstücke geworfen werden, weil mit ihnen erst ein vollständiges Bild jenes Spektrums entsteht, in dem sich der Vergangenheitsdiskurs bewegte.[5]

[3] So stellt das Nachkriegsdrama nicht nur den wandlungsfähigen 'Werwolf' als Identifikationsfigur auf die Bühne (Annemarie Bostroem: *Die Kette fällt. Schauspiel in 6 Bildern*. Leipzig 1949; Horst Lommer: *Der General*. Berlin 1946), sondern zeigt auch den 'Unverbesserlichen', der hochmütig noch die Verzeihung seiner Opfer ausschlägt, ohne daß dieser Charakter zum negativen Zerrbild gerät, weil man hinter allem Trotz die Verzweiflung spürt (Jacob Geis: *Die Brüder Allemann. Ein Zeitstück in fünf Akten*. München 1948).

[4] Man denke etwa an den entschiedenen Widerspruch, auf den die Wandlungsappelle Manfred Hausmanns stießen; vgl. Jürgen Engler: Die 'Schizophrenie' des Anfangs. Wolfdietrich Schnurre – ein Autor der 'Trümmerliteratur'. In: Ursula Heukenkamp (Hrsg.): *Unterm Notdach. Nachkriegsliteratur in Berlin 1945 - 1949*. Berlin 1996. S. 387-438, hier S. 392-398. Wogegen Wandlungsstücke wie Fred Dengers *Wir heißen euch hoffen. Schauspiel um die heutige Jugend* (Bühnen-Ms. Berlin: Oskar Goetz 1946) begeisterte Zustimmung fanden: "Daß die Jugendlichen 'ihren' Dichter [d.i. Denger, R.T.] schätzen und lieben, konnte man den vielen begeisterten Dankesworten entnehmen, die an ihn gerichtet wurden." A.R.: "Jugend kämpft um ihren Dichter. 'Hätten wir doch mehr Wangenheims und Dengers!'" In: *Berliner Zeitung* vom 16.4.1946. S. 3. Hier zeigt sich, daß auch der Generationenkonflikt eine wichtige Rolle spielte, denn es waren gerade die Mahnungen der älteren Publizisten, die Ablehnung erfuhren, und die Stücke der jungen Dramatiker, die mit Beifall aufgenommen wurden.

[5] In der Erinnerung geblieben sind eigentlich nur Wolfgang Borchert, Carl Zuckmayer, Günther Weisenborn und Max Frisch. Bernd Balzer hat darauf aufmerksam gemacht, daß im ersten Nachkriegsjahrfünft aber immerhin zweihundert Zeitstücke aufgeführt und weitere hundert von den Verlagen angenommen worden waren. Siehe Der Nullpunkt auf den Bühnen. Deutsche Zeitstücke 1945 - 1950. In: *Orbis linguarum* 3 (1995). S. 25-33, hier S. 25f.

2. Der 'Erinnerungsdiskurs': Zwischen Schuldfixierung und Verdrängung

Alexander und Margarete Mitscherlichs Kritik an der 'Unfähigkeit zu trauern' hat die Forderung, die schuldhafte Vergangenheit des Dritten Reiches aus den Tiefen der Verleugnung an die Oberfläche des Bewußtseins zu heben, zur Leitvorstellung öffentlicher 'Trauerarbeit' werden lassen. Der Diskurs in der Dramatik der ersten Nachkriegsjahre stand noch unter genau umgekehrtem Vorzeichen. Damals galt es, sich der andrängenden Vergangenheit zu erwehren, denn die Last der Erinnerung konnte sich zur existentiellen Bedrohung steigern.[6] Den tödlichen Ausgang einer unüberwindbaren Schuldfixierung zeigt die bekannteste Heimkehrerfigur der Nachkriegsdramatik:

> [D]er Mörder Beckmann hält das nicht mehr aus, gemordet zu werden und Mörder zu sein. Und er schreit der Welt ins Gesicht: ich sterbe! Und dann liegt er irgendwo auf der Straße [...] und stirbt.[7]

Auch Karl, der in Max Frischs 'Kriegs-Requiem' *Nun singen sie wieder* den Exekutionsbefehl an sowjetischen Geiseln hinter der Front vollstreckt hat, weiß für sich schließlich keinen anderen Ausweg als den Selbstmord.[8] Die

[6] Darauf hatten schon Alexander und Margerete Mitscherlich hingewiesen: "Die Mechanismen [der Derealisierung, R.T.], um die es hier geht, sind Notfallreaktionen, Vorgänge, die dem biologischen Schutz des Überlebens sehr nahe, wenn nicht dessen psychische Korrelate sind." In: *Die Unfähigkeit zu trauern. Grundlagen kollektiven Verhaltens*. München, Zürich 1994. S. 35.
Auch neuere historische Arbeiten sind zu dem Schluß gekommen, daß es in der unmittelbaren Nachkriegszeit praktisch unmöglich gewesen sei, "der Beschäftigung mit dem Dritten Reich auszuweichen [...]. Schließlich hat damals jeder einzelne und hat jede Familie [...] die Folgen des Krieges [...] aufs drastischste wie vor allem auch aufs frischeste an Leib und Seele gespürt." Hermann Graml: Die verdrängte Auseinandersetzung mit dem Nationalsozialismus. In: Martin Broszat (Hrsg.): *Zäsuren nach Hitler. Essays zur Periodisierung der deutschen Nachkriegsgeschichte*. München 1990. S. 169-183, hier S. 171.

[7] Wolfgang Borchert: Draußen vor der Tür. In: *Das Gesamtwerk*. Hamburg 1996. S. 99-165, hier S. 164. Vgl. dazu meinen Aufsatz "Wir werden jeden Tag ermordet, und jeden Tag begehn wir einen Mord". Das Kriegserlebnis im Heimkehrerstück (1945-1949). In: Thomas F. Schneider (Hrsg.): *Kriegserlebnis und Legendenbildung. Das Bild des "modernen" Krieges in Literatur, Theater, Photographie und Film*. Osnabrück 1999. S. 939-950.

[8] "Nichts befreit uns von der Verantwortung, nichts, sie ist uns gegeben, jedem von uns, jedem die seine; man kann nicht seine Verantwortung einem anderen geben, damit er sie verwalte. Man kann die Last der persönlichen Freiheit nicht abtreten - und eben das haben wir versucht, und eben das ist unsere Schuld." Max Frisch: Nun singen sie wieder. Versuch eines Requiems. In: *Stücke 1*. Frankfurt a.M. 1972. S. 77-132, hier S. 102. Frisch war als Schweizer zwar vom Kollektivschuldvorwurf ausgenommen, begriff aber die Auseinandersetzung "mit der Tragödie des deutschen Volkes" als unerläßliche "Selbsterforschung", der sein durch Schweigen schuldig

Schuldfrage steht im Vordergrund vieler Stücke, der Vorwurf ausgebliebener 'Erinnerungsarbeit' geht deshalb auf den ersten Blick fehl. Nicht selten aber mündet die Reflexion über die Vergangenheit in ein explizites Plädoyer für die Verdrängung. So legitimiert z.B. Helmut Weiss in seinem Wiedergänger-Stück *Robert und seine Brüder* die Abwehr der Erinnerung, "weil die Lebenden vergessen müssen, um weiter zu leben. Denn sie haben die Zukunft vor sich und müssen ohne Angst sein."[9]

Andere Stücke dagegen versuchen die Gefahren der Verdrängung gegen das Risiko der Vergangenheitsfixierung abzuwägen und finden auf diese Weise Ansätze zu einer ersten Schuldbewältigung. Sie zielen aber noch nicht auf eine 'Durcharbeitung' der Schuld in einem immer wieder erneuerten Gedächtnisvorgang,[10] sondern auf ihre Überwindung in der Konfrontation.

Inge Strudthoffs Heimkehrerstück *Der taube Acker* z.B. zeigt die Leugnung der Vergangenheit als unheilstiftenden Irrweg, nur das Bekenntnis zu den Opfern des Krieges eröffnet eine Zukunftsperspektive. Vater Krafft hatte seine kleine Tochter trotz Luftalarms aufs Feld geschickt, die Ziege heimzuholen. Beim Notabwurf eines Bombers wurde sie getötet und konnte nicht geborgen werden, weil neben ihr auch Blindgänger niedergegangen waren. Der Acker liegt seither unbestellt und unberäumt. Das Schuldgefühl des Vaters lähmt jede Initiative. Sein Sohn Karl soll nach seiner Heimkehr "einen Schlußstrich ziehen"[11]. Daß man sich ohne Schuldbekenntnis der Vergangenheit entledigen will, führt beinahe in die Katastrophe: Karl, dem man die Gefahr verschwiegen hat, läuft ahnungslos über den lebensgefährlichen Acker. Mutter Krafft begreift, daß man sich der Vergangenheit stellen muß: "[...] 's hat eben keinen Zweck, den Dreck unters Bett zu kehren [...] man muß 'n rausbringen, auch wenn man dreckige Hände dabei kriegt."[12] Anders

gewordenes Land sich nicht entziehen dürfe. Ders.: Verdammen oder verzeihen? Ein Brief an Bi, den Verfasser des Leitartikels in der Neuen Züricher Zeitung vom 23.5.1945". In: Max Frisch: *Gesammelte Werke in zeitlicher Folge*. Frankfurt a.M. 1976. Bd. II.1. S. 292 -296, hier S. 294.

[9] Helmut Weiss: *Robert und seine Brüder*. Berlin 1946. S. 56.

[10] So lautete ja in Anlehnung an Freuds Schrift *Erinnern, Wiederholen, Durcharbeiten* die Forderung der Mitscherlichs: "Deshalb sind Wiederholung innerer Auseinandersetzungen und kritisches Durchdenken notwendig, um die instinktiv und unbewußt arbeitenden Kräfte des Selbstschutzes im Vergessen, Verleugnen, Projizieren und ähnlichen Abwehrmechanismen zu überwinden." Mitscherlich: *Die Unfähigkeit zu trauern*. S. 24.

[11] Inge Strudthoff: *Der taube Acker (Blindgänger). Schauspiel in vier Akten*. Unveröffentlichtes Manuskript. S. 3.

[12] Ebd. S. 49. Auch in ihrem zweiten Stück, *Der Gast*, (Berlin: Bruno Henschel & Sohn. o. J.) scheitert der Versuch eines voraussetzungslosen Neuanfangs. Der Fremde will mit dem Mädchen ganz von vorn beginnen: "Es hat gar keinen Sinn, nach dem Vorher zu fragen. Du bist meine Frau [...] Daß man darüber alles vergessen kann, was war, – allen Schrecken, – – all das Furchtbare, – daß die Seele wieder aufwacht in einem und sich umsieht, – mit Kinderaugen, – daß man das Leben an-

als bei Borchert meint aber diese 'Erinnerungsarbeit' keine Fixierung auf die Gefallenen, denn sie wird um des Neuanfangs willen geleistet: "Man muß an die Lebenden denken. Nicht an die Toten."[13] Die jungen Frauen des Hofes bestellen den Acker neu und überwinden so die lähmende Macht des Schweigens und des Todes. Ihr Schuldeingeständnis gilt aber allein einer individuellen Verantwortung und darf deshalb nicht als Kollektivschuldbekenntnis mißverstanden werden.

3. "Als Deutschland den Dämonen erlag":[14] Entlastungs- und Rechtfertigungsstrategien

Der Vorwurf, das deutsche Volk sei in seiner Gesamtheit für die NS-Verbrechen verantwortlich, wurde fast ausnahmslos als undifferenzierte Fortschreibung totalitärer Ideologien zurückgewiesen.[15] Ohnehin finden sich offene Schuldeingeständnisse in der Nachkriegsdramatik selten, Entlastungsversuche häufig. Das "Dritte Reich" wurde dämonisiert, als Naturkatastrophe oder Schicksalsprüfung, als unüberwindliche Macht dargestellt. Man versuchte zu beweisen, daß Widerstand unmöglich gewesen war und bestritt damit die eigene Verantwortung. Der Mensch erschien als wehrloses Opfer eines Verhängnisses:

> So kommt es, alldurchdringend, aus vergangner Zeit
> Und bringt uns, was einst gut und wohlgetan erschien
> In blutiger Schwärze her, zum *Fluch* verwandelt – Ach!
> Und schuldlos schuldbeladen stehn wir plötzlich da
> [...] Im Fluch ein jeder, weil er lebt! weil er ein Sohn
> Ein Enkel ist! weil er nach-kommend ist! Nur das! –
> Wir fassen's nicht.[16]

So beschwört Curt Langenbecks Heimkehrer die eigene Unschuld. Neben dieser 'Überwältigungstheorie' war die Abwälzung der Verantwortung auf andere eine populäre Rechtfertigungsstrategie der 'schuldlos Schuldbeladenen'.[17] Die Nationalsozialisten oder Hitler allein, die ältere Generation oder

fangen kann wie am ersten Tage [...]." (29). Das Mädchen begreift jedoch, daß man "das Vorher nicht auslöschen [kann]! Man kann kein neues Leben anfangen!" (38).

[13] Strudthoff: *Acker*. S. 62.

[14] Hans Fritz Köllner: *Diagramm der Zeit*. Berlin 1946. S. 75.

[15] Beispielsweise von Karl Jaspers: "Es ist aber sinnwidrig, ein Volk als Ganzes eines Verbrechens zu beschuldigen. Verbrecher ist immer nur der einzelne. Es ist auch sinnwidrig, ein Volk als Ganzes moralisch anzuklagen. Es gibt keinen Charakter eines Volkes derart, daß jeder einzelne der Volkszugehörigkeit diesen Charakter hätte." In: Ders.: *Die Schuldfrage*. Heidelberg 1946. S. 38f.

[16] Curt Langenbeck: *Heimkehr. Tragödie*. München o. J. S. 40.

[17] Hegels Definition des tragischen Helden als "ebenso schuldig als unschuldig" (*Sämtliche Werke. Bd. 14: Vorlesungen über die Ästhetik III*. Stuttgart, Bad Cannstatt 1964. S. 552) klingt in dieser Prägung an.

sogar die Alliierten werden schuldig gesprochen. In Fortschreibung des Führer-Kults wird Hitler zur dämonischen Macht mystifiziert. Nur so wird das Übermaß an Verantwortung plausibel, daß ihm mit der Alleinschuld aufgebürdet wird. Die Unterscheidung von 'guten Deutschen', die einen "blanken Schild"[18] bewahren konnten, und 'schlechten' Nazis erweitert den Schuldvorwurf auf die Partei und ihre Anhänger, "denn der Nationalsozialismus und das Vaterland waren ja nicht identisch"[19]. Den Krieg und seine Folgen sollen allein diejenigen sühnen, "die ihn angezettelt haben"[20].

Die Überzeugung der jüngeren Generation schließlich, in ihrem Idealismus mißbraucht worden zu sein, richtet den Schuldvorwurf gegen die Väter. Und Max Frisch entwirft sogar ein Entlastungsangebot bilateraler Schuld: Die Grausamkeit der alliierten Bombenangriffe und die inhumanen Geiselerschießungen der Wehrmacht an der Ostfront halten "ein Gleichgewicht an Unrecht"[21].

4. 'Schuldhafte Schuldlosigkeit' – 'indirekte Entlastungsstrategien'

An dieser Stelle möchte ich noch einmal auf Inge Strudthoffs, ein in vielem exemplarisches Heimkehrerstück, zurückkommen, weil es um eine subtilere Entlastung als diese direkten Rechtfertigungsstrategien bemüht ist. Ihr Bekenntnis zu einer Schuld, die eigentlich keine ist, erlaubt das Paradoxon, sich der Schuld zu stellen und ihr zugleich auszuweichen. Vater Krafft ist ebenso wenig der Mörder seiner Tochter wie Beckmann der Mörder seiner Männer. Der Notabwurf des Bombers war unvorhersehbar, Beckmann handelte auf Befehl, und dennoch trugen beide "Verantwortung"[22]. "Dialektik von Schuldhaftigkeit und Schuldlosigkeit liegt vor, von schuldhafter Schuldlosigkeit und 'schuldloser' Schuldhaftigkeit", wie es Karl-Josef Kuschel

[18] So Lommers General, der mit dem Hinweis, er habe Distanz zum Regime gehalten, jede Schuld bestreitet. Lommer: *General*. S. 84.

[19] Weiß: *Robert*. S. 34.

[20] Heinz Becker-Trier: *Keine Angst vor morgen. Schauspiel in drei Akten*. Berlin 1947. S. 73.

[21] Thomas Koebner: Die Schuldfrage. Vergangenheitsverweigerung und Lebenslügen in der Diskussion 1945-1949. In: Thomas Koebner, Gerd Sautermeister und Sigrid Schneider (Hrsg.): *Deutschland nach Hitler. Zukunftspläne im Exil und aus der Besatzungszeit 1939-1949*. Opladen 1987. S. 301-329, hier S. 304. Dieses Konzept einer allumfassenden Schuld kritisiert Norbert Mennemeier als "einen Hauptmangel" des Stückes; siehe: *Modernes Deutsches Drama. Kritiken und Charakteristiken. Bd.2: 1933 bis zur Gegenwart*. München 1975. S. 168.

[22] Beckmann spricht an keiner Stelle in *Draußen vor der Tür* von Schuld, wohl aber von der "Verantwortung für die zwanzig Mann" (Borchert S. 125), die ihm als Unteroffizier übertragen wird. Der Gedanke, den Befehl zu verweigern, kommt ihm übrigens ebensowenig wie er sich später mit einem Befehlsnotstand zu rechtfertigen versucht.

formuliert hat.[23] Schuld meint hier vor allem metaphysische Schuld im Sinne Karl Jaspers', nämlich den

> Mangel an der absoluten Solidarität mit dem Menschen als Menschen. Sie bleibt noch ein unauslöschlicher Anspruch, wo die moralisch sinnvolle Forderung schon aufgehört hat. [...] wenn ich überlebe, wo der andere getötet wird, so ist in mir eine Stimme, durch die ich weiß: daß ich noch lebe, ist meine Schuld.[24]

Diese 'Überlebensschuld' gilt insbesondere gegenüber dem gefallenen Kameraden. Das eigene 'Davongekommen-Sein' ist – wenn überhaupt – nur durch die ewige Erinnerung an die Toten zu sühnen.[25] Mit der nachdrücklichen Einforderung dieses Gedächtnispostulats setzt sich Beckmann gegenüber einer 'pflichtvergessenen' Nachkriegsgesellschaft ins Recht und überwindet die eigene Treulosigkeit des 'Nicht-mit-Gestorbenseins' im nachgeholten 'Verweigerungstod'.[26]

Das in der Rückschau dringendere Eingeständnis politischer Mitverantwortung findet sich dagegen nur selten. In Jacob Geis' Zeitstück *Die Brüder Allemann* wirft sich ein Innerer Emigrant vor, im "Dritte Reich" trotz seiner Opposition zum Regime geschwiegen zu haben:

> Ich bin schuld: Weil ich da und dort im Kleinen nachgab – aus dem Kleinen ist das Große geworden. – Ich bin schuld, – weil ich weggesehen habe, wenn die jüdischen Freunde auf der Straße vorübergingen mit dem gelben Stern – Ich bin schuld, weil ich die Hand erhoben habe, da und dort in Amtslokalen oder vor Gericht und leise, wenn auch vernehmlich [sic] 'Heil' dazu gesagt habe." [Er ist da-

[23] Karl-Josef Kuschel: Schuld als Thema der Gegenwartsliteratur. In: Karl-Josef Kuschel, Urs Baumann (Hrsg.): *Wie kann denn ein Mensch schuldig werden? Literarische und theologische Perspektiven von Schuld.* München, Zürich 1990. S. 9-69, hier S. 34.

[24] Jaspers: *Schuldfrage*. S. 64.

[25] Nicht zuletzt deshalb ist der Wiedergänger als personifizierte Mahnung an die Toten eines der häufigsten Motive der frühen Nachkriegsdramatik. Aber auch die heimkehrenden Veteranen fordern als Stellvertreter der Gefallenen die Erinnerung an die Opfer ein. Curt Langenbecks Heimkehrer wird – in Umkehrung des Motivs bei Borchert – zum erbarmungslosen Rächer der Toten an einer hedonistischen Nachkriegsgesellschaft.

[26] Beckmanns Sterben trägt Züge des psychogenen Todes bzw. der von Margarete Mitscherlich beschriebenen 'Trauerkrankheit'. Wenn Anklagen und Selbstanklagen im Verlaufe der Zeit ungemildert bleiben, so entstehe eine "Selbstbezogenheit, die Ausdruck einer narzißtischen Neurose sein kann". Siehe: Die Toten antworten nicht mehr – Trauerarbeit und Trauerkrankheit. In: Margarete Mitscherlich (Hrsg.): *Erinnerungsarbeit. Zur Psychoanalyse der Unfähigkeit zu trauern.* Frankfurt a.M. 1987. S. 67-86, hier S. 69. Beckmanns regressive Sehnsüchte sind Ausdruck einer solchen neurotischen Vergangenheitsfixierung.

> durch schuldig geworden am] Mord von Millionen, am Brand der Welt, an den Konzentrationslagern, an der Ausrottung der Juden –.[27]

Und auch der eben aus dem KZ entlassene Professor in Hans Fritz Köllners *Diagramm der Zeit* bekennt sich zur deutschen Schuld:

> Die ganze Welt klagt uns an –
> um des vergossenen Blutes – –
> um die zerstörten Länder – –
> um die Toten ohne Maß und Grenze – –
> um die beleidigte Menschheit – –
> um die geschändete Menschlichkeit – –
> und furchtbar heißt die Antwort: schuldig, schuldig, schuldig, schuldig, schuldig![28]

Dabei kommt allerdings wieder ein bereits bekannter Mechanismus zum Tragen. So wie das Schuldeingeständnis sich nur auf Handlungen bezieht, für die man nicht wirklich verantwortlich war, bekennen sich nur diejenigen zu kollektiver Schuld, die als Regimegegner oder KZ-Häftlinge Opfer der nationalsozialistischen Verfolgung waren.[29] Stillschweigend gewähren sie den Tätern und Mitläufern Vergebung und garantieren damit die für den Wiederaufbau unverzichtbare Solidargemeinschaft von Schuldigen und Opfern.[30] Ihre christliche Bereitschaft, stellvertretend "auch für des Bruders Schuld"[31] einzustehen, wird im Wandlungsstück zum Vorbild für die Läuterung der jungen Generation. Köllners siebenundzwanzigjähriger Hauptmann Lorenz, der sich anfangs verraten fühlt und sich jeder Zukunftsplanung verweigert, stellt sich am Ende der Schuld – und der Forderung nach Wiedergutmachung:

> Eine Bürde ist aufzunehmen
> ein Haus ist zu bauen;

[27] Geis: *Brüder Allemann.* S. 46. Die Uraufführung im Dezember 1948 erwies sich als "glatter Reinfall", das Stück mußte nach nur acht Vorstellungen abgesetzt werden. Elisabeth Angermaier: Theaterleben in den ersten Nachkriegsjahren. Kammerspiele, Volkstheater, Privattheater. In: Friedrich Prinz (Hrsg.): *Trümmerzeit in München. Kultur und Gesellschaft einer deutschen Großstadt im Aufbruch 1945-1949.* München 1984. S. 193-202, hier S. 196.

[28] Köllner: *Diagramm.* S. 37.

[29] Die Tendenz, "daß eine Bejahung der eigenen Mitschuld denjenigen am leichtesten fiel, die sich von vornherein klar und erkennbar vom Nationalsozialismus distanziert und die Folgen in Form von Inhaftierung oder Emigration getragen hatten", konstatiert Eberan auch für die Publizistik. *Debatte um die Schuldfrage.* S. 29.

[30] Geis' zurückgekehrter Exilant stellt resigniert fest: "wir leben in dieser Welt. [...] Wir müssen zusammenhalten. Es bleibt uns nichts anderes übrig." Ebd. S. 93.

[31] Köllner: *Diagramm.* S. 91.

den Lebenden die Heimat,
den Toten die Ruhestätte zu geben.[32]

Weil die Beteiligung der jungen Generation als wichtigste Voraussetzung für das Gelingen des Neuanfangs galt, wird ihre Wandlung zum Ausweis der Zukunftsfähigkeit Deutschlands. Allein ihre Bereitschaft, trotz subjektivem Unschuldsempfinden die 'Bürde' der Vergangenheit auf sich zu nehmen, verhieß 'neues Leben'.

5. Die Frage nach der Sühne: "Ich müßte wieder wettmachen – büßen – irgendwie..."

Weil aber die Schuldfrage meist nur vage und ausweichend beantwortet wurde, war es für die Heimkehrergeneration oft nicht leicht, eine angemessene Form der Sühne zu finden: "Ich müßte wieder wettmachen – büßen – irgendwie...",[33] lautet der etwas ratlose Vorsatz des Protagonisten von Heinrich Goertz' Widerstandsstück *Peter Kiewe*, nachdem man ihn gezwungen hatte, an einem Kameraden das Todesurteil zu vollstrecken. Goertz läßt ihn schließlich im todesmutigen Kampf gegen den Faschismus die Sühne für seine Tat finden. Deutlich weniger heroisch hatte Jaspers die "Reinigung [...] durch Wiedergutmachung, durch Buße, durch innere Erneuerung und Verwandlung"[34] als Wege der Sühne benannt. Während die Voraussetzungen für eine materielle Wiedergutmachung in der ersten Nachkriegsnot sehr beschränkt waren, werden Formen innerer Reue in zahlreichen Stücken vorgeführt. Um die Schuld des Überlebens zu büßen, versuchte man die Gefallenen in der Erinnerung lebendig zu halten; in der 'Umschmelzung zur Wiedergeburt'[35], wie bei Köllners Hauptmann Lorenz, sühnte man die 'deutsche Schuld'.[36]

Die Dramatik kennt aber noch andere Möglichkeiten der Buße. In Inge Strudthoffs zweitem Heimkehrerstück, *Der Gast*, nimmt der zurückgekehrte Invalide die Schuld auf sich. Durch seinen Erlösungstod werden die Zurückbleibenden "neu geboren"[37] – auch eine 'Verwandlung', aber eine, für

[32] Ebd. S. 93. In der Schlußszene aus seiner Rolle heraustretend appelliert Lorenz an das Publikum: "Stell Deiner Schuld Dich, sie männlich zu lösen." Ebd. S. 95.
[33] Heinrich Goertz: *Peter Kiewe oder Die Methode von Thaddäus Wohltat und Dr. Ast. Drama*. Berlin 1946. S. 15.
[34] Jaspers: *Schuldfrage*. S. 90.
[35] Ebd. S. 20.
[36] Die Wandlungsdramatik bildet ein wichtiges Genre gerade der jungen Nachkriegsdramatik. Dazu gehören z.B. die Stücke von Denger, Bostroem, Goertz und Thomas Engels: *Treibgut*. Berlin 1948; Ilse Jungs: *Wo ist der Weg?* Berlin 1946 und Günther Sauers: *Signal Stalingrad*. Bühnenmanuskript (vgl. meinen Aufsatz: Vom Zeitstückdramatiker zum Operettenregisseur: Günther Sauer – ein Repräsentant der *Jungen Generation* in der SBZ. In: *Orbis Linguarum* 11 (1999). S. 21-32).
[37] Strudthoff: *Gast*. S. 28.

die es keiner eigenen Anstrengung bedurfte. Dieses Märtyrer-Modell, das sich in Variationen auch bei Goertz, Sauer oder Zuckmayer findet, hat zugleich Entlastungsfunktion. Der Held sühnt nicht nur die eigene Schuld mit seinem Leben, sondern er rehabilitiert zugleich das 'andere', das bessere Deutschland. Der anonyme Widerstandskämpfer in *Peter Kiewe* spricht diese Absicht programmatisch aus:

> Seht, auch solche Kerle hat es in jenem verruchten Lande gegeben, muß man einst sagen können. Ich habe eine Schuld abzuzahlen – als gewesener deutscher Soldat. Ich will diese Schuld jetzt büßen, wenn erforderlich, mit dem Tod.[38]

6. "Götzendienst der Tüchtigkeit": Der Neuaufbau als Sühne

Doch nicht immer bedurfte es solcher Todesverachtung, um Bußfertigkeit zu beweisen. Wenn auch die Armseligkeit der übriggebliebenen Ressourcen eine Entschädigung aller Kriegsopfer ausschloß, wurde die Wiedergutmachung dennoch – gleichsam in umgekehrter Richtung – zum populärsten Sühnemodell der Nachkriegsdramatik: Im rastlosen Wiederaufbau 'arbeiten' die Deutschen ihre Schuld ab.

> Das tausendjährige Reich liegt hinter uns, und die vierzig Jahre, die wir höchstens noch zu leben haben, sind bis auf die letzte Minute ausgefüllt, um wieder gut zu machen und den Dreck zu beseitigen. Da ist keine Minute zu verlieren. Also komm.[39]

So fordert in Heinz Becker-Triers Heimkehrerstück *Keine Angst vor morgen* Garcia als 'Mentor' des Neuanfangs. Nutznießer dieser Wiedergutmachung sind allerdings nicht die 'Opfer des Faschismus', bzw. sie sind es nur, wenn man den erweiterten Opferbegriff der meisten Stücke zugrunde legt: Die erwähnten Entlastungsstrategien erlaubten die Viktimisierung einer ganzen 'verführten und mißbrauchten' Nation. Dabei wird – das zeigt das folgende Zitat – auf jede Differenzierung der Schuld und des erfahrenen Leides verzichtet. Becker-Triers Maria, die nach der Falschmeldung vom Tode ihres Mannes eine zweite Ehe eingeht, z.B. klagt:

> Ich habe *dir* [d.i. ihr erster Mann – R. T.] weh getan, wir haben der *Welt* weh getan, die Welt hat *uns* weh getan. Wohin man schaut, nur Schmerz und Elend. Trümmer und Schutt. Hunger und Krankheit.[40]

[38] Goertz: *Kiewe*. S. 8. Zuckmayer urteilte über Harras' Freitod: "Damit war er dann, in einem größeren Sinne, entsühnt. Dem, der mit seinem Leben gezahlt hat, kann man die Lossprechung nicht mehr versagen." Carl Zuckmayer: Persönliche Notizen zu meinem Stück *Des Teufels General*. In: *Die Wandlung* 3 (1948). S. 331-333, hier S. 332.

[39] Becker-Trier: *Keine Angst*. S. 7.

[40] Ebd. S. 32.

Die große Gemeinschaft der Leidtragenden umfaßt unterschiedslos den betrogenen Heimkehrer, die überfallenen Völker und die notleidenden Nachkriegsdeutschen – nicht zuletzt Maria selbst. Dem Vorwurf kollektiver Schuld begegnet man mit kollektivem Opferbewußtsein: “[...] wir haben nichts als die Gemeinsamkeit unseres Unglücks und unsere gemeinsame Erniedrigung.”[41] Der Neuaufbau ‘überwindet’ die Vergangenheit, indem er Täter und Opfer in einem Ziel vereint: “wir müssen zusammen leben [...] Junge und Alte, Toren und Feige, Tapfere und Irrende.”[42] Er integriert, getragen von einem existentialistischen Engagementbegriff nach dem Vorbild von Sartres *littérature engagée*, schließlich auch die junge Generation, die oft mit Apathie und Verweigerung oder sogar kriminellem Widerstand auf das Kriegsende reagiert hatte.

Bereits Hannah Arendt hat hellsichtig vermutet, daß sich die Deutschen mit ihrer Nachkriegsgeschäftigkeit der Erinnerung an ihre schuldhafte Vergangenheit erwehren wollten,[43] aber auch die auf Innerlichkeit und geistige Werte verpflichteten Nachkriegsdramen lehnen diese alleinige Konzentration auf den Wiederaufbau als “Götzendienst der Tüchtigkeit”[44] ab und mahnen zum Innehalten angesichts der Katastrophe:

> Bis an den Abgrund geführt, Deutschland
> *Verweile* und schaudre – –[45]

So fordert es die Schlußapostrophe des weisen Philosophen in Köllners *Diagramm der Zeit*.

[41] Köllner: *Diagramm* S. 38. Nicht nur das “offizielle Gedächtnis erinnerte die Deutschen als Opfer des Krieges”, auch die Literatur entwarf “das Bild des unschuldigen deutschen Soldaten als Opfer des Kriegs”. Helmut Peitsch: Zur Geschichte von ‘Vergangenheitsbewältigung’: BRD- und DDR-Kriegsromane in den fünfziger Jahren. In: Gerhard P. Knapp, Gerd Labroisse (Hrsg.): *1945 - 1995. Fünfzig Jahre deutschsprachige Literatur in Aspekten.* (Amsterdamer Beiträge zur neueren Germanistik Bd. 38/39) Amsterdam, Atlanta. S. 89-117, hier S. 92 und S. 98. Ursula Heukenkamp hat in ihrer Analyse von Kriegsbriefen auf die entlastende Wirkung von Opferbereitschaft an der Front hingewiesen. Im Pflichtverhältnis des einzelnen gegenüber der Gemeinschaft wird die Verantwortung für das eigene Tun an diese Gemeinschaft delegiert. Auch deshalb dürfte sich ein individuelles Schuldbewußtsein für die deutschen Kriegsverbrechen nur selten entwickelt haben. “Vielleicht erhöht die Zahl der fremden Opfer sogar den Wert der imaginären ‘Gemeinschaft’.” Die ganze Wahrheit. Kriegsdeutung als gesellschaftliche Konvention und ihre Kritik. In: *Krieg und Literatur/War and Literature* 2 (1990). H. 3: S. 83-96, hier S. 95.

[42] Köllner: *Diagramm*. S. 91.

[43] “Beobachtet man die Deutschen, wie sie geschäftig durch die Ruinen ihrer tausendjährigen Geschichte stolpern und für die zerstörten Wahrzeichen ein Achselzukken übrig haben [...], dann begreift man, daß die Geschäftigkeit ihre Hauptwaffe bei der Abwehr der Wirklichkeit geworden ist.” Hannah Arendt: *Besuch in Deutschland.* Berlin 1993. S. 35.

[44] Köllner: *Diagramm*. S. 74.

[45] Ebd. S. 95.

Ein Ansinnen, das in der ganz auf Zukunft gerichteten Nachkriegsdramatik nicht allzuviel Nachhall fand. Zwar gab es eine intensive Auseinandersetzung mit der Vergangenheit, doch blieb diese im wesentlichen auf das Kriegserlebnis beschränkt. Der Reflexion über Strukturen und Ursachen des Nationalsozialismus wich man auf diese Weise aus, die Deutschen erschienen als Opfer des Hitler-Regimes. Ihre Schuld resultierte weder aus politischer Mitverantwortung noch aus individueller Beteiligung an den NS-Verbrechen, sondern war in ihrem Überleben zu suchen. Damals schien es möglich, diese Schuld durch die gewaltige Anstrengung eines entbehrungsreichen Neuanfangs abzutragen[46] – und so konzentrierten sich viele Deutsche auf die 'Sühneleistung' der Wiederaufbauarbeit, über die für lange Jahre tatsächlich die Schuld der Vergangenheit in Vergessenheit geraten sollte.

[46] "Wir werden den Schutt wegräumen und eine bessere Welt bauen. [...] Wir wollen gutmachen." Becker-Trier: *Keine Angst*. S. 32.

Helmut Peitsch

Von Demidoff über Brest nach Berlin – der Kontext der Kriegserfahrung Erich Kubys

Erich Kuby, who has been known as an exemplary nonconformist writer since the 1950s, has reworked his experience of the Second World War several times. Kuby's contribution to West Germany's public memory moved from relying on diaries and letters to fiction and documentary. Whereas his books of the late 40s and early 50s confirmed the view of the German soldier as an innocent victim of the war, from the late 50s onwards Kuby started to challenge official memory. By distancing himself from the autobiographical mode of writing, Kuby aimed at contextualizing his experience of the war.

Das Image Erich Kubys in der literarischen Öffentlichkeit der BRD zeigt eine bemerkenswerte Kontinuität: Von Friedrich Sieburgs Charakterisierung als "Bundesnonkonformist"[1] 1957 bis zu Ursula Heukenkamps Lob von "Sezession und Ausstieg"[2] 1997. Gerade weil Kuby in Tagebüchern und Briefen – die in Auszügen 1975 publiziert wurden – seine Kriegserfahrung schriftlich festgehalten hat, eignet sich der Gebrauch, den er von diesem Material in den ersten beiden Nachkriegsjahrzehnten gemacht hat, zur Untersuchung der Frage, wie sich Kubys Beitrag zur öffentlichen Erinnerung und der sich verändernde Kontext des Erinnerns zueinander verhalten, um Konformität und Abweichung genauer zu bestimmen. Auch wenn Kuby selbst in seinen Memoiren die individuelle Kontinuität als nonkonformistischer Zeitkritiker scharf betonte,[3] kann gerade die Verschiedenheit der Genres, in denen er seine Kriegserfahrung publiziert hat, den Blick auf die Veröffentlichungsbedingungen lenken und damit auch auf die sich verändernden Verhaltensweisen des Individuums in den Verhältnissen.

1947 veröffentlichte Kuby unter dem Pseudonym Alexander Parlach das Tagebuch *Demidoff oder von der Unverletzlichkeit des Menschen* im List-Verlag, 1954 sendete der NWDR sein Hörbild – oder Feature – *Nur noch*

[1] Friedrich Sieburg: Der Donnerkeil des Plauderers. In: *Verloren ist kein Wort. Disputationen mit fortgeschrittenen Lesern*. München 1969. S. 55-58, hier S. 56.

[2] Ursula Heukenkamp: Helden, die einer besseren Sache wert gewesen wären ... Kriegsprosa in der DDR der fünfziger Jahre. In: Hans Wagener (Hrsg.): *Von Böll bis Buchheim. Deutsche Kriegsprosa nach 1945*. Amsterdam, Atlanta 1997. S. 365-387, hier S. 370.

[3] Erich Kuby: *Mein ärgerliches Vaterland*. Berlin 1990. S. 207; Erich Kuby: *Lauter Patrioten. Eine deutsche Familiengeschichte*. München, Wien 1996. S. 224-225.

rauchende Trümmer. Das Ende der Festung Brest, das 1959 von Rowohlt im Taschenbuch publiziert wurde, 1961 erschienen die von der *Süddeutschen Zeitung* zuerst gedruckten *Dokumente des Untergangs/Januar bis Mai 1945* unter dem Titel *Das Ende des Schreckens* als List-Taschenbuch; im selben Jahr brachte Rowohlt den Roman *Sieg! Sieg!* heraus, 1965 schrieb Kuby für den *Spiegel* die Serie *Die Russen in Berlin 1945*, die noch im selben Jahr als Buch bei Scherz erschien. Der Wechsel des Fokus der Kubyschen Erinnerung an den Zweiten Weltkrieg von der Ostfront über das besetzte Frankreich zum Kriegsende in Berlin erfolgte in Tagebuch, Feature, Roman, Dokumentensammlung und Sachbuch als eine zunehmende Distanzierung von und Kontextualisierung autobiographischer Erfahrung.

Mit der Publikation von *Demidoff* nahm Kuby eine Kritik zurück, die er 1946 in einem Gutachten für die US-Informationskontrolle an Anderschs und Richters *Ruf* geübt hatte; er hatte diesen in der "Gefahr" gesehen, "das Kriegserlebnis zu pflegen statt es zu überwinden".[4] Anderschs Behauptung der 'Unschuld' der – ihrer "erstaunlichen Waffentaten" wegen gerühmten – Soldaten an "Dachau und Buchenwald"[5] hatte Kuby entgegengesetzt:

> Es gibt für einen Deutschen keine positive Haltung zum Kriege, auch nicht in der Form, daß er die Gefallenen als Helden betrachtet. Wir können als verantwortliche Deutsche heute unseren gefallenen Bruder als einen anständigen Menschen betrauern – wir haben nicht mehr die Freiheit in der Öffentlichkeit den Geist von Langemarck, der jetzt der Geist von Cholm, Brest, Alamein usw. heißen könnte, mit einem positiven Akzent zu versehen.[6]

Die Abweisung einer öffentlichen Ehrung als Helden schloß die Möglichkeit ein, nicht nur privat zu trauern, sondern öffentlich die Unschuldsbehauptung an den Anstand zu binden. Die Weise, in der das in Kubys Bearbeitung seiner Brief- und Tagebuchmaterialien geschah, war eine radikale Privatisierung, die das 'Kriegserlebnis' entpolitisierte.

Indem Kubys Text Privatheit mit Menschlichkeit und Vernunft gleichsetzt, ergibt sich der Gegensatz zur politisierten, inhumanen, unvernünftigen Masse, von der sich der Verfasser distanziert und so zum Repräsentanten der Elite wird. Von der Gleichsetzung von 'Deutschen' und 'Nazis' wird nur der Verfasser ausgenommen, im Unterschied zu den Nicht- und Anti-Nazis, deren politisches Denken sie ihm noch mit dem Faschismus identisch sein läßt.[7] Der formale Geistesaristokratismus erlaubt es, die Ermordung von

[4] Jürgen Schutte (Hrsg.): *Dichter und Richter. Die Gruppe 47 und die deutsche Nachkriegsliteratur*. Berlin 1988. S. 163.
[5] Hans Schwab-Felisch (Hrsg.): *Der Ruf. Eine deutsche Nachkriegszeitschrift*. München 1962. S. 27.
[6] Schutte: *Dichter und Richter*. S. 165.
[7] Alexander Parlach (d.i. Erich Kuby): *Demidoff oder von der Unverletzlichkeit des Menschen*. München, Leipzig 1947. S. 60.

Juden und Partisanen[8] als etwas darzustellen, das abseits der "Insel"[9] oder außerhalb der "klösterlichen Zelle"[10] geschieht, wo der Verfasser im Schreiben in seiner eigenen die 'Unverletzlichkeit des Menschen' beweisen will.[11]

Nicht nur von Rezensenten wurde Kubys 'saubere menschliche Art' als repräsentativ für den deutschen Soldaten genommen, wenn der Herausgeber der *Deutschen Rundschau* meinte, "daß sein Buch wesentlich dazu beitragen kann, das deutsche Gedächtnis zu stärken"[12]; auch Kuby selbst erkannte sich als Rezensent in anderen 'anständigen' Soldaten wieder: Er lobte die Stalingrad-Darstellung des Generalstabsoffiziers Günter Toepke, der Brot verteilte, und des Stabsarztes Hans Dibold, der medizinisch half, auf Kosten Plieviers, dessen Stalingrad an der Norm des Am-eigenen-Leibe-erfahren-Habens gemessen und als abstrakt verworfen wurde.[13]

Der Anspruch auf – elitäre – Repräsentativität beinhaltete eine Herausforderung an jenes offizielle Gedächtnis der Westzonen, wie es der Gedenktag für die Opfer des Faschismus in den ersten Nachkriegsjahren institutionalisiert hatte.[14] Der Vorrang der Erinnerung an Verfolgung und Widerstand bestimmte zur Zeit des Erscheinens von *Demidoff* auch noch das öffentliche Erinnern auf dem Buchmarkt, allerdings markierte das Jahr des Erscheinens von Kubys Tagebuch den Wendepunkt. Als 1950 der Bundesinnenminister Gustav Heinemann den antifaschistischen Gedenktag im September abschaffte, verwendete er an Stelle des Begriffs 'Opfer des Faschismus' den der "Kriegsopfer"[15] und verknüpfte das Opfer mit der Staatlichkeit der BRD, indem das Gedenken auf Verfassung und Wiedervereinigungsanspruch bezogen wurde.

Durch eine verallgemeinerte soldatische Opferperspektive unterscheidet sich Kubys Feature von 1954 deutlich vom Tagebuch von 1947. Auf elitäre Weise hatte Kubys *Demidoff* die Welle von "Ehrenb[ü]ch[ern] für den anständigen deutschen Soldaten"[16] antizipiert, zu denen in den frühen fünfziger Jahren nicht nur die immer noch kanonischen Texte Bamms und Ho-

[8] Ebd. S. 15-17, 18-19, 93.

[9] Erich Kuby: *Mein Krieg. Aufzeichnungen aus 2129 Tagen*. München 1977. S. 225.

[10] Kuby: *Demidoff*. S. 122.

[11] Vgl. hierzu im einzelnen Helmut Peitsch: *"Deutschlands Gedächtnis an seine dunkelste Zeit". Zur Funktion der Autobiographik in den Westzonen Deutschlands und den Westsektoren von Berlin 1945 bis 1949*. Berlin 1990. S. 246-254.

[12] Rudolf Pechel (Rez.): Alexander Parlach: Demidoff. In: *Deutsche Rundschau* 71 (1948). H. 8. S. 256-257, hier S. 256.

[13] Erich Kuby: Vom sinnlosen Tod in Stalingrad. In: *Frankfurter Hefte* 5 (1950). S. 889-891, hier S. 890.

[14] Peitsch: "*Deutschlands Gedächtnis*". S. 130-133.

[15] Constantin Goschler: *Wiedergutmachung. Westdeutschland und die Verfolgten des Nationalsozialismus (1945-1954)*. München 1992. S. 218.

[16] Rudolf Pechel: Die Flagge der Humanitas. In: *Deutsche Rundschau* 78 (1952). S. 1299.

hoffs zählten,[17] sondern auch die Podewils (1952) oder Kühners (1953).[18] Aus der expliziten Übernahme einer Wir-Perspektive folgt, daß der Erzähler von Kubys Feature immer wieder von sich im Plural als 'einfachem Landser' spricht. In der Gegenwartshandlung führt ihn eine Reise zusammen mit seiner Ehefrau in das Brest des Jahres 1954, in ein Frankreich, dessen Nationalversammlung gerade die EVG abgelehnt hat.[19] Den französischen "Zehnjahrfeiern der Befreiung", der "Erinnerung" daran, was das 'Volk' "damals Schreckliches gelitten hat", setzt er einleitend den Schein entgegen, "als hätten wir den Krieg völlig überwunden"; aus der bundesrepublikanischen 'Überraschung' über die französische Ablehnung ergibt sich adressatenbezogen die Notwendigkeit von Erinnerung: "Vielleicht sollten wir unser Gedächtnis [...] auffrischen."[20]

Wenn Kuby auf der Grundlage seines im Taschenbuch teilweise abgedruckten Tagebuchs die "Festung Brest zum Modellfall" 'wählte',[21] folgte er auch einer innenpolitischen Aktualität.[22] Die Zuspitzung der Darstellung der Festung Brest auf den General der Fallschirmjäger Bernhard Ramcke erlaubte es Kuby, an dem zwischen den westlichen Alliierten und der westdeutschen Regierung kontroversen Fall eines 'Kriegsverbrechers' Probleme zu behandeln, die das offizielle Gedächtnis der BRD betrafen. Die Bundesregierung hatte sich für Ramcke – ebenso wie für alle von den Westmächten verurteilten Kriegsverbrecher – eingesetzt; nach seiner Ankunft in der Bundesrepublik hatte Ramcke, der mit dem Amt Blank in Verbindung stand und von Adenauer persönlich empfangen worden war,[23] auf dem ersten Nachkriegstreffen von Waffen-SS-Leuten erklärt: "Die 'schwarzen Listen', auf denen die SS gestanden habe, würden in Zukunft vielleicht wieder 'Ehrenlisten' sein."[24] Adenauer ließ im Kabinett beschließen, auf Ramcke einzuwir-

[17] Vgl. Franz Schonauer: Sie kämpften im Dunkel. Der Zweite Weltkrieg in der deutschen Literatur. In: *Zeitwende* 25 (1954). S. 189-192; Wagener: *Von Böll bis Buchheim.*

[18] Clemens Podewils: *Don und Wolga. Aufzeichnungen aus dem Jahre 1942.* München 1952; Otto Heinrich Kühner: *Nikolskoje. Kriegstagebuch aus Rußland.* Durchges. Aufl. Frankfurt a.M., Berlin, Wien 1982.

[19] Vgl. zur bundesrepublikanischen Reaktion kritisch einen anderen Autor der Gruppe 47, Walter Maria Guggenheimer: *Kommentare.* Düsseldorf 1955. S. 154-156.

[20] Erich Kuby: *Nur noch rauchende Trümmer. Das Ende der Festung Brest.* Reinbek bei Hamburg 1959. S. 125.

[21] Ebd. S. 126.

[22] Margret Bloom: *Die westdeutsche Nachkriegszeit im literarischen Original-Hörspiel.* Frankfurt a.M., Bern, New York 1985. S. 327.

[23] Wolfgang Kraushaar: *Die Protest-Chronik 1949-1959. Eine illustrierte Geschichte von Bewegung, Widerstand und Utopie.* Bd. 1. Hamburg 1996. S. 401-402, 462-463, 680.

[24] Norbert Frei: *Vergangenheitspolitik. Die Anfänge der Bundesrepublik und die NS-Vergangenheit.* 2. durchges. Aufl. München 1997. S. 283. Vgl. Ulrich Brochhagen: *Nach Nürnberg. Vergangenheitsbewältigung und Westintegration in der Ära Ade-*

ken: "Ramcke […] werde sich mindestens dem Hinweis nicht verschließen, daß derartige Äußerungen dem Interesse seiner noch im Gewahrsam der Westmächte befindlichen Kameraden zuwiderlaufen."[25] In ihrem Hamburger Programm setzte die CDU den deutschen Soldaten und die verurteilten Kriegsverbrecher gleich, wenn sie erklärte, "zu den deutschen Soldaten [zu stehen], deren Ehre […] durch das ihnen 'nach dem Zusammenbruch geschehene Unrecht' nicht berührt sei und die sich nun wieder, 'ihrer besten Überlieferung getreu, dem Volk in sittlicher Verantwortung verbinden'"[26]

Im Gegensatz zum offiziellen Gedächtnis, das durch die Amnestien und Begnadigungen den deutschen Soldaten durch seinen General repräsentiert sah,[27] aber auch zu einem populären, das Böll damals auf die Formel brachte: "Den Krieg vergessen und die Vornamen der Generäle behalten",[28] setzt Kubys Feature 'die Landser' und Ramcke in einen durchgängigen Gegensatz.[29] In der Darstellung seiner eigenen militärischen Rolle als Telefonist hebt der Erzähler deshalb die Absicht hervor, Orden "bis zum Schluß [zu] vermeiden"[30]; dagegen fungiert als Leitmotiv des Textes die Feststellung der 'Landser', "daß Ramcke seine Brillanten immer noch nicht hatte",[31] wann immer es darum geht, warum die eingekesselte Festung noch nicht kapituliert habe.[32]

Im Unterschied zu zwei anderen Features, die Kuby über den Zweiten Weltkrieg für den NWDR schrieb, ist *Das Ende der Festung Brest* niemals wiederholt und auch nicht in dem Hörspielrepertoire, das sich seit der Mitte der fünfziger Jahre entwickelte,[33] kanonisiert worden. Mit seinem Brest-Feature hatte Kuby das symbolische Dreieck des offiziellen Gedächtnisses

nauer. Hamburg 1994. S. 86-90; Jochen Pfeifer: *Der deutsche Kriegsroman 1945-1960. Ein Versuch zur Vermittlung von Literatur und Sozialgeschichte*. Königstein 1981. S. 44.

[25] Brochhagen: *Nach Nürnberg*. S. 385.

[26] Uwe Rosenbaum: *Im Schnittpunkt: Das Hörspiel. Gemeinsame Merkmale und politische Bedingungen von Kunstmedien. Eine Bilanz aus zwei Jahrzehnten*. Manuskript 3. Programm NDR vom 6.11.1971, Teil 1. S. 6.

[27] Vgl. Günther Cwojdrak: *Die literarische Aufrüstung*. Berlin 1957. S. 33; Jeffrey Herf: *Divided Memory. The Nazi Past in the Two Germanys*. Cambridge, MA, London 1997. S. 295 zum 'Landsberg-Effekt'; Hannes Heer: Von der Schwierigkeit, einen Krieg zu beenden. Reaktionen auf die Ausstellung *Vernichtungskrieg. Verbrechen der Wehrmacht 1941 bis 1944*. In: *Mittelweg 36*. 6 (1997). H. 6. S. 65-79, hier S. 74; Klaus Naumann: Die 'saubere' Wehrmacht. Gesellschaftsgeschichte einer Legende. In: *Mittelweg 36*. 7 (1998). H. 4, S. 8-18, hier S. 12-13 zur Formel "weder Verbrecher noch Helden".

[28] Heinrich Böll: *Haus ohne Hüter*. Frankfurt a.M., Berlin 1962. S. 169.

[29] Kuby: *"Nur noch rauchende Trümmer"*. S. 142, 145-146, 147, 151.

[30] Ebd. S. 145.

[31] Ebd. S. 146-147.

[32] Ebd. S. 138-139, 142, 145, 152.

[33] *Frankfurter Neue Presse* vom 7.8.1954; *dpa-Kultur* vom 20.10.1954.

verlassen, das vor allem Heuss in seinen Bergen-Belsen- und 20. Juli-Reden 1952 und 1954 ausgearbeitet hatte: Gegen das Auswiegen deutscher Schande und deutscher Ehre im anständigen Soldaten[34] brachte Kuby die soldatische Opferperspektive in eine oppositionelle Stellung zur nationalstaatlich-politischen Kontinuität.

Kubys Kriegsbücher des Jahres 1961 geben die autobiographische Fixierung der beiden vorangegangenen in gegensätzliche Richtungen auf: Die der Dokumentation und die der Fiktion. In beiden Fällen kommt es zur Assoziierung von Widerstand und Verfolgung mit der immer noch dominierenden Perspektive des Soldaten als Opfer. Aber an die Stelle des 1947 verfügten und 1954 bekräftigten: "So ist es gewesen, so bin ich gewesen",[35] tritt in Dokumentation und Fiktion die Erinnerung an das, was man "nie gewußt hat"[36].

Das private Kriegsende, das der Roman *Sieg! Sieg!* für den Sommer 1940 konstruiert, ergibt sich aus der Dramatisierung autobiographischen Materials zu einem Helden als Wunsch-Ich. Es ist die Bekanntschaft mit einem halbjüdischen Offizier, die das Schreiben des Helden zum Widerstand und ihn zum Opfer der Verfolgung werden läßt. Dieser Offizier berichtet dem Helden insbesondere von den Anfängen der Judenvernichtung im sog. Polenfeldzug, dem Einsatz von Gaswagen.[37] Die wechselseitige Sympathie entwickelt sich aus Eifersucht: Der Offizier verliebt sich in die Verlobte des Helden, die dieser für die Dauer des Kriegs zurückweist, um – wie es wiederholt heißt – "unverletzbar" zu sein.[38] Das Romanende vereindeutigt nicht nur das Schreiben zum Widerstand, sondern unterwirft auch das – 1947 noch titelgebende – Leitmotiv der Unverletzbarkeit der Kritik: Ohne daß die

[34] Vgl. Helmut Peitsch: Zur Geschichte von 'Vergangenheitsbewältigung': BRD- und DDR-Kriegsromane in den fünfziger Jahren. In: Gerhard P. Knapp, Gerd Labroisse (Hrsg.): *1945-1995. Fünfzig Jahre deutschsprachiger Literatur in Aspekten*. Amsterdam, Atlanta 1995. S. 89-117; zur Aktualisierung vgl. Hanno Loewy, Werner Schneider: *Wir Deutsche* und die *Ehre des Vaterlandes*. Über Klaus von Dohnanyis Rede zur Ausstellung 'Aufstand des Gewissens' in der Paulskirche. In: *Blätter für deutsche und internationale Politik* 43 (1998). S. 359-370.

[35] Kuby: *Demidoff*. S. 135; vgl. Kuby: *"Nur noch rauchende Trümmer"*. S. 131. Vgl. zur Dominanz dieser Perspektive in der Rezeption Rolf Duesterberg: Masse und Elite. Krieg, Wehrmacht und Nationalsozialismus in Curt Hohoff: *Woina – Woina* 1951. In: Wagener: *Von Böll bis Buchheim*. S. 155-181, hier S. 177-181, sowie als zeitgenössische Kritik Hermann Kant, Frank Wagner: Die große Abrechnung. Probleme der Darstellung des Krieges in der deutschen Gegenwartsliteratur. In: *Neue deutsche Literatur* 5 (1957). H. 12, S. 124-139, hier S. 128.

[36] Erich Kuby: *Das Ende des Schreckens. Dokumente des Untergangs/Januar bis Mai 1945*. München 1961. S. 6.

[37] Erich Kuby: *Sieg! Sieg!* Roman. Reinbek bei Hamburg 1961. S. 103, 104, 162, 164, 175, 177-178.

[38] Ebd. S. 114.

Herkunft des Motivs aus Jüngers *Gärten und Straßen* thematisiert wird,[39] wird die stoische Verhärtung des Mannes als Unmenschlichkeit sowie als innere Entsprechung der militärischen Struktur widerlegt. Das innerliche Unbeteiligt-Sein weicht in dem 'Besinnung' genannten Schreiben für den Nachkrieg dem Anspruch, die Wirklichkeit zu sehen und entsprechend zu handeln.[40]

Die Forderung, "den Blick zurück nicht [zu] scheuen und unumstößliche Tatsachen aus der eigenen Vergangenheit zur Kenntnis [zu] nehmen",[41] bestimmt die Adressatenbeziehung, die Kubys Vorwort zu den 'Dokumente[n] des Untergangs' aus dem Berlin von 1945 entwirft. Zwar kann die Beteuerung, es handele sich um "kein politisches Buch",[42] als Entsprechung zu den Beteuerungen der vorangegangen autobiographischen Texte gelesen werden, sie sagten weder ja noch nein[43] bzw. weder billigten sie noch mißbilligten sie,[44] aber die Kenntnis, die Kuby verspricht, sollte eine Wertung vermitteln: Sie liegt in der Funktionsbestimmung des Textes, "innerlich" zu "befrei[en]", "geistig" zu "überw[i]nden".[45] Der Dokumentarist Kuby konstruiert seinen Leser nicht als jemanden, der die eigene Erinnerung 'Stück um Stück' im Text wiedererkennt, sondern der das Dokumentierte entweder "vergessen" oder "nie gewußt" habe, weil er im "Wahn" des "Zustand[s]" von "damals" gefangen gewesen sei.[46] Das Stichwort 'Wahn' gewinnt damit eine andere Bedeutung als in *Demidoff* und *Brest*: Wahn bezeichnet nicht mehr die immer und überall gegebene, politisierte Geistesverfassung der Massen als solche[47] oder den militärischen Ehrgeiz falscher Führer,[48] sondern etwas, wovon sich jeder durch Wirklichkeitserkenntnis befreien kann:

> Die Begegnung mit unserer Vergangenheit [...] wird unsere Wachsamkeit erhöhen. Wir leben auch heute nicht in einem idyllischen Frieden. Die verschiedensten politischen und geistigen Mächte versuchen, uns in neue Wahnideen zu verstricken.[49]

Der Gegenbegriff zu Wahn ist im Berlin-Buch nicht mehr Elite bzw. Intelligenz, sondern Kritik. Die Lehre, die Kubys Dokumentation vom Ende des

[39] Ernst Jünger: *Gärten und Straßen*. Reinbek 1962. S. 14. Vgl. zu Kubys Lektüre des Buchs: Kuby: *"Nur noch rauchende Trümmer"*. S. 91.
[40] Kuby: *Sieg! Sieg!* S. 180.
[41] Kuby: *Das Ende des Schreckens*. S. 5.
[42] Ebd. S. 5.
[43] Kuby: *Demidoff*. S. 148.
[44] Kuby: *"Nur noch rauchende Trümmer"*. S. 125.
[45] Kuby: *Das Ende des Schreckens*. S. 7.
[46] Ebd. S. 6.
[47] Kuby: *Demidoff*. S. 140.
[48] Kuby: *"Nur noch rauchende Trümmer"*. S. 138.
[49] Kuby: *Das Ende des Schreckens*. S. 7.

Nazismus in Berlin vermitteln will, heißt: "das Gegenwärtige weniger selbstverständlich finden, und kritischer" sehen.[50]

Im Gegensatz zur Ankündigung finden sich in der Dokumentation einige, wenn auch sehr wenige Kommentare; einer davon gilt dem bei weitem erfolgreichsten Werk der Erinnerung der fünfziger Jahre, Jürgen Thorwalds zwei Bänden *Es begann an der Weichsel* und *Das Ende an der Elbe*, deren 'Wirkung' seit Erscheinen 1950, wie Helbig schreibt, "kaum zu überschätzen" ist.[51] Kuby weist Thorwalds Darstellung als "ästhetisiert",[52] als "Beschönigung" zurück.[53] Vergleicht man Thorwalds erzählende Darstellung des Kriegsendes mit Kubys Dokumentensammlung, so ist der auffallendste Unterschied die absolute Vorherrschaft einer einzigen Perspektive, der des 'plötzlich' von der Politik, d.h. 'dem Russen', überraschten unschuldigen deutschen, meist weiblichen Opfers;[54] Kuby dagegen setzt die unterschiedlichsten Textsorten und Perspektiven nebeneinander: Aus Memoiren von Politikern und Militärs wird wesentlich seltener zitiert als aus Erlebnisberichten und Briefen von Widerstandskämpfern und Verfolgten. Die moralische Verurteilung des Faschismus aus der Sicht von Verfolgten wird zum Urteil über den letzten OKW-Bericht:

> Den Leistungen und Opfern der deutschen Soldaten [...] wird auch der Gegner die Achtung nicht versagen. Jeder Soldat kann deshalb die Waffe aufrecht und stolz aus der Hand legen und in den schwersten Stunden unserer Geschichte tapfer und zuversichtlich an die Arbeit gehen für das ewige Leben unseres Volkes.[55]

Kubys Arrangement nutzt die Perspektivenvielfalt der Dokumente zur 'unkommentierten' Problematisierung dieses nationalen Opferkollektivs. Das vier Jahre später aus der *Spiegel*-Serie hervorgegangene Buch *Die Russen in Berlin* nennt der Erzähler immer wieder ein "Mosaik"[56]. Es entsteht vor allem aus der weit über die Dokumentation von 1961 hinausgehenden Berücksichtigung sowjetischer Stimmen. Kubys Kritik an einer Reihe sehr erfolgreicher bundesrepublikanischer Texte läßt sich als Auseinandersetzung mit seinen eigenen früheren autobiographischen Büchern deuten:

> Die Verfasser fast aller inzwischen veröffentlichten Berlin-Tagebücher (so etwa Ursula von Kardorff, Hans-Georg von Studnitz und Ruth Andreas-Friedrich)

[50] Ebd. S. 8.

[51] Louis Ferdinand Helbig: *Der ungeheure Verlust. Flucht und Vertreibung in der deutschsprachigen Belletristik der Nachkriegszeit*. 3. erg. Aufl. Wiesbaden 1996. S. 15.

[52] Kuby: *Das Ende des Schreckens*. S. 45.

[53] Ebd. S. 108.

[54] Jürgen Thorwald: *Es begann an der Weichsel*. Gütersloh o.J. S. 70-71, 139-141.

[55] Kuby: *Das Ende des Schreckens*. S. 158.

[56] Erich Kuby: *Die Russen in Berlin 1945*. München 1980. S. 108.

> [waren] in keinem Augenblick Objekt, sondern stets nur Beobachter im Ausnahmezustand [...] – Beobachter ihrer Umgebung wie ihrer selbst.[57]

Kubys Problematisierung des Anspruchs, schreibend Subjekt zu bleiben, trifft die zentrale Strategie des *Demidoff*-Buches wie des Tagebuchteils der *Brest*-Veröffentlichung. Kuby führt in der Auseinandersetzung mit dem unpublizierten Tagebuch einer anonymen Bibliothekarin vor, welche Konsequenzen dieser Subjektanspruch hatte. Seine Kommentierung hebt das Fehlen von "Selbstbesinnung" hervor,[58] die "Empfindung", "die Verfasserin ist darin gar nicht anwesend"[59]. Das letzte Wort gibt Kuby dem sowjetischen Schriftsteller Konstantin Simonow:

> Gebildete Sowjets haben das Unheimliche gespürt, das in einem solchen Maß der Selbstentfremdung liegt. Einer der sensibelsten Russen, die sich damals in Berlin aufhielten, hat eine Szene aufgezeichnet, die – da sie [...] den gleichen psychologischen Sachverhalt, der in dem zitierten Tagebuch unter der Maske der Vernunft verborgen ist, ganz unverhüllt erkennen läßt – vielleicht geeignet ist, uns darüber aufzuklären, daß wir es hier mit einer bestimmten Form von Wahn-Sinn zu tun haben, nämlich mit einer gefährlichen Minderung des Aufnahmevermögens für die Wirklichkeit.[60]

Die Selbstkritik des Tagebuchschreibers Kubys bezieht sich aber nicht nur auf seinen eigenen Anteil an dem Wahn, im Schreiben Subjekt zu bleiben, sondern auch auf die Teilhabe am politischen Wahn der Vergangenheit. Der eigene Wahn, durch elitäres Antipolitisch-Sein "gar nicht anwesend"[61] gewesen zu sein und es deshalb nicht nötig zu haben, "Einsicht in den eigenen Anteil am Unglück" zu gewinnen,[62] wird in Kubys Text als Blindheit gegenüber der Wirklichkeit von Krieg und Nachkrieg thematisiert: Als Mangel an Kritik an Legenden und Stereotypen.

> Für nicht wenige Deutsche – vorwiegend allerdings für die deutschen Männer und von diesen wiederum für jene, die in der Bundesrepublik und Westberlin leben – hat sich der vielschichtige Gegenstand dieses Berichtes über 'die Russen in Berlin' schon seit zwanzig Jahren auf die Vorstellung reduziert, die Rotarmisten seien damals nach Berlin gekommen, hätten dort die deutschen Frauen vergewaltigt – und damit Schluß. Mehr weiß man nicht, mehr will man nicht wissen. [...] Ebenso gängig wie lächerlich ist die Anschauung, ein sowjetischer Zivilisationsliterat jüdischer Herkunft namens Ilja Ehrenburg haben den Millionen Soldaten, aus denen die Heeresgruppen Schukows und Konjews bestanden, gleichsam befehlen können, deutsche Frauen zu schänden.[63]

[57] Ebd. S. 113.
[58] Ebd. S. 258.
[59] Ebd. S. 261.
[60] Ebd. S. 263.
[61] Ebd. S. 261.
[62] Ebd. S. 254.
[63] Ebd. S. 306.

Kubys Mosaik gewinnt seine aktuell-polemische Zuspitzung aus der Wendung gegen diese Legenden und Stereotypen, der Mythos Berlin 1945 habe die "nazistische These vom russischen Untermenschen"[64] mit einer "deutsche[n] antisemitische[n] Note"[65] zur Legitimation des Antikommunismus des Kalten Krieges gemacht:

> Der Versuch, mit den Sowjets Politik zu machen, hätte seitens der Deutschen die Bereitschaft zur Voraussetzung haben müssen, sich dem zu stellen und das zu bekennen, was von ihnen in der Sowjetunion verbrochen worden war.[66]

Wenn die Berlin-Dokumentation von 1961 appellierte, eine – recht allgemein gehaltene – kritische Einstellung zur Wirklichkeit einzunehmen, so konkretisierte der Berlin-Bericht von 1965 genauer, welche Mythen, Legenden und Stereotypen den Wahn der Vergangenheit fortsetzten und Wirklichkeitserkenntnis verhinderten. Gegen diejenigen gewandt, die in einer internationalen Situation des Übergangs zur Entspannung am Kalten Krieg festhielten, formulierte Kuby:

> Vor allem entgeht ihnen die Rolle, die sie und ihresgleichen damals wie heute spielten und spielen. Eine geschichtliche Rechnung jedoch, in der man alle Faktoren außer dem eigenen Verhalten berücksichtigt, ist falsch, ist gefälscht. [...] Was unseren Anteil an den Ursachen [...] angeht, so wissen wir von nichts. Wer gelegentlich dennoch etwas weiß und es sagt, ist ein Verleumder, der das eigene Nest beschmutzt.[67]

Kritik war in beiden Büchern auch eine Aktualisierung von Widerstand, der jetzt erst zur moralischen Norm erhoben wurde – in dem Maße, wie Auschwitz zur Metapher für die Wirklichkeit des Faschismus wurde. Zu diesem Vorgang in der öffentlichen Erinnerung gibt es nur wenige Parallelen in der Debatte ums offizielle Gedächtnis, so in der Rede Adolf Arndts in der Verjährungsdebatte 1965, deren grundlegende Bedeutung bereits Karl Jaspers in seiner Analyse – dem zweiten Stück seines im selben Jahr entstandenen Buches *Wohin treibt die Bundesrepublik?* – hervorgehoben hat. Jaspers nannte Arndts Rede einen 'Durchbruch' "durch die erstrebte Einmütigkeit und Ruhe"[68]: "Schuld", so Arndt, "besteht schon in der schlichten Tatsache der Unterlassung von Widerstand und Kritik."[69]

[64] Ebd. S. 329.
[65] Ebd. S. 316.
[66] Ebd. S. 330.
[67] Ebd. S. 394.
[68] Karl Jaspers: *Wohin treibt die Bundesrepublik? Tatsachen. Gefahren. Chancen.* München 1966. S. 97.
[69] Helmut Dubiel: *Niemand ist frei von der Geschichte. Die nationalsozialistische Herrschaft in den Debatten des Deutschen Bundestages*. München, Wien 1999. S. 110; vgl. hierzu auch Kurt R. Grossmann: *Die Ehrenschuld. Kurzgeschichte der Wiedergutmachung*. Frankfurt a.M., Berlin 1967. S. 155.

Es kann nicht überraschen, daß diejenigen, die Erinnerung auf nationalstaatliche Kontinuität verpflichteten, heftig gegen solchen Wandel opponierten. Publizisten im Feld zwischen CDU/CSU und Rechtsradikalismus porträtierten insbesondere Kuby als einen der 'Einsamen, die sich von der Nation lossagten',[70] der 'volksfremden Literaten', so Helmut Ibach, der im theoretischen Organ der CDU Max Weber zitierte: Weber habe "in ähnlicher Lage bereits 1920 formuliert": "'Dies Literatenvolk ist nicht Deutschland und sein Gebaren entspricht nicht der wirklichen inneren Stellung der Deutschen zu ihrem Kriegsschicksal.'"[71] Ibach beließ es aber nicht bei der Weberschen Polemik gegen "'de[n] politisch-soziale[n] Masochismus jener würdelosen Pazifisten, die jetzt wollüstig in 'Schuld'-Gefühlen wühlen'",[72] sondern sah jedes Sprechen von 'Bewältigung der Vergangenheit' als "ernste[...] Belastungsprobe" der "antitotalitäre[n] politische[n] Philosophie der Bundesrepublik".[73] Auf dem von Rainer Barzel organisierten Kongreß *Rettet die Freiheit* wurde Kuby direkt attackiert: Als Wiedergänger des bekanntesten sowjetischen Juden, Ilja Ehrenburg. Der Schlußsatz des Referats von Ernest J. Salter lautete: "Die Kubys von heute sind die Ehrenburgs von morgen!"[74]

Kubys Publizistik zwischen 1961 und 1965 beweist,[75] daß sich die wesentlichen Merkmale dessen, was in der heutigen Forschung von Soziologen, Politologen, Psychologen und Literaturhistorikern als kennzeichnend für die sogenannte 68er Generation behauptet wird,[76] lange vor 1968 in der

[70] Caspar Schrenck-Notzing: *Charakterwäsche. Die amerikanische Besatzung in Deutschland und ihre Folgen*. 4. Aufl. Stuttgart 1965. S. 233.
[71] Helmut Ibach: Die Geschichte einer Phrase. Was heißt 'Unbewältigte Vergangenheit'? In: *Die politische Meinung* 5 (1960). H. 47. S. 29-37, hier S. 37.
[72] Ebd. S. 31.
[73] So Schrenck-Notzing: *Charakterwäsche*. S. 271.
[74] Otto Köhler: *Wir Schreibmaschinentäter. Journalisten unter Hitler – und danach*. Köln 1989. S. 28.
[75] Vgl. die Artikel über Auschwitz, Dachau, Stalingrad, Anne Frank und Inge Scholl in Kuby: *Vaterland*. S. 225, 241, 247, 253.
[76] Heinz Bude: *Bilanz der Nachfolge. Die Bundesrepublik und der Nationalsozialismus*. Frankfurt a.M. 1992. S.89-90; Günter Butzer: *Fehlende Trauer. Verfahren epischen Erinnerns in der deutschsprachigen Gegenwartsliteratur*. München 1998. S. 52-54; Dan Diner: Zwischen Aporie und Apologie. Über Grenzen der Historisierbarkeit des Nationalsozialismus. In: *Ist der Nationalsozialismus Geschichte? Zu Historisierung und Historikerstreit*. Frankfurt a.M. 1987. S. 62-73; Lutz Niethammer: Erinnerungsgebot und Erfahrungsgeschichte. Institutionalisierungen mit kollektivem Gedächtnis. In: Hanno Loewy (Hrsg.): *Holocaust: Die Grenzen des Verstehens. Eine Debatte über die Besetzung der Geschichte*. Reinbek bei Hamburg 1992. S. 21-34; Theresa Wobbe: Das Dilemma der Überlieferung. Zu politischen und theoretischen Kontexten von Gedächtniskonstruktionen über den Nationalsozialismus. In: *Nach Osten. Verdeckte Spuren nationalsozialistischer Verbrechen*. Frankfurt a.M. 1992. S.13-43, hier. S. 24, 39.

öffentlichen Erinnerung an den Faschismus herausgebildet haben. Der 1910 – und nicht zwischen 1936 und 1948 geborene – Autor vollzog in den sechziger Jahren jene Gegenidentifikation, die heute als typisches Merkmal einer Generation behauptet wird, um sie zu delegitimieren. Dabei könnte der 'Lernprozeß' des Erich Kuby umgekehrt eher ein Anlaß sein, biologisierende Konstruktionen nationaler Identität, das "Konzept der Generationenabfolge" grundsätzlich in Frage zu stellen.[77] Den Protagonisten der Veränderung der öffentlichen Erinnerung wurde schon in den späten fünfziger und frühen sechziger Jahren ungeachtet ihres jeweiligen Alters vorgeworfen, einen Generationskonflikt auszutragen.[78] Ihres homogenisierenden Effektes wegen verbindet sich die Rede von der Generation notwendigerweise mit dem fragwürdigen Topos des Schweigens, der nicht nur die reale Vielfalt und Gegensätzlichkeit des Erinnerten zum Schweigen bringt, sondern vor allem von den Machtverhältnissen schweigt, die bestimmen, wer reden darf. Kuby jedenfalls hat während der vierziger und fünfziger Jahre keineswegs geschwiegen, sondern er hat anderes und sich anders erinnert als in den Sechzigern.

1965 stand Kuby im Zentrum eines erinnerungspolitischen Skandals, den man – so Uwe Schlicht – "mit Recht an den Anfang der Studentenbewegung setzt"[79]. Der ASTA der Freien Universität Berlin hatte Kuby zu einer Podiumsdiskussion zum 8. Mai eingeladen, der in jenem Jahr erstmals offiziell und öffentlich als Jahrestag wahrgenommen wurde.[80] An derselben Stelle, wo in früheren Jahren das offizielle Gedenken an den 20. Juli begangen worden war und Heuss 1954 ausdrücklich abgelehnt hatte, den Widerstand zur 'Norm' zu erheben,[81] oder Alfred Mozer 1960 die Absage an den Totalitarismus ("unter anderem und doch verwandtem Vorzeichen") und Antise-

[77] Alfons Söllner: Demokratie als Lernprozeß. Drei Stichworte zur Entwicklung der politischen Kultur in der Bundesrepublik Deutschland. In: *Mittelweg 36*. 4 (1995). H. 4. S. 84-95, hier S. 88.

[78] Franz J. Rappmannsberger: Zur belletristischen Literatur des zweiten Weltkrieges. In: *Wehrkunde* 6 (1957). S. 661-666, hier S. 665; Ibach: *Die Geschichte einer Phrase*. S. 35; Ludwig Erhard in Dubiel: *Niemand ist frei von der Geschichte*. S. 97; Armin Mohler: *Was die Deutschen fürchten*. Frankfurt a.M., Berlin 1966. S. 96-97.

[79] Uwe Schlicht: *Vom Burschenschaftler bis zum Sponti. Studentische Opposition gestern und heute*. Berlin 1980. S. 53.

[80] Vgl. Peter Reichel: *Politik mit der Erinnerung. Gedächtnisorte im Streit um die nationalsozialistische Vergangenheit*. München, Wien 1995. S. 277; Dubiel: *Niemand ist frei von der Geschichte*. S. 96 zu Erhard und Lübke; Oliver Schillings: Das Ende der Nachkriegszeit? Über die Aktualität von Erinnerung. In: Clemens Wischermann (Hrsg.): *Die Legitimität der Erinnerung und die Geschichtswissenschaft*. Stuttgart 1996, S. 19-29, hier S. 20 zur Presse allgemein; Heinz Brüdigam: *Der Schoß ist fruchtbar noch... Neonazistische, militaristische, nationalistische Literatur und Publizistik in der Bundesrepublik*. Frankfurt a.M. 1965. S. 34, 118.

[81] *Der 20. Juli 1944. Reden zu einem Tag der deutschen Geschichte*. Hrsg. von Gedenkstätte Deutscher Widerstand. Bd. 1. Berlin 1984. S. 61.

mitismus dem Gedenken an das Leiden "eine[r] Generation" untergeordnet hatte,[82] wollte der ASTA Kuby über 'Restauration oder Neubeginn – die Bundesrepublik Deutschland 20 Jahre danach' diskutieren lassen.[83] Derselbe Rektor der Freie Universität Berlin, der wenig später den Politologie-Assistenten Krippendorff mit fristloser Kündigung bedrohte, als dieser den Willen des Rektors, einen Vortrag von Jaspers zur Frage der Wiedervereinigung zu verhindern, öffentlich machte, verbot die Veranstaltung mit Kuby. Zur Begründung wurde eine Äußerung Kubys über die Freie Universität Berlin aus dem Jahre 1958 herangezogen, deren Wahrheitsgehalt allerdings durch das Verbot bestätigt wurde: "Nur [...ei]ne polemische Grundsituation vermag zu verbergen, daß in dem Worte 'Freie Universität' eine innere antithetische Bindung an die andere, an die unfreie Universität jenseits des Brandenburger Tores fixiert ist, die für meinen Begriff mit den wissenschaftlichen und pädagogischen Aufgaben einer Universität schlechthin unvereinbar ist."[84]

[82] Ebd. S. 85.
[83] Uwe Bergmann u.a.: *Rebellion der Studenten oder Die neue Opposition. Eine Analyse*. Reinbek bei Hamburg 1968. S. 15.
[84] Ebd. S. 15.

Peter H. Feist

Folgen ohne Ursachen. Der Zweite Weltkrieg in der deutschen bildenden Kunst der Nachkriegszeit

During the years just after the end of the war, German painters and sculptors depicted little else than the actual miseries of their own people: victims of allied air-raids, ruins, prisoners of war, refugees, often symbolised by motifs from Christian iconography. The reality of the battles did not become a subject of pictorial representation. There was no reflection of Germany's guilt, or of cruelty to other peoples. Within the divided country and the climate of the Cold War, art developed in different directions, not only stylistically. In the East German republic the critique of Nazism could also sometimes include that directed at war crimes committed by Germans.

Der Zweite Weltkrieg hatte das Leben fast aller Deutschen, die ihn überlebten, zutiefst betroffen, und die Erinnerungen an Erlebtes waren vor allem in der ersten Nachkriegszeit übermächtig. In der Thematik von bildender Kunst dieser Jahre schlug sich das jedoch nur in erstaunlich geringem Maße nieder. So konnte auch kein deutsches Bildwerk mit einem entsprechenden Thema die weitere spezifisch künstlerische Entwicklung in ähnlich nachhaltiger Weise beeinflussen, wie es etwa Pablo Picassos schon 1937 im spanischen Bürgerkrieg entstandenes Bild *Guernica* getan hat.

Es gibt die Auffassung, daß das eigentliche Kriegsgeschehen in jenen neuen Formen, die es im Zweiten Weltkrieg annahm, durch eine bildkünstlerische Darstellung überhaupt nicht mehr zu erfassen sei. Das läßt sich selbst dann nicht völlig von der Hand weisen, wenn man nicht der Ansicht ist, daß das gegenständliche, figurative "Abbilden" von Realität grundsätzlich obsolet geworden sei. In der Tat kann eine einzelne Szene, deren Erscheinungsbild von einem Gemälde fixiert wird, das Wesentliche dieses Krieges bestenfalls symptomatisch sichtbar machen. Dies haben aber Malerei, Grafik und Plastik weitgehend an die Fotografie abgetreten. Um den Krieg insgesamt als einen umwälzenden historischen Vorgang mit seinen Ursachen und Folgen zu interpretieren, mußten bildende Künstler nach anderen Bildformen suchen. In Deutschland gelang das zunächst nur in begrenztem Umfang.

Das Verhalten der deutschen bildenden Künstler – in Ost und in West – zum Stoff 'Zweiter Weltkrieg' wurde durch verschiedene Faktoren beeinflußt, die ich im Folgenden zu skizzieren versuche. Ich lasse dabei beiseite, daß zur Mentalitätsgeschichte der Nachkriegszeit auch der verständliche Wunsch nach friedlicher Privatheit und nach Schönem statt Grauenvollem gehörte, und außerdem Maler, die von ihrer Kunst leben mußten, private Käufer eher für Landschaftsbilder oder Stilleben, als für Kriegserinnerungen fanden.

Eine Anzahl von ihnen drängte es dennoch, auch den erlebten Krieg zu verarbeiten. Es waren das zunächst fast nur ältere, in ihrem Metier bereits erfahrene Künstler, die schon den Ersten Weltkrieg erlebt hatten. Die Jungen fanden offenbar anfänglich keinen Ausdruck für das soeben Überstandene. Eine Sichtung der Themen bzw. Motive ergibt, daß dabei der von Deutschen geführte Krieg so gut wie völlig ausgeblendet blieb. Die Politik der Sieger- und Besatzungsmächte trug gewiß dazu bei, daß niemand ein Bild von den anfänglichen deutschen Siegen malte. Derlei nistete sich erst später in den populistischen Illustrationen von 'Landser-Heften' ein. Die Reflexion des Krieges konzentrierte sich vielmehr zu Anfang fast ausschließlich auf das eigene Leid, auf Rückzug und Gefangenschaft, auf die von alliierten Luftangriffen oder letzten Straßenkämpfen zerstörten Großstädte und das Nachkriegselend der Flüchtlinge und Hungernden.[1] Dieses, wie es Tilman Fichter

[1] Abbildungen entsprechender Beispiele und Kommentare finden sich hauptsächlich in folgenden Publikationen: *Als der Krieg zu Ende war: Kunst in Deutschland 1945-1950.* Ausstellung der Akademie der Künste Berlin (West) 1975; *Zwischen Krieg und Frieden: gegenständliche und realistische Tendenzen in der Kunst nach 45.* Ausstellung des Frankfurter Kunstvereins. Leitung Gabriele Schultheiß. Berlin (West) 1980; Jutta Held: *Kunst und Kunstpolitik 1945-49. Kulturaufbau in Deutschland nach dem 2. Weltkrieg.* Berlin (West) 1981; *Schrecknisse des Krieges: Druckgraphische Bildfolgen des Krieges aus fünf Jahrhunderten.* Ausstellung des Wilhelm-Hack-Museums. Konzeption Elmar Bauer. Ludwigshafen 1983; *Grauzonen – Farbwelten: Kunst und Zeitbilder 1945-1955.* Ausstellung der Neuen Gesellschaft für bildende Kunst. Hrsg. von Bernhard Schulz. Berlin, Wien 1983; *Krieg: Viel Ehr – viel Elend. Zum 40. Jahrestag der Zerstörung Augsburgs.* Städt. Kunstsammlungen Augsburg 1984; *Trümmerzeit in München: Kultur und Gesellschaft einer deutschen Großstadt im Aufbruch 1945-1949.* Hrsg. von Friedrich Prinz. Stadtmuseum München 1984; *Aus den Trümmern: Kunst und Kultur im Rheinland und Westfalen 1945-1952; Neubeginn und Kontinuität.* Rhein. Landesmuseum Bonn, Kunstmuseum Düsseldorf, Museum Bochum 1985-86. *1945-1985: Kunst in der Bundesrepublik Deutschland.* Ausstellung der Nationalgalerie, Staatliche Museen Preußischer Kulturbesitz Berlin 1985; *Schrecken und Hoffnung: Künstler sehen Frieden und Krieg.* Eine gemeinsame Ausstellung der Deutschen Bank AG, der AEG Aktiengesellschaft, der Mannesmann AG, der Ruhrgas AG, der Zanders Feinpapiere AG und des Ministeriums für Kultur der UdSSR. Hrsg. von Werner Hofmann. Hamburger Kunsthalle, Münchner Stadtmuseum, Staatliche Gemäldegalerie Moskau, Staatliche Eremitage Leningrad 1987-88; Karl Max Kober: *Die Kunst der frühen Jahre, 1945-1949.* Leipzig 1989; *Krieg: Ahnung und Wissen.* Konzeption Manfred Tschirner. Ausstellung der Nationalgalerie, Staatliche Museen Berlin (Ost) 1989; *Kunst & Krieg 1939-1989.* Ausstellung der Neuen Gesellschaft für Bildende Kunst. Konzeption Kai Reschke und Reinhard Schultz. Berlin (West) 1990. Annegret Jürgens-Kirchhoff: *Schreckensbilder: Krieg und Kunst im 20. Jahrhundert.* Berlin 1993; Lionel Richard: *L'Art et la Guerre. Les artistes confrontés à la Seconde Guerre*

nennt, "Selbstmitleid der zeit- und ortlosen Nachkriegsmoralisten"[2] wird seit einiger Zeit von Wissenschaftlern späterer Generationen kritisch beurteilt.

Nur einige graphische Arbeiten erinnerten unmittelbar an die kürzlich erlebten verlorenen Schlachten. Unübertroffen in motivischen Erfindungen und schonungsloser Darstellung grauenhafter Erlebnisse sind die 60 Lithographien des sonst nur wenig hervorgetretenen Otto Herrmann (1899-?) zu dem Roman *Stalingrad* von Theodor Plivier, die der Künstler unter dem Titel *Die Verdammten* (1946-49) veröffentlichte. Als er einige von ihnen 1950 in Stuttgart ausstellte, forderten Studenten, ehemalige Soldaten, sie wegen Diffamierung deutschen Heldentums zu verbrennen.[3]

Es gab nur ganz wenige Bilder, die so etwas wie deutsche Selbstkritik zum Ausdruck brachten. Das hervorstechende Beispiel ist *Der Generalstab* von dem damals fast siebzigjährigen bayerischen Spätexpressionisten Willi Geiger (1878-1971), gemalt 1945-47 (Landshut, Museen der Stadt Landshut).[4] Die Wertung geschieht durch phantastische Symbolisierung. Die ordensbehängten Strategen sind bereits genauso skelettiert wie der stumm im Schatten stehende einfache Soldat. Dieser ist damit aber nur als Opfer begriffen, nicht etwa nach seiner Mitschuld befragt. Die Frühjahrsausstellung 1955 der um gesamtdeutsche Verständigung bemühten Ostberliner Deutschen Akademie der Künste zeigte dieses Bild. Geiger war 1933 aus seiner Professur an der Leipziger Akademie entfernt worden und 1946-50 wieder Professor in München gewesen. 1947 hatte er auch eine Mappe *12 Jahre* mit Lithographien nach 20 Zeichnungen und einem Vorwort von Franz Roh herausgebracht, in der z.B. das Blatt *Stalingrad* drei skelettierte apokalyptische Reiter und – durchaus ambivalent – einen Schwarm Todesvögel mit Rotarmistenköpfen über Zwiebelkuppeln wiedergibt.[5] Eine Kritik an deutschen Kriegsverbrechen wie in Geigers *Generalstab* gab es sonst nur in

mondiale. Paris 1995. *Deutschlandbilder: Kunst aus einem geteilten Land.* Katalog zur zentralen Ausstellung der 47. Berliner Festwochen im Martin-Gropius-Bau. Hrsg. von Eckhart Gillen. Köln 1997.

[2] Tilman Fichter: Ungemalte Deutschlandbilder. In: *Deutschlandbilder.* 1997. S. 38-47, hier S. 39. Vgl. auch Klaus Herding: Humanismus und Primitivismus. Probleme früher Nachkriegskunst in Deutschland. In: *Jahrbuch des Zentralinstituts für Kunstgeschichte München* 4 (1988). S. 281-311 und Walter Grasskamp: Die Malbarkeit der Geschichte. Westdeutsche Nachkriegskunst. In: Ders.: *Die unästhetische Demokratie: Kunst in der Marktgesellschaft.* München 1992. S. 100-126.

[3] *Schrecknisse des Krieges.* Abb. S. 273-290. Richard Hiepe: An die Nachgeborenen. Dem neunzigjährigen Otto Herrmann. In: *tendenzen* 29 (1988) Nr. 164. S. 46-51. Jürgens-Kirchhoff: *Schreckensbilder.* 1993. S. 413, Anm. 15. Auch zeitkritische Gemälde Franz Radziwills wurden 1946 bei einer Ausstellung in Hamburg vom Publikum zerstört. Hinweis ebd.

[4] Hermann Raum: *Die bildende Kunst der BRD und Westberlins.* Leipzig 1977. S. 35. Farbabb. 6.

[5] *Kunst & Krieg.* Abb. S. 28.

einzelnen graphischen Arbeiten. Die Pinselzeichnungen von Lea Grundig (1906-1977), die sie später zum Zyklus *Niemals wieder* zusammenfaßte (Dresden, Staatl. Kunstsammlungen, Kupferstichkabinett), kamen damals allerdings noch 'von außen', aus dem Exil in Palästina.[6]

Verbreiteter war eine gewisse Fassungslosigkeit gegenüber dem katastrophalen Untergang materieller wie ideeller Werte. Das wohl bedeutendste Beispiel ist *Der Tod von Dresden* (1945, Dresden, Staatliche Kunstsammlungen, Galerie Neue Meister) von Wilhelm Lachnit (1899-1962).[7] Ursprünglich sollte es *Den Opfern des Faschismus* heißen. Der Künstler, einst Mitbegründer der Assoziation Revolutionärer Bildender Künstler Deutschlands in Dresden, hatte fast sein ganzes Frühwerk in dem Luftangriff am 13. Februar 1945 auf Dresden verloren. In eigenwilliger Motivwahl ließ er sogar den Tod mittrauern, und der Grad von Hoffnung, der dem fragend in die Welt blickenden Kind ins Gesicht geschrieben ist, erscheint gering. Die symbolisierende Interpretation mittels der traditionellen Figur des 'Gevatter Tod' ist u. a. auch in dem Bild *Der letzte Soldat* (1947, Dresden, Staatl. Kunstsammlungen, Galerie Neue Meister)[8] von Oskar Nerlinger (1893-1969) zu finden, der gleichfalls von der ASSO herkam und jetzt, 1945-1951, Professor an der Hochschule für Bildende Künste in Berlin-Charlottenburg war und 1947-1949 gemeinsam mit Carl Hofer die für diese Zeit sehr bedeutsame Zeitschrift *bildende kunst* herausgab. Auch er wählte für sein Bild ein merkwürdiges Motiv: Der Tod, selbst ein verwundeter, zerlumpter Soldat, weist dem verletzten Kriegsheimkehrer den langen Weg aus Ruinen zu einem spärlich aufblühenden Baum.

Ruinen waren nicht nur der stärkste optische Eindruck in der alltäglichen Umwelt deutscher Großstädte, sondern auch ein traditionelles ausdrucksvolles Bildmotiv, besonders seit der Vorromantik. Daher sind sie das häufigste Element in der uns hier beschäftigenden Bildwelt, manchmal mit herumirrenden Menschen kombiniert.[9] Das brennende Köln mit seinen Kirchen gelangte auch als Reliefdarstellung an eine der vier neuen Bronzetüren des Kölner Domes. Ewald Mataré (1887-1965) vollendete diese nach einer Idee

[6] Z.B. *Armee und Generale vor Stalingrad 1943*, 1945 (*Niemals wieder!*, 1943-50, Bl. 23). Dresden, Staatliche Kunstsammlungen, Kupferstichkabinett; Erhard Frommhold: *Hans und Lea Grundig*. Dresden 1958, Abb. 84.

[7] Ullrich Kuhirt (Hrsg.): *Kunst der DDR 1945-1949*. Leipzig 1982. S. 27, 47, Farbabb. 1. Friedegund Weidemann: Wilhelm Lachnit: Der Tod von Dresden. In: *Bildende Kunst* 32 (1984) H. 9. S. 389-390. Farbabb. Unterschiedliche Interpretationen bei Kober: *Kunst der frühen Jahre*. 1989. S. 37, 40, 457 angeführt.

[8] Harald Olbrich: Oskar Nerlinger. In: *Wegbereiter. 25 Künstler der DDR*. Dresden 1976. S. 166-178. Abb. S. 181.

[9] So z.B. bei Heinrich Ehmsen (1886-1964): *Vision einer Bombennacht*, 1947 (Wien, Privatbesitz). *Heinrich Ehmsen: Gemälde, Aquarelle, Zeichnungen.* Ausstellung Nationalgalerie, Staatliche Museen zu Berlin (Ost) 1986. Nr. 36. Abb. S. 69. Vgl. auch Lothar Lang: Heinrich Ehmsen. In: *Wegbereiter,* 1976. S. 30-38.

von 1948 in den Jahren bis 1954.[10] Im Spätwerk von Carl Hofer (1878-1955) finden sich starke Beispiele, darunter das kleine Bild *Ruinennacht* (1947, Berlin, Stadtmuseum Berlin), das in den bizarren Berliner Ruinen spukhafte Gesichterformen auftauchen läßt.[11] Zuvor hatte auch der in Caputh bei Potsdam zurückgezogen lebende Magnus Zeller (1888-1972) aus *Ruinen* (1946, Halle, Staatl. Galerie Moritzburg) die Seelen der Bombenopfer als riesige Geisterköpfe wachsen lassen.[12] Demgegenüber leistete in Dresden Wilhelm Rudolph (1889-1982) die herausragende dokumentarische, auf alle symbolische Deutung verzichtende Arbeit mit seinen Federzeichnungen vom Aussehen der Stadt nach dem verheerenden Bombardement. Das Tun des Künstlers wurde von den Zeitgenossen durchaus kontrovers beurteilt. Bei Kriegsende waren bereits fünfzig Zeichnungen fertig; 150 faßte Rudolph später zu der Folge *Das zerstörte Dresden* (Dresden, Staatliche Kunstsammlungen, Kupferstichkabinett) zusammen.[13] Sie ist inzwischen als eine der bedeutendsten Leistungen der Zeichnungskunst in der Mitte des 20. Jahrhunderts anerkannt, weil mit anscheinend kunstlosem, gleichmäßigem oder chaotischem Gestrichel und anscheinend emotionslos das Gesamtschicksal der Stadt in menschenleeren Ausschnitten festgehalten wurde. Sie machen keinen Unterschied zwischen einstigen berühmten Prachtbauten und beliebigen Wohnstraßen. Weitere Werkgruppen Rudolphs von Zeichnungen, Aquarellen, Holzschnitten und Lithographien umfaßten dann auch Darstellungen von Tieffliegerangriffen, Flüchtlingen, Ausgebombten, einrückenden Rotarmisten usw. Vergleichbares dazu findet sich in Grafikfolgen anderer Künstler wie Karl Rössing (1897-1987) in Stuttgart (*Passion unserer Tage*, 24 Holzstiche, 1946)[14] oder Conrad Felixmüller (1897-1977) in Halle (*Ich sah und schnitt in Holz*, 40 Holzschnitte, 1947-1951),[15] bei dem jedoch der Nachkriegsalltag überwiegt.

Otto Dix (1891-1969), der damals neben Hofer in Deutschland wohl der zu Recht angesehenste unter den gegenständlich arbeitenden Malern einer älteren Generation war, interpretierte 1946 sein eigenes Dasein als das eines leidenden und in einer Hausruine mit Gott hadernden *Hiob* (Vaduz, Otto-

[10] *Aus den Trümmern,* 1985. Nr. P 36. Abb. S. 388. *Skulptur in Köln: Bildwerke des 20. Jahrhunderts im Stadtbild.* Museum Ludwig. Köln 1988. S. 136-138.

[11] Ursula Feist: *Karl Hofer.* Berlin 1977 (Welt der Kunst); Farbabb. S. 41. *Karl Hofer.* Ausstellung Staatliche Galerie Moritzburg. Halle 1978. Abb. 85.

[12] Kober: *Kunst der frühen Jahre.* 1989. S. 244. Abb. S. 267.

[13] Zuletzt Christoph Bauer: Das zerstörte Dresden. Zur deutsch-deutschen kunsthistorischen Rezeption der 'Trümmerblätter' Wilhelm Rudolphs 1945-1990. In: *Wilhelm Rudolph: Zeichnungen und Holzschnitte.* Ausstellung Städtische Galerie Albstadt 1992. S. 19-27. Hans-Ulrich Lehmann: Wilhelm Rudolph 'Das zerstörte Dresden'. In: *Deutschlandbilder.* 1997. S. 111-112. Abb. 78-99.

[14] U.a. in Jürgens-Kirchhoff: *Schreckensbilder*, 1993.

[15] G. Söhn: *Conrad Felixmüller: Das Graphische Werk 1922-1974.* Düsseldorf 1975. Nr. 474-514.

Dix-Stiftung).[16] Im Folgejahr malte er das grimmige *Selbstbildnis als Kriegsgefangener* (Stuttgart, Galerie der Stadt Stuttgart) in Erinnerung an die bedrängte Existenz in der französischen Gefangenschaft, in die er als Volkssturmsoldat geraten war.[17] Dasselbe hatte in gelassenerer Form Karl Völker (1889-1962) in Halle schon 1945 getan (*Gefangener,* Berlin, Deutsches Historisches Museum).[18]

Die hier umrissene Bildwelt bestand zwar in schwächeren Beispielen noch einige Zeit fort, sie wurde aber aus der Rolle eines wesentlichen künstlerischen Phänomens rasch verdrängt. Dies geschah aus unterschiedlichen Gründen. Im Westen enthielten surrealistische Bilder zwar einen subjektiven Ausdruck des Gegenwartserlebens, aber kaum motivisch faßbare Darstellungen des konkreten Kriegsgeschehens.[19] Dasselbe galt für die vereinzelten Beispiele, die allgemeine Katastrophe und die Erneuerungshoffnungen mittels antiker Mythologie zu verbildlichen, wie es etwa der Bildhauer Gerhard Marcks (1889-1981) tat,[20] oder für den häufigeren Tröstungsversuch durch christliche Motive – besonders eindrucksvoll bei dem im Elend standhaltenden *Hiob* (1957) desselben Künstlers.[21] Vor allem aber wurde nun ungegenständliche Gestaltung forciert als Signum einer wiedergewonnenen individuellen Freiheit verstanden, und diese Gestaltungsweise erlangte die kunstpolitisch geförderte Oberhand. Vordringliches Bestreben war es, auf diese Weise den Anschluß an die neuesten Tendenzen der westeuropäischen und us-amerikanischen Kunst zu gewinnen. Erinnerungen an die vergangene Gegnerschaft im Krieg hätten das neue Bündnis nur gestört.

Im Osten wurde der Krieg ebenso um des neuen Bündnisses willen verdrängt. Die seit 1948 zeitweise aufgezwungene sowjetische, dogmatische Fassung der Theorie vom sozialistischen Realismus orientierte sich ganz auf eine Unterstützung des Aufbaus von neuer Realität anstelle von "Ruinendä-

[16] Fritz Löffler: *Otto Dix.* Dresden 1960. S. 104. Abb. 145. *Deutschlandbilder*. 1997. S. 106. Farbabb. 60.

[17] Fritz Löffler: *Dix,* 1960. S. 103, 105. Farbabb. S. 144; *Deutschlandbilder*. 1997. S. 106. Farbabb. 61.

[18] Helga Ullmann: Karl Völker. In: *Wegbereiter*. 1976. S. 78-90. Farbabb. S. 97.

[19] Vgl. z.B. Freya Mühlhaupt: "...und was lebt, flieht die Norm". In: *Grauzonen – Farbwelten*. 1983. S. 183-220.

[20] *Gefesselter Prometheus II*. Bronze, 1948; Peter H. Feist: *Figur und Objekt. Plastik im 20. Jahrhundert.* Leipzig 1996. S. 132. Abb. S. 131. Generell zum Problem Herding: *Humanismus und Primitivismus*. S. 295. Zuletzt Jens Semrau: Gerhard Marcks: Totenmal 1933-45. In: Gabriele Saure, Gisela Schirmer (Hrsg.): *Kunst gegen Krieg und Faschismus. 37 Werkmonographien*. Weimar 1999. S. 177-181. Der Autor behandelt hier ein anderes Projekt des Künstlers.

[21] U.a. auf einem Friedhof in Frankfurt a.M. aufgestellt. Adam C. Oellers: Gerhard Marcks: Ein Bildhauer zwischen Bauhaus-Avantgarde und konservativer Kunst. In: *kritische berichte* 10 (1982) H. 1. S. 22-28.

monie"[22] und verteufelte für einige Jahre alle Spuren einer expressionistischen, symbolistischen, surrealistischen, gar abstrakten Moderne. Kritik an vergangenen Untaten und Würdigung von Opfern konzentrierte sich auf jenes Geschehen der Auseinandersetzung zwischen Arbeiterklasse und Kapital, Sozialismus und Imperialismus, in der der Zweite Weltkrieg nur ein Teilphänomen war. Die Erinnerung sollte dem antifaschistischen Widerstand und den Opfern der KZ's gelten, nicht den Schlachten des Krieges. Die *Nacht über Deutschland* (1945-46, Berlin, Staatl. Museen Preußischer Kulturbesitz, Nationalgalerie), wie ein beeindruckendes Triptychon von Horst Strempel (1904-1975) heißt,[23] war ja in der Tat schon 1933 und nicht erst 1945 hereingebrochen. Allerdings verengte sich diese durchaus begründete antifaschistische Orientierung und führte dazu, daß die Deutschen in der DDR glauben sollten, sie gehörten an der Seite der sowjetischen Kommunisten alle zu den "Siegern der Geschichte"[24] und hätten nichts gemein mit den deutschen Hitler-Anhängern, die nur der westdeutschen Bundesrepublik zuzuordnen seien. Obwohl die Ostdeutschen Reparationen leisteten, von denen nicht gesprochen werden sollte, wurde ihnen immer weniger ein persönliches Schuldbewußtsein abverlangt.

Die ganze Entwicklung auch der Kunst stand so sehr im Zeichen der veränderten Gegensätze des Ost-West-Konfliktes, daß die bildnerische Erinnerung an den Weltkrieg erst einmal verschwand. Auch das letzte fürchterliche Ereignis dieses Krieges, das allerdings Deutsche nicht betroffen hatte, die Atombomben auf Japan, verwandelte sich aus einer historischen Reminiszenz hauptsächlich in ein Zukunfts-Menetekel. *Ächtet die Atombombe!* (1954, Berlin, Staatl. Museen Preußischer Kulturbesitz, Nationalgalerie) appellierte Hans Grundig (1901-1958),[25] der Jahre zuvor die eindrucksvollste gemalte Analyse des Nazismus (*Das Tausendjährige Reich*, 1935-1938, Dresden, Staatl. Kunstsammlungen, Galerie Neue Meister) und dann die eindrucksvollste gemalte Ehrung der KZ-Opfer (*Den Opfern des Faschismus*, I, 1946-47, Leipzig, Museum der Bildenden Künste; II, 1947, Dresden,

[22] Edith Lüdecke: Ruinenromantik – Ruinendämonie. In: *bildende kunst* 2 (1948) H. 7. S. 16-19.

[23] *Deutschlandbilder*. 1997. S. 103. Farbabb. 57. Vgl. Günter Feist: Das Wandbild im Bahnhof Friedrichstraße. Eine Horst-Strempel-Dokumentation 1945-1955. In: Eckhardt Gillen, Diether Schmidt (Hrsg.): *Zone 5. Kunst in der Viersektorenstadt 1945-1951*. Berlin (West) 1989. S. 92-137.

[24] Titel einer Kunstausstellung zu den 10. Arbeiterfestspielen des Freien Deutschen Gewerkschaftsbundes der DDR 1968 in Halle. Dazu gleichnamiges Buch Berlin 1969 mit 359 Abb.

[25] Erhard Frommhold: Ächtet die Atombombe! Zu einem Bild von Hans Grundig. In: *Bildende Kunst* 3 (1955) H. 3. S. 178-180. Farbtafel. Auch andere Künstler beschäftigten sich mit dem Thema.

Staatliche Kunstsammlungen, Galerie Neue Meister) geschaffen hatte.[26] Drei Jahre nach seinem kleinen Gemälde gegen die Atombombe, 1957, bildeten im Westen SPD und DGB einen Arbeitsausschuß *Kampf dem Atomtod* und 1960 griff die britische Ostermarschbewegung für atomare Abrüstung auf die Bundesrepublik über.

Die sechziger Jahre, und noch mehr die achtziger, brachten dann ein neues Nachdenken über den Zweiten Weltkrieg und über Schuldfragen, das uns hier aber nicht mehr beschäftigen kann.[27] Ich will nur darauf aufmerksam machen, daß 1960 der Maler Bernhard Heisig (geb. 1925) in Leipzig mit seiner bis heute anhaltenden, auch autobiographischen Aufarbeitung der Weltkriegserlebnisse begann (erste, zerstörte Fassung von *Weihnachtstraum des unbelehrbaren Soldaten*, 1964),[28] und daß in Halle der Maler Willi Sitte (geb. 1921), der heute wohl der am heftigsten geschmähte Künstler aus der einstigen DDR ist, sich seit 1954 mit dem Stalingrad-Stoff beschäftigte.[29] Außerdem hat er 1959 mit dem gestalterisch Picasso verpflichteten Bild *Massaker II* (Besitz des Künstlers),[30] das auf die Geiselerschießungen in dem tschechischen Dorf Lidice Bezug nahm, Tatsachen anschaulich gemacht und beurteilt, von denen viele meinen, daß sie erst kürzlich, z.B. durch die Wehrmacht-Ausstellung des Instituts von Carl Philip Reemtsma, bewußt geworden seien. Die Soldaten fotografieren einander nach der Tat, und einige der Opfer tragen einen – übrigens falsch gezeichneten und für

[26] Günter Feist: *Hans Grundig*. Dresden 1979. S. 108-113. Farbabb. 101-104. S. 125-128. Farbabb. 168-169. Dietulf Sander: "Wir haben unseren Schwur gehalten". Zu Hans Grundigs Gemälden 'Opfer des Faschismus'. In: Hans Grundig: *Opfer des Faschismus*. Leipzig 1988. S. 7-45 (Meisterwerke aus dem Museum der bildenden Künste Leipzig. Dokumentation und Interpretation, 3). *Deutschlandbilder*. 1997, S. 102. Farbabb. 59.

[27] Siehe die in Anm. 1 und 2 genannten Publikationen sowie *Fünf Städte mahnen: Dresden, Leningrad, London, Rotterdam, Warschau.* Vorwort Werner Schmidt. Ausstellung Kupferstichkabinett, Staatliche Kunstsammlungen Dresden 1970; Herding: *Humanismus und Primitivismus*; Stefanie Vogel: *Krieg: Bilder und Dokumente*. Ausstellung Staatliche Kunsthalle Berlin (West) und Städtische Galerie Oberhausen 1989; Annelie Lütgens: Kunst und Realität der Nachkriegszeit: Eine Verwechslungsgeschichte. In: *kritische berichte* 18 (1990) H, 4. S. 13-24; Grasskamp: *Die Malbarkeit der Geschichte*; Harald Kimpel: *Die vertikale Gefahr: Luftkrieg in der Kunst. Eine Publikation zum 50. Jahrestag der Zerstörung Kassels.* Hrsg. vom Magistrat der Stadt Kassel, Kulturamt. Marburg 1993.

[28] *Bernhard Heisig*. Ausstellung Dresden und Leipzig 1973. Farbabb. 3. Zuletzt: *Bernhard Heisig*. Ausstellung Galerie Berlin, Berlin 1999 und Rüdiger Küttner, Jörn Merkert: *Bernhard Heisig: Zeit und Leben. Das Bild für den Reichstag.* Berlin 1999.

[29] *Willi Sitte: Epochenbilder.* Ausstellung Nationalgalerie, Staatliche Museen zu Berlin (Ost) 1986. Nr. 56. Abb. S. 58.

[30] Wolfgang Hütt: *Willi Sitte.* Dresden 1972. S. 38-40. Farbabb. 45; ders.: *Willi Sitte: Gemälde 1950-1994.* Bönen o.J. (1995). Farbtafel 124-125; Gisela Schirmer: Willi Sitte: Lidice (1959/60). In: *Kunst gegen Krieg und Faschismus*. 1999. S. 211-218.

Lidice gar nicht in Betracht kommenden – Judenstern, damit auch an diesen besonderen Bereich der von Deutschen verübten Massenverbrechen erinnert werde. Die 1945 zu tragenden Folgen hatten eben doch Ursachen.

Die Schlachten des Zweiten Weltkriegs malten und meißelten nur Künstler der Sieger, am ausgiebigsten die der Sowjetunion. Die ergreifendsten Darstellungen sind aber auch in den Siegerländern nicht die der Triumphe, sondern die der Opfer, die diese kosteten.[31] Ganz allgemein ging die erinnernde Auseinandersetzung mit dem vergangenen Krieg in die mit den Nachfolgekriegen, z.B. in Korea, über, in die Angst vor einem neuen Weltkrieg und in die umfassendere Reflexion des Ringens zwischen sozialen Systemen und Machtblöcken. Das gilt auch für die deutsche bildende Kunst.

Die Klagebilder aus der 'Trümmerzeit' blieben eine kennzeichnende, kurze Phase der Kunstgeschichte. "Zur Rede von Neubeginn und Stunde Null gehört das Schweigen über die Vergangenheit", urteilte 1993 Annegret Jürgens-Kirchhoff.[32] Der von Antifaschisten getragene humanistische Realismus wurde im Westen chancenlos, wie Jutta Held schon 1981 feststellte.[33] Der künstlerische Richtungsstreit der letzten Jahrzehnte hatte mit den frühen Kriegsdarstellungen fast nichts zu tun. Im Rahmen der insgesamt erst seit den späten siebziger Jahren wieder beachteten und als wenig innovativ eingeschätzten westdeutschen Nachkriegskunst erschienen sie besonders 'altbacken' in ihren Mitteln, weil niemand überzeugende neue Metaphern für das Besondere des Zweiten Weltkriegs gefunden habe.[34] Die Kunst in der DDR wurde im Westen nur von einer kleinen Minderheit beachtet, und auch diese begriff oft nicht, welches ästhetische Potential in bewußten Rückgriffen auf vor- oder frühmoderne Gestaltungsmittel stecken kann.[35] Die geistige Verarbeitung der widersprüchlichen Erinnerungen an Kriegserlebnisse schien in den diskursiven Gestaltungen anderer Künste – Literatur, Film, Fernsehen – offenbar besser aufgehoben. Erst in jüngster Zeit wird die Frage nach einer durchaus nicht erloschenen Leistungsfähigkeit auch der bildkünstlerischen Gestaltung zu Recht neu aufgeworfen.[36]

[31] Vgl. *Schrecken und Hoffnung* (wie Anm. 1). *Kriegsfibel der Nachgeborenen. Russische und deutsche Ansichten.* Ausstellung Galerie Eva Poll. Berlin 1999.
[32] *Schreckensbilder,* 1993. S. 314.
[33] *Kunst und Kunstpolitik 1945-49.* 1981. S. 30.
[34] Grasskamp: *Die Malbarkeit der Geschichte.* S. 109. Vgl. schon früher Joachim Petsch: Die Kunst der 50er Jahre: Literaturüberblick. In: *kritische berichte* 10 (1982) H. 1. S. 54-60.
[35] Z.B. Klaus Herding über Hans Grundig, Herding: *Humanismus und Primitivismus.* S. 288.
[36] Z.B. Harald Kimpel: *Die vertikale Gefahr.* 1993. S. 22.

Abb. 1: Willi Geiger: Der Generalstab. 1945-47. Öl auf Leinwand 111,5 x 139 cm. Landshut, Museen der Stadt Landshut.

Abb. 2: Wilhelm Lachnit: Der Tod von Dresden. 1945. Öl auf Leinwand 200 x 114 cm. Dresden, Staatliche Kunstsammlungen, Gemäldegalerie Neue Meister.

Abb. 3: Oskar Nerlinger: Der letzte Soldat. 1947. Kasein, Tempera auf Hartfaser, 75 x 100 cm. Dresden, Staatliche Kunstsammlungen, Gemäldegalerie Neue Meister.

Abb. 4: Carl Hofer: Ruinennacht. Um 1947. Öl auf Leinwand, 68 x 84 cm. Berlin, Stadtmuseum Berlin. © Gerd Köhrmann, Köln.

Abb. 5: Otto Dix: Selbstbildnis als Kriegsgefangener. 1947. Öl auf Presspappe, 60 x 54 cm. Stuttgart, Galerie der Stadt Stuttgart. © VG Bild-Kunst, Bonn 1999.

Abb. 6: Wilhelm Rudolph: Münzgasse/Neumarkt. 1945-46. Rohrfeder in Tusche auf Papier, 34,9 x 29 cm. Dresden, Staatliche Kunstsammlungen, Kupferstichkabinett.

Abb. 7: Willi Sitte: Massaker II. 1959. Öl auf Hartfaserplatte, 160 x 207 cm. Besitz des Künstlers. © VG Bild-Kunst, Bonn 1999.

Fotonachweis:

Abb. 1: Harry Zdera
Abb. 2: Sächsische Landesbibliothek – Staats- und Universitätsbibliothek Dresden, Dezernat Deutsche Fotothek/ Schumacher.
Abb. 3: Sächsische Landesbibliothek – Staats- und Universitätsbibliothek Dresden, Dezernat Deutsche Fotothek/ Steuerlein.
Abb. 4: Stadtmuseum Berlin, Fotografie: Hans-Joachim Bartsch, Berlin.
Abb. 5: Galerie der Stadt Stuttgart.
Abb. 6: Staatliche Kunstsammlungen Dresden, Abt. Foto/Repro, Fotograf: Estel.
Abb. 7: Willi Sitte, Halle, Foto Hagblom.

Thomas Althaus

Die Stunde Null in der kleinbürgerlichen Überbrückung: Film und Literatur 1944-47

There is no "Stunde Null" (new starting point) in the history of the lower middle classes. War and devastation not only left lower middle class behaviour undisturbed; both allowed a concept of life which continued into the post-war period. In the late forties, literature and film no longer react in a satirical way to this type of lower middle class behaviour. It is now represented as acceptable. In these representations, self-restriction which is associated with this lower middle class life style, is even considered as a model for the future. Such a transformation allows the lower middle classes a status which ensures cultural continuity beyond the end of the Second World War.

Das kleinbürgerliche Leben hat von der Philisterkritik der Romantik über die Marxsche Gesellschaftskritik bis hin zur Kritik der Angestelltenkultur in den zwanziger Jahren eine durchgehende Beschreibung als Reduktionsphänomen erfahren. Für die dreißiger Jahre wurde der Nazismus in derart direkter Linie aus einer kleinbürgerlichen Disposition erklärt, daß lange Zeit die sozialgeschichtliche Faschismus-Forschung überhaupt auch die Erforschung des deutschen Kleinbürgertums war oder letztere wenigstens hier ihren Ursprung fand.[1] Wirkungsvolle literarische Texte, wie *Die Blechtrommel* von Grass und *Die Deutschstunde* von Lenz, steuerten diese Rezeption oder reagierten in ihrem Sinne mit.

Die Beziehung soll hier nicht in Frage gestellt werden, schon deshalb nicht, weil Kleinbürgerlichkeit mit den Entwicklungen des 19. und vollends denen des beginnenden 20. Jahrhunderts weit über den schichtenspezifischen Rahmen hinaus zu bestimmender Lebenseinstellung geworden ist. Als Hitler kam, war lange schon die kleinbürgerliche Sozialisation Bedingung

[1] Heinz-Gerhard Haupt, Geoffrey Crossik: *Die Kleinbürger. Eine europäische Sozialgeschichte des 19. Jahrhunderts*. München 1998. S. 15: "Das Kleinbürgertum hat nur selten bei denjenigen Interesse geweckt, die sich mit der Theorie sozialer Klassen im Europa des 20. Jahrhunderts beschäftigt haben. Die große Ausnahme bildet die wissenschaftliche Verarbeitung der Erfahrung des deutschen Faschismus, die eine soziologische Überprüfung der Rolle und der Merkmale des Kleinbürgertums hervorgerufen hat. Der Nationalsozialismus wurde schnell als eine Bewegung diagnostiziert, die von Kleinunternehmern und Angestellten getragen wurde und die ihre Konturen durch die Ängste und Hoffnungen des Kleinbürgertums gewann." Vgl. hier im weiteren: S. 294-305.

des Erfolges. Entsprechend mühelos ist der Zusammenhang darstellbar. Nicht nur zeitkritische Studien wie etwa Blochs *Erbschaft dieser Zeit* benennen den "Kleinbürger-Graus" als maßgebliche Ursache.[2] Allerorten ist in der Tagespresse der Weimarer Republik vom Nationalsozialismus als verrückt gewordenem Kleinbürgertum zu lesen.[3] Allerdings zeigen solche Formeln bereits, daß die Verbindung trotz allem nicht kombinatorisch oder deduktiv verstanden werden kann, sondern ein sehr zu beachtendes Moment der Pervertierung enthält, etwas im Wortsinn Verrücktes. Die Unscheinbarkeit, die Angst, die Ignoranz, das Genügen, die Rückzüge kleinbürgerlichen Lebens, all das, was den Kleinbürger wie geschaffen für die Satire macht, und auf der anderen Seite Radikalismus, Gigantismus, die Formen jeglichen Extrems gehen nur dann zusammen, wenn der 'kleine Mann' – um Fallada zu zitieren – wirklich nicht mehr weiß, 'was nun?'

Die Beziehung zwischen Kleinbürgertum und Nationalsozialismus läßt leicht übersehen, daß hier die kleinbürgerliche Enge am wenigsten mit sich selbst identisch war. Deshalb schlägt der Untergang des Nationalsozialismus, der doch so vieles mitzieht, nicht auf die kleinbürgerlichen Bedingungen durch. Es erscheint vielmehr als der eigentliche Fehler, vom Lebenskonzept der Reduktion ins Hybride und Hypertrophe abgewichen zu sein. Diese Sicht bringt in der Zeit der Katastrophe schon selbst und in der Zeit danach genuin kleinbürgerliche Einstellungen zu bis dahin nie erreichter Bestätigung. Ihre Problematik wird neutralisiert; sie werden richtiger, wahrheitsfähiger, als sie es vorher je sein konnten. Die 'Stunde Null' wird zur großen Stunde des deutschen Kleinbürgertums.

1. Alltagssorgen

Plieviers Roman *Stalingrad* bezieht das Kleinbürgerliche in das apokalyptische Geschehen ein und sucht ihm durch die Katastrophe ein Ende zu setzen:

> Die Stube ist das Heim des Soldaten und es soll dort genau wie zu Hause sein, heißt es in Erläuterungen zur Kasernen- und Stubenordnung. Und nordwestlich Stalingrad war der Bunker eben das Heim des Soldaten, und unter solchem Gesichtspunkt war das Erdloch, in dem Gnotke Stubenältester war, einmal angelegt worden. [...] Und die Erbauer und ersten Bewohner dieses Bunkers müssen bestimmte Vorstellungen gehabt haben, als sie mit Pinsel und Teerfarbe 'Villa Gemütlichkeit' an die Eingangstür dieses Bunkers anpinselten. Aber was jene Solda-

[2] Ernst Bloch: Erbschaft dieser Zeit. (1930) In: Ders.: *Gesamtausgabe*. Bd. 4. Frankfurt a.M. 1962. S. 69.

[3] Vgl. Richard F. Hamilton: *Who Voted for Hitler?* Princeton 1982. S. 463. Er weist auf entsprechende und typische Artikel in der *Vossischen Zeitung* (Juli 1929), in der *Frankfurter Zeitung* (Februar 1931) und in der *Berliner Morgenpost* (10.3.1932) hin.

> ten sich gedacht haben, war ebenso vergangen wie sie selbst und nichts war davon mehr da.[4]

Der Verlust der Rückzugssphäre steht im Roman dafür, daß der Krieg im Stalingrader Kessel keinen Rand nach innen mehr hat. Bis an die Bettstatt geht das nun. Mit dieser Restlosigkeit markiert Plieviers Schreckenschronik den 9. Januar 1943. Es ist der Tag des sowjetischen Ultimatums, das nicht angenommen wird. Aber genau oder fast genau auf diesen Tag sind in Kempowskis *Echolot* Briefe datiert, die sich ganz anders ausnehmen und die mit einem ans Lächerliche reichenden Kontrast die außerordentliche Resistenz des Kleinbürgerlichen zeigen. Es kommt in extremster Situation dahin, daß die Durchhaltung kleinbürgerlicher Routinen Leben überhaupt bezeugt. So lange noch das eine funktioniert, scheint auch das andere funktionieren zu können. Mag jede weitergreifende Erfahrung vom Gegenteil überzeugen, so wird doch nach Möglichkeit nicht die kleinbürgerliche Gesinnung gemieden, sondern eben die weitergreifende Erfahrung. Es zeigt sich das aber nicht nur als Festhalten an lieber Gewohnheit, sondern durchaus als produktives Moment. Auf der ‘Basis’ weitgehender Wahrnehmungsverweigerung kommt das ungebrochen tätige Subjekt immer von neuem und so lange, wie es eben geht, zur Organisation eines Umfeldes. Es richtet sich seine “Villa Gemütlichkeit” ein. Freilich ist nicht zu vermeiden, daß der Erdbunker das Wohnzimmer sein muß, “da man sich über der Erde auf die Dauer doch nicht halten kann”. Das schreibt am neunten Januar 1943 Albert K. aus Millerowo. Dafür hat er aber doch “eine überzählige LKW-Batterie aufgetrieben u. damit elektrische Beleuchtung – 1 Birne – eingerichtet, die recht gutes Licht gibt”. Eckart Oestmann fügt sich in Schilowa-Gorki die kleine Welt so wieder zusammen:

> Gestern Abend kochte ich einen steifen Pudding, den wir nach der Wache mit Wohlbehagen verzehrten. Darauf ging ich gleich ins warme Bett, denn die Lauferei macht doch sehr müde, zumal man die schweren Sachen anhat. Könnt Ihr mir wohl einen Rasierpinsel schicken? Er liegt entweder im Badezimmer oder in meiner Kommode. Desgl. hätte ich gern eine Gabel. Größe und Aussehen ist egal.
> Ich will schließen mit den besten Grüßen, Euer Eckart.

Nach der Wache schreibt ein anderer am 7. Januar, “machen wir uns Röstbrot und heißen Kaffee, wozu sich der kleine Ofen prima eignet. Euer Hein”. Bei wieder einem anderen heißt es am 8. Januar, da die “10kg.-Päckchen” von zu Hause nicht mehr anlangen: “Für *spätere* Übersendung einer kleinen Mundharmonika wäre ich Euch dankbar. [...] Für heute emp-

[4] Theodor Plievier: *Stalingrad.* Hrsg. und mit einem Nachwort von Hans-Harald Müller. Köln 1966. S. 41f.

fanget herzliche Grüße aus dem Bunker in Rußland von Eurem wartenden Sohn Raimund."[5]

Natürlich bleibt hier einzuwenden, daß diese Briefe als erstes die Ausdrucksnot ihrer Schreiber bekunden, deren epistolarisches Vermögen für KdF-Urlaubsgrüße reicht und für mehr nicht. Das ermöglicht ihnen aber auch, sich daran festzuhalten bei Erfahrung eines Schreckens, der wirklicher Mitteilung spottet. Das Defizit schlägt in den Vorteil um, den im Augenblick des Allerschlimmsten die unangemessene Reaktion vor der angemessenen hat. Die Fähigkeit, die Katastrophe zu überleben, ja in ihr selbst nicht hilflos zu sein, hängt wesentlich an solcher Art des Agierens und Reagierens im Maßstab kleinbürgerlicher Sorge.

Ein anderes Beispiel aus dem Frühjahr 1946: In dieser frühen Nachkriegszeit bereist der Journalist Karl Zimmermann einen "der Orte unseres Nichts", das Ruhrgebiet und den Kölner Raum, was davon noch da ist. In Köln findet er die "Hohe Straße" nicht, bis er bemerkt, daß sie selbst der "Pfad" ist, auf dem er die ganze Zeit nach ihr gesucht hat. Andererseits bemerkt er, wie es sich daneben rührt, noch "gleichsam im luftleeren Raum, aber doch gekettet an die gegenständlichsten, drängendsten Realitäten", in "vielen Zellen emsiger Überlegung". Die "mit sichtbarer Sorgfalt gepflegten Schrebergärten" gehören dazu. "Und mit kreatürlicher Emsigkeit gehen die, die leben wollen, ihres Weges." Gleich zu Beginn dieser Art von Reisebericht wird ein Gespräch notiert, wie es nun schon wieder alle Tage vorkommt:

> Es war in einem Gespräch von Unbekannt zu Unbekannt vom Wetter die Rede gewesen. [...] "Bei uns war es auch so warm", hatte eine Frau hinzugefügt, "aber wir konnten die Fenster nicht offenlassen. Die Mücken hätten uns umgebracht." "Die Mücken? Sagten Sie: die Mücken?"[6]

Das Schlimmste ist überstanden, wenn Tötungsvokabeln von neuem statt auf Unheil auf Mißgeschick referieren. Die Alltagssorge weist auf lebenspraktische Kompetenz, wo man es versteht, den eigenen Leiderfahrungen an einem "der Orte unseres Nichts", "gleichsam im luftleeren Raum" diese Grenze zu ziehen.

[5] Walter Kempowski: *Das Echolot. Ein kollektives Tagebuch Januar und Februar 1943*. 3. Aufl. München 1993. Bd. 1. S. 379: Albert K. – Millerowo, 9.1.1943; S. 289: Oestmann, Eckart – Schilowa-Gorki, 7.1.1943; S. 337: Hein, B. – Rußland, 8.1.1943; S. 341: Soldat Raimund – Stalingrad, 8.1.1943.

[6] Karl Zimmermann: Nach einer Reise in Westdeutschland. Bilder und Reflexionen. In: *Die Gegenwart* 1 (1945/46). Nr. 10/11. S. 28-31.

2. Bewußtseinskorrektur

Die Aufnahmeunfähigkeit für die historische Erfahrung muß aber 'erarbeitet' werden. Sie ist nicht von Anfang an da, und sie entsteht auch nicht aus bloßem Vergessen oder Verdrängen. Sie resultiert vielmehr aus einer radikal zivilisationskritischen Deutung des Geschehens, die den Pessimismus kleinbürgerlicher Welteinschätzung, Schopenhauers "Lebensweisheit", neu aktiviert. Unter der Voraussetzung eines vollständigen und nie wieder nach vorn hin aufhebbaren Wertverlustes wird dann das formative Moment der engen Sphäre zum Kategorienersatz. Martin Kessels *Miniatur-Essays* von 1946 sammeln dafür einige Motive: "Die Fassungskraft und Anteilnahme des Menschen ist erstaunlich begrenzt [...]. Schon von der nächsten Umgebung, vom Verlauf eines Tages, eines halben Tages, eines Vormittags entgeht ihm das meiste." Kessel versteht jedoch die Begrenzung nicht als ein Problem. Er teilt ihr vielmehr die Qualität des Konkreten mit. Begrenzung wird zur Voraussetzung dafür, daß Leben sich in sinnvollen und verantwortbaren Relationen vollzieht. Man vermeide "Zielsetzungen und ähnliche Schattierungen wie Hoffnungen, Befürchtungen, Erwartungen, unter deren Druck oder Fernglanz die Gegenwart schemenhaft wird." Sogar das Mythische gerät in die Reichweite des Privaten. Die kleinbürgerliche Gesinnung nimmt ihm seine überwirkliche Kraft. Es sei vorbei damit, "daß einer den Hellespont durchschwimmt, um seine Hero zu finden". "Jeder Bach" tut es auch; hinter jedem Bach steht "eine passende Hero [...], die meist auch die richtige ist".[7]

Die Rückfindung ins Kleinbürgerliche kommt hier einer Bewußtseinskorrektur gleich. Dafür hat nicht erst das Datum des 8. Mai 1945 gesorgt. In einer der letzten Ufa-Produktionen, dem Überläufer *Die Erlebnisse einer großen Liebe*,[8] wird Fontanes Romansatire *Mathilde Möhring* verfilmt. Dabei werden vollständig diejenigen Textpassagen umgangen, in denen Fontane zur Kritik des Philiströsen antisemitisch Nutzbares einsetzt. Der Film umgeht die Nebensatire auf den Herrn Silberstein, "Firma Silberstein und Isenthal", dessen Tochter Rebecca auch so schöne Sachen haben will, wie die Möhring sie hat. "Die Berliner haben doch einen Schick für so was." Silberstein selbst bringt Fremdwörter nicht zustande, wenn er geflissentlich zu reden trachtet. "Silberstein, der viel las und immer sehr gebildet sprach, sagte: 'Er hat die Iniative. Das Initative hat jeder, aber die Iniative, das ist es, was den höhren Menschen von dem niedren unterscheidet.'"[9] Das alles läßt die Verfilmung aus. Sie vergibt damit eine Gelegenheit, die offizielle

[7] Martin Kessel: Miniatur-Essays. In: *Die Fähre* 1 (1946). S. 388-391.
[8] Regie: Rolf Hansen. Deutschland 1945.
[9] Theodor Fontane: *Mathilde Möhring*. Bearbeitet von Gotthard Erler. Berlin 1995. S. 79, 84.

Politik und gleichzeitig die eigene Tendenz auf die Filmkomödie zu bedienen. Die Verfilmung ist ausschließlich daran interessiert, die aufwärts strebende Mathilde mit ihrer Energie und ihrer "Gabe des Sichanpassens, des Sichhineinfindens in die jedesmal gegebene Lage"[10] in eine Leitfigur zu verwandeln. Daraus, wie sie ihren willensschwachen Hugo durch das Jura-Examen drückt, wie sie sich und ihn im westpreußischen Provinznest Woldenstein als Ortsgrößen installiert, werden im Film die "Erlebnisse einer großen Liebe". Aus der Satire gegen das Kleinbürgertum wird Affirmation. Die Filmschöne Heidemarie Hatheyer hat optisch nichts von der Unansehnlichkeit der Figur bei Fontane. Sie wird aus dem Unterschichtsidiom entlassen, spricht hochdeutsch und weiß sich auszudrücken. Es kommt ihr nun der Part kluger und selbstloser Arbeit am anderen zu. Die Fixierung auf das Wohnzimmermobiliar, die Möhringsche "Chaiselongue",[11] ist jetzt Umsicht und Blick fürs Notwendige und bezeugt den praktischen Sinn der Filmheldin. Auf Stand und Stellung hinzuwollen wird zum Ausdruck von Intentionalität überhaupt. Etwas muß der Mensch ja tun und wollen. Zwar geht es um höchst bescheidene Ziele, weil der Horizont für andere viel zu begrenzt bleibt. Aber gerade daran erweist sich die realistische Einstellung. Hugo sitzt da, baut Kartenhäuser, Luftschlösser oder resigniert. Mathilde kümmert sich um das, was geht.

3. Emphatisierungen

Die kleinbürgerliche Reduktion erhält durch die historischen Verhältnisse und durch die Fähigkeit, orientiert und produktiv auf sie zu reagieren, ein eigenes Recht auf Bedeutung. Für die Reduktion wird dann sogar der Anschluß an kulturgeschichtliche Paradigmen gesucht. Das Mythische gerät damit nicht nur in die Reichweite des Privaten, sondern erfüllt sich in ihr auch. Heinz Coubiers emphatische Erzählung *Und danach?* arrangiert 1946 einen neuen Mythos für die Zeit nach trojanischen Kriegen, eine zweite *Ilias*:

> Waffenlos standen sie dem Leben gegenüber, kein Befehl hieß sie so oder so handeln, keine Gewohnheit lenkte ihr Tun, kein großer Plan ordnete ihr Werk für lange Zeit. Die Notdurft zu leben, das Bedürfnis des nächsten Tages waren ihre einzigen Gebieter. Und der Pflug brach die feuchte Erde auf.
> Sie mieden die Trümmer. Denn nicht nur die Dinge waren zerstört, sondern auch das, was hinter den Dingen war. Wer sich zuviel bei den Trümmern hielt, wurde in böse Träume gebannt.
> [...]
> Und eines Tages erhob sich über dem grünen Hügel der Trümmer eine neue

[10] Ebd. S. 105.
[11] Ebd. S. 13f. und 38.

> Stadt. Schicht um Schicht schob sich eine Stadt auf dem Hügel über die andere, Liebe war darin, Glück, Gelächter und viel nützliches Tun. Und auch Gesang war darin. Freude kam, besonnenes Handeln und Wohlhabenheit, Gärten am Fluß und das Lied der Syrinx in der Dämmerung.[12]

Vielleicht das markanteste Beispiel für solche Erhöhung ist die Verfilmung von Borcherts Trümmer-Stück *Draußen vor der Tür*. Im Stück selbst hindert nichts mehr die nihilistische Konsequenz. Heimkehrer Beckmann ist am Ende allein. Den "Jasager" gibt es nicht mehr ("Wo bist du jetzt, Jasager? [...] Wo ist denn der alte Mann, der sich Gott nennt?"[13]). Es gibt keinen erfindlichen Grund mehr für Beckmann, sich *nicht* zu töten. Die Verfilmung von 1949 (Regie: Wolfgang Liebeneiner) verwandelt diesen Schluß in einen Alptraum der Figur, aus dem sie zu einem neuen Leben erwacht, das von hier ab der Verlorene mit einer Verlorenen führt. Sie reicht ihm in der Schlußeinstellung das Essen (Bratkartoffeln, dazu ein Ei). So wird es sich in Zukunft wieder gehören. Das Radio und eine Kerze sorgen für Atmosphäre: der Film heißt *Liebe 47*.

Nun wird bei Borchert die Perspektivenlosigkeit des dramatischen Geschehens schon im "Vorspiel" festgelegt. Gott und Tod, der eine hilflos, der andere zufrieden, beobachten Beckmann bei dem Versuch, in die Elbe zu gehen:

> Tod: Na, dann gute Nacht, Alter. Geh schlafen. Paß auf, daß du nicht auch noch ins Wasser fällst. [...] Laß ihn, heul nicht, Alter. Du heulst dich zugrunde. Daß war nur einer von denen, die nicht mehr können, einer von der großen grauen Zahl... einer... nur...[14]

Der Film stellt diesem Einen schon in der Eingangszene die Frau zur Seite. Sie will an derselben Stelle in den Fluß. Der Film weicht aber von der literarischen Vorlage deshalb ab, um eine bedeutendere anzuziehen. Er macht aus Borcherts "Vorspiel" eine Revokation des "Prologs im Himmel", eine neue Wette zwischen Tod und Gott. Diese Wette wird nicht mehr im Himmel geschlossen, sondern auf dem 'Glockenfriedhof' im Hamburger Hafen als ungeheurer Kulisse:

> Gott: Tatsächlich. Sie haben sich gefunden. Und noch in diesem Leben.
> Tod: Na, dann ist hier ja wohl fürs Erste kein Geschäft zu machen. Ich gebe ihnen noch drei Stunden Zeit.
> Gott: Drei Jahre, viele Jahre. Ein ganzes Leben.

[12] Heinz Coubier [d.i. Heinz Kuhbier]: Und danach? In: *Die Fähre* 1 (1946). S. 313f., hier S. 314.

[13] Wolfgang Borchert: Draußen vor der Tür. Ein Stück, das kein Theater spielen und kein Publikum sehen will. In: Ders.: *Das Gesamtwerk*. Mit einem biographischen Nachwort von Bernhard Meyer-Marwitz. Hamburg 1949. S. 127-200, hier S. 200.

[14] Ebd. S. 135f.

Tod: Zusammen stirbt sichs leichter. Komm.
Gott: Zusammen lebt sichs leichter.

Derart wird durch den verfilmten Text hindurch das Paradigma Goethe für den Aufbau der kleinbürgerlichen Lebenssphäre in Anspruch genommen. Sie wird auf diesem Weg nachgerade kulturgeschichtlich motiviert. Der Zeitbezug funktioniert da schon im Sinne einer Freilegung. Das Kleinbürgerliche zeigt sich als der entscheidende Kontinuitätsfaktor über 1945 hinweg. Fast zur Gänze ist der Kontext zerstört, in dem ein solches Leben sein unscheinbares und gewöhnliches Fortkommen hatte. Das rückt dieses Leben aber gerade in den Mittelpunkt und läßt von nun an zielgerichtet darauf tendieren. Die Adenauer-Zeit wird zur großen Zeit der kleinbürgerlichen Selbstfindung.

Rainer Emig

An den Krieg gekettet: Heiner Müllers Visionen von Krieg und 'Nachkrieg'

Müller's negative conception of history as brutal repetition cannot be understood without war as the simultaneous creator of historic ruptures and that which closes those ruptures (once again violently) – in the shape of authorities and values it produces. Müller uneasily links suffering, guilt, and the yearning for stability with language itself to create an aesthetic whose radical closure calls for either acceptance or resistance, a task that is ethical exactly because it refrains from firm moralities.

Die Rolle Heiner Müllers als eines der bedeutendsten deutschen Nachkriegsautoren ist unbestritten. Ich möchte ihn in diesem kurzen Aufsatz anhand seiner Frühwerke bis etwa 1961 als Kriegsautor untersuchen und gleichzeitig fragen, wie und ob sich Krieg und 'Nachkrieg' in seinen Werken unterscheiden und ob ihre Beziehungen über immanente Werkstrukturen hinaus Fragen und vielleicht auch ethische Herausforderungen aufwerfen.

Die dominante Rolle des Krieges in Müllers Schriften ist unübersehbar. Sie ist explizit in Werktiteln wie *Die Schlacht*, *Germania Tod in Berlin* und *Das eiserne Kreuz* und wird nochmals auf den Punkt gebracht in Müllers Autobiographie *Krieg ohne Schlacht*[1]. Aber auch in nahezu allen anderen Texten Müllers nimmt der Krieg eine bedeutende Rolle ein. Für seine Klassiker- und Antikenbearbeitungen bildet er ein eindeutiges Auswahlkriterium, wie sich an Texten wie *Philoktet*, *Hamlet*, *Macbeth* oder *Anatomie Titus Fall of Rome* deutlich erkennen läßt. Müller wie auch sein Werk werden historisch aus dem Zweiten Weltkrieg geboren – hinein in einen wahrhaften 'Krieg ohne Schlacht', den Kalten Krieg. Und trotzdem, so möchte ich argumentieren, ist Krieg bei Müller nicht einfach ein historischer Orientierungspunkt, ein Faktum, mit dem als Objekt, sei es des Wissens, der Schuld, Wiedergutmachung oder Vergeltung, 'einfach' umgegangen werden kann, indem es dargestellt und bewertet wird. Krieg, so läßt sich schon aus dem merkwürdigen Entzug seiner brisantesten Ausformung in *Krieg ohne Schlacht* erkennen, nimmt bei Müller eine komplexere Rolle ein.

Bericht vom Anfang etwa, ein Text aus dem Jahre 1950, entwirft ein düsteres Bild eines Trümmerbergs, in dem die "Überlebenden aus großen Kriegen" zuallererst lediglich die "nicht Mitgefallenen" sind.[2] "Die lange

[1] Heiner Müller: *Krieg ohne Schlacht: Leben in zwei Diktaturen*. Köln 1992.
[2] Ders.: *Geschichten aus der Produktion 1*. Berlin 1988. S. 11-13.

kämpften, sahn den Sieg nicht", heißt es da, und es bedarf einer körperlosen Stimme, um sie überhaupt erst zu Siegern zu erklären. Der Preis dafür ist freilich die sofortige und scheinbar absurde Aufforderung "Kämpft weiter, ihr Siegreichen [...]". Die existentielle Herausforderung des Krieges muß erst nachträglich und quasi von außen sinnhaft gemacht werden, nachdem ihre scheinbar erfolgreiche Bewältigung in erster Linie Trümmerberge geschaffen hat. Beinahe wie Automaten bauen die "nicht Mitgefallenen" daraus Häuser und können es doch nicht fassen, daß dies nun die neue Welt sein soll, die zu allem Überfluß auch noch ihnen gehört. Strophen wie die folgenden präsentieren ein überaus ambivalenten Bild einer Nachkriegsgesellschaft:

> 7
> Doch waren ihre Hände klüger als
> ihr Kopf war, und sie taten was zu tun blieb.
> Den Baustein schmähend bauten sie die Häuser
> den Schritt verfluchend gingen sie den Weg
> [...]
>
> 8
> Noch als das Haus schon stand, gebaut für sie
> von ihnen, wußten sie nicht, was da
> gebaut war. In die Türe tretend noch
> blickten sie hinter sich, fragend: warum
> verjagt uns keiner? Es gehört wohl keinem?

Selbstverständlich geht es hier auch um eine Bewertung der schwer zu überwindenden Klassenhaltung von Menschen, die es durch historische Formung als unnatürlich empfinden, selbst an Macht und Besitz zu partizipieren. Ihr Aufbau einer sozialistischen Nachkriegswelt ist deshalb fast instinkthaft und verlangt geradezu nach rationaler Führung. Ein Problem des Textes, das ihn so düster wie kryptisch macht, ist aber gerade die Sinnstiftung, die er beschreibt. Aus einer Trümmerwelt des Krieges, die selbst den Bausteinen für die neue Welt noch die Aura von Gewalt und Unrecht mitgibt, ersteht eine Generation, deren Perspektive der schuldhafte Blick nach hinten ist. Der Begriff der "nicht Mitgefallenen" läßt es dabei völlig offen, auf wessen Seite man hätte mitfallen können oder vielleicht gar sollen. Die Schuld verdankt sich mehreren 'großen Kriegen' und umfaßt so den aus dem Faschismus geborenen Zweiten Weltkrieg, aber auch die Geschichte der Klassenkämpfe. Müllers Text wird so zum sperrigen Doppelagenten, aber auch zum Stachel im Fleisch der Nachkriegsgesellschaft, die er 1950 anspricht.

Wenn diese Nachkriegsgesellschaft schuldig rückwärtsgewandt erscheint, so hat auch die Stimme, die sie eint, zu Siegern erklärt und schließlich versucht, aus der Erstarrung zu wecken, überaus problematischen Charakter. So lautet die letzte Strophe aus dem *Bericht vom Anfang*:

10
Immer vor ihnen aber war die Stimme
die sprach zu ihnen: Es genügt nicht! Bleibt
nicht stehn! Wer stehn bleibt fällt! Geht weiter! So
im Immerweitergehn folgend der Stimme
wurde das Schwierige einfach
wurde das Unerreichbare erreicht.
Und überm Immerweitergehn erkannten
sie: die da sprach war ihre eigene Stimme.

Wieder ist die Ambivalenz des Textes bestürzend. Ist er Lobpreis auf eine der siegreichen Arbeiterklasse innewohnende alle Hindernisse überwindende Kraft – oder entwirft er eine paradoxe, vielleicht sogar schizophrene Botschaft, die an Propaganda und in der Tat an militärische Kommandos erinnert: "Wer stehn bleibt fällt!"? Den Krieg im Nacken, müssen die Sieger beständig weiterkämpfen, und häufig bleibt unklar, ob sie sich so eine neue Welt erkämpfen oder lediglich eine Existenz – wie in einem Gefangenenlager, wo sich die Gewalt und Disziplinierung des Krieges in scheinbare Normalität fortsetzen. Es gibt keinen Unterschied zwischen Krieg und 'Nachkrieg'.

Es geht mir hier aber nicht darum, den Ambivalenzen von Müllers Texten bezüglich der schwierigen Aufbaubedingungen der DDR nachzuspüren. Mir geht es vielmehr um die befremdende und deshalb vielleicht herausfordernde Rolle, die Krieg in dieser literarischen Ambivalenzbildung einnimmt. Er ist, wie gerade gezeigt, das Element, das die Auseinandersetzungen der Vergangenheit bestimmt, als übler Geruch von Schuld die Gegenwart durchzieht, aber auch als Motor der Handlung Zukunft konturiert. Nicht zufällig beginnt Müllers *Philoktet*, der zwischen 1958 und 1964, also mitten im Kalten Krieg entstanden ist, mit folgendem, mehr als ironischen Prolog:

Darsteller des Philoktet, in Clownsmaske

Damen und Herren, aus der heutigen Zeit
Führt unser Spiel in die Vergangenheit
Als noch der Mensch des Menschen Todfeind war
Das Schlachten gewöhnlich, das Leben eine Gefahr.
Und daß wirs gleich gestehn: es ist fatal
Was wir hier zeigen, hat keine Moral
Fürs Leben können Sie bei uns nichts lernen.
Wer passen will, der kann sich jetzt entfernen.[3]

Natürlich hat sich in der Gegenwart an dem Ausgangsszenario des antiken Stoffes nichts geändert. Und ebenso fatal kann sich dessen Publikum wohl aus dem Zuschauerraum, nicht aber aus der politischen Situation der Zeit

[3] Heiner Müller: *Mauser*. Berlin 1978. S. 7-42, hier S. 7. Weitere Zitate sind durch Seitenangabe im Text kenntlich gemacht.

entfernen. Jost Hermand weist darauf hin, daß man den gleichen Prolog auch vor Müllers Stück *Die Schlacht* (von 1951, überarbeitet 1974) hätte sprechen können: "Denn in beiden Stücken – wie auch in Müllers *Macbeth*-Bearbeitung – wird das "Schlachten" als das Gewöhnlichste von der Welt dargestellt."[4]

Müller hat sich wiederholt darüber beklagt, daß *Philoktet*, vor allem von der westdeutschen Kritik, als einfache Parabel auf die Widersprüche des Sozialismus gelesen wurde. Odysseus, der den mit einer stinkenden Wunde behafteten Philoktet auf die Insel Lemnos verbannt hat, ihn aber nun wieder für den Trojanischen Krieg benötigt, wurde dabei einfach als "stalinistische[r] Korporal" gesehen.[5] So schreibt etwa Genia Schulz: "Odysseus als Exponent der Griechen versucht die Ausstoßung des geopferten Mitkämpfers von einst ungeschehen zu machen – als würde ein in der Stalinzeit eingekerkerter Kommunist nach vielen Jahren rehabilitiert, als würde eine Gerechtigkeit, die lange nicht zählte, plötzlich wieder Geltung erhalten."[6]

Ich würde dem entgegenhalten, daß es, ähnlich wie im *Bericht vom Anfang* in *Philoktet* tatsächlich keine überzeugende Gerechtigkeit gibt. Odysseus vertritt darin wohl den rücksichtslosen Fortschritt, hier bezeichnenderweise wieder den Fortschritt eines Krieges, aber Philoktet ist die weit problematischere Figur. Als bester Bogenschütze der Griechen ist seine Existenz durch Krieg bestimmt. Erst durch Krieg erhält er überhaupt eine Identität. Die Regeln des Krieges sind es aber auch, die ihn genau dieser Identität wieder berauben, als er für die Truppe untragbar wird. Seine Rehabilitation ist die Rückkehr in den Kampf – "kämpft weiter" auch hier. Doch kommt es nicht so weit, weil er seine persönliche Rache an Odysseus ausleben möchte und durch sie schließlich umkommt. Paradoxerweise führt ihn aber gerade sein Tod wieder in den Krieg zurück. Odysseus wird seine Leiche den Griechen als vermeintliches Mordopfer der Trojaner vorführen und so ihren Kampfwillen stärken.

Oberflächlich betrachtet, stimmt die Behauptung des Prologs, das Stück habe keine Moral. Alle Charaktere verhalten sich unmoralisch: Odysseus in seinen Überredungsversuchen, Philoktet in seiner Rache und ebenso der junge Neoptolemus, der seine eigene Rechnung mit Odysseus zu begleichen hat, aber schließlich von diesem zum Mörder Philoktets gemacht wird, indem er den Idealismus des jungen Mannes trickreich manipuliert. Es gibt

[4] Jost Hermand: Deutsche fressen Deutsche: Heiner Müllers *Die Schlacht* an der Ostberliner Volksbühne. In: Jost Hermand, Helen Fehervary (Hrsg.): *Mit den Toten reden: Fragen an Heiner Müller*. Köln, Weimar, Wien 1999. S. 39-51, hier S. 44.

[5] "Die Figur des Odysseus ist ein Grenzfall. Das konnten sie nicht begreifen. Was nicht funktionierte im Westen, war die Tragödie. Für die tragische Dimension der Geschichte gab es keinen Blick, nur den sentimentalen."; Müller: *Krieg ohne Schlacht*. S. 190.

[6] Genia Schulz: *Heiner Müller*. Stuttgart 1980. S. 72.

keine Gerechtigkeit, die ursprünglich existierte und nun wiederhergestellt wird. Es gibt nur Krieg und keinen Ausweg aus ihm, was die ursprüngliche Bewertung des Textes als Anti-Kriegsstück durch die Germanistik der DDR ebenso problematisch erscheinen läßt wie Müllers eigene mehrdeutige Aussage bezüglich des Status' seines *Philoktet* im Kontext der DDR: "Für uns ist das Vorgeschichte."[7] Heißt dies, die amoralische Gewalt des Stücks hatte mit der Nachkriegsrealität der DDR nichts mehr zu tun – oder bildet sie im Gegenteil ihre Grundlage?[8]

Wenn *Philoktet* etwas lehrt, dann, daß Krieg und Gewalt an der Wurzel sowohl persönlicher wie historischer Sinnstiftung zu finden sind. Als Mythenbildner bestimmt der Krieg die Geschichten, mit denen wir uns selbst wie auch den status quo, in dem wir leben, legitimieren. Und selbst, wenn wir uns und diesen status quo zu verändern suchen, kämpfen wir den Krieg der Sinnstiftungen weiter, der selbst aus toten Körpern nützliche Symbole macht. Jost Hermand bringt dies folgendermaßen auf den Punkt:

> Müller glaubt nicht an Fortschritt, an ein sich allmählich ausbreitendes Wissen, das heißt an ein aufklärerisches Stafettenprinzip innerhalb der Geschichte. Für ihn gibt es keine historischen Etappen, kein Weiterführen einmal begonnener Tendenzen, keine fortschreitende Emanzipation, sondern nur Barbarei und Utopie, nur Vorgeschichte und Nachgeschichte der Menschheit. Geschichte ist für ihn nichts, was sich weiterspinnen, sondern nur, was sich überwinden läßt.[9]

Als Teil der Strategien dieser Überwindung unterscheidet sich die Leiche Philoktets als moralische Aufbauhilfe in nichts von den anrüchigen Bausteinen des neuen Hauses im *Bericht vom Anfang*.

Schafft Müller demnach ein fatales Geschichts- und Subjektbild, wenn er den Krieg sowohl nach wie vor Entwicklungen positioniert, ihn zur Ontologie und Teleologie gleichzeitig erklärt und in *Philoktet* gar mit dem bevorzugten Material der Sinnstiftung wie dem einzigen des Schriftstellers, der Sprache, gleichsetzt – "Schwatz ihm den Bogen aus der Hand, mit Pfeilen / Schickt er mein Wort zurück in meinen Mund" (9)? Man könnte versucht sein, dies zu bejahen und so Müller der Ästhetisierung der Gewalt bezichtigen, die politisch zum Fatalismus und moralisch zur radikalen Ambivalenz führt. Müller selbst erklärt sehr bezeichnend in seiner Autobiographie: "Texte von Jünger und Nietzsche waren das erste, was ich nach dem Krieg überhaupt gelesen habe".[10] So schreibt etwa Mark Siemons in seiner Bespre-

[7] Werner Mittenzwei: Eine alte Fabel, neu erzählt. In: *Sinn und Form* 6 (1965). S. 948-956; Müller: *Geschichten aus der Produktion 1*. S. 137-146, hier S. 144.
[8] Vergleiche hierzu auch den Abschnitt 'Die Last der Vorgeschichte' in Thomas Eckhardt: *Der Herold der Toten: Geschichte und Politik bei Heiner Müller*. Frankfurt et al. 1992. S. 13-19.
[9] Jost Hermand: *Deutsche fressen Deutsche*. S. 46.
[10] Müller: *Krieg ohne Schlacht*. S. 275.

chung eines Bandes mit Gesprächen zwischen Alexander Kluge und Heiner Müller in der *Frankfurter Allgemeinen Zeitung*:

> Moral reduziert sich für ihn [Müller] auf die Frage nach der Sprache, dem noch Sagbaren. [...] Nur kein Mitleid, Kunst sei grundsätzlich nicht 'human' im sentimentalen kompromißlerischen Sinne, sagen sich die beiden [Kluge und Müller] immer wieder. Man müsse Chaos schaffen, alle ohnehin bloß illusionären Ordnungsvorstellungen zerstören. "Pflugschar des Bösen" nannte der immer wieder zitierte Nietzsche das Amt des Intellektuellen.[11]

Und doch, so würde ich argumentieren, führt Müllers beständige Wiederaufnahme der Kriegs- und Kampfthematik zu mehr. In *Traktor*, einem 1955 geschriebenen und 1961 und 1974 überarbeiteten Stück, das bezeichnenderweise 1974 zusammen mit *Die Schlacht* uraufgeführt wurde, nimmt die unvermeidbare Wiederkehr des Krieges exakt die Form von Nietzsches 'Aufpflügen' an.[12] Land ist das, worum gekämpft wird, aber auch das, was durch eben diese Kämpfe zerstört wird. Im Frieden – oder im 'Nachkrieg' – ernährt es die "nicht Mitgefallenen". Es führt ihnen aber gleichzeitig auch immer wieder die Gewalt und Zerstörung des Krieges vor Augen, in *Traktor* in Form von im Acker vergrabenen Minen. So ist das Stück *Traktor* z.B. keineswegs als Ende der 'Schlacht' zu lesen. Trotzdem bleibt es aber auch nicht, wie *Philoktet* etwa, eine bloße Parabel von dessen endloser Wiederholung und Fortsetzung.

Traktor beschäftigt sich statt dessen mit dem schrecklichen und spezifisch deutschen Konzept der 'Vergangenheitsbewältigung'. Es zeigt sie als eine Bewältigung, die die Betroffenen überwältigt und ihnen wieder Gewalt antut. In *Traktor* reißt sie dem Traktoristen ein Bein ab. Gleichzeitig gibt es aber ohne die selbstverstümmelnde Auseinandersetzung mit der Präsenz des scheinbar vergangenen Krieges in der Gegenwart kein Leben im Hier und Jetzt. Genia Schulz nennt, ohne auf die mehrfache Paradoxie der gewählten Beschreibung einzugehen, die Protagonisten des Stücks "Helden in einer friedlichen Schlacht ums Überleben".[13]

Zu Recht verweist sie auf die Mehrfachbedeutungen des Wortes 'Traktor', wie auch darauf, daß sich Müller selbst (in *Verabschiedung des Lehrstücks* von 1977) zum "Maulwurf" im "verminten Gelände" stilisiert.[14] "Traktor" enthält sowohl *trahere*: [mit sich] ziehen, zerren, verteilen, fortschleppen, wie auch *tractare:* bearbeiten, behandeln, untersuchen. Die ge-

[11] Mark Siemons: Ja, ja, ja: Gut verzurrt: Heiner Müller und Alexander Kluge im Gespräch (Besprechung von Alexander Kluge und Heiner Müller: *"Ich schulde der Welt einen Toten": Gespräche*. Hamburg 1995). *Frankfurter Allgemeine Zeitung* vom 12.6.1995. S. 28.

[12] Heiner Müller: *Geschichten aus der Produktion 2*. Berlin 1991. S. 9-25.

[13] Schulz: *Müller*. S. 123.

[14] Schulz: *Müller*. S. 126.

pflügten Furchen wiederum heißen im Lateinischen *versus*, ein Begriff, dem sowohl der Vers des Dichters wie auch der des Widerstands entspringen.

Müller erklärt so, ähnlich wie der irische Dichter Seamus Heaney, der dieselben Bilder des Aufgrabens und der Verschmelzung von Vers und Furche verwendet, Schreiben zur Verkettung mit der Vergangenheit, zum verpflichtenden Mitschleppen von Gewalt, Krieg und Schuld.[15] Keineswegs kann es Krieg zum historischen Objekt erklären und ihn distanziert abbilden. Dazu ist Sinnstiftung in Sprache zu sehr mit Gewalt verstrickt und an den Krieg gekettet. Diese Verkettung macht Müller explizit in seinem späten, fünfteiligen Stück *Wolokolamsker Chaussee* (1985-1987), wo es im zweiten Teil in der Selbstrechtfertigung des Kommandeurs heißt: “Aber festgebunden waren meine Hände / Fest wie mit Ketten fester als mit Ketten / An das sowjetische an unser Kriegsrecht.”[16]

Auch die Kritik dieser Verkettung, ob sie nun die Form des Dramas oder der literarischen Analyse annimmt, kann nicht einfach so tun, als wäre das, was es da aufzudecken gilt, befriedet oder zumindest entschärft. Aber gerade diese Verstrickung, die die Literatur im allgemeinen und die Müllers im besonderen, den Krieg immer wieder aufpflügen und wie eine nicht explodierte Mine vors schaudernde Publikum zerren läßt, ist es auch, die eine fortdauernde Auseinandersetzung mit ihm möglich macht. Sie kann keine Entschuldung sein, vielleicht nicht einmal eine Befreiung werden, fordert aber – allein durch die scheinbare Fatalität der Verkettung – Widerstand geradezu heraus. Durch ihr Material, die Sprache, hat Literatur historisch und diskursiv Anteil an Krieg und Gewalt. Durch eben dieses Material ist es ihr in der ästhetischen Selbstreflexion und Vervielfachung ihrer Sinnebenen möglich, eben diesen “verfemten Teil” auszustellen.[17] Diese Existenz im Widerspruch, die Müllers Texte kennzeichnet, verhindert eine einfache – und deshalb falsche – Moral, wie sie etwa Odo Marquard in einem anderen Kontext beschreibt, wenn er behauptet, “daß man – wo Schuldvorwürfe es

[15] Vergleiche etwa Heaneys Gedicht *Digging* mit Zeilen wie “Between my fingers and my thumb / The squat pen rests. / I'll dig with it.” [Zwischen meinen Fingern und meinem Daumen / ruht der gedrungene Federhalter. / Ich werde mit ihm graben.]; John Montague (Ed.): *The Faber Book of Irish Verse*. London, Boston 1974. S. 358-359, hier S. 359. Über seine Poetik schreibt Heaney: “Poetry as a dig, a dig for finds that end up being plants” [Lyrik als Ausgrabung, ein Graben nach Fundstücken, die schließlich zu Setzlingen werden]; *Preoccupations*. London 1980. S. 41.

[16] Heiner Müller: *Shakespeare Factory 2*. Berlin 1994. S. 231-238, hier S. 235.

[17] Ich benutze hier einen Begriff Georges Batailles, den er in einem gleichnamigen Aufsatz definiert: Georges Bataille: *Die Aufhebung der Ökonomie*. 2. Auflage. Übers. von Traugott König et al. München 1985. S. 33-234, hier S. 226-230.

überlasten – das Gewissen nicht mehr zu *haben* braucht, wenn man das Gewissen *wird*"[18]

Als spannungsreiche Verhinderung gerade dieser problematischen Einheit von historischen Subjekten und ihrem Gewissen würde ich die Texte Müllers in Bezug auf Krieg lesen.[19] 'Schuld und Sühne' wären demnach gerade nicht die richtigen kritischen Vokabeln für sie, evozieren sie doch eine Objektivierung des Krieges und seine distanzierte Verarbeitung – in moralisch religiöser Form der Schuld oder in legalistischer als 'Verbrechen und Strafe'. Gewalt und Sinn, Sinn und Gewalt – das wäre die fatale Sinnkette, mit der uns Müllers Werk konfrontiert. "Wie ausbrechen aus ihren Verkettungen?" oder "Wie sie aushalten?", wären die schwierigen Fragen, die Müllers Texte uns stellen.

[18] Odo Marquard: *Abschied vom Prinzipiellen: Philosophische Studien*. Stuttgart 1981. S. 4-22, hier S. 12.

[19] Dies scheint auch Mark Siemons in seiner teilweise zynischen Besprechung Müller und Kluge zuzugestehen, wenn er (in einer leichten Stilblüte, die aber durchaus Beziehungen zu Müller wie Heaney aufweist) schreibt: "In den Brüchen und Rissen zum gegenwärtigen Bewußtsein blühen die Keime, überhaupt noch etwas zu sagen, etwas, was nicht glatt, nicht verdaulich ist."; *Ja, ja, ja*. S. 28.

Monika Melchert

Mann und Frau nach dem Krieg. Wie die Heimkehr der Männer die Geschlechterverhältnisse verändert

*When the male survivors returned to Germany from the war or from captivity, this naturally affected the German gender relations. People had had to return to everyday life. But it was difficult to reactivate the kind of social life of the pre-war period. Two authors in particular wrote about this topic: the playwright Ilse Langner with "*Klytämnestra*", a version of an ancient myth, and "return home" to the ruins of Berlin. Walter von Hollander wrote two novels and some non-fiction about the changes in gender relations.*

Als die überlebenden Männer aus Krieg und Kriegsgefangenschaft ins zerstörte Deutschland zurückkehrten, mußte das zwangsläufig Auswirkungen auch auf die Geschlechterverhältnisse haben. Hat das jedoch die zeitgenössische Literatur überhaupt reflektiert und in welcher Hinsicht? Diskussionen in Zeitungen und Zeitschriften zu diesem Thema haben spärlich stattgefunden (so in den Frauenzeitungen S*ie* und *Frau von heute*), und wenn, dann eher unter dem Aspekt des Anknüpfens an die wiederherzustellenden bewährten Vorkriegsmuster. Die Realität sah aber so aus, daß die Menschen, durch den Krieg aus ihrem gewöhnlichen Leben herausgerissen, nun in ihren Alltag zurückkehren mußten und dabei Überlebensstrategien zu entwickeln hatten, die das alltägliche Zusammenleben wieder möglich machten. Die Fortsetzung der Lebensgemeinschaft von Frauen und Männern brachte ebenso wie die übermäßige Sehnsucht nacheinander vor allem eine Entfremdung der Partner zutage, auch im Verhältnis zu den Kindern, die die Väter zumeist kaum kannten. Vielfach war die Erfahrung dabei, daß sich ein Wiederanknüpfen an das Vorkriegsmuster von Ehen und Partnerschaften nicht so einfach realisieren ließ, als wäre nichts geschehen. Der Krieg hatte tiefe Veränderungen auch im Selbstverständnis der Frauen und ihrer Rolle in Gesellschaft und Familie hervorgebracht.

Vor allem zwei Schriftsteller der unmittelbaren Nachkriegszeit gestalten dieses Thema im Zentrum ihrer literarischen Werke: die Dramatikerin Ilse Langner mit *Klytämnestra* im antiken Mythenstoff und mit *Heimkehr. Ein Berliner Trümmerstück* im Zeitgeschichtsstoff sowie der Autor Walther von Hollander, der sich in seinen Romanen des Themas der zerstörten Geschlechterbeziehungen annahm. Ilse Langner (1899-1987) hatte bereits in den späten zwanziger Jahren ihren wichtigsten Bühnenerfolg mit dem Drama *Frau Emma kämpft im Hinterland* (1929) erlebt. Es war das erste Anti-kriegsstück einer Frau auf deutschen Bühnen und zugleich ein Emanzipationsstück. Das Ungewöhnliche und Unerhörte daran war vor allem, daß hier der Krieg aus der Perspektive einer Frau dargestellt wurde, also nicht die kämpfenden Krieger im Vordergrund standen. Nach 1945 legt Ilse Langner zwei Entwürfe des Verhältnisses von Mann und Frau nach dem Kriege vor. *Klytämnestra*, bereits während der Kriegsjahre in der inneren Emigration geschrieben, erschien 1947. Ihre Königin Klytämnestra, die in der zehnjährigen Abwesenheit Agamemnons das Land Mykene in seinem Auftrag und seiner Stellvertretung klug, gerecht und erfolgreich für Wirtschaft und Kultur zu regieren wußte, soll nun, als der König siegreich von Troja zurückkehrt, aus ihrer Position verdrängt werden. Dahinter steht die im gesellschaftlichen Diskurs nach 1945 öffentlich diskutierte Auffassung vieler Männer: Nun sind wir ja zurück aus Krieg und Gefangenschaft, da sollen doch die Frauen die Männerrollen wieder aufgeben, die sie nur als Notbehelf innehatten, damit wir auf unsere angestammten Plätze zurückkehren können. Die Führungspositionen stehen den Männern zu, nicht den Frauen. In Langners Drama entwickelt sich der Konflikt nun, verstärkt durch die Eifersucht Agamemnons auf Aegisth, den Liebhaber seiner Frau, zu einem Kampf um Macht und Einfluß, am Ende zu einer Auseinandersetzung auf Leben und Tod. Hier diskutiert die Dramatikerin den Konflikt der Geschlechter auf höchster, auf der Königsebene also und wertet damit das thematische Potential zusätzlich auf.

Die Königin hatte während Agamemnons Abwesenheit nicht nur aus Mykene ein wirtschaftlich blühendes, auf friedlichen, gewaltlosen Prinzipien beruhendes Gemeinwesen gemacht, sondern auch die männliche Jugend bewußt nicht im Kriegshandwerk ausbilden lassen, einschließlich des eigenen Sohns Orest. Sie hatte die Funktion der Obersten Richterin mit Feingefühl und Gerechtigkeitssinn ausgeübt. Daraus war ihr hohes Selbstbewußtsein erwachsen, ein Selbstwertgefühl, das es ihr erlaubte, die scheinbar naturgegebene Unterordnung von Frauen unter Männer als immerwährend abzulehnen. Diese Klytämnestra bei Ilse Langner ist einer der sinnlichsten und stärksten Frauenfiguren der Dramatikerin. Dem Ansinnen Agamemnons, ihren Richterstab wieder an ihn als Herrscher abzugeben, begegnet sie mit den Worten: “Hofftest du, die stolze Klytämnestra / Harrte deiner Heimkehr still in Demut, / Keusche Mutter der verlaßnen Kinder?!”[1] Darin findet zugleich ihr Bekenntnis zum Recht auf freie Partnerwahl Ausdruck, dem der Mann zutiefst mißtraut. Agamemnon schmiedet ausgeklügelte Pläne, um seine Ehefrau vor einem öffentlichen Gericht zu demütigen und damit, wie er meint, sich wieder gefügig zu machen: “Dann kehrt sie wohl beschämt zu mir zurück, / Ins alte Ich, ins schön vertraute Dasein, / Ist nur noch mein und fügt der Ehe sich.” (K 91). Darin spiegelt sich die Angst des Mannes, eine

[1] Ilse Langner: *Klytämnestra. Tragödie in drei Akten*. Berlin 1949. S. 84. Im folgenden abgekürzt mit der Sigle K.

gleichberechtigte, selbständige Frau an seiner Seite würde ihn in seiner Machtausübung einschränken. Es ist klar, daß dieses Paar, stellvertretend für unzählige von Ehepaaren, durch die Entfremdung nach langen Kriegsjahren nicht wieder zueinander finden wird. In Ilse Langners Drama geht es letztlich um die Utopie der Aufhebung der Geschlechterhierarchie. Im Kriegsende sah sie die große Chance, das Potential, das die Frauen sich angeeignet hatten während der Abwesenheit der Männer, beizubehalten und selbstbewußt fortzuführen. Für eine kurze Zeit bestand die Hoffnung, die Frauen würden sich nicht wieder in ihre konventionelle Rolle an Haus und Herd zurückdrängen lassen – wie es Ilse Langners Figur der Frau Emma nach dem Ersten Weltkrieg tatsächlich durchgesetzt hatte. Als die Männer sie brauchten, um ihre verlassenen Plätze auszufüllen, waren sie gut genug – so auch in der deutschen Kriegswirtschaft, im Verkehrs- und Dienstleistungswesen, nun aber sollte alles wieder werden wie vorher. Doch auch die Frauen selbst im Nachkriegsdeutschland – von einer Frauenbewegung konnte in jenen Jahren keine Rede sein – insistierten nicht auf ihren neu erworbenen Möglichkeiten. Damit war eine Illusion zum Scheitern verurteilt, die zeitweilig auch die Dramatikerin Ilse Langner geteilt hatte.

1949 allerdings zeigte sie in ihrem Drama *Heimkehr. Ein Berliner Trümmerstück* eine deutlich andere Variante der Partnerbeziehung. Sie war durch eigene Kriegserlebnisse zu der Auffassung gelangt, die Zerstörungen, die materiellen wie ideellen und die psychischen in den Menschen, seien nach diesem letzten Krieg so ungeheuer, daß, wenn überhaupt, nur noch Mann und Frau gemeinsam mit dem überwältigenden Elend fertig zu werden vermochten – nur wenn ein Partner den anderen stützt. Anders als nach dem Ersten Weltkrieg, so meint sie, nehmen die Frauen diesmal alles auf sich, wenn sie ihre Männer nur überhaupt wiederbekommen.

Heimkehr zeigt die Prüfungen des Ehepaares Helmut und Helene, die sich nach Kriegsende in der zerstörten Stadt Berlin über viele Hindernisse hinweg suchen müssen und am Ende tatsächlich wiederfinden. Auf einer surrealen Handlungsebene läßt die Autorin die Bombentoten agieren, die nicht zur Ruhe kommen können, bevor die Überlebenden nicht zur Einsicht gelangt sind, einen Neuanfang auf andere Art ins Werk zu setzen. Besonders ist es die Figur der einarmigen Frau, die den Heimkehrer Helmut und die Trümmerfrau Helene als Exempel auswählt und mit dem Engel im Fliegerdreß eine Wette eingeht, daß ihre Hoffnung sich erfülle. Die Tote fühlt sich den Lebenden gegenüber verantwortlich und möchte erreichen, daß die Schrecken der Vergangenheit nicht umsonst gewesen seien, daß also die Lebenden zum Innehalten kommen mögen, zur Einsicht, was in der Vergangenheit falsch gelaufen ist. Nur den selbstlos Liebenden soll es gelingen. Dies ist eines der ganz wenigen literarischen Zeugnisse der Zeit, in denen die Bombenopfer Stimme bekommen. Die weibliche Hauptfigur macht in dem Stück eine Entwicklung durch, in der doch wieder die Position der früheren Ilse Langner erkennbar wird: Aus der ängstlichen, verhuschten jungen Frau, die einen schweren Rucksack mit dem geretteten guten Anzug und den Schuhen ihres Mannes auf dem Rücken durch die Trümmerstadt schleppt und bereit ist, alles auf sich zu nehmen, wird am Ende, als sie durch Entbehrungen und Desillusionierung hindurchgegangen ist, eine Frau, die weiß, daß es auch um sie geht, nicht nur um den Mann. Sie begreift voller Mühe, daß sie in erster Linie für sich selber sorgen muß, um nicht zu verhungern, sonst wird es keine Zukunft geben. Helene ist nicht mehr die Frau, die wie Frau Emma ihre Emanzipation gegen den Mann ausbauen will und sich zuerst einmal vom Mann befreien muß, um überleben zu können. Vielmehr läßt die Autorin ihre Figuren zu der Erkenntnis gelangen, daß Frauen und Männer nicht gegeneinander leben können, schon gar nicht in einer solchen katastrophalen Umbruchssituation wie nach dem Zweiten Weltkrieg, sondern ausschließlich, indem sie ihre Kräfte vereinigen. Ganz ähnliche Positionen zum Geschlechterverhältnis finden sich 30 Jahre später etwa bei der Schriftstellerin Irmtraud Morgner.

Was in *Heimkehr* auf den ersten Blick wie eine Idyllisierung anmuten könnte, ist in Wirklichkeit ein realistischer Zugriff auf die Wirklichkeit der Nachkriegszustände, gerade auch auf dem Gebiet der Partnerschaftsverhältnisse. Der aufklärerische Gestus, der sich in diesem Stück nicht überhören läßt, korrespondiert ebenfalls mit der Tonlage in Ilse Langners essayistisch-poetischem Text *Mutter Berlin an ihre Töchter*, in dem sie 1947 die Frauen der Trümmerstadt Berlin aufruft, sich auf ihre spezifisch weiblichen Kräfte zu besinnen, um ihren aus dem Krieg heimkehrenden Männern zu helfen, mit der gewalttätigen, kriegerischen Vergangenheit abzuschließen und im Zusammenschluß der Geschlechter neue Lebensmöglichkeiten zu finden[2]. Ilse Langner war gerade durch das Erlebnis des Zweiten Weltkriegs zu dem Ergebnis gekommen, daß die bisherige Emanzipation der Frauen eher zu ihrer Vermännlichung geführt habe, indem sie sich fast ausschließlich an männlichen Werten orientierten und während des Krieges gerade wieder den soldatischen Typus im Mann verherrlichten – nachzulesen in ihrem Essay *Credo quia absurdum*[3] von 1946. Ihrer Meinung nach hatten also auch die Frauen in Deutschland innezuhalten und neu zu beginnen. Das galt durchaus als unbequem für die beabsichtigte Fortschreibung der konventionellen Rollenverteilung der Geschlechter in der Nachkriegsgesellschaft.

Es wurden übrigens beide Stücke Ilse Langners, *Klytämnestra* wie *Heimkehr*, auf keiner deutschen Theaterbühne aufgeführt. Einzig Erwin Piscator interessierte sich für Langners Zeitstück. Anders als in den zwanziger Jahren wurde der Auseinandersetzung mit der Frage, wie die Frauen mit dem

[2] Ilse Langner: Mutter Berlin an ihre Töchter. In: *Berliner Almanach 1947*. Hrsg. von Walther G. Oschilewski und Lothar Blanvalet. Berlin 1947. S. 28ff.

[3] Ilse Langner: Credo quia absurdum. In: *Deutsche Rundschau* 69 (1946). Heft 4. S. 51-56.

Kriegserlebnis umgingen, von den Theatermachern nicht einmal mehr eine Chance gegeben.

Während also Langners Agamemnon-Figur glaubt, sein Leben und seine uneingeschränkte Herrschaft so fortführen zu können wie vor dem Krieg – ohne zu reflektieren, was sie, die Krieger, dort getan haben –, ist das Verhältnis des einander suchenden Paares in *Heimkehr* ein grundsätzlich anderes. Helmut bemerkt an seiner Frau Helene, als er sie am Ende des Stückes beim Abriß ihres zerbombten früheren Mietshauses unter den Trümmerfrauen entdeckt, eine deutliche Veränderung: "Sie gefällt mir jetzt viel besser. Sie hat so was anderes bekommen, so was Stärkeres."[4] Hier registriert der Mann freudig die neu gewonnene Stärke der Frau, im Gegensatz zu Agamemnon, der den Reifeprozeß, den Klytämnestra in seiner Abwesenheit durchlaufen hat, nicht akzeptieren kann. Er will sie "ins alte Ich" zurückdrängen. Statt sich für die Entwicklung seiner Frau zu interessieren, beharrt er auf Alleinherrschaft. Eine Gleichheit der Geschlechter kann nicht gedacht werden. Er sieht sich von seinem Platz verdrängt, der ihm unhinterfragt zuzustehen scheint. Eine Änderung kann er nicht zulassen – auch aus der Angst heraus, die Königin hätte die Staatsgeschäfte allein besser bewältigt als er, der König. Dieses Beharren der Männer, in der deutschen Nachkriegsgesellschaft nur allzu laut vorgetragen, kam in den seltensten Fällen aus einer Einsicht in die reale Überforderungssituation der Frauen, sondern aus dem Insistieren auf angestammte Positionen. Die Mehrzahl der Frauen fügte sich auch in das Zurückdrängen in den häuslichen Bereich, zumal die praktische Organisation des alltäglichen Überlebens Kraft genug kostete. Doch latent hatten sie erfahren, daß es durchaus in ihrem Leistungsspektrum liegen kann, mehr Verantwortung zu übernehmen, als ihnen bisher üblicherweise zugestanden wurde.

Nach diesen Betrachtungen ist es interessant, eine männliche Stimme zum gleichen Thema zu hören. Der Schriftsteller Walther von Hollander (1892-1973) setzte sich in mehreren Romanen und später auch Sachbüchern mit dem Thema der durch den Krieg zerstörten Geschlechterbeziehung auseinander. Die beiden Romane *Als wäre nichts geschehen* (1951) und besonders der frühere *Es wächst schon Gras darüber* (1947) enthalten erstaunlich unerbittliche Feststellungen über das verwirkte Recht der Männer, über ihre Frauen herrschen zu können. *Es wächst schon Gras darüber* ist die Geschichte eines Kriegsheimkehrers, des Architekten Paul Wolffenau, der in den chaotischen Zuständen der zerbombten Bahnhöfe von Berlin auf eine Frau triff, auf Maria, die wie er umherirrt und alles verloren hat, ihr Kind und Hab und Gut. Sie gehen zusammen nach Hamburg, und die männliche Hauptfigur reflektiert das Leben in den Ruinen als "Hungersnot, Kältenot, Wohnungsnot, Trennungsnot, Geldnot, Not des verletzten Stolzes, Not der

[4] Ilse Langner: Heimkehr. Ein Berliner Trümmerstück. In: Langner, *Dramen I.* Hrsg. von Eberhard Günter Schulz. Würzburg 1983. S. 103.

langsam dämmernden Einsicht in furchtbare Sünden und Unterlassungen."[55] Als wenig später der Ehemann Marias auftaucht, krank und entwurzelt, aber entschlossen, seine Frau zu finden, um seine alten Rechte geltend zu machen, verschließt sie sich ihm. Er hatte sie und das kleine Kind in den letzten Tagen des Krieges im Luftschutzkeller, kurz bevor die Soldaten der Siegermacht hereinbrachen, alleingelassen, hat nicht sie, sondern sein eigenes Leben gerettet. Wolffenau und der andere treten in offene Rivalität, er weist den Ehemann in seine Schranken, "weil nach diesem Kriege überhaupt kein Mann ein Recht hat über eine Frau. Wir haben den Krieg über die Frauen gebracht. Die Bomben, die Evakuierung, die Invasion. Und haben sie dann drin gelassen! Wo bleibt da ein Recht?" (EwsGd 347). Erst in der Beziehung zu seiner neuen Partnerin denkt diese Figur über Krieg und Schuld nach – angesichts eines Frauenschicksals macht er sich klar, was die Deutschen insgesamt, was aber spezifisch die deutschen Soldaten Unverzeihliches angerichtet haben in der Welt. Gerade durch die Erschütterungen des Kriegsendes, das alles sicher Geglaubte durcheinanderwirbelte, begreift er den Grundfehler der Männer, zu glauben, die Frauen brauchten sie, und daß sich die Männer dies immerzu einredeten, um ihre Herrschaftsposition vor sich selbst zu legitimieren. In der Beziehung zu seiner neuen Partnerin macht es sich die Männerfigur nicht leicht. Wolffenau erkennt erst jetzt, daß seine tote Frau Gertie, als sie ihn im letzten Kriegsjahr dringlich bat, nicht wieder an die Front zu gehen, sondern zu desertieren, das Richtige forderte und er keinen Mut dazu hatte: "Ja [...] er war feige gewesen. Ihm fehlte, wie den meisten Deutschen, die ganz persönliche Tapferkeit, die Tapferkeit der eigenen Entscheidung. Zu schützen, was er liebte, und aufzugeben, was längst verloren war. Und so hatte er Gertie verloren." (EwsGd 357). Der Gedanke, der dann in den Reflexionen der Hauptfigur folgt, zieht die äußerste Konsequenz eines Erkenntnisprozesses, den der Autor dem Mann abverlangt: "Kein Wunder, daß die Frauen jetzt so aufrührerisch waren, daß sie die Männer verachteten." (EwsGd 357). Diese Männerfigur, durch Kriegserlebnis und persönlichen Verlust der ihm Nächsten hindurchgegangen, macht sich klar, daß zum Schuldabtragen, zur Buße und zur Wiedergutmachung in erster Linie auch gehört, ein anderes Verhältnis zur Frau als gleichberechtigter Partnerin aufzubauen. In diesem Roman wird der Beginn dieses neuen Partnerschaftsverhältnisses in ersten Ansätzen vorgeführt. Dennoch muß festgestellt werden, daß eine solche beinahe revolutionär anmutende Haltung den Realitäten im Nachkriegsdeutschland nicht entsprach. Nicht nur der öffentliche Diskurs, sondern vor allem auch die Einstellungen der Frauen und Männer selbst blieben bei weitem hinter einer solchen Position zurück. Die Utopie gleichberechtigter Geschlechterverhältnisse, in diesen wenigen Beispielen aus der Sicht beider Geschlechter vorgeführt, wurde von

[55] Walther von Hollander: *Es wächst schon Gras darüber*. Hamburg 1947. S. 158. Im folgenden abgekürzt mit der Sigle EwsGd.

der Nachkriegswirklichkeit nicht angenommen, sondern schnell revidiert. Sie hatte im übrigen auch die Frage der Mitschuld der Frauen nahezu ausgeschlossen.

In Hollanders nächstem Roman von 1951 bereits, *Als wäre nichts geschehen*, bleibt zwar der Grundimpuls erhalten, neu nachzudenken über die Art und Weise, wie Frau und Mann nach dem Krieg zusammenleben können, dennoch überwiegt die Auffassung von einer traditionellen Ehegemeinschaft mit den üblichen Rollenmustern. Eine Revolutionierung der Geschlechterverhältnisse, wie sie nach diesem alles umwälzenden Krieg mindestens im Bereich der Möglichkeiten gelegen hätte, hat also nicht stattgefunden. Auch Walther von Hollander plädiert, über manifeste Erfahrungsunterschiede der Partner hinweg, für ein Festhalten der Ehepartner an den traditionellen Bindungen. Diese konservative Position zu den Geschlechterverhältnissen korrespondiert mit der im Nachkriegdeutschland unmittelbar gemachten Lebenserfahrung. Es sind mittlerweile mehr als fünf Jahre seit Kriegsende vergangen. Die Frauen sind, ohne im einzelnen immer ihren Beruf aufgeben zu müssen, besonders nicht bei intellektuellen Frauen, in die eher traditionellen Rollen zurückgedrängt worden, die Männer haben die entscheidenden Posten in der gesellschaftlichen Struktur längst wieder voll in der Hand. Ein wirklicher Prozeß, in dem die Rolle der Frauen neu zu definieren gewesen wäre, war nicht zustande gekommen und in beiden Teilen Deutschlands für Jahre aufgehalten. In Wirklichkeit akzeptierte die literarische Öffentlichkeit fast ausschließlich die Erlebnissphäre der verlorenen Männergeneration; die Erfahrungen des weiblichen Teils des Volkes, also der Zivilbevölkerung im wesentlichen, wurden noch stärker verdrängt als die der Frontsoldaten.

Hans-Gerd Winter

"Du kommst, und niemand will dich haben." Heimkehrertexte der unmittelbaren Nachkriegszeit

This article discusses the topic of returning soldiers based on texts by Wolfgang Borchert, Robert Brendel, Walter Kolbenhoff and Wolf-Dietrich Schnurre. The aim is to show changes in mentality soon after the Second World War. The discourses on guilt, identity, male and female roles and the image of the nation as the German 'fatherland' are discussed. The soldier returning home is mostly the outsider and the person who knows more than all the others. Through him the reader gains an insight into the ambiguities and fissures within post-war German society.

Die ersten beiden Jahre nach dem Krieg sind die Zeit des "Unterwegs" (W. Borchert), von Marie Luise Kaschnitz metaphorisch überhöht zur "großen Wanderschaft". Ungeheure Menschenmassen bewegen sich auf den Straßen und Bahnlinien durch das zerstörte und besetzte Deutschland: entlassene deutsche Soldaten, von den Nazis verschleppte Zwangsarbeiter und displaced persons, die in ihre alte Heimat zurückwollen oder eine neue suchen, Deutsche, die aus ihrer jetzt zu einem anderen Staat gehörenden Heimat vertrieben wurden, Überlebende aus den KZ's, unter ihnen auch die wenigen überlebenden Juden, denen sich die Frage nach einer neuen Heimat stellt, erste Exilierte, die nach Deutschland zurückkehren.

Die Züge, Fähren, Obdachlosenheime
Die Straßen kreuz und quer, landein, landaus
Sind voll davon. Und überall das Eine:
Von Etwas fort, zu Etwas hin. Nach Haus.[1]

Wir beschränken uns im folgenden auf das Thema der heim- oder rückkehrenden Deutschen, vor allem der Soldaten. Unmittelbar nach Kriegsende wurde der größte Teil der überlebenden deutschen Soldaten, etwa elf Millionen, von den Alliierten in Gefangenenlagern festgehalten. Etwa 3,7 Millionen Soldaten waren tot oder als vermißt gemeldet. Bereits 1945 begannen die Engländer und Amerikaner mit großen Entlassungsaktionen. Entsprechend findet sich das Thema und Motiv des Heimkehrens in Reportagen,

[1] Marie Luise Kaschnitz: Große Wanderschaft. In: Dies.: *Gesammelte Werke*. Hrsg. von Christian Bittrich und Norbert Miller. Bd. 5. Frankfurt a.M. S. 135-141, hier S. 135 (zuerst erschienen in: Gedichte zur Zeit. 1948).

Hörspielen, Gedichten, Dramen, Erzählungen und Romanen, später auch in Fernsehspielen.[2]

> Ein Mann kommt nach Deutschland.
> Er war lange weg, der Mann. [...] Und er kommt ganz anders wieder, als er wegging. Äußerlich ist er ein naher Verwandter jener Gebilde, die auf den Feldern stehen, um die Vögel [...] zu erschrecken. Innerlich – auch. [...] Einer von denen, die nach Hause kommen und die dann doch nicht nach Hause kommen, weil für sie kein Zuhause mehr da ist. Und ihr Zuhause ist dann draußen vor der Tür. Ihr Deutschland ist draußen, nachts im Regen, auf der Straße.[3]

Diese einleitenden Sätze zu Wolfgang Borcherts Erfolgsstück *Draußen vor der Tür* (1947), das wir noch heute mit dem Thema Heimkehrer verbinden, fassen wichtige Elemente der Problematik in zeitgenössischer Perspektive zusammen. Der Soldat kommt zurück als Geschlagener aus einem Krieg, der sich als sinn- und erfolglos erwiesen hat. Er hat mit der Armee seine Identität verloren, zudem erschweren seine Erfahrungen von Kriegsgrauen und Gefangenschaft eine einfache Rückkehr in die Vorkriegsidentität. Über Jahre wurde er als Person durch Militär und Kriegseinsatz formiert, jetzt ist er aus der Form geraten, nur noch eine Vogelscheuche. Das deprimierende Aussehen signalisiert auch einen inneren Zustand von Verstörung und Passivität. Dieser Mann will "nach Hause". Mit Carl Améry sei Heimat als der Ort definiert, wo wir "die Dialektik von Kennen-Erkennen, von Trauen-Vertrauen" beherrschen und uns sicher und zugehörig fühlen. Meist ist sie das "Kindheits- und Jugendland"[4]. Améry wurde die Heimat durch lebensbedrohenden Zwang entzogen. Ihm blieb nur die Emigration, und er mußte in einem äußerst schmerzhaften Prozeß versuchen, die internalisierte Heimaterfahrung in sich zu zerstören, um weiterleben zu können. Diese Notwendigkeit besteht für die zurückkehrenden Soldaten nicht. Dennoch ist die Rückkehr für sie mit existentiellen Krisen verbunden, die eine Heimkehr in Frage stellen. Der Heimkehrer wird wie bei Borchert oft nicht mehr erwartet. Sein Zuhause – Wohnung, Familie, Arbeitsstätte – existiert häufig nicht mehr, oder es ist Veränderungen unterworfen gewesen, die den Heimkehrenden "draußen vor der Tür" stehen lassen. Für den heimkehrenden Deutschen, der ohne oder mit Überzeugung an einem Aggressionskrieg teilgenommen hat, dem die Propaganda aber auch eingeimpft hat, er verteidige

[2] Zur Heimkehrerthematik in der Nachkriegsliteratur vgl. u.a. Leonhard Olschner: Das Heimkehr-Motiv in der deutschen Nachkriegslyrik. In: *Zeitschrift für deutsche Philologie*. H. 108 (1989). S. 221-244; Hans-Ulrich Wagner: "Ein Mann kommt nach Deutschland." "Draußen vor der Tür" im Kontext der Heimkehrer-Hörspiele der unmittelbaren Nachkriegszeit. In: Gordon Burgess, Hans-Gerd Winter (Hrsg.): *"Pack das Leben bei den Haaren." Wolfgang Borchert in neuer Sicht*. Hamburg 1996. S. 36-53.

[3] Wolfgang Borchert: *Das Gesamtwerk*. Hamburg 1986. S. 102.

[4] Jean Améry: Wieviel Heimat braucht der Mensch? In: *Jenseits von Schuld und Sühne. Bewältigungsversuche eines Überwältigten*. Stuttgart 1980. S. 82, 84.

damit zugleich die Heimat, wird jetzt bewußt, daß er gar keine Heimat mehr haben könnte. Der letzte Satz des Borchert-Zitates signalisiert, daß mit dem Heimkehrerthema ein Deutschlanddiskurs verbunden ist. Dem Soldaten war eingeredet worden, daß er an der Front "für Deutschland" kämpfe. Jetzt ist sein "Deutschland" auf der Straße. Das "deutsche Reich" ist zusammengebrochen und diskreditiert. Über sein Schicksal entscheiden zunächst einmal die Sieger. Vor allem aber will die deutsche Gesellschaft im Übergang nach dem vermeintlichen "Nullpunkt" der Kapitulation von den kritischen Erfahrungen und Fragen des Heimkehrers nichts wissen. Entsprechend wird die Heimkehrerthematik mit dem Schulddiskurs verbunden, der – unter anderem ausgelöst durch den Kollektivschuldvorwurf der Alliierten – in den ersten Jahren nach dem Krieg in Publizistik und Literatur geführt wird.

Deutlich wird in den Klagen, Schreien und Verrenkungen von Borcherts Beckmann eine gewisse Fixierung des Heimkehrenden auf sich selbst, auf das eigene Leiden, die vielleicht größeren Leiden anderer Menschen, gar anderer Völker kommen ihm kaum in den Blick. Die Stellvertreterfunktion der Beckmannfigur als derjenigen, die die Leiden aller jungen Heimkehrer ausdrücken soll, und die Form des Stationendramas verweisen auf die Passion Christi – eine Folie, die gern den Heimkehrertexten unterlegt wird. Das Ausmaß des Leidens, das der Heimkehrer auszuhalten hat, ist nämlich auch eine Auszeichnung, es kennzeichnet ihn als den einzigen "Menschen" in einer unmenschlichen Gesellschaft.

Die Heimkehr ist ein altes Thema und Motiv der Literatur, was den zeitgenössischen Autoren durchaus bewußt ist. Heinrich Böll schreibt rückblikkend am Schluß seines Aufsatzes *Bekenntnis zur Trümmerliteratur*:

> Homer ist der Stammvater deutscher Epik, aber Homer erzählt vom Trojanischen Krieg, von der Zerstörung Trojas und von der Heimkehr des Odysseus – Kriegs-, Trümmer- und Heimkehrerliteratur –, wir haben keinen Grund, uns dieser Bezeichnung zu schämen.[5]

Schon Odysseus sieht, als er endlich heimkehrt, alles in Gefahr, was er mit seinem Zuhause verbunden hat: sein Besitz ist verwahrlost, zum Teil verloren, seine Frau wird von Bewerbern bedrängt, der Sohn ist als Erbe verdrängt und ohne Macht. Der andere große Heimkehrertext der europäischen Tradition, die Rückkehr des gescheiterten verlorenen Sohnes zum Vater, der ihm verzeiht und ihn wieder aufnimmt, läßt sich weit weniger und nur mit Schwierigkeiten auf die Erfahrungen in der Gegenwart applizieren.

Nicht nur nach dem Zweiten, schon nach dem Ersten Weltkrieg hatte es einen Boom an Heimkehrertexten gegeben. Freilich war die Situation damals eine andere, da Deutschland nicht vollständig besetzt war und es außerdem Perspektiven revolutionärer Veränderungen zu geben schien. 1945 ist die erneute Niederlage weit tiefer, die in den Texten sich ausdrückende Stimmung ist entsprechend weit resignativer, die Zukunft ist ungewiß. Was

[5] Heinrich Böll: *Erzählungen, Hörspiele, Aufsätze*. Köln, Berlin 1961. S. 343.

zum Beispiel bei Brecht in *Trommeln in der Nacht* zynisch denunziert wird, der Wille des Heimkehrers zur Integration, erweist sich in den Texten nach 1945 als Problem und als existentielle Notwendigkeit.

Im folgenden soll kurz an einigen Beispielen gezeigt werden, wie und mit welcher Perspektive das Thema Heimkehr in Texten unmittelbar nach 1945 entfaltet wird und welche funktionale Leistung es erbringt für die Vergegenwärtigung der zeitgenössischen Mentalität. Mit Borchert und Wolfdietrich Schnurre wird auf zwei Vertreter der "jungen Generation" eingegangen, mit Walter Kolbenhoff und Ilse Langner auf zwei schon in der Weimarer Zeit hervorgetretene Autoren, mit Robert Brendel auf einen heute weitgehend vergessenen Schriftsteller, der aufgrund der persönlichen Erfahrung des Verfolgt-Werdens die Heimkehrthematik in einer von den anderen abweichenden Perspektive gestaltet.

Die Titelerzählung *Heimkehr* (1947[6], geschrieben möglicherweise schon 1944) dieses Hamburger Autors in dem gleichnamigen Novellenband behandelt eine erzwungene Rückkehr in die Heimat und zur Familie, die am Ende zu einer Heimkehr wird, freilich um den Preis der Opferung des eigenen Lebens. Sie spielt noch im Krieg – dies ist ein wesentlicher Unterschied zu den weiter unten zu behandelnden Texten, und zwar 1944. In jugendlichem Aufbegehren gegen das bürgerlich-humanistisch gesinnte Elternhaus hatte sich der Protagonist Hans Werner von Zwyl der NS-Bewegung angeschlossen und war im Glauben an den eigenen "Stern" und an den Führer in den Krieg gezogen. Als sich in Rußland nach dem Fall von Kiew die Möglichkeit einer Niederlage abzeichnet, tritt er aus patriotischem Trotz in die Waffen-SS ein. Um den daraus resultierenden Konflikt mit den Eltern – zu diesem Zeitpunkt lebt nur noch die Mutter – zu lösen, wird er in einen kurzen Fronturlaub nach Hamburg geschickt. Freilich vermeidet der Sohn die Auseinandersetzung mit der Mutter. Er läßt sich in seiner Heimatstadt, die er weitgehend zerstört vorfindet – *Heimkehr* ist auch ein Luftkriegstext –, in eine kurze Begegnung mit einer jungen Frau, Ursula Barckhausen, ein. Brendel läßt diese ihn erst spielerisch, dann mit zunehmenden Ernst auf eine "Probe" stellen, indem sie ihn nach den Gründen für seinen Eintritt in die SS fragt. Obwohl er in sich den "Rausch" und "Herrschaftstraum" zu erneuern versucht, der ihn in diese Organisation getragen hatte, spürt er, daß er diese erste "Prüfung" verliert. Denn die "stolze Stimme der Berufung"[7] kann in ihm die Schreckensbilder nicht verdrängen, die durch die Tötung und Verschleppung der Zivilbevölkerung, durch den Holocaust an den Juden hervorgerufen worden waren, Untaten vor allem seiner Organisation, an die er am Hauptbahnhof schon durch die mahnende Erzählung eines Unteroffiziers erinnert worden war. "Übermächtig flammten über jeden" Grund für die Mitwirkung in der SS "die im Feuer zusammenprasselnden russischen und

[6] Robert Brendel: *Heimkehr*. Hamburg 1947. S. 9-54.
[7] Ebd. S. 42.

polnischen Dörfer, gellten unüberhörbar die Schreie polnischer und jüdischer Frauen und Kinder." Vor der "Gottesinbrunst" eines alten jüdischen Uhrmachers, an der dieser bis zu seiner Erschießung festhält, wird jede Rechtfertigung des eigenen Handelns entwertet.[8] Es meldet sich aufgrund der Vergegenwärtigung dieser Morde die Stimme des eigenen Gewissens, die in seiner Erziehung zwar gefördert worden war, welche er aber in der Abwendung vom Elternhaus meinte, abtöten zu müssen. Ursula Barckhausen wird im weiteren Verlauf der Begegnung für von Zwyl immer mehr von einem begehrten Engel zu einem Richt- und Racheengel, wie er im Luftschutzkeller ihrer Eltern erkennt, der zum zweiten "Prüfungsraum" wird. Von Zwyl kann auch diese zweite Prüfung nicht bestehen, da er Ursula vorrangig benutzen will, um der Begegnung mit der Mutter und ihren kritischen Fragen, letztlich seinem internalisierten Moralempfinden auszuweichen. Dadurch wird er mitschuldig am Tod der Mutter, die bei der Bombardierung des nahen Elternhauses umkommt. Am Schluß stürzt sich von Zwyl in die Flammen des zerstörten Elternhauses und vollzieht damit den Richtspruch über sich selbst, "wie es das Blut seiner Opfer heischte"[9]. Dieser Freitod beinhaltet nicht nur die Sühne für die Opfer der eigenen Untaten, sondern zugleich eine imaginäre Vereinigung mit der Mutter ("damit er am gräßlich verunstalteten Sarg seiner Mutter weine und sühne"[10]) und damit eine Art "allzu später Erlösung" auch von der ihr gegenüber bestehenden Schuld. Deutlich spielt Brendel auf das biblische Gleichnis vom verlorenen Sohn an. Ihm wird freilich kein Neuanfang in der Familie vergönnt, sondern er kehrt nur imaginär im Freitod in sie zurück.

Die Novelle ist zugleich ein Deutschlandtext, der freilich weniger politisch als moralisch argumentiert. Es geht um die Schuld, die das deutsche Volk durch seinen Allmachtstraum auf sich geladen hat, und um die Bereitschaft zur Sühne und zum Akzeptieren eines gerechten Richtspruches über die Untaten. Dieser legitimiert sich durch das "phrasenlose" Gebot "einfachster Menschlichkeit"[11], gegen das in ungeheurem Ausmaß verstoßen worden sei. Menschlichkeit ist eine private Kategorie, die an die Person gebunden ist. Sie rekurriert auf allgemeine Menschenliebe und Zuneigung, auf das, was allen Menschen gemeinsam ist vor ihrer sozialen und ideologischen Prägung. Dem entspricht, daß die Schuldfrage auch auf eine metaphysische Ebene gehoben wird, indem von Zwyls und des deutschen Volkes Selbstüberhebung als Verstoß gegen das göttliche Gebot zu Nächstenliebe, Barmherzigkeit und Toleranz gewertet werden. Daß das "Blut" der "Opfer" den Sühnetod des Mittäters fordert, könnte dem Freitod von Zwyls auch Momente eines falsch Heroischen verleihen, und zwar aufgrund der Analogie zur Bereitschaft zum unbedingten Einsatz des Lebens, wie er in der SS ge-

[8] Ebd. S. 42
[9] Ebd. S. 52.
[10] Ebd.
[11] Ebd. S. 42.

fordert wurde. Doch beinhaltet diese aufgrund der Grundeinstellung des Protagonisten einzig mögliche Korrektur seines falschen Lebens für den Leser einen Appell zur Selbstprüfung, zur schonungslosen Reflexion eigener möglicher Schuldverstrickung, zur Aufarbeitung von Vergangenheit, wie er sich in den anderen Heimkehrtexten meist nicht in dieser Radikalität findet.

Bezieht man den Autor der Erzählung ein, ist dieser Appell an Menschlichkeit Ausdruck der Erfahrungen eines im Dritten Reich Ausgesonderten, dessen elementares Recht auf Leben extrem bedroht ist. Robert Brendel (1889-1947), der vor 1933 Demokrat und Pazifist gewesen war, wird wegen dieser Grundeinstellung verfolgt, aber auch, weil er sich von seiner jüdischen Frau nicht trennen will und an der privaten menschlichen Beziehung gegen den staatlichen Terror festhält. Xenia Brendel entgeht dem letzten Hamburger Transport nach Theresienstadt 1945 nur, weil er nicht mehr durchgeführt werden kann. Aus diesen Erfahrungen ist zu erklären, daß Brendel in seiner Novelle an einem "guten Deutschtum" festhält, das verraten worden sei, gleichzeitig aber spiegelt sich die enorme Anstrengung, an dieser Einstellung festzuhalten, im forcierten Moraldiskurs der Erzählung. Brendel, bedenkt man seine persönlichen Erfahrungen, schreibt einen Wunschtext, wenn er die Deutschen in der Heimat die Menschlichkeit einfordern läßt. Zugleich ist es der unfreiwillige Heimkehrer, der sich dem Gebot entzogen hat. Darin liegt ein Unterschied zu den späteren Heimkehrtexten, in denen der Heimkehrer von den Menschen in seiner Heimat Menschlichkeit fordert. Sicher nicht zufällig wird die Publikation von *Heimkehr* kein Erfolg.

Zu Borcherts Erfolgsstück *Draußen vor der Tür* (1947) nur wenige Bemerkungen. Der Rußlandheimkehrer Beckmann verkörpert im Gegensatz zu von Zwyl Menschlichkeit. Er ist der einzige "Mensch" unter Unmenschen[12] und fungiert damit in der Konstellation des Stücks als ein Fremder, der sich in eine Gesellschaft einschleicht, deren Konsens, den unbedingten Überlebenswillen jedes einzelnen, er stört. Hätte er einen pragmatischen Willen zum Wiederaufbau, wäre er willkommen, doch läßt ihn Borchert nach "Wahrheit" suchen und damit Ausgrenzungen und Verdrängungen aufdekken, die die fragile Gesellschaft nach den Zusammenbruch des 'Dritten Reiches' prägen. Kennzeichnend für das Stück ist, daß Borchert im Gegensatz zu Brendels *Heimkehr* eine direkte Auseinandersetzung mit der Kriegslegitimation und der nationalsozialistischen Ideologie vermeidet. In radikaler Enthistorisierung wird die Auseinandersetzung Beckmanns mit den anderen und schließlich mit sich selbst auf die Frage zugespitzt, daß jeder Krieg Töten und damit Mord bedeutet. Er gelangt am Ende zu der Einsicht in die grundsätzliche Gewaltbereitschaft des Menschen: "Wer schützt uns davor,

[12] Vgl. Beckmanns heftige Reaktion auf die gönnerhafte Aufforderung des Obersts, er solle "erstmal wieder ein Mensch" werden: "[...] Ich soll ein Mensch werden? Ja, was seid ihr denn? Menschen? Menschen? Wie? Was? Ja? Seid ihr Menschen? Ja?" (vgl. Borchert: *Das Gesamtwerk*. S. 128.)

daß wir nicht Mörder werden? Wir werden jeden Tag ermordet, und jeden Tag begehn wir einen Mord!" Sein kindlicher Versuch, seine "Schuld" abzugeben, muß daher scheitern, weil er sich der Schuldverstrickung gar nicht entziehen kann. Indirekt liegt in dieser Verschiebung der Auseinandersetzung mit dem Krieg ins Existentielle freilich doch eine politische Aussage, nämlich die Aufforderung zu einem konsequenten Antimilitarismus und Pazifismus. Damit ist die Kritik an der älteren Generation notwendig verbunden. An der Mentalität, die die Kriegsbereitschaft hervorbringt, hat sich nichts verändert. Entsprechend ist die Provokation des offenen Schlusses[13] konsequent. Borchert läßt offen, ob Beckmann am Ende in die Elbe geht oder erneut versucht, seine Einsichten in die Gesellschaft hineinzutragen. Zu einer Heimkehr Beckmanns kommt es damit nicht oder noch nicht. Dieser Schluß ist für die späteren Heimkehrtexte nicht mehr möglich, weshalb Alfred Andersch von einem "Ende" der Heimkehrerdichtung spricht, bevor der Boom dieses Genres begonnen hat.

Daß dies keineswegs der Fall ist, zeigt schon das Beispiel Wolfdietrich Schnurres. Nicht nur ist Borchert für Schnurre, wie er selbst mehrfach betont hat, eine Identifikationsfigur und ein Vorbild, er nimmt auch die Heimkehrerthematik in mehreren Geschichten auf. Besonders prägnant steht sie in *Die Unschuldigen* im Mittelpunkt, welchen Text Schnurre in seinem Sammelband *Die Rohrdommel ruft jeden Tag* 1950 publiziert.[14] Borcherts Beckmann könnte erst beziehungsfähig werden, wenn er sich zu seiner Schuld bekennt und darüber reflektiert, was dies für Folgen für sein Leben hat. Im Gegensatz dazu stürzt sich Schnurres Heimkehrer in eine Beziehung, sobald sich die Gelegenheit dazu bietet. Nicht zufällig reflektiert dieser Heimkehrer seine Rolle im Krieg kaum. Einer seiner Träume verdeutlicht, daß er weiß: Krieg ist Töten um des eigenen Überlebens willen. Eine Rechtfertigung dafür gebe es nicht. Zugleich freilich weiß er, daß er auch aus "Pflicht" getötet hat, aufgrund seines Eingebundenseins in die militärische Disziplin. Nach dem Krieg fällt dieses Formiert-Werden weg. Der Heimkehrer macht wie Beckmann die Erfahrung, daß seine Heimat, die einen Halt bieten könnte, zerstört ist. Rettung aus dem inneren und äußeren Chaos verheißt die Liebesbeziehung zu der Frau, die sich als seine Halbschwester herausstellt. Er vermittelt ihr, die durch einen Besatzungssoldaten vergewaltigt wurde, eine Abtreibung und lebt dann mit ihr zusammen. Im Gegensatz zu Beckmann meint Georg Sanden, sich durch die Liebe "stark genug" zu fühlen, "auch außerhalb des Gesetzes leben zu können."[15] Schnurre benutzt das Inzest-Motiv, um die Wertekrise nach dem "Nullpunkt" 1945 darzustellen. Schnurre zeigt, daß die Chaoserfahrung das alte Bedürfnis nach Ord-

[13] Beckmann schreit ins Leere: "Gibt denn keiner, keiner Antwort???" (Borchert: *Das Gesamtwerk*. S. 165)

[14] Wolfdietrich Schnurre: *Die Rohrdommel ruft jeden Tag*. Witten, Berlin 1950. S. 36-88.

[15] Ebd. S. 67.

nung nur überdeckt, ja sogar dieses Bedürfnis neu erzeugt. Schnurre zeigt dies auch an der Wiederherstellung patriarchaler Familienstrukturen und an dem Zurückdrängen der relativen Eigenständigkeit der Frau durch die heimkehrenden Männer, die ihre alte Autorität wieder beanspruchen. So kümmert den Protagonisten Georg Sanden die Haltung der Geliebten zu dem Konflikt zwischen Liebeswunsch und Inzestverbot überhaupt nicht, sondern er entscheidet sich, sie, ohne sie zu fragen, brutal abzuschieben. Daraufhin wirft sie sich vor den Zug. In dem nachträglichen Gerichtsverfahren über Georg, das die Erzählung darstellt, ist entsprechend der Moralprediger der Ankläger und der Vertreter des Lebenswillens der Verteidiger. Schnurre läßt am Ende den Protagonisten durch die Stimme der Frau freisprechen. Sein Weiterleben, zu dem sie ihn auffordert, faßt sie als Bekenntnis zu ihr auf. Entsprechend verwirft Georg Sanden am Ende den Selbstmordgedanken: "[I]ch muß ja leben bleiben um ihretwillen, denn sie selbst lebt ja in mir jetzt, allein nur in mir und nirgendwo sonst [...]."[16] Die Grundeinsicht, daß er mit seiner Mitschuld leben muß, wird auch vor dem Hintergrund der Mitschuld am kriegerischen Morden gesehen:

> Was ist mit meinem Tod denn getan? Nichts ist mit ihm getan, nichts, nicht einer der tausend und aber tausend Toten, die die Erde bedecken, steht deshalb wieder auf [...].[17]

Borcherts offenem Ende von *Draußen vor der Tür* steht hier ein eindeutiger Schluß gegenüber. Aus dem geopferten Leben der Frau gewinnt der Heimkehrer die Kraft zum Weiterleben, denn durch ihren Freitod hat sie ihn von dem Konflikt, der ihn lähmt, erlöst. Dies ist ein fragwürdiger Schluß. Hier wird der Liebe – die Frau ist ja in der Beziehung diejenige, die voraussetzungsloser und radikaler liebt als er – zuviel zugetraut. Schnurres Erzählung hat an der mächtigen Strömung in der Nachkriegskultur teil, die die Liebe zwischen Mann und Frau als erlösende Macht gegen Schuldgefühle, Chaos und Orientierungslosigkeit einsetzt. Weit banaler, aber wirklichkeitsnäher findet sich dieser Ausweg in Wolfgang Liebeneiners Film *Liebe 47* (1948 produziert, 1949 uraufgeführt) nach *Draußen vor der Tür*, wo Mann und Frau überleben und das Mädchen, welches hier Anna heißt, zu Beckmann sagt:

> Wir sind beide unten. Aber Sie haben jetzt jemand, und ich hab jetzt jemand. Was brauchen wir die Welt zu verbessern. Fangen wir lieber bei uns selber an. Ich helfe Ihnen, und Sie helfen mir.[18]

Das Selbstopfer der Frau erlöst, so suggeriert es der Text zumindest unterschwellig, den Mörder auch von den vielfachen Morden, die im Traum vom

[16] Ebd. S. 87.
[17] Ebd.
[18] Zitiert nach dem im Wolfgang-Borchert-Archiv in der Staats- und Universitätsbibliothek Carl von Ossietzky, Hamburg, vorhandenen Typoskript des Drehbuchs.

Zerschlagen der Köpfe thematisiert werden. Die Tote und die Kriegstoten werden ineins gesetzt. Die Inzestgeschichte taugt nicht dazu, die tiefe Krise darzustellen, in die das Dritte Reich und der Zweite Weltkrieg auch die junge Generation gestürzt haben, die sein Heraufkommen nicht zu verantworten hat. Das Horchen auf den "Ruf unseres Blutes", die "Stimme des Blutes" zeigt zudem eine ungewollte Nähe zu der ideologischen Position an, die gerade verabschiedet werden soll. So hat Schnurre wohl nicht zufällig diese Geschichte in keine seiner späteren Sammlungen aufgenommen.

Der Roman *Heimkehr in die Fremde* (1949)[19] von Walter Kolbenhoff (geb. 1908) beschreibt in reich facettierter Episodentechnik sensibel und präzis Stimmungslage und Geisteshaltung der überlebenden Deutschen nach dem Krieg, er erzählt von Hunger und Elend, der Zerstörung der Städte (vor allem Münchens) sowie dem alltäglichen "Kampf ums Überleben". Nachträglich hebt Kolbenhoff neben allgemeiner "Ratlosigkeit" ein "Gefühl der Sinnlosigkeit" hervor, "der schmerzenden Gewißheit, daß alles Tun der Vergangenheit auf Betrug und böser Ausnutzung bestanden hatte, daß man sie [die Menschen] betrogen hatte, daß sie jetzt die Rechnung begleichen sollten, die von anderen aufgestellt worden war"[20]. Die drei Heimkehrergestalten, den Ich-Erzähler, Rinka und Hannes läßt Kolbenhoff unterschiedlich auf diese Lage reagieren.

Der zynische Intellektuelle Rinka ist eine Figur, der man das Konstruierte sehr anmerkt. Er soll das Umschlagen von Verzweiflung und Orientierungslosigkeit über die Fortdauer latent faschistischer Grundeinstellungen in der Gesellschaft in eine individuell-anarchistische Haltung verkörpern, die sich im Mord an dem Bourgeois Kostler ausdrückt, der mit den Nazis paktiert hat. Gegen Rinka stehen die Grundeinstellungen der beiden anderen Hauptfiguren.

Den Rußlandheimkehrer Hannes läßt Kolbenhoff erst auf den letzten Seiten auftauchen in einer Szene, die als Antwortszene auf Beckmanns Begegnung mit dem Mädchen interpretiert werden kann. Im Gegensatz zu Beckmanns Frau ist seine Steffi treu geblieben. Sie wartet auf ihn, er sehnt sich nach ihr – die Wunschphantasie vieler Heimkehrer. Ob es wirklich zu einem gelingenden privaten Neuanfang in der wieder aufgenommenen Ehe kommt, läßt Kolbenhoff offen. Der Ich-Erzähler erkennt in Hannes "alle die Tausende von Männern und Knaben, die mit mir marschiert waren." Bisher hat er auf Befehl reagiert, jetzt muß er sich selbst Ziele setzen. Ob er dem Zwang zur Eigenverantwortung gewachsen ist, schildert der Roman nicht mehr. Der Erzähler desillusioniert Hannes' Wiederaufbaupathos, weil er weiß: ihm, der körperlich und seelisch angeschlagen zurückgekehrt ist, stehen noch weitere

[19] Walter Kolbenhoff [d.i. Walter Hoffmann]: *Heimkehr in die Fremde*. Frankfurt a.M. 1988.
[20] Ebd. S. 225.

schwere Erschütterungen bevor. "'Du bist erst ein paar Stunden zu Hause,' sagte ich. 'Man merkt es deutlich.'"[21]

Über diese Offenheit sind nicht nur Rinka, sondern auch der Ich-Erzähler des Romans hinausgelangt, der durch Schreiben zu überleben versucht. Er ist als Lernender geschildert, der die "würgende Gewalt" seiner Verzweiflung und seiner Einsamkeit durch genaues Beobachten und Reflektieren der Zeitumstände zu bewältigen versucht. Im Leben ist er eher passiv, sein Handeln ist das Schreiben, wobei er wie Borchert davon ausgeht, es werde später keiner sein Werk lesen. Der Ich-Erzähler sieht sich wie Borchert als Sprecher einer Generation – allerdings der mittleren Generation. Diese kann sich sowohl gegenüber den Alten abgrenzen, die unmittelbar und unreflektiert an die Zeit vor 1933 anknüpfen wollen wie Evas kommunistischer Vater oder die wie Kostler mit den Nationalsozialisten paktierten als auch gegenüber den Jüngeren, denen es an geschichtlicher Erfahrung mangelt.

> Meine Generation hat die besten Voraussetzungen, sich am ehesten zu befreien und klar zu sehen. Wir kennen das Leben noch vor der Katastrophe, und dann wurden wir Soldaten, und jetzt sind wir noch nicht alt genug, um dort wieder anzufangen, wo man aufgehört hatte. [...] Ich habe kein Zutrauen mehr zu den Alten, ihre Welt ist untergegangen.

Der auch bei Borchert formulierte Appell an den Willen zu Ehrlichkeit und Wahrheit wird mit einer deutlich weitergehenden Orientierung auf einen inneren und äußeren Wiederaufbau verbunden.

> Der Dreck klebt noch an uns, kein Zweifel, aber wir müssen ihn abschütteln, wir müssen hart sein – wir wollen ganz nackt und ganz ehrlich sein, damit wir wirklich wieder anfangen können, ganz von vorn. Das Unheil liegt hinter uns, jetzt nur noch hindurch durch den Schutt.[22]

Wie dieser Wiederaufbau geschehen soll, bleibt jenseits einer sehr vagen 'sozialistischen' Orientierung hinaus offen. Der Ich-Erzähler sieht seine Aufgabe darin, die Bewußtseinshaltungen seiner Zeit zunächst einmal nur genau zu beobachten und aufzuschreiben. Die heimkehrenden Soldaten und Kriegsgefangenen "hatten nichts gelernt als den Haß. Sie haßten alles, am meisten jedoch sich selbst, weil sie wußten, daß sie die Genarrten waren."[23] Keinem der Heimkehrenden läßt Kolbenhoff schon eine wirkliche Integration in die Übergangsgesellschaft der Nachkriegszeit gelingen. Die Heimat ist der mittleren Generation zur Fremde geworden, an dieser Entwicklung haben auch die Heimkehrer ihren Anteil. Insofern kann auch nicht wie bei Borchert der Heimkehrer zum Sehenden, zum eigentlichen 'Menschen' gemacht werden.

[21] Ebd. S. 220.
[22] Ebd. S. 91.
[23] Ebd. S. 166f.

Ilse Langners Drama *Heimkehr. Ein Berliner Trümmerstück*[24] (fertiggestellt 1949) ist Teil einer Trilogie, die noch die unveröffentlichten Stücke *Angst* und *Der Karneval. Ein Maskenspiel zwischen Trümmern* umfaßt. Der Titel der Trilogie *Von der Unverwüstlichkeit des Menschen* signalisiert die Zielrichtung auch von *Heimkehr*:

> Berlin erleidet Schicksal erhaben, aus Schrecknissen erhoben. Doch das Sterbliche wandelt, als wär's unsterblich, durch Not, Hunger, Versuchung. Frau findet Mann wieder. Im Zusammensturz sprießt ihre Ehe neu.

Der Untertitel *Trümmerstück* signalisiert, daß es in der Trümmerstadt Berlin spielt, zugleich aber um Enttrümmerung geht. Das Aufräumen der Trümmer zerstörter Häuser wird ebenso gezeigt wie das Enttrümmern der Menschen, ihre Befreiung von existentiellem Leid und von der Schuld, die sie in Krieg und NS-Diktatur auf sich geladen haben. Die *Odyssee* kann Ilse Langner als Vorbild für die Struktur des Stückes vorgeschwebt haben, wenn sie zwei Protagonisten durch Berlin irren und Schrecknisse erfahren läßt, einen Mann (Kriegsheimkehrer) und eine Frau (heimkehrend aus Hessen, wohin sie evakuiert war), die ein Paar bilden, das sich am Schluß wiederfindet und in die Ehe "heimkehrt". Die Stationentechnik und die Charakterisierung der Hauptfiguren als exemplarisch Leidende verweisen auf das Muster der Passionsgeschichte.

Der Götterebene in der *Odyssee* entspricht die von Langner etablierte metaphysische Ebene, wo um die Heimkehrenden gekämpft wird. Ein Engel will die Kriegstoten bewegen, aus der Stadt abzuziehen. Sie weigern sich, weil sie die Überlebenden an ihre Schuld und Verantwortung für das Geschehene erinnern wollen und dem Engel wie bei Borchert dem ohnmächtigen Gott vorwerfen, daß er das Morden zugelassen habe. Schließlich einigen sie sich, das getrennte Paar Helmut und Helene "durch den Schlund des Elends"[25] zu treiben und sie dabei zu prüfen, ob sie einander treu bleiben und zugleich bereit sind, "am neuen, harten Leben"[26] mitzuschaffen. Der menschliche Wert der Treue und die Bereitschaft zum Wiederaufbau sind also die Bedingungen, daß die Toten abziehen.

Ilse Langner präsentiert in ihrem Stück ein breites Panorama unterschiedlicher menschlicher Schicksale und Schuldverstrickungen, mit denen die beiden Hauptfiguren konfrontiert werden, die sich einen Weg durch die Trümmer zu bahnen haben. Helene, die als einzige Figur von jeder Schuld freigesprochen wird, ist zuerst "frisch wie ein Weidenkätzchen"[27] Die durch einen Traum signalisierte Gewißheit, ihren Mann wiederzufinden, läßt sie alle Proben bestehen, wobei sie in Hunger und Not bis zum Äußersten ge-

[24] Ilse Langner: Heimkehr. Ein Berliner Trümmerstück. In: Dies.: *Dramen*. Bd. 1. Hrsg. von Eberhard Günter Schulz. Würzburg 1983. S. 9-104.
[25] Ebd. S. 38.
[26] Ebd. S. 39.
[27] Ebd. S. 17.

trieben wird. Sie muß den letzten Wert, den sie besitzt, den Anzug ihres Mannes, für ihr Überleben verkaufen. Diese Szene läßt sich der zweiten Szene von *Draußen vor der Tür* vergleichen, wo Beckmann den Anzug des Einbeinigen anziehen soll. Beckmann kann sich nicht helfen lassen, da er mit der Schuld am Tod der Soldaten nicht abgeschlossen hat. Helene hingegen gibt den Anzug ihres Mann nicht weg, um einen anderen Mann zu gewinnen, sondern um für Helmut am Leben zu bleiben. Dem entlassenen Soldaten, der um sie wirbt, gibt sie den Anzug nicht, sondern Molly, die mit einem Heimkehrer ein neues Leben beginnen will.

Der Rußlandheimkehrer Helmut ist sich der Schuld am und im Krieg bewußt, der "Schrecken und Gemeinheiten, die wir begangen"[28]. Der Glaube an Helene, die daran unschuldig sei, hält ihn mühsam aufrecht. Seine "Enttrümmerung" findet in der Szene mit dem Juden Israel (!) statt, der, den KZ's entkommen, jetzt einen nichtjüdischen Jungen versorgt, dessen Eltern im Krieg umgekommen sind. Der Jude versorgt auch Helmut und rät ihm, nachdem Helmut seine "Feigheit" eingestanden hat, mit der Vergangenheit abzuschließen.

> Kann ich dafür? Können Sie dafür? Nein! aber für das, was nun kommt, sind wir alle mitverantwortlich, denn nun wissen wir aus eigener Erfahrung, wozu der Mensch fähig ist.[29]

Helmut solle "ein sauberes Leben" führen. Daraufhin spürt der schwache und deprimierte Helmut die Motivation und die Kraft, am Wiederaufbau mitzuwirken. Er und Helene helfen bei der Enttrümmerung Berlins mit und treffen sich beim Zusammensturz der Ruine des Hauses, in dem sie früher wohnten. Sie werden beide arbeiten, zumindest bis Helene das vom Engel signalisierte Kind bekommt. Und der Engel kann mit den Toten aus der Stadt abziehen.

Wie im oben erwähnten Borchert-Film *Liebe 47* wird die Liebe als Gegenkraft zum seelischen Chaos und zum Schuldbewußtsein eingesetzt. Langners Stück ist zudem noch deutlicher als Schnurres Erzählung ein Wiederaufbautext, welcher auf die "Unverwüstlichkeit des Menschen setzt", der einen Neuanfang machen kann. Für diese Haltung gibt es 1949 – nach der Währungsreform und einer ersten Konsolidierung durch die Gründung der beiden deutschen Staaten und wirtschaftlichen Aufschwung einen großen Bedarf. Die große Wiederaufbauleistung konnte in dieser Zeit nur durch die Neutralisierung der Bedrängnisse aus der Vergangenheit zustandekommen. Insofern ist Langners Stück geeignet, die Lektüre von Heimkehrtexten der Nachkriegszeit abzuschließen. Um der gelingenden Heimkehr in die Ehe und um der Utopie des Wiederaufbaus willen riskiert Langner nicht nur die allzu schnelle Versöhnung in der Israelszene, sie läßt auch noch zwischen Engel und Kriegstoten einen Juden vermitteln, der von Deutschen versteckt

[28] Ebd. S. 55.
[29] Ebd. S. 90.

worden war und bei einem Angriff umkam. Dieser Jude, der gewiß keine Repräsentanz für das Schicksal der deutschen Juden beanspruchen kann, erklärt die Deutschen zu "Riesen im Leid" und fordert ihre Entlastung von der Präsenz der Toten, wenn die Hoffnungsträger Helmut und Helene ihre Prüfungen bestehen. Gegen eine derartige Wunschphantasie ist – von heute aus gesehen – der eher beiläufige Umgang mit dem Schicksal der Juden bei Borchert in der Szene mit Frau Kramer weitaus besser erträglich. So sehr Langner positiv anzurechnen ist, daß sie die Heimkehr der Deutschen im Gegensatz zu den anderen Texten ausdrücklich nicht an den Gräbern des Holocaust vorbei zustandekommen lassen will, ihre Konstruktion verhindert geradezu die Einsicht in das Besondere, der Sühne kaum Zugängliche der historischen Fakten.

"Du kommst, und niemand will dich haben"[30], schreibt Erich Kästner in einem Gedicht über den Heimkehrer, das er 1947 für die Münchner *Schaubude* verfaßt. In der Rolle des Heimkehrers als eines Fremdgewordenen, der die Verdrängungen aufdeckt, aufgrund deren sich die fragile Ordnung der Nachkriegsgesellschaft konstituiert, liegt der provokante Reiz des Heimkehrerthemas. In allen Texten geht es zunächst um das individuelle und zugleich exemplarische Schicksal des Heimkehrers, dessen Integration durch einen Freitod erfolgt wie bei Brendel, bis zum Schluß offen bleibt wie bei Borchert und Kolbenhoff oder nach erheblichen Schwierigkeiten gelingen könnte wie bei Schnurre und Langner. Diese letzte Chance ist entscheidend zu verdanken der Selbstaufopferung der Frau wie bei Schnurre bzw. ihrer Einbindung in eine traditionelle Rollenteilung wie bei Langner. Das männliche Selbstopfer bei Brendel korrespondiert entsprechend nicht zufällig mit zwei starken Frauen. Bei Borchert und Kolbenhoff kommt der offene Schluß nicht zuletzt dadurch zustande, daß die Opferung des Mannes oder der Frau vermieden wird. Es zeigt sich also, in welch hohem Maß die Wiedereingliederung des Heimkehrers in die Gesellschaft vom anderen Geschlecht abhängig ist, die Heimkehrertexte zugleich am Geschlechterdiskurs teilhaben.

Alle Texte sind auch Deutschlandtexte. Bei Brendel fällt die im Grunde ungelöste Spaltung zwischen dem guten und dem bösen Deutschland auf. Borchert klagt die aufs Überleben fixierte Nachkriegsmentalität an, die kriegerisches Verhalten nicht verabschiedet hat und die Auseinandersetzung mit der Vergangenheit verweigert. Bei Schnurre, Kolbenhoff und Langner geht es bereits um den Wiederaufbau Deutschlands, der eine "Enttrümmerung" durch Entlastung von Schuld voraussetzt. Borchert und Schnurre enthistorisieren den Deutschlanddiskurs. Schnurre verlagert die Schuldproblematik ins Private, Borchert weitet sie ins überzeitlich Allgemeinmenschliche aus. In dem Wunsch nach Schuldentlastung, der in allen Texten zum Ausdruck kommt, drückt sich der Wille zum Überleben aus – bei aller gerade von

[30] Erich Kästner. *Gesammelte Schriften für Erwachsene*. Zürich 1969. Bd 7: Vermischte Beiträge 2. S. 101.

heute aus einsichtigen Problematik auch eine notwendige psychosoziale Voraussetzung für den Wiederaufbau. Bezeichnenderweise schwindet die Attraktivität des Heimkehrerthemas in der Literatur mit der Konsolidierung der deutschen Zweistaatlichkeit 1949 und schon vor der Rückkehr der letzten Kriegsgefangenen.

Jörg Bochow

Die Filme von Veit Harlan vor und nach 1945

*Veit Harlan is the director in German history whose works to this day provoke a polemic reaction. Academics describe him as the artist of the Third Reich who incurred the greatest guilt, particularly for his propaganda films "*Jud Süß*" and "*Kolberg*". But some historians and the mass audience admire his melodramatic style. Harlan's popular films do not seem to be propagandistic works. The success of the Harlan-Films in Germany before and after 1945 can be seen as a sign for the longing of the German audience for narratives which describe the connection between one's own decisions and actions in the sociological and psychological circumstances of contemporary life, and the dark forces of fate.*

"Das einzige, was ich zu diesem Film zu sagen habe: Nie wieder Krieg."[1] So äußerte sich Veit Harlan nach der umstrittenen Uraufführung seines Filmes über das Schicksal Dr. Richard Sorges Mitte der fünfziger Jahre. Das leere Pathos der Aussage zeugt von der Unfähigkeit nicht nur Veit Harlans, die eigene Filmproduktion historisch und politisch zu werten, was aber allein noch nicht genügen würde, den Fall Harlan, der als einziger der Künstlerprominenz des Dritten Reiches sich sowohl vor der Entnazifizierungskommission als auch vor Gericht zu rechtfertigen hatte, nochmals aufzunehmen. Auch seine Memoiren, als gekürzte Buchfassung unter dem Titel *Im Schatten meiner Filme* 1966 erschienen, liefern nur ein weiteres Beispiel der Verdrängungsliteratur, die inzwischen kaum mehr zur Diskussion reizt.

Der Anlaß, sich mit Harlan erneut auseinanderzusetzen, ergab sich aus der Rede Werner Masers, der am 23.10.1998 in Berlin bei der Präsentation seiner Heinrich-George-Biografie auch den Harlan-Film *Kolberg* vorstellte. Er wertete ihn als historisch-patriotischen, aber eben unpropagandistischen Streifen, der keinesfalls den Mustern etwa der alliierten Propaganda-Kriegsfilme gleiche. Nun ist die propagandistische Machart unter kräftigem Zutun Goebbels' *Kolberg* so werkimmanent eingeschrieben, daß man auch ohne Kenntnis der historischen Zusammenhänge der Produktion und angestrebten Distribution, die Durchhalte- und Volkssturm-Propaganda aus der klitternden Geschichtsdarstellung des Films mühelos herauslesen kann. Das ungläubige Erschrecken der meisten Hörer war das Resultat der den konkreten historischen Bezug ausklammernden Herangehensweise des Redners; des Versuchs, gerade diesen Film aus seinem Funktionszusammenhang herausgelöst betrachten zu wollen. Auf der anderen Seite kritisiert etwa

[1] "Verrat an Deutschland" verboten. In: *Westdeutsche Allgemeine* vom 14.1.1955.

Norbert Grob scharf die für ihn vordergründig ideologiekritischen Positionen von Siegfried Zielinski und Karsten Witte. So wirft er Zielinski vor, "er bevorzugt die eindeutige Verurteilung. Sein politologischer Blick läßt kein Interesse für ambivalente Fakten zu. Nur moralische Positionen."[2]

Anscheinend fällt es auch heute noch schwer, mit Veit-Harlan-Filmen und ihrer Wertung ohne Skandal oder zumindest Polemik umzugehen. Damit ist man aber bei einer Besonderheit des Mediums Film angelangt, die es von allen anderen künstlerischen Produktionen und Artefakten der NS-Zeit unterscheidet: Die 1000 Filme des Dritten Reiches stellen bis heute einen nicht unwesentlichen Warenwert dar, eine Ware, die vor allem durch das Fernsehen und per Video in Zirkulation gehalten wird. Karsten Witte hat berechnet, daß bis zu 10 Prozent der heute im Deutschen Fernsehen ausgestrahlten Spielfilme Produktionen der NS-Zeit sind.[3] Dazu gehören – mit Ausnahme von *Jud Süß* – auch viele Filme Harlans.

Für die Auseinandersetzung mit den Harlan-Filmen bleibt bis heute auffällig, daß sich die überwiegende Mehrzahl der wissenschaftlichen und publizistischen Analysen ausschließlich mit den eindeutigen Propaganda-Filmen *Jud Süß* und *Kolberg* beschäftigt. Ich würde dem als These entgegenhalten, daß erst der umfassende Kontext der 'unpolitischen' Melodramen und Komödien Harlans sowie der deutschen Filme der NS-Zeit insgesamt die Wirkungsweise und den Mechanismus der Propaganda erkennbar machen. Die von der alliierten Zensur eingeführte Trennung in politische und unpolitische Filme war lange gültig, ehe die Filmwissenschaft sie problematisierte, denn wie "Flugsand" (so Adolf Heinzlmeier)[4] sind die Ablagerungen der Propaganda auch in den Unterhaltungsfilmen zu finden. Allerdings lassen sich diese Ablagerungen nicht ohne den historischen Kontext werten. Erst die spezifische melodramatische Dramaturgie, ausgebildet in den 'unpolitischen' Filmen, macht erklärlich, daß zwischen 16 und 20 Millionen Deutsche *Jud Süß* gesehen haben, wobei eine große Zahl speziell zugeführter Zuschauer, z. B. SS-Truppen, in Rechnung gestellt werden muß.

Zutreffend, wenn auch sehr allgemein, hat Harlan nach dem Krieg die Verwendbarkeit seiner Ästhetik für mehr oder weniger sublimen Ideologietransport eingestanden, als er in *Der Welt* erklärte: "Wenn nicht alle Regisseure vor ähnliche Filmthemen gestellt worden sind, so liegt das lediglich daran, daß sie sich für heroische Themen nicht eignen."[5]

Die von Harlan vor 1945 ausgebildeten, filmästhetischen und dramaturgischen Techniken und ihre Bedeutungsproduktionen sind die Grundmuster, an die er mit seinen Filmen nach dem Krieg wieder anknüpft. Die heute fast vergessene Auseinandersetzung um die Nachkriegsfilme Harlans ist dabei

[2] Vgl. Norbert Grob in: Hans Michael Bock (Hrsg.): *Cinegraph. Lexikon zum deutschsprachigen Film.* München 1984. E2 Veit Harlan, Lg. 15.

[3] Vgl. Karsten Witte: *Lachende Erben, Toller Tag*. Berlin 1995. S. 245.

[4] Vgl. Adolf Heinzlmeier: *Nachkriegsfilm und Nazifilm*. Frankfurt a.M. 1988. S. 20.

[5] Veit Harlan: In eigener Sache. In: *Die Welt* vom 6.1.1948.

vor allem wegen der Argumentation der Filmproduktionsfirmen wie auch der Rezipienten interessant. Ohne den Überzeichnungen zu verfallen, die eine aufklärerische Warnung vor Harlan und seinen Filmen häufig mit sich bringt – so spricht die *Neue Zürcher Zeitung* noch 1975 davon, daß "selten ein anderer Regisseur der Filmgeschichte über eine derart geniale Einfühlung in die Grundbedürfnisse der Massenseele verfügt hat"[6] –, bleibt dennoch das Phänomen, daß Hersteller und Rezipienten in großer Zahl ihre Bedürfnisse mit Harlan-Filmen auch nach 1945 und trotz der Proteste auch von offizieller Seite befriedigt sahen oder dies zumindest von den Filmen erwarteten. Harlan stand hier exemplarisch für das, was nicht nur Curt Riess als "die große Zeit des deutschen Films"[7] bezeichnete.

Die Werbekampagnen für Harlans Nachkriegsfilme bauten ausdrücklich darauf, daß nun wieder gute, alte UFA-Qualität zu sehen sei, obwohl Harlan nicht nur bei der UFA gedreht hatte. Die neuen, kleinen Firmen wie Domnick/Divina/Arca-Filmproduktion und Gloria (Verleih) hängten sich bewußt an die Erwartungshaltung an, die sich im Anschluß an die großindustriell produzierten Kriegszeitfilme herausgebildet hatte. Im Kontext des Kalten Krieges schien dies vielen Deutschen auch politisch wieder opportun. So druckte der *Tagesspiegel* 1951 einen Leserbrief ab, geschrieben in der Auseinandersetzung um *Unsterbliche Geliebte* (Harlan, 1950), in dem es heißt:

> Wir sehnen uns danach, endlich wieder einen anständigen Film zu sehen. Wir sind dieser Flut von verlogener Rührseligkeit, nervenzerreibendem, grausigem Superrealismus und hohler, geistloser Glanzaufmachung überdrüssig. Wir haben sie satt, diese Welt der Gangster und Dirnen, der Man-Killer, der Unterwelt und der Bordelle. Wir wollen endlich wieder reine Luft atmen. Dabei wäre es uns vollkommen gleichgültig, ob der, der sie uns verschafft, Meier oder Harlan oder sonstwie hieße, wenn die Angelegenheit nicht noch eine weit über diesen Fall hinausgehende allgemeine Bedeutung hätte. Die breite deutsche Öffentlichkeit verlangt von den westlichen Besatzungsmächten, sie möchten im Hinblick auf die gemeinsame Gefahr und die nur gemeinsam zu lösenden Aufgaben endlich einen Schlußstrich unter die Vergangenheit ziehen.[8]

Der Briefschreiber konnte sich mit einer breiten Publikumsschicht in Übereinstimmung wissen: Gegen protestierende Studenten und das politisch korrekte Verhalten der Politiker, auf deren moralische Verurteilung später auch das Urteil des Bundesverfassungsgerichts im Fall des Hamburger Senatsdirektors Lüth vs. Harlan-Film-Verleiher basieren wird (der Beifall von 'links' und den Regierungsparteien im Parlament wird im Urteil ausdrücklich vermerkt). So warnte der *Neue Vorwärts* am 11. Januar 1955 ausdrücklich vor dem "gefährlichen Hintergrund" Harlans: Seiner Koalition mit dem Publikum. "Das Publikum bereitete dem Jud-Süß-Regisseur bei der Stuttgar-

[6] *Neue Zürcher Zeitung* vom 17.1.1975.

[7] Curt Riess: *Das gab's nur einmal. Die große Zeit des deutschen Films.* Wien, München 1977.

[8] *Tagesspiegel* vom 25.3.1951.

ter Premiere begeisterte Ovationen."[9] Gemeint ist der Film *Hanna Amon*, der in diesem Zusammenhang paradigmatisch diskutiert werden soll. Von der Münchener Aufführung des Films *Unsterbliche Geliebte* heißt es: "Es kam bisher zu keinen Aufführungsstörungen, wohl aber zu kleinen Schlägereien des an den Kinokassen sich um Eintrittskarten raufenden Publikums."[10]

Auffällig ist bis heute das Auseinanderklaffen der fachwissenschaftlichen Rezeption der NS-Kunst- und Kulturproduktion, die vor allem die Funktionalisierung der Kunst betont und manchmal auch die Goebbelssche 'Gleichschaltungs'-Propaganda für ganz und gar umgesetzt ansieht, und jener populären Rezeption, deren Wortführer, wie Curt Riess, oder Theaterkritiker, wie Karl Heinz Ruppel und Paul Fechter, von einer weitgehend politikfreien, ja zum Teil oppositionellen Insel der Kunst (Theater) bzw. der gehobenen Unterhaltung (Film) sprechen: "Großes Berliner Theater", "Große Zeit des deutschen Theaters"[11] – "die große Zeit des deutschen Films". Personell wird der deutsche Film im Tonfilmzeitalter sehr stark von den Schauspielern der Berliner Theater geprägt; aus diesem Umkreis stammen auch Harlan und das fast stehende Ensemble seiner Filme. Beide Rezeptionslinien (die fachwissenschaftliche und die populäre) eint zumindest die Hervorhebung des Falls Harlan, allerdings mit unterschiedlicher Intention: Riess etwa stellt Harlan als abartigen Sonderfall dar, während Autoren wie Witte im "barokken Faschisten"[12] Harlan nur die Spitze des Eisberges sehen.

Nicht unschuldig, ist Harlan nach 1945 zum Sündenbock gemacht worden. Als einziger der ganzen Branche wurde er verantwortlich gemacht für die Verstrickung des deutschen Films mit dem NS-Regime. Nach seinem Freispruch konnte die Mehrheit der Filmbranche erst recht weitermachen.

Bevor ich auf Harlans Filme eingehe, noch einige Bemerkungen zum juristischen Fall Harlan.

Als die beiden 'belastenden' Streifen *Jud Süß* und *Kolberg* im Verlauf des Entnazifizierungsverfahrens vor einem ausgewählten Publikum gezeigt wurden, legte der Vorsitzende Prof. Walter Fischer wegen Beeinflussung sein Amt nieder. In den beiden Harlan-Prozessen (am Hamburger Landgericht März/April 1949, Revisionsverfahren 1950) führte mit Walter Tyrolf ein ehemaliger NS-Staatsanwalt, der selbst Todesurteile im Dritten Reich beantragt hatte, den Vorsitz.[13] So exemplarisch sich die Schuldsuche am

[9] *Neuer Vorwärts* vom 11.1.1955.

[10] *Die Welt* (Berliner Ausgabe) vom 8.1.1952.

[11] Vgl. Karl Heinz Ruppel: *Großes Berliner Theater*. Hannover 1962 und Paul Fechter: *Große Zeit des deutschen Theaters*. Gütersloh 1950.

[12] Vgl. Karsten Witte: Der barocke Faschist. Veit Harlan und seine Filme. In: Karl Corino (Hrsg.): *Intellektuelle im Bann des Nationalsozialismus*. Hamburg 1980. S. 150-164.

[13] Vgl. Michael Marek: Meine Partei ist die Kunst. In: *Neue Zürcher Zeitung* vom 28.4.1994.

prominenten Harlan festmachte, ohne daß sich jemand für die vielen 'kleinen' Juristen etc. interessiert hätte, so exemplarisch wurde auch der Freispruch begründet. Zunächst wurde in Übernahme der von den Nationalsozialisten forcierten Personalisierung der Politik[14] Harlan zwar als Regisseur in seiner Alleinverantwortung bestätigt, dieser habe aber unter 'Befehlsnotstand' des wieder Alleinverantwortlichen Goebbels gestanden. "Das Schwurgericht ist darüber hinaus sogar der Auffassung, daß diese Lebensbedrohung bei der 'Persönlichkeit Goebbels' durchaus ernsthaft gegeben war [...]"[15]

Die Reduktion auf individuelle, charakterliche Ursachen legt nicht nur das historische, sondern auch das Kunstverständnis des Gerichtes offen. So heißt es im Urteil weiter:

> Dem Angeklagten konnte auch nicht zum strafrechtlichen Vorwurf gemacht werden, daß er den Film in einer seiner künstlerischen Fähigkeiten entsprechenden Form gestaltet hat. Es wird wohl zutreffen, daß der Film unter Zugrundelegung des Metzger-Möller'schen Drehbuches oder unter der Regie Dr. Brauers einen weit geringeren Zulauf bei dem Filmpublikum erreicht hätte. Es ist logisch und zwingend, daß in diesem Falle die antisemitische Tendenz des Films keine so weite Verbreitung gefunden hätte, wie dies bei dem von Harlan hergestellten Film der Fall war. Es war hierbei zu berücksichtigen, daß Harlan durch eine künstlerisch nicht so hoch zu wertende Gestaltung seinen Ruf als großer Regisseur auf das schwerste hätte gefährden können. Das Schwurgericht ist jedoch der Ansicht, daß ein Künstler – ob er nun freiwillig oder gezwungen an die Erfüllung eines Auftrages geht – gar nicht imstande ist, zu bestimmen, ob er einen guten, zugkräftigen oder einen schlechten Film herstellt. In jedem Fall wird der Film ausfallen, wie es seiner künstlerischen Begabung entspricht.[16]

Die rein auf den genialisch-unbewußt schöpfenden Künstler abzielende Kunstauffassung, die auch Harlan teilte, spiegelt nicht nur einen Kunstbegriff wider, der im 'Zeitalter der technischen Reproduzierbarkeit' längst hinterfragt worden ist, auch der ganze Prozeß liest sich wie ein umgekehrter Dreigroschenprozeß. Politisch ging es darum, die Verantwortung dem Einzeltäter zuzuweisen. So hat dann auch Zielinski bereits die Ironie des Geschehens angemerkt, daß Harlan im April 1948 zum Verlassen der West-Premiere des DEFA-Films *Ehe im Schatten* – das dargestellte Schicksal spiegelte Leben und Tod des Ehepaares Gottschalk, das Harlan persönlich kannte – genötigt wurde, während Wolfgang Zeller, der Komponist von *Ehe*

[14] Vgl. Peter Reichel: *Der schöne Schein des Dritten Reiches.* München, Wien 1991. S. 373.

[15] Urteilsspruch von 1950, zitiert im Urteil des Bundesverfassungsgerichtes vom 15.1.1958 – 1BvR 400/51. In: http://www.uni-wuerzburg.de/glaw/bv007198.html vom 22.7.1999, 15:43.

[16] Ebd.

im Schatten, ruhig im Publikum saß, obwohl er doch die Musik für *Jud Süß* verfaßt hatte.[17]

Unterschwellig gesteht das Gericht Harlan beim *Jud Süß*-Film eine hoch zu wertende künstlerische Gestaltung zu. Diese basiert – wie immer man ein ästhetisches Gesamturteil fällen will – auf dramaturgischen Versatzstücken des historischen Ausstattungsfilms und des Melodrams. Begonnen aber hatte Harlan mit – Filmkomödien.

Die ersten Filme Harlans waren durchweg Komödien; sie sind heute, nachdem sie von den alliierten Militärbehörden zunächst verboten wurden, vergessen – zu Recht, könnte man sagen. Das Verbot kann nur der Name Harlan begründen, die Filme selbst sind kleine, lokal verortete Komödien, die in irgendeiner 'guten, alten Zeit' spielen. Der erste Harlan-Film ist nichts weiter als die Verfilmung des von ihm am Theater am Schiffbauerdamm inszenierten Berliner Volksstückes *Krach im Hinterhaus*. Die Besetzung ist gut (immerhin spielt Henny Porten die Hauptrolle), aber nicht erstklassig; stilistisch orientiert sich Harlan am Milieu-Film und an der Sparsamkeit des Kammerspielfilms, ohne aber deren zugespitzte Psychologie anzustreben. Bedenkt man den Kontext von 1935, dann kann man die Beseitigung des Störenfrieds (Hauswart) aus der Hofgemeinschaft und die Vereinigung von armer Plätterinnen-Tochter und reichem Rechtsanwalt-Junior durchaus in Zusammenhang mit der Volksgemeinschaftsideologie der Nazis bringen; dominant ist aber das Betuliche und das kleinbürgerliche Aufstiegs-Eheglück-Versprechen der Berliner Dialekt-Posse. Harlans nächster Film *Kater Lampe* ist ein erzgebirglerischer Heimatfilm, der einen wackeren Naturburschen und 'Volkskunst'-Schnitzer zum Erfinder von Ski made in Germany werden läßt. Bezeichnenderweise kann er seine Idee aber nur mit Hilfe der reichen, deutsch-amerikanischen Tochter aus gutem Hause umsetzen. Die Amerikanerin ist jung, frisch, modern – ein Bild, das neben dem blond-verliebten deutschen 'Madel' eben auch zum Film der dreißiger Jahre gehört. Harlan versucht sich bezeichnenderweise 1952 erneut an der Komödie, aber seine Ehekomödie *Die blaue Stunde* blieb offenbar im selben lauen Fahrwasser biederer Unterhaltung wie seine Vorkriegskomödien.

Doch Harlan, aus einer Literatenfamilie kommend und als Schauspieler vom Anspruch des Preußischen Staatstheaters geprägt – zu seinen Lehrmeistern rechnet er "Jürgen Fehling, aber auch Erich Engel, Leopold Jessner und Erwin Piscator"[18] –, will mehr als nur Unterhaltungsware liefern: Seine "Partei ist die Kunst"[19], wie er später rechtfertigend formuliert. Als seine ersten künstlerischen Filme bezeichnet Harlan *Mein Sohn, der Herr Minister* und die Verfilmung der *Kreuzersonate* von Tolstoj. Zu den Filmen von 1937

[17] Vgl. Siegfried Zielinski: *Veit Harlan. Analysen und Materialien zur Auseinandersetzung mit einem Film-Regisseur des deutschen Faschismus*. Frankfurt a.M. 1981. S. 43.

[18] Veit Harlan: *Im Schatten meiner Filme*. Gütersloh 1966. S. 22.

[19] Vgl. Marek: *Meine Partei ist die Kunst*.

gehört dann noch der Jannings-Harlan-Film *Der Herrscher*, mit dem er letztlich zum Vorzugsregisseur von Goebbels wird. Während die *Kreuzersonate* die ästhetischen Mittel der späteren Harlan-Filme vorbereitet, indem er aus der Tolstojschen Erzählung ein mythisch-schicksalhaftes Melodram mit der auch später favorisierten Dreiecks-Beziehung plus Kind macht, wobei populäre Elemente wie Varieté-Lieder und Soubretten-Story als Anreicherung dienen, sind *Der Herrscher* und *Mein Sohn, der Herr Minister* die ersten ideologisch auffälligen bzw. die ersten politischen Filme.

Das von Harlan bevorzugte Grundschema der Dreiecksgeschichte, das in den meisten Filmen als zentrale Konstruktion figuriert, und ihre visuell-methaphorische Aufladung zum transzendenten Schicksalsdrama soll an zwei Beispielen, vor und nach dem Krieg gedreht, vergleichend betrachtet werden.

Die Reise nach Tilsit (1939) nach Hermann Sudermann beginnt mit einer Totalen eines einsamen Eisseglers auf dem Haff der Kurischen Nehrung. Tief stehen die Wolken, geben nur ein schales, nördliches Licht frei. Mit einer Kamerafahrt leitet Harlan von der Welt 'des dräuenden Schicksals' über in das fürs Melodrama notwendige Idyll, das in Gefahr geraten muß: die Kamera fährt durch das Fenster der Fischerkate auf den Tisch der Familie zu. Söderbaum ist Elske, die blonde, kindlich naive Frau und Mutter, die um den zunächst nur in Schwarz auftretenden, selbstquälerischen Ehemann ringen muß. Dieser ist einer schicksalhaften Verführung ausgesetzt, er betrügt Elske mit der dunkelhaarigen 'Polnischen'. Ihrem großstädtisch-abenteuerlichen Eros (sie ist aus Warschau) scheint Endrik zu erliegen; er will seine 'Wasserscholle' verlassen, seine Frau töten. Die Reise nach Tilsit über das Haff, deren vorgeblicher Zweck der Verkauf des Pferdes ist, wird zur entscheidenden Fahrt. Elske – bereit, sich für das Kind zu opfern, damit dieses ein 'großer Mann' werde, dazu auch todesbereit – und Endrik führen einen zehnminütigen 'Psychokampf' im wogenden Meer, der mit einer schicksalhaften Wendung endet. Metaphernreich führt die Versöhnung zum Sinnenrausch auf dem Rummel mit einer 'Raketenfahrt zum Mond', ehe die zunächst idyllische Rückreise beginnt. Aber das Fatum ist nicht aus der Welt; nun schlägt die Natur zurück, in den Wogen zerschellt das Schiff, Endrik scheint Elske an das Meer zu verlieren. Doch diese wird gerettet durch ein zweites Eingreifen der Natur in den Ehekrieg: Das Pferd ist Retter und Bote. Noch eine überraschende Wendung hält Harlan für den zu 'Furcht und Rührung' getriebenen Zuschauer bereit: Gefunden/gerettet wird die blonde Elske durch die dunkle Polin, die nun über den nächtlich weißen Strand entschwindet. Das Finale vereint Mann, Frau und Dorfgemeinschaft wieder im Idyll der das drohende Schicksal bannenden heimischen Kate. Eine literarisch-volkstümliche Geschichte, schicksalhafte Bedrohung, Höchstmaß an Leidenschaften zwischen Liebestod und Mord, Naturgewalt und Idyll, sprachliches Pathos und spannungsreiche, visuell eindrucksvolle action, last minute rescue und happy end – die klassischen Topoi, die der

Film vom Melodrama des 19. Jahrhunderts übernimmt und weiterentwikkelt, werden von Harlan in der *Reise nach Tilsit* beispielhaft entfaltet. Er baut um ein durchaus modernes Thema, um die sozialen und psychologischen Probleme der modernen Ehe und Kleinfamilie, ein ästhetisches Gerüst, das den Zuschauer in eine kunsthaft-abgeschlossene Welt schicksalhafter Mächte entführt. Natürlich gibt der Film auch ein ganzes Konglomerat ideologischer Botschaften mit: Die Verführerin ist die großstädtische Polin, deren Negativzeichnung allerdings durch die Läuterung der Intrigantin am Ende relativiert wird. Dennoch: Der Film ist durch den historischen Kontext seiner Produktion und vor allem seiner Distribution auch ein politischer Film. Am 2. bzw. 15. November 1939 fanden die Uraufführungen in Tilsit bzw. in Berlin statt. Diese historische Vernetzung in das Kriegsgeschehen macht auch diesen Film zum Instrument einer sublimen Propaganda. Bei seiner Wiederaufführung 1952 in der Bundesrepublik wurde dieser Kontext vom Publikum offensichtlich ausgeblendet.

Ein Jahr zuvor (1951) drehte Harlan den Film *Hanna Amon*. Ohne hier auf die dazwischenliegenden Melo-Streifen wie *Goldene Stadt, Immensee, Opfergang* oder auch den Nachkriegsfilm *Unsterbliche Geliebte* (1950) einzugehen, ist dieser Film als Muster der Fortsetzung Harlanscher Ästhetik lesbar. Wieder greift Harlan einen Stoff von Richard Billinger auf. Billinger war ein oft gespielter Dramatiker im Dritten Reich, seine archaisch-mythischen Bauerndramen wie *Rosse* wurden aber auch von Leopold Jessner inszeniert – in seiner letzten Arbeit am Staatstheater, die bereits nach der Machtergreifung der Nationalsozialisten ihre Premiere erlebte. Formal ähnelt der Film der skizzierten melodramatischen Struktur: In die Familienidylle der Amons – hier allerdings Bruder und Schwester – bricht als Bedrohung und das Böse schlechthin die reiche Verführerin Vera Colombani ein. Zwischen der blonden Hanna (Söderbaum) und der rothaarigen Fremden steht der schwache, schwankende Mann Thomas. Die Werte der Dorfgemeinschaft, nun ins bayrisch-ländliche Ambiente versetzt, sind mit der städtischen Verführung konfrontiert. Hielten die Tilsiter der 'Polnischen' entgegen: "Wir Pommern sind nicht gewohnt [...]"[20], so behauptet sich Hanna in der Auseinandersetzung mit der Colombani fast wortgleich: "Aber die Amons sind so etwas nicht gewohnt [...]."[21] Verführung, Rückkehr, Opferung der Frau/Schwester werden noch ausgiebiger als in der *Reise nach Tilsit* mit Natursymbolik durchsetzt: Da stehen die treulosen Zugvögel gegen die armen heimischen Krähen, das weiße Pferd 'Lady' ist Identifikationsobjekt der zum Pferderennen ganz in Weiß erscheinenden Colombani, die es schließlich tötet (später wird sie selbst von Hanna erschossen). Rührung wird über die Einfügung des Knaben Hannes in die Geschichte erzielt,

[20] *Die Reise nach Tilsit.* 1939, Kopie des Bundesfilmarchivs.

[21] *Hanna Amon.* 1951, TV-Ausstrahlung, SAT 1, 31.8.1992. Desgleichen die folgenden Zitate aus dem Film.

hier ein Waisenkind, das Hanna in den Tod singen muß. Der Schluß gleicht dann den Todesarien in *Die goldene Stadt* oder auch dem Mädchentod in *Jud Süß*: Eine verstoßene/geschändete, verzweifelte Frau geht allein ins Wasser/Moor/Schnee der Winternacht. Gefunden wird dann erst die Leiche. Haben wir es hier zum einen mit deutlichen, ja fast formelhaften Elementen einer scheinbar ungebrochenen Ästhetik und ihrer Leitmotive und dramaturgischen Versatzstücke zu tun, ergibt eine detaillierte Analyse zum anderen aber auch Differenzen, die erst im historischen Kontext verständlich werden.

Der Film beginnt mit einer Rahmenhandlung. Eine Frau in Sträflingskleidung erscheint gesichtslos, von hinten aufgenommen und durch lange Gänge von der Kamera verfolgt; wir sehen endlich ihre Nummer auf dem Rücken: 393. Die Begnadigung und Freilassung rahmen die Erzählung der Familiensaga ein. Der Tierarzt Alois erläutert später den bis 1630 zurückreichenden Bauernadel der Amons. Er führt vor der den zweiten Teil des Filmes dominierenden christlichen Symbolik die metaphysische Parallele von Isis und Osiris ein, die das inzestverdächtige Verhältnis der Geschwister, von der Colombani als 'Blutschande' gebrandmarkt, sublimiert zu einer Beziehung "losgelöst von Erde und Fleisch" (Filmzitat). Mit der eingeführten altägyptischen Religion wird auch die Mensch-Tier-Symbolik erklärt: "Im Tier ist das Göttliche, das Geheimnis" (Filmzitat). Auffallend ist die zunehmende Thematisierung von ideologischen Botschaften und religiöser Symbolik. Scheinen die schwesterliche Blutspende und der Vorwurf der Blutschande sowie die Heimatschollenromantik und die Abstammungshypertrophie noch von simpler Blut-und-Boden-Ideologie zu strotzen, wird diese dann durch die 'aufklärerische' Isis-Metaphorik, die der Tierarzt Hanna doziert, sublimiert. Mit dem Auszug des Bruders in die Fremde wendet sich Hanna wieder der Kirche zu. Der opernhaft arrangierte Isis-Traum weicht dem Jesus-Bildnis. Während die Isis-Figur in den Schnee fällt, spricht Hanna die Jesus-Statue an der Kirchenwand an: "Du weißt es, Jesus [...]." Am Ende wird aus der beflügelten Isis-Statue ein christlicher Engel, die letzte Kamerafahrt geht durch den Kirchenraum auf den Sarg von Hanna. Die falschen Götter weichen vor der Rückkehr zum Katholizismus – im Melodrama hat Harlan nicht nur seine eigene, ideologische Vergangenheitsbewältigung betrieben.

Noch deutlicher ist die Parallele von eigener historischer Biografie und Symbolik des Films in die Gestaltung der Verführerin eingeflossen. Ist in *Die Reise nach Tilsit* die Verführerin vor allem die ehezerstörende, aber doch liebende Frau und steht ihr der gleichaltrige Mann mit gleicher Verantwortung und Schuld zur Seite, so ist die Colombani hier gänzlich dämonisiert. Sie ist das Böse schlechthin, sie verführt zunächst den Stallknecht Hans, der Selbstmord begeht, sie ist finanziell mächtig und verfügt über scheinbar übermenschliche Verführungskraft, sie ist der "Teufel" (Filmzitat, Alois). Damit stellt sich auch die Schuldfrage anders als im Film von 1939. Die Aussage des beschränkten, weil selbst der Suggestion unterliegenden Bürgermeisters, "bei sowas ist immer der Mann schuld", wird ironisiert, die jungen Männer werden klar als verführte, hilflose Opfer dargestellt. Als der Colombani die Felle davonschwimmen, wird sie zur fanatischen Zerstörerin: "Es soll alles kaputt sein" (Filmzitat).

Liest man Harlans autobiographische, publizistische Texte und die Aussagen zur eigenen Verteidigung, so wird die gleiche melodramatische Gut-Böse- und Opfer-Schuldiger-Relation deutlich. Ein Kapitel seiner Autobiografie hatte er der Suggestivkraft Hitlers gewidmet ("Auch ich war ihm ausgeliefert"[22]), für ihn persönlich aber sei Goebbels der Teufel und Verführer gewesen. Er spricht von der "diabolischen oder dämonischen Wucht seiner Konsequenz, seiner suggestiven Erscheinung [...]"[23]. "Goebbels verkörperte den Teufel nicht so sehr durch seinen hinkenden Fuß als vielmehr durch seinen Charme."[24] Ausdrücklich wehrt er sich dagegen, daß von manchen Autoren die "Dämonie von Goebbels bis zur Albernheit"[25] herabgesetzt würde.

Während die folgenden, kolportagehaften Großfilme Harlans, *Sterne über Colombo* (1953) und *Die Gefangene des Maharadschas* (1954) – ein Genremix aus exotischem Abenteuer-, Zirkus- und Märchenfilm mit implantiertem Liebes-Melodram – von der Kritik gelassen aufgenommen wurden, sorgten seine Filme *Verrat an Deutschland* (1955) und *Anders als Du und Ich* (1957) wieder für Skandale. Man warf ihm politische Instinktlosigkeit vor, mehr noch: Er habe einen prokommunistischen, undeutschen Film gedreht.

> Da Sorge keinen Gegenspieler hat, wird der Teufelsbraten zum Teufelskerl; der Zuschauer wünscht ihm, mangels anderer dafür geeigneter Figuren, den Sieg - und das wäre dann der Sieg der Sowjets. Aber das wollte der Film gar nicht. Kräftig wettert er gegen eben jene Taten, die er gleichzeitig heroisiert. Es ist eine verfahrene Geschichte.[26]

Ähnlich skandalumwittert verläuft Harlans Versuch, im Film *Anders als Du und Ich* ein weiteres "heißes Eisen" (Harlan)[27], das der Homosexualität, darzustellen.

Mit seinem letzten Film, *Ich werde dich auf Händen tragen* (1958, nach Theodor Storms *Viola Tricolor*), kommt Harlan wieder zum Dreieckskonflikt zurück: Die blonde Ines von der Nordsee ringt in ihrer Toskana-Villa mit der toten, doch sehr präsenten dunklen Exfrau des Mannes und deren Kind. Am Ende siegt sie gegen die Dämonen der Vergangenheit: Das Kind wird durch einen katholischen Priester geläutert, der schwarze Engel vom

[22] Harlan: *Im Schatten meiner Filme*. S. 46.
[23] Ebd. S. 10.
[24] Ebd. S. 208.
[25] Ebd. S. 10.
[26] Ebd.
[27] Zitiert in Jochen Becker: Schmerzlich ausbaden. In: *die tageszeitung* vom 9.6.1992.

Grab entfernt, die Heldin gebiert 'neues Leben' (Zwillinge). Im Film vermischt sich melodramatisches Pathos mit einer heiter-komödiantischen Erzählebene, vermittelt durch das tradierte Diener-Paar. Die belanglose Gute-Laune-Ästhetik der Zeit des Wirtschaftswunders (vertreten durch Jungstar Günther Pfitzmann) kann allerdings das Ehe- und Familiendrama nur noch zum versöhnlichen Rührstück wandeln.

Als ästhetisch-dramaturgische Konstrukte haben die Harlan-Filme vor und nach 1945 kaum Wandlungen erfahren. Ihre emotional angeheizte Atmosphäre, die vereinfachenden Gut-Böse-Relationen waren und sind strukturell vorgeprägte Träger für Ideologien und mehr oder weniger verschlüsselte Botschaften. Harlans stets ins Mythisch-Schicksalhafte abdriftendes Pathos birgt aber, auch bei klarer Autoren- oder Auftraggeberintention, durchaus Ambivalenzen. Um so mehr können die Filme und ihre Rezeption, die freilich kaum untersucht ist, Befunde zur Mentalitätsgeschichte der Kriegs- und Nachkriegszeit liefern. Der bis in die fünfziger Jahre andauernde Publikumserfolg ist ein Beleg für die Sehnsucht nach Geschichten, die das soziopsychologisch Bedingte moderner Lebenswelt an einen übersinnlichen Zusammenhang binden sowie das eigene Handeln von dunklen Schicksalsmächten und teuflischen Verführern bestimmt sehen. Insofern sind auch die versponnensten Kunstwelten der Filme Harlans und ihre Rezeption 'Zeitzeugen'.

In *Hanna Amon* versucht die Heldin mit einer symbolischen Handlung, die Verhängnisse der Familiengeschichte zu bannen: sie hält die Uhren an. Als der verzweifelte Heimkehrer Thomas vor seiner Schwester erscheint und sich ihr mit dem Satz in Arme wirft: "Ich war lange fort", entgegnet sie ihm: "Ein paar Minuten nur, die Zeit ist stehengeblieben" (Filmzitat). Hannas Unterfangen, durch das Anhalten, das Auslöschen der Zeit, das Geschehene zu bannen und einfach dort weiterzumachen, wo die Uhr einst angehalten worden war, könnte symptomatisch sein für das Schweigen, die stockende Vergangenheitsbewältigung eines großen Teils der deutschen Gesellschaft der fünfziger Jahre – Harlan und sein Publikum.

Walter Delabar

Sonnenstadt und Waldgang – Ernst Jünger

With his novel Heliopolis *(1949) which he started writing in 1946, i.e. soon after the end of WW II, Ernst Jünger continues his efforts to probe the dilemmas of the modern age. In his earlier works, namely in the novel In* Stahlgewittern, *the constitution of subjectivity is still closely related to the experience and adventure of war as a collective annihilation machinery. Twenty years later, Jünger considers the individual human being to be entirely at the mercy of the brutal, nihilistic powers. Jünger's best-known description of this condition is found in the* 'Schinderhütte' *episode in* Auf den Marmorklippen, *published in 1939. In* Heliopolis, *Jünger finally creates a first version of his* 'Waldgänger' *character, the person who resists the nihilistic forces through introspection. Thus, Jünger arrives at a construction of the self-empowered individual by using the once overwhelming powers - certainly a logical scheme.*

> "die Ordnung der sichtbaren Dinge nach ihrem unsichtbaren Rang. Nach diesem Grundsatz sollten jedes Werk und jede Gesellschaft gegliedert sein."
>
> Ernst Jünger: *Strahlungen*

Der Speer trifft

Der Kommandant kehrt von einer Mission zurück, die ihn in den äußersten Westen geführt hat. Und er trifft auf eine brisante Situation, die – nicht zuletzt – seine Intervention erfordert. Es gibt Unruhen in der Stadt. Ihre Urheber sind bekannt. Sie stehen auf der anderen Seite, allerdings sind beide Parteien nicht durch einen Eisernen Vorhang voneinander getrennt, sondern prallen unmittelbar aufeinander.

Auf dem Weg vom Hafen in die Oberstadt retten der Kommandant und sein Gefolge eine junge Frau vor den Nachstellungen eines Plünderers. Dabei bleibt es aber nicht. De Geer, so der Name unseres Helden, hat trotz der Kämpfe genug Muße, bei seinem Buchbinder nach einem seiner wertvollen Manuskripte zu sehen. Eine Gelegenheit zugleich, die Bekanntschaft einer attraktiven Frau zu machen – die Nichte des Meisters. Die Begegnung hat Folgen, eher der persönlichen Art.

Vorerst jedoch ist anderes dringlicher: Der Polizeichef der Gegenseite erliegt einem Anschlag. Die Unruhen – eben niedergeschlagen – flackern wieder auf. In ihrem Verlauf kommt es zu Pogromen gegenüber einer abgrenzbaren und differenten Bevölkerungsgruppe, den Parsen. Das ganze ist jedoch offensichtlich "von oben" gesteuert. Was als spontaner Ausdruck der Volksempörung daherkommt, ist Teil der Auseinandersetzung zwischen den beiden bereits bekannten politisch-institutionellen Parteien der Stadt, in die schließlich auch de Geer eingreift. Der Kommandant übernimmt einen Auftrag, bei dem es ihm gelingt, eine geheime Forschungsstation der Gegenseite zu zerstören, in der wissenschaftliches Experiment und Menschenschinderei eng verbunden sind. Das Opfer ist der bereits erwähnte Buchbinder, ein Parse, den die andere Seite einer besonderen Behandlung unterzieht, weil sie seine Verbindung zu de Geer kennt.

Nachdem auf diese Weise die Parteien ihre Waffenfähigkeit demonstriert haben, legen sie den akuten Konflikt wieder bei. Allerdings wird de Geer durch Invektiven der Gegenseite gründlich diskreditiert (Privatinteressen sind im öffentlichen Amt nicht opportun). Er muß den Dienst quittieren. Der Vorzeigeagent scheitert an seinem persönlichen Engagement und am Mißtrauen seines Vorgesetzten.

Das Ende? Nein. Der vermeintliche Niedergang de Geers wendet sich zum Aufstieg in neue Wirkungskreise. Er wird der Auseinandersetzung in der Stadt enthoben und steigt in den Umkreis des über den Parteien residierenden, zugleich fernen Regenten auf. De Geer und seine Gefährtin – man ahnt, wer das sein könnte – besteigen ein Raumschiff, um die Reise zu ihm anzutreten. Die Agentenstory konvertiert endgültig in Science fiction.

Den 1949 erschienenen Roman *Heliopolis* von Ernst Jünger als moderne Räuberpistole, sprich: Agentenstory zu lesen, ist einigermaßen entblößend.

Das sprachlich hochfahrende Stück Literatur – das freilich bis heute als Nebenwerk Jüngers gilt[1] – gesellt sich nicht zu den Exponaten der Hochliteratur, sondern zu denen des Trivialen.

Der Jüngersche Held, Lucius de Geer, zeigt sich, trotz aller kulturellen Konnotationen, als älterer Bruder von James Bond und anderen jüngeren Filmagenten, allerdings ohne deren Beschränkung aufs Wesentliche, auf die körperliche Aktion. Die Abhandlung der großen Probleme des 20. Jahrhunderts, des "titanischen" Zeitalters, wie Jünger in den Texten dieser Zeit nicht müde wird zu betonen, ist hingegen in einen eigentümlichen Fluß von Reflexionen gebettet, in dem die Romanhandlung nur mühsam vorangetrieben wird, trotz der Action-Elemente, die es gleichwohl zu konstatieren gilt. Die Personen des Romans – ihre Hauptfigur vor allem – zeigen eine eigentümliche Mischung von Action, Intellekt, Militarismus und Kulturschickeria.

Sie sind zudem in jeder Situation ihrer selbst gewiß. Sogar im Drogenexperiment – einen Rausch kann man das kaum nennen – sind die beiden Ex-

[1] Vgl. Heinz Ludwig Arnold: *Krieger, Waldgänger, Anarch. Versuch über Ernst Jünger*. Göttingen 1990; Martin Meyer: *Ernst Jünger*. München, Wien 1990; Paul Noack: *Ernst Jünger. Eine Biographie*. Berlin 1998.

perimentatoren Lucius de Geer und seine Lebensgefährtin Budur Pari handlungsmächtig genug, sich von der halluzinierten Bedrohung zu distanzieren und zu klarem Bewußtsein zurückzukehren. Zur rechten Zeit, nebenbei, denn die Demontage des Helden beginnt gerade.

Alles in allem: Der Text erscheint banal, nicht zuletzt wegen des vermeintlichen Tiefgangs seiner Sprache. Denn Erhabenes wird mit Alltäglichem ohne Rücksicht auf Niveaudifferenz gleich behandelt. Allenthalben ist zudem Symbolträchtiges anzutreffen. Der Name der Hauptfigur und die Bezeichnungen der Assistenzfiguren sind nur das offensichtlichste Beispiel: De Geer ist von "Der Speer" abgeleitet, ansonsten figurieren als Hauptakteure der "Regent", der "Chef", "Messer Grande", der "Landvogt" und der "Prokonsul" im Glanz ihrer Funktion.

Nicht minder erschreckend sind Stil und Handlungsentwurf des Textes gerade im Vergleich mit dem, was man sich 1949 von dem Autor Ernst Jünger erwartet haben mag. Was ist – nimmt man den Jünger der Kriegsschriften zum Vergleich – aus dem Sensorium geworden, das mit beeindruckender Prägnanz die Schrecken des Kriegs (in den Kriegsbüchern) wie des Alltags (in *Das abenteuerliche Herz*) zu fassen vermag? Was ist aus dem nationalen Pamphletisten der zwanziger Jahre geworden? Wo ist der wortgewaltige Essayist der Arbeiter-Schrift von 1932, der im Verlust jeglicher Individualität die Zukunft der Gesellschaft sah? Und wo ist vor allem seine Nähe zum historischen Geschehen? Denn nichts scheint doch weiter vom Zweiten Weltkrieg entfernt zu sein als dieser Roman, an dem Jünger direkt in seinem Anschluß, in den Jahren 1946 bis 1949 schrieb.

Heliopolis ist, wenn man ihn mit der Erwartung liest, hier würden Texte wie *In Stahlgewittern*, *Der Kampf als inneres Erlebnis* oder *Das Wäldchen 125* ungebrochen fortgesetzt, eine Enttäuschung. Jünger wirkt alt und von der jüngeren Vergangenheit unberührt, zugleich banal und hochgestochen. Ein Neo-Klassizist mit Neigung zum Agentenroman, aber kein Graben- und Bilderstürmer mehr. Sogar den Sturmtruppführer Jünger hat also das Schicksal vom schnellen Altern erreicht, mitten im Leben, denn im März 1945 hatte Jünger seinen fünfzigsten Geburtstag begangen.

Mäntel und andere Kleider – Warum zieht Leutnant Jünger den Mantel aus?

Allerdings ist ein solches Urteil nicht ganz ungetrübt von der Neigung, einem Autor wie Jünger das Zugeständnis zu verweigern, sich und nebenbei seine Literatur zu verändern, an Erfahrungen und Zeitläufe anzupassen und auf sie zu reagieren. Dem älteren Autor Verrat an den Zielen des jüngeren vorzuwerfen ist ebensowenig zulässig wie ihm die Differenzen in Haltung und Ziel anzulasten, wie sie durch sein Altern notwendig entstehen. Erfahrung mag aus Sicht der Jüngeren ein Narkotikum sein, daß sie verändert, bleibt davon jedoch unberührt.

Unzulässig ist ein solcher Vorwurf vor allen Dingen deshalb, weil in der Favorisierung des Jünger der zwanziger Jahre eine Neigung zum Eskapismus mitschwingt, die am Sensationellen der Materialschlacht deshalb (literarischen) Gefallen findet, weil sich in ihr der herausragende und hoch dekorierte Soldat und Einzelheld beweist. Man mag das aus moralischen und politischen Gründen ablehnen. Wenn das "Weiße [...] im Auge des Feindes" zum Faszinosum wird und der "Rausch des roten Blutes" geradewegs aus jenem Weiß zu flammen hat,[2] wird man sich seine Gedanken zu machen haben. Und der Fall Jünger ist, angesichts seines politischen Engagements in den zwanziger Jahren und der Rezeption seines Werkes auf der politischen Rechten, sicherlich auch ein moralisch-politisches Phänomen.

Jenseits solcher Überlegungen wird ein solches Denkmuster jedoch dann aufschlußreich, wenn man berücksichtigt, daß man ihm folgen kann, obwohl die eigene und die andere Seite, "Freund" und "Feind" vor allem als namenloser Verband, als Menschenmaterial, als statistische Größe, als Funktion, als Schlachtvieh oder Schlächter, als Ziel oder Batterie präsentiert werden. Es ist der Moment, in dem "Leutnant Jünger seinen Mantel" auszieht, auf den Texte wie *In Stahlgewittern* zulaufen,[3] obwohl Trommelfeuer und Langeweile, einsame Gänge und Lektüren gerade die Jüngerschen Kriegsbücher prägen. Und gerade das muß unser Interesse wecken. Zweikampf und Amoklauf werden als ästhetische und vitale Phänomene gegen die historische wie erzählte Erfahrung stilisiert – vom Autor wie von seinen Lesern.

Um also Alexander Honold, der auf diesen Widerspruch im Frühwerk Jüngers zu sprechen gekommen ist, direkt zu antworten und ihn zugleich zu bestätigen: Leutnant Jünger hat es natürlich besser gewußt. Der Held Jünger stilisiert sich trotzdem zum "klassische[n] Held[en] eines unklassischen Zeitalters"[4]. Allerdings liegt ja gerade darin der entscheidende Punkt: Im Zeitalter der Vermassung 'und' der sozialen Integration wird den handlungsmächtigen Einzelhelden eine völlig neue Rolle zugewiesen. Sie sind es nun, die gegen jede Wahrscheinlichkeit ganze Systeme überwältigen und brechen, in denen sich Gewalten personifizieren, bekämpfen und besiegen lassen. Die Funktion solcher machtvoller Einzelhelden als Phantasma der individuellen Hilflosigkeit ist, denke ich, kaum zu überschätzen. "Reine Wunscherfüllung" hat Michael Rutschky solche Projektionen in seinem wunderbaren Buch über die 'Lebensromane' genannt.[5] Ihre Bedeutung für den Symbolhaushalt ist enorm. Als literarische Gestalten jedoch gehören sie

[2] Ernst Jünger: *Der Kampf als inneres Erlebnis*. Berlin 1926. S. 7.

[3] Ernst Jünger: *In Stahlgewittern. Ein Kriegstagebuch*. Hamburg o.J. [nach 1926]. S. 261.

[4] Alexander Honold: Metropolis im Schützengraben. Über den Zusammenhang von Masse und Mobilmachung bei Ernst Jünger und anderen. In: *kultuRRevolution* (1998) Nr. 36: *Dynamik der Massen – Dynamik der Diskurse*. S. 34-42. S. 38.

[5] Michael Rutschky: *Lebensromane. Zehn Kapitel über das Phantasieren*. Göttingen 1998.

dem qualitativen Bodensatz an. Die Hochliteratur aber hat sich weitgehend und mit gutem Grund der Gestaltung der subjektiven Zerstreuung und individuellen Auslieferung an die sozialen und materiellen Mächte verschrieben.

Die Ursache dafür liegt außerhalb der Ästhetik, in der Welt, die freilich nur durch sie und ihre Verwandten wahrgenommen und konstruiert werden kann. Soll heißen: Wenn die Ordnung der Welt verloren ist – wenn sie denn je bestanden hat –, wenn die Elemente des sozialen Verhältnisse auseinanderdriften und die Komplexität der Verhältnisse derart stark zugenommen hat, daß der einzelne sie nicht mehr zu fassen vermag, wenn die Dynamik der Veränderung so stark gestiegen ist, daß der einzelne ihr nicht mehr zu entsprechen vermag außer durch permanente Flexibilität, dann gibt es grundsätzlich zwei Reaktionsformen: die Entsprechung und der Gegensatz.

Jünger wählt nun offensichtlich die "trotzige" von beiden – und das ist ein Phänomen, das sich durch sein gesamtes Werk zieht, wenn auch mit unterschiedlichen Ausformungen.

Die Jüngerschen Einzelkämpferformeln der Frühzeit sind so gesehen Reaktionen auf den Verlust jeder Handlungs- und Wirkungsmacht im technisierten Krieg, der mit deren eigensinniger Behauptung beantwortet wird. Nicht umsonst hat Jünger auch in den späteren Schriften das Jahr 1914 als Epochenschwelle bezeichnet, als Schwelle in dem Verfallsprozeß tradierter Ordnung, dem sich der einzelne nur mit äußerster Anstrengung entgegenzustellen vermag. "'Vor 1914'", notiert er, "diese Kenntnis wird ebenso bedeutsam werden wie einst die Kenntnis des 'vor 1789' war."[6]

Wenn der einzelne zur statistischen Größe und zum unbedeutenden Teil einer zentral gesteuerten Manövriermasse reduziert wird – und damit rekurrieren wir auf die Standardmuster der Technik- und Kulturkritik des frühen 20. Jahrhunderts –, dann kann dies die Aufwertung des Einzelhelden als Prinzip des Individuellen generieren. Aus verschiedenen Gründen wohlgemerkt: Weil man sich selbst nicht anders denken und vorstellen kann. Weil der totalisierten Gesellschaft wenigstens ein Funken individueller Resistenz entgegengestellt werden muß. Weil das ohnmächtige Individuum mächtige Stellvertreter installiert. Weil die individuelle Erzählfigur exemplarisch für andere handeln kann und soll. Oder weil Handlung als kollektive nicht erzählbar ist, sondern individuelle Handlungsträger braucht. Wenn man so will, lebt die gesamte utopische Literatur des 20. Jahrhunderts von dieser starken und renitenten Individualfigur, schlichtweg vom Erlöser oder wenigstens vom Stellvertreter.

Jünger ist freilich bei der Konstituierung seines Sturmtrupphelden nicht stehen geblieben, sondern hat beinahe zeitlich parallel die grundsätzlichen Überlegungen des *Arbeiter*-Essays[7] einerseits und die dem subjektiven

[6] Ernst Jünger: *Strahlungen*. o.O. 1955. S. 372 (Erstausgabe 1949). Diese Ausgabe enthält die Tagebücher: *Das Erste Pariser Tagebuch, Kaukasische Aufzeichnungen, Das Zweite Pariser Tagebuch, Kirchorster Blätter.*

[7] Ernst Jünger: *Der Arbeiter. Herrschaft und Gestalt*. Hamburg 1932.

Wahrnehmungs-, Darstellungs- und Erkenntnisvermögen gewidmeten Stükke des *Abenteuerlichen Herzen*[8] andererseits entwickelt.

Dazu eine kurze Skizze: Im *Arbeiter*-Essay beschreibt Jünger seine Fassung der sozialintegrativen Gesellschaftsmaschine, die sich von Analysen prominenter Sozialtheoretiker etwa des Frankfurter Sozialinstituts in dreierlei unterscheidet: in der Begeisterung, im Stil und in der Methode. Allerdings stimmt seine Grundeinsicht mit der der linken und linksliberalen Modernetheoretiker überein: Die Gesellschaft integriert mehr und mehr alle Individuen und weist ihnen einen genau definierten Ort zu, an dem sie über ihre Funktion definiert werden und sich nicht mehr selbst als Subjekte konstituieren (vulgo: kein Bildungsroman mehr, sondern nur noch Ausbildungsverlaufpläne). In den kurzen Texten des *Abenteuerlichen Herzen* scheint Jünger aber das genaue Gegenteil zu behaupten. Hier lotet er die subjektiven, teils mythischen Erfahrungsmöglichkeiten nicht zuletzt im urbanen Kontext aus. Bezeichnend hierfür ist jenes Bild des Entsetzens, in dem er ihn mit dem sich steigernden "Trommelwirbel" vergleicht, der durch den Körper des Träumenden ausgelöst wird, der durch eine Reihe dicht aufeinanderfolgender dünner Bleche schlägt.[9] Die Haut der Zivilisation ist dünn, scheint er mit diesen Texten zu sagen, unter ihrer Oberfläche arbeiten neue und alte mythische Mächte, die zu erkennen nur dem einzelnen Subjekt möglich ist. Der Blutrausch der *Stahlgewitter* konvertiert nach und nach in den Wahrnehmungsrausch des Bohemien und in den Drogenrausch der späten LSD-Experimente.

In den 1939 erschienenen *Marmorklippen*[10] geht Jünger schließlich einen Schritt weiter. Die in einem mythologischen Raum spielende Geschichte um einen Ich-Erzähler und seinen Bruder Otho, die sich in einen apokalyptischen Kampf mit den hereinbrechenden Horden des Braquemart und des Oberförsters verwickelt sehen, ist vor allem als Parabel über das Dritte Reich und seine Kriegsverbrechen gelesen worden. In der Entwicklungslinie Jüngers von den frühen Schriften bis hin zu *Heliopolis* hat der Roman, der für das Renommee Jüngers auch außerhalb des deutschen Sprachraums eine besondere Rolle spielt, jedoch eine wichtige Funktion: Jünger übersetzt in ihm zum ersten Mal seine Sicht auf das "titanische" 20. Jahrhundert und seine Wahrnehmungsversuche in eine hochsymbolisierte Erzählung, die in dem anti-nationalsozialistischen Impetus nicht aufgeht.

Und er präsentiert eine katastrophische Sicht auf die gesellschaftliche Entwicklung, deren Antriebskräfte die Technik und der Zerfall der sozialen Ordnung sind. Nihilismus und Anarchie als feindliche Brüder kennzeichnen die Moderne und teilen sich in den Personifizierungen von Braquemart und

[8] Ernst Jünger: *Das abenteuerliche Herz. Figuren und Capriccios*. Hamburg 1942 (Erstausgabe 1938).
[9] Ebd. S. 15.
[10] Ernst Jünger: *Auf den Marmorklippen*. Tübingen 1949 (Erstausgabe 1939). Die vorliegende Ausgabe ist vom Autor "durchgesehen".

Oberförster in die Destruktion jeder Ordnung und jeder Sicherheit. Machterhalt der Herrschenden und Auslieferung der einzelnen an ihre Willkür, die in ihrer Exzessivität keine Grenzen mehr kennt, werden zu prägenden Motiven im Werk Jüngers.

Jünger präsentiert zugleich in seinen Vorbildfiguren einen Menschentypus, der zweifelsohne von seinem militärischen Hintergrund geprägt ist. Er favorisiert demonstrativ stabile, aristokratische Charaktere, "ein wenig müde, liebenswürdig, nicht ohne Ironie", wenn man einer Beschreibung aus *Heliopolis* folgen darf. Der Prokonsul, dem diese Eigenschaften zugeschrieben werden, "liebte das Schweigen, die Nuance, die knappe Andeutung. Die Leidenschaften, die Erregung, der Geist der Massen, ja selbst die Begeisterung waren ihm verhaßt."[11] Der Kampf solch aristokratischer Menschen, denen die "subtile Jagd" mehr am Herzen liegt als die Jagd auf Menschen und die die Gesellschaft von Büchern die der Menschen vorziehen, gegen die populistischen Machthaber vom Kaliber eines Oberförster, Braquemarts oder des Landvogts bestimmt die Romane seit den *Marmorklippen*, bestimmt aber auch die Tagebücher und Essays, die Jünger in diesen Jahren schreibt und veröffentlicht.

Der Waldgänger

Offensichtlich rekurriert also die Gestalt des Kommandanten Lucius de Geer, bezieht sich die Konzeption des gesamten Romans *Heliopolis* gegen jeden ersten Eindruck doch auf das Frühwerk Jüngers. Man mag die späteren Arbeiten schätzen oder sie grundsätzlich ablehnen, da sie hinter die Qualität der früheren Arbeiten zurückzufallen scheinen, ihren höheren Reflexions- und Symbolisierungsgrad wird man ihnen freilich nicht absprechen können (gelungen sind sie damit freilich auch noch nicht).

Jünger selbst hat den Roman *Heliopolis* als Fortschreibung früherer Arbeiten verstanden: "Ich glaube", schreibt er in einem Brief vom Februar 1949, "daß ich die sowohl im Arbeiter als auch in den Marmorklippen aufgeworfenen Fragen um ein erhebliches Stück weiterführen konnte"[12]

Diese Selbsteinschätzung ist nicht so erstaunlich, wenn wir uns auf die Parallelen in der Figurenführung konzentrieren, die sich zwischen den frühen Kriegstagebüchern, den *Marmorklippen*, dem *Abenteuerlichen Herzen* und *Heliopolis* ziehen lassen.

Zugleich geht das späte Konzept im frühen nicht auf. Ohne Zweifel löst Jünger seine Figuren mehr und mehr aus ihrem politischen und sozialen Kontext. Sie sind nicht mehr fragloser Teil eines größeren Zusammenhangs,

[11] Ernst Jünger: *Heliopolis*. Stuttgart. 1980 (= Ernst Jünger: *Sämtliche Werke*. 3. Abt.: Erzählende Schriften, Bd. 16: Erzählende Schriften II) (Erstausgabe 1949). S. 230.

[12] Zit. nach Paul Noack: *Ernst Jünger. Eine Biographie*. Berlin 1998. S. 230.

sondern behaupten ein spezifisches Eigenleben, auch wenn sie ihre Funktionen durchaus erfüllen. Sie beziehen jedoch in jedem Fall eine Beobachterposition außerhalb des eigentlichen Geschehens und fern von den eigentlichen Akteuren.

In *Heliopolis* selbst läßt sich gar im Fortgang der spärlichen Handlung die allmähliche Konversion des Tatmenschen zum Beobachter verfolgen, der selbst nicht mehr handelnd eingreift, sondern nur noch beobachtet, notiert, bewertet. Die Mission, die de Geer anführt, ist seine Abschiedsvorstellung. Danach schwebt er, wenn man so will, über den Wassern, später gar zwischen den Sternen.

Eine solche Position benötigt jedoch die Konsistenz des Individuellen, die Jünger aus dem Militärischen und Aristokratischen ableitet. Denn eine zerfallende und zerfallene Persönlichkeit kann keine Beobachterposition einnehmen, die einen sicheren Blick und eine klare Beurteilung zuläßt.

Freilich verzichtet der einzelne damit nicht auf die Freiheit zur eigenen Aktion. Nicht involviert zu sein bedeutet nicht, nicht eingreifen zu wollen und zu können. Im *Waldgang*,[13] den Jünger in einem 1951 erschienenen Essay behandelt hat, wird diese Haltung sogar als die einzige verbliebene Möglichkeit beschrieben, in der Totalisierung der Gesellschaft individuelle Freiräume zu erhalten. Durch den Waldgang, gibt Jünger dezidiert zur Kenntnis, "bekundete der Mann den Willen zur Behauptung aus eigener Kraft."[14]

Jünger verbindet diesen selbstbestimmten Freiraum jedoch mit dem Recht auf selbstbestimmtes Handeln: Der Waldgänger "ist der Mann der freien und unabhängigen Aktion."[15] "Waldgänger ist also jener", heißt es an anderer Stelle, "der ein ursprüngliches Verhältnis zur Freiheit besitzt, das sich, zeitlich gesehen, darin äußert, daß er dem Automatismus sich zu widersetzen und dessen ethische Konsequenz, den Fatalismus, nicht zu ziehen gedenkt."[16]

Er ist zugleich eine Figur des Rechts, denn es werde von ihm verlangt, "daß er allein auch gegen die Macht des Staates, dem Recht handhafte Hilfe" leiste.[17] Der Waldgänger hat die Pflicht zur Intervention: "Man kann sich [...] nicht darauf beschränken, im oberen Stockwerk das Wahre und Gute zu erkennen, während im Keller den Mitmenschen die Haut abgezogen wird."[18]

Der Roman *Heliopolis* präsentiert diese Haltung des Waldgängers erzählerisch, ähnlich wie die *Marmorklippen*. De Geer ist noch handlungsmächtig und schon reflexiv.

[13] Ernst Jünger: *Der Waldgang*. Stuttgart 1986 (Erstausgabe 1951).
[14] Ebd. S. 40
[15] Ebd. S. 66.
[16] Ebd. S. 28.
[17] Ebd. S. 72.
[18] Ebd. S. 36.

Der Kunstgriff zu Beginn dieser Überlegungen trifft also Jüngers Roman nur teilweise. Der Roman ist nur zum Teil als handlungsorientierte Agentenstory beschreibbar. Die Anteile, die dem widersprechen – die Gespräche mit Freunden und Vertrauten unter anderem über das Glück, das Lehr-Exempel in der Kriegsschule, bei dem es um die Entscheidungsfindung in der Extremsituation geht, der Exkurs mit Ortners Erzählung aus einem nicht näher umschriebenen Berlin-Zyklus, de Geers Besuch bei Pater Foelix beispielsweise – fallen bei einer solchen Lesart naheliegend weg.

Auf sie konzentriert sich Jünger jedoch mehr und mehr. Denn in diesen Passagen bietet sich ihm die Möglichkeit, seine spezifische Sicht der Welt, gerade eben auch des just vergangenen Kriegs, vorzustellen.

Dennoch ist die Nähe zum Agentengenre vielleicht trotzdem nicht allzu abwegig, ist es doch dem Kalten Krieg zweier Mächte verpflichtet, die für Jünger als Antagonismen der Moderne erscheinen und gerade die Exponenten jener titanischen Mächte sind, die für ihn so unheilvoll die Geschichte des 20. Jahrhunderts bestimmt haben.

Hinweise darauf gibt es gerade in jenen Passagen, die dem Fortgang der Handlung kaum dienlich sind. Hinweise darauf lassen sich auch in den Schriften des Umfelds finden, vor allen in den Tagebüchern der *Strahlungen*, die gleichfalls 1949 zum ersten Mal als Sammlung erschienen.[19]

Es sind nämlich die Hinweise auf die basale Opposition, die den Konflikten in Heliopolis zugrundeliegt, die den Roman nicht zur privaten Reflexionsfolie machen, sondern ihn als zumindest beachtenswertes intellektuelles und literarische Experiment erweisen.

Der Roman gehört damit zu den großen Utopien seiner Zeit, vergleichbar etwa dem *Glasperlenspiel* Hermann Hesses, *Brave New World* von Aldous Huxley – ein Text im übrigen, den Jünger gekannt hat – oder *1984* von George Orwell. Jünger hat in seinen Tagebüchern gelegentlich über solche Utopien reflektiert und gerade bei Anlaß seiner Huxley-Lektüre notiert: "An diesem Buche sieht man, daß alle Utopien im Grunde die eigene Zeit des Autors schildern – sie sind Spielarten unseres Wesens und zeichnen dessen Konsequenzen in einem Raume von bedeutenderer Schärfe, der sich Zukunft nennt."[20] Utopien sind also nicht als Orakel zu verstehen, die von späteren Lesern ob ihrer seherischen Qualitäten verehrt werden können, sondern sind Beiträge für das Verständnis der eigenen Zeit. Es geht Jünger deshalb nicht um eine Verschiebung eigener Vorstellungen in eine ferne Zukunft, sondern um die klarere Darstellung dessen, was ihm die Diagnose seiner Gegenwart erbringt.

[19] Vgl. Anm. 6.
[20] Ebd. S. 287.

Die Konstellation in *Heliopolis* spielt also bei aller Verkleidung dezidiert auf die Gegenwart des Autors Jünger an, und damit eben auch auf den Krieg, an dem der Autor von Anfang an und beinahe bis zum Schluß teilgenommen hat.

Allerdings ist für ihn der Krieg zwischen den Staaten und Nationen nur ein sekundäres Phänomen, ein Akzidens, dessen Essenz viel tiefer und weiter reicht: "Der Krieg, soweit er zwischen den Nationen spielt, stellt doch nur die grobe Kulisse dar – um andere, gefährlichere Preise geht der Kampf", notiert Jünger anläßlich seines Besuchs bei seinem inhaftierten Sohn Ernst.[21] Die "große Partie" spiele "zwischen dem plebiszitären Demos und den Resten der Aristokratie."[22] Jünger begreift den Krieg als überdimensionierten Bürgerkrieg. Der Weltkrieg ist für ihn ein Weltbürgerkrieg. Dessen Schlüsseldaten sind die Jahre 1789 und 1914. Es ist nicht nur die Ritterlichkeit, deren Verlust Jünger beklagt – und es ist immer wieder verwunderlich, wie sehr er sie noch im Ersten Weltkrieg zu erkennen meint –, es ist schließlich der Verlust jeglicher verbindlicher sozialer Ordnung, der für ihn entscheidend ist.

Das erlaubt ihm, den globalen Konflikt zwischen den Mittelmächten und den Alliierten, wenn man so will auch den Konflikt zwischen Ostblock und westlicher Welt, auf den Konflikt zwischen Populisten und Aristokraten zu reduzieren, ohne die Parteien eindeutig zuzuweisen. Deren fiktionale Exponenten sind der Landvogt auf der einen und der Prokonsul auf der anderen Seite. Beide Seiten versuchen, in den leeren Raum vorzustoßen, die der abwesende Regent als deus absconditus gelassen hat. Zum Zeitpunkt, zu dem die Handlung des Romans einsetzt, besteht ein Patt zwischen den Parteien, das sie immer wieder aufs neue aufzulösen versuchen. Mit unterschiedlichen Mitteln.

Der Prokonsul, dessen aristokratische Erscheinung bereits zitiert worden ist, hält es mit den "Institutionen, dem Staat, dem Heer, der Kirche, der wohlgegliederten Familie und den Familien aus dem Burgenland"[23] – was immer mit dem letzten Landstrich gemeint sei, hochrangig und vorbildlich ist es in jedem Fall. Der Landvogt jedoch, eine schwere, wortgewaltige Gestalt, manövriert seinerseits mit den Menschenmassen: "Dem Landvogt war das Wort das elementare Mittel, der Feuerstoff, aus dem sich die Politik gebiert."[24] Seine Stimme kennt jeder, es ist "die Stimme, die in den Arenen die Massen beschworen und gebändigt hatte und dann begeistert zum Orkan. Sie glich den Schwingen der großen Vögel, die der Sturmwind schult. Es war die Stimme, die man an den Tagen der Leidenschaft auf jedem Platz, in jedem Haus hörte und die das Volk in seinen Tiefen erzittern ließ, als ob das

[21] Ebd. S. 384.
[22] Ebd. S. 379.
[23] Jünger: *Heliopolis*. S. 231.
[24] Ebd. S. 231.

Schicksal sich mit dem Wort verbündete. Und selbst im lässigen Gespräch war nicht zu überhören: der Träger kannte ihre Macht."[25]

Der Handlungsentwurf des Romans dient jedoch nicht der Exposition des Widerspruchs zwischen den Repräsentanten der alten wie der neuen Macht. Jünger hat wohl der Aristokratie Legitimität zugestanden, während ihn die Legitimation der populistischen Diktatoren durch das Plebiszit anscheinend immer wieder verstört hat. Er hat zudem, wie sich an der Linie sehen läßt, die eine Reihe von Figuren verbindet – also den Prokonsul, de Geer oder den Piloten Phares – und die mit denen seines Waldgängers übereinstimmen, in diesem Typus eine positive Option gesehen. Jünger drängt jedoch die Opposition seiner Gegenwart in *Heliopolis* weitgehend zurück. Es ist ihm offensichtlich nicht um den großen Konflikt zu tun, den "Weltenbrand", der chronologisch vor der Szenerie von *Heliopolis* liegt. Das doppelte Moment von avancierter technischer Ausstattung und anachronistischen Verhaltensweisen, die die Lektüre des Romans so befremdlich macht, dient ihm der Verfremdung, der Distanzierung von seiner Gegenwart und der jüngeren Vergangenheit. Es ist nicht die Extremform des Krieges, die ihm schildernswert, d.h. wohl zentral erscheint. Kesselschlachten, Blitzkriege, Menschenvernichtungen scheinen schon im Tagebuch nur gelegentlich auf. Die Gewalttätigkeit, das spezifisch Inhumane dieses zweiten Krieges packt er in jene Roman-Passagen, in denen das lemurenhafte Labor des Dr. Becker geschildert wird.

Zentral hingegen scheint ihm die Gefährdung der persönlichen Sicherheit im politischen Schacher zu sein, die Bedenkenlosigkeit, mit der Menschenleben auf beiden Seiten abstrakten oder politischen Zielen geopfert werden, die jenseits von Recht und Humanem stehen. Nicht der Nationalsozialismus ist für ihn Essenz und nicht der Krieg.[26] Beides ist ihm Akzidenz, Wirkung, deren Ursache und letzter Grund im Verfall der Ordnung zu finden ist und in ihrer Ersetzung durch die Willkür des Nihilismus. Rettungsanker dagegen sind ihm, dem Sturmtruppführer des Ersten Weltkriegs, nach dem Zweiten interessanterweise die Kirchen. Eine Lösung, die in der westdeutschen Restauration schließlich ein Echo finden wird.

[25] Ebd. S. 230.

[26] Insofern ist hier Jörg Sader zu widersprechen, der meines Erachtens Jüngers Ablehnung der Massenornamente und Massengesellschaft zu einseitig auf die Erfahrung des Nationalsozialismus zurückführt. Jörg Sader: *Im Bauche des Leviathan. Tagebuch und Maskerade. Anmerkungen zu Ernst Jüngers "Strahlungen" (1939-1948)*. Würzburg 1996. S. 22.

Rainer Rother

'Kriegserfahrung' im Heimatfilm

The German 'Heimatfilm' *was the most successful film genre during the fifties. Invariably it used typical elements like songs, untouched landscapes and a love story as its central elements. Film history has considered the* 'Heimatfilm' *mainly as a very poor and definitely escapist form of popular cinema. But nonetheless the genre vaguely conveyed certain living conditions of its audience. The characters of fugitives from the former eastern parts of Germany and those of ex-soldiers in particular referred to the experience of war. Consequently, this experience was represented as an experience of victimisation.*

Der Heimatfilm genießt bei den Filmhistorikern keinen guten Ruf.[1] Zwar gilt er als ein immerhin bemerkenswertes Phänomen deshalb, weil er für ein Jahrzehnt, in den fünfziger Jahren, ein enorm populäres Genre bildete. Außer seinem Erfolg an der Kinokasse hat er allerdings nach übereinstimmendem Urteil keinerlei Meriten aufzuweisen. Wir haben es also mit einem Korpus zu tun, der in einem zeitlich eng begrenzen Rahmen entstanden ist und der ausschließlich im deutschsprachigen Raum vorkam: Der Heimatfilm ist vor allem ein Genre der Bundesrepublik, Österreichs und kaum noch der Schweiz.[2] Es handelt sich um Filme, die auf diesem Binnenmarkt erfolgreich waren, aber keinerlei Exportchancen besaßen.

Die Heimatfilme sind für ein vergleichsweise überschaubares Publikum gemacht und von ihm vor allem in den fünfziger Jahren, mit Ausläufern bis

[1] Ulrich Gregor, Enno Patalas: *Geschichte des Films*. Bd. 2. Reinbek bei Hamburg 1989 ignorieren das Genre infolge ihrer, allerdings auch nicht sonderlich detailliert begründenden Konzentration auf "ästhetisch wertvolle" Filme ganz. Fritz Göttler: Westdeutscher Nachkriegsfilm. Land der Väter. In: Wolfgang Jacobsen, Anton Kaes, Hans Helmut Prinzler: *Geschichte des deutschen Films*. Stuttgart, Weimar 1993. S. 171-210, widmet dem Genre nur ein par Bemerkungen allgemeinster Art. Claudius Seidl: *Der deutsche Film der fünfziger Jahre*. München 1987, widmet dem Heimatfilm ein eigenes Kapitel. Er setzt ihn in Beziehung zum Western, um Unterschiede zu markieren. Von allen Heimatfilmen ist es *Rosen blühen auf dem Heidegrab* von Hans H. König (1952), der bei ihm die beste Bewertung erfährt.

[2] Vgl. Martin Schlappner, Martin Schaub: *Vergangenheit und Gegenwart des schweizer Films (1896-1987)*. Basel, Frankfurt a.M. 1987: "Der Blick für die Auswertung dieser Filme war eindeutig auf die Bundesrepublik Deutschland gerichtet, wo in den fünfziger Jahren der Heimatfilm in voller Blüte stand und formal wie vielfach auch personell die Kontinuität des älteren und damit auch des nationalsozialistischen Unterhaltungsfilms betrieb" (S. 39f.).

etwa 1965, durchaus auch geschätzt worden, wobei die frühe Phase die größten Erfolge verzeichnet. Was nun jedem Betrachter von Heimatfilmen vor allem auffällt, ist ihr eskapistischer Charakter. Tatsächlich dürfte für den Erfolg der Heimatfilme gerade der vom Genre mit spezifischen Elementen garantierte Unterhaltungswert verantwortlich sein und nicht eine von der populären Form geleistete 'Bearbeitung' von Problemen oder Wünschen der Zuschauer. Insofern ist das Eskapistische zwar ein für die Interpretation wichtiger Hinweis auf eine Funktion dieser Filme in der Nachkriegsgesellschaft – es ist aber auch ein ausgesprochen vager Hinweis. Denn der Heimatfilm teilt diesen Eskapismus mit anderen populären Genres, deren Reiz weniger in – mehr oder weniger verdeckten – Bezügen zur Gegenwart besteht, als in der hartnäckigen Konzentration auf solche Elemente, die einem Unterhaltungsbedürfnis entgegenkamen.

Als besondere Unterhaltungselemente des Heimatfilms lassen sich seine Schauwerte bezeichnen. Kurz gesagt: Sie alle bestehen "aus tröstlichen Bildern von Feldern, Wäldern und völlig unzerstörten Dörfern"[3]. Auf dieser allgemeinen Ebene gilt der Heimatfilm deswegen vor allem als Substitut: Auf der Leinwand zeigt der zumeist farbige (wenn nicht bunte) Film eine Welt, die mit der Realität des zerstörten Nachkriegsdeutschlands nichts zu tun hatte. Statt zerstörter Städte – Dörfer in blühender Landschaft, statt Notunterkünften und Provisorien – große Bauernhöfe, statt einer von den Kriegsfolgen in fast jeder Hinsicht durcheinandergewirbelten Gesellschaft – eine traditionelle, fast ahistorische Gemeinschaft mit durchweg intakten Beziehungen.

Neben diese Schauwerte treten im Heimatfilm weitere: Die Naturaufnahmen, die als 'stock shots' in die Handlung vor allem der in den Alpen spielenden Filme eingestreut sind sowie die Gesangsnummern. Die Naturaufnahmen lassen sich als Bestätigung des eskapistischen Zuges lesen, da sie nicht wirklich in die Handlung integriert erscheinen – was aber auch als Folge der Produktionsumstände gedeutet werden kann. Stock shots sind einfach zu integrieren, billig herzustellen und ergänzen die Handlungen insofern als diese nur selten die Notwendigkeit konstruieren, Filmfiguren zusammen mit dem Wild auftreten zu lassen. Die Gesangsnummern ihrerseits relativieren die Bedeutung der Narration: Sie mögen weniger ausgefeilt choreographiert sein als in anderen Genres, musikalisch dürftig zudem, sind aber zweifellos Nummern, die eine gewisse Selbständigkeit aufweisen und den Fluß der Erzählung unterbrechen, was offensichtlich die Zustimmung des Publikum fand.

[3] So Eric Rentschler: Deutschland. Das 'Dritte Reich' und die Folgen. In: Geoffrey Nowell-Smith (Hrsg.): *Geschichte des internationalen Films*. Stuttgart, Weimar 1998. S. 346. Rentschler stimmt in seinem Urteil für diese einbändige Geschichte des internationalen Films den Urteilen zu, die in deutschen Filmgeschichten und Spezialuntersuchungen auch vorherrschen.

All dies zusammen genommen, kann man sagen: Heimatfilme sind in der Regel ästhetisch anspruchslose Produkte einer (provinziellen) Filmindustrie, die in der Folge der ersten Kassenschlager[4] bestimmte Zutaten in wenig variierter Zusammensetzung immer weiter auf den Markt brachte, bis die Welle schließlich beim Publikum keinen Anklang mehr fand.

So dürftig nun das Genre in den allermeisten Produkten ausfällt, so grundsätzlich eskapistisch es seine Erzählungen ausführt: Der Heimatfilm ist damit allein nicht gekennzeichnet. Es gibt wenigstens Versuche, an die Erfahrungsrealität des Publikums anzuknüpfen. Das geschieht sicher nicht in dem Bestreben, Problembewußtsein zu erzeugen oder eine Selbstreflexion zu provozieren. Aber ohne mindestens vage Bezüge zur Lebenswirklichkeit wäre der doch immense Erfolg möglicherweise nicht so dauerhaft gewesen. Zu diesem Aspekt des Heimatfilms gibt es Untersuchungen, die ihn mit Erkenntnisgewinn von den Vorgängern abgrenzen und dem nur scheinbar sehr ähnlichen Genre des Bergfilmes kontrastieren.[5]

Heimatfilme schließen demnach weder die Zeichen noch die Vehikel der Modernisierung aus. Die Handlungsorte sind nicht von modernen Verkehrs- und Kommunikationsverbindungen abgeschnitten, die Geschichten konstruieren den grundlegenden Koflikt in der Regel nicht zwischen Einheimischen und Fremden oder zwischen traditionsbewußten und von den Verführungen der Zivilisation verführten Figuren. Heimatfilme stellen, mit anderen Worten, Stadt und Land nicht in eine antagonistische Relation und sie beruhen in ihrer Figurenkonstellation nicht auf dem Gegensatz von Einheimischen und Fremden. Zwar können sie diese Themen aufgreifen, aber sie definieren mit ihnen kein narratives Schema, das auf dem Ausschluß des einen Antagonisten beruhte.

Insofern sind Nachkriegs-Heimatfilme also gewissermaßen ‘offener’ als die Vorgänger während des Nationalsozialismus. Sie sind auch in einer ebenso eingeschränkten Bedeutung ‘realistischer’ als etwa die Bergfilme, denn sie definieren ihre Welt nicht nach dem Muster dieses Genres. Die Natur im Heimatfilm ist nicht erhaben, sie ist eher nützlich oder touristisch bestimmt. Die Figuren müssen den Anforderungen der Natur nicht durch sportliche Spitzenleistungen und körperliche Strapazen bis hin zu Selbstüberwindung und -auslöschung begegnen. Sie dürfen sie, im Extremfall, sogar als Schauwert selbst genießen.

[4] *Schwarzwaldmädel* (1949) und *Grün ist die Heide* (1950) Regie: Hans Deppe.

[5] Vgl. Willi Höfig: *Der deutsche Heimatfilm 1947-1960*. Stuttgart 1973 sowie: *Der deutsche Heimatfilm. Bildwelten und Weltbilder*. Hrsg. von Projektgruppe deutscher Heimatfilm unter der Leitung von Wolfgang Kaschuba. Tübingen 1989. Außerdem Gerhard Bliersbach: *So grün war die Heide*. Weinheim, Basel 1985. Thomas Jacobs: Der Bergfilm als Heimatfilm. In: *Augenblick* H. 5/1988. Georg Seeßlen: Der Heimatfilm. Mythologie eines Genres. In: Christa Blümlinger (Hrsg.): *Sprung im Spiegel. Filmisches Wahrnehmen zwischen Fiktion und Wirklichkeit*. Wien 1990.

Die Heimatfilme sind daher als eine 'Kompromißleistung' beschrieben worden.

> This idea of compromise is key to the processes of connection that take place within the 1950s films, where the standard narrative dynamic of the outsider in the *Heimat* is often emblematic of a reconciliation between the traditional and the modern.[6]

Mit dieser Beschreibung läßt sich ein Großteil der Besonderheiten des Genres in der Tat fassen als Genre, das auf eine unübertrefflich vage Weise auf die Gegenwartsgesellschaft bezogen ist. In einem Punkt jedoch scheinen nicht einmal die Qualitäten des 'Vagen' oder die Lösungen des 'Kompromisses' realisierbar. Dieser Punkt ist das Verhältnis des Genres zur Vergangenheit.

> Indeed, one of the most immediately striking features of any *Heimat* film is the absence of reference to recent German history and actual postwar problems. [...] In their presentation of characters among untouched and brightly coloured landscapes they elide the twelve years between 1933 and 1945, tapping into a more distant and harmless history represented by innocent regional traditions.[7]

Diesem Befund stimmen andere Autoren und Autorinnen zu: Ursula von Keitz kontrastiert eine bestimmte erzählerische Struktur in dem Film *Bergkristall* (Regie: Harald Reinl, 1949) mit dem Genre: "der Heimatfilm der fünfziger Jahre eskamotiert diese Probleme ganz oder verschiebt sie", nämlich den "Umgang mit der individuellen Schuld am Tod von Menschen und das Problem der Repräsentanz des Vergangenen".[8] Im Sinne einer direkten Adressierung – und damit in klarem Gegensatz zu den besseren Beispielen des 'Trümmerfilms' der Jahre bis 1949 – fehlt die Thematisierung von Schuld oder der Verweis auf die Vergangenheit im Genre des Heimatfilms sicherlich. Man muß aber hinzufügen, daß dies nach der bisherigen Kennzeichnung des Genres nicht überrascht. Es wäre, im Gegenteil, höchst irritierend, wenn es ausgerechnet in diesem Fall von der eskapistischen Grundhaltung, die es allen möglichen Konfliktfeldern gegenüber pflegt, abgehen würde. Dennoch gibt es 'Vergangenheit' und sogar 'Schuld' durchaus in einigen Beispielen des Heimatfilms – und wiederum in der kennzeichnenden Vagheit der Verweise.

Tatsächlich könnte man sagen, daß jedenfalls am Beginn der Heimatfilm-Welle ein ausgesprochen expliziter Bezug auf eine spezifische Art von

[6] Ted Rippey, Melissa Sundell, Suzanne Townley: "Ein wunderbares Heute": The Evolution and Functionalization of 'Heimat' in West German *Heimat* Films of the 1950s. In: Jost Hermand, James Steakley (Hrsg.): *Heimat, Nation, Fatherland. The German Sense of Belonging*. Frankfurt a.M. u.a. 1996. S. 140.

[7] Ebd. S. 144f.

[8] Ursula von Keitz: Reviere und Reservate. Natur als Projektionsraum im Heimatfilm der fünfziger Jahre. In: Jan Berg, Kay Hoffmann (Hrsg.): *Natur und ihre filmische Auflösung*. Marburg 1994. S. 121f.

'Kriegserlebnis' auffällt. Denn *Grün ist die Heide* – sicherlich der erste Erfolg, in dem die typischen Elemente des Genres alle in paradigmatischer Weise versammelt sind – nimmt die Flüchtlings-Problematik und damit auch einen bestimmten Bezug zur Vergangenheit auf. Irmgard Wilharm hat auf die konstitutionelle Schwäche dieses Bezuges hingewiesen: "Die Geschichtslosigkeit, die die Gründe für Flucht und Verlust ausläßt, entspricht dem Heimatfilm."[9] Gerade in dieser 'Geschichtslosigkeit', in der Weigerung, die Folgen des Krieges mit Überlegungen zu der Entstehungsgeschichte dieser als 'Opfer' definierten Folgen zu belasten, besteht der Bezug auf Geschichte im Heimatfilm. Das ist nur scheinbar ein Paradox: Ein absolut gegenüber dem 'Kriegserlebnis' abgedichtetes Genre hätte einen wesentlichen Punkt, an Zuschauererfahrungen anzuknüpfen, nicht genutzt. Die Anknüpfung selbst kann dabei jedoch keineswegs über die Vagheit sonstiger Gegenwartsbezüge des Genres hinausgehen – und sie kann nicht über die Form der 'Vergangenheitrepräsentanz' hinausgehen, die von der Mehrheit der Zuschauer auch akzeptiert werden konnte.

Diese Repräsentanz des Vergangenen folgt den Forderungen des populären Genres darin, daß die thematischen Züge auf Geschichte weitgehend der Verharmlosung, Individualisierung und Verdrängung von Schuld entsprechen. Während die meisten Heimatfilme der Nachkriegszeit 'Kriegsbewältigung' nur in der abstrakten Negation betreiben und an den Krieg möglichst weder in Andeutungen noch durch Darstellung seiner sichtbaren Folgen erinnern, gibt es in einigen Beispielen des Genres abweichende und explizitere Beziehungen zu Krieg und Kriegserlebnis.[10] In diesen Fällen bezieht sich der Heimatfilm mit zwei erzählerischen Typen auf Vergangenheit, näm-

[9] Irmgard Wilharm: Der Heimatfilm in Niedersachsen. In: Bernd Weisbrod (Hrsg.): *Von der Währungsreform zum Wirtschaftswunder*. Hannover 1998. S. 54.

[10] Es ist auffällig, daß dieses Genre fast nie in irgendeiner Form "zurückblickt", es ist sozusagen ein Genre ohne Rückblenden. Eine auch in manch anderer Hinsicht bemerkenswerte Ausnahme ist *Rosen blühen auf dem Heidegrab*, in dem eine Rückblende in die Zeit des Dreißigjährigen Krieges führt und von der Vergewaltigung einer Dorfbewohnerin durch einen schwedischen Offizier erzählt. Die Vergewaltigung wiederholt sich in der Handlungsgegenwart, auch hier versucht das Opfer, den Peiniger in das Moor zu führen. Doch diesmal werden beide gerettet. Der Film ist auch sonst nicht typisch auf Genrestrukturen festgelegt. Es handelt sich um eine scharz/weiß-Produktion, im Grunde ein 'b-picture', das mit expressiven Licht aufwartet und die Heidelandschaft nicht schön, sondern bedrohlich zeigt. Die Gesangsnummern sind extrem reduziert und motiviert eingeführt etc. Kurz, der Film ähnelt eher dem 'melodramatischen' Typus der 'Dorfgeschichte' als den zeitgenössischen Heimatfilmen. Zum Film vgl. Seidl: *Der deutsche Film der fünfziger Jahre*. Ohnehin sind Filme, die auf die 'vage' und verlogene Beziehung auf die zu beschönigende Gegenwartsproblematik verzichten, interessanter als das Gros der Produktion. Das gilt auch für die Literaturverfilmungen (teilweise in Nachfolge von Filmen, die schon vor 1945 das Thema aufgriffen) wie *Das Mädchen vom Moorhof* (Regie: Gustav Ucicky, 1958).

lich in der Thematisierung der Flüchtlingsproblematik und im Hinweis auf das Kriegserlebnis von Soldaten. Es geht dabei also um die zivile wie die militärische Variante einer Geschichtskonstruktion, die nicht auf das Vergangene selbst zielt, sondern ausschließlich darauf, wie es in der Gegenwart begriffen und vor allem für das eigene Selbstbild kompatibel konstruiert wird. Deswegen 'verarbeiten' Heimatfilme auch in keinem Fall Vergangenheit – etwa in dem Sinne, daß sie in der Zeit zwischen 1933 und 1945 spielen würden, oder gar, daß Ereignisse aus dieser nationalsozialistischen Vergangenheit in irgendeiner Form die narrative Konstruktion von Konflikten prägen würde. Es gibt nur eine Form, in der das Genre sich auf Vergangenes bezieht: Es beschränkt sich auf eine (oft genug knappe oder gänzlich indirekte) Thematisierung der Erinnerungsvarianten, in denen Vergangenes akzeptiert wird.

Die bei weitem häufigere Erinnerungsvariante ist dabei die der Flüchtlinge. Irmgard Wilharm verweist darauf, wie wenig die Darstellung der Flüchtlinge im Heimatfilm mit der Anpassungsleistung und den Konflikten zu tun hat, die in der frühen Nachkriegszeit kennzeichnend waren. Und sie zeigt, daß der Bezug auf die Vergangenheit sich ausschließlich auf den Verlust reduziert. Das hat für das Genre zwei Konsequenzen: Der Flüchtling ist nie die wirklich problematische Figur, allenfalls aufgrund von Mißverständnissen kann er als Bedrohung der Gemeinschaft wahrgenommen werden. Und: Der Flüchtling bezieht sich auf den Verlust unter dem Gesichtspunkt des Opfers, das er persönlich erlitten hat. Nur selten wird die Erzählung wieder so ausführlich auf diese Problematik eingehen wie in *Grün ist die Heide*. Doch der Verweis auf den Status als Flüchtling, der sich oft auf eine Andeutung verknappt, kommt in sehr vielen Heimatfilmen vor und aktualisiert diese Struktur.

Ein paar Beispiele dazu: Noch in *Wilde Wasser* (Regie: Rudolf Schündler, D/Ö 1962) gibt es nicht nur eine Köchin, die durch ihren Dialekt als Flüchtling gekennzeichnet ist und die als eher komische Figur funktioniert, sondern auch die Hauptfigur Magdalena, die als 'Gouvernante' bei einem Baron in Österreich arbeitet. Als der einmal in einem Gespräch sagt: "Da leben wir beide ein halbes Jahr unter einem Dach und eigentlich weiß ich überhaupt nichts von Ihnen" antwortet ihm Magdalena: "Sie wissen doch alles vom mir, ich bin aus Ostpreußen, meine Eltern hatten ein Gut, fast so schön wie Ihres." Natürlich läuft dies auf einen Heiratsantrag des älteren Mannes hinaus. In der Story aber wendet sich alles zum Guten, Magdalena findet ihr Glück mit dem jüngeren, sehr geschäftstüchtigen Thomas, der auch, anders als der Baron, nichts Anstößiges daran findet, daß Magdalena bereits ein Kind hat.[11]

[11] Unvollständige Familien sind im Heimatfilm eher die Regel als die Ausnahme, wobei die Geschichte selten über die Gründe für diese Familiensituation aufklärt. Und es sind nur die bornierteren Vertreter der älteren Generation, die mit diesen variierten 'Unvollständigkeiten' ihre Probleme haben. Zu tragischen Ausgängen

Flüchtlingsfiguren kommen im Heimatfilm in ganz verschiedener Gestalt vor. In *Wenn am Sonntagabend die Dorfmusik spielt* (Regie: Rolf Schündler, 1953) gibt Rudolf Prack einen Holzfäller, der aus den 'verlorenen Ostgebieten' stammt und selbstverständlich schon bessere Zeiten gesehen hat. Selbst der *Förster aus dem Silberwald* (Regie: Alfons Stummer, Ö 1954) muß sich, als er gegen das Fällen von Bäumen protestiert, als Nicht-Dazugehöriger bezeichnen lassen:

> Förster: Grüß Gott, Erpleder, auf dem Weg zum Silberwald, was? – E: Ja, warum? – F.: Wie kann man denn dort schlägern, Ihr vergrämt ja das ganze Wild. – E: Die Gemeinde hat einen Kahlschlag angeordnet. – Junge: Und die Fütterung? – E: Die könnt's ja woanders hinstellen. – F: Der Silberwald ist der beste Schutz fürs Wild wenn's stürmt. – E: Was geht mich Euer Wild an? – F: Sehr traurig, wenn Sie als Forstmann so denken. E: Wenn ich ein Zugereister wie Sie wäre, dann täte ich mich nicht um fremde Angelegenheiten kümmern.

Bei der nur angedeuteten Form der Verweise auf Flüchtlinge muß es meist jedoch nicht bleiben. In *Heimat Deine Lieder* (Regie: Paul May, 1959) steht an zentraler Stelle ein Abend für die Flüchtlinge. Er wird als Gelegenheit für die Kinder eines SOS-Kinderdorfes angekündigt, ihre Fähigkeiten als Chor zu demonstrieren: "Im Heidekrug ist heute ein Flüchtlingsabend, da singen unsere Kinder zum ersten Mal vor Publikum". Der Abend erfreut das Publikum neben den Gesangsdarbietungen vor allem durch eine Dia-Schau mit Bildern aus Städten und Landschaften: "Und nun werden wir ein paar Bilder aus der alten Heimat sehen."

Flüchtlinge sind ein integraler (wenn auch kein unverzichtbarer) Bestandteil der Heimatfilme. Immer geht es darum, die Integration als gelungen zu beschreiben, nie geht es um die Probleme zwischen den Alteingesessenen und den Neuankömmlingen, nie vorrangig um die wirtschaftliche Situation beider Gruppen, nie um 'Wohnraumbewirtschaftung' oder Konfessionsunterschiede. Die Heirat zwischen Einheimischen und Flüchtlingen, die letztlich als in bereits funktionierender Gemeinschaft zusammenlebend vorgestellt werden, ist die Lösung, die in den Filmen fast unvermeidlich eingeschlagen wird. Und hier, in der Heirat, werden oft soziale Unterschiede problemlos überbrückt, ohne daß sie nachdrücklich thematisiert würden. Das verweist erneut auf den 'Kompromißcharakter' der Filme und ist ein Grund dafür, daß ihre Überzeugungskraft nicht die Gewalt des Melodrams oder auch der 'Dorfgeschichte' erreicht, wo diese Unterschiede narrativ von Belang sind und daher auch zu entscheidenden Konsequenzen für die Figuren führen können.

Die verlorene Heimat ist in den Heimatfilmen kein Ziel, zu dem es die Flüchtlinge zurückziehen würde. Wünsche nach Rückwanderung, Reklamationen des Verlorenen als 'Eigenes' unterbleiben. Die Flüchtlinge sind dort,

führt auch das uneheliche Kind in diesen Filmen nicht. Die Heirat gibt ihm einen neuen Vater.

wo sie sind, (vorgeblich) zufrieden. Die 'alte Heimat' ist für die Älteren mitunter ein Gegenstand trauernden Andenkens, aber auch für sie kein realistisches Ziel mehr. Dort, wohin es die Flüchtlinge verschlagen hat, ist nun die 'neue Heimat', ganz wie es Lüder Lüdersen in *Grün ist die Heide* schon fast programmatisch erklärte, als er die Heide als seine zweite Heimat, die ihm durch Güte und Verständnis der Einheimischen zuteil geworden war, bezeichnete.

> *Heimat* is more an intersubjective psychological phenomenon than a mystical tie to the earth: they are able to create a sense of belonging through a process of integration into a set of social relationships. Their 'Bindung' does not serve to demonstrate irreconcilable dichotomies between the *Heimat* and the foreign, but rather represents a circumvention of the conflict through emotional resolutions. The land itself is important only to the extent that it facilitates the formation of these relationships.[12]

Das Fehlen expliziter, gar revanchistischer Orientierung 'zurück' bedeutet nun nicht, daß die Flüchtlinge oder überhaupt die Figuren des Films, als anspruchslos gegenüber dem Verlorenen erscheinen. Im Gegenteil: Der vollständige Verzicht, die neue Situation in einer anderen Beziehung als der des Verlustes zu denken, ist offenkundig. Dabei mag sogar eine gewisse Lakonie in der Feststellung der verlorenen Güter und Reichtümer vorhanden sein, wenn es auch öfter eine Klage wird. Daß der Verlust in irgendeiner Form Resultat von historischen Prozessen, seien sie ungerecht oder nicht, sein könnte, fällt aus dieser Beziehung 'des Verlusts' vollkommen heraus. Implizit bleibt das Riesengebirge ein 'deutsches Gebirge'.[13] Es gibt daher einen gewissen Widerspruch in diesen Filmen: Einerseits demonstrieren sie mit nicht unbeträchtlichem Aufwand eine Art der Integration von Flüchtlingen, die so in den fünfziger Jahren gar nicht stattgefunden hatte und verweisen damit auch auf eine stabilisierte Situation, in der bereits alles, was an Wünschen gehegt werden kann, als vorhanden erscheint.[14] Andererseits ist jeder Verweis auf Folklore, auf Lieder oder Kultur, jeder Hinweis auf das wenige, was gerettet, das viele, das zurückgelassen wurde, selbstverständlich im Kontext der Zeit auch ein Anspruch. Der Heimatfilm schafft es damit, die Realität in seinen Bezügen sowohl schönzuzeichnen wie vage gegenüber der Möglichkeit zu öffnen, die 'verlorenen Gebiete' nicht endgültig preiszugeben. Er kann dies nur, weil er selbstverständlich jede auch nur halbwegs genaue Frage nach dem, was diese 'Vergangenheit' eigentlich war, vollständig ausklammert und damit auch die Flüchtlinge abstrakt zu Opfern setzt.

[12] Rippey: *"Ein wunderbares Heute"*. S. 142f.

[13] Vgl. dazu Wilharm: *Der Heimatfilm in Niedersachsen*. S. 55.

[14] Offenkundig ist das ein versöhnlerischer Aspekt der Erzählung, in dem die realen Unterschiede, z.T. sogar Feindschaften zwischen Flüchtlingen und Einheimischen negiert werden.

Das verbindet diese Thematisierung des Kriegserlebnisses mit den deutlich weniger häufig feststellbaren Bezügen zur soldatischen Erfahrung. In *Heimat, deine Sterne* (Regie: Hermann Kugelstadt, 1951) gibt es, unmittelbar nachdem in der Filmhandlung ein Wilderer zugeschlagen hat und entkommen ist, eine Szene, die, von Zitherklängen erfüllt, durch ein Bergpanorama verschönt ist. Die Klänge hörend, die Landschaft ebenso wie seine zitherspielende Verlobte betrachtend, sinniert "Loisl", der Förster:

> Überall wo ich mit dem Franz war, in Norwegen droben und dann in Afrika – war das unser Lieblingslied. Heimat, das sind die Berge und der Wald und der See da drunten. Da haben wir beieinandergesessen und uns nach hier zurück geträumt. Alles haben wir überstanden miteinander, und da kommt so ein feiger Lump daher und [...].

Der unvollendete Satz ist sprechend genug: Der Lump ist der Wilderer und hat gerade seinen Freund, Franz, erschossen, als der ihn stellen wollte. Der Wilderer ist eindeutig die größte Gefahr, die der gehegten Umgebung der Heimatfilme droht. Und schlimmer offenbar als alles, was der "Loisl" erlebt – und vor allem 'überstanden' hat zwischen Sahara und Nordkap. Deshalb wäre es schad' um Berg, Wald und See, wenn der Wilderer davonkäme. Angesichts solcher Bedrohung ist das Vergangene nur noch Erinnerung. Es gibt aus dieser Erinnerung keinen Weg zu der Frage, was Franz und Loisl eigentlich nach Norwegen und Afrika gebracht hat, was sie dort und anderswo möglicherweise getan haben.

Die Kriegserinnerung ist im Heimatfilm auf die dünnste mögliche Form gebracht: Sie besteht eigentlich ausschließlich darin, daß es in der Vergangenheit etwas gab, das kaum benannt wird, das nicht einmal einen Namen hat und das doch ganz anders war als die Handlungsgegenwart. In *Der Förster vom Silberwald* ist der Bildhauer als Städter und abstrakter Künstler gleich mehrfach als nichtzugehörig bezeichnet. In diesen strikten Antagonismen ist Stummers Film eher untypisch. Der Bildhauer möchte jagen, fühlt sich aber nicht recht eingeladen und in einem Gespräch mit der Kellnerin der Dorfgaststätte beklagt er sich darüber. Die bietet ihm ein Gewehr an und fragt sicherheitshalber, schießen könne er doch. "Das mußten wir doch alle einmal lernen", lautet die Antwort.

Die Kriegserinnerung, hier mit einem gewissen bitteren Unterton ausgesprochen, bleibt in den anderen Filmen, in denen sie überhaupt zur Sprache kommt, unproblematisch. In *Am Brunnen vor dem Tore* gibt es sogar eine Szene, in der die Kriegserinnerung durchaus positiv geprägt ist. Zwischen einem Fremden, Robert Murphy, der bei einem Tankstellenbesitzer, Kurt Kramer, ein seltsames Erinnerungsstück bemerkt, entspinnt sich folgender Dialog:

> R.M: Aber sagen Sie mal, das ist doch von einem englischen Jäger? – K.K.: Ja, Spitfire. – R.M.: Und wie kommen Sie dazu? – K.K.: Och, das ist eine lange Geschichte. – R.M.: Sie, das interessiert mich, erzählen Sie doch. – K.K.: Ja, das

> war bei meinem 25. Einsatz, da lag ich im Kampf mit einem englischen Jäger. Ich hatte seine Maschine schwer getroffen und er mußte weit hinter unseren Linien runter. Ich landete dicht neben ihm und sah, daß er in der brennenden Maschine eingekeilt war und er wäre elend in den Flammen umgekommen, wenn ich ihn nicht herausgeholt hätte. Jo, und dann kamen unsere Sanitäter und brachten ihn ins Lazarett und ich hab mir das Ding da mitgenommen. – R.M.: Und Sie wissen nicht, wer dieser Engländer war und was aus ihm geworden ist? – K.K: Nein, leider nicht. Ich weiß nur, daß er wieder völlig gesund geworden ist. – R.M. Na, dann sehen Sie mich mal genau an, dieser Flieger bin ich.

Weniger strahlende heroische Erinnerungen führen dazu, daß die Figuren sich sozusagen verstecken. In *Heimat Deine Lieder* ist ein besonders gut singender Junge in dem die sängerischen Fähigkeiten fördernden SOS-Kinderdorf, wie sich schließlich herausstellt, gar keine Waise. Aber sein Vater hat ihn in das Heim gegeben, weil er glaubte, nicht gut genug für ihn sorgen zu können, vor allem nicht mehr als Vorbild zu taugen. Doch der Junge findet seinen Vater. Er ist kriegsblind, als Resultat eines "Volltreffers beim 8-Tonner", wie er dem Sohn erzählt. Kriegsversehrte Männer tauchen in den Heimatfilmen sonst nicht auf, wie ja überhaupt der Krieg kaum wahrnehmbare Spuren in dem Genre hinterlassen hat. Allenfalls können die unvollständigen Familien als ein, allerdings sehr indirekter Verweis, auf die Vorgeschichte gelten. Diese ist Geschichte des Opfers. Sogar in Geschichten von späten Heimkehrern, die aus dem Ausland wiederkommen und die dort z.B. als Ingenieur gearbeitet haben, könnte man den indirekten Verweis auf Soldatenerfahrungen finden.[15] Denn der Kern der Probleme dieser Rückkehrer besteht in der geliebten Frau, die sie zurückgelassen haben und die nun wiederzugewinnen sehr schwer, manchmal auch unmöglich, ist.

Selbst der 1960 hergestellte Film, *Wenn die Heide blüht* (Regie: Hans Deppe), behandelt verdeckt die Problematik. In der Dorfgaststätte gibt es dort über einen heruntergekommenen Gast folgenden Dialog:

> Was ist denn das für ´ne Type? – Na, das ist der alte Uhl. Der wohnt draußen in der Kate im Moor. Seit er da wohnt, sind dort die Hasen so gut wie ausgestorben. – Und das lassen sie zu? – Naja, was soll ich machen. Als Beamter bin ich noch nicht wieder eingestellt und in meinem alten Revier habe ich nichts zu sagen. – Nur Geduld, wird schon. – Wollen es hoffen. Es wird einem verdammt schwer gemacht, in seinem alten Beruf wieder Fuß zu fassen.

Die Filmhandlung datiert diese Klage eines ehemaligen Försters auf das Jahr 1950; in der Folge wird sich herausstellen, daß es sich hier nicht um einen mehr oder weniger schwer belasteten ehemaligen Nazi handelt, sondern um einen gerade aus der Gefangenschaft entlassenen Soldaten. Allerdings hält der Film noch eine Überraschung bereit: Der redliche Förster ist nämlich 1950 nicht ganz unschuldig am Tod eines Menschen gewesen – ein Unfall,

[15] So z.B. O.W. Fischer in *Tausend rote Rosen blühen* (Regie: Alfred Braun, 1952) oder Paul Hartmann in *Waldrausch* (Regie: Paul May, 1962).

gewiß, aber doch auch die Ursache vieler Verwicklungen. Um nun, die Filmhandlung ist im Jahr 1960 angelangt, wenigstens zu verhindern, daß ein Unschuldiger seinetwegen verurteilt wird, sagt der wieder als Revierförster eingesetzte Beamte aus.

> Richter: Sie sind des Totschlags angeklagt, einer Tat, die zehn Jahre zurückliegt. Zehn Jahre sind eine lange Zeit und so lange haben Sie geschwiegen, warum? – Förster: Tja, ich war damals gerade aus der Gefangenschaft zurückgekehrt und wartete auf meine Wiedereinstellung in den Staatsdienst. Und durch so eine Affäre wäre meine ganze Wiedereinstellung gefährdet gewesen. – R: Und was hat Sie bewogen, die Tat jetzt freiwillig zu gestehen? – F: Ein gewisses Schuldgefühl, das in den Jahren immer größer und größer wurde – obwohl ich in Notwehr gehandelt hatte.

Das Gericht erkennt, wie sollte es anders sein, auf Freispruch. Wieder einmal besitzt in der Story die Vergangenheit großes Gewicht, was einmal war, bedrückt die Figuren noch in der Gegenwart. Immer gilt im Heimatfilm dabei die Konzentration den eigenen Verlusten und Leiden. Heimatfilme handeln von deutschen *Opfern*, sie blicken mit Scheuklappen auf die Vergangenheit. Aber gerade diese Scheuklappen, das heißt dieser verfälschende, bewußt vage gehaltene Blick auf die Vergangenheit sichert dem Genre eine gewisse Übereinstimmung mit seinem Publikum. Die Heimatfilme gehen mit der Vergangenheit nicht anders um als die Zuschauer: Aber daß sie dies tun, gehört zum Pakt dazu. Neben den Schauwerten sind es wohl gerade die indirekten, kaum wahrnehmbaren, jedenfalls nicht offen adressierten Verweise auf die Vergangenheit des Krieges, die den Filmen den Erfolg sicherten. Das Genre betreibt wahrhaftig keine 'Problembewältigung', dafür aber gehört es als ein Teil zum Problem, wobei das Schweigen dieser Filme über Ursachen, der vollständige Verzicht auf Konkretheit, anders als z.B. in den vorausgegangenen halbherzigen "Trümmerfilmen", anders auch als in den später einsetzenden und offen die Geschichte verzerrenden Kriegsfilmen, zur Akzeptanz beigetragen haben mag.

Barbara Surowska

Wie war das Wunder des Überlebens möglich? Vom Treffen eines polnischen Juden mit einem deutschen Wehrmachtsoffizier im okkupierten Warschau 1944

Wladyslaw Szpilman, born in 1911, today a well-known pianist, is one of the very few survivors of the Jewish ghetto in Warsaw. Already selected for assassination in Auschwitz together with his family, he managed to save himself from deportation by hiding in the abandoned ruins of the former ghetto after the whole population had been 'evacuated' by the Nazis. The miracle of his survival was partly due to the help of a German army officer, Wim Hosenfeld. Fortunately, the diary of this German army officer about his war experiences in Poland between 18 January 1942 and 11 August 1944 survived. Parts of the diary could therefore be added to Szpilman's war memoirs, entitled Das wunderbare Überleben. *The combination of the memories of a holocaust survivor with those of a German army officer, telling two stories of two lives that are closely connected to each other, is a most valuable and rare historical document.*

Mein Thema werde ich anhand von zwei Texten behandeln, die es dank einer besonderen Konstellation von Umständen gibt, gleichsam durch Fügung des Schicksals.

Es sind Erinnerungen von Władysław Szpilman, einem Überlebenden aus dem Warschauer Ghetto, die den Zeitraum 1939-1945, d.h. die ganze Kriegszeit umfassen, sowie Aufzeichnungen des Wehrmachtsoffiziers, Wilm Hosenfeld vom 18. Januar 1942 bis zum 11. August 1944 aus seiner Armeezeit.

Der Szpilman-Text ist in der Erstausgabe in Polnisch bereits 1946, also kurz nach dem Krieg, erschienen. Die Aufzeichnungen Hosenfelds wurden erst 1998 in der deutschen Ausgabe der Erinnerungen Szpilmans, gleichsam als Ergänzung zu diesem Bericht publiziert. Das Buch, dessen erster Teil in wortgetreuer Übersetzung aus dem Polnischen Szpilmans Epopöe wiederholt, heißt dementsprechend *Das wunderbare Überleben* – der Titel der polnischen Originalausgabe lautete *Śmierć miasta: Der Tod einer Stadt.*

Wir schreiben das Jahr 1999 und so langsam sind uns aus den unterschiedlichsten Quellen – Literatur, Theater, Film und sonstigen Medien – viele Schicksale von Überlebenden des Holocausts bekannt. In den meisten Fällen entrannen Juden wie durch ein Wunder dem sicheren Tod. Sie hatten ihr Leben lang schwer daran zu tragen. Denn zu überleben, wenn andere sterben müssen, wird wie eine Schuld empfunden, obwohl man selbstverständlich am Leben hängt.

Szpilman hat erst vor ein paar Jahren wieder über seine Erlebnisse aus der Kriegszeit zu sprechen begonnen. Für seinen Sohn Andrzej war das die Erfahrung seiner Herkunft. Er war es, der die Warschauer Erinnerungen seines Vaters in Deutsch herausgab, um "die schmerzliche Sprachlosigkeit zwischen Juden und Deutschen und Polen,"[1] die ihm selber zu schaffen machte, zu durchbrechen und beizutragen, daß diese Wunden sich langsam schließen mögen.

Das Buch hat Dokumentarcharakter. Wir haben es mit einer Zeugenschaft zu tun, die unter dem unmittelbaren Eindruck der Ereignisse zustande kam. Beide Berichterstatter gewannen keine Distanz zum Erlebten. Hosenfeld führte ein Tagebuch. Szpilman hatte zwar erst 1945/46 seine Erinnerungen aufschreiben lassen, aber er erinnerte sich an das Vorgefallene sehr genau. Sein Erleben war zu schmerzhaft, um ihm aus dem Gedächtnis zu entschwinden. Jacek Leociak, der Autor eines Buches über Berichte aus dem Warschauer Ghetto, das 1997 erschien,[2] erfand für diese Erinnerungen die Bezeichnung *Gesprochenes Tagebuch,* um sie den Dokumenten aus der Zeit des Holocausts und nicht der Literatur der Nachkriegszeit zuzuordnen. Auch trug er damit der Tatsache Rechnung, daß Szpilman sie nicht selbst aufschrieb, sondern seinem damaligen Freund, Jerzy Waldorff, in die Feder diktierte.

Szpilman hat die Ghetto-Zeit von Anfang an erlebt. Er konnte sich vor dem Abtransport in das Vernichtungslager retten, als das Ende der Existenz dieses Ghettos abzusehen war. Sein Bericht läßt uns verfolgen, wie das Ghetto entsteht, wie es wächst, lebt, wie es leidet, wie es verzweifelt kämpft und doch unaufhaltsam zugrundegehen muß. Nach der Rettung aus dem Transport blieb Szpilman in dem von den Deutschen besetzten Warschau. In die Provinz konnte er nicht fliehen, denn es bestand für ihn die Gefahr, als Jude erkannt und an die Deutschen verraten zu werden. Als die Warschauer nach der Niederlage des Aufstandes im Herbst 1944 ihre Stadt verlassen mußten, hielt er sich bis zum Einmarsch der polnischen und russischen Armeen in den Ruinen versteckt.

Seine Begegnung mit dem deutschen Hauptmann Wilm Hosenfeld fand in der zweiten Novemberhälfte statt. Szpilman war auf der Suche nach etwas Eßbarem in einem Haus in der Narbutta-Straße, in das der Stab des Festungskommandos Warschau gerade einziehen sollte, was er allerdings nicht wußte. Als er in der Speisekammer herumsuchte, wurde er von einem Deutschen überrascht. Es kam zu einem Wortwechsel, bei dem er sich als Musiker zu erkennen geben konnte. Als der Deutsche sein Klavierspiel hörte, war er so beeindruckt, daß er ihm Unterschlupf gewährte, warme Sachen, Ver-

[1] Andrzej Szpilman im Vorwort zu Władysław Szpilman: *Das wunderbare Überleben. Warschauer Erinnerungen 1939 bis 1945*. Mit einem Anhang von Wilm Hosenfeld und einem Essay von Wolf Biermann. Düsseldorf, München 1998. S. 5.

[2] Jacek Leociak: *Tekst wobec zagłady (O relacjach z getta warszawskiego).* Wrocław 1997.

pflegung und Zeitschriften brachte. Das Wunder seines Überlebens hat es gegeben, weil sein Lebenstrieb so stark war und weil er in Hosenfeld einen Menschen traf, der sogar unter den widrigsten Umständen human zu denken und zu handeln verstand.

Władysław Szpilman, ein hervorragender Pianist, entstammte einer wohlsituierten Musikerfamilie. Sie lebten in einer eleganten Welt. Die Warschauer Innenstadt, wo sich ihre schöne Wohnung in der Śliska-Straße befand, bot alle Bedingungen zu einer ungemein guten, vornehmen Existenz.

Am Vortage des Ausbruchs des Krieges konnten die Botschaften von dieser Gefahr die Warschauer nicht allzusehr erschrecken. Man setzte Vertrauen in die eigene Regierung und in die Verbündeten, die Widerstand zu leisten versprochen hatten. Die Sicherheit verlor man allmählich, als nichts in dieser Richtung geschah. Ernstlich zu fürchten begann man sich nach dem Fall von Paris. Die Hiobsbotschaft vom 20. Mai 1940 traf Szpilman wie ein Blitz aus heiterem Himmel. Das schöne Leben lag für ihn in Trümmern.

Die Deutschen, die seit ihrem Einmarsch in die polnische Hauptstadt die Taktik verfolgten, Juden in bis dahin unverhofften Momenten anzugreifen und zu schikanieren, um unter ihnen die Angst zu schüren und eine ständige Spannung zu erzeugen, konnten nach dem Sieg über Frankreich völlig ungeniert handeln und ungestraft Maßnahmen zur Judenvernichtung ergreifen.

> Im September gingen erste Transporte in die Arbeitslager von Bełżec und Hrubieszów ab. [... In Warschau wurden in einem ganzen Viertel Warntafeln aufgestellt,] daß diese Straßen von Typhus befallen und daher zu meiden seien. [... In der Presse konnte man lesen,] daß einzig und allein aus hygienischen Rücksichten dieses Stadtviertel mit einer Mauer umgeben sei, damit der Typhus und andere jüdische Krankheiten nicht auf sonstige Teile der Stadt übergreifen. Dieser "humanitäre" Kommentar wurde durch eine kleine Karte veranschaulicht, die die genauen Ghettogrenzen absteckte. [3]

Am 15. September 1940 wurden die Ghettotore geschlossen. Der letzte Hoffnungsschimmer der Juden blieb in diesem Moment nur noch Amerika. Es "brauchte bloß davon zu erfahren [...],"[4] sagte man sich gutgläubig.

Szpilman verlebte im Ghetto etwa zwei Jahre. Von November 1940 bis Juli 1942. Die Erlebnisse dieser Zeit verschmolzen sich ihm zu einem einzigen Bild:

> Es will mir, trotz aller Anstrengung, nicht gelingen – es in kleinere Teile aufzusprengen, die es in eine chronologische Ordnung zu bringen gälte, wie man das gewöhnlich tut, wenn man Tagebuch schreibt.[5]

[3] Szpilman: *Das wunderbare Überleben*. S. 44f.
[4] Ebd. S. 47.
[5] Ebd. S. 48.

Die Einschränkung der Bewegungsmöglichkeit auf das Ghettogelände empfand er als eine Grausamkeit, die die Gefängnisstrafe übersteigt:

> Ich glaube, daß es psychisch für uns leichter zu ertragen gewesen wäre, wenn wir auf schlüssigere Weise eingesperrt gewesen wären, ganz normal, wie zum Beispiel in einer Gefängniszelle. Eine solche Art des Eingesperrtseins definiert klar und unzweifelhaft das Verhältnis des Menschen zur Wirklichkeit. Es ist unmißverständlich, woran man sich zu halten hat. Die Zelle, das ist eine Welt für sich, ausgefüllt mit dem eigenen Gefängnisinhalt und sich nicht verzahnend mit der fernen Welt der Freiheit [...] Die Ghettorealität war gerade deshalb um so schrecklicher, als sie den Anschein von Freiheit hatte. Man konnte auf die Straße hinaus und die Illusion haben, in einer ganz gewöhnlichen Stadt zu sein.[6]

Die Illusion des normalen Lebens konnte Szpilman umso mehr haben, als er sich immer noch in seiner Straße, und in seinem Hause, ja in der vertraut möblierten Wohnung unter den Seinen befand. Die Śliska-Straße lag nämlich in den Grenzen des kleinen, besseren, da zentral gelegenen Ghettos. Die Familie wurde nicht ausquartiert, nicht obdachlos und nicht mit anderen zusammengepfercht. Und die Straße lag eben nicht in dem großen, von mittellosen Menschen überfüllten Teil des Ghettos, wo bald Armut in extremer Form zu herrschen begann.

Wenn man von einer Überlebensstrategie sprechen darf, die Szpilman bewußt oder unbewußt entwickelte, so ist das Entscheidende seine Haltung, sich an dem 'Normalen' bzw. normal Scheinenden festzuklammern, den Umständen zum Trotz. Es scheint sein Imperativ zu sein, sich als Musiker zu behaupten und in dieser Eigenschaft zu wirken und zu überleben.

Der Polnische Rundfunk, wo er, solange es ging, noch Konzerte gab, existierte nicht mehr, aber er vermochte, auch im Ghetto zu spielen, wenngleich die Anfänge in den Cafés ihn wegen des Publikums, das kein Niveau besaß, nicht befriedigen konnten. Sein Ehrgeiz war, für solche Zuhörer zu spielen, die Musikkenner waren, was ihm sogar gelang, als er sich Zutritt zu dem Lokal Sztuka, das heißt Kunst, verschaffte. Er berichtet über Auftritte, wo er als Künstler Genugtuung empfand.

Die Erfahrung der Schrecknisse des Ghetto-Lebens ließ sich selbstredend nicht umgehen. Doch Szpilman wußte sich und die Seinen geschickt vor dem Furchtbarsten abzuschirmen, so gut es ging. Und er erzählt mit Vorliebe über die regelmäßigen Zusammenkünfte der Familie, zwar bei kargem Mittagsmahl, doch am ordentlich und liebevoll von der Mutter gedeckten Tisch. Man besaß noch etwas Eigenes. Für alle ließ sich Beschäftigung finden, die zwar wenig, aber immerhin etwas zum Unterhalt des Haushalts eintrug.

Der Horror begann, als die Vernichtungsaktion der Juden angeordnet wurde. Aber auch dann, als das Ghetto zu schrumpfen begann, besorgte Władysław für seine Nächsten "Sortierungsarbeit", die als Überlebenschan-

[6] Ebd. S. 49.

ce galt. Sie hatten die Sachen derjenigen, die abtransportiert worden waren, in die Magazine zu schleppen. Wäre man gewissenlos geworden, hätte man sich mit der Arbeit für die Deutschen noch besser schützen können. Władysławs Bruder Henryk bekam das Angebot, bei der jüdischen Polizei zu dienen. Er lehnte es aber entrüstet ab.

Paradoxerweise wurde Władysław Szpilman gerade von einem solchen verabscheuungswürdigen jüdischen Polizisten aus dem Kordon hinausgeschleudert, als er sich mit seiner Familie schließlich doch auf dem Umschlagplatz, bestimmt zum Abtransport wiederfand. Sein Bruder Henryk und seine Schwester Halina hatten sich freiwillig auf dem Sammelplatz gemeldet, um von den anderen nicht getrennt zu werden.

Die Frage, wie man sich im Ghetto hätte verhalten sollen, war das Thema einer Auseinandersetzung auf dem Umschlagplatz zwischen dem Vater von Szpilman und einem ihm von früher her bekannten Zahnarzt, die Władysław nie vergessen sollte. Erörtert wurden zwei Möglichkeiten: Zu kämpfen in der Verzweiflung oder zu hoffen, daß man, kampfunfähig, wie man war, doch gerettet werden könnte. Der Zahnarzt war untröstlich, daß sie sich ohne Kampf abtransportieren ließen:

> Wenn wir uns, eine halbe Million Menschen, auf die Deutschen stürzten, könnten wir das Ghetto sprengen oder wenigstens so sterben, daß wir nicht zum Schandfleck der Geschichte werden![7]

Szpilmans Vater verhielt sich dagegen recht gelassen:

> “Sehen Sie”, sagte er und umfaßte mit einer breiten Geste die Menge auf dem Umschlagplatz, “wir sind durchaus keine Helden! Wir sind ganz gewöhnliche Menschen, und deshalb ziehen wir das Risiko vor, auf die zehn Prozent Lebenschance zu hoffen [...].”[8]

Władysław Szpilman zeigte sich weder von der einen noch von der anderen Idee beeindruckt. Sein Denken und Trachten war pragmatisch. Er ließ sich nicht von Gefühlsausbrüchen leiten, behielt einen klaren Kopf und unternahm wenigstens den Versuch, die Geschwister, die nicht auf der Liste der Abzutransportierenden standen, vom Umschlagplatz wegzubringen. Ohne Erfolg, denn der Polizist, der die beiden Freiwilligen hierher geführt hatte, wollte von nichts hören.

Der Bericht Szpilmans ist zwar einer der vielen aus der Zeit des Holocausts, die uns überliefert sind, er hat aber seine Besonderheit.

Die Motive zu schreiben waren unterschiedlich. Die einen schrieben aus dem Pflichtgefühl, Zeugnis abzulegen. Manche, um die Welt zu alarmieren, an das Gewissen zu rütteln. Sie schrieben, um die Wahrheit zu verbreiten, um zu belehren und zu warnen. Andere forderten Rache. Sie schrieben für

[7] Ebd. S. 99.
[8] Ebd. S. 99f.

das zukünftige Tribunal. Oder für den zukünftigen Historiker. Oder für die kommenden Generationen.

Stellt man sich die Frage, was Szpilman bewegte, seine Erfahrungen zu Papier zu bringen, so fällt es einem nicht leicht, eine triftige Antwort zu finden. Der Ton seiner Berichterstattung ist auffallend kühl. Der aufmerksame Leser dieser Aufzeichnungen, Wolf Biermann, welcher sich von dem Autor dazu bewegen ließ, das Buch mit Anmerkungen zu versehen, aus denen ein ganzer Essay hervorging, konstatiert, daß "Rachesucht [...] im Seelenregister des Autors einfach zu fehlen"[9] scheint.

Weshalb hat also Szpilman seine Geschichte erzählt? Er beginnt mit Erinnerungen aus der Zeit des noch heilen Lebens, am Vortage des Kriegsausbruchs, und beschließt seinen Bericht mit der Schilderung, wie er nach der Befreiung "vom Militär aufgepäppelt, sauber gewaschen und ausgeruht, zum ersten Mal nach beinah sechs Jahren ohne Furcht, ein freier Mann, durch die Straßen Warschaus ging."[10]

Die Fortsetzung seines früheren Lebens war möglich, doch die Frage blieb, "wie, wenn hinter einem nur der Tod lag? Welche Lebenskräfte konnte man aus dem Tod schöpfen?"[11] Das Erzählte hat wohl also den Sinn, zu zeigen, wie ein normales Leben unterbrochen wurde, wie es zu etwas Absurdem, Totem geworden war, das einen völlig auslöschte, die Lebenskraft aufzehrte.

Der Autor erkennt sich in dem, der er in der Kriegszeit war, nicht wieder. Daraus ergibt sich die Distanz zum Erinnerten, die Emotionslosigkeit, dem Vorgefallenen gegenüber, das ist die Ablehnung, die Nichtakzeptanz.

Eine Schwäche hat sich Władysław Szpilman in seinem Buch erlaubt, die befremden mag. Er sprach von seinem Wohltäter Wilm Hosenfeld nicht als von einem Deutschen, sondern als von einem Österreicher. Alle anderen Fakten dürften stimmen. Mag es für diese Verleugnung in der unmittelbaren Nachkriegszeit Gründe gegeben haben, so existierten später im Verlauf so vieler Jahre und Jahrzehnte viele Möglichkeiten der Berichtigung. Jedoch erst in der deutschen Fassung dieses Buches wurde die Nationalität von Wilm Hosenfeld richtiggestellt.

Die Aufzeichnungen von Wilm Hosenfeld kennen wir leider nur fragmentarisch, da allein Auszüge aus zwei Heften im Druck erschienen sind. Sie bringen insbesondere seine Einschätzung des Naziregimes zum Ausdruck.

Anfang 1942 gewann Hosenfeld die Überzeugung von der Halbheit der sich vollziehenden 'nationalsozialistischen Revolution'. In einer Aufzeichnung vom 18. Januar lesen wir von der Inkonsequenz, mit der die Nazis ihren Vernichtungskampf gegen ihre Feinde führen, wie auch darüber, daß sie es vermeiden, die Öffentlichkeit zu informieren, wie sie vorgehen. Die

[9] Ebd. S. 214.
[10] Ebd. S. 171.
[11] Ebd. S. 181.

nationalsozialistischen Grundsätze und die Praxis stünden im Widerspruch. Weder kann Hosenfeld die Ziele billigen: "Ausrottung, Vernichtung der Andersdenkenden", noch ihre Methoden und ihre Moralauffassung.

Nach einigen Monaten Dienst in Polen verfolgt Hosenfeld mit geschärftem Blick Vorfälle, Verbrechen, die Deutsche nicht nur in Warschau, wo er stationiert ist, sondern auch an anderen Orten begehen: Ausgesuchte Torturen, Erschießungen von unschuldigen Menschen sind an der Tagesordnung. Hosenfeld hat in Erfahrung gebracht, daß in den gefürchteten KZ's im Osten Menschen von der Gestapo zu Tode gequält und vergast werden.

Es sind Fakten, die er nicht in Frage stellt und mit gar nichts zu erklären sucht. Die unmenschliche Behandlung unschuldiger Menschen versetzt ihn in tiefe Trauer.

Weitere Aufzeichnungen lassen in Hosenfeld einen gläubigen Christen erkennen, für den das größte Ideal auf Erden in der Menschenliebe besteht. Aber es wäre einseitig, die Betroffenheit Hosenfelds angesichts der Greueltaten in Polen mit seinem christlichen Glauben allein erklären zu wollen. Er war zweifelsohne ein Mensch, der nicht nur das Gute und das Böse zu unterscheiden wußte, sondern auch das Menschenwürdige und die Schandtat. Aus seinem Munde hören wir vom Unrecht der Deutschen und von ihren Methoden, "die unterworfenen Länder zu beherrschen mit Terror, Schrecken, Gewalt, Verhaftung, Verschleppungen, Erschießungen." Er spricht unumwunden von Tyrannei. Aus seiner Kenntnis der Verhältnisse in Polen ergibt sich für ihn die Schlußfolgerung, daß die Lage in den anderen unterworfenen Ländern eine ähnliche sein muß. "Nun kommt noch das entsetzliche Unrecht der Blutschuld an der Ermordung der jüdischen Bewohner auf unsere Rechnung." Diese Aufzeichnung stammt vom 23. Juli 1942. Hosenfeld wurde klar, daß die beschlossene Vernichtungsaktion der Juden jetzt scheinbar großzügig und radikal gelöst werden soll."[12]

Hosenfeld reagiert mit Scham, mit Entrüstung auf Gerüchte über Kriegsverbrechen. Als Mensch mit hoher persönlicher Kultur kann er es nicht fassen, wie das alles möglich ist. Er ist ein Offizier, der einen Ehrbegriff besitzt und für den es eine Schande ist, da noch mitzumachen. Am 25. Juli 1942 schreibt er erschüttert in sein Tagebuch:

> Wenn das wahr ist, was in der Stadt erzählt wird, und zwar von glaubwürdigen Menschen, dann ist es keine Ehre, deutscher Offizier zu sein, dann kann man nicht mehr mitmachen, aber ich kann es nicht glauben.[13]

Nach diesen Erfahrungen hatte Hosenfeld gewußt, daß ein solcher Krieg nicht zu gewinnen war. Ein halbes Jahr später, fand er sich durch den Lauf der Ereignisse bestätigt. Am 14. Februar 1943 notiert er unter anderem:

[12] Ebd. S. 193.
[13] Ebd. S. 194.

> Als die schrecklichen Judenmassenmorde, die Hinschlachtung von Kindern und Frauen im vergangenen Sommer geschahen, da wußte ich mit aller Deutlichkeit, jetzt verlieren wir den Krieg, denn damit hatte der noch zu rechtfertigende Kampf um Nahrungsfreiheit, um Volksboden seinen Sinn verloren, er artete aus in ein maßloses, unmenschliches, kulturwidriges Massenschlachten, das niemals vor dem deutschen Volk zu rechtfertigen ist und von dem gesamten deutschen Volk zutiefst verurteilt wird. Auch die ganzen Quälereien der verhafteten Polen, die Erschießungen der Kriegsgefangenen, die bestialische Behandlung sind niemals zu rechtfertigen.[14]

Die Worte in Hosenfelds Tagebuch sind wie Kristalle. Sein unbeirrtes Denken und die Klarheit, die in seiner Sprache zum Ausdruck kommen, damals, unter dem enormen Druck der Nazipropaganda, ist ein weiteres Wunder, das geschehen war und von dem in unserem Zusammenhang gesprochen werden muß.

Aus den Aufzeichnungen Hosenfelds erfahren wir nicht, daß er sein Möglichstes tat, um totgeweihten Polen und polnischen Juden zu helfen. Er verstarb nach siebenjähriger Haft im Kriegsgefangenenlager bei Stalingrad. Wolf Biermann spricht detailliert darüber in seinem Essay. Wilm Hosenfeld ist für ihn ein Mensch, der es verdient, in Yad Vasem mit einem Bäumchen für die Gerechten geehrt zu werden. Biermann hat recht, daran zu denken, daß der Name Wilm Hosenfeld nicht in Vergessenheit geraten darf. An einer Stelle seines Essays heißt es denn auch:

> Junge Leute in Deutschland sollen es scharf im Gedächtnis haben und, wenn es ihnen gefällt, auch stolz darauf sein, daß es tapfere Soldaten in der Wehrmacht gab: offene Befehlsverweigerer, Wehrkraftzersetzer, Deserteure und heimliche Nazigegner, so wie diesen Hauptmann Hosenfeld – ein Retter der Verfolgten.[15]

Vor kurzem ergriff Wolf Biermann die Initiative, eine der deutschen Kasernen nach Hosenfeld zu benennen. Es bleibt zu hoffen, daß die Idee bald verwirklicht wird.

[14] Ebd. S. 199.
[15] Ebd. S. 230.

Sigfrid Hoefert

Zu den 'Kriegsgedichten' von Johannes Bobrowski, Peter Huchel und Hanns Cibulka

The experience of war is the topic of a number of poems by Bobrowski, Huchel and Cibulka. It becomes evident that Bobrowski often portrays the events as if they are seen from a distance. He treats crimes committed during the war in his poems and accepts the guilt incurred by these crimes. In Huchel's poems the last phase of the war is captured with great detail and compelling directness. Cibulka views the events more from a retrospective point of view and within their cultural context.

Im folgenden soll das Schaffen von einigen Lyrikern, in deren Gedichten ein direkter Bezug zum Kriegsgeschehen erkennbar ist, näher untersucht werden. Die Gedichte sind dem Korpus von Johannes Bobrowski, Peter Huchel und Hanns Cibulka entnommen, also von Autoren, die am Krieg teilgenommen haben. Was den Erfahrungshintergrund betrifft, ist festzuhalten, daß alle drei in einer Nachrichteneinheit zum Einsatz gekommen sind, Bobrowski vornehmlich in Polen, Rußland und dem Baltikum, Huchel im Reich (in der Hauptsache im Raum von Berlin) und Cibulka in Polen, der Ukraine, den Niederlanden und in Italien. Alle drei gerieten in Gefangenschaft; Bobrowski besuchte während der Zeit mehrere Antifaschulen, Huchel übernahm die Leitung eines Antifa-Kollektivs, und Cibulka hatte von Hause aus starke sozialdemokratische Bindungen.

Ein Überblick über das lyrische Schaffen der drei Dichter bis zum Jahre 1961 ergibt, daß das Kriegsgeschehen nur in einigen Gedichten in direkter Weise behandelt worden ist. Bei Bobrowski finden wir ungefähr ein Dutzend solcher Gedichte (neben den früher während des Krieges entstandenen), bei Huchel einige mehr, bei Cibulka bedeutend weniger. Darüber hinaus finden wir bei diesen Autoren auch eine beträchtliche Anzahl von Versgebilden, in denen der Krieg nur am Rande erwähnt wird oder durch den Kontext vorausgesetzt werden kann. Die vorliegenden Gedichte werden vornehmlich im Hinblick auf die thematischen Aspekte untersucht, auch soll das kritisch-moralische Engagement der Autoren beleuchtet werden. Im Vordergrund steht die Frage nach der Verarbeitung des Erlebten unter dem Aspekt der Mitschuld an den während der Kriegszeit verübten Untaten des NS-Regimes. Da es hier nicht möglich ist, auf alle relevanten Texte einzugehen, beschränken wir uns darauf, nur einige der für unser Anliegen wichtigen Gedichte zu sondieren.

Bobrowski hat die ersten für gültig befundenen Gedichte bereits vor Kriegsende in der Zeitschrift *Das Innere Reich* veröffentlicht. Einige dieser Texte (*Anruf*, *Abend*) weisen hin auf die in den Bänden *Sarmatische Zeit* und *Schattenland Ströme* enthaltenen Gedichte des Nowgorod-Raumes. Bobrowski kam als Soldat des Nachrichtenregiments 501 nach dem Angriff auf die Sowjetunion vornehmlich in Nordrußland zum Einsatz. Sein Regiment war für die Aufrechterhaltung der Nachrichtenverbindungen im Rahmen eines Armee- oder Korpsverbandes verantwortlich, also im rückwärtigen Gebiet. Zwar war er geraume Zeit am Ilmensee stationiert (u.a. in Korosztyn in der Nähe der Schelon-Mündung), doch wurde er oft zu Einsätzen in anderen Gegenden im Bereich der Heeresgruppe Nord abkommandiert, so auch zweimal nach Nowgorod. Der erste "Sondereinsatz" in dieser Stadt erfolgte im August 1941, der zweite im August und Anfang September 1943. Genaueres über diese Einsätze ist nicht bekannt. Auch der beste Kenner der Biographie Bobrowskis, Eberhard Haufe, führt dazu nichts Näheres an.[1] Es wird sich wohl um die Durchführung nachrichtentechnischer Aufgaben gehandelt haben. In der zweiten Augusthälfte 1941 fand an der Wolchow-Front die Schlacht bei Nowgorod statt, und zu der Zeit war die Stadt ein Brennpunkt der Kämpfe. Bobrowski wird dort in stärkerem Maße als zuvor in direkte Kampfhandlungen mit einbezogen gewesen sein. Im Sommer 1943 fanden bei Nowgorod keine größeren Gefechte statt. Der Schwerpunkt der Kampfhandlungen hatte sich nach Norden verlagert. Für Bobrowski war es diesmal ein längerer Aufenthalt; Haufe spricht von einem einmonatigen Sondereinsatz in der Stadt. Die soldatische Tätigkeit (Betriebsfernsprecher, Angehöriger eines Schalttrupps) ließ Bobrowski Zeit, seinen dichterischen Neigungen nachzugehen. Über die Landschaft dort wollte er schreiben, doch erkannte er bald, daß er dies "als Fremder, als Deutscher" tat, wie er später in einer Notiz festhielt.[2] Angesichts der Zerstörungen, die der Krieg bewirkte, und der Opfer, die er forderte, sowie aufgrund der Erfahrungen, die Bobrowski sammelte, wurde zu der Zeit das Fundament gelegt für das Generalthema, das sein literarisches Schaffen bestimmen sollte: "Die Deutschen und der europäische Osten".[3] Dieses Thema, sagte Bobrowski, sei eine Art "Kriegsverletzung".[4] Wenn wir die relevanten Gedichte überblicken, ergibt sich, daß die Mehrzahl den nordrussischen Raum als Hintergrund hat. Daneben stoßen wir auf Versgruppen, die in Kurland, Polen und dem Dongebiet lokalisiert werden können.

Zunächst zu den Nowgorod-Gedichten. Drei von ihnen haben die Aufmerksamkeit der Kritiker besonders auf sich gezogen: *Ilmensee 1941*, *Ka-*

[1] Eberhard Haufe: *Bobrowski-Chronik.* Würzburg 1994. S. 19 und 21.

[2] Johannes Bobrowski: *Selbstzeugnisse und Beiträge über sein Werk.* Berlin 1967. S. 23.

[3] Ebd. S. 23.

[4] Ebd. S. 51.

thedrale 1941 und *Kloster bei Nowgorod. Ilmensee 1941* hält eine Kriegslandschaft fest und gipfelt in einer "apokalyptischen Vision vom Untergang durch eine [Art] Sintflut",[5] *Kloster bei Nowgorod* enthält diverse Zeichen der Bedrohung, doch die Kriegsthematik wird nicht recht greifbar.[6] In *Kathedrale 1941* wird die Schuldfrage am ehesten sichtbar.[7] In diesem im Dezember 1955 entstandenen Gedicht werden wir in das zerstörte Nowgorod zur Sophienkathedrale geführt. Der Autor setzt das Stilmittel der Anrufung ein, verleiht der Kathedrale Züge belebter Wesen und besingt die Vorzeit in der zweiten und dritten Strophe. Finsternis herrschte, hören wir, doch gab es auch Zeiten der Heiterkeit und des Wohlstands. Das Bild, das evoziert wird, ist das eines mythisch erhöhten alten Rußlands:

> Fruchtgärten
> brannten die Wange dir, oft
> hinter den Zäunen hielten
> Pilger nassen Gesichts
> in deiner Kuppeln goldnem Geschrei.

Kurz darauf vollzieht sich der Übergang: der Eisvogel "erglänzte", heißt es, in der Winternacht. In der vierten Strophe wird das positive Bild mit dem gegenwärtigen Zustand des verwüsteten Nowgorod kontrastiert. Die Türen der Kathedrale sind zerbrochen, die Wände vom Feuer geschwärzt. Mit Anteilnahme wird gefragt: "wie wird sein das Licht deinen Fensterhöhlen". Wie ein Mahnzeichen sehen die Soldaten über die Ebene das "Gesicht" der Kathedrale steigen. Sie werden sich der Folgen bewußt, sie wissen, daß damals, wie es heißt, der "Zorn" aufging, "eine schwere Saat". In einem Kommentar zu diesem Gedicht wird die von den Deutschen verursachte Zerstörung als Ausbruch des "Zornes" gesehen.[8] In einer anderen Stellungnahme heißt es, die Textpassage beziehe sich "vor allem [auf] den Zorn Bobrowskis"; er sei in ihm angesichts der Zerstörung entstanden.[9] Diese Deutungsmöglichkeiten mögen berechtigt sein, überzeugen jedoch nicht vollends. Ich möchte diesen Vorgang eher mit der Gegenseite in Verbindung

[5] Ursula Heukenkamp: "Neues hat nie begonnen". Das Wandlungsthema im Gefangenschaftsbericht von Johannes Bobrowski. In: Ursula Heukenkamp (Hrsg.): *Unerwünschte Erfahrung. Kriegsliteratur und Zensur in der DDR.* Berlin und Weimar 1990. S. 255.

[6] In den Interpretationen von *Kloster bei Nowgorod* geht es in der Hauptsache um die Bedeutung des Hecht-Symbols. Einig sind sich die Interpreten lediglich darin, daß von dem Fisch ein Element der Bedrohung ausgeht.

[7] Johannes Bobrowski: *Sarmatische Zeit.* Stuttgart 1964 (3. Aufl.). S. 61. – Erstdruck in der von Ad den Besten herausgegebenen Anthologie *Deutsche Lyrik auf der anderen Seite.* München 1960. S. 60f.

[8] Alfred Behrmann: *Facetten. Untersuchungen zum Werk Johannes Bobrowskis.* Stuttgart 1977. S. 61.

[9] Stefan Reichert: *Das verschneite Wort. Untersuchungen zur Lyrik Johannes Bobrowskis.* Bonn 1989. S. 245.

bringen, also “Zorn” als das sehen, was später auf die Invasoren zukam und ihre Vertreibung aus den besetzten Gebieten bewirkte.[10] Das lyrische Subjekt (wir haben einen Wechsel vom “wir” zum “ich”) fühlt sich am Zerstörungswerk der Angreifer mitschuldig; es weiß, daß es zur Rechenschaft gezogen wird: “Wie will ich rufen / einmal / das Aug mir noch / hell?”. Das Kriegserlebnis ist hier aus der Sicht späterer Jahre verarbeitet worden. In den vor Kriegsende erschienenen Gedichten läßt sich erkennen, daß Bobrowski den Krieg auch damals verabscheute, hier zeichnet sich zudem das Bewußtsein begangenen Unrechts ab, also die Einsicht, daß er an einem Vernichtungsfeldzug teilnahm, der die “lange Geschichte aus Unglück und Verschuldung”[11], die dem deutschen Volk zu Buche steht, fortsetzte. Ein “späteres Schuldbekenntnis” werde hier in den Text eingebracht, schrieb Ursula Heukenkamp.[12]

In einigen Gedichten kommt der Dichter auf die Verfolgung der Juden zu sprechen, vor allem in *Kaunas 1941* und in *Bericht*. Bobrowski war im Juni 1941 in Kaunas und wurde dort Zeuge eines Pogroms gegen die jüdische Bevölkerung. Eberhard Haufe hat das seinerzeit wie folgt festgehalten:

> Am 28. Juni 1941, beim Einmarsch in die Sowjetunion, wurde der Nachrichtensoldat in Kaunas Zeuge eines von der Sicherheitspolizei inszenierten Pogroms, dem 3800 Juden zum Opfer fielen; Hunderte von ihnen wurden durch freigelassene Zuchthäusler mit Eisenrohren totgeschlagen.[13]

Das Gedicht *Kaunas 1941* spricht davon.[14] Es handelt sich um die aus dem Jahre 1958 stammende Neufassung; die frühere Version (1957) ist nicht erhalten. Gemäß Bobrowski sei die Neufassung “deutlicher”, wie es in einem Brief an Huchel hieß.[15]

Es ist ein vielschichtiges Erinnerungsbild bzw. eine Folge von Bildern dieser Art, in denen das einst Gesehene poetisch festgehalten und kommentiert wird. Zunächst wird der Blick auf die Stadt und ein “hüftkrankes Mädchen” gerichtet, das “vor die Dämmerung” trat. Das lyrische Ich erinnert sich an ein Haus, das Juden als Unterschlupf diente und an dessen Tor “die Mörder” vorbeizogen. Wir haben hier einen eindeutigen Bezug auf die Verfolgung der Juden und eine klare Stellungnahme des Autors. Bei Bobrowski

[10] Eine Vorform ist im frühen Gedicht *Winter* enthalten. Hier ist die Rede von “Haßgesängen”, die dem Wind “nachtönen” würden, “wenn Münder noch wären”.
[11] Bobrowski: *Selbstzeugnisse*. S. 23.
[12] Heukenkamp: *Unerwünschte Erfahrung*. S. 256.
[13] *Johannes Bobrowski oder Landschaft mit Leuten*. Eine Ausstellung des deutschen Literaturarchivs im Schiller-Nationalmuseum Marbach am Neckar. Hrsg. von Reinhard Tgahrt in Zusammenarbeit mit Ute Doster. Marbach am Neckar 1993. S. 467.
[14] Bobrowski: *Sarmatische Zeit*. S. 69-70. – Im Juli 1958 wurde der Text von Peter Huchel in *Sinn und Form* veröffentlicht (H 3. S. 446).
[15] *Johannes Bobrowski – Peter Huchel: Briefwechsel*. Hrsg. von Eberhard Haufe. Marbach am Neckar 1993. S. 17.

werden die Mörder, wie so oft in seinen Werken, den Wölfen gleichgesetzt. Der Sprecher scheint sich der Mitschuld bewußt zu werden, denn es heißt: "Weich gehn wir, im Moderduft, / in der Wölfe Spur". Er zählt sich nicht zu den Tätern, weiß jedoch, daß er in die Position eines Mitläufers gerät. Auch bleibt ihm nicht verborgen, daß viele der Verfolgten an einer abgelegenen Stelle getötet werden. Die Frage wird erhoben, ob er über den davor liegenden "Hügel" gehen wird. Wie Irena Nowak bereits feststellte, kann sich dies auf das Zurücklegen des Weges dorthin beziehen, andererseits könnte es die Frage beinhalten, ob der Sprecher bereit sei, das begangene Unrecht zu verdammen.[16] Auch das Nichtansehenwollen des "Bruders" in der nächsten Strophe zielt in dieselbe Richtung und unterstreicht den Mangel an Anteilnahme. Zum Zeitpunkt des Geschehens, hören wir, ging der Sprecher mit seinen Gefährten weiter und nahm die Zusammenhänge nicht wahr:

> An blutiger Wand
> schlug uns Schlaf. So sind wir
> weitergegangen, um alles / blind.

Was hier zum Ausdruck kommt, ist Bobrowskis Selbstanklage und das Eingeständnis des Nichtsehenwollens. In der letzten Strophe, die dem Geschehen etwas entrückt ist, erfolgt eine Hinwendung zur Natur. Sie gewährt dem redenden Ich Schutz und ermöglicht den ungetrübten Blick auf die Vorgänge. Eine vage Hoffnung kommt auf, Vergangenes hinter sich lassen zu können, doch dann verkündet die Waldtaube das Schicksal des Betroffenen: "Mein Dunkel ist schon gekommen". Die Bezeichnung "Dunkel" läßt verschiedene Lesarten zu. Dagmar Deskau hat das dazu gehörende Wortfeld untersucht und auf die verschiedenen Entwicklungsphasen verwiesen. In den frühen Gedichten sei "dunkel" oft mit einer "positiv-naturhaften Vorstellung" verbunden, doch später werde es "zum Zeichen für Vergänglichkeit und zerstörerische Schuld"[17]. Dieser Zusammenhang zeichnet sich auch in *Kaunas 1941* ab. Gegen Ende des Gedichts hat sich die Schulderkenntnis verfestigt und wird akzeptiert.

Das im Januar 1961 entstandene Gedicht *Bericht*[18] beruht nicht direkt auf einem Kriegserlebnis des Autors. Es enthält die poetisch gefügte Beschreibung eines Fotos aus einem im Jahre 1960 veröffentlichten Dokumentationsband.[19] Die Verse beschreiben das Verhör eines jüdischen Mädchens,

[16] Irena Nowak: Der europäische Osten in der Lyrik von Johannes Bobrowski. In: *Germanica Wratislaviensia XXVI* 1976. S. 167.

[17] Dagmar Deskau: *Der aufgelöste Widerspruch. ‚Engagement' und ‚Dunkelheit' in der Lyrik Johannes Bobrowskis.* Stuttgart 1975. S. 57.

[18] Johannes Bobrowski: *Schattenland Ströme.* Stuttgart 1963. S. 73.

[19] Eine Abbildung des Fotos ist in Bobrowskis Band *Selbstzeugnisse und Beiträge über sein Werk* (siehe Anm. 2) enthalten. Sie stammt aus Gerhard Schoenberner: *Der gelbe Stern.* Hamburg 1960. S. 98. Der Begleittext lautet wie folgt: "Dieses Mädchen ist eine der wenigen, deren Bild und Namen die Henker hinterlassen ha-

das einem Transport entkam, zu den Partisanen stieß und als solche verhaftet wurde. Bobrowskis 'Bericht' ist eine sachliche, bewußt distanzierte Wortfolge, die Teile eines Begleittextes des Fotos verwendet. Der Dichter greift auf das Stilmittel der Ironie zurück, um seinen Standpunkt darzulegen:

die Offiziere sind junge
Leute, tadellos uniformiert,
mit tadellosen Gesichtern,
ihre Haltung / ist einwandfrei.

Hinzufügen möchte ich, daß auf dem Bild der das Verhör führende Offizier (im Gegensatz zu den zwei anderen) weder tadellos uniformiert ist, noch ein tadelloses Gesicht hat. Der Uniformrock paßt ihm nicht recht, und sein Gesicht, wie Leah Ireland bemerkt, ist das eines "nervous, pigeyed interrogating officer['s]"[20]. Aber Bobrowski kam es nicht auf realistische Einzelheiten an, sondern auf den anklägerischen Gestus.

Für einige Gedichte diente die Zeit der Gefangenschaft als Inspirationsquelle. Es sind Erinnerungsbilder, die von der Gegenwart aus zurückgreifen auf russische Geschichte, Legende und literarische Denkmäler. Für unser Anliegen ist lediglich das Gedicht *Der Don* relevant.[21] Eine winterliche Landschaft wird festgehalten. Die Ufer fliegen plötzlich davon, und in der Ferne wird ein Turm sichtbar, in dem der Diw, der Unglücksvogel aus dem *Igorlied*, den Toten befiehlt, den Helm anzulegen. Um welche Toten es sich handelt, wofür und gegen wen sie kämpfen sollen, wird nicht gesagt. Seinerzeit habe ich dazu festgestellt, daß man an die Toten des *Igorlieds* denken könnte, an die Legende vom schlafenden Ritterheer, das zur Stunde der Befreiung aufersteht, an die Gefallenen des Zweiten Weltkrieges und an alle, die im Laufe der Geschichte dort ihr Leben lassen mußten.[22]

Die Kriegsgedichte Huchels finden sich vornehmlich an zwei Stellen seines lyrischen Werkes: im Zyklus *Der Rückzug*[23] und im vierten Teil des Bandes *Chausseen Chausseen.*[24] Die wohl bekannteste lyrische Aussage über den Krieg ist das Eröffnungsgedicht von dem eben angeführten Zyklus:

ben. Bajla Gelblung entfloh einem Todestransport aus dem Warschauer Ghetto und ging zu den Partisanen. Als sie in Brest-Litowsk verhaftet wurde, trug sie einen polnischen Militärmantel. Dieses Foto von ihrem Verhör erschien während des Krieges in einer deutschen Illustrierten".

[20] Leah Ireland: ‚Your Hope Is on My Shoulder': Bobrowski and the World of the Ostjuden. In: *Monatshefte* 72 (1980). S. 427.

[21] Bobrowski: *Schattenland Ströme.* S. 61. – Erstdruck in *Neue Zürcher Zeitung* vom 25.2.1961.

[22] Sigfrid Hoefert: *West-Östliches in der Lyrik Johannes Bobrowskis.* München 1966. S. 35.

[23] Peter Huchel: *Gesammelte Werke.* Band 1. Frankfurt a.M. 1984. S. 100-110.

[24] Ebd. S. 141-148.

Des Krieges Ruhm

Ich sah des Krieges Ruhm.
Als wärs des Todes Säbelkorb,
durchklirrt von Schnee, am Straßenrand
lag eines Pferds Gerippe.
Nur eine Krähe scharrte dort im Schnee nach Aas,
wo Wind die Knochen nagte, Rost das Eisen fraß.[25]

In sechs knappen Zeilen, die um eine Art Symmetrieachse gruppiert sind, wird die Auswirkung des Kriegsgeschehens in anschaulicher Weise dargestellt. Ein Bild wird festgehalten, das wohl auf persönlichem Eindruck fußt: Es ist das Gerippe eines Pferdes, das in winterlicher Landschaft am Straßenrand liegt. Dieses Bild wird mit Hilfe einer Metapher erweitert und gedeutet. Das Gerippe mutet den Autor wie ein "Säbelkorb" des Todes an. Es ist eine Vokabel, die noch vom kriegerischen "Glanz" vergangener Zeiten umwoben ist.[26] Die letzten beiden Zeilen fügen Einzelheiten hinzu: die Krähe, die nach Aas scharrt, der Rost, der Eisen frißt, und der Wind, der Knochen nagt. Dieses Gedicht hat die Aufmerksamkeit einiger Interpreten erregt. Einige von ihnen betrachten es neben der *Todesfuge* von Paul Celan als das "stärkste lyrische Dokument aus dem Zweiten Weltkrieg"[27]. Die jüngste mir bekannte Stellungnahme zu diesen Zeilen, die von Cornelia Freytag, hält fest, daß Huchels Gedicht "durch die Passivität des Ich sowie eine völlige Abwesenheit von [einem] Du / Ihr menschliches Handeln negiert"[28]. So passiv ist meines Erachtens das Ich nicht: Es sieht alles sehr genau und deutet das Wahrgenommene, derart, daß jeglicher Kriegsruhm zunichte gemacht wird. Die pazifistische Grundeinstellung des Autors bekundet sich hier.

Im Anschluß an dieses Gedicht stoßen wir im Zyklus *Der Rückzug* immer wieder auf Bilder, die auf das Kriegsgeschehen zurückgreifen. Im Gedicht *Die Schwalbe* (Teil II) beobachtet das lyrische Ich diesen Vogel in einer Flußlandschaft der Vernichtung. Im Gedicht *Die Schattenchaussee* (Teil V) gipfeln die Verse in einer Vision von einem Trupp marschierender Toten, denen sich das lyrische Subjekt für kurze Zeit anschließt, und in dem langen vierten Teil des Zyklus hören wir vom "Amulett" des Todes, dem "dünnen Blech an dünner Schnur", also den Erkennungsmarken gefallener Soldaten. Es sind durchweg Bilder der Bedrohung und Klage, zugleich auch der Verurteilung des Krieges.

[25] Ebd. S. 100.

[26] Bei Herbert G. Göpfert (Peter Huchel: ‚Des Krieges Ruhm') heißt es dazu: "– eine kühne Metapher, aber mit einem alten Vorstellungsgehalt". In: Hans Mayer (Hrsg.): *Über Peter Huchel*. Frankfurt a.M. 1973. S. 13.

[27] Ilse Meidinger-Geise: Peter Huchel. In: Benno von Wiese (Hrsg.): *Deutsche Dichter der Gegenwart*. Berlin 1973. S. 177.

[28] Cornelia Freytag: *Weltsituationen in der Lyrik Peter Huchels*. Frankfurt a.M. 1998. S. 58f.

Die Kriegsgedichte des Bandes *Chausseen Chausseen* sind vornehmlich im vierten Teil der Sammlung enthalten. Hier treffen wir auf einige der bekanntesten Gedichte Huchels, auf *Dezember 1942*, den *Bericht des Pfarrers vom Untergang seiner Gemeinde* und das Gedicht *Chausseen.* Sie vor allem haben die Kritiker zur Feder greifen lassen. Das Erzählgedicht *Bericht des Pfarrers vom Untergang seiner Gemeinde* hält die Vernichtung einer deutschen Stadt durch feindliche Flieger fest.[29] Es ist eine apokalyptische Vision, eine massive Anklage gegen eine Kriegführung, deren Ziel es auch war, so viele deutsche Zivilisten wie möglich zu töten. Ähnlich ist es in dem Gedicht *Chausseen.* Hier wird der Blick auf die Misere der vor dem Kriegschaos Fliehenden gerichtet.[30] Die Chausseen werden zu "Kreuzwegen der Flucht", also zu Leidenswegen der vor dem Feind flüchtenden Bevölkerung. Das Gedicht *Dezember 1942*[31] ist von Walter Jens besonders hervorgehoben worden. Mit einem Minimum an Worten habe Huchel hier "ein gleichnishaftes Bild des Zweiten Weltkrieges"[32] geschaffen. Bereits das Eingangsbild provoziert und ist vom Kontrast zwischen Kriegsgeschehen und christlicher Überlieferung geprägt:[33]

Wie Wintergewitter ein rollender Hall.
Zerschossen die Lehmwand von Bethlehems Stall.

Es liegt Maria erschlagen vorm Tor.
Ihr blutig Haar an die Steine fror.

Verschränkt wird die zerschossene Lehmwand einer Behausung mit dem Stall von Bethlehem und der davor tot daliegenden Mutter Gottes. In dieses statische Bild wird dann eine Bewegung eingeführt: drei vermummte Landser erscheinen. Der Vorgang läßt an die Heiligen Drei Könige denken, doch im Gegensatz zu diesen ziehen die Soldaten teilnahmslos weiter. Den darauffolgenden lateinischen Zitaten (über die Gabe von Gold, Weihrauch und Myrrhe) werden Bilder der Verwüstung hinzugefügt, und im letzten Zweizeiler wird der Endpunkt des Weges, dem die Soldaten folgen, benannt:

Vor Stalingrad verweht die Chaussee.
Sie führt in die Totenkammer aus Schnee.

Das Zeichen "Totenkammer", meint Jens, gewinne "vor dem Hintergrund des leuchtenden Stall-Bilds" den "Glanz der Transzendenz"[34].
Ob dem so ist, sei dahingestellt. Auch ist fraglich, ob das Gedicht Ausdruck einer Denkweise ist, die das "Leiden unserer Zeit in Kategorien der Gottsu-

[29] Erstveröffentlichung in *Sinn und Form* 4 (1952) H. 3. S. 60f.
[30] Erstveröffentlichung als Teil von "Das Gesetz" in *Sinn und Form* 2 (1950) H. 4.
[31] Zuerst in *Sinn und Form* 7 (1955). S. 212.
[32] Walter Jens: *Deutsche Literatur der Gegenwart.* München 1962. S. 107.
[33] Huchel: *Gesammelte Werke.* Band 1. S. 144f.
[34] Jens: *Deutsche Literatur der Gegenwart*. S. 106.

che" erfaßt, wie Björn Ekmann hervorhebt.[35] Eher schon ist es "Ausdruck einer Verzweiflung" angesichts der Vernichtung menschlichen Lebens und menschlicher Wertvorstellungen.

Ein anderer Aspekt des Kriegserlebnisses findet sich in den Gedichten über die Vertreibung der deutschen Bevölkerung aus den ehemaligen deutschen Ostgebieten. Erwähnt worden ist in dieser Beziehung bereits das Gedicht *Chausseen*, ein weiteres, mehr auf das Faktum der Vertreibung gerichtetes Versgebilde, ist das Gedicht *Der Vertriebene.*[36] Die Ankunft eines Mannes auf einem Rastplatz wird darin festgehalten. Er versorgt die Tiere, erkundet die ihm fremde Umgebung und macht sich Gedanken über die Zukunft. Das Gedicht mündet in die Frage: "Was klagt der Vogel nachts? Was schreit die Grille?" Es ist ein poetisch geprägter Hinweis auf das Schicksal, das den Vertriebenen befallen hat, und auf den Schmerz, den der Verlust der Heimat mit sich bringt.

In den Kriegsgedichten Hanns Cibulkas sind zwei geographische Schwerpunkte erkennbar: die Ukraine und Sizilien. In diesen Gebieten sah er die Schrecken des Krieges und sammelte Erfahrungen, die dann in Tagebuchform und in poetischen Formulierungen festgehalten wurden. Cibulka schreibt, er habe seine ersten Gedichte im Sommer 1941 südlich von Kiew geschrieben, um sich "von den erdrückenden Erlebnissen des Tages [zu] befreien"[37]. Das meines Erachtens wichtigste Kriegsgedicht Cibulkas trägt den Titel *Ukrainisches Largo.*[38] Die knapp gefügten Zeilen der ersten Strophe lenken den Blick auf eine sommerliche Kriegslandschaft und angreifende Panzer:

Aasiger Hauch
zerschossener Pferde,
ausgetrocknet die Flüsse,
Panzer krochen
die staubige Straße entlang.

In der zweiten Strophe lassen einige Formulierungen aufmerken: der Autor spricht von "geschändeten" Sonnenblumen und führt an, daß die "weitgeschwungenen Brauen" der Felder mit "sprühendem Phosphor" versengt werden. Das Motiv der geschändeten Landschaft kristallisiert sich hier. In der nächsten Versgruppe wird das Leiden der Zivilbevölkerung festgehalten. Wir hören von Feuersbrünsten, zerbrochenem Hausgerät und von Toten. Zu beachten ist die Feststellung, daß der Wind "erkaltete Asche / auf unser

[35] Björn Ekmann: Peter Huchel. In: *Text & Kontext* 14 (1986). H. 2. S. 289.
[36] Huchel: *Gesammelte Werke.* Band 1. S. 107f. Es wurde 1948 in der Zeitschrift *Ost und West* veröffentlicht.
[37] Hanns Cibulka: *Liebeserklärung in K.* Halle 1974. S. 30.
[38] Hanns Cibulka: *Märzlicht.* Gedichte. Halle 1954. S. 46-47 (hier noch ohne Titel). Auch in *Arioso* (Halle 1962) und *Losgesprochen* (Leipzig 1986). Erstveröffentlichung Anfang der fünfziger Jahre in *Sinn und Form.*

Brot" wehte. Die Betroffenheit des Dichters zeichnet sich hier ab; das, was sie den anderen antun, wird Spuren in ihrem Leben hinterlassen. Im letzten Abschnitt wird der Widerstandswille des Gegners vorgeführt. Aus zerstörten Häusern und Ackerfurchen werden die Soldaten nachts beschossen, derart, daß ihre Stiefel, wie es heißt, "mit den Dornen der Wahrheit / an die empörte Erde" festgenagelt werden. Die Bezeichnung "Dornen der Wahrheit" gibt zu denken. Hier wird die Einsicht des Autors erkennbar, daß das Tun der Angreifer verwerflich ist.

Das wichtigste Zeugnis für den sizilianischen Bereich ist das Gedicht *Hyperion 1943*.[39] In diesem zweiteiligen Versgebilde stützt sich Cibulka auf Hölderlins Briefroman und den griechischen Hintergrund. Das Kriegsgeschehen, an das sich das lyrische Ich erinnert, wird mit diesen Aspekten verbunden. Der Sprecher ist wie Hyperion über die Situation, in der sich das Vaterland befindet, besorgt. Wir erfahren Einzelheiten über die Kämpfe in Sizilien; hingewiesen wird auf die Landung alliierter Fallschirmjäger und die Gegenwehr der deutschen Verteidiger. Im zweiten Teil vernehmen wir Echos von Hyperions "Scheltrede" auf die Deutschen. "Die Poesie ist ausgewandert", heißt es, und die Mächtigen decken ihre "Blöße" mit "Fahnenstoff", also mit vaterländischem Getue. Das Hören von Nachrichten aus dem Ausland ist verboten, und mit seinen Worten muß man vorsichtig sein. In der letzten Strophe richtet sich das Hyperion-Ich an einen Freund. Gern hätte er ihm eine bessere Nachricht zukommen lassen, doch die Umstände erlauben es nicht: "mein Haus ist schweigsam geworden / die Fenster haben sehen gelernt". Hier spiegelt sich zunächst die persönliche Erfahrung des Soldaten Cibulka. Er hatte zu engen Kontakt mit der Zivilbevölkerung, und ihm wurde bedeutet, daß das nachteilig für ihn sein könnte.[40] Darüber hinaus ist dies ein Hinweis auf die Kriegsumstände im Dritten Reich. Ob ein Bezug auf die Situation in der DDR vorliegt, bleibt zu erwägen.

Das Echo der Kriegserlebnisse vernehmen wir auch in einigen anderen Gedichten. In der *Ballade der Bitterkeit* erscheint das lyrische Ich mit "zerbrochenem Gewehr" in der Heimat und wird abgewiesen,[41] im Gedicht *Doch im Innersten des Vaterlandes* hören wir von Bombenangriffen der Alliierten und vom Schreien der Opfer von Lidice[42], und in einem anderen Gedicht (*Deutschland 1945*) heißt es, der Krieg habe zum Fremdsein gegenüber anderen Menschen geführt. Auch wird herausgestellt, daß seiner Gene-

[39] Hanns Cibulka: *Windrose*. Halle 1968. S. 6-7. Als Einzelveröffentlichung ist *Hyperion 1943*, wie mir der Dichter freundlicherweise mitteilte, im Jahre 1957 oder 1958 in der Wochenschrift *Sonntag* erschienen. Hinweise auf das Geschehen finden sich in der Eintragung für den 13. Juli in der später entstandenen Bearbeitung seines Kriegstagebuches *Nachtwache* (Halle 1989).

[40] Vgl. Cibulka: *Nachtwache*. S. 99f.

[41] Hanns Cibulka: *Zwei Silben*. Weimar 1959. S. 8-10.

[42] Cibulka: *Märzlicht*. S. 47-48.

ration nur die Erinnerung an die Schrecken des Krieges blieb: "Was in den Händen verblieb, war unser eigner Schrei"[43].

Halten wir rückblickend fest: In den Kriegsgedichten Bobrowskis wird das Kriegsgeschehen aus der Distanz betrachtet und der zeitgeschichtliche Hintergrund bisweilen mit einer mythischen Dimension verbunden. Menschliches Leid wird selten in direkter Weise beleuchtet. Oft wird der Krieg nur am Rande erwähnt. Der Dichter weiß von den im Osten begangenen Untaten und von der Verfolgung der Juden. Er fühlt sich mitschuldig, distanziert sich aber von den Tätern. In den Kriegsgedichten Huchels wird das lyrische Ich zum "Chronisten" der letzten Phase des Krieges.[44] Es zeichnet Gesehenes auf, hält die Leiden der Opfer und der Kreatur fest, erhebt Anklage gegen die unmenschliche Kriegführung und zeigt das Ausmaß der Verwüstung, in Zeilen bisweilen, die in ihrer Knappheit und suggestiven Anschaulichkeit schwer zu übertreffen sind. Makabre Visionen werden vergegenwärtigt, apokalyptische Bilder häufen sich, und das Faktum der Vertreibung wird dichterisch festgehalten. Die Reflexion über eine mögliche Mitschuld bleibt aus. Erst in einem späteren Gedicht (*Winterquartier*) setzt sich Huchel damit auseinander, kommt jedoch nur zu einer allgemeinen Aussage über die Verstrickung der Soldaten in Schuld.[45] In Cibulkas Kriegsgedichten wird vieles aus der Distanz späterer Jahre gesehen und mitunter mit der literarischen Tradition und dem kulturgeschichtlichen Hintergrund verknüpft. Die Einsicht in die Verwerflichkeit der deutschen Agression zeichnet sich ab. Auch spürt man die Trauer um den Verlust der mährischen Heimat.

[43] Ebd. S. 7.

[44] So bereits bei Karl Ludwig Schneider. In: Klaus Weissenberger (Hrsg.): *Die deutsche Lyrik 1945-1975.* Düsseldorf 1981. S. 183.

[45] Huchel: *Gesammelte Werke.* Band 1. S. 146. Zuerst in *Sinn und Form* 14 (1962). S. 263.

Harald Kloiber

Der Krieg als Thema in der Sammlung *Der Torso* von Elisabeth Langgässer

Elisabeth Langgässer's collection Der Torso *confronts the reader with a large number of individual fates during World War II, which can, however, be read as examples of the victims of all wars and totalitarian systems. She does not consider National Socialism to be the only reason for the described cruelties, but the demon of militarism and lack of humanity in general. Therefore the author's main intention in her work is the establishment of a new humanism that is strictly orientated on mankind.*

Das Interesse der Literaturwissenschaft an Elisabeth Langgässer ist geprägt von überkommenen und aus den Handbüchern oft ungeprüft übernommenen Klischees: Es handle sich bei ihr um eine katholische Autorin mit jüdischer Familientradition, die während der Vorherrschaft der Nationalsozialisten nicht nur durch ein Publikationsverbot im Jahre 1936 in ihrer schriftstellerischen Entfaltung eingeengt war, sondern deren uneheliche Tochter Cordelia aufgrund der Tatsache, daß drei ihrer Großeltern jüdischen Glaubens waren, zunächst von der Familie getrennt leben mußte und später in ein Konzentrationslager verschleppt wurde. Bekannt sind deshalb vor allem die Kurzgeschichten *Saisonbeginn* und *Untergetaucht*, die häufig in Lesebüchern abgedruckt sind, sowie der Roman *Das unauslöschliche Siegel*, den die Autorin während der Zeit ihres Publikationsverbotes verfaßte und bald nach Kriegsende, d.h. im Jahre 1946, veröffentlichte, was ihr einen exponierten Platz in der Literaturgeschichte nach 1945 sicherte.

Die literaturwissenschaftliche Diskussion beschränkt sich daher bislang zumeist auf Fragestellungen in Bezug auf die Aufarbeitung des Antisemitismus in der Literatur, die Diskussion um die 'Innere Emigration' sowie auf Grundfragen nach einer modernen religiösen Literatur sowohl christlicher als auch jüdischer Autoren. Auch bei der Behandlung von Motiven wurden in den wissenschaftlichen Arbeiten über Elisabeth Langgässer vor allem solche berücksichtigt, die in theologischer Hinsicht ausgedeutet werden konnten, während andere intra- und intertextuelle Bezüge weitgehend ausgespart wurden. Es darf jedoch als gesichert gelten, daß der große Erfolg, der den Werken der Autorin unmittelbar nach dem Krieg beschieden war, nicht allein auf die Tatsache zurückzuführen ist, daß die Erzählerin nach fast zehn Jahren, in denen sie nicht publizieren durfte, als eine der wenigen überhaupt literarisches Material hatte, das innerhalb kurzer Zeit in Druck gehen konnte. Denn neben dem *Unauslöschlichen Siegel* fand vor allem ihr 1947 unter dem Titel *Der Torso* erschienener Band mit Erzählungen großen Anklang. Und während der große Roman die Frage nach der Identität des Individuums fast ausschließlich aus theologischer Sicht behandelt,[1] ist *Der Torso* ein an humanistischen Ideen orientiertes Kaleidoskop von Menschen, die die Hölle des Zweiten Weltkriegs überstanden oder wenigstens überlebt haben. Dies geht aus brieflichen Äußerungen der Autorin klar hervor:

> 'Der Torso': Das heisst: Aus allen [Einzeltexten, H.K.] wird das zertrümmerte Menschenbild zusammengefügt, das Menschenbild von Gestern und Heute.[2]

So gesehen scheint es durchaus gerechtfertigt, die These aufzustellen, Elisabeth Langgässers zentrales Thema ist der Mensch als solches, dessen Identität und Persönlichkeit theologisch gedeutet werden kann, aber eben nicht muss.[3] Daß die Schriftstellerin heute freilich eher für den religiösen Kontext ihres Werkes bekannt ist, liegt zweifelsohne vor allem am großen Erfolg des Romans *Das unauslöschliche Siegel* und daran, daß in den ersten fünfzehn Jahren nach 1945 zwar viele Schreibende das Versagen des Humanismus alter Provenienz thematisierten und man daher heute zu diesem Thema auch zahlreiche aussagekräftige Texte anderer Autoren finden kann, die kurze Blüte der religiös geprägten Literatur nach 1945 jedoch wohl keine bedeutendere Autorin als Elisabeth Langgässer hervorgebracht hat.

Welch große Bedeutung die Autorin jedoch einem neuen Humanismus zumaß, geht aus einer Äußerung gegenüber Käthe Liedke hervor:

> Nichts einigt Menschen aller Art, Rassen, Nationen und soziologischen Schichten so sehr als das Menschsein an und für sich; als diese sehr merkwürdige, weil sehr spät gewonnene Erkenntnis: ein Mensch zu sein.[4]

Untersucht man ausgehend von dieser elementaren humanistischen These das schriftstellerische Werk und die publizierte Korrespondenz der Autorin, so kommt man zu einem erstaunlichen Ergebnis. Angesichts der Tatsache, welchen Repressalien, Kränkungen und Eingriffen in ihre Persönlichkeits-

[1] Vgl. Brief an Julius Kittl vom 26.2.1937, Elisabeth Langgässer: *Briefe 1924-1950.* Hg. von Elisabeth Hoffmann. 2 Bände. Düsseldorf 1990. Bd. 1, S. 271: "Sein [des Romans *Das unauslöschliche Siegel*; H.K.] Thema ist ein unausgesprochen theologisches und umkreist, auf einen sehr allgemeinen Nenner gebracht, die Frage: "Was ist der Mensch?" Deutlicher: "Was ist der getaufte Mensch?"

[2] Brief an Waldemar Gurian vom 28.7.1946, *Briefe*, Bd. 1, S. 563. Die Schreibung von ss statt ß ist eine Angewohnheit der Autorin, die ich in den Originalzitaten der Briefe ebenso beibehalten werde wie die übrigen sprachlichen und orthographischen Besonderheiten, soweit sie auch Eingang in die Briefausgabe gefunden haben.

[3] Vgl. dazu nochmals den Brief an Julius Kittl vom 26.2.1937, *Briefe*, Bd. 1, S. 271, in dem die doppelte Fragestellung nach dem Menschen und dem getauften Menschen schon angedeutet ist.

[4] Brief an Käthe Liedke vom 27.8.1947, *Briefe*, Bd. 2, S. 686.

rechte seitens der Nationalsozialisten Elisabeth Langgässer mit ihrer Familie ausgesetzt war, würde man erwarten, daß sie sich viel vehementer gegen das Regime Hitlers ausspricht, als sich das anhand der zur Verfügung stehenden Texte nachweisen läßt. Dies zeigt auch eine Betrachtung der Erzählung *Nichts Neues* aus dem *Torso*: Der Erzähler verfolgt – eine häufige Grundkonstellation im Prosawerk der Autorin[5] – ein Gespräch, in diesem Fall zwischen einem Gefängnispfarrer und einem Soldaten. Aus den wahrgenommenen Gesprächsfetzen, die detailliert auf Folterpraktiken eingehen, wie sie auch bei den Nazis üblich waren, schließt der Zuhörer, daß die unmenschlichen und entwürdigenden Zustände in Konzentrationslagern wie Buchenwald und Auschwitz oder aber die Aburteilung und Hinrichtung der Geschwister Scholl das Thema der Unterredung darstellen. Auf Nachfrage jedoch wird ihm eröffnet, daß von Christenverfolgungen in Korea in der Mitte des 19. Jahrhunderts die Rede ist. Die Verfolgung von Minderheiten wird also nicht allein als ein Phänomen Hitler-Deutschlands gesehen, sondern als eine generelle, in der Natur des Menschen vorgeprägte Erscheinung, die einen Exzeß, ein extremes Abweichen von der als Norm empfundenen Mitmenschlichkeit darstellt. Als Auslöser für diese Abweichung wird ein Gefälle der Macht angenommen, das die Mächtigeren korrumpiert und dann eine nahezu unausweichliche Reaktionskette auslöst und zu Hemmungslosigkeit im Umgang mit dem Unterlegenen führt. Die äußerste Steigerung dieser Entwicklung ist für Elisabeth Langgässer jedoch der Krieg:

> Die Gefahr, die Unmenschlichkeit, der rasende Hass hat seinen Höhepunkt erreicht – das Leben ist unwürdig geworden in allen seinen Formen, Kinder werden mit Bordwaffen beschossen und als menschliche Gegenreaktion antworten fürchterliche Ausbrüche von Hass dem Hass. Wo soll das noch hin?[6]

Die Maßlosigkeit der im Krieg ausufernden Brutalität taucht in den Prosatexten immer wieder auf und wird nicht selten in stark psychologisierender Weise dargestellt. In *Jetzt geht die Welt unter* kauert ein durch permanente Luftangriffe auf Berlin völlig verängstigter Hund in der Ecke eines Zimmers. Da er vom Großvater der Familie, die sich im Zimmer aufhält, weder durch Zureden noch durch Körpereinsatz dazu gebracht werden kann, das Zimmer zu verlassen, beginnt der Mann, selbst durch neue Bombeneinschläge in extreme Anspannung versetzt, mit äußerster Härte auf das Tier einzuschlagen. In diesem Fall wird die eigene Ohnmacht gegenüber einer anonymisierten Vernichtungsmaschinerie, wie sie die Kriege des 20. Jahrhunderts mit sich brachten, durch extreme Roheit kompensiert. Andere Figuren der Erzählung flüchten sich in eine Phantasiewelt, die noch in der Endphase des Kampfes um Berlin durch Hitlers Propaganda geprägt ist und ihnen entweder aus ideologischen Gründen oder aus Angst vor der Unge-

[5] Vgl. dazu auch die Rahmenhandlung von *Glück haben*.
[6] Brief an Elisabeth Andre vom 29.5.1944, *Briefe*, Bd. 1, S. 457.

wißheit, was nach dem Ende des Krieges sein würde, verlockender erscheint, als das Eingeständnis der bevorstehenden Niederlage. So deutet die Cousine Adele der in *Jetzt geht die Welt unter* geschilderten Familie das Auftauchen des Hundes als Zeichen für die durch entsprechende Rundfunkmeldungen während der Besetzung Berlins durch die Rote Armee immer wieder angekündigte Entsatzarmee und hält an diesem Glauben fest, bis klar wird, daß das Kampfgeschehen sich schließlich in die unmittelbare Nähe des Aufenthaltsortes der Familie verlagert hat und ein Verlassen des Bunkers nicht mehr möglich sein wird, bevor der deutsche Widerstand endgültig gebrochen ist. In dieser Situation bricht Adele als letzte in den schützenden Unterstand auf und muß sich nun doch eingestehen, daß mit dem Hitler-Regime auch ihr gesamtes Weltbild untergegangen ist:

> 'Ja', gab Adele mechanisch zurück und stolperte aus dem Haus. 'Jetzt geht die Welt unter', sagte sie [...] eigentlich mehr zu sich selbst.[7]

In *Die Sippe auf dem Berg und im Tal* wird ausdrücklich auf dieses Phänomen der durch die Ideologie geprägten Weltordnung verwiesen, wenn Alban Klein jedes Gespräch über die Leiden der Bevölkerung im Krieg mit dem Satz "Und ich bin schuld daran!" kommentiert. Seine Frau begründet dieses Verhalten mit der Erklärung, er habe "früher einmal das Falsche gewählt. Im Jahre 32. Darüber kommt er nicht weg"[8]. Eine geradezu ins Groteske gehende Steigerung erfährt dieses Schuldeingeständnis, wenn es in einer Situation, in der alliierte Bomberverbände im Anflug sind, die Menschen aber ihrer Alltagsbeschäftigung nachgehen, da sie – in einer ländlichen Gegend wohnend – kein Angriffsziel darstellen, von Alban heißt:

> Er hatte die Arme weit ausgebreitet und den Kopf in den Nacken zurückgebogen – selbstvergessen –, 'hier, nehmt mich hin und richtet mich!' schien diese Haltung zu sagen. 'Ich, ganz allein ich, bin schuld.'[9]

Von seinem Umfeld wird der Mann deshalb als Wahnsinniger tituliert, bei dem die Gefahr besteht, ihn "doch am Ende in ein Irrenhaus stecken" zu müssen, zumal er an seiner Überzeugung festhält.[10] Daß man es bisher nicht getan hat, kommt zwar einem zumindest impliziten Schuldeingeständnis seiner Familie gleich, doch wirkt Alban in seiner Bekenner- und Büßerhaltung für seine Mitmenschen als mahnendes und damit störendes Symbol für die eigene Mitschuld am Geschehen zwischen 1933 und 1945, weil er zu den Menschen gehört, "die nicht eigentlich wahnsinnig sind, sondern nur

[7] Elisabeth Langgässer: *Ausgewählte Erzählungen*. Hrsg. von Horst Krüger. Düsseldorf 1979. S. 226.
[8] Ebd. 199.
[9] Ebd.
[10] Ebd. 194.

von einem Gedanken besessen, den andere Menschen nicht einsehen wollen, weil ihre Weltordnung sonst gestört oder am Ende nicht haltbar wäre"[11].

Trotzdem enthält sich Elisabeth Langgässer einer deutlichen Verurteilung des Verhaltens der breiten Masse der Menschen im Dritten Reich, so daß zwar die dargestellten Charaktere in ihrer Feigheit entlarvt werden, zugleich aber ihr Verhalten durch Angabe ihrer Motive begründet wird. Es bleibt bewußt dem Leser überlassen, sich mit Albans Familie und besonders mit seiner Frau Mathilde zu identifizieren oder nicht, wenn es heißt:

> Sie mußten für ihren schönen Hof und den Kolonialwarenladen leben, in dem man selbst im Jahr 43 noch allerlei kaufen konnte; vor allem aber mußte die arme Mathilde für ihre Hoffnung, den ältesten Sohn noch einmal wiederzusehen, leben – ihren Liebling, der in Stalingrad blieb, vielleicht ist er jetzt wieder da.[12]

Das Motiv des Wahnsinns bzw. der verkehrten Welt, in der der isolierte Wahnsinnige die wirklichen Zusammenhänge der Welt viel eher erkennt als der vermeintlich Normale, findet sich auch in den thematisch verwandten Texten *Im Einklang* und *Glück haben*. In beiden Fällen wird der Erzähler Zeuge, wie eine ältere Frau, die als irre gilt, ihre traurige Lebensgeschichte erzählt. Das Elend der eigenen Existenz wird jedoch nicht allein auf den Krieg von 1939 bis 1945 zurückgeführt, sondern die Erzählung greift mindestens auf den Ersten Weltkrieg und seine Folgen zurück. Freilich erfolgt die Schilderung aus unterschiedlichen sozialen Perspektiven. *Im Einklang* spielt in einem kleinbürgerlichen Milieu und setzt bei der Darstellung der Unterernährung der Protagonistin nach dem Ende des Krieges von 1914 bis 1918 ein. Der Satz, "von 23 bis 33 waren die besten Jahre. Aber dann fing das Lügen an"[13], erhält durch den Hinweis, daß der Gatte, der scheinbar Wahnsinnigen, Sozialist war, besondere Bedeutung. Nach der Verhaftung ihres Mannes arbeitet sie wie dieser zuvor im Untergrund und bekämpft das System der Unmenschlichkeit durch Konspiration:

> In diesen Jahren lernte ich lügen. [...] Ich log für den Rudi und für meinen Mann, ich log der Gestapo ins Gesicht und log, wenn ich meinen gefangenen Mann hinter dem Gitter besuchte.[14]

Selbst der Tod ihres Sohnes Rudi "kurz nach Stalingrad"[15] kann sie von ihrem nun einmal eingeschlagenen Weg nicht mehr abbringen, zumal sie als Untergrundaktivistin schließlich selbst gefährdet ist, nachdem ein Gesinnungsgenosse 'nicht dichthalten konnte', d.h. die Wahrheit gesagt hat:

[11] Ebd.
[12] Ebd.
[13] Elisabeth Langgässer: *Saisonbeginn. Erzählungen*. Hrsg. von Elisabeth Hoffmann und Helmut Meyer. Stuttgart 1981. S. 48.
[14] Ebd. 48.
[15] Das Stalingrad-Motiv findet sich auch in *Die Sippe auf dem Berg und im Tal*, wie oben gezeigt wurde.

> Ich muß weiterlügen: zuerst um die Sache, dann um den Mann, und als mein Mann hernach tot war, um meinen eigenen Hals.[16]

Die aus dieser permanenten Lüge resultierende Angst kann die Frau schließlich nur noch dadurch kompensieren, daß sie einen 'Alten Mann' mit sich "atmen" hört, von dem sie nicht weiß, ob sie ihn als "das Leben", "das Schicksal" oder die eigene Person identifizieren soll.

Die Vorzeichen in *Glück haben* sind andere. Zwar wird auch hier das Motiv der verkehrten Welt verwendet, wenn es heißt: "Übrigens war die Heilanstalt ein wahres Paradies"[17], und der Erzähler selbst wünscht sich zu Beginn der Rahmenhandlung fast einen Aufenthalt im "ländlichen Sanatorium", "um [...] vier Wochen auszuruhen"[18] – ein Wunsch, der sich am Ende des Textes auch erfüllt –, doch darf man nicht übersehen, daß das Sanatorium für Nervenkranke und Alte hier dezidiert als Alternative zum Tod eingeführt wird: "Wie gesagt, es war wirklich ein Paradies, wie es gleich hinterm Friedhof kommt."[19] Und während *Im Einklang* im kleinbürgerlichen Milieu spielt, ist in *Glück haben* offensichtlich das Großbürgertum und sein Schicksal thematisiert, wodurch sich auch eine größere Fallhöhe ergibt. Folgerichtig setzt die Lebensgeschichte der Protagonistin auch schon in der Zeit des Wilhelminismus ein, die in der Erinnerung der 'alten Dame' eine Ära der völligen Zufriedenheit darstellte. Erst die durch den Ersten Weltkrieg zunehmenden Versorgungsengpässe konfrontieren die Binnenerzählerin erstmalig mit der Realität: "Am Anfang gab es noch alles zu essen, am Ende die Quäkerspeisung."[20]

Der weitere Verlauf des Lebens der Frau kann durchaus als typisches Muster der Entwicklung einer Familie gesehen werden, in der man sich mit den Ideen des Nationalsozialismus arrangierte. Der Ehemann wird Syndikus und erwirbt ein Gut im Osten. Obwohl die Familie ursprünglich nur zwei Kinder wollte, nimmt die Frau, angeregt durch die Ideologie der NS-Familienpolitik, drei weitere Schwangerschaften in Kauf, die jedoch alle mit einer Fehlgeburt enden. Sohn und Tochter verfolgen ebenfalls typische NS-Karrieren. Die Tochter wird Arbeitsdienstführerin, bekommt ein Kind von einem SS-Mann und läßt sich, wohl um einen Vater für das Baby zu haben, mit einem Nachtjäger ferntrauen, der jedoch nach der Landung der Alliierten in der Normandie fällt. Der Sohn meldet sich, weil er als Angehöriger einer Nachrichtentruppe meist hinter der Front eingesetzt ist, freiwillig zu einer Fallschirmspringereinheit. Er hat den Ehrgeiz, das Ritterkreuz verliehen zu bekommen, und fällt bei Monte Cassino. Doch offensichtlich bewirkt nicht einmal dieser Umstand ein Umdenken der Mutter. Alle Geschehnisse

[16] Langgässer: *Saisonbeginn.* S. 49.
[17] Langgässer: *Ausgewählte Erzählungen.* S. 231.
[18] Ebd.
[19] Ebd.
[20] Ebd. S. 233.

werden von ihr scheinbar als Glücks- oder Unglücksereignisse hingenommen, Reflexion über die Ursachen und Hintergründe des Erlebten findet nicht statt. Selbst der Tod der Tochter und des Enkelkindes während der Flucht vor der Roten Armee, das Elend der Flüchtlingslager und der Hunger werden als Schläge eines anonymen, übermächtigen Schicksals akzeptiert. Am Ende der Binnenerzählung wird der Leser jedoch mit einer Reaktion konfrontiert, die er nach dem bisherigen Verlauf der Handlung nicht erwartet hätte: Die Geflüchtete findet in einem verlassenen Barackenlager einen großen, mit Wasser gefüllten Behälter, in dem sich eine "riesige Menge geschälter Kartoffeln" befindet. Bei näherem Hinsehen bemerkt sie jedoch, daß der Bottich von den abziehenden Lagerinsassen durch das Einleiten von Kot verunreinigt worden ist und die Kartoffeln somit eigentlich ungenießbar sind. Hatte sie alle bisherigen Schicksalsschläge mit einer an ein mißverstandenes Ideal stoischer Seelenruhe erinnernden Gelassenheit ertragen, so ist nun das "Maß" ihres "Unglücks voll"[21], und sie schreit, den Sack aufgrund ihrer ausweglosen Situation trotzdem auf ihre Schultern nehmend: "Dieses Scheißleben."[22] Damit ist der Tiefpunkt der Entwicklung der alten Frau erreicht und noch in ihrer Erinnerung wirkt dieses Erlebnis stark nach: Während des Erzählvorgangs wird die Anstaltsinsassin bei der Wiedergabe dieser Szene so laut, daß sie von einer Krankenschwester ruhig gestellt werden muß. Zuvor hat jedoch auch die Rahmenerzählerin – ebenfalls an die Schrecken des Krieges erinnert – in diesen Ruf eingestimmt.

Die Deutung dieses plötzlichen Gefühlsausbruches liegt auf der Hand. Während zahlreiche Leiden, die mit dem Krieg verbunden sind, von den handelnden Charakteren als Willkür des Schicksals akzeptiert werden, bedeutet die bewußte Verunreinigung dringend benötigter Lebensmittel einen elementaren Verstoß gegen die Menschlichkeit und damit gegen die Würde des Menschen selbst. Diese Darstellung trägt zweifelsohne autobiographische Züge. Angesichts der schlechten Versorgungslage im Berlin des Jahres 1947 schreibt Langgässer:

> Die menschliche Würde, die Hitler mir trotz aller Verfolgung nicht rauben konnte, wird jetzt langsam von der Not zerbrochen, zumindest aber angekratzt.[23]

Daß dem Thema der Mitmenschlichkeit zentrale Bedeutung in den Erzählungen Langgässers zukommt, zeigt auch eine Gegenüberstellung der Texte *Der Friede Gottes* und *Die getreue Antigone*, die im *Torso* direkt aufeinander folgen. Während in der ersten Erzählung ein Ehepaar einen nach Hamburg reisenden Mann mit Geld, Fettmarken und Zigaretten bestechen muß, um ihn dazu zu bewegen, einen Brief aus dem besetzten Berlin dorthin mitzunehmen, und noch nicht einmal sicher sein kann, daß der Brief auch wirk-

[21] Ebd. S. 236.
[22] Ebd.
[23] Brief an Waldemar Gurian vom 12.3.1947, *Briefe*. Bd. 2. S. 620.

lich transportiert wird, pflegt in Langgässers *Antigone* ein junges Mädchen regelmäßig das Grab eines unbekannten Soldaten, obwohl ihr Bruder in Mauthausen ums Leben gekommen ist. Selbst durch den Einwand ihres Begleiters, sie wisse nicht, ob es sich vielleicht um einen "SS-Kerl" handle, wird sie nicht in ihrer Haltung beeinflußt. Der Tod macht alle Menschen gleich. Die Anordnung der Texte nach dem Kontrastprinzip verdeutlicht dabei, wie groß der Unterschied zwischen der berechnenden Hilfestellung des Herrn Ellmer in *Der Friede Gottes* und der bedingungslosen Mitmenschlichkeit des jungen Mädchens in *Antigone* ist. Und diese Haltung ist es auch, die dem von Langgässer geforderten neuen Humanismus wohl am ehesten entspricht, wenn sie schreibt:

> Denn die Welt 'liegt im Argen', wie der Apostel sagt; und es hilft nichts, wenn wir vor diesen Tatsachen die Augen verschliessen und zwischen den weit ausgespannten Polen der Sünde und Erlösung eine 'humane', eine künstlich desinfizierte oder optimistisch verlogene Welt aufzubauen versuchen, wie sie die Welt unserer Grossväter und Väter gewesen ist – jene Welt, die doch am Ende eine Schöpfung des Satans war und in den Folterkammern und Gasöfen endigte. Wehe einer Jugend, die zum zweitenmal den Fluchtversuch in die falsche Humanität machte – die zweiten Dinge würden schlimmer sein, als die ersten waren![24]

Konsequenterweise bezeichnet Langgässer die Gestalt des Humanisten Serenus Zeitblom aus Thomas Manns Roman *Doktor Faustus* auch als "humanistischen Jammerlappen"[25]. Auch die Wiedereinsetzung alter Eliten im westlichen Teil Nachkriegsdeutschlands und die eindeutige Bevorzugung der bekennenden politischen Linken in der östlichen Hälfte des Landes nach 1945 verbittern die Schriftstellerin. In einem Brief an Henry Goverts spricht sie bereits ca. ein Jahr nach Kriegende wieder von der "Luft der neuen Diktatur hier in Berlin"[26]. Diese stark pessimistische Haltung beruht auf einem Gefühl, das Elisabeth Langgässer mit vielen Altersgenossen teilte und das unter dem Schlagwort der 'lost generation' bekannt geworden ist. Interessant ist in diesem Zusammenhang ein Brief an Elisabeth Andre aus dem Jahre 1940:

> Ja wahrhaftig: Gott sei mit uns allen, die wir jetzt zitternd und angstvoll unter seinem Gericht stehen und das Abendland in Feuer und Rauch aufgehen sehen, einen verdunkelten Himmel, eine geschwärzte Sonne und einen blutigen Mond. [...] Das Stück Toilettenseife ist noch ein Residuum aus dem – Frieden. (Ach dieses Wort! Seit 1914 kennen wir ihn nicht mehr!)[27]

Die Autorin konstruiert hier einen direkten Zusammenhang zwischen Erstem und Zweitem Weltkrieg, und der Ungeist des jede Reflexion verhin-

[24] Brief an Hedwig Schulte vom 31.10.1948. Ebd. S. 837.
[25] Brief an Eugen Claassen vom 28.7.1948. Ebd. S. 809.
[26] Brief an Henry Goverts, wahrscheinlich vom 10.6.1946, *Briefe*, Bd. 1, S. 556.
[27] Brief an Elisabeth Andre vom 21.5.1940. Ebd. S. 336.

dernden Militarismus ist es nach Langgässer, der den Deutschen zwei verlorene Weltkriege und das unmittelbar daraus resultierende Leid gebracht hat. Deshalb wendet sie sich auch nach 1945 nachdrücklich gegen einen neuerlichen Rückfall in autoritätshöriges Denken:

> Berlin ist schrecklich ... in jeder Beziehung. [...] Dass wir materiell das Leben der auf die Kniee gezwungenen Verbrecher führen, ist selbstverständlich und ich danke Gott täglich, dass es endlich soweit ist; dass wir hungern, braucht uns nicht zu wundern – höchstens, dass die Andern so grossmütig sind, uns noch eine letzte Chance zu geben. Aber dass das Marschieren, Registrieren, das Knopflochdekorieren [sic!; Anm. des Autors], Strammstehen, sich Einreihen u.s.w. von neuem anfängt, das ertrage ich nicht. Fort, fort aus diesem grässlichen Preussen, dieser grässlichen Stätte ewiger Urzeugung der Sklaverei des Kasernenhofs, des Ungeistes in jeder Form! Wer Deutschland liebt, muss Preussen zerschlagen.[28]

Aber trotz allem: Eine politische Autorin ist Elisabeth Langgässer nicht. Ihr Interesse gilt dem leidenden Menschen unabhängig von Konfession, Nationalität oder politischer Orientierung. Dies geht klar aus der *Ballade vom Menschen dieser Zeit* hervor, die quasi als Programmgedicht die Sammlung *Der Torso* einleitet. Für einen alten Mann, dessen Gesicht "in Dachau zertrümmert" worden war, der ein "Holzbein" hat und an einem Stock geht, verwendet die Autorin einen Vergleich aus dem antiken Mythos:

> Als Achill ihn schleifte, war immer noch mehr
> An dem Hektor von Schönheit und Mann und Gewehr,
> Als man hier an dem Humpelnden fand.[29]

In Anspielung auf die Hintergründe des trojanischen Krieges formuliert sie jedoch kurz darauf:

> Und was nutzt einem, der es nicht wissen will,
> Daß doch Hektor im Unrecht war und nicht Achill [...].[30]

Die Frage nach dem Recht und der Berechtigung eines bewaffneten Konfliktes sowie nach der Schuld an der Katastrophe von 1939 bis 1945 spielt angesichts des durch den Krieg bedingten Elends also für Elisabeth Langgässer kaum noch eine Rolle. Das Maß der Dinge ist der durch den Krieg in Mitleidenschaft gezogene Mensch. Dies bedeutet jedoch kein Ausweichen vor der Frage nach 'Schuld und Sühne', wie *Die Sippe auf dem Berg und im Tal* zeigt, sondern einen deutlichen Appell – und eine deutliche Absage an einen mißverstandenen Humanismus der Buchgelehrsamkeit! Auch das ist eine Art von Sühnezeichen.

[28] Brief an Waldemar Gurian vom 20.5.1946. Ebd. S. 553f.
[29] Langgässer: *Ausgewählte Erzählungen*. S. 182.
[30] Ebd. S. 183.

Izabela Sellmer

Wenn die moralische Sauberkeit überflüssig wird wie der 'Schnee von gestern'. Zum Kriegserlebnis eines Exkommunisten in Manès Sperbers Roman *Die verlorene Bucht* (1950/51)

Manes Sperber's trilogy Wie eine Träne im Ozean *(written partly during the war and published in German between 1951 and 1955) shows how ex-Communists perceive the war. Sperber, born in a Jewish family in Austrian Galicia, turned his back on the CP in the 1930s. He takes his reader to several scenes of war (Germany, Poland, France, Austria, Yugoslavia), varying one fundamental topic: persons blinded by Communist ideology gain an insight into their precarious situation through a complicated process prompted by difficult experiences. Their perception of the war is specific insofar as they face the dilemma of wanting to fight against the fascist danger without unconditionally following the party line.*

Das erste Opfer aller Kriege ist die Wahrheit,
eine erniedrigte, weil gefürchtete Geisel.
Manès Sperber: Israelisches Tagebuch

Zu den Aspekten, welche sicherlich nicht im Vordergrund der Aufarbeitung des Zweiten Weltkrieges in der deutschsprachigen Nachkriegsliteratur stehen, gehören weltanschauliche Konflikte innerhalb des Widerstands gegen den Nationalsozialismus. Dies mag an der daraus resultierenden Schwierigkeit liegen, eine klare Einteilung in Freunde und Feinde, in Gegner und Verbündete vorzunehmen. Eine solche erschien und erscheint aber den deutschsprachigen Autoren angesichts ihrer geschichtlichen Verantwortung wünschenswert. Insbesondere bei denjenigen Hitler-Gegnern, die sich in den späten dreißiger Jahren von der kommunistischen Bewegung gelöst haben, spielen jedoch derartige Konflikte eine außergewöhnlich wichtige Rolle. Deshalb soll an dieser Stelle das Kriegserlebnis eines Exkommunisten im osteuropäischen Partisanenkrieg thematisiert werden, denn dort kam es vor dem Hintergrund der jeweiligen geschichtlichen Entwicklung zur Entstehung von zahlreichen Widerstandsgruppen mit unterschiedlichen Ausrichtungen. (Gemeint sind vor allem zum einen meist von der Sowjetunion dominierte kommunistische, zum anderen eher konservativ-national gesinnte Truppen). Im folgenden wird es jedoch weniger um die Kriegsereignisse selbst gehen, sondern in erster Linie um die Rekonstruktion des exkommunistischen Bewußtseins. Eine Darstellung von Kriegsgeschehen, die "sich auf die aussichtslosen Kämpfe kleiner Partisanentruppen zwischen den Fronten beschränkt" (und mit einer solchen haben wir es bei Sperber zu tun), muß – nebenbei bemerkt – anders als von Michael Winkler behauptet, keineswegs zur Relativierung der deutschen Verbrechen führen.[1]

Daß Manès Sperber die Konkretion der genannten Problematik am Beispiel des ehemaligen Jugoslawien gewählt hat, läßt sich dabei mit naheliegenden Gründen erklären: Bedingt durch den Aufbau eines individualpsychologischen Institutes in Zagreb sowie durch Parteiaufträge hielt sich Sperber zwischen 1929-33 mehrmals dort auf und lernte u.a. einen der jugoslawischen KP-Führer, Djuka Cvijić, kennen, dessen Tod während der sowjetischen "Säuberungen" eines der Motive war, die ihn zur Abkehr von der KP bewogen. Der Schriftsteller lebte außerdem vom April 1933 bis zum Mai 1934 sowie nach seinem inneren Bruch mit der KPD 1937/38 in Zagreb und auf der dalmatinischen Insel Korčula, wodurch sich seine genaue Kenntnis der dortigen Örtlichkeiten und der politischen Lage und nicht zuletzt seine große Sympathie für diesen Teil Europas erklären.[2]

Da es Sperber jedoch vielmehr darum zu tun ist, moralische Haltungen und politische Ziele zu verdeutlichen, treten die Ereignisse im allgemeinen in den Hintergrund. Aus der Perspektive eines Exkommunisten wird demnach "die Bezogenheit menschlichen Handelns auf Zwecke, Wertungen und Ideale" thematisiert, weniger die exakte historische Lage rekonstruiert[3] – und wie in dem Roman, so auch in der vorliegenden Untersuchung.

Der aus dem ostgalizischen Stetl Zablotow stammende Manès Sperber, Jahrgang 1905, dessen recht wohlhabende, gläubige jüdische Familie während des Ersten Weltkrieges nach Wien flieht und dort nun gezwungen ist, in ärmlichen Verhältnissen zu leben, kommt relativ früh, mit knapp 22 Jahren, zur kommunistischen Bewegung; 1927 zieht er nach Berlin und wird Mitglied der KPD. Sein folgender, zehnjähriger Einsatz für die proletarische Weltrevolution, dem eine Rebellion gegen vorgefundene und als überkommen, ja verdorben empfundene Gesellschaftsstrukturen zugrunde liegt,

[1] Dies eine Nebenschlußfolgerung, die Winkler aus seiner Analyse zieht, vgl. Michael Winkler: Die Stille des tiefen Friedens: Zum Ende von Manès Sperbers Trilogie *Wie eine Träne im Ozean*. In: Helmut Pfanner (Hrsg.): *Der Zweite Weltkrieg und die Exilanten*. Bonn 1991. S. 263-272, hier 270f.

[2] Sperbers älterer Sohn Vladimir wurde im Januar 1934 in Zagreb geboren; zu Sperbers Jugoslawien-Erlebnis vgl. vor allem den Beitrag von Mirjana Stančić: Manès Sperber und Jugoslawien. In: Stéphane Moses, Joachim Schlör und Julius H. Schoeps (Hrsg.): *Manès Sperber als Europäer. Eine Ethik des Widerstandes*. Berlin 1996. S. 73-89.

[3] Vgl. hierzu die Ausführungen von Klaus Wenzel, der Sperbers Darstellung der Kriegslage in Jugoslawien, insbesondere diejenigen der kommunistischen Volksbefreiungsbewegung, nicht immer haltbar findet, vgl. Klaus Wenzel: *Manès Sperbers Romantrilogie 'Wie eine Träne im Ozean'*. Frankfurt a.M. u.a. 1991. S. 160-162. Wenzels Kritik kann hier nicht im einzelnen besprochen werden. Ergänzend vgl. außerdem: Mirjana Stančić: Manès Sperbers Jugoslawienbild: Über die ästhetische Legitimierung der Historie. In: Helmut Pfanner (Hrsg.): *Der Zweite Weltkrieg und die Exilanten*. Bonn 1991. S. 133-139.

macht ein Stück der immer noch nicht vollständig aufgedeckten Geschichte der Komintern in den späten zwanziger sowie den dreißiger Jahren aus. "Für Sperber, Koestler und zahlreiche andere junge Intellektuelle bedeutete die Teilnahme an der kommunistischen Bewegung jene universelle Sinnverleihung, die die bürgerliche Gesellschaft zunehmend verweigerte."[4]

Doch für viele engagierte Genossen bedeutet das Festhalten an der "Generallinie" mittlerweile, spätestens von der Mitte der dreißiger Jahre an, ebenfalls keine Erfüllung eines universellen Lebenssinns mehr. Die Moskauer Schauprozesse führen 1937 zur endgültigen Enttäuschung und Entfernung von, und der Hitler-Stalin-Pakt 1939 zum Bruch mit der Partei. Mit einer Lebensgeschichte, deren schmerzliche und tiefgehende Erfahrung sich im hohen Maße aus diesen Schlüsselerlebnissen herauskristallisiert, steht Sperber "stellvertretend für zahllose Intellektuelle überall in der Welt, die sich im besten Glauben der Komintern verpflichtet haben und nun durch die Säuberungsprozesse in der Sowjetunion [und nicht allein dadurch – I.S.] völlig verwirrt"[5] wurden.

An dieser Stelle kann verständlicherweise weder auf die Frage der Abkehr Sperbers von der Ideologie noch auf die sogenannte Exkommunistenliteratur in einer auch nur annähernd erschöpfenden Weise eingegangen werden. Hingegen möchte ich, wie eingangs angekündigt, aus dem betreffenden Problemfeld einen Aspekt herausgreifen und ihn im Zusammenhang mit der literarischen Darstellung und Verarbeitung des Zweiten Weltkrieges beleuchten. Das gemeinte Motiv wird in dem letzten Band der Sperberschen Trilogie *Wie eine Träne im Ozean* (*Die verlorene Bucht* von 1950/51) mannigfach abgewandelt und steht im Mittelpunkt seines zweiten, *Die Djura-Brigade* betitelten Teiles.[6]

In dem Roman handelt es sich, und dies wird uns hier interessieren, um das Kriegserlebnis eines durch die kommunistische Ideologie verblendeten Menschen, der am Rande des Abgrunds stehend, Einsicht in seine prekäre Lage gewinnt. Das Zwiespältige resultiert aus der doppelten Exilierung: Flucht aus dem Dritten Reich sowie Entfremdung von der bisherigen Glaubens- und Hoffnungsgemeinschaft der KP-Mitglieder, und der doppelten Verneinung: Der Ablehnung sowohl des totalitären Regimes Hitlers als auch desjenigen Stalins. Das Besondere der entsprechenden Kriegswahrnehmung beruht auf der sich aus diesen Voraussetzungen konsequenterweise ergeben-

[4] Albrecht Betz: "Renegaten" im Exil. Münzenberg, Sperber und Koestler im Paris der 30er Jahre. In: *Die Neue Gesellschaft/Frankfurter Hefte* 42 (1995). H. 3. S. 264-270, hier S. 266.

[5] Zoran Konstantinović: Manès Sperber und Miroslav Krleža. Eine mitteleuropäische Parallele. In: *Literatur und Kritik* (1989). H. 233/234. S. 95-103, hier S. 99.

[6] Das Buch ist im übrigen zuerst in französischer Übersetzung erschienen, welche der Autor selbst unter Mitarbeit von Blanche Gidon besorgte; erst danach, 1955, gab der Verlag Kiepenheuer & Witsch das deutsche Original heraus. Die erste einbändige Ausgabe der gesamten Trilogie trägt das Datum 1961.

den Einsicht in die Schwierigkeit, gegen die faschistische Bedrohung kämpfen zu wollen, ohne gleichzeitig den kommunistischen Antifaschismus bedingungslos zu unterstützen. Das Schwierige resultiert aus der Notwendigkeit, angesichts der gegebenen Kriegslage Prioritäten setzen zu müssen. Die problematische Gratwanderung faßt einer der Protagonisten wie folgt zusammen: “Mit allen Waffen werden meine Freunde den Despoten Stalin, sein Regime und seine Gefolgsmänner bekämpfen – dies von der Stunde an, da die Macht der Hitler und all seiner Gefolgsmänner zerbrochen sein wird [...]. Bis dahin bleiben wir mit Rußland verbündet.” (805) Doch die Gratwanderung, die der Sprecher mit seinem Leben bezahlt, erweist sich für manch einen Exkommunisten aus vorwiegend moralischen Gründen als äußerst unbefriedigend. – Es wird nach einer anderen Lösung gesucht.

In der Trilogie läßt Sperber seinen Leser zahlreiche Schauplätze des Zweiten Weltkrieges durchwandern: Österreich, Jugoslawien, Deutschland, Frankreich, Polen, Italien. Das Kriegserlebnis eines Exkommunisten wird geschildert in den Passagen, die dem Partisanenkrieg auf dem Gebiet des 1941 gebildeten, nationalfaschistischen Unabhängigen Staates Kroatien (USK) gewidmet sind.

“Unser[en] kleinen Krieg”[7] nennt ihn Georg Dj. Zagorjac, der berühmte, vom ganzen Volk verehrte, ursprünglich mit der KP sympathisierende Schriftsteller, der von allen Djura genannt wird und dem zu Ehren die Brigade ihren Namen bekommt.[8] Zum Zeitpunkt der Entstehung der Truppe lebt Djura nicht mehr; er wird gehenkt, da der Kurier, der den Gnadenakt des Staatschefs dem Gefängniskommandanten überbringen soll, unterwegs bezeichnenderweise aus freien Stücken an der Razzia gegen eine serbische Familie teilnimmt und daher zu spät kommt.

Wer sind die Djuraten? Zwei ihrer drei Anführer gehören zum Kreis der Hauptfiguren der Trilogie: Mara, die Frau des während der “Säuberungen” in Moskau umgebrachten Vasso Militsch, eines der führenden Männer der jugoslawischen KP,[9] sowie Denis Faber, genannt Dojno, der aus Ostgalizien stammende junge jüdische Intellektuelle, der manche Züge des Autors trägt und ähnlich wie dieser seit etwa 1937 eine Desillusionierung hinsichtlich der

[7] Manès Sperber: *Wie eine Träne im Ozean*. München 1997. S. 783. Im folgenden wird aus der Trilogie unter fortlaufender Angabe der Seitenzahl zitiert.

[8] Djura trägt Züge eines der bedeutendsten Schriftsteller im Vorkriegsjugoslawien, Miroslav Krleža, sowie des mit Sperber befreundeten Romanciers und Essayisten August Cesarec (hierzu vgl. vor allem Tomislav Bekić: Zur jugoslawischen Thematik im Werk Manès Sperbers. In: J. Holzner und W. Wiesmüller (Hrsg.): *Jugoslawien – Österreich. Literarische Nachbarschaft*. Innsbruck 1986. S. 83-89; sowie Zoran Konstantinović: *Manès Sperber und Miroslav Krleža*.).

[9] Manche Elemente der Persönlichkeit und Biographie Vassos lassen an den eingangs bereits erwähnten Djuka Cviljić denken, der ebenfalls in der Sowjetunion ein tragisches Ende fand.

Vorgehensweise der Komintern durchmacht. Der dritte, Sarajak, ist ein Grubeningenieur aus Sarajevo, ein Kämpfer aus dem Spanischen Bürgerkrieg.

Und die anderen? Am Anfang waren sie "etwa zwanzig gewesen, die unter Maras und Sarajaks Führung den Weg [von der dalmatinischen Küste - I.S.] nach der Herzegovina angetreten hatten. Nun waren sie an die zwölfhundert. Man nannte sie zuerst die Grüne Brigade, dann Djuras Brigade und später die Djuraten. Denn viele, besonders die jungen Menschen aus den Städten, waren des ermordeten Dichters wegen zu ihnen gekommen." (836) Jeden Tag stoßen neue zu ihnen, die "die Scham quälte, unter solchem Regime so lange schweigend ausgehalten zu haben. [...] Wenn sie endlich ankamen, waren ihre Kleider zerschlissen, ihre Füße wund, ihre Gesichter mager und hohläugig. So glichen sie einander, junge Arbeiter, Bauer und Studenten. Sie waren gejagtes Wild, das jagte. Nicht wenige von ihnen hatten deutsche und italienische Uniformstücke am Leib." (837)

Politisch befindet sich die Brigade zwischen allen Fronten und den kriegführenden Parteien: Sie kämpft gegen die deutsche und die italienische Besatzungsmacht und gegen die faschistischen Ustaschi, sieht aber auf der anderen Seite keine Möglichkeit, mit den proserbischen Freischärlerverbänden unter Führung von Draža Mihailović zusammenzugehen, der zum Zeitpunkt des Geschehens (1942/43) von den Alliierten als offizieller Repräsentant des jugoslawischen Widerstandes anerkannt wird. Mihailovićs Hauptangriff richtet sich außerdem nicht gegen die Besatzer und die Ustascha, sondern gegen den kommunistischen Widerstand, den die Tito-Partisanen leisten, welchem wiederum sich die von ehemaligen Kommunisten geführte Brigade ebensowenig anschließen möchte: "Ich bin absolut dagegen," so einer der Djuraten, "daß man sich mit der Partei wieder einläßt. Das, wofür man stirbt, muß sauber sein, absolut sauber. [...] Man muß neu anfangen, aber nicht mit dem alten Schmutz." (763) Alle Hoffnungen werden dabei auf eine Karte gesetzt: "zu dauern" – so formuliert jemand die Aufgabe der Truppe – und fährt fort:

> Militärisch sind wir bedeutungslos, die anderen Partisanengruppen sind es auch, ja der ganze Balkan ist vorderhand noch unwichtig. Aber wenn die Alliierten beschließen sollten, hier zu landen, dann wird selbst eine Kompanie, die vierundzwanzig Stunden lang einen winzigen Küstenstrich hält, wichtiger sein als eine Division, die erst landen müßte. Die Tschetniki sind panserbisch. Tito ist russisch, obwohl er von Stalin keine Hilfe bekommt. Es gibt ein Prozent Wahrscheinlichkeit, daß die Alliierten uns Waffen geben werden und nicht den anderen – wenn wir bestehen bleiben. (858)

Doch dieses bloße Bestehenbleiben setzt Siege voraus, die angesichts der feindlichen Übermacht rar werden, dazu braucht es Hilfe, die nicht kommt. Daß eine verschwindende Minderheit, welche die Welt zwar zur Kenntnis nimmt, der sie jedoch nur "überaus vorsichtige Versprechungen" gibt, "die nicht eingelöst" werden (vgl. 876) – daß eine solche Minderheit die Kriegslage und deren Ausgang nachhaltig beeinflussen kann, glauben nur wenige.

Der Intellektuelle Dojno weiß: Sie wird "nicht der Ausgangspunkt einer neuen Bewegung sein, sondern eine kaum bemerkte, schnell vergessene Episode" (859). Worum geht also der Kampf, in dem die Brigade letztendlich nahezu gänzlich aufgerieben wird, um im Oktober 1942 von kommunistischen Partisaneneinheiten überfallen und zum zeit- und teilweisen Zusammengehen mit ihnen gezwungen zu werden?

Dem Exkommunisten Faber, dessen Kriegserlebnis bei unseren Betrachtungen eine zentrale Rolle spielt, geht es um die Wirkung, welche die Tat auf die Handelnden selber hat. "Nicht unsern Mut haben wir uns zu beweisen", meint er, "sondern die Fähigkeit, auch im Untergang nicht nur Opfer zu sein." (860) Als Exkommunist könne man 1942 keine Politik mehr machen, man wolle keine Macht mehr erobern, denn man wisse, daß eine durch Gewalt eroberte Macht notwendigerweise mißbraucht werde. Was der Brigade als Formation übrigbleibe, sei die Verkörperung der "moralischen und philosophischen Sauberkeit" (vgl. 861).

Dieses durch Resignation und Trauer, jedoch nicht minder durch Pathos des Untergangs geprägte Selbstbild wird vor der Niederlage der Truppe in mancherlei Situationen an der Kriegswahrnehmung anderer Beteiligter gemessen:

Da ist zum einen der Angriff auf das "vielbefreite" Velac (853): Durch die Deutschen vom "serbische[n] Joch" (850) befreit, von kroatischen Gendarmen besetzt, war es dann der Reihe nach in die Hände der Tschetniks, der Ustaschi und der Tito-Partisanen geraten. Nach den letzteren sind die Ustaschi zurückgekehrt und haben an den Bewohnern Rache genommen – nicht anders als seinerzeit die früheren "Befreier". Nun wollen die Djuraten die faschistischen Truppen verjagen. Am Tag vor dem Angriff findet ein Gespräch zwischen der Führung der Brigade und einigen Dorfbewohnern statt, welche zur Unterstützung der Angreifer bewegt werden sollen. Einer der Bauern faßt dabei in wenigen knappen, einfachen Sätzen sowohl die traurige Lage der Zivilbevölkerung in diesem großen modernen Krieg als auch deren Einstellung zu den kämpfenden Parteien zusammen: "Ich wiederhole dir, daß ihr Partisanen, wie ihr euch auch nennt, für uns ein Unglück seid. Außerdem seid ihr überflüssig wie der Schnee vom vorigen Jahr. Wenn die Faschisten draußen in der Welt besiegt sein werden, werden sie auch hier hin sein, selbst wenn ihr keinen Schuß abfeuert. Und wenn man sie draußen nicht besiegt, ihr werdet sie nicht erledigen." (852) Das Nachspiel: Der Mann läßt sich doch überreden, im darauffolgenden Kampf kommt er um; nach einer Woche wird der Ort von den Besatzungsmächten unter Beschuß genommen und zurückerobert, was neues Leid für die Dorfbewohner mit sich bringt. Die Djuraten beschließen, keine Befreiungsaktionen mehr durchzuführen.

Ein anderes Mal, bei der Sprengung einer Eisenbahnbrücke, über die Lebensmitteltransporte für deutsche Truppen im Süden befördert werden, nehmen die Partisanen etwa zwanzig Gefangene: meist ältere, müde deutsche Arbeiter und Landwirte. “Schade, daß der Besiegte niemals dem Todfeind gleicht” (841), schießt es Dojno Faber durch den Kopf. Einer der Soldaten, der Radiomechaniker Wilhelm Krulle aus Berlin, gibt sich als Sozialist zu erkennen – “kein Nazi, aber auch kein Kommunist” (844), erklärt er – und glaubt, damit das eigene Todesurteil zu unterschreiben: Denn im Einklang mit der “Generallinie” hatte ja die KPD, der Krulle die Brigade zurechnet, bis vor kurzem die Sozialisten und Sozialdemokraten als Sozialfaschisten beschimpft und zu ihrem Hauptfeind deklariert. Zwischen ihm und Dojno Faber entspinnt sich ein Gespräch, im Verlauf dessen der Exkommunist den Satz formuliert, seine Kampfgenossen würden “für alle, für die Freiheit aller kämpfen” (844). “Da tut ihr mir aber furchtbar leid”, lautet die fast ironische Erwiderung Krulles, “denn alle, das gibt es schon lange nicht mehr. [...] Ihr seid verloren.” (844f.) Und obwohl er den Krieg nicht gutheißt und von Faber den Vorschlag bekommt, sich der Brigade anzuschließen, zieht er die Aussicht, wahrscheinlich erschossen zu werden, dem Kampf für eine unbekannte, schwer verständliche Idee vor. Der Arbeiter Krulle fühlt sich den Djuraten fremd, sie sind eben nicht, wie z.B. die übrigen Gefangenen, “die Eigenen” (845) Der Gegenschlag, ein plötzlicher Bombenangriff des deutschen Gebietskommandos, setzt dem Gespräch ein jähes Ende; da danach nur noch drei der Gefangenen, darunter Krulle, am Leben bleiben, entscheidet sich dieser für einen Anschluß an die Partisanen. Er handelt jedoch, scheint es, nicht aus Überzeugung, angezogen durch die Kraft der “moralischen Sauberkeit”, sondern wohl aus Mangel an anderen Ausweichmöglichkeiten.

Zusammenfassend läßt sich feststellen: Das Kriegserlebnis des Exkommunisten Faber, der sich zu “einer tragischen Treue verurteilt”[10] fühlt, wird konstituiert durch seinen Kampf gegen den Faschismus/Nationalsozialismus und den Stalinismus sowie durch den Konflikt, welcher sich aus der Gleichgültigkeit der “einfachen Menschen” ideellen Gehalten gegenüber ergibt. Das Bewußtsein der letzteren wird mit dem Satz treffend charakterisiert: “niemals war es ihr Krieg” (769). Die Ursache für den unvermeidlichen Untergang einer exkommunistischen Formation wie der Djura-Brigade liegt in ihrem Versuch, aus der Einsicht Konsequenzen zu ziehen, daß es keinen auch noch so guten Zweck gibt, der schlechte Mittel heiligen kann.

[10] Manès Sperber: Die Treue des Häretikers. In: Alfred A. Häsler: *Durch-Sicht. Texte und Gespräche aus fünfundzwanzig Jahren in der Zeitschrift 'ex libris'*. Zürich 1987. S. 421-431, hier S. 421.

Paolo Chiarini

Krieg und Literatur in Brechts "Arbeitsjournal"

*Brecht's frequent remarks on the nature of self-censorship noted in his journals (*Arbeitsjournale*) in 1941 and again in 1942 offer the possibility of an interpretation which transcends boundaries. His private opinions on politics expand into the realm of the public, as a private opinion 'in politicis', and they are connected to his dramatic works of that period. The close relation between the private and the political and its connection with Brecht's concept of drama is also mirrored in Brecht's reflections on the war, in the way his daily life was dominated by radio news and in his interpretation of Stalin's reign read as 'Caesarism', a topic that runs from his works produced in exile, his plays, to his last work, the* Buckower Elegien.

1. Selbstzensur

In einer Eintragung aus Finnland vom 21.4.1941 notiert Brecht, der sich gerade anschickte, die vorletzte Station seines langjährigen Exils zu erreichen:

> Daß diese Aufzeichnungen so wenig Privates enthalten, kommt nicht nur davon, daß ich selbst mich für Privates nicht eben interessiere (und kaum eine Darstellungsart, die mich befriedigt, dafür zur Verfügung habe), sondern hauptsächlich davon, daß ich von vornherein damit rechnete, sie über Grenzen von nicht übersehbarer Anzahl und Qualität bringen zu müssen. Der letzte Gedanke hält mich auch davon ab, andere als literarische Themen zu wählen.[1]

Monate später, in Kalifornien gelandet und den Großteil des *Journals* überfliegend, kommt er noch einmal auf dieses merkwürdige Motiv einer bewußt praktizierten Selbstzensur:

> Natürlich ist es recht distortiert, unerwünschter Leser wegen, und ich werde Mühe haben, diese Anhaltspunkte wirklich einmal zu benutzen. Da werden gewisse Grenzen eingehalten, da eben Grenzen zu überschreiten sind (21.1.1942).[2]

Beide Äußerungen implizieren einerseits die Möglichkeit einer 'entgrenzenden' Interpretation der Texte, und zwar in Richtung eines Domesticums, das eigentlich als Politicum im weitesten Sinne des Wortes, als private Meinung *in politicis* aufzufassen ist (der wiederholte Hinweis auf die "Grenze" – um von dem semantisch wichtigen, doch im Kontext unklaren Ausdruck "Anhaltspunkte" ganz zu schweigen – scheint eine solche Deutung zuzulassen).

[1] Bertolt Brecht: *Journale 1* (im Folgenden: *J 1*) der Großen kommentierten Berliner und Frankfurter Ausgabe, Berlin und Weimar – Frankfurt a.M. 1994. S. 475. Im folgenden abgekürzt mit der Sigle GKA.

[2] Bertolt Brecht: *Journale 2* (im Folgenden: *J 2*) der GKA 1995. S. 51. Das Thema der Grenzüberschreitung klingt wie eine (deutliche?) Anspielung auf die letzte Szene vom *Leben des Galilei* in der dänischen [und Berliner] Fassung.

Andererseits setzen sie aber ein großes Fragezeichen hinter eine solche Hypothese: Wo und wie weit darf diese Entgrenzung über den konkreten Gehalt des jeweiligen Textes hinausgehen? Darauf gibt es für mich keine eindeutige Antwort: Sie muß im Rahmen dieser Ausführungen dahingestellt bleiben [3].

2. Literatur und Krieg

Dennoch soll uns gerade der Schluß des ersten Zitats weiter beschäftigen. Brechts Behauptung, er sei in seinem *Journal* aus 'Sicherheitsgründen' gezwungen, ausschließlich "literarische Themen zu wählen", stimmt im großen und ganzen nicht. Zwar dokumentiert ein beträchtlicher Teil der Eintragungen seine Arbeit an den vielen Texten und Projekten (Stücke, Gedichte, Prosa), die zwischen 1939 und 1945 in seiner Werkstatt entstehen bzw. weitergeführt werden oder Fragment bleiben. Doch diese so vielfältige Produktion entfaltet sich in einer Art Symbiose (eigentlich in einer Gleichzeitigkeit des Ungleichen) mit der Konstellation des Zweiten Weltkriegs, wobei die problematische Verflechtung beider Elemente (und damit haben wir einen der bedeutendsten Grundzüge des *Arbeitsjournals* ins Auge gefaßt) die Widersprüche unausgeglichen behält oder, mit anderen Worten, die Gegensätze einheitlich wirken läßt durch eine konkrete Dialektik, welche den ganzen Text explizit oder unterschwellig durchläuft. Am 16.9.1940 vermerkt er am deutlichsten diese Situation:

> Es wäre unglaublich schwierig, den Gemütszustand auszudrücken, indem ich am Radio und in den schlechten finnisch-schwedischen Zeitungen dem Schlacht um England folge und dann den "Puntila" schreibe. Dieses geistige Phänomen erklärt gleichermaßen, daß solche Kriege sein können und daß immer noch literarische Arbeiten angefertigt werden können. Der Puntila geht mich fast nichts an, der Krieg alles; über den Puntila kann ich fast alles schreiben, über den Krieg nichts. Ich meine nicht nur "darf", ich meine auch wirklich "kann".[4]

Die Dialektik aber, gerade weil sie eine konkrete ist, balanciert die Gegensätze nicht immer auf die gleiche Weise aus. So schreibt Brecht etwa am 11. Juni des selben Jahres:

> Ich gehe jetzt zum x-ten Male den 'Guten Menschen von Sezuan' durch, Wort für Wort mit Grete [Margarete Steffin]. Eifersüchtig verteidige ich meinen Vormittag, in der letzten Zeit, seit die Nachrichten so schlecht werden, erwäge ich sogar, ob ich das Frühradio abstellen soll. Der kleine Kasten steht neben dem Lager,

[3] Zum Problem der Struktur vom Brechts *Arbeitsjournal* vgl. zuletzt Philippe Ivernel: L' oeil de Brecht. Á propos du rapport entre texte et images dans le "Journal de travail" et l' "ABC de la guerre". In: Michel Vanoosthuyse (Hrsg.): *Brecht 98. Poétique et politique*. Montpellier 1999. S. 217-231; Jacques Le Rider: *Brecht intime? Retour sur les journaux personnels*. Ebd. S. 315-320.

[4] *J I* S. 423f.

> meine letzte Handlung am Abend ist, ihn aus-, meine erste am Morgen, ihn anzudrehen[5].

Letzten Endes weisen doch solche differenzierten Reaktionen auf das enge Nebeneinander von Privatem und Politischem hin. Die Schlacht um Smolensk (10.7.-8.9.1941), die den deutschen Vormarsch auf Moskau aufhält "geht auch um die Lyrik", wie Brecht am 5.4.1942 bemerkt[6]. Und zwei Beispiele aus den *Gedichten im Exil* – ich meine *O Sprengen des Gartens* und *Die Rückkehr* – könnten einen schönen Beweis für dieses Nebeneinander auf dem Boden der literarischen Praxis liefern.[7]

3. Dialektik der Gegensätze: Machtpolitik mit unterschiedlichem Vorzeichen

Daß Brecht in seinem *Arbeitsjournal* über den Krieg nichts schreiben "darf" und "kann", wie er am 16.9.1940 behauptet, stimmt wieder nicht. Nicht nur daß er sich mit dessen ökonomisch besonderer 'Qualität' befaßt, die die Materialschlachten des Ersten Weltkriegs weit übertrifft:

> Wie kalt dieser Krieg ausgefochten wird! Man könnte von einer Vereisung der Kriegsführung sprechen. Diese riesige Maschinerie zur Güterbeseitigung bedarf so wenig des ideologischen Antriebs wie die Maschinerie zur Gütererzeugung, solang sie eine Profiterzeugung ist (10.5.1942).[8]

Bereits aus der schwedischen Perspektive hatte Brecht – zentrale Begriffe seiner Theaterauffassung metaphorisch verwendend – die militärische Konfrontation als Auseinandersetzung zwischen einem aggressiven und einem defensiven Kapitalismus interpretiert:

[5] Ebd. S. 377. Poesie in finsteren Zeiten erscheint manchmal als alternative Metapher gegenüber dem 'Hauptgeschäft', der direkten Anklage gegen die Vorbereiter des Krieges (etwa das Aprikosenbäumchen im Gedicht *Frühling 1938*), oder aber als reine "Flaschenpost", wobei die Schlacht um Smolensk (vgl. nächststehendes Zitat) einen konkreteren Beitrag zur 'Verteidigung der Poesie' darstellt.
[6] *J 2*. S. 80.
[7] Vgl. die bedeutende Eintragung vom 9.8.1943: "[E]in lyrisches Gesamtwerk muß eine (innere) Geschichte haben, die in Harmonie oder Kontrast stehen mag zur äußeren Geschichte.[...] So ungeordnet die Eindrücke, so willkürlich in diesen Jahren auch sind – was ich an Gedichten schreibe, behält doch immer den Versuchscharakter, und die Versuche ordnen sich in einer gewissen Beziehung zueinander an, und die Lektüre kann kaum adäquaten Genuß verschaffen, wenn etwa solch ein Gedicht wie das erstere [*O Sprengen des Gartens*] nicht auch in seiner Neuheit, innerhalb der gesamten Produktion genossen werden kann, als domestikum" (*J 2* S. 164). Dazu auch Paolo Chiarini: Mutmassungen über einen "wirkungslosen Klassiker". In: Klaus Gehre, Anja Maier, Jan Böttcher, Kristin Schulz, Christian Hippe, Ute Wuttke (Hrsg.): *Brecht 100*. Berlin 1999. S. 171-179, hier S. 175-176.
[8] *J 2*. S. 92.

> Der Krieg zeigt einen merkwürdig epischen Charakter, er belehrt die Menschheit sozusagen über sich selbst [...]. Seine ökonomischen Zwecke enthüllt er schamlos, indem er zu rein ökonomischen Mitteln greift. [...] Die ideologische Verhüllung hat eine solche Dünne erreicht, daß sie die wirklichen Vorgänge nur noch um so schärfer hervortreten läßt (13.11.1939).

Krieg als exemplarisches Lehrstück![9]

Doch schon im Vorfeld des Krieges und dann in dessen allerersten Phase, erweitert Brecht dialektisch seine Aussicht auf das Kräftefeld der Ereignisse, und zwar am Beispiel des deutsch-sowjetischen Nichtangriffspakts – mit dem geheimen Zusatzprotokoll zur Aufteilung Polens.[10] In den vielen Eintragungen, die diesem Thema gewidmet werden, ist sein Urteil – obwohl die verschiedenen Gründe des Vertrags mit erwägend – am Ende doch negativ mindest in zweifacher Hinsicht. Einerseits gegenüber der internationalen Arbeiterschaft. Zwar behaupteten die Kommunisten

> es sei ein Respekt verlangender Beitrag der Union zum Frieden. Allerdings brach kurz darauf – einige Stunden darauf – der Krieg aus und Hitler begründete die Möglichkeit seiner Führung in großen Aufrufen mit diesem Pakt,

so daß die Sowjetunion "vor dem Weltproletariat das fürchterliche Stigma einer Hilfeleistung an den Faschismus [...]" trägt. Und er fügt hinzu: "Ich glaube nicht, daß mehr gesagt werden kann, als daß die Union sich eben rettete, um den Preis, das Weltproletariat ohne Losungen, Hoffnungen und Beistand zu lassen" (9.9.1939)[11]. Das Thema taucht am 24. Dezember wieder auf: "War es [...] die Angst vor dem Friedensschluß der kapitalistischen Mächte" auf Kosten der USSR, "dann wäre zu fragen, ob den Verlust der

[9] *J 1*. S. 348. Vgl. Winfried Reinholdt: Der Zweite Weltkrieg aus der Sicht von Bertolt Brecht. In: *Deutsche Studien*, Jg. XII (1974) Nr. 47. S. 309-320, hier S. 317, wo es heißt, daß Brecht "mit seinen typischen Stileigenarten (Sarkasmus, Ironie, Doppeldeutigkeit, Verfremdungseffekte und überraschenden Kontrastwirkungen) den Nicht-Brechtkenner gelegentlich der Gefahr aussetzt, die gemeinte Aussage zu verkennen. Dieses Problem war besonders da gegeben, wo seine politischen Kommentare sozusagen unvermittelt aus seinen literarischen Überlegungen heraussprangen bzw. in sie einmündeten. Plötzlich waren politische Fakten Teile eines konzipierten Stückes geworden".

[10] Das geheimgehaltene Zusatzprotokoll wurde erst 1946 anläßlich der Nürnberger Prozesse bekannt. Daß durch diese Tatsache "jeglicher Interpretationsversuch über die Hintergründe des Zustandekommens, über Motive und Ziele des Hitler-Stalin-Pakts damals weitgehend scheitern mußte" (W. Reinholdt: *Der Zweite Weltkrieg aus der Sicht von Bertolt Brecht*: S. 310), leuchtet nicht ganz ein – wie auch die Behauptung, daß "Brechts Kommentare [...] etwas zögernd [wirken]" (ebd.), denn sie sollten eigentlich – je nach den aufeinanderfolgenden Phasen der politischen und militärischen Ereignissen und nach den sich ändernden Stationen seines Exils – dynamisch und differenzierend betrachtet werden. Über den deutsch-sowjetischen Pakt vgl. zum Beispiel die Eintragungen vom 1.9. und 24.12.1939 (*J 1*. S. 353).

[11] *J 1*. S. 344.

Sympathien der Weltarbeiterschaft die militärischen Sicherungen aufwögen"[12]. Inzwischen marschieren die sowjetischen Truppen in Polen bis zur vereinbarten Demarkationslinie ein. Und hier kommt für Brecht die andere Seite der russischen Außenpolitik zum Vorschein:

> In einer eigentümlich napoleonischen Form ging der sowjetrussische Einmarsch in Polen vor sich. Da gab es keine Kriegspropaganda voraus, keine Vorbereitung der 'Öffentlichkeit', keine Räte, die etwas beschlossen oder genehmigten. Die Regierung verfügte. [...] Die Kommuniqués sind auf nationale Töne abgestimmt. Im Schatten großer Kämpfe werden zwei Provinzen besetzt, die zum russischen Reich gehörten (19.9.1939).[13]

Übrigens hatte Brecht schon am Tag vorher das Ergebnis seiner diesbezüglichen Reflexionen drastisch und artikuliert zugleich vorweggenommen:

> Da ist die vierte Teilung Polens, die Aufgabe der Parole 'Die USSR braucht keinen Fußbreit fremden Bodens', die Aneignung der faschistischen Heuchlereien von 'Blutsverwandschaft', Befreiung der Brüder (slawischer Abstammung), der ganzen nationalistischen Terminologie. Das wird zu den deutschen Faschisten hingesprochen, aber zugleich zu den Sowjettruppen[14].

Fazit 1: "Das Zerfetzen aller ideologischen Verhüllungen". Der russische Einfall auf Finnland am 30.11.1939 trägt dazu bei, Brechts Position wesentlich zu klären. Hatte die Aufteilung Polens wohl nach seiner Meinung Hitler "sein Kriegsziel entrissen", denn "Die Rote Armee marschiert in Europa ein" (19.9.1939)[15], so glaubt er jetzt einsehen zu müssen, daß die Sowjetunion die durch den deutsch-russischen Pakt gewonnene Bewegungsfreiheit mit dem finnischen Feldzug verspielt hat (24.12.1939)[16]. Gerichtet auf militärische Ziele, mag er auch "zu einer Befreiung der finnischen Proleten von der Herrschaft ihrer Bourgeoisie führen, aber diese sozialistischen Ziele werden nur angestrebt im Interesse der militärischen Ziele, und sie werden dadurch reguliert" (1.1.1940). Fazit 2: "Die Außenpolitik der USSR ist zwar die Außenpolitik eines Staates, in dem ein Aufbau sozialistischer Elemente stattfindet, aber es ist keine sozialistische Außenpolitik" (1.1.1940).[17]

[12] Ebd. S. 353.
[13] Ebd. S. 345.
[14] Ebd. S. 346.
[15] Ebd. S. 345.
[16] Ebd. S. 353. Über den deutsch-sowjetischen Pakt vgl. W. Reinholdt: *Der Zweite Weltkrieg aus der Sicht von Bertolt Brecht*. S. 315f.: "In einem Pakt mit den Westmächten sah die UdSSR neben anderen Nachteilen das Risiko, im Kriegsfall die Hauptlast tragen zu müssen. Der Vertrag mit Deutschland brachte dagegen größere Bewegungsfreiheit und erhöhte strategische Sicherheit. Moskau konnte vorläufig in der Hinterhand bleiben", wobei Reinholdt genau denselben Ausdruck benutzt – Bewegungsfreiheit – dem Brecht im Kontext seiner eben zitierten Eintragung eine ganz besondere Bedeutung beimißt. Vgl. auch Anm. 10.
[17] *J I*. S. 353.

Auch hier, also, das Zerfetzen aller ideologischen Verhüllungen.

Die Wurzeln dieses schwerwiegenden Mankos sind für Brecht in einem strukturellen Mißverhältnis zwischen Partei und Regierung auf der einen Seite, Volk, Masse, Proletariat auf der anderen zu suchen. Das Thema des 'Napoleonnismus' bei der mit Deutschland heimlich vereinbarten Besetzung Ostpolens wieder aufnehmend, schreibt er am 21.9.1939:

> Das Gerede, das man überall hört, die bolschewistische Partei habe sich von Grund auf verändert, ist gewiß nicht richtig. Es ist eher das Unglück, daß sie sich nicht verändert hat. Immer noch, nach zwei Jahrzehnten Machtausübung ist ihr das russische Volk 'der Hebel' für allerhand. [...] Immer noch nicht entscheidet das Volk, die Masse, das Proletariat. Es scheint Stalin unmöglich, den Krieg in einer revolutionären Weise zu eröffnen, als Volkskrieg, als proletarische Aktion, als Massenkrieg [...]. So und so weit hat er das Volk nicht, das und das Interesse hat das Volk 'noch' nicht, oder erkennt es 'noch' nicht.[18]

Unüberhörbar klingt hier ein Leitmotiv an, das man bis zum Gedicht *Die Lösung* aus den *Bukower Elegien* (1953), also bis zu Brechts letzten Jahren in der DDR, verfolgen könnte.

Im Rahmen des *Arbeitsjournals* verbindet ein ähnlicher Faden die Betrachtungen über den 'Caesarismus', denen wir in einer der allerersten Eintragungen begegnen, mit der gegen Ende des Krieges auftauchenden Kritik des 'Bürokratismus'. Im Juli 1938, am Roman *Die Geschäfte des Herrn Julius Cäsar* arbeitend, muß Brecht feststellen, daß selbst die proletarische Revolution die Herrschaft eines Einzelnen ermöglicht, der – gleich dem römischen Diktator – sich zwischen zwei kämpfenden Klassen, hier den Arbeitern und den Bauern, heraufzwängt.[19] Genau fünf Jahre später, am 19.7.1943, nach abgeschlossener Lektüre des 'niederdrückenden' Buchs von Boris Souvarine *Stalin. Aperçu historique du Bolchévisme* (erschienen 1935 in Paris), glossiert er:

> Die Umwandlung des Berufsrevolutionärs in den Bürokraten, einer ganzen revolutionären Partei in einen Beamtenkörper gewinnt durch das Auftreten des Faschismus tatsächlich eine neue Beleuchtung. Das deutsche Kleinbürgertum borgt sich für seinen Versuch einen Staatskapitalismus zu schaffen, gewisse Institutionen (samt ideologischem Material) vom russischen Proletariat, das versucht, einen Staatssozialismus zu schaffen. Im Faschismus erblickt der Sozialismus sein verzerrtes Spiegelbild. Mit keiner seiner Tugenden, aber allen seinen Lastern .[20]

Das Mißverhältnis zwischen der Spitze der 'regierenden' Partei und den Volksmassen, von dem wir ausgegangen sind, produziert also auch im Körper des sowjetischen Staates totalitäre Elemente, im Gegensatz zu denen Brecht ständig für die Entwicklung einer Demokratie von unten plädiert.

[18] Ebd. S. 348.
[19] Ebd. S. 314.
[20] *J 2*. S. 158.

Diese für ihn fatale Diskrepanz rückt er ins volle Licht in einer Eintragung vom 10.12.1939, die den finnischen Ereignissen gewidmet ist:

> Die beiden Parolen der Sowjetregierung für den Einfall sind: 1) die Finnen haben russisches Grenzgebiet betreten, also angegriffen. 2) Das finnische Proletariat soll befreit werden. Die Deutschen sprechen von der "natürlichen Expansion einer Großmacht". Daß die Parole 1) nötig ist, beweist, wie weit entfernt die Russen von der Möglichkeit sind, dialektische Parolen zu geben. Sie müssen ihre Zuflucht zu primitiven Dramatisierungen des Sachverhalts nehmen [hier spüre ich Brechts Interesse für das 'Theatralische' – die Begründung des vermeintlichen Angriffs als 'Inszenierung']. Der Vertrag mit der von der Sowjetregierung ernannten finnischen Volksregierung tritt der Auffassung entgegen, daß die finnischen Arbeiter und Bauern ihre nationale Freiheit gegen ihre soziale Freiheit eintauschen müssen, er dient als Argument und ist als solches schwach. Immer noch scheint das Gesetz Gültigkeit zu haben, daß die Regierungen bei Angriffs- oder Präventivkriegen sich von ihren Völkern entfernen, bei Verteidigungskriegen sich aber ihren Völkern nähern.[21]

Die Probe aufs Exempel liefert am 21.6.1941 das Unternehmen "Barbarossa", also der Überfall Hitlerdeutschlands auf die USSR. Der Angriff, der nicht nur die Rote Armee, sondern auch die ganze Zivilbevölkerung mit in Leidenschaft zieht, vereint beide zu einem Volks- und 'vaterländischen' Krieg, der zur Niederlage Deutschlands entscheidend beiträgt. Auch diese 'andere' Perspektive findet im *Arbeitsjournal* ihren Niederschlag. So werden die Schlachten um Stalingrad und Smolensk als Ereignisse verzeichnet, die die Weltlage vollständig verändern .[22] Doch viel signifikanter als diese nüchterne Feststellung wirkt – Zeugnis der tiefen Teilnahme, mit der Brecht die Entwicklungen an der Ostfront verfolgt – eine Eintragung aus dem amerikanischen Exil vom 21.4.1942:

> Tatsächlich habe ich allerlei seit Juni 41 nicht gut verwunden, nicht Gretes Ausscheiden, nicht das neue Milieu, nicht einmal das weiche Klima hier. Und das Roulettenspiel mit den Stories, die Konfrontierung mit den Erfolglosen und den Erfolgreichen, die Geldlosigkeit. Zum erstenmal seit zehn Jahren arbeite ich nichts Ordentliches, als Resultat von alldem und mit den zu erwartenden Folgen. Ich erinnere mich nicht eines frischen Atemzugs in allen diesen Monaten. Als säße ich einen Kilometer tief unter dem Boden, ungewaschen, unrasiert, wartend auf den Ausgang der Schlacht um Smolensk.[23]

4. Das Theater des Krieges

Und dennoch ist die Dialektik der staats-, machtpolitischen (realpolitischen) und ökonomischen Interessen eine implizite Voraussetzung des Zweiten

[21] *J 1*. S. 351.
[22] Vgl. z.B. *J 2*. S. 173 (25.9.1943).
[23] *J 2*. S. 85.

Weltkriegs, von der die Sowjetunion nicht ausgeschlossen ist. Bereits im Vorfeld der militärischen Konfrontation liefert der Untergang der Tschechoslowakei nach dem Münchener Abkommen dafür ein signifikantes Beispiel, das in einer Eintragung vom 7.10.1938 als mögliches Denkmuster aufgestellt wird:

> "England" konnte nicht einen Krieg führen, den der russische Bundesgenosse gewonnen hätte. Der russische Bundesgenosse konnte nicht einen Krieg führen, den die russischen Generäle gewonnen hätten. Frankreich konnte nicht einen Krieg führen, den die Volksfront gewonnen hätte. Und keines von ihnen konnte einen Krieg verlieren, natürlich.[24]

Hier wird der politische Kontext als 'großes Dialektikum' gelesen, wobei die europäische Konstellation nach dem Modell einer 'epischen Dramaturgie' (genauer: nach dem Planetarium-Typus) fixiert wird.[25]

Gegen Kriegsende begegnen wir wieder einem ähnlichen 'Panoptikum', in dem das Militärische immer stärker hinter dem Wirtschaftlich-Politischen zurücktritt. Am 18.10.1944 notiert Brecht:

> Die Russen nehmen die finnischen Nickelgruben. Iran verweigert ihnen den Gebrauch der Ölquellen in dem von ihnen besetzten Nordiran. In Westfrankreich sammeln sich die spanischen Loyalisten unter den Maquis, und es heißt, amerikanische Truppen werden die Pyrenäen besetzen. De Gaulle bereitet beträchtliche Reformen vor, bestimmt, das Comité des Forges zu ruinieren. Am 12. Dezember sollten die polnischen Güter aufgeteilt werden. Italien vegetiert als englische Kronkolonie. Griechenland erwartet wutschnaubend seinen König. Der Vatikan propagiert ein neues München, basiert auf Klerikofaschismus.[26]

Der Satz steht allein für sich da und ist das einzige, was Brecht unter dem erwähnten Datum aufschreibt: Ein in sich geschlossenes Bild der damaligen Lage in Europa, gezeichnet aus der Vogelperspektive – eine Momentaufnahme, die nicht nur die Verflechtung von Politik, Wirtschaft und Theater als weiteren, bedeutenden Grundzug der Eintragungen zwischen 1938 und 1945 eindeutig bestätigt, sondern vor allem das Gestaltungsprinzip beleuchtet, das im *Arbeitsjournal* während der Kriegsjahre – und je nach den Grundbegriffen seiner Theaterauffassung und -praxis – mehr oder weniger explizit waltet.

5. Schuld und Sühne

Lesen wir doch, zum Schluß, das bereits erwähnte Gedicht *Die Rückkehr* (1943):

[24] *J 1*. S. 326.
[25] Damals arbeitete Brecht am *Messingkauf*-Projekt.
[26] *J 2*. S. 206-207.

Die Vaterstadt, wie finde ich sie doch?
Folgend den Bombenschwärmen
Komme ich nach Haus.
Wo denn liegt sie? Wo die ungeheueren
Gebirge von Rauch stehn.
Das in den Feuern dort
Ist sie.

Die Vaterstadt, wie empfängt sie mich wohl?
Vor mir kommen die Bomber. Tödliche Schwärme
Melden Euch meine Rückkehr. Feuersbrünste
Gehen dem Sohn voraus.[27]

Hier wird der Kern von Brechts Haltung gegenüber Deutschland im Laufe des Krieges und unmittelbar nach dessen Ende auf dialektisch-problematische Weise zusammengefaßt bzw. vorweggenommen. Es ist aber, merkwürdig genug, weder von Deutschland noch von den Deutschen die Rede, sondern von Augsburg als Vaterstadt und von ihrem Sohn, dem Autor selbst. Mit gemischten Gefühlen sieht er der herannahenden Rückkehr entgegen – einer Rückkehr "nach Haus" und nicht etwa ins eigene Land. Sein Zurückkommen melden Bombenschwärme, ihm gehen Feuersbrünste voraus, aus denen ein Bild des Todes und der Vernichtung entsteht. Die "ungeheueren Gebirge von Rauch"[28] signalisieren den destruktiven Charakter des Krieges und die Opfer einer menschlichen Landschaft, die in der gleichzeitig mit dem *Journal* konstruierten *Kriegsfibel*[29] genau beschrieben wird, wie folgende Beispiele eindeutig beweisen:

a)
Es hatte sich ein Strand von Blut zu röten
der ihnen nicht gehörte, dem noch dem.
Sie waren, heißt's, gezwungen, sich zu töten.
Ich glaub's, ich glaub's. Und frag nur noch: von wem?[30]

b)
Weh, unsre Herren haben sich entzweit.
Auf unsern Äckern, wasserlos und steinig

[27] Brecht: Die Rückkehr. In: *Gedichte 2*. GKA. S. 125.
[28] Das genaue Gegenbild zu einem zehn Jahre später (Sommer 1953) entstandenen Gedicht: "Das kleine Haus unter Bäumen am See / Vom Dach steigt Rauch / Fehlte er / Wie trostlos dann wären Haus, Bäume und See" (Der Rauch. In: *Buckower Elegien*. Ebd. S. 308).
[29] Zwischen *Journal* und *Kriegsfibel* besteht eine enge Beziehung vor allem in dem Verhältnis von Text und Bild: Vgl. dazu den wichtigen Beitrag von Ivernel: *L' oeil de Brecht*.
[30] *Kriegsfibel*, Nr. 47 (ebd. S. 222). "Ein amerikanischer Soldat steht über einem sterbenden Japaner, den er zu erschießen gezwungen war. Der Japaner hatte sich im Landungsboot versteckt und auf U.S.-Truppen gefeuert" (1944).

Sind nun drei fremde Heere schon im Streit.
Nur gegen uns sind sie sich alle einig.[31]

c)
Heimkehrer, ihr, aus der Unmenschlichkeit
Erzählt daheim nunmehr mit Schauder, wie's
Bei einem Volk war, das sich knechten ließ
Und haltet euch nicht selbst schon für befreit.[32]

Ein Volk, das sich knechten ließ: Darüber besteht für Brecht kein Zweifel, begleitet von der zunehmenden Enttäuschung über die deutsche Arbeiterschaft, von der er sich im Näherrücken des Sieges der Alliierten einen Aufstand gegen das Nazi-Regime erhoffte,[33] und über "die Stabilität der inneren Ordnung", "das Rätsel des deutschen Durchhaltens".[34] Und dennoch kann Brecht "Bauschundbogenurteile nicht leiden".[35] So notiert er am 15.05.1942: "Die Unterscheidung zwischen Hitlerdeutschland und Deutschland ("Hitler ist nicht Deutschland!") ist naturgemäß, je länger der totale Krieg tobt, desto schwerer einleuchtend vorzutragen. [...] Es ist für unsere kleinen Coriolane verhältnismäßig leicht, mit [dieser] Lesebuchfabel fertig zu werden und die Polizierung, Isolierung, Auflösung und dauernde Diskriminierung der deutschen Nation zu fordern."[36] Hier liegt der Keim seiner entschiedenen Polemik gegen den sogenannten Vansittartismus,[37] die dann

[31] *Kriegsfibel*, Nr. 49 (ebd. S. 226). Amerikanische Landung in Sizilien. "'Die Deutschen gingen dort lang', sagte ein sizilianischer Bauer zum Brigadegeneral der Ersten Division, Theodore Roosevelt" (1944).

[32] *Kriegsfibel*, Nr. 66 (ebd. S. 260). "Rückkehr in eine veränderte Welt. – Französische Soldaten, nach fünf Jahren Gefangenschaft befreit, marschieren eine Straße in Deutschland entlang: die ersten Schritte auf ihrem Weg nach Hause."

[33] Vgl. z. B. die Eintragungen vom 28. Januar und vom 10.03.1945 (*J 2*. S. 219 und 221).

[34] *J 2*. S. 95 (15.05.1942) und 161 (19.07.1943). Vom langsamen Verfall des Hitler-Mythos, der ein entscheidendes Element dieser Stabilität bildet, bietet Ian Kershaw eine sehr differenzierte Analyse: *Der Hitler-Mythos. Führerkult und Volksmeinung*. Stuttgart 1999. S. 207ff.

[35] *J 2*. S. 145 (11.12.1942). Bereits im Februar desselben Jahres entsteht das Gedicht *Deutschland*: "In Sturmesnacht, in dunkler Nacht / Ist ein Reis erblühet / In Ängsten bin ich aufgewacht / Und fand das Reis erblühet. // Der Hitlerspuk, der blutige Spuk / Wird auch einst sein verwehet: / Die Hitlers kommen und gehen / Das detusche Volk bestehet. // Der Hitler wird verjaget sein / Wenn wir uns nur bemühen. / Und unser liebes Deutschland / Wird wieder blühen" (*Gedichte 5*. GKA 1993. S. 76). Der Text, der starke propagandistische Züge aufweist (Anlaß war der *Befehl des Volkskommissars für Verteidigung*, von Stalin am 23. Februar an die Rote Armee ausgegeben), knüpft an Heines *Nachtgedanken* (1843) an.

[36] *J 2*. S. 95.

[37] Der englische Diplomat und Journalist Robert Gilbert Lord Vansittart vertrat seit Anfang 1941 in Rundfunkreden und Büchern (*Black Record*. London 1941; *Lessons on my Life*. New York 1943) die These, es dürfe kein Unterschied gemacht werden

zu einer besonders scharfen Auseinandersetzung mit Thomas Mann führt,[38] welche – politisch stark gefärbt – eine alte, radikale Ablehnung des Lübekker Schriftstellers wiederauffrischt.

Am Anfang steht eine Stellungnahme zum *Manifest der NKFD an die Wehrmacht und an das deutsche Volk*, erschienen am 21.07.1943 in der *Pravda* in deutscher und russischer Sprache. Bereits am 25. Juli notiert Thomas Mann lakonisch in seinem Tagebuch: "Statement für Tass über die russische Free Germany-Kundgebung".[39] Der Text lautet:

> Das Manifest des Nationalkomitees "Freies Deutschland" scheint mir die natürliche und gesetzmäßige Fortsetzung des Aufrufes zu sein, mit dem sich die westlichen Demokratien unlängst an Italien gewandt haben, damit es sich vom faschistischen Regime befreie und auf diese Weise die Möglichkeit erhalte, Mitglied des auf Gesetzlichkeit und Freiheit begründeten Bundes der Nationen zu werden. Ich habe stets den Standpunkt vertreten und verfochten, den ich wiederholt in meinen Rundfunksreden für Deutschland zum Ausdruck gebracht habe, wonach nur eine echte und aufrichtige Umkehr Deutschland von den Mächten des Übels säubern kann, die es in diesen unglückseligen Zustand gestürzt haben. Nur sie kann das deutsche Volk vor der ganzen Welt und vor der Weltgeschichte rehabilitieren und auch Deutschland das Tor in die Zukunft öffnen. In diesem Sinne bin ich mit dem Manifest des Nationalkomitees völlig einverstanden.[40]

Mag sein, daß Thomas Mann auch in diesem Falle bewußt die Rolle des "Kulturträgers"[41] und des Repräsentanten des "anderen" Deutschland übernimmt. Tatsache ist aber, daß er – trotz aller Schwankungen – nur zu konsequent an einer Position festhält, die im Grunde genommen von 1939 bis 1945 dieselbe bleibt.

Im November 1939 – also nach Hitlers Einfall in Polen, mit dem der Zweite Weltkrieg beginnt – entsteht Manns Antwort auf eine Anfrage vom Herausgeber der Zeitschrift *Common Sense* (Alfred M. Bingham) bezüglich Peter Vierecks Artikel *Hitler and Richard Wagner*. Hier wird mit äußerster

zwischen Nazideutschland und Deutschland, da der kriegerische Charakter der Deutschen seit Karl dem Großen immer gleichgeblieben sei.

[38] Vgl. die Eintragungen vom 01., 02., 09.08. und vom 09.09.1943 (*J 2*. S. 161-163, 164, 172). Zu der Brecht-Mann-Kontroverse siehe Herbert Lehnert: Bert Brecht und Thomas Mann im Streit über Deutschland. In: *Stationen der Thomas-Mann-Forschung*. Würzburg 1985. S. 247-275; den klug ausgewogenen Abschnitt in der glänzenden Biographie Hermann Kurzkes: *Thomas Mann. Das Leben als Kunstwerk*. München 1999. S. 483-487; schließlich den Beitrag von Jost Hermand und Wigand Lange (wie Anm. 57), S. 23-31.

[39] Thomas Mann: *Tagebücher 1940-194*. Frankfurt a.M. 1982. S. 604.

[40] Thomas Mann: *Essays*. Nach den Erstdrucken, textkritisch durchgesehen, kommentiert und herausgegeben von Hermann Kurzke und Stephan Stachorski, Bd. 5: *Deutschland und die Deutschen 1938 – 1945*. Frankfurt a.M. 1996. S. 217. Daß diese Erklärung im Zeilenkommentar (S. 404) als "gewundene[n]" bezeichnet wird, leuchtet nicht ein, wie ich im Folgenden zu beweisen versuche.

[41] So Brecht – ironisch-abschätzig – in der Eintragung vom 01.08.1943 (*J 2*. S. 163).

Eindeutigkeit die These formuliert, daß es nur *ein* Deutschland gibt, wobei darüber hinaus Themen vorweggenommen werden, die später eine zentrale Rolle in seiner Auseinandersetzung mit der 'deutschen Ideologie' spielen sollten:

> Machen wir uns nichts vor. Der National-Sozialismus muß geschlagen werden, das heißt praktisch heute leider: Deutschland muß geschlagen werden. Es meint das aber, in einem sehr bestimmten Sinn, auch geistig. Denn es gibt nur ein Deutschland, nicht zwei, nicht ein böses und ein gutes, und Hitler, in all seiner Elendigkeit, ist kein Zufall: nie wäre er möglich geworden ohne psychologische Vorbedingungen, die tiefer zu suchen sind, als in Inflation, Arbeitslosigkeit, kapitalistischer Spekulation und politischer Intrige. [...] Deutschland muß geschlagen werden, das heißt: es muß genötigt werden, alles, was auch sein eigener Traditionsfundus aus früheren Jahrhunderten an gesellschaftsfreundlichen Elementen birgt, zu reaktivieren, um fähig zu sein, sich in die europäische Konföderation, die Staatengesellschaft einzufügen, für die Europa reif ist, und die von jedem Volke Opfer an staatlicher Souveränität und nationalem Egoismus verlangen wird.[42]

Am 23. Dezember desselben Jahres schließt Mann das Manuskript des Aufsatzes *Dieser Krieg* ab, an dem er "mit halbem Herzen"[43] gearbeitet hat. Sein "Leiden an Deutschland" äußert sich hier in einer zwiespältigen Wahrnehmung des Sachverhaltes. Auf der einen Seite ist das deutsche Volk "ein anständiges, das Recht und die Sauberkeit liebendes Volk", auf der anderen aber ist die "jammervolle Tatsache" nicht zu leugnen, daß es "– im Kriege noch entschiedener als vorher – ihre Sache, die doch längst so ganz allein 'ihre' Sache ist, glaubt zur seinen machen zu müssen und seit sechseinhalb Jahren seine ganze Tüchtigkeit, Kraft, Geduld, Disziplin, Opferwilligkeit ihrem wüsten Dilettantismus zur Verfügung stellt".[44] Deshalb eine Reihe drängender Fragezeichen – "Ist das zu verstehen?"[45] –, die den ganzen Text wie ein Leitmotiv strukturieren. Indem er die tiefliegenden Wurzeln einer "unglücklich verzögerte[n] und verspätete[n] Nationalgeschichte"[46] ans Licht bringt, glaubt Thomas Mann eine (vorläufige) Antwort gefunden zu haben: "Das deutsche Volk hat sich sehr verändert, seitdem der Fluch der Machtpolitik auf ihm liegt, es ist, ohne Übertreibung gesagt, zum Zerrbild seiner selbst"[47] geworden. Der Schluß seiner mühevollen Arbeit[48] zeigt, wie

[42] Thomas Mann: [Zu Wagners Verteidigung]. In: *Essays*. S. 81f.

[43] Thomas Mann: *Tagebücher 1937-1939*. Hrsg. von Peter de Mendelsohn. Frankfurt a.M. 1980. S. 511 (17.12.1939). Doch noch am 01.01.1940 verzeichnet das Tagebuch "Korrekturen am Politicum" (*Tagebücher 1940-1943*. S. 3).

[44] Thomas Mann: Dieser Krieg. In: *Essays*. S. 84.

[45] Ebd. S. 86.

[46] Ebd. S. 97.

[47] Ebd. S. 101.

[48] Vgl. Mann: *Tagebücher 1937-1939*. S. 501 (15.11.1939), 503 (Eintragungen vom 20., 21. und 23.11.1939), 504 und 506 (01.12.1939).

problematisch die Unterscheidung zwischen Nazideutschland und dem deutschen Volk. Der Sachverhalt wird jetzt klarer:

> Deutschland, das längst zu büssen angefangen hat, geht noch viel härterer Sühne entgegen, – und ich habe nichts dagegen einzuwenden. Ich gehöre nicht zu den deutschen Emigranten, die sich heute mit patriotisch ausgebreiteten Armen vor ihr Land stellen und erklären, daß ihm nichts geschehen dürfe, – nachdem anderen das Unglaublichste geschehen. Zwischen dem deutschen Volk und dem Nazismus so zu unterscheiden, daß man Deutschland als erstes Opfer Hitlers, das erste der vom National-Sozialismus vergewaltigten Völker hinstellt, halte ich nicht für absurd, sondern auch für unwürdig. Gibt es überhaupt kollektive Verantwortlichkeit, gibt es die Nation, das Volk als mythische Persönlichkeit, so ist der Nationalsozialismus nichts Anderes als die Form, in die ein Land, Deutschland, sich gebracht hat, um den verwegensten, mit den umfassendsten Mitteln ins Werk gesetzten Versuch der Weltunterwerfung zu machen, von dem die Geschichte weiß, – einem Versuch, der um ein Haar gelungen wäre.[49]

In diesen Texten, die jeweils auf englisch erschienen, ist vielfach von Schuld und Sühne die Rede. Eine heikle Frage, denn "der Fall Deutschlands ist darum so verwirrend und kompliziert, weil Gutes und Böses, das Schöne und das Verhängnisvolle sich darin in der eigentümlichsten Weise vermischen" wie es – das Hauptthema von *Germany and the Germans* vorwegnehmend – in der Rede *Schicksal und Aufgabe* heißt, die Thomas Mann am 13.10.1943 in der "Library of Congress"[50] hält. Auf diese Stellungnahme und darüber hinaus auf Thomas Manns Entscheidung, der Gründungserklärung des "Council for a Democratic Germany" seine Unterschrift zu verweigern, reagiert Brecht mit einem Brief vom 1. Dezember, in dem er sich verpflichtet fühlt, "Sie [Th. M.] von dem schmerzlichsten Erstaunen zu unterrichten, das Ihr so betonter Zweifel an einem starken Gegensatz zwischen dem Hitlerregime und seinem Gefolge und den demokratischen Kräften in Deutschland [...] erregt hat".[51] Manns Entgegnung vom 10. Dezember räumt zwar auf der einen Seite Brechts Argumente ein, doch schließt auf der anderen mit einem Verweis auf seinen Vortrag *Schicksal und Aufgabe*:

> Ich habe gesagt, daß es uns deutschen Emigranten nicht zustehe, den Siegern von morgen Ratschläge zu geben, wie Deutschland zu behandeln sei, aber ich habe mich auf das liberale Amerika berufen und der Hoffnung Ausdruck gegeben, daß die gemeinsame Zukunft durch die Maßnahmen der Siegermächte nicht zu schwer belastet werden möge. Nicht Deutschland oder das deutsche Volk sei zu vernichten und zu sterilisieren, sondern zu zerstören sei die schuldbeladene

[49] Mann: Dieser Krieg. In: *Essays.* S. 115. Die Stelle wird in einen Artikel für die Bostoner Zeitschrift *Atlantic Montly*, entstanden am 01. und 02.07.1944, wortwörtlich aufgenommen.
[50] Mann: Schicksal und Aufgabe. In: *Essays*. S. 224.
[51] Brecht: *Briefe 2* GKA 1998. S. 317.

> Machtkombination von Junkern, Militär und Großindustrie, die für zwei Weltkriege die Verantwortung trage.[52]

Und dann kommen – ein weiteres Leitmotiv in den verschiedensten Äußerungen dieser Jahre – die entscheidenden Worte: "Alle Hoffnung beruhe auf einer echten und reinigenden deutschen Revolution, die von den Siegern nicht etwa zu verhindern, sondern zu begünstigen und zu fördern sei".[53] Wenige Monate später wird sein Verhältnis zum "schuldbeladenen Lande(s)"[54] noch einmal thematisiert:

> So sehr ich davon durchdrungen bin, daß es zu früh ist, Mitleid mit Deutschland zu haben, so unverantwortlich gewagt [finde] ich es, wenn deutsche Emigranten heute die Bürgschaft für das künftige demokratische Wohlverhalten Deutschlands – eines uns allen wildfremd gewordenen Landes – auf sich nehmen [...].[55]

Das ist zusammengefaßt der eigentliche Kontext, in den Thomas Manns Auseinandersetzung mit dem deutschen "Schicksal" zu stellen ist. Sie gipfelt einerseits in der großen Rede *Deutschland und die Deutschen*, gehalten am 29.05.1945 in der "Library of Congress": Ein "Stück deutscher Selbstkritik", eine "Geschichte der deutschen Innerlichkeit", die eine alt-neue Formulierung von Manns Verhältnis zu alledem zeitigen:

> Eines mag diese Geschichte uns zu Gemüte führen: daß es nicht zwei Deutschland gibt, ein böses und ein gutes, sondern nur eines, dem sein Bestes durch Teufelslist zum Bösen ausschlug. Das böse Deutschland, das ist das fehlgegangene gute, das Gute im Unglück, in Schuld und Untergang. Darum ist es für einen deutschgeborenen Geist auch so unmöglich, das böse [...] ganz zu verleugnen. [...] Nichts von dem, was ich [...] über Deutschland zu sagen oder flüchtig anzudeuten versuchte, kam aus fremdem, kühlem, unbeteiligtem Wissen; ich habe es auch in mir, ich habe es alles am eigenen Leibe erfahren.[56]

Andererseits aber in der Entscheidung, in das "schuldbeladenen Land" doch nicht zurückzukehren. Die *Antwort auf einen Brief Walter von Molos*[57] knüpft direkt an die Washingtoner Rede an, indem Thomas Mann die "Theorie von den beiden Deutschland, einem guten und einem bösen" ablehnt und dabei nicht verleugnen kann, "daß meine Wurzeln dort liegen, daß ich trotz aller fruchtbaren Bewunderung des Fremden in deutscher Tradition lebe und webe". Doch sei ihm Deutschland "in all diesen Jahren [...] recht fremd geworden". Und er fügt hinzu, Molos Bitte um Rückkehr ablehnend: "Ich fürchte, daß die Verständigung zwischen einem, der den Hexensabbat von außen erlebte, und Euch, die Ihr mitgetanzt und Herrn Urian aufgewar-

[52] Mann: *Briefe 1937-1947*. Hrsg. von Erika Mann. Frankfurt a.M. 1963.
[53] Ebd.
[54] Mann: Brief an den New Yorker Publizisten Clifton Fadiman vom 29.05.1944. In: *Essays*. S. 248; vgl. auch S. 279.
[55] Ebd. S. 248.
[56] Mann: Deutschland und die Deutschen. In *Essays*. S. 279.
[57] Erschienen in der *Hessischen Post* vom 04.08.1945.

tet habt, immerhin schwierig wäre". Eine mündliche Äußerung Hermann Hesses gerade in den allerersten Seiten dieser langen Antwort zitierend und sich eigen machend, hatte er übrigens seine Position *in politicis* unmißverständlich betont:

> Ein großes, bedeutendes Volk, die Deutschen, wer leugnet es? Das Salz der Erde vielleicht. Aber als politische Nation – unmöglich! Ich will, ein für allemal, mit ihnen als solcher nichts mehr zu tun haben.[58]

Im Rahmen einer vom "Office of Military Government for Bavaria" zwischen Juni und Juli 1947 durchgeführten "Umfrage über Thomas Mann und andere" äußert sich Ulrich Lautenbach, Chefdramaturg und Oberspielleiter der Städtischen Bühnen Augsburg, wie folgend:

> Thomas MANN ist eine alter Mann und für ihn, besser gesagt für Deutschland, wäre es nach seinen heutigen Anschauungen besser er bliebe in seinem Landhaus als Privatier. Ein geistiger Verlust ist das Fernbleiben von Bert BRECHT [...] seine Rückkehr bedeutete für uns einen Gewinn.[59]

Brecht kehrt 1948 zurück. Politisch und künstlerisch engagiert, doch nicht im Sinne eines Johannes R. Becher, der bereits im November 1943 für eine "neue(n) deutsche(n)" Nationalliteratur und einen 'neuen' Nationalismus mit hohlem Pathos plädiert:

> Eine neue Gemeinsamkeit ist es, die sich bildet, damit Deutschlands Wille geschehe und er durch uns vollzogen werde, und ein Allerhöchstes ist es, das über solch einem Gemeinsamen waltet: der Genius eines ewigen Deutschland.[60]

Er kehrt mit ganz anderer Gesinnung und mit zwei großen Fragezeichen "nach Haus": "Die Vaterstadt, wie finde ich sie doch? [...] Die Vaterstadt, wie empfängt sie mich wohl?".

[58] Mann: Warum ich nicht nach Deutschland zurückgehe. In *Essays*. Bd. 6: *Meine Zeit. 1945-1955.* Frankfurt a.M. 1997. S. 40, 38, 36, 35. Was die mündliche Äußerung Hesses betrifft, vgl. Zeilenkommentar, S. 389. Ganz am Anfang des Briefes schreibt Mann: "Sie sind nicht der Einzige, der diesen Ruf an mich richtet [...]. Nun muß es mich ja freuen, daß Deutschland mich wieder haben will – nicht nur meine Bücher, sondern mich selbst als Mensch und Person" (S. 33). Zu dem Umfeld dieser Kontroverse vgl. zuletzt – außer dem Kommentar (S. 387f.) – den wichtigen Beitrag von Jost Hermand und Wigand Lange: *"Wollt ihr Thomas Mann wiederhaben?" Deutschland und die Emigranten.* Hamburg 1999. Bes. S. 23ff.

[59] Hermand. Ebd. S. 114.

[60] Johannes R. Becher: Deutsche Lehre. In: *Internationale Literatur*. 1943. Heft 4. S. 13-43. In einer Eintragung vom 10. November desselben Jahres kommentiert Brecht: "Wieder wird der Nationalismus der Hitler ganz naiv akzeptiert; Hitler hatte nur den falschen, Becher hat den richtigen. [...] Nachbar, euren Speikübel !" (*J 2.* S. 181).

Klaus Doderer

Erich Kästner – Republikanischer Augenzeuge und Pazifistischer Ankläger nach 1945

The German author Erich Kästner (1899-1974) was a young writer who quickly gained renown during the 'roaring twenties'. The Nazis burned his books and did not allow him to publish. But he did not emigrate and therefore witnessed the events in Nazi Germany. After the war, he fought as a critic and poet for a new democratic and republican Germany. It was in militarism and in powerful bureaucracy that he saw the roots of dictatorship and the world-wide catastrophes of the twentieth century. He defended individual responsibility and personal social action. During the first years after Word War II, his high international profile helped with the development of a sense of democracy in Western Germany. Kästner denied the so-called Kollektivschuld *(collective guilt).*

Der Asphaltliterat und die Nazis

Erich Kästner, Jahrgang 1899, war 34 Jahre alt, als Hitler die Macht ergriff, wie es im Jargon der braunen Ära hieß. Schon in der Zeit davor, in den letzten Jahren der Weimarer Republik, hatte sich der junge Mann aus Dresden als Leipziger Student und dann als Kritiker, Essayist und Schriftsteller in Berlin politisch festgelegt. Er hatte vor den Nazis gewarnt, militärische Aufrüstung im *Land, wo die Kanonen blühn* gegeißelt und Hitler persönlich in seinen *Gebrauchs- und Gelegenheitsgedichten* auftreten lassen. In dem 1930 erschienenen Song mit dem ironisch gemeinten Titel *Ganz rechts zu singen* lautet eine der Strophen:[1]

> [...]
> Die Deutsche Welle, die wächst heran
> als wie ein Eichenbaum.
> Und Hitler ist der richtige Mann.
> Der schlägt auf der Welle den Schaum.
> [...]

Es überraschte nicht, daß die Nazis den 'Asphaltliteraten' Kästner als einen destruktiven, volksverhetzenden Schriftsteller sofort nach der 'Machtübernahme' am 30. Januar 1933 zu den zu verfehmenden und zu verbietenden Autoren zählten und dann auch, dies ist seiner Selbstdarstellung als Augen-

[1] Erich Kästner: *Werke*. München 1998. Band I, Gedichte. S. 248-249. – Erstdruck in der *Weltbühne* am 1.10.1930.

zeuge der Bücherverbrennung in Berlin zu entnehmen, seine Werke öffentlich am 7. Mai 1933 verbrannten.[2]

Erich Kästner ist nach 1933 nicht emigriert. Er ist im Lande geblieben, lebte unter erschwerten Bedingungen bis in die letzten Tage des Zweiten Weltkriegs in Berlin, hatte großes und zeitweilig auch kleines Schreibverbot, wurde mehrfach verhaftet und war von 1933 bis 1945 diversen Schikanen im täglichen Leben ausgesetzt. Wer diese Jahre miterlebt hat, wird Verständnis für die vielen Tricks und Kniffe, verbalen Kompromisse, Verschwiegenheiten und das oftmals berechtigte, mißtrauische Verhalten Dritten gegenüber aufbringen, das notwendig war, um durchzukommen. Es habe von Seiten Kästners aus jenen Jahren "zwar kein öffentliches Wort gegen die Nazis geben, aber jedenfalls auch keines für sie, und es besteht kein Anlaß zu der Annahme, Kästner habe der linksliberalen Position, die er am Ende der Weimarer Republik eingenommen hatte, zwischenzeitlich abgeschworen". So äußert sich Hermann Kurzke, einer der Kommentatoren der 1998 herausgekommenen Werkausgabe, zusätzlich zu den mehrfachen Stellungnahmen Kästners selbst, die er zu seiner Biographie während des "Dritten Reichs" abgegeben hat.[3]

Berlin, die Stadt, in der er innerhalb von ganz kurzer Zeit vom jungen sächsischen Provinzjournalisten zum vielbeachteten Autor der Neuen Sachlichkeit, zum 'Gebrauchslyriker', zum Romancier und weltbekannten Jugendschriftsteller avancierte, hat er nach 1945 nur noch selten besucht. Er blieb in München bis zu seinem Tod 1974 – in der Stadt, in die er im Sommer des ersten Nachkriegsjahres übergesiedelt war, in der er auch anfänglich gebraucht wurde und in der er dann allmählich literarisch verstummte und beim Rückzug ins Private nicht sehr glücklich wurde.

In seinen Lebensjahren nach 1945 wächst die Diskrepanz zwischen der öffentlichen Anerkenntnis als hochgeschätzter Repräsentationsfigur einerseits und seinem immer schwächer werdenden Profil als Autor andererseits. Der Repräsentant des 'anderen Deutschland' vertrat die deutschen Schriftsteller auf der ersten PEN-Tagung nach dem Krieg in Zürich, er übernahm 1949 zusammen mit Johannes R. Becher die Präsidentschaft des - allerdings nicht lange existierenden - gesamtdeutschen PEN-Zentrums, wurde zwei Jahre später, 1951, Präsident des PEN-Zentrums der jungen westdeutschen Bundesrepublik Deutschland und 1965 dessen Ehrenpräsident. Die Deutsche Akademie für Sprache und Dichtung sprach ihm 1957 den Georg Büchner-Preis zu. Er wurde herumgereicht und geehrt, 1959 mit dem Großen Bundesverdienstkreuz, 1960 in Luxembourg mit dem sogenannten 'Kleinen Nobelpreis', der Internationalen Hans Christian Andersen-Medaille für Jugendliteratur, ausgezeichnet. Ja, er unterschrieb auch ein paar Aufrufe gegen

[2] U.a. in seiner Hamburger PEN-Tagungsrede am 10.5.1958 *Über das Verbrennen von Büchern*. Kästner: *Werke VI*. S 638-647.
[3] Hermann Kurzke im Nachwort zu: Kästner: *Werke*. Band II. S. 413.

die Wiederbewaffnung und atomare Aufrüstung und bäumte sich publizistisch auf, wenn er glaubte, daß sich alte und undemokratische Stimmen erhoben.[4]

Aber als Schriftsteller meldete er sich kaum mehr mit neuen Werken zu Wort. Die Epigramm-Ausgabe *Kurz und bündig*, die 1950 erschien, versammelte 'Denkzettel' - so nennt Kästner selbst diese kurzen Texte in seinem Vorwort - aus zwei Jahrzehnten.[5] Sie waren demnach kein neuer Anfang. Auch das Bühnenstück *Die Schule der Diktatoren* geht auf einen schon während der Hitler-Diktatur gehegten Entwurf zurück, auch wenn die Uraufführung ins Jahr 1957 fällt.[6] Nur der kleine Zyklus *Die dreizehn Monate* ist ein Ergebnis von Besinnungen der fünfziger Jahre.[7] Und außerdem hat er die beiden Kinderbücher vom *Kleinen Mann*, die er für seinen spät geborenen Sohn (1957) geschrieben hat, seinem umfangreichen jugendliterarischen Gesamtwerk hinzugefügt.[8]

Der Augenzeuge und republikanische Kritiker

Mit spitzer Feder hat Kästner in den ersten Jahren nach 1945 seinen republikanischen und pazifistischen Standpunkt in Feuilletons, in Chansons, in Sketchen, in Gedichten und seinem Drama *Die Schule der Diktatoren* verfolgt und ausgebreitet.

Man stößt bei 'Durchsicht seiner Bücher' und Schriften, auch bei denen der Jahre nach 1945, auf einige immer wieder durchscheinende, Kästners Denken bestimmende politische Positionen und Ideen. Aus ihnen bezieht er gegenüber der gegebenen gesellschaftlichen und kulturellen Lage seine Stellung. Dazu gehört, daß er die historische Katastrophe der Naziherrschaft

[4] Davon zeugen die Attacken gegen Gottfried Benn und Ernst Jünger (1950: *Werke II.* S. 247; S. 248-252), gegen Leni Riefenstahl (*Werke VI.* S. 489ff.) und Veit Harlan (*Werke II.* S. 223), seine scharfen Warnungen von 1952 und auch 1966 vor einem politischen Rechtsruck (*Werke II.* S. 190-193 und S. 390; *Werke VI.* S. 590). Gutgemeinte Bücherverbrennungen in der jungen Bundesrepublik wurden von ihm scharf zurückgewiesen, und vor einer formalistische Entnazifizierung hat er gewarnt.

[5] Die Epigramme seien eine Sammlung aus zwei Jahrzehnten. Im Vorwort zur Ausgabe im Züricher Atrium Verlag von 1950 vergleicht Kästner Epigramme mit "Denkzetteln". Kästner: *Werke I.* S. 267-296.

[6] In seiner Vorbemerkung zur Buchausgabe von 1956 erklärt Kästner, daß sein Plan zu diesem Theaterstück zwanzig Jahre alt sei. Die Uraufführung fand am 25.2.1957 in den Münchner Kammerspielen unter der Regie von Hans Schweikart statt. Kästner: *Werke V.* S. 459-539.

[7] Als Zyklus 1955 im Atrium Verlag in Zürich erschienen, jedoch auf Vorveröffentlichungen in der *Schweizer Illustrierten Zeitung* Anfang der fünfziger Jahre zurückgehend. Kästner: *Werke I.* S. 297-314.

[8] *Der kleine Mann* erschien 1963 zum ersten Mal, *Der kleine Mann und die kleine Miss* 1967.

und des Zweiten Weltkriegs als das Ergebnis einer lang vorbereiteten Kumulation militanter und irrational verankerter Machtstrukturen in Deutschland ansieht. Seine Analyse des weltgeschichtlichen Übels findet die Ursachen bei starken restaurativen, gegenaufklärerisch orientierten Kräfte in Deutschland vor und nach dem Ersten Weltkrieg. Ein starrer Bürokratismus und ein Militarismus bis ins Zivilleben hinein haben nach seiner Auffassung zur unkritischen Haltung des einzelnen, insgesamt zur Teilung in Obrigkeit und Untertanen, zu einer letztlich undemokratisch hierarchisierten Gesellschaft geführt. Ein stupider Bürokratismus und eine ebenso sture Idealisierung militärischer Existenz im Staat waren und blieben die Punkte seiner Kritik. Die vertrat er in Feuilletons, in bissigen Satiren und in Kabarett-Texte für die Münchner *Schaubude* und *Die kleine Freiheit*. In dieser Hinsicht konnte sich Kästner getrost auf seine früheren, aus der Zeit der Weimarer Republik stammenden literarischen Warnungen berufen. Faschismus, wie er sich in der deutschen Prägung unter Hitler zeigte, bedeutete für Kästner, ähnlich wie für Max Horkheimer und Theodor W. Adorno, den Rückfall in eine prärationalistische, irrationale Ideologie, bedeutete letztlich die Ausblendung der Kritikfähigkeit des einzelnen zugunsten blinder Hingabe an einen unkontrollierbaren (Ver)führer. Dadurch seien alle Regeln der Zivilgesellschaft aufgrund einer wahnsinnigen Allmachtsillusion außer Kraft gesetzt. Kästner spricht in diesem Zusammenhang von dem Ausfall der demokratischen Kräfte, ihrem 'Harakiri' in der Weimarer Republik.

Des weiteren versichert sich Kästner immer wieder neu seines schon in den zwanziger Jahren gewonnenen republikanischen Standorts, der durch die Apostrophierung von vernunftbedingter Individualität, liberaler Weltoffenheit sowie sozialer Gleichgewichtung aller Menschen in einer friedfertigen Gesellschaft umschrieben werden kann. In seinen Tagebuchaufzeichnungen und Impressionen aus der beschädigten Kriegs- und Nachkriegsumwelt schildert er wiederholt die Schrecknisse und die als Auge- und Ohrenzeuge erfahrenen unmenschlichen Grausamkeiten.

Sein Blick ist jedoch direkt nach 1945 für ein paar Jahre erstaunlich optimistisch in die Zukunft gerichtet. Die Vorstellung einer funktionierenden Demokratie basiert bei Kästner auf einer republikanischen Haltung, die vor allem von drei Komponenten getragen werden muß: Von der Existenz vernünftiger Individuen, von deren Handlungsfreiheit in einem liberalen Gemeinwesen und von dem Bestehen einer friedlichen Weltordnung. Der Schriftsteller und linksliberale Demokrat, zugleich auch der utopische Phantasierer Erich Kästner hat wiederholt diese Idee einer vernünftigen, freien, pazifistischen Menschheit ohne Grenzen in Bildern und Geschichten ausgemalt, der politische Schriftsteller in Essays, Glossen und Kritiken tat es auf andere Weise.

Kästner wurde dabei in den ersten Jahren nach 1945, als man nach neuen Formen gesellschaftlicher Strukturierung suchte, zu einem strengen Verfechter republikanischen Bewußtseins und Handelns. Er schilderte in Beispielen - sowohl satirisch unterhaltsam wie ernsthaft plädierend - die spielen - sowohl satirisch unterhaltsam wie ernsthaft plädierend - die Vorteile des aufrechten Gangs gegenüber dem Gehabe der Opportunisten. Und er machte konkrete Vorschläge für den Aufbau demokratischer Institutionen. Er warnte vor jeglicher Form der Freiheitsbeschneidung, besonders in Sachen Kunst. Er unterschrieb Aufrufe gegen die Wiederbewaffnung und die Einschränkung von Bürgerrechten. Sein strikter Pazifismus wurde in seinem Bilderbuch *Die Konferenz der Tiere* (1947) thematisiert und nahm hier eine verfehlte UNO-Politik zur Folie der story. Ob Kästner seine Leser auf die Weltbürgerdemonstration des Gary Davis aufmerksam machte,[9] oder den kuriosen Fall, daß zwei Artisten auf einem Seil über Staatsgrenzen hinweg verbunden sind, schilderte,[10] er versäumte keine Gelegenheit, auf die Chancen der politischen Grenzüberschreitung aufmerksam zu machen.

Seine Plädoyers galten der Freiheit verantwortungsbereiter, aufgeklärter Einzelwesen mit Bürgersinn, galten dem Niederreißen von politischen Grenzen und ebenso der Einrichtung von Staatswesen, in denen ausnahmslos vernünftige Individuen mit Gemeinsinn die Regierung stellten. Und nicht zuletzt drehen sich Kästners Gedanken um die Fragen der Verantwortung und demzufolge auch der Schuld für das geschehene Unrecht sowie um die Art und Weise von Sühnemaßnahmen innerhalb der neu aufzubauenden 'Zweiten deutschen Republik'.

Dieser Gedankenkomplex einer kollektiven oder persönlichen Schuldzuweisung und demzufolge kollektiver oder individueller Sühnemaßnahmen wird von ihm äußerst entschieden angegangen. Der erwiesene Antifaschist und Republikaner sieht eine harte persönliche Bestrafung der an dem Dilemma Schuldigen als gerechtfertigt an. Er ist auch persönlich bei der Eröffnung der Kriegsverbrecherprozesse in Nürnberg dabei. Eine Kollektivschuld, die ihn ja selbst als deutschen Staatsbürger einschlösse, lehnt er ab. Im Gegenteil, er polemisiert sogar heftig gegen C.G. Jung, der damals maßgeblich die Kollektivschuld-These vertreten hat, und spielt expressis verbis gegen den Schweizer Psychoanalytiker den amerikanischen Oberrichter Jackson in Nürnberg aus, der in einem Plädoyer deutlich gemacht hatte, daß man nicht das ganze deutsche Volk für die Untaten des Regimes verantwortlich machen dürfe.[11]

[9] Gary Davis, ein Bürger der USA, hatte sich in Paris als Weltbürger Nummer Eins ausgegeben. Erich Kästner schrieb darüber unter dem Titel *Stimmen von der Galerie* im *Pinguin* (Januar 1949). Kästner: *Werke II*. S. 202-204.

[10] Die Satire *Die Verlobung auf dem Seil*, deren Erstdruck am 28.7.1948 in der *Neuen Zeitung* zu lesen war, enthält erneut die Anspielung auf eine freizügige Welt: "Zwischen den Ruinen Seile, zwischen den Zonen Seile, zwischen den Staaten ringsum Seile, und, auf ihnen balancierend, der neue Menschenschlag!". Kästner: *Werke II*. S. 170.

[11] In der *Neuen Zeitung* vom 8.2.1946 nahm Kästner unter der Überschrift *Splitter und Balken* unter Bezug auf Meinungen C.G. Jungs und des amerikanischen Ober-

Die Eintragung vom 8. Mai 1945, so wie sie in *Notabene 45* überliefert ist, schiebt sogar die Schuldfrage noch weiter in den internationalen politischen Raum: "Wer hat denn," so Kästner, "als längst der Henker bei uns öffentlich umging, mit Hitler paktiert?" Gemeint ist in diesem Fall die internationale Politik, die mit Hitler Verträge abgeschlossen hat. Insofern könne man nicht ohne weiteres der fehlenden Widerstandskraft des 'anderen Deutschland' die Schuld am Zweiten Weltkrieg geben. "Dieses andere Deutschland" sei "das von Hitler zuerst und am längsten besetzte und gequälte Land gewesen [...]."[12]

An den Sühnemaßnahmen und der Behebung des Schadens sich zu beteiligen, ist jedoch Kästner ohne weiteres bereit. Ja, er ruft geradezu zum Anpacken auf. Im Dezember 1945 erschien sein Artikel *Die Schuld und die Schulden* in der *Neuen Zeitung*. In ihm findet sich der Schlüsselsatz für Kästners Einstellung zu dem, was in den Tagen der Geburt der 'Zweiten deutschen Republik' zu tun sei. Er faßt seine Auffassung in ein Gleichnis:

> Wenn ich einen Bruder hätte, der jemanden beraubte, und man käme und sagte, ich sei schuld, so wäre das ungerecht. Wenn man aber sagte, ich solle, da der Dieb mein Bruder sei, mitarbeiten, daß der Bestohlene sein Gut oder dessen Gegenwert zurückerhalte, so würde ich ohne Zögern antworten: 'Das will ich tun.' Die Schuld müßte ich ablehnen. Die Schulden würde ich anerkennen.[13]

Kästner zählte sich zu der 'Minorität', die sich nach Kräften gegen Hitler gewandt hat. Die 'Minorität', die das Deutschland der Nazis überlebt hat, habe nunmehr den Aufbau eines sozialen und humanen Gemeinwesens zu verantworten. Insofern wird der Asphaltliterat und Kritiker der zwanziger Jahre nach 1945 zum Fürsprecher der "Zweiten deutschen Republik". Seine Aufrufe, nicht nur zu trauern über Verlorenes, sondern positiv in die Zukunft zu sehen, wiederholen sich in verschiedenen Formen: Als Artikel und Appelle in der Presse, besonders in der von Kästner selbst gegründeten und ab 1. Januar 1946 verbreiteten Jugendzeitschrift *Pinguin*. Auch als monologische Märchen-Einlage im Programm der *Schaubude*, dort etwa unter dem Titel *Wir wollen lieber arbeiten statt zu weinen*[14]. Oder auch am Ende von geharnischten kritischen Betrachtungen über Fehler beim Aufbau, etwa bei der Entnazifizierung.

Kästners Engagement beim Aufbau eines demokratischen Deutschlands nach 1945 mündete erstaunlich oft in Gedanken über die Art und Weise des Umgangs mit der Jugend, einer Jugend, die einen Teil oder sogar gänzlich ihr Leben in brauner Zeit erfahren hatte. Er wurde auf ganz verschiedenen Ebenen aktiv, schrieb Essays mit Vorschlägen zur Entheroisierung des Ge-

richters Jackson in Nürnberg zur Frage der Kollektivschuld Stellung. Kästner: *Werke VI*. S. 520-524.

[12] Ebd. S. 406.

[13] Ebd. S. 502.

[14] Kästner: *Werke II*. S. 153.

schichtsunterrichts,[15] dafür, die Kunsterziehung im Bildungsgeschäft aufzuwerten[16] oder das Leistungsprinzip im Sport infrage zu stellen.[17] Er machte sich Gedanken über militante und demokratische Lehrstile und über das Lehren von Lehrern. Er plädierte dafür, in jeder größeren Stadt in Zukunft Kindertheaterhäuser zu errichten, in denen junge Menschen frei theatralisch agieren dürften, und er kalkulierte selbst die Finanzseite dieses Projektes durch.[18] Er setzte sich zusammen mit der aus der Emigration zurückgekehrten Jella Lepman für die Gründung der Internationalen Jugendbibliothek in München ein und für die dort manifest werdende Idee einer internationalen Verständigung der Jugend durch die Schaffung einer "Weltliteratur der Jugend"[19]. Schließlich schrieb er selbst weiter Kinderbücher, in denen die Handlungsträger in gewisser Weise republikanische Aktivisten sind, wie die Tiere im Bilderbuch *Die Konferenz der Tiere*.

Was Kästner anmahnt, ist im Grunde ein Umgang mit der Jugend, bei dem junge Menschen nicht unmündige Opfer ihrer Ausbilder, sondern gleichberechtigte Partner sind; ja, auch schon als kritische Köpfe akzeptiert werden. Diese Vorstellung variiert in vielen Punkten das Konzept der bürgerlichen Reformpädagogik seit 1900 und korrespondiert mit Gedanken Carl Zuckmayers, Theodor Heuß' oder Max Horkheimers über die Gewinnung einer zwölf Jahre lang verbogenen und verführten Jugend. Insofern waren Kästners und der anderen Motive selbstverständlich politischer Art.

Resignative Reflexionen eines alten Mannes

Kästners Ameisen-Metapher aus *Notabene 45* deutete es schon an: Er sei nur fähig, die Welt aus der Perspektive von unten zu sehen. Er eigne sich nicht zum Beschreiber der Kriegsgeschichte aus der Sicht der Feldmarschälle. Aber Kästner besaß dafür das Selbstbewußtsein des Kleinbürgers und den Stolz des selbständig denkenden Individualisten. Nach 1945 ist er aus der Duckstellung aufgetaucht, als ungebrochener linksliberaler Demokrat. Er hat dann ein paar Jahre publizistisch dazu beigetragen, die deutschen Verhältnisse im Sinn einer aufrechten Bürgergesellschaft zu bessern, hat zum Zupacken aufgerufen und vor weinerlicher Lethargie gewarnt, hat die späten braunen Regungen auf dem Feld von Kunst und Literatur sofort bekämpft, hat seine pazifistische Auffassung durch Unterschrift und Protestrede genau so wie im Bilderbuchtext vertreten, hat vielfach, wie alle klugen

[15] Ebd. S. 43.
[16] Ebd. S. 28-33.
[17] Ebd. S. 288.
[18] Ebd. S. 83-87.
[19] Mehr darüber bei Klaus Doderer: Das Konzept einer Weltliteratur der Jugend. In: *Germanisch-Romanische Monatsschrift*. Neue Folge. Band 48 (1998) H. 1. S. 109-114.

Spaßmacher, unter Lachen die bittere Wahrheit gesagt. Er ließ sich auch zu Zeiten Konrad Adenauers und der Epoche des Wirtschaftswunders die Idee einer liberalen, sozialen und demokratischen Zivilgesellschaft nicht nehmen. Aber er hatte auch stets Angst vor ihrer inhumanen Deviation.

Notabene 45 hat ein Postskriptum. Es ist 1960 entstanden und endet mit der beängstigenden Vision der Selbstzerstörung unseres Planeten durch den Menschen selbst. Die resignativen, jedoch gänzlich hoffnungslosen Schlußsätze lauten:

> Was ist denn schon unser elliptisch rotierendes Kügelchen – gemeint ist die Erdkugel –, "wenn die Menschen keine Menschen sind? Kleinkram. Widerwärtiger, krötenhafter und zu groß geratener Kleinkram. Rufen Sie jetzt nicht: "Ach du lieber Himmel!" Sagen Sie mit mir: "Ach du liebe Erde!".[20]

[20] *Notabene 45. Ein Tagebuch*. Hierzu das Postskriptum 1960. In: Kästner: *Werke VI*. S. 480.

Thomas Weber

Zur Konstruktion von Erinnerung in den frühen Filmen von Alain Resnais

Alain Resnais' early films deal with the possibilities of reconstructing memory by using different media. Using the stylistic device of the documentary, his films Les statues meurent aussi *(1950-53),* Nuit et brouillard *(1955/56) and* Hiroshima, mon amour *(1958/59) take a look at the media's capacity to portray traumatic historic experience. The following essay does not so much aim at the "French point of view" of the Holocaust but rather attempts to analyse how memory is depicted and represented on film.*

Einleitung

Alain Resnais drehte von 1950 bis 1961 fünf Filme, die sich mit den medialen Konstruktionsmöglichkeiten von Erinnerung beschäftigten[1]: *Les statues meurent aussi* (*Auch Statuen sterben*, 1953), *Nuit et brouillard* (*Nacht und Nebel*, 1956), *Toute la mémoire du monde* (*Das Gedächtnis der ganzen Welt*, 1956), *Hiroshima, mon amour* (1958) und *L'année dernière à Marienbad* (*Letztes Jahr in Marienbad*, 1961). Mit Ausnahme von *Toute la mémoire du monde* und *L'année dernière à Marienbad* – auf die ich nur am Rande eingehen möchte –, geht es in diesen Filmen um traumatische historische Erfahrungen und zugleich auch um ihre Darstellbar- und Mitteilbarkeit.

Vorauszuschicken ist dabei, daß die filmische Konstruktion von Erinnerung ihre eigene – hier nur verkürzt darstellbare – Problematik hat, denn gerade dort, wo Erinnerung traumatisch zugespitzt ist, fehlen häufig geeignete Bilder, die sie dokumentieren könnten. Oder sie sind nur aus der Perspektive der Täter oder Sieger – nicht aber der Opfer – verfügbar. Auch Zeugenaussagen – als redende Köpfe in Großaufnahme – sind für sich genommen wenig anschaulich und werden dem filmischen Medium kaum gerecht. Jeder Versuch hingegen, Erinnerung an historische Ereignisse durch fiktionale Elemente darzustellen, wird von den Historikern meist mit Argwohn und dem Vorwurf begleitet, sie würden die Geschehnisse verzerren oder manipulieren. Einige gehen sogar soweit, daß sie den Film dafür ver-

[1] In gewisser Hinsicht könnte man auch noch den 1950 herausgebrachten Film *Guernica* hinzuzählen. Hier geht es aber explizit noch nicht um Erinnerung, sondern eher um die Möglichkeit bildender Kunst – Picassos gleichnamiges Gemälde spielt eine zentrale Rolle – sich mit Krieg und Zerstörung auseinanderzusetzen.

antwortlich machen, die authentischen Erinnerungen von Zeitzeugen zu überlagern, so daß sie im Rückblick das im Kino oder Fernsehen Gesehene mit eigenen Erlebnissen verwechseln.[2]

Im folgenden möchte ich zunächst kurz die verschiedenen Ansätze rekonstruieren, die Resnais in seinen Dokumentarfilmen vorgeschlagen hat, um mich dann vor allem auf *Hiroshima, mon amour* zu konzentrieren, der sowohl Summe als auch Weiterentwicklung seiner vorangegangenen Filme ist und paradigmatisch für die oben beschriebene Problematik stehen kann.

Dabei geht es wohlgemerkt nicht darum, wie der Film als Quelle von Geschichtsschreibung herangezogen werden könnte; auch nicht um die Bedeutung und die Rezeption von Resnais' Filmen im historischen Kontext – auf die ich nur kurz im Zusammenhang mit den von ihnen provozierten Diskussionen, Skandalen und Zensurmaßnahmen verweisen möchte. Thema ist vielmehr die Frage, in welcher Form Resnais versucht, Erinnerung zu konstruieren, welche Entwicklung es in seinen Filmen gibt und in welche mediale Problematik sich diese Konstruktionen einschreiben. Im Hinblick hierauf macht es auch wenig Sinn, Resnais gegen den von zahlreichen Kritikern erhobenen Vorwurf des Formalismus[3] in Schutz zu nehmen, da es meiner Meinung nach spannender ist, zu hinterfragen, ob in seinen formalen Experimenten nicht gerade die Botschaft liegt, ob nicht gerade seine formale Methode die Möglichkeiten und Grenzen des Mediums bewußt macht, Erinnerung zu organisieren und damit auch den Umgang mit historischen Ereignissen, die von Vergessen und Verdrängen bedroht sind.

Les statues meurent aussi

Das Thema Erinnerung klingt bei Resnais erstmals in *Les statues meurent aussi* an, den er zusammen mit Chris Marker zwischen 1950 und 1953 im Auftrag der Zeitschrift *Présence africaine* drehte. Die dreißigminütige, schwer zu beschreibende Dokumentation geht von den in den Pariser Museen ausgestellten afrikanischen Skulpturen, Statuen, Masken, Figuren usw. aus, die in rascher Folge montiert werden. Neben diese den Hauptteil des Films ausmachenden Bilder treten Aufnahmen der Besucher und Ausschnitte aus anderen Filmen über das Leben der Afrikaner auf dem Land, über schwarze Arbeiter, die von einem Weißen angeleitet werden, über Schwarze, die als Patienten zu einem weißen Arzt kommen, über die Paraden von weißen Kolonialherren, über Demonstrationen von Schwarzen, die von weißen Polizisten auseinandergetrieben werden.

Les statues meurent aussi ist genaugenommen eher ein Film über das Vergessen als über das Erinnern. Durch den Kolonialismus wurde die Ge-

[2] Vgl. Marie Claude Taranger: Une mémoire de seconde main? Film, emprunt et référence dans le recit de vie. In: *Hors cadre* (1991), n° 9 : Mémoire, S. 41-60.
[3] Vgl. dazu die *Cinema* (Zürich, Sommer 1963), Nr. 34.

schichte der afrikanischen Statuen ausgelöscht und damit die Erinnerung an ihren Kontext, in dem sie eine lebendige Funktion erfüllten; dadurch sind die Statuen gleichsam gestorben, zu toten Objekten geworden, die das Abendland der eigenen Kunstgeschichte einverleiben konnte. Resnais arbeitet mit der Aneinanderreihung der aus dem Kontext gelösten Objekte und verbindet sie mit einem anspruchsvollen literarisch-polemischen Kommentar, der das Verlorene beklagt und zugleich den Kolonialismus als Ursache dieses Verlusts benennt.

Man erfährt nichts über die Statuen als solche, über ihre kunstgeschichtliche Bedeutung. Resnais führt sie vor als verstümmelte Objekte und versagt sich, sie nur ästhetisch genießend vorzustellen.

Die von Resnais in diesem Dokumentarfilm gewählte Konstruktion kann Erinnerung nicht darstellen, sondern nur ihre Abwesenheit thematisieren. Eine Geschichte, die vom Kolonialismus ausgelöscht wurde, läßt sich einklagen, aber nicht rekonstruieren. Der Film drückt Trauer über das Verlorene aus, aber auch Wut über die Gegenwart, die fortgesetzte kolonialistische Praxis.

Les statues meurent aussi wurde – Frankreich engagierte sich gerade militärisch in Indochina – gleich nach einer ersten Aufführung bei den Filmfestspielen von Cannes von der Zensur verboten. Grund waren die antikolonialistischen Züge vor allem des letzten Filmdrittels, in dem insbesondere ein kritischer OFF-Kommentar zur angeblichen 'Modernisierung' Afrikas die Gemüter erregte, in dem u.a. behauptet wurde, daß auf diesem Kontinent allmählich der Typ des guten Negers hergestellt werde wie er dem Traum des guten Weißen entspringe.[4]

Nuit et brouillard

Einen anderen Weg schlägt Resnais in *Nuit et brouillard* ein, dem wohl bekanntesten Dokumentarfilm über den Holocaust. Auch hier sind die Objekte stumm, weil ihre Geschichte ausgelöscht wurde zusammen mit den Menschen, die sie erzählen könnten, genauso auch ihre Bilder, so daß das Geschehen aus der Perspektive der Opfer kein Gesicht hat.

Anders als in *Les statues meurent aussi* versucht Resnais nun aber diese Abwesenheit zu durchdringen. Er reiht nicht stumm die wenigen authentischen Filmaufnahmen aneinander, die von alliierten Streitkräften bei der Befreiung gedreht oder von den Nazis selbst angefertigt wurden.

Nacht und Nebel beginnt in der Gegenwart mit einer Farbaufnahme von grünen Wiesen und Feldern im Morgennebel; eine leichte Drehung der Kamera läßt einen Stacheldrahtzaun und die unscheinbaren Ruinen des Konzentrationslagers Auschwitz erkennen. Leidenschaftslos, sachlich präzise

[4] Siehe dazu Peter W. Jansen, Wolfram Schütte (Hrsg.): *Alain Resnais*. München, Wien 1990. S. 76.

führt der literarisch ausgearbeitete OFF-Kommentar, geschrieben von dem Schriftsteller Jean Cayrol, der selbst das Konzentrationslager Mauthausen überlebt hatte, den Zuschauer durch die Gebäudereste und erklärt ihre Funktion. Erst jetzt montiert Resnais in schwarz-weiß historische Aufnahmen: der Aufmarsch zum Reichsparteitag 1933, Judentransporte, Sammellager und rollende Züge. In Farbe nun über die Gleisanlagen zurück ins Lager. Im ständigen Wechsel zwischen Ruinen in Farbe und dokumentarischen Aufnahmen in s/w enthüllt sich der Planet des Grauens: die überfüllten Baracken, die Gaskammern, das Krematorium. Fotos von der Selektion auf der Rampe. Die Kamera fährt dabei unaufhörlich vorwärts. Die Musik von Hanns Eisler wird leichter und spielerischer, je schwerer das ist, was die Bilder zeigen. Schließlich Berge von Brillen, Schuhen, Haaren. Leichen und Seife. Enthauptete, Eimer voller Köpfe. Am Schluß steht wieder in Farbe das Bild der Lagerruine.

Der Wechsel von Farbe und Schwarzweiß strukturiert den Film. “Der Weg von der Farbe [...] ins Schwarzweißbild”, wie der Filmkritiker Peter W. Jansen dazu notierte, “ist der Weg, den das Gedächtnis nimmt [und der Traum].”[5]

Resnais läßt Gegenwart und Vergangenheit ineinander übergehen – eine Konstruktion, die weniger Erinnerung selbst darstellt, als vielmehr eine Form der ‘Vergegenwärtigung’ ist.

Schon hier deutet sich eine Konstruktion an, die in *Hiroshima, mon amour* noch konsequenter umgesetzt werden wird: So sehr *Nuit et brouillard* auch auf dem Erinnern beharrt, so unerbittlich die Kamera auch auf den Bergen von Leichenteilen verweilt, so wenig läßt sich die industriell geplante und wissenschaftlich akribisch durchgeführte Massenvernichtung einfach mit Bildern – so authentisch diese auch sein mögen – illustrieren.

Nuit et brouillard löste einen Skandal aus. Kurz vor Beginn der Filmfestspiele in Cannes wurde der Film auf Drängen des deutschen Botschafters in Paris, von Maltzan, der im Auftrag des Auswärtigen Amtes am Quay d’Orsay vorstellig geworden war, aus dem offiziellen Wettbewerb zurückgezogen, da – wie *Die Zeit* damals berichtete – “nach den allgemein anerkannten Richtlinien zu diesem internationalen Wettbewerb nur solche Filme zugelassen werden sollen, die nicht das Nationalgefühl eines anderen Volkes verletzen oder das friedliche Zusammenleben der Staaten erschweren, die also nicht an das politische Ressentiment appellieren.”[6]

Zwar wurde der Film schließlich doch noch – wenn auch außer Konkurrenz – in Cannes gezeigt, weil ein Sturm der Entrüstung losgebrochen war: Jean Cayrol hatte sich in einem Brief an Heinrich Böll gewandt, der – ebenso wie eine Reihe von französischen Schriftstellern – gegen die Absetzung

[5] Ebd. S. 78.
[6] *Die Zeit* vom 19.4.1956.

des Filmes protestierte. Doch der Schaden für das Ansehen Deutschlands war durch die eilfertige Diplomatie bereits entstanden. Und *Die Zeit* fragte kritisch nach: "Wer hat den Auftrag zu jenem Protest gegeben? Der Bundesaußenminister war damals nicht in Bonn. Der Staatssekretär war auf einer Dienstreise. Sollte wieder einmal in sicherlich gut gemeinter Absicht ein 'Nur-Fachmann' die Sache ohne politisches Fingerspitzengefühl beurteilt haben?"[7]

Die Affäre ließ sich nicht vollständig aufklären, und die Zeitschrift *Film-Dienst* sprach ein halbes Jahr später nur von "diplomatischen Mißverständnissen"[8], die zur Absetzung des Films geführt hatten. Das verhinderte übrigens nicht, daß *Nacht und Nebel* seinen Weg auch in die deutschen Kinos fand. Erstmals wird der Film "in Anwesenheit des Präsidenten des Berliner Abgeordnetenhauses Willy Brandt im Rahmen der Filmfestspiele Berlin [...] aufgeführt; es folgen Kinoaufführungen zusammen mit Edmund Lufts Dokumentarfilm *Ernst Reuter*."[9] Schließlich wird der Film 1957 zur Vorführung an höheren Schulen empfohlen[10] (auch wenn Gutachterausschüsse in einigen süddeutschen Ländern ihn "für die geschichtliche Unterrichtung der Jugendlichen" als ungeeignet ablehnten[11]) und bestimmte hierdurch und mittels zahlreicher Wiederholungen im Fernsehen[12] nachhaltig das Bilder der Deutschen vom Holocaust.

Toute la mémoire du monde

Gleich im Anschluß an *Nuit et brouillard* drehte Resnais noch eine andere kurze Dokumentation über die Bibliothèque nationale in Paris mit dem Titel *Toute la mémoire du monde*. Formal eher konventionell gestaltet, geht es in diesem Film um die alltägliche Konstruktion eines Gedächtnisses. Ich möchte ihn hier dennoch kurz erwähnen, weil Resnais durch den OFF-Kommentar inhaltlich pointiert eine Unterscheidung von zwei verschiedenen Momen-

[7] Ebd.
[8] *Film-Dienst* Nr. 3 vom 17.1.1957.
[9] Jansen: *Alain Resnais*. S. 245.
[10] Auch die Kirchen setzten sich für den Film ein. So drückte etwa der *Evangelische Filmbeobachter* seinen Wunsch aus, "dieser Streifen möchte weder der kommerziellen Filmwirtschaft, noch politischen oder auch humanitären Vereinigungen überlassen bleiben, sondern den Kirchen als zuverlässigsten Treuhändern überantwortet werden, als Anschauungsmittel und als immerwährende Zuchtrute zur Buße." *EFB*, 2.8.1956, S. 366. Und in der Kurzbewertung hieß es: "Französischer Dokumentarfilm über die deutschen Konzentrationslager, haßlos, gerecht und tief erschütternd. Für Jugendliche unter 18 Jahre und für empfindliche Frauen ungeeignet. Männer müßten ihn gesehen haben. Von hohem Wert für kirchliche Gemeindeveranstaltungen, hauptsächlich in der Passionszeit und am Bußtag." Ebd.
[11] *Süddeutsche Zeitung* vom 9.11.1978.
[12] U.a. am 9.11.1978 im ZDF und am 1.9.1989 in BR III.

ten von Erinnerung nahelegt, die indirekt auch in *Hiroshima, mon amour* wieder aufgenommen wird.

Während die Kamera durch die endlos langen Gänge der Bibliothek gleitet, erläutert der Kommentar detailliert die lückenlose Erfassung der Bücher, ihre Stempelung, ihre Numerierung, ihre Katalogisierung und systematische Einordnung ins Archiv durch die Bibliotheksverwaltung. Die Bibliothek selbst wird im Kommentar schließlich zum "Gefängnis der Bücher".

Diese kalte, wissenschaftliche, konservierende Seite der Erinnerung läßt nicht zufällig an *Nuit et brouillard* denken, an die unerbittliche Mathematik eines wissenschaftlich geplanten und industriell durchgeführten Massenmordes, was die meisten Kritiker – wohl zu Recht – als Übertreibung empfanden.

Dem stellt der Kommentar am Ende des Films eine lebendige, dynamische Erinnerung gegenüber, die einsetzt, wenn die Bücher die unsichtbare Linie vom geordneten System der Bibliotheksverwaltung in den Lesesaal überschreiten. Sie werden damit zur Lektüre befreit, um sich in die lebendige Erinnerung des Lesers zu verwandeln.

Hiroshima, mon amour

Der nachfolgende Film, *Hiroshima, mon amour*, Resnais' erster Spielfilm, setzt wieder stärker auf das technische und formale Experiment und spaltete dadurch Publikum und Kritik. Die einen sahen in ihm einen Geniestreich und verglichen Resnais mit Visconti, Welles oder Eisenstein[13]. Die anderen, darunter auch japanische Kritiker[14], warfen Resnais Formalismus vor, denn das Thema Hiroshima könne man nur um den Preis der Verharmlosung auf eine Liebesgeschichte reduzieren.

Ursprünglich sollte Resnais einen Dokumentarfilm über die Atombombe drehen, ließ dieses Vorhaben aber fallen, als er entdeckte, daß es bereits eine ganze Reihe von Filmen zu diesem Thema gab (darunter etwa der Film *Kinder von Hiroshima* von Kaneto Shindo aus dem Jahr 1952). Er sprach mit Marguerite Duras über Alternativen und ließ ihr beim Verfassen eines Drehbuchs weitgehende Freiheit. Entstanden ist daraus eine doppelte Liebesgeschichte, die sich auf zwei verschiedenen Zeitebenen entwickelt, die miteinander verwoben sind. In der Gegenwart spielt die Geschichte von Riva, einer französischen Schauspielerin, die sich für Dreharbeiten in Hiroshima aufhält, und dabei zufällig den Japaner Okada kennenlernt und sich in ihn verliebt. Sie verbringen die Nacht miteinander, doch die Romanze wird von kurzer Dauer sein, denn er hat Frau und Kinder, und sie will in wenigen Stunden nach Paris zurückkehren. Doch Okada weckt in ihr Erinnerungen an die Zeit während des Krieges in Europa. Sie erinnert sich an ihre Liebe

[13] Vgl. *Filmkritik* (1960), Nr. 4.
[14] Vgl. *Cinema* (Zürich, Sommer 1963), Nr. 34.

zu einem deutschen Soldaten, der nach der Befreiung Frankreichs erschossen wird; sie selbst wird von den Dorfbewohnern und sogar von der eigenen Familie geächtet, kahlgeschoren und in den Keller gesperrt, bis man sie davonjagt nach Paris.

An dieser Geschichte besticht nun vor allem ihre Erzählweise, ihre formalästhetische Darstellung, die bis hin zur Auflösung der narrativen Strukturen selbst vorschreitet, um die Abwesenheit von Erinnerung zu thematisieren (wie in *Les statues meurent aussi*), um Gegenwart und Vergangenheit miteinander zu verweben (wie in *Nuit et brouillard*) und um nach kurzem Schwanken zwischen dem konservierenden und dynamischen Aspekt von Erinnerung (wie in *Toute la mémoire du monde*) die Konstruktion des Films zu letzterem hin aufzulösen, was gekoppelt wird mit der Konstruktion von Subjektivität, die zum entscheidenden, auch verstörenden Merkmal dieses Filmes wird.

Es beginnt mit einem kuriosen Streit. Zuerst sieht man zwei ineinanderverschlungene nackte Körper, deren Haut mit feinem Sand, fast wie Asche, bedeckt ist. Sandige Haut, die aufeinanderreibt. Die Haut wird feucht. Der Sand verschwindet. Eine männliche und eine weibliche Stimme aus dem OFF widersprechen einander. "Nichts hast du gesehen in Hiroshima, gar nichts", sagt der Mann. "Alles habe ich gesehen, alles", behauptet dagegen die Frau. Und sie beginnt aufzuzählen, was sie alles gesehen hat – und was auch dem Zuschauer im Bild gezeigt wird: Das Krankenhaus mit den Überlebenden, das Museum mit den verbrannten Steinen, den Fotos und authentischen Filmaufnahmen, die nach der Explosion gemacht wurden, den filmischen Rekonstruktionen mit Schauspielern, den Statistiken, den Modellen und Schautafeln. Schließlich wiederholt die männliche Stimme: "Nichts hast du gesehen in Hiroshima, gar nichts."

Dieser OFF-Dialog zwischen Okada und Riva, der wie ein auf zwei Stimmen verteilter innerer Monolog wirkt, stellt das Bemühen der Französin, Hiroshima anhand der offiziellen Darstellungen zu begreifen, dem wiederholten Widerspruch Okadas gegenüber, dessen Familie in Hiroshima ums Leben kam und der sich mit der offiziellen Lesart der Geschichte nicht begnügen kann.

Nach dieser einleitenden, rund fünfzehnminütigen Sequenz beginnt der Film ein weiteres Mal, so als würde er diesen ersten Anfang verwerfen (wie übrigens auch *Citizen Kane,* eines der Vorbilder von Resnais, der sogar drei Anfänge hat).

Riva kehrt vom Balkon zurück ins Zimmer, bleibt in der Tür stehen und betrachtet den auf dem Bett liegenden Okada, der den Arm seltsam auf den Rücken gedreht hat. Jetzt ein anderer Arm im Bild. Er gehört zu einem am Boden liegenden Mann, das Gesicht mit Blut verschmiert.

Traum – Phantasie – oder Erinnerung? Okada bittet sie, sich für ihn an ihre Zeit während des Krieges zu erinnern, doch sie kann ihm ihre Geschichte nicht einfach erzählen.

Eine Schubkarre im Keller, in den man sie eingesperrt hat, ein Wasserfleck an der Decke, ihr kahlgeschorener Kopf, eine Muschel vor dem Spiegel ihres Mädchenzimmers. Ihre Erinnerungen kehren nicht geordnet zurück, sondern schubweise, nicht chronologisch, sondern assoziativ motiviert, ausgelöst von Einzelheiten, die mehr Aufmerksamkeit beanspruchen als die ganze Geschichte. Die Bilder erschließen sich nicht auf den ersten Blick, wirken zusammenhanglos und scheinen die narrative Struktur der Filmhandlung zu sprengen. Gegenwart und Vergangenheit fließen ineinander.

Es ist als könnte die Normalität konventioneller Erzählkonzepte das Erinnern von traumatischen Erlebnissen nicht fassen, die durch Verdrängen, Verschieben oder Vergessen bedroht und damit nicht einfach erzählbar sind. Erst die nicht-narrative, auf assoziativen Bilderverknüpfungen basierende Montage öffnet die Möglichkeit zur Darstellung des prekären Erinnerns, das nur radikal subjektiv sein kann, wie Schmerzempfinden oder das Gefühl des Aufeinanderreibens von sandiger Haut. Denn es handelt sich um Erfahrungen, die sich im Moment ihres Erinnerns nicht objektivieren lassen, und von denen man auch nicht abstrahieren kann.

Den Eindruck von Subjektivität erreicht Resnais nun fast spielerisch einfach nur mit Hilfe der Montage und dem partiellen Aussetzen der Narration; er verzichtet auf andere, aufwendigere Verfahren wie z.B. die subjektive Kamera, optische Tricks wie Filter, Unschärfe, ungewöhnliche Perspektiven oder schiefe Kulissen, wie sie in der Filmgeschichte immer wieder verwendet worden sind, und auch auf einen eher unfilmischen, romanhaften Ich-Erzähler aus dem OFF.

Mit Hilfe dieser formalen Gestaltung gelingt es ihm – ganz im Sinne der Nouvelle Vague – sich vom französischen Kino seiner Zeit, also von der glatten und routinierten Ästhetik der sogenannten 'Qualité française' eines Jean Aurenche oder Pierre Bost abzuheben und neue Maßstäbe für den schwierigen Umgang des Mediums mit traumatischen Erinnerungen zu setzen.

Kino als dynamischer lieu de mémoire

Hiroshima, mon amour ist eine Bilanz der vorhergehenden Filme Resnais' und zugleich Paradigma für die Personalisierung eines Themas in den audiovisuellen Medien. Der Film beginnt dokumentarisch, verwirft diesen Anfang und entscheidet sich für eine private Geschichte. Durch die Montage von assoziativen Bildfolgen, verbunden mit einem partiellen Durchbrechen der narrativen Struktur stellt, dieser Film jedoch nicht einfach nur die privaten Erinnerungen der Hauptfigur dar, sondern bildet den Prozeß des Erinnerns selbst nach. Dadurch entsteht ein – auch im Rahmen der filmischen Konventionen ungewöhnlicher – Eindruck von Subjektivität, die keineswegs nur jene der Protagonistin ist. Denn verständlich werden diese Sequenzen nur dann, wenn der Zuschauer ihnen während der Filmrezeption aktiv einen Sinn gibt und so handelnd als Subjekt miteinbezogen wird.

Diese – sicher auch vom Nouveau Roman inspirierte – Konstruktion von Subjektivität, die über eine bloße Personalisierung deutlich hinausgeht, führt zu einem kritischen Umgang mit dem Medium selbst, der dessen mediale Struktur offen legt und nicht blind einer Selektion von Bildern vertraut. Resnais entgeht damit zum einen der Gefahr einer dokumentarischen Objektivitätsillusion, der z.B. Erwin Leiser in seinem Kompilationsfilm *Mein Kampf* nur den Kommentar entgegenzusetzen hat[15], und zum anderen der Flüchtigkeit eines allzu glatten Erzählkinos, wie es z.B. Steven Spielberg in *Schindlers Liste* vorführte, das bei aller Sensibilität doch immer soweit Distanz zum Geschehen hat, daß es erzählbar bleibt.

Resnais' formale Experimente zeigen die Unmöglichkeit, Erinnerung an traumatische Ereignisse einfach nur mit offiziellen Bilddokumenten zu "bebildern"; statt dessen löst er die Darstellung von Erinnerung auf zum Prozeß des Erinnerns und öffnet so das Kino hin zur Seite von Mitteilbarkeit und Anteilnahme. Wichtig ist dies zum einen im Hinblick darauf, daß Zuschauer ihre eigene Verantwortung für das Geschehene einsehen und annehmen, eine Wiederkehr des Verdrängten also zulassen können[16]; zum anderen, um Erinnerungsarbeit auch für zukünftige Generationen zu leisten, weil das Kino so die Chance bietet, Erinnerung an etwas zu organisieren, was man nicht selbst erlebt hat. Zugleich stellt das formale Experiment die Selbstverständlichkeit der formalen Gestaltung in Frage und damit zur Diskussion: vielleicht als Mahnung, in einer immer stärker von Medien geprägten Welt, Auswahl und Anordnung von Bildern mit der nötigen Skepsis zu begegnen.

[15] Vgl. Heinz B. Heller: Vergangenheit im filmischen Präsenz. Anmerkungen zum Verhältnis von Dokumentarfilm und Geschichte. In: Hickethier, Müller, Rother (Hrsg.): *Der Film in der Geschichte. Dokumentation der GFF-Tagung.* Berlin 1997. S. 220-227.

[16] Und nicht einfach die Bilder brüsk zurückweisen; so geschehen mit dem 1945 von den Alliierten gedrehten und zum Zweck der Re-education in Deutschland vorgeführten Film *Die Todesmühlen*, der daraufhin schon bald wieder abgesetzt werden mußte.

SIGLIND BRUHN

Musical Ekphrasis in Rilke's *Marien-Leben*

Amsterdam/Atlanta, GA 2000. 235 pp.
(Internationale Forschungen zur Allgemeinen und Vergleichenden Literaturwissenschaft 47)
ISBN: 90-420-0800-8 Hfl. 100,-/US-$ 43.-

Contents: Introduction. The "Life of Mary". Rilke and Christian Devotion. Ekphrasis in Rilke's Work: Poems on Depictions of Mary and Jesus. Hindemith: From Expressionism to the Ethos of Art. Outline of the Poetic and Musical Cycles on the "Life of Mary". Geburt Mariä (no. 1). Die Darstellung Mariä im Tempel (no. 2). Mariä Verkündigung (no. 3). Mariä Heimsuchung (no. 4). Geburt Christi (no. 7). Vor der Passion (no. 10). Pietà (no. 11). Stillung Mariä mit dem Auferstandenen (no. 12). Vom Tode Mariä I (no. 13). Vom Tode Mariä II (no. 14). The Five "Picturesque" Songs. Conclusion: Hindemith's Ekphrastic Response to Rilke's Marien-Leben. Bibliography. List of Illustrations. Indes of Names. Index of Literary and Musical Works Cited. About the Author.

DER BLICK VOM WOLKENKRATZER

Avantgarde - Avantgardekritik - Avantgardeforschung

Hrsg. von Wolfgang Asholt und Walter Fähnders

Amsterdam/Atlanta, GA 2000. 730 pp.
(Avant-Garde Critical Studies 14)
ISBN: 90-420-1282-X Bound Hfl. 360,-/US-$ 140.-
ISBN: 90-420-1272-2 Paper Hfl. 120,-/US-$ 51.-

Mit dem universalistischen „Blick vom Wolkenkratzer" hat die Avantgarde im 20.Jahrhundert ihr Projekt begründet und erprobt. Aus heutiger Perspektive geht es einmal um die kritische Aufarbeitung der internationalen Avantgardeforschung und ihrer Theoriebildung, zumal im Kontext der Diskussionen über Moderne und Postmoderne. Zum anderen werden zentrale Themenbereiche der Avantgarde diskutiert, so Gender und Geschlechterverhältnisse, Topographie und Fakturen der Avantgarde und Formen des Politischen.
Die 28 Beiträge des hier präsentierten Bandes stammen aus der Germanistik, Komparatistik, Niederlandistik, Romanistik, Slawistik, der Kunstgeschichte und der Architektur und sind von Avantgarde-Experten aus Frankreich, Kolumbien, den Niederlanden, Österreich, der Tschechischen Republik, den USA sowie aus Deutschland verfaßt.

------------------------------ ***Editions Rodopi B.V.***

USA/Canada: 6075 Roswell Rd., Ste. 219, Atlanta, GA 30328, Tel. (404) 843-4445, *Call toll-free* (U.S.only) 1-800-225-3998, Fax (404) 843-4315

All Other Countries: Tijnmuiden 7, 1046 AK Amsterdam, The Netherlands. Tel. ++ 31 (0)20 6114821, Fax ++ 31 (0)20 4472979

CHRISTOPH HEIN IN PERSPECTIVE

Ed. by Graham Jackman

Amsterdam/Atlanta, GA 2000. 306 pp.
(German Monitor 51)
ISBN: 90-420-1492-X Bound Hfl. 150,-/US-$ 64.-
ISBN: 90-420-1482-2 Paper Hfl. 50,-/US-$ 21.-

Unlike many writers from the former GDR, Christoph Hein's reputation and standing - and his creativity - have remained intact despite the demise of the GDR in 1989-90. *Christoph Hein in Perspective* brings together essays by both established and younger scholars from Britain, Germany and the USA which together cover a wide spectrum of his work, from the early writings of the 1970s to the play *In Acht und Bann* of 1999 and including his speeches and essays as well as all his major prose works. There is a marked emphasis in the volume on Hein's post-*Wende* output, with about half the contributions focusing primarily on this period. Another feature is the diversity of perspectives from which the works are examined: historical and political viewpoints are complemented by formal and comparative studies as well as by gender-based perspectives. The volume includes additionally the first published English translation of what is for many Hein's most successful work for the stage, *Die wahre Geschichte des Ah Q* of 1983 ('The True Story of Ah Q'). The volume as a whole should be of interest to scholars concerned with the GDR and with contemporary German culture, to undergraduate and postgraduate students, and also the others interested in the history and culture of Germany since 1945. Six of the essays are in English and six in German.

-------------------------- ***Editions Rodopi B.V.***

USA/Canada: 6075 Roswell Rd., Ste. 219, Atlanta, GA 30328, Tel. (404) 843-4445, *Call toll-free* (U.S.only) 1-800-225-3998, Fax (404) 843-4315

All Other Countries: Tijnmuiden 7, 1046 AK Amsterdam, The Netherlands. Tel. ++ 31 (0)20 6114821, Fax ++ 31 (0)20 4472979

orders-queries@rodopi.nl ----- http://www.rodopi.nl

ALISON J. WILLIAMS

Tricksters and Pranksters. Roguery in French and German Literature of the Middle Ages and the Renaissance

Amsterdam/Atlanta, GA 2000. VII,236 pp.
(Internationale Forschungen zur Allgemeinen und Vergleichenden Literaturwissenschaft 49)
ISBN: 90-420-1512-8 Hfl. 100,-/US-$ 43.-

This volume represents a contribution to comparative scholarship in Medieval and Renaissance studies in its investigation of the ingenious diversity of roguish practices found in Medieval and Renaissance literature and its recognition of the coherent normative function of tales of tricksters and pranksters. The wide variety of works analysed, from those forming part of the established canon of texts on undergraduate degree schemes to lesser-known works, makes the volume of interest to students and researchers alike.
The roguish behaviour of women, priests, foxes and outlaws and the knavery of Eulenspiegel and Panurge are used to illustrate how rituals of inversion and humiliation typical of the medieval carnival are reflected in literary accounts of trickery, and to question whether the restorative function attributed to carnival celebration is equally to be found in the intra-textual and extra-textual outcomes of trickery. This analysis is supported by studies into the trickster in mythology, sociological investigations into the role of disorder, Bakhtinian theories of carnival and the carnivalesque, and theories of black humour.

------------------------- ***Editions Rodopi B.V.***

USA/Canada: 6075 Roswell Rd., Ste. 219, Atlanta, GA 30328, Tel. (404) 843-4445, *Call toll-free* (U.S.only) 1-800-225-3998, Fax (404) 843-4315

All Other Countries: Tijnmuiden 7, 1046 AK Amsterdam, The Netherlands. Tel. ++ 31 (0)20 6114821, Fax ++ 31 (0)20

PAUL COOKE

Speaking the Taboo
A study of the work of Wolfgang Hilbig

Amsterdam/Atlanta, GA 2000. XI,247 pp.
(Amsterdamer Publikationen zur Sprache und Literatur 141)
ISBN: 90-420-1542-X Hfl. 100,-/US-$ 43.-

Contents: Acknowledgements. List of Abbreviations for Works by Hilbig. Introduction. 1 Countering 'Realitätsverlust': The Role of the Writer and the Use of the *Unsägliche* in Hilbig's Critical Writing. 2 The 'Taboo' of Modernism in Hilbig's Poetry. 3 Literary Tradition in Hilbig's Prose: the Problem of 'Objectivity' in 'Der Brief'. 4 The Pornographer as Historian: Sexual Repression and *Vergangenheitsbewältigung* in *Die Weiber*. 5 The *Krimi* and the Criminal State in *Eine Übertragung*. 6 No More Taboos? the Stasi, Beckett and the Continuing Search for Identity in »*Ich*«. Conclusion. Bibliography. Index.